잘삶교육연구소 총서4

뉴노멀 시대의 마음공부

퇴계 이황의 『성학십도』와 자기도야

손승남 · 남기호 공저

박영story

머리말

코로나19가 우리 삶에 침투한 지 벌써 1년이 되어 간다. 이번에는 심상치 않으리라는 예상을 하였지만 이렇게 오래, 그리고 지속적으로 우리를 불안과 공포에 몰아넣을 줄을 어찌 알았겠는가.

그동안 감염병 예방을 위한 방역 차원의 손 씻기, 마스크 쓰기, 사회적 거리 두기가 일상화되면서 우리의 삶에 적지 않은 변화를 가져왔다. 어떤 백신보다도 마스크가 코로나 예방에 중요하다는 전문가의 진단과 미디어의 홍보는 마스크가 마치 신체의 일부가 된 것처럼 매일 착용하지 않으면 안 되는 생활의 필수품이 되었다. 황사나 미세먼지 방지를 위해 선택적으로 착용하던 마스크의 착용이 의무화되면서 우리는 '얼굴 없는 시대'를 살아가게 되었다.

사회적 거리두기는 비대면 사회를 가속화하고 있다. 다수의 집합 금지가 수시로 예고되면서 '인간은 사회적 동물이다'라는 아리스토텔레스의 명제가 무색할 정도로 사람 사이의 거리를 인위적으로 넓혀야 하는 모순에 처하게 되었다. 대면을 할 수 없게 되면서 우리는 해방 이후 개학 연기와 원격수업의 전면적 도입이라는 초유의 사태를 경험하게 되었다. 대학가에서도 동영상 강의나 비대면 실시간 수업으로 거의 한 해를 보냈으니 이전에는 상상할 수조차 없는 일이 현실이 되어가고 있음을 실감하게 된다. 시장이나 마트에서 쇼핑을 하는 것도 이제는 옛 일이 되어가는 듯하다. 온라인 물류 배송으로 원하는 물건을 클릭 한 번으로 현관 문 앞에서 받아 볼 수 있으니 발품 파는 시장보기는 점차 일상에서 멀어져간다. 식당이나 술집에 모여 담소를 나누던 풍경도 물리적 거리두기 방역 정책 앞에서는 하나의 추억거리일 뿐이다.

학생들 얼굴을 그리워하면서 한 학기, 또 조심스레 한 학기를 보내고 나니 학생들과 얼굴을 맞대고 수업하던 시간들이 얼마나 소중한지 새삼 느끼게 되었다. 아무리 좋은 콘텐츠로 동영상 강의를 잘 만든다고 한들 일방통행식 수업에서 교수자나 학습자가 얻을 수 있는 성취감은 그리 크지 않을 것이다. 이를 보완하고자 줌(Zoom)이나 구글 미트(Google Meet)로 실시간 수업을 해 보아도 면대면 수업에서 느낄 수 있는 활력과 생동감을 찾기란 쉽지가 않다.

수업을 진행하면서도 뭔가 허전함과 공허함이 늘 상존하는 느낌을 지울 수가 없다. 그렇다고 아날로그적 감성을 꿈꾼다고 해서 이전의 세계로 돌아가긴 쉽지 않을 것 같다. 현재의 추세라면 대면과 비대면의 혼합수업이나 아니면 원격수업의 비중을 대폭 확대하는 방향으로 교육의 방향이 선회할 확률이 높을 것이다. 워낙 불확실성이 커지다 보니 학사운영도 유연하게 대처하지 않으면 대학 당국, 교수자, 학습자 모두가 힘들 것으로 전망된다.

비대면의 증가로 회의와 모임이 화상으로 진행되는 일도 이제는 다반사가 되었다. 전공이나 관심사에 따라 학자들이 함께 모여서 운영하는 학회의 성격이 이전과는 확연하게 달라졌다. 주제 발표와 토론 등 일체의 행사가 온라인 공간에서 이루어지게 되면서 회원들 간의 친목 도모와 사교의 공간은 사라지게 되었다. 위기 속에서도 학술대회는 지속되고 있지만 소위 '뒤풀이' 공간에서 이어지는 열띤 토론과 훈훈한 교류의 시간은 찾을 수 없게 된 것이다. 주로 서울에서 이루어지던 공적 회의나 사적 모임도 이제는 온라인으로 대체되면서 대중교통이나 자동차를 몰고 지방에서 서울까지 올라갈 일이 줄어들었다. 한두 시간 회의를 위해 서너 시간을, 아니 다시 돌아올 경우까지 생각하면 하루를 꼬박 보내야 했던 과거와는 다른 경험을 하고 있으니 코로나19는 여러모로 새로움을 가져다 준 셈이다. 가정이나 사무실에서 접속만 하면 회의에 참석을 할 수 있으므로 원하기만 하면 참여율도 높아지고, 시간 절약에도 분명 장점이 있다. 다만 잦은 온라인 회의도 도가 지나치면 피로가 쌓이는 법이다. 짧은 회의뿐만 아니라 하루 혹은 이틀 동안 진행되는 강좌, 세미나, 국제회의 등에 얼굴을 내밀다보면 효율성이란 미명하에 어김없이 삶의 황폐함은 밀려온다.

위의 짧은 스케치에서도 드러나듯 우리 곁엔 이미 뉴노멀(New Normal)이 한걸음 성큼 다가와 있다. 예전에 당연하던 것들이 다시 돌아올 기미는 보이지 않고, 새롭게 형성된 일상이 어느덧 우리의 삶을 지배하고 있다. 생경함과 불안감, 위기와 공포, 불확실성이 우리의 일상을 맴돌 때, 또 알 수 없는 미래가 어두운 징조로 우리에게 다가설 때 우리가 취할 수 있는 자세는 무엇인가?

이 책은 코로나19로 촉발된 문명사적 대전환과 위기를 맞아 우리 인간이, 한걸음 더 나아가 내가 무엇을 할 것인가를 사유하고자 하는 지점에서 출발하였다. 더 정확하게 말하면, 변화와 위기의 시대에 어떻게 살 것인가를 고민하고자 마련된 것이다. 이 문제의 실마리를 풀고자 우선 제1부에서는 우리가 처한 현 상황을 진단하고, 이에 따른 자기수양의 문제를 제기하였다. 과연 문명사적 대전환기에 인류의 미래는 어떻게 될 것인가? 이전의 축적된 경험으로 판단하건대 우리에게 엄청난 변화를 가져온 세 가지 결정적 계기는 현재 우리가 겪고 있는 코로나19를 포함한 팬데믹 현상, 디지털 사회로의 전환과 인공지능의 비약적인 발전, 기후변화를 위시한 생태적 위기 현상이다. 세 가지 계기는 독립적이면서도 서로 얽혀 있어 개별적 분석도 의미가 있지만 우리가 더 주목해야 할 부분은 세 요소들 간의 이합집산, 착종, 하이브리드 성격이다.

인간의 위대성은 변화와 위기를 이제까지 슬기롭게 잘 대처하면서 지구상의 당당한 주체로 생존해 왔다는 사실이다. 현재의 위기도 잘 극복할 것이라는 희망과 낙관을 결코 져버려서는 안 된다. 이 점에서 가속화된 세계 변화 속에서 어떻게 우리의 내면을 강화할 것인가 하는 문제는 중요하다. 고난과 위기가 지속될수록 '인간 주체의 역량 강화'는 시급하고도 절실하다. 필자가 주체의 문제, 마음공부, 자기 수양, 자기 도야의 핵심어에 천착해 온 이유는 인간 교육의 궁극적 과제를 이 안에서 찾을 수 있다고 보았기 때문이다. 인간은 세상에 태어나 자기 자신의 고유성을 실현하기 위해 부단히 노력하여 자기를 바로 세우고, 자신의 존재감을 세상에 멋지게 펼쳐 보이다가 한 줌의 흙으로 돌아가는 존재이다. 자신을 올바로 서게 하고, 자신의 역량을 세계 안에서 맘껏 펼치려면 자신의 심연으로부터 내면의 힘을 길러야 한다. 이러한 내면의 힘을 기르기 위해 인간은 필생동안 자신을 도야하고, 수양해야 한다. 변화의 흐름을 시시각각 감지하면서도 자신의 심지와 중심을 잃지 않는 자세와 태도가 그 어느 때보다도 더 절실하게 요청되는 시기가 바로 지금 뉴노멀 시대가 아닌가 싶다.

이 책의 제2부에서는 이러한 자기도야와 수양의 정수로서 퇴계 이황의 『성학십도』에 주목하고자 하였다. 이 책은 유학의 핵심 내용을 퇴계가 그 당시 선조 임금께 열 개의 그림으로 정리하여 바친 것이다. 주요 내용은 세상의 이치를 담은 우주론과 인간의 착한 본성을 보존하고, 심성도야를 담은 수양론을 두루 포괄하고 있다. 자기수양과 관련하여 일상에서 경(敬)의 실천 방안까지도 세심한 고찰을 하고 있으므로 가히 우리 고전의 보고라고 해도 과언이 아니다. 고전이 그저 낡은 것, 옛 것으로 남아있도록 해서는 안 될 것이다. 지금, 여기의 관점에서 묻고, 새롭게 해석하며, 아직 오지 않은 다소 어두운 미래에 대한 답을 옛 지혜에서 찾기 위하여 천착해 볼 필요가 있다.

『성학십도』를 천착하고자 우선 퇴계의 생애와 사상을 전기적, 시대적, 사상적 차원에서 살펴보았다. 나아가 이 책의 체계와 구성, 원문과 도설에 대한 전반적 해설과 더불어 퇴계가 왜 이 책을 지어 임금에게 올렸는지를 서술하였다. 그리고 『성학십도』의 전체 내용과 의미를 각 열 개의 그림과 함께 자세하게 전달하고자 하였다. 제2부의 내용은 주로 남기호의 박사학위논문 "퇴계 『성학십도』의 교육적 의미(2017)"에 근간을 두고 있음을 밝힌다.

코로나19로 방역 분야에서 K-방역이, 문화의 한 축에서 방탄소년단이 K-Pop의 위세를 떨치고 있는 지금, 이제 우리 학문도 외국의 사상이나 이론에 휘둘리지 않고 당당하게 전통 속에서 새로움을 창조하는 신기원을 개척할 때가 되었다고 본다. 우리가 가장 위대하게 생각하는 퇴계 이황의 저서 『성학십도』에 대한 새로운 해석이 장차 K-학문의 시발점이 되었으면 한다. 어려운 때일수록 내면을 들여다보았던 우리 선조들의 지혜를 밑거름 삼아 자라나는 세대들이 힘과 용기를 얻고, 어둠 속에서도 희망의 씨앗을 일구어 나갔으면 하는 마음이 간절하다.

2021년 여름

저자를 대표하여

손 승 남

차 례

제1부 뉴노멀 시대 진단과 자기 도야의 문제

제2부 자기도야 관점으로 본 퇴계 이황의 『성학십도(聖學十圖)』

제1부 뉴노멀 시대 진단과 자기 도야의 문제

Ⅰ. 문명사적 대전환과 인류의 미래

Ⅱ. 자기도야에 관한 동서양의 관점

Ⅰ. 문명사적 대전환과 인류의 미래

독일의 사회학자 벡(Beck)이 현대사회를 “위기사회(1986)”로 규정한 지 벌써 수십여 년이 흘렀다. 근대의 세례를 받은 첨단 과학기술은 인류에게 눈부신 성장과 발전을 선물하였고, 인간 이성의 힘 덕택에 인류는 역사상 유례없는 문명의 진보를 경험해 왔다. ‘근대의 기획’은 야누스의 얼굴과도 같이 인간에게 물질적 혜택과 편리함을 안겨주었지만, 어둡고 짙은 그림자도 인류에게 던져주었다.

이성의 도구인 과학과 기술이 문명화 과정에서 인간에게 남긴 상흔은 무엇인가? 지구의 자원은 고갈되고, 생태계는 파괴되었으며, 인간의 관계는 수단화, 파편화, 비인간화의 길을 걷게 되었다. 물론 농업사회나 산업사회에도 위기는 존재해 왔지만 그 위기가 오늘날처럼 인류 전체의 생존을 위협하는 성질의 것은 아니었다. 반도체, 생명공학, 우주항공, 컴퓨터, 신소재, 핵무기, 유전공학, 로봇공학 등 오늘날 최첨단의 과학기술은 더 이상 인류에게 화려한 장밋빛 미래만을 보장해 주지는 않는다. 인간의 자연 남획과 생태계의 파괴는 오늘날 기후나 기상변화, 대량 자연재해나 인재(人災)로 인한 인명참사로 이어지고 있다. 최근 들어 발생한 사스, 메르스, 코로나19와 같은 감염병은 인류의 미래를 더욱 불투명하게 하고 있다. 인류 역사상 인간의 생존권이 이처럼 위협받은 적이 있었을까?

이러한 위기상황에 교육은 어떻게 대처해야 하는가? 이에 대한 교육적 대응을 적절하게 제시해 주고 있는 개념이 바로 "시대적 핵심문제(Klafki, 1991: 56)"이다. 시대적 핵심문제를 어떻게 설정하느냐에 대해서는 물론 반론이 제기될 수도 있다. 시대나 사회를 초월해서 누구나 공감할 수 있는 합의된 공통의 문제를 선정하기란 쉽지 않을 것이고, 그 문제를 선정하는 기준에 대해서도 논란의 여지가 충분히 있을 것이기 때문이다. 이러한 반론에 대해서 독일의 교육학자 클라프키는 "여기 제시한 몇 개의 시대적 핵심문제는 현재나 다가올 미래에 우리가 대처해 나가지 않으면 안 되는 문제 중 몇 가지 예(Klafki, 1991: 56)"에 불가함을 역설하고 있다. 30년 전에 제기한 문제가 현재에도 그 시의성이 유효하다는 느낌을 지울 수 없다. 그가 제기한 문제를 몇 가지 살펴보자.

첫 번째 핵심문제는 '평화'의 문제이다. 동구권과 구소련의 몰락으로 세계는 극단적인 이념 갈등에서 어느 정도 벗어날 수 있었지만 국가 간, 민족 간, 종교 간, 인종 간의 분쟁과 대립은 세계의 도처에서 끊이지 않고 있다. 중동은 여전히 전쟁의 화약고로 분쟁이 끊이지

그림 1 독일의 교육철학자 볼프강 클라프키(1927-2016)

않고 있으며, 러시아 주변 독립국과 아프리카에서는 내전이 벌어지고 있다. 프랑스에서는 이슬람 국가 출신자들의 테러가 도시 한복판에서 자행되고 있다. 우리 주변을 둘러보더라도 북한은 핵보유국 위상을 확보하려는 야심을 버리지 않고 있으며, 중국과 미국은 세계 일인자 자리를 놓고 으르렁대고 있다. 중국과 일본도 해상의 열도를 두고 촉각을 곤두세우고 있다.

세계가 하나의 지구촌으로 묶인 이 시기의 전쟁은 더 이상 전쟁당사국들만의 문제가 아니다. 전쟁은 전 지구적 문제이므로 세계의 모든 국가는 무기생산 경쟁을 멈추고, 화학무기를 포함해 인류생존을 위협하는 무기들을 하나씩 철폐해 나가야 할 것이다. 전쟁의 억제와 종식은 국제적 외교와 정치를 통해 해결해 나가야 할 과제이지만, 이보다 더 근원적이면서도 지속가능한 대안은 '평화교육'에서 찾을 수 있다. 평화교육에는 전쟁을 유발하는 거시사회적 혹은 거시정치적인 원인들을 밝혀내는 작업은 물론 사회 내 불평등과 부정의를 조장하는 사회구조를 분석하는 인식론적 작업이 포함된다(Klafki, 1991: 56). 예를 들면, 학교에서는 집단적 공격력, 적대의식, 인종·민족적 편견의 발생과 처리방법 등에 관한 내용을 학생들의 실제 생활과 연관지어 다룰 수 있을 것이다.

두 번째 문제는 '환경' 문제다. 근대 이후 인류는 과학기술의 힘으로 현재와 같은 문명을 이루게 되었고, 인간의 생활은 물질적으로 그 이전의 어느 시대보다도 더 풍요롭고 윤택하게 되었다. 하지만 문명화 과정에서 인간은 자신의 편리와 이기에 눈멀어 자연과 생태계를 무자비하게 남획하고 파괴해 왔다. 그 결과 인류는 오늘날과 같은 지구적 '생태위기'를 맞게 되었다. 과거에는 홍수와 지진, 기아와 빈곤, 불평등과 전쟁 등이 인류의 생존을 위협했으나 오늘날에는 지구촌 곳곳에서 온난화, 오존층의 파괴, 열대우림의 감소, 대기오염, 수질오염, 폐기물 문제, 소음, 토양오염 등과 같은 전 지구적 생태파괴와 환경오염이 인류를 위기로 내몰고 있다. 이러한 환경문제는 인간의 전체적 생활세계와 밀접히 관련되어 있는 만큼 어느 한 가지 관점이나 학문의 힘으로 해결될 성질의 것이 아니다. 제도와 의식이 동시에 혁신되어야 하고, 모든 학문이 환경문제의 해결에 힘과 지혜를 모아야 한다. 환경문제를 해결하기 위해서는 특히 교육의 힘이 중요하다. 이는 교육이 근본적인 인간의 의식변화의 몫을 담당하기 때문이다. 이른바 '환경교육'의 필요성이 여기서 제기되는데, 클라프키는 환경교육의 방향을 다음과 같이 설정하고 있다(Klafki, 1991: 59). 그 하나는 자라나는 아동이나 학생에게 환경문제를 의식화하는 일이다. 이 때 자연자원이 머지않은 장래에 고갈될 것이라는 사실을 이들에게 주지시키고, 동시에 오늘날의 환경문제가 인간의 그릇된 과학기술관에서 비롯된 것임을 충분히 숙지시키는 일이 기본적으로 중요하다. 또 하나는 소비를 억제하고, 환경친화적 삶의 태도와 사고를 학생들에게 길러주는 일이다. 일상적 삶 속에서 쓰레기를 최소화하는 생활습관을 길러주는 것은 이러한 교육의 좋은 예가 될 수 있다. 결국 환경문제의 근본적인 해결은 '인간중심'적인 관점에서가 아니라 전혀 새로운 관점에서 생태학적 세계관과 문화를 새롭게 창출하는 데서 찾을 수 있을 것이다.

세 번째 핵심문제는 '불평등' 문제이다. 여기서 말하는 불평등은 자연적이 아닌 사회적으로 발생하는 불평등이다. 클라프키는 이러한 불평등의 유형을 몇 가지로 정리한 바 있다 (Klafki, 1991: 59).

- 사회적 계급과 계층 사이
- 남성과 여성 사이
- 장애인과 비장애인 사이
- 일자리를 갖고 있는 자와 실업자 혹은 실직자 사이
- 국내 외국인 노동자와 자국민 사이
- 한 국가 안의 상이한 여러 민족 사이
- 개발도상국과 선진국 사이

차이와 차별을 해소하는 교육은 '평등'교육으로 실현될 수 있다. 평등교육은 차이와 차별을 넘어서는 방향으로 전개되어야 한다. 계급이나 계층 사이의 위화감, 남녀 성차별, 장애인의 소외를 없애는 방향으로, 동시에 실업자, 국내 외국인 노동자, (다민족국가의 경우) 소수민족, 그리고 개발도상에 있는 제3세계의 생존과 복지대책을 강구하는 방향으로 교육이 나아가야 할 것이다.

네 번째 핵심문제는 '뉴미디어의 가능성과 한계'이다. 오늘날 뉴미디어는 사회의 성격을 근본적으로 변화시켜 버렸다. 컴퓨터, 인터넷, 스마트폰에 이은 디지털 혁신은 일상적 삶의 모습은 물론 인간 사고와 행동 양식마저 바꾸어 놓았다. 로봇과 인공지능이 인간의 노동을 대신하게 되면서 인간은 더 많은 여가를 누릴 수 있게 되었다. 하지만 그 여가는 따지고 보면 기계에게 인간이 자신의 일자리를 내어 준 대가에 불과하다. 뉴미디어가 낳은 빅데이터 시대에는 정보의 소유여하에 따라 개인 간 혹은 집단 간에 차이가 생기게 된다. 데이터가 힘이요, 권력이 되는 시대가 도래한 것이다. 이는 정보와 데이터를 기반으로 하는 정보민주주의 실현이라는 관점에서는 환영할 만한 일이나 자칫 잘못하면 일부 세력의 정보 독점과 오용으로 인해 정보독재가 나올 수도 있음을 시사하고 있다. 오늘날 초연결 디지털 사회에서의 학교는 자라나는 세대에게 다양한 정보와 빅데이터 활용능력은 물론 그 한계를 분명히 인식할 수 있는 힘을 길러 주어야 할 과제를 안고 있다. 디지털 사회에 대처하기 위해 코딩 능력과 소프트웨어 능력을 길러주는 일은 과거 문맹퇴치에 비유되리만큼 중요한 삶의 기초능력을 배양하는 것이다. 아울러 뉴미디어 시대에 자칫 뒤떨어지기 쉬운 인간의 사고능력, 비판능력, 판단력의 배양에도 학교는 신경을 써야 할 것이다. 정보는 도처에 깔려 있으나 정보에서 '참' 지식을 구성하는 것은 인간의 사고, 판단에 관한 문제이기 때문이다. 유용한 정보와 그렇지 못한 정보를 가릴 줄 아는 판단력, 남에게 해를 끼치지 않는 범위에서 자신의 자유를 최대한 누릴 수 있는 도덕성과 윤리적 감각이 초연결 디지털 시대에는 더 절실히 요청된다.

다섯 번째 핵심문제는 '나와 너의 관계'이다. 이는 사랑, 인간의 성, 남녀 간이나 동성 간의 관계의 경험에 관한 것이다. 물질이 정신을 지배하고 있는 현대사회는 과거 인간 사이에 내재하던 본연의 인간관계가 기초부터 송두리째 흔들리고 있는 상황에 처해 있다. 일찍이 Buber(1973)가 설파한 것처럼 현대사회에서는 인간과 사물의 관계인 '나와 그것'의 관계가 인간의 참 만남인 '나와 너'의 관계를 대치하고 있다. 이러한 현상은 좁게는 가족 내에서 부모

그림 2 모든 것이 인터넷에 연결되는 초연결 사회

간, 부모자식 간, 자식 간에 나타나고, 넓게는 이웃 간, 정치나 종교집단 간, 지역 간, 나라 간에서도 볼 수 있는 현상이다. 학교와 같은 조직사회도 예외는 아니다. 학교장과 교사 간, 동료교사 간, 학생 간, 교사와 학생 간, 교사와 학부모 간, 학부모와 학생 간에도 이러한 인간 고유의 인격적 관계를 상실한 '나와 그것'의 관계는 쉽게 찾아 볼 수 있다.

그림 3 마르틴 부버의 대표작품『나와 너』

한걸음 더 나아가 오늘날 성과 젠더(gender)의 문제는 개인의 영역을 넘어선 지 이미 오래다. 미시적이고 미묘한 사안이면서 전 국가, 전 인류가 함께 풀어나가지 않으면 안 되는 과제가 바로 성과 젠더의 문제이다. 성의 남용과 오용으로 빚어진 불치병 에이즈(AIDS) 문제나 이성 간의 사랑이 아닌 동성애나 동성결혼의 문제가 세계의 곳곳에서 전면적인 사회현상으로 부각된 지 오래다. 따라서 성에 대한 올바른 인식과 가치를 미래의 아동이나 청소년에게 올바로 심어주는 일은 교육이 안고 있는 시대적 당면과제 중의 하나에 속한다.

그렇다면 클라프키가 제기한 현 단계 시대적 핵심문제를 어떻게 재설정할 수 있을까? 논자에 따라서 의견이 분분하겠으나 보다 근원적이고, 인류 미래의 앞날을 예견해 볼 때 우리가 이 시점에서 반드시 짚고 넘어가야 할 핵심문제는 '감염병, 인공지능, 기후변화' 세 가지 문제로 압축될 수 있다고 본다. 이 세 가지 문제에 대한 성찰과 전망을 중심으로 조심스런 시대진단을 해볼까 한다.

1. 팬데믹과 포스트코로나

우한은 어디에나 있다! 코로나19가 발원한 곳으로 알려진 중국의 우한에서 비롯된 감염병 대유행이 그칠 줄 모르고 대질주를 하고 있다. 그저 이웃 나라의 사건으로 강 건너 불구경하던 우리에게 코로나가 들이닥치기까지 걸린 시간은 불과 며칠에 지나지 않았다. 인류는 마치 세계화의 덫에 걸린 듯, 잘 발달된 항공편은 감염병을 세계 곳곳으로 실어 보내며 순식간에 이탈리아, 프랑스, 미국, 일본, 브라질, 러시아 할 것 없이 온 지구를 팬데믹의 공포 속으로 몰아넣었다. 이미 백신이 개발되어 보급되고 있고, 치료제 개발 소식도 들리지만 감염병의 기세는 수그러들지 않고 있다.

그 동안 우리의 일상도 이전과는 확연하게 달라진 모습이다. 감염 확산을 위한 마스크 착용과 '사회적 거리두기'의 일상화가 이루어지면서 재택근무, 온라인 개학과 원격 수업이 새로운 기준으로 자리를 잡았다. 코로나19로 직격탄을 맞으면서 우리 경제는 외환위기 이후 처음으로 마이너스 성장을 기록하였다. 우리는 그나마 나은 편이다. 선진국은 유례없는 역성장을 겪으면서 암울한 미래를 걱정해야 하는 형편에 놓이게 되었다.

코로나로 인해 가장 타격이 심한 부문은 항공업과 여행 및 숙박 업계로, 회복하기 힘든 수준으로 관광산업은 주저앉게 되었다. 반면 비대면으로 호황을 누리는 업계는 반도체 산업과 IT 관련업계로 온라인 회의, 온라인 쇼핑, 원격의료, 원격수업 등이 활성화되면서 막대한 부를 창출하고 있다. 배달업과 물류업도 전에 없는 호황을 누리며 순항중이다. 팬데믹의 최대 수혜자는 아마존, 구글(유튜브), 넷플릭스, 디즈니, 시스코, 어도비, DJI, 페덱스, BYD, 테슬라, ZOOM, 지멘스, 존슨앤존슨, 3M과 같은 글로벌 기업이다. 이들은 하나같이 온라인 쇼핑, OTT(인터넷을 통해 볼 수 있는 TV서비스), 배달로봇, 드론, 전기차, 재택근무, 위생과 원격진료 분야에서 각광을 받는 글로벌 기업들이다.

사람들이 대부분 집에 머물게 되면서 집은 이전과는 전혀 다른 공간으로 재탄생하고 있다. "레이어드 홈"(김난도 외, 2020)은 집의 달라진 트렌드를 하나의 키워드로 말해 주는 용어이다. 집콕족이 늘면서 집을 마치 호텔과 같이 꾸미는가 하면, 집에서 콘서트와 쇼핑을 즐길 수 있도록 기능을 더하기도 한다. 헬스장이나 단체스포츠가 어려워지면서 홈트족이 늘고 있다. 이제 집은 하나의 피트니스센터와 같은 기능까지 더해지고 있다. 집을 나의 취향과 남의

그림 4 **변화중인 주거지, "레이어드 홈"**

취향이 만나는 곳으로 '남의 집 프로젝트'는 집 자체를 하나의 살롱으로 활용하는 사례이다(김난도 외, 2020: 192). 이탈리아 풍으로 꾸민 거실, 불교 미술품과 이색적인 풍경으로 꾸민 거실을 참가비를 낸 회원에게 공유하는 방식으로 나만의 사적 공간이 서로에게 열린 공간으로 재탄생하기도 한다. 이전에는 상상하기조차 힘든 일들이 우리의 일상 속으로 서서히 스며들고 있다.

물질과 경제적 토대가 흔들리면서 코로나19는 인간의 정신과 마음에도 적지 않은 충격과 고통을 안겨 주고 있다. 이른바 '코로나 블루(코로나 우울[1])'는 코로나 시대의 대표적인 정신 이상 징후의 하나로 볼 수 있다. 이 용어는 코로나19와 심리학에서 널리 사용되고 있는 블루(blue)를 합쳐서 만든 말이다. 코로나19 사태가 장기화되자 이전과는 달리 일상에 큰 변화가 닥치면서 찾아든 우울감이나 무기력증을 뜻한다. 하루하루가 코로나 뉴스로 시작하여, 확진자와 코로나 사망자 숫자가 발표되고, 확진자 동선이 발표되면서 감염 위험에 대한 불안과 우려가 상시화되었다. 거기에 더해 '사회적 거리두기'로 인한 일상생활 제약이 커지면서 스트레스와 무기력, 우울감이 나날이 증폭되는 현상이 바로 '코로나 블루'이다.

감염병이 유행하게 되면 누구나 감염에 대한 우려와 공포감에 휩싸이게 된다. 수시로 감염병 정보를 확인하고, 외부 활동을 꺼려하게 되며, 사람들에 대한 의심과 과도한 경계를 드러내게 된다. 보통 사람들도 이러한 감염병 스트레스에서 자유로울 수 없다. 스트레스가

1) 2020년 8월 문화체육관광부와 국립국어원에서는 '코로나 블루'를 대체할 용어로 '코로나 우울'을 채택하였다.

과도하게 나타나게 되면 무기력감 혹은 우울감으로 증폭되어 증상이 발현될 수 있다. '사회적 거리두기' 상황에서는 만나고 싶은 사람을 만나지 못해서 우울감이 올 수도 있지만, 집콕 상황에서 가족 간 오랜 시간 기거하는 동안 상호간 스트레스와 갈등으로 인해 우울감이 발생하기 쉽다. 더군다나 확진 의심을 받아 자가 격리를 하거나 확진 판정 이후 격리된 공간에서 혼자 생활하게 되면 심리적 고통과 감정의 변화는 심해질 수밖에 없다.

코로나19의 출구는 알 수 없지만 포스트코로나 담론은 널리 퍼져 있다. 포스트모더니즘 이후에 포스트담론은 학계는 물론 일상생활의 대화에까지 깊게 스며들어 있다. 하지만 포스

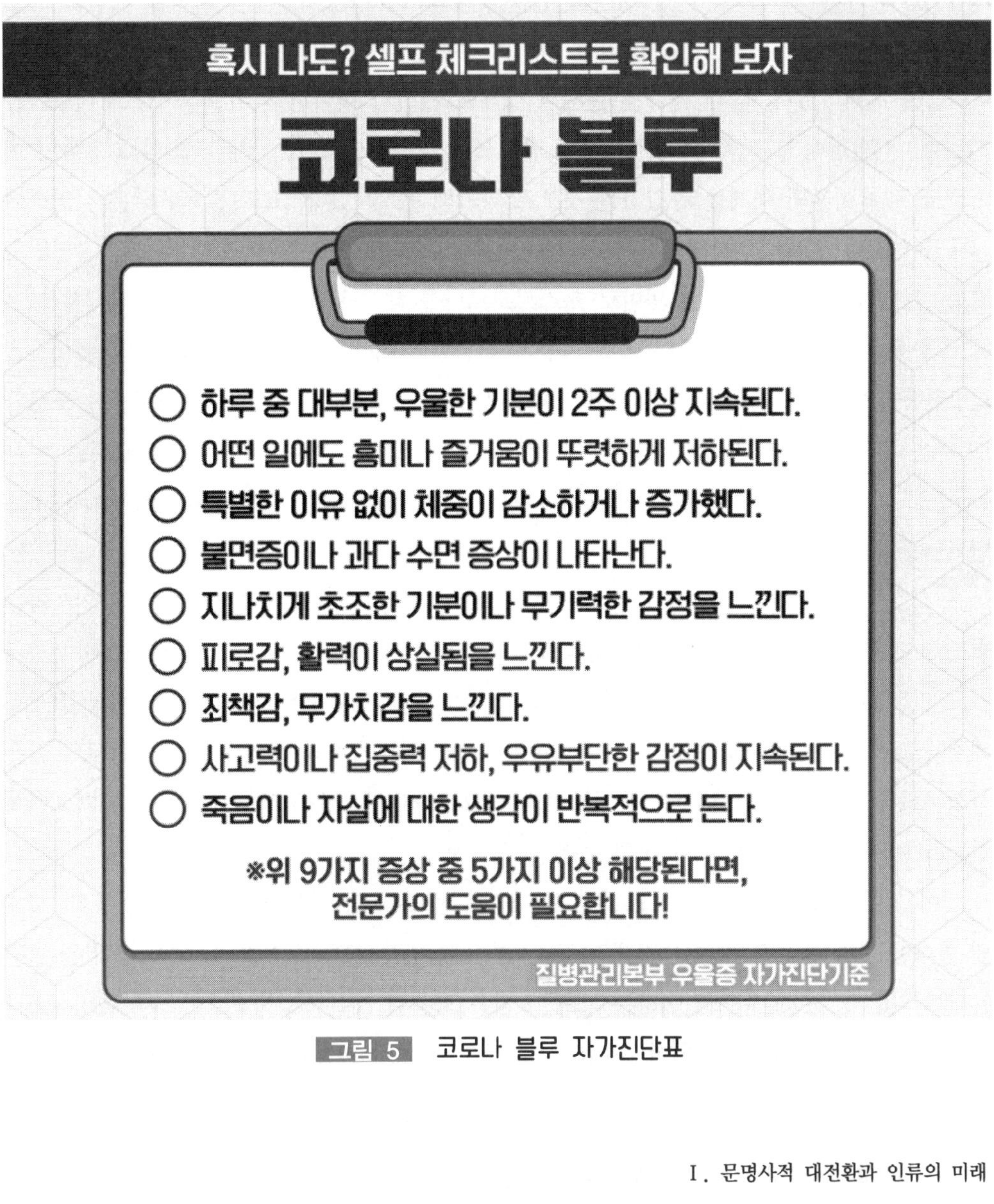

그림 5 코로나 블루 자가진단표

트의 의미를 얼마나 제대로 성찰하고 있는지는 미지수다. 코로나19가 인류 사회에 미칠 파급 효과를 빗대어 코로나19 이전의 시기(BC)와 이후의 시기(AC)로 부르기도 한다. 역사의 시대 구분과 유사한 방식으로 코로나 현상 자체를 확대해석하는 것이다. 코로나19 역습이 이 지상에 예수 그리스도의 강령 못지않은 사건인지를 판단하기에는 아직 이른 감이 있다. 역사는 오직 역사가 심판하듯이 시간이 지난 후에서야 비로소 그 가치와 의미가 스스로 드러나기 때문이다.

포스트코로나를 세밀하게 살펴보려면 코로나19 앞의 접두사에 대한 분석이 선행될 필요가 있다. 과거 포스트모더니즘에서도 접두사 포스트(post)는 두 가지 의미를 지닌 것으로 파악되었다. 하나는 '나중'과 '이후'라는 의미로 후기근대주의 혹은 후 현대주의로 포스트모더니즘을 번역하였다. 다른 하나는 현재의 상태를 완전히 벗어난 의미로 포스트모더니즘을 '탈근대'나 '탈현대'로 번역하였다. 유사한 방식으로 포스트코로나는 코로나19와 그로부터 이어진 코로나 이후의 세계를 총칭하는 것으로 파악해 볼 수 있다. 코로나19와 같은 감염병이 인류의 역사와 궤를 같이 해왔듯이 다가올 미래에도 코로나19 혹은 그와 유사한 감염병과 함께 인류 역사가 지속된다는 의미로 포스트코로나를 해석해 볼 수 있다. 그런 점에서 코로나19 종식, 퇴치, 박멸과 같은 용어는 좀 더 신중한 사용이 필요하다. 감염병 없는 세상을 희망한다할지라도 그것의 끝은 결코 도래하지 않으며, 우리가 지구상에 남아있는 한 코로나19 혹은 유사한 감염병과 함께 살아가지 않으면 안 되기 때문이다. 불가능한 코로나19의 끝(ending)을 희구만 할 것이 아니라, 어떻게 코로나19와 더불어(with) 공생할 것인가를 고민하는 편이 더 나을지도 모를 일이다.

그럼에도 불구하고 포스트코로나를 '탈' 코로나로 볼 경우에는 그것의 현실적 의미와는 별도로 코로나19를 역사적 변곡점이나 대전환의 기점으로 삼을 수 있을 것이다. 이미 우리가 겪고 있는 바와 같이 코로나19는 가정, 의료, 교육, 정치 등 모든 분야에서 기존의 질서를 해체하고 새로움을 가져다주었다. 코로나19는 자가 격리, 사회적 거리두기, 원격근무와 같은 사회문화적 환경을 조성하였고, 사회복지와 의료 보건 시스템에도 일대전환을 가져오면서 인류가 이제까지 경험해 보지 못한 소용돌이 속으로 우리를 몰아넣었다.

이 점에서 포스트코로나 뉴노멀을 사유해 보는 일은 의미가 있다. 뉴노멀은 통상 '시대의 변화에 따라 형성된 새로운 경제적 표준이나 새롭게 보편화된 사회, 문화적 상황'을 일컫는 말이다(김기봉, 2020). 뉴노멀이라는 개념이 처음 사용된 것은 로저 맥너미(Roger McNamee)가 자신의 책 『새로운 표준: 고위험 시대의 거대한 기회(The New Normal: Great Opportunities in a Time of Great Risk)(2004)』에서 사용하면서부터이다. 그는 인터넷이 글로벌 경제의 대세가 된 상황에서 세계 경제를 위협하는 요소와 동시에 새로운 가능성을 탐색하면서 시대 변화에 따라 형성된 새로운 경제적 표준을 '뉴노멀'이라고 명명하였다. 그 이후에도 뉴노멀은 주로 경제적 의미로 한정되어 사용되었다. '저성장 시대의 새로운 경제적 기준'을 의미한다거나 '실업률 증가, 금융시장과 기업에 대한 정부의 지속적인 간섭과 개입'을 의미하는 경제적 맥락에서의 새로운 경향성과 패러다임 전환을 나타내는 데 이 용어가 사용되었다.

그러다가 코로나 이후에 뉴노멀이 급부상한 것은 경제 분야에 제한적으로 나타나던 신경향성과 대전환이 일상 세계는 물론 사회, 문화 분야 전반으로 확장되면서부터이다. 코로나 바이러스 감염증 확산을 예방하고자 시행했던 일련의 조치와 제도들, 가령 마스크 착용 의무화, 사회적 거리두기, 자가 격리 등의 강력한 방역 조치에 따라 일상의 변화가 급진전되었고, 대면에서 비대면 서비스로 전환, 언택트(untact) 문화의 확산으로 사회, 문화적 대전환이 일어났으며, 노동, 고용, 산업 구조 전반에서도 이전에 상상할 수 없을 정도의 변환(transformation)이 현실화되었다(김재인, 2020).

그렇다면 코로나19 바이러스 이후의 세계는 어떤 모습일까? 큰 틀에서 세계적 석학으로 『호모사피엔스』와 『호모데우스』라는 연작으로 화제를 모았던 유발 하라리의 견해를 다시금 잘 살펴볼 필요가 있다(파이낸셜 타임즈, 2020년 3월 20일자).

그의 진단에 의하면 코로나19 이후 세계는 '전체주의적 감시' 혹은 '시민자율권'의 입장에서 국가들이 서로 다른 정책을 펴 나갈 것이라는 전망을 내놓았다. 코로나19 대응에서 잘 드러났듯이 중국과 같은 전체주의적 모델에 따라 통제와 봉쇄령을 통해서 일거에 코로나를 막으려는 정책을 펼 수 있다. 개인의 자유와 민주주의가 손상되더라도 목적을 위해서는 온갖 수단과 방법을 가리지 않는 국가의 강력한 통제와 관리가 버젓이 자행될 수 있음을 우리는 중국의 사례에서 목도하였다. 다른 한편 개인의 자유와 민주주의를 기치로 삼는 유럽 사회는 개인의 억압에 대한 불만과 자유에 대한 시민들의 볼멘 목소리를 따르다가 감염병 확산을 제때에 차단하지 못해 대규모의 희생을 치르기도 하였다.

절체절명의 위기 속에서도 대한민국이 코로나19 방역에서 선진국을 제치고 하나의 '선도국(a first mover)'으로 우뚝 설 수 있었던 것은 국가의 통제와 시민의 자유 보장이라는 양극단을 취하지 않고 국가의 역할과 시민의 역할이 놀라울 정도로 조화와 균형을 이룰 수 있었기 때문이다. 정부는 공익을 위한 감염병 예방과 치료를 위한 규정을 새롭게 마련하고, 일상 속에서의 생활수칙을 세워 지속적으로 시민을 계도해 나갔다. 동시에 드라이브스루(drive-

그림 6 뉴노멀_어제는 맞고, 오늘은 틀리다

through)와 같은 선별검사 시스템을 창안하고, 확진자 동선을 신속하게 파악하여 공지함으로써 감염병 확산을 방지하였으며, 사각지대를 철저하게 관리하는 등 짜임새 있는 방역 정책을 펼쳐 보였다. 시민들 또한 국가의 통제에도 공익을 위한 일에 기꺼이 헌신하는 성숙한 시민의식을 선보였다. 코로나19 위기에도 선진국에 비해 비교적 잘 대응할 수 있었던 것은 무엇보다도 의료진의 헌신과 노고는 물론 시민들의 참여, 협력, 연대 의식이 뒷받침되었기 때문이다.

코로나19 백신을 제조한 미국 바이오 회사 모더나(MRNA)의 방셀 CEO는 인류가 영원히 코로나19와 살 것이며, 하나의 풍토병(endemic)으로 자리를 잡을 것이라는 전망을 내 놓았다(서울신문, 2021년 1월 14일자). 백신과 치료제의 개발로 코로나19는 언젠가는 약화될 것이지만 집단면역 후 감기와 같은 수준으로 우리 곁에 머문다는 것이다. 하지만 코로나19에서 우리가 분명하게 알 수 있었던 사실은 과거의 풍토병 수준의 질병도 진균, 세균, 바이러스 등의 병원체로 금세 인간이나 동물에 침입하여 그 장기에 증식함으로써 급속하게 전염병(epidemic)으로 발전할 수 있다는 것이다. 더 무서운 것은 아직 집단면역력을 갖고 있지 않은 불특정 다수에게 새로운 질병이 전 세계적으로 퍼져나가는 팬데믹(pandemic)이 항공과 교통수단의 발달로 인해 급속도로 번질 수 있다는 사실이다. 세계화가 지구촌을 앞당겼지만 질병의 전파에도 선봉장 역할을 함으로써 감염병의 광범위한 확산에 일등공신이 되어버린 역설을 우리는 생생하게 깨닫게 되었다. 이전에 신종플루가 전 세계적으로 번지면서 6주 동안 세계보건기구(WHO)가 팬데믹을 선언한 적은 있지만 2021년 1월 15일 기점으로 코로나19 확진자수는 1억 명을 넘어선 지 오래고, 사망자수도 200만 명을 훌쩍 넘어섰다(주간시사매거진, 2021년 1월 15일자).

유발 하라리가 잘 지적했듯이 “전염병 그 자체와 그에 따른 경제적 위기는 모두 세계적인 문제이며, 오직 세계적인 협력과 연대로만 효과적으로 해결할 수 있다(파이낸셜 타임즈, 2020년 3월 20일자)”. 그는 정보 공유, 의료진 파견, 경제 협력, 여행제한조치 조정 등의 문제에서 전 세계가 하나로 손을 잡고 협력을 해야 한다고 역설하였다. 국제적 협력과 연대만이 전 지구적 난제를 해결할 수 있다는 것이다. 하지만 자국이기주의만을 앞세운 강대국의 입장이나 국가 간 우호협력의 분위기가 사라지면서 사안에 대한 공동체적 해결의 전망은 보이지 않는다. 국제연합, 유럽연합, 세계보건기구와 같은 국제협력기구도 기대만큼의 지도력을 발휘하지 못하고 있는 실정이다. 연일 최대 코로나19 감염자수와 사망자수를 갱신하는 미국은 트럼프 정부하에서 감염병 예방과 방역 정책에 큰 오점을 남기면서 지구촌의 거센 비난을 샀다. 그러면서도 코로나19의 원인에 대한 논쟁에만 열을 올리며 경쟁상대국인 중국을 비난하는

그림 7 유발 하라리

데 귀중한 시간을 헛되이 보내고 말았다. 세계가 미국과 중국 중심으로 돌아가고 있으나 그에 걸맞는 지도력과 영향력을 상실한 지 이미 오래다. 우리는 하라리가 기고문 말미에 남긴 말을 잘 새겨둘 필요가 있다. "분열은 위기를 연장시킬 뿐만 아니라 미래에 더 심각한 재앙을 초래할 것이다. 반면 연대는 코로나19뿐만 아니라 모든 미래의 전염병과 위기에 대한 승리가 될 것이다(파이낸셜 타임즈, 2020년 3월 20일자)".

2. 인공지능과 포스트휴먼

인공지능이 우리 곁에 성큼 다가선 계기는 알파고와 이세돌의 대결이 아닐까 싶다. 하지만 더 근본적으로는 그 무렵 불어닥친 4차 산업혁명 도래에 대한 폭발적인 관심에서 비롯되었다고 보는 것이 더 타당할 것이다.

4차 산업혁명이라는 용어는 2016년 1월에 열린 세계경제포럼(WEF: World Economic Forum)에서 처음 등장하였다. 4차 산업혁명은 이전 세 차례에 걸친 산업혁명과 정보혁명을 통해 가능해진 급속한 디지털화에 기초를 두고 있다. 디지털에 기반을 둔 연결성을 바탕으로 물리학, 생물학 등 다양한 분야의 기술이 융합되면서 일어나는 산업 변화가 바로 4차 산업혁명이다. 세계경제포럼의 창시자이자 회장인 슈밥(Schwab, 2016)에 의하면 1차 산업혁명은 기계화, 2차 산업혁명은 전기화, 3차 산업혁명은 정보화가 주축을 이루었다. 이와 달리 4차 산업혁명의 특징으로 그는 유비쿼터스 모바일 인터넷, 더 저렴하면서 작고 강력해진 센서, 인공지능과 기계학습을 꼽았다. 그는 3차 산업혁명과 비교하여 4차 산업혁명이 갖는 질적 차이점을 세 가지로 제시하고 있다. 속도(Velocity), 범위와 깊이(Breadth and Depth), 총체적 영향(System Impact)이 그것이다. 속도 측면에서 4차 산업혁명은 이전과는 달리 기술이 기하급수적인 속도로 변화하고 있다. 범위와 깊이 측면에서 4차 산업혁명은 부분적 기술의 진보를 넘어 다양한 기술의 융합을 통해 기술, 산업 분야에 국한된 변화가 아니라 경제, 경영, 사회 그리고 개인의 패러다임 전환까지도 초래하고 있다. 총체적 영향의 관점에서 4차 산업혁명은 생산과 관리, 거버넌스(governance: 통치 방식) 등 모든 체제에서 일어나고 있다. 이처럼 4차 산업혁명은 개인적인 삶에서부터 국가 체제의 변화를 넘어, 세계 체제의 변화를 선도해나가는 원동력이 되고 있다. 이러한 사회적 혁신은 기존의 선형적인 변화를 넘어서 파괴적인 혁신의 양상을 보이고 있다.

그렇다면 4차 산업혁명을 선도하는 과학기술의 힘은 어디에서 나오는가? 4차 산업혁명을 선도해 가고 있는 주요 혁신기술로는 인공지능, 빅 데이터, 사물인터넷, 3D 프린팅, 드론 등을 들 수 있다.

인공지능(Artificial Intelligence)이란 인간처럼 지능을 가진 컴퓨터 또는 시스템, 프로그램을 의미한다. 이는 인간과 같이 인지, 판단 능력을 가진 로봇에 대한 관심에서 연구되기 시작하였고, 이미 다양한 분야에서 인간보다 빠른 연산능력과 효율적인 문제해결능력을 보여주고 있다. 인공지능의 핵심 능력은 기계학습(Machine Learning)이다. 이는 컴퓨터가 제공된 범위 내에서 스스로 규칙을 찾아내고 이를 다른 곳에 적용하는 능력을 의미한다. 최근에는 머신러닝의 차원을 넘어 자율학습의 단계로 진화된 딥러닝(Deep Learning)의 개발로 학습의 정확성 또한 확보하게 되었다.

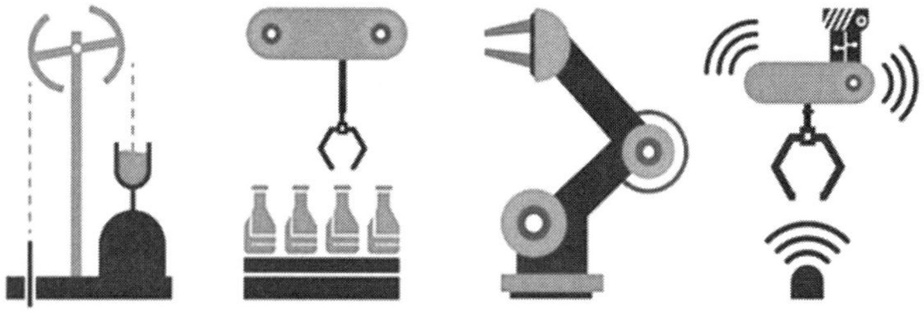

1차 산업혁명	2차 산업혁명	3차 산업혁명	4차 산업혁명
18~19세기 초반	19세기 후반	20세기 후반	21세기
기계화	대량생산	디지털	융합
증기기관	전기 · 내연기관	컴퓨터 · 인터넷	IoT · CPS · AI

그림 8 **1~4차 산업혁명의 핵심 키워드**

빅 데이터(Big Data)는 디지털 환경에서 생성되는 다양한 형태의 데이터로 그 크기가 방대하고 생성 주기 또한 매우 짧은 대규모의 데이터를 의미한다. 수집·발굴·분석을 통해 대규모 데이터로부터 저비용으로 가치를 추출할 수 있도록 고안된 기술이며, 따라서 사람들의 행동 패턴을 분석 및 예측하는 데 용이하다. 예전에 금, 다이아몬드가 부의 원천이었다면 미래에는 데이터가 그와 같은 가치를 지니게 될 것이다.

사물인터넷(Internet of Things)이란 여러 가지 물건을 디지털 연결이 가능하도록 만든 기술인데, 이는 우리 주변의 다양한 사물을 지능화해 인간의 삶의 질을 높이는 것을 최종 목표로 하고 있다. 컴퓨터 뿐 아니라 다양한 플랫폼에서 인간과 제품 또는 서비스나 장소를 연결해주는데, 예를 들면 집안에서 상용화된 다양한 가전제품은 물론 스마트폰, 태블릿 등이 여기에 속한다.

3D 프린팅(3D Printing)은 입체적인 모양의 모델이나 3D 디지털 설계도를 이용하여 3차원 프린터로 원료를 겹겹이 겹치거나 올려 유형의 물체를 만들어내는 기술이다. 이 기술은 대형제품과 소형제품의 제작과 개발에 모두 활용 가능하며 현재 자동차, 항공우주, 의료산업 등에서 매우 빈번하게 이용되고 있다.

드론(Drone)은 무선전파로 조종할 수 있는 비행기 혹은 헬리콥터 모양의 비행체이다. 이는 처음에 군사적 용도로 사용되었으나, 점차 무선 기술의 발달과 함께 드론 배달, 농약 살포

등과 같이 그 용도가 확대되고 있는 추세이다.

그 동안 1~3차 산업혁명이 인간의 육체노동을 대체했다면, 4차 산업혁명은 육체노동은 물론 지적 노동까지도 대체할 것이다. 이미 인공지능(AI)은 법률, 의료 서비스 분야에서 널리 활용되고 있다. 따라서 단순 노동 분야의 일자리가 줄어드는 동시에 새로운 일자리가 창출됨으로써 미래에는 단순 노동보다 인성, 감성, 창의적이고 창조적인 사고가 필요한 직업 분야가 더욱 중시될 것으로 보인다. 그 동안 4차 산업혁명이 가져온 교육 분야의 변화를 보면 다음과 같다.

첫째, 과거 주입식 교육이 퇴조하고 있다. 우리나라는 최근까지도 주입식 교육이 교육의 기본 패러다임으로 자리 잡고 있었다. 하지만 4차 산업혁명으로 인해 주입식 교육을 고수하던 우리나라 교육 방식의 효과에 의문을 제기하기 시작했다. 국가 주도의 주입식 교육이 교육 경쟁력에서 더 이상 도움이 되지 않는다는 것을 인식하게 된 것이다. 또한 OECD(2019)에서 첫 번째로 높은 청소년 자살률, 최하위 수준인 어린이·청소년의 주관적 행복지수[2] 등을 이유로 교육 방식의 개혁을 요구하는 목소리가 커지고 있다.

둘째, 역량중심교육(Competencies-Based-Education)이 중요해지고 있다. 과거에 지식 습득을 교육 목표로 주목했던 반면, 현대 정보화 시대에 지식·정보 습득과 함께 이를 활용할 방법을 모색하는 것을 더욱 강조하고 있다. 역량중심교육은 인지적·비인지적 능력을 균형 있게 함양한다는 점에서 의미가 있다. 이는 여러 선진국들이 중요한 교육 목표로 강조하고 있는 추세이며, 이에 따라 우리나라 또한 이러한 역량 중심의 교육과정에 대한 관심이 높아졌다. 이를 반영해 '2015 개정 교육과정'은 학교 교육 전 과정을 통해 기르고자 하는 '핵심역량[3]'을 제시하고 이를 토대로 각 교과 역량을 교과 교육과정에 명시하도록 하고 있다.

셋째, 학생 중심의 개인 맞춤형 학습이 도입되기 시작하였다. 2차 산업혁명 때 시작된 교육은 개인에게 맞춤형 교육을 충분하게 제공하지 못했다. 개인 맞춤형 학습에 대한 요구는 지속적으로 있었지만 여러 가지 관행과 기술 등의 문제로 제대로 받아들여지지 않았다. 그러나 4차 산업혁명 이후 인공지능 기술과 데이터 분석 기술 등을 활용한 적응형 학습(Adaptive Learning) 기술에 더해 코로나19로 온라인 수업이 활성화되면서 개별 학습자의 학습 활동 데이터를 수집하고 분석하여 학습자 수준에 적합한 학습 방법을 제공하는 개인 맞춤형 학습이

2) 연세대학교 사회발전연구소(2019)의 연구에 따르면, 한국은 어린이·청소년 행복지수에서 OECD 22개국 중 주관적 행복지수가 20위에 머무르고 있다.

3) 교육부에서 제시한 핵심역량 여섯 가지는 자기관리 역량, 지식정보 처리 역량, 창의적 사고 역량, 심미적 감성 역량, 의사소통 역량, 공동체 역량이다.

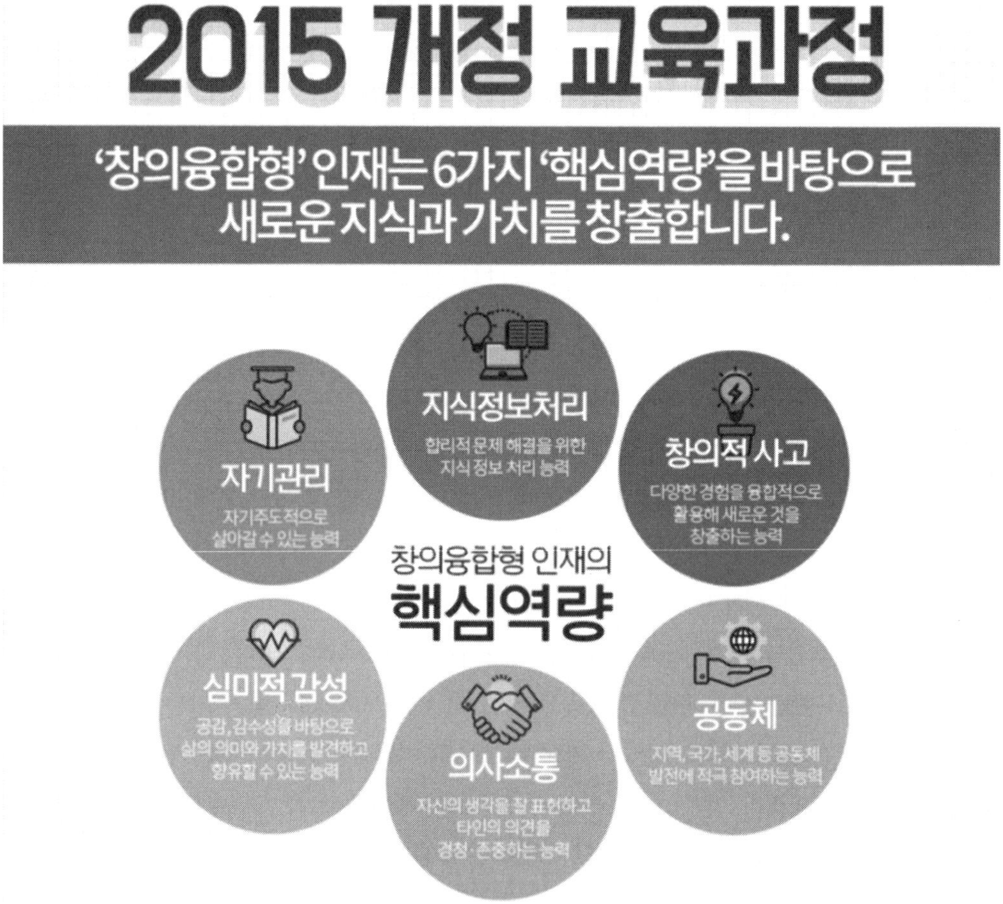

그림 9 한국교육의 여섯 가지 핵심역량

가능케 되었다.

4차 산업혁명의 긍정적인 측면이 부각되고 있지만, 부정적인 효과 또한 간과해서는 안 될 것이다. 기계가 일자리를 대체하고 인공지능기술이 발전하면서 인간의 삶이 물질적으로 풍요로워질 수 있으나, 빠른 속도로 발전하는 기술이 인간을 위협하는 시대가 올 수도 있다는 우려도 제기된다. 또한 인공지능에 의한 컴퓨터와 로봇 중심의 4차 산업혁명은 기존의 인간 중심의 철학에서 산업 중심의 철학으로 변하게 되므로 비인간화 현상이 심화될 수 있다. 이를 예방하기 위해서라도 과학기술과 산업이 발달할수록 더욱 인간 중심의, 인본주의적인 교육이 강화되어야 할 것이다.

그림 10 포스트휴먼과 포스트휴머니즘, 그리고 삶의 재발명

인공지능의 발달, 그리고 그것을 포함한 기술을 이용해 현재의 인간보다 뛰어난 자연적 조건을 가진 인간을 트랜스 휴먼(Transhuman)이라고 한다. 트랜스 휴먼의 궁극적 목표는 포스트휴먼(Posthuman), 즉 인간으로서 가질 수 있는 기본 능력을 최대한으로 끌어올린 상태의 인간을 의미한다. 보스트롬(Bostrom)은 수명, 인지능력, 감성적 능력을 그러한 능력으로 제시하는 한편, 이것이 어떤 결과를 가져올지는 불명확하다는 입장을 제시한다(박삼열, 2019: 1188-1189). 한편, 커즈와일(Kurzweil)은 컴퓨터의 기하급수적 발전을 무어의 법칙[4]을 통해 명시하고, 인간지능과 인공지능의 융합과정에서 기술이 인간의 지능을 추월하는 기술적 특이점(Singularity)이 올 것이라고 전망한다(김영사, 2016). 이때 인간과 기술의 결합으로 나타날 신인류가 포스트 휴먼이다.

인공지능의 발전과 그에 따라 나타날 포스트휴먼이라는 불확실한 미래는 요나스(Jonas)의 책임윤리를 통해 그것이 가져올 공포를 자각하고 성찰할 필요성을 요구받고 있다(이진우, 1994). 하지만 과학기술의 발전에 따른 우려에도 불구하고 기술은 점점 발전하고 있으며, 그 발전의 속도는 인간의 상상과 예측을 뛰어넘고 있다. 인공지능의 성능은 무어의 법칙을 뛰어넘어 2012년부터는 3개월마다 2배씩 증가하는 초고속 발전을 이루고 있다.

이와 같은 기술의 발전은 교육에도 큰 영향을 미칠 것이다. 데이터를 알맞게 다루는 능력인 데이터 리터러시(Data Literacy)는 정보홍수라는 현대사회에서 중요한 능력이 되었다. 하지만 2015년 OECD연구를 통해 본 컴퓨터 사용 비율과 학생들 성적 간의 관계는 대체적으로

4) 반도체칩 기술의 발전 속도에 관한 것으로, 반도체칩에 집적할 수 있는 트랜지스터의 숫자가 18개월마다 두 배씩 증가한다는 법칙을 말한다.

부적 상관관계였다고 한다. 이는 컴퓨터의 기술은 발달했지만, 그것을 활용하고 제어하는 능력은 활용 기술에 크게 미치지 못하므로 교육을 통해 길러야 한다는 것을 의미한다. 이에 대한 좋은 사례가 실리콘 밸리의 자녀들이 페닌슐라 발도르프라는 컴퓨터가 없는 초등학교를 다닌다는 사실이다. 오히려 빌 게이츠와 같은 컴퓨터 전문가의 자녀는 손과 발을 이용하여 경험을 통해 세상을 배우도록 교육받는다. 너무 이른 나이에 지나친 컴퓨터 사용은 오히려 독이 될 수 있다는 것이다.

이때 현 디지털 네이티브 세대의 특성을 가장 효과적으로 반영할 수 있는 것이 디지털 교육의 '역설계'[5]이다. 이광석(2017)에 따르면 교육의 역설계란 데이터를 이해하고 통제하는 것을 넘어서 데이터를 자율적으로 재설계하는 것을 의미하며, 이를 통해 포스트휴먼이 가져올 우려를 극복할 수 있다고 한다. 이은경(2016)은 과거의 배우고 놀고 쉰다는 행위를 점수, 게임, 힐링으로 명사화시키는 것의 괴리를 객체의 유무를 통해 설명한다. 이는 현재 명사화된 것만으로는 교육에 대한 심층적 이해, 전인격적인 교육에 대해서는 설명하기 어렵다는 것을 의미한다(이은경, 2018: 153). 교육의 본질은 사람과 사람 사이, 즉 교사와 학생 사이의 상호작용이다. 인공지능과 포스트 휴먼의 도달로도 결코 메울 수 없는 간극이 디지털 사회에 있다. 그리고 이것은 오직 인간 사이의 직접적인 대면 접촉을 통해서 이루어질 수 있는 것이다. 그렇게 된다면 진정으로 동기부여와 감정교류라는 인간의 행복 요건을 충족할 수 있을 것이다.

5) 리버스 엔지니어링 또는 역공학이라고도 하며, 장치 또는 시스템의 기술적인 원리를 그 구조분석을 통해 발견하는 과정이다. 이것은 종종 대상을 조각내서 분석하는 것을 포함한다.

보론 AI 시대의 교양교육[6)]

1. 들어가는 말

근대적 의미의 교양개념은 독일의 '빌둥(Bildung)'과 밀접한 연관이 있다. 빌둥의 의미가 다차원적이고, 맥락에 따라 달리 쓰일 수 있으므로 학문적 논의에서는 독일어 빌둥을 그대로 쓰는 것이 본래적 의미를 덜 손상시킬지 모른다. 빌둥은 '교육', '교양', '도야'의 의미를 넘어서는 형이상학적 존재론의 의미를 담고 있어(안성찬, 2009: 110) 어느 한 개념으로 한정해서 번역해서 쓰기가 힘들다. 빌둥이 19세기 신인문주의 시대, 즉 공리와 실리를 앞세운 계몽주의 광풍이 휩쓸고 지나갈 무렵 인간성이 위기에 직면한 시대에 고대 그리스로 돌아가자는 운동이 펼쳐진 사실에 주목할 필요가 있다(서정일, 2019: 284). 신인문주의자들은 고대 그리스인과 그들의 삶 속에서 '인간성'의 전형을 찾고자 하였다. 그들은 인간성 고양이 사회적 가치나 규범을 외적으로 부과하는 기존의 교육(Erziehung)이나 직무 역량 및 일과 연관된 직업교육(Ausbildung)의 좁은 의미로는 구현되기 힘들다고 보았다.

훔볼트(Wilhelm Von Humboldt)는 고대 그리스의 정신을 바탕으로 빌둥의 이념을 세웠고, 그 이념에 따라 근대 대학의 전형이 된 훔볼트 대학을 창시하였다. 그에 따르면 빌둥은 '모든 인간 능력의 조화로운 발달(harmonische Entwicklung aller menschlichen Kraefte)'을 지향한다.[7)] 따라서 인간은 인지적, 정의적, 신체적, 도덕적, 사회적, 예술적 방면의 다양한 능력을 자신의 내부에 지니고 있는 존재이므로, 자신의 생애 동안 이러한 능력을 가능한 범위에서 최대한 실현할 수 있어야 한다는 것이다. 훔볼트 자신이 실제로 당대에 철학자, 언어학자, 외교관, 교육행정수반 등의 역동적인 삶을 살면서 자신의 역량을 맘껏 펼쳤던 것은 빌둥의 단면을 고스란히 보여 준다.

빌둥 개념의 핵심은 인간 형성이 주체인 '나(Ich)'와 '세계(Welt)'의 적극적 상호작용 속에서 실현되어 간다는 데 있다. 나를 둘러싼 세계에 대한 수용과 동시에 영향력을 행사하는 가운데 '나'라는 주체의

6) 이 논문은 한국교양교육학회, 전국대학교양교육협의회, 한국교양기초교육원이 주최한 「2020년 춘계전국학술대회」 발표문을 대폭 수정, 보완하여 『교양교육연구』지에 실린 것이다. 이 글은 AI 시대의 인간도야(Bildung) 문제를 본질적으로 탐구하고 있으며 본 저술의 취지와도 잘 부합하여 전문을 그대로 싣기로 하였다. 출처: 손승남(2020). AI 시대 교양기초교육의 교수학적 재음미. 교양교육연구 14(4), 11−23.

7) "인간 존재의 궁극적 과제는 생전은 물론 생후까지, 우리가 남긴 생생한 영향력을 통하여 인류의 개념에 가능한 한 최대의 내용을 마련해 주는 것이다. 이러한 과제는 오직 자아와 세계를 가장 일반적으로, 가장 활동적으로 그리고 가장 자유로운 상호작용의 상태로 연결함으로써 해결될 수 있다(Humboldt, 1793/1794, 전집 1권, 235−236쪽)".

형성이 점진적으로 이루어지며, 세계 변화의 수용과 함께 주체 내부에서도 부단한 자기 형성과 자기 교육(Gadamer, 2000)이 수반될 때 보다 나은 주체로 거듭날 수 있다. 다소 추상적, 이론적, 정형화된 훔볼트의 사고를 현재의 관점에서 새롭게 보아야 할 부분은 우리가 사는 세계가 이전과는 달리 지나치게 빨리 변화하며, 그 변화에 맞춰 주체의 역량을 갖추기가 갈수록 힘들다는 냉혹한 현실이다. 이 시대 교육의 과제는 한편으로는 복잡다기한 사건이 끊임없이 전개되는 현재와 가늠하기 힘든 불확실성으로 가득 찬 미래에 인간의 삶에 큰 영향을 줄 수 있는 핵심문제가 무엇인가를 찾아 다음 세대에게 선제적으로 제공하고, 다른 한편으로는 개별 학습자가 세계 변화를 주체적으로 수용하여 자신의 내면을 강화해 나갈 수 있도록 돕는 일이다. 우리는 미래 대학 교양기초교육의 소임을 여기에서 찾아야 할 것이다.

우리가 살고 있는 세계는 메가트렌드(Megatrends)를 겪으며, 4차 산업혁명이라는 파고를 힘겹게 넘고 있다. 지금 인류는 기후 변화에서부터 빈곤, 불평등의 문제는 물론 우리가 겪고 있는 코로나19(COVID-19)와 같은 전례 없는 전염병 확산으로 어려움에 처해 있다. 세계의 가속적 변화를 가져온 동인이 여럿 있겠으나 가장 근본적이면서도, 인류 미래에 중대한 영향을 줄 수 있는 동인은 AI가 될 수 있을 것이다. 왜냐하면 AI야말로 가까운 장래에 호모사피엔스와는 전혀 다른 인간 유형을 탄생시킬지도 모르기 때문이다. 첨단 과학기술의 힘으로 '인간을 넘어선 인간'이 창조될 경우 새 시대의 인간 삶은 지금과는 질적으로 확연하게 달라질 것이며, 지구 내에서의 인간 존재 자체의 지속가능성도 미궁에 빠질 것이다.

2016년 알파고 충격 이후 AI가 우리 삶과 사고의 틀 속에 한걸음 더 가까이 들어오긴 하였으나 이것이 인간 존재 기반 자체와 미래적 삶에 가져올 파장을 총체적으로 접근하려는 노력은 미미한 것으로 보인다. 여기서 '총체적'이라는 의미는 적어도 과학기술의 장밋빛 청사진과 그것이 가져올 암울한 그림자를 함께 조망하려는 전체적인(holistic) 관점[8]이 아쉽다는 말이다. 그도 그럴 것이 전공주의(Majorism)[9] 관점에서 이 문제를 접근하려는 지독한 관성이 우리에게 여전히 지배적으로 남아 있다. 과학기술주의자들은 인류의 보다 나은 삶을 위해서 무한한 진보를 외치고, 근대적 이성, 도덕, 윤리로 무장한 사람들은 AI가 가져올 끔찍한 미래를 예견하며 과학기술의 견제와 감시에 열을 올리고 있다.

교양기초교육은, 빌둥 개념이 시사하는 바와 같이,[10] 인간 주체의 자기 이해와 세계 이해를 전제로 한다. 이 때 세계에 대한 균형 잡힌 시각을 자라나는 세대에게 길러 주는 일은 중요하다. 인간 존재의

8) 그럼에도 고등과학원(KIAS)에서 해마다 초학제 연구프로그램을 운영해 오고 있는데, 2019년 연구 주제를 '인공지능과 포스트휴머니즘'으로 설정하고 철학자, 과학자, 사회과학자, 공학자 등이 과학연구의 지평을 확대하고, 공통의 학문적 어젠다를 개발하려는 노력은 고무적으로 평가할 만하다(https://horizon.kias.re.kr/13780/). 전문가 집단에서는 학제간 연구가 간혹 있으나 일반 학계에까지 널리 퍼져 있지는 않다.

9) 전공주의(Majorism)는 대학교육을 온통 '전공' 위주로 몰아가는 풍토를 역설적으로 표현한 말이다. 학과중심주의, 분과주의와도 동일한 의미를 지닌다.

10) 빌둥은 'Allgemeine' Bildung의 용례가 보여 주듯 일반성, 보편성, 전체성, 총체성과 밀접한 연관을 지니고 있다(W. Klafki, 1991).

설 자리마저 흔들리게 될지 모를 AI 시대에 교육의 나아가야 할 방향을 제시하고, 그들이 배워야 할 내용과 방법을 교수학적으로 재검토하는 일은 그 어느 때보다도 시급하고, 중요한 사안이 아닐 수 없다. 교양교육학계에서 인공지능의 사안을 전문가 시스템의 한계와 관련지은 연구(박승억, 2016; 정연재, 2020)[11]는 나오고 있으나 교수학적 논의는 찾아보기 힘들다. 이 연구의 목적은 독일어 '빌둥'의 개념에 기초하여 교양기초교육의 방향, 내용, 방법을 교수학적으로 재검토하려는 것이다.

이 글의 순서는 우선 AI 시대의 성격을 거시적 차원에서 메가트렌드, 4차 산업혁명이라는 키워드로 큰 그림을 그린 후, AI로 촉발된 포스트휴머니즘 문제와 포스트휴먼의 도전에 대하여 살펴본다. 이어서 빌둥의 관점에서 이러한 AI와 포스트휴먼 시대의 교양기초교육의 방향, 내용, 방법 등에 관하여 교수학적으로 논의하고자 한다.

2. AI 시대와 포스트휴먼의 도전

2.1. 메가트렌드, 4차 산업혁명 그리고 AI

거대한 시대적 변화를 뜻하는 의미로 미래학자 나이스비트(J. Naisbitt)는 1982년 메가트렌드(Megatrends)라는 용어를 처음 사용하였다. 트렌드가 흔히 소비자들이 일시적으로 보이는 소비가치와 관련하여 사용되는 반면, 메가트렌드는 다수의 사고, 가치, 행태가 장기적이며 정치, 경제, 사회, 문화 등 다방면에서 거시적인 변화를 초래하는 것을 말한다. 그는 당시 현대사회의 대변혁을 가져오는 특징적 요소로 글로벌 경제, 탈공업화 사회, 네트워크형 조직, 분권화 등을 꼽았다(Naisbitt, 1982). 20세기 후반 정보화 시대를 낳은 컴퓨터와 인터넷은 세계의 지형도를 근본적으로 바꾸었으며, 그것의 영향을 가장 깊게 받은 두 가지 중요한 메가트렌드가 바로 디지털화(digitalization)와 세계화(globalization)이다(Naisbitt, 2018). 이 둘의 영향으로 과학과 기술이 경제와 결합을 하면서 인간의 소비 패턴과 삶의 방식에도 근본적인 전환이 일어나게 되었다. 그는 새로운 메가트렌드로 '세계의 주도권 변화(힘의 이동)'와 '기술 혁신과 일자리의 미래'를 들고 이에 대한 대비책으로 미래 준비교육과 매스커뮤니케이션 시대의 생존법을 제시하고 있다(Naisbitt, 2018).

좀 더 거시적 관점에서 다가올 미래를 미리 상상해 보는 일도 미래를 준비하는 하나의 대안이 될 것이다. 2050년 우리가 살아갈 세계는 어떤 모습을 띠게 될 것인가? 박영숙과 글렌(2016)은 『유엔미래보고서 2050』에서 '메가트렌드 2050'을 세계화, 인구, 기술변화와 같이 세 가지 키워드로 제시하고 있다.

11) 박승억(2016)은 대학에서 이제까지 수행된 전문성 교육의 한계를 "전문가 시스템의 위기"로 진단한 후 인문 소양교육의 필요성을 강조하였고, 정연재(2020)는 "프로페셔널리즘의 위기"를 부각시킨 후 교양교육의 미래 방향을 제시한 바 있다.

첫째, 세계화의 진전에 따라 각 국가 간의 상호의존도가 높아지게 된다. 글로벌 GDP는 현재의 3배가 될 것이며, 그에 따라 경제성장률은 2%대로 저성장을 하게 될 것이다. 경제 권력이 미국, 유럽연합, 일본에서 중국, 인도, 브라질 등으로 상당 부분 이동할 것으로 예측된다. 전 지구적으로 경제적 부는 늘어나지만 인구, 자원, 소득 수준에 따른 경제적 불평등은 더욱 심화될 것으로 전망된다.

둘째, 인구통계학적 변화는 미래의 모습을 결정짓는 핵심적인 키워드이다. 학자들은 2050년 지구의 인구가 96억 명에 달할 것으로 예상하고 있다. 그 때가 되면 개발도상국의 인구증가율이 선진국보다 높아질 것이며, 65세 이상의 고령인구가 16%를 넘어 고령사회(aged society)에 진입할 것으로 전망하고 있다. 성비에서도 남성에 비해 여성의 비율이 높아질 것으로 보고 있다. 인구의 도시집중 현상은 더욱 심각해진다. 2050년이 되면 세계 인구의 67%가 도시를 생활터전으로 삼게 될 것이며, 메가시티(Megacity)와 함께 도시 슬럼이 늘어날 것으로 전망된다. 삶의 방식도 현저하게 달라져 맞벌이하며 아이가 없이 자신의 행복을 추구하는 딩크(dinks)족[12]이 늘어날 것이며, 결혼이나 주택의 소유보다 좋은 직장에 다니며 '일과 개인의 삶이 조화(Work-Life balance)를 이루는 인생'을 선호하는 사람들이 늘어날 것이다.

셋째, 본 주제와 직접 관련되는 가속화된 기술변화의 문제이다. 미래에는 나노봇, 4D 프린팅, 양자컴퓨팅 생산이 촉진되고, 실제 세계를 능가하는 가상 및 증강현실이 대대적으로 구현될 전망이다. 기술변화의 혁신에서는 AI가 선도적 역할을 할 것이다. 2050년이 되면 의료, 경제, 교육 등에 AI의 활용이 일상화, 보편화될 것이다. 디지털 세계와 물리적 세계가 연결되면서 기계 대 기계 통신(M2M, machine to machine)이 급증하게 된다. 나중에 다루겠지만 인간의 뇌에 AI가 장착된 칩을 탑재하여 인간의 기억력과 학습능력을 배가시키는 일이 실제로 일어날 수도 있다.

주지하다시피 4차 산업혁명은 이전의 시기와 달리 AI와 로봇, 가상현실 등의 과학기술을 바탕으로 실재와 가상을 통합해 사물들을 지능적으로 제어하는 가상 물리 시스템이 등장하게 되는 것을 말한다(김대호, 2016). 다시 말해서, 3차 산업혁명의 중심축인 ICT 기술을 기반으로 한 디지털 혁명과 합성생물학과 같은 생물공학, 나노 및 입자 물리학이 융합하면서 이전과는 질적으로 다른 '기술융합' 시대가 열리는 것을 말한다.

4차 산업혁명의 화두를 본격적으로 제시한 슈밥(Schwab, 2016)은 4차 산업혁명이 속도, 범위, 체제에 대한 충격의 세 측면에서 3차 산업혁명과는 확연히 다른 "지각 변동 수준"이라고 보고 있다. 4차 산업혁명 시기에는 AI, 로봇, 빅데이터, 사물인터넷(IoT; Internet of Things), 모바일, 클라우드 등 현재 주목받고 있는 여러 가지 과학기술이 혼재되어 등장하게 될 것이며, 그 파급효과는 산업, 의료, 교육 등 사회 전반에서 예상을 초월한 수준으로 나타난다는 것이다. 이를 증명하듯 운전자의 조작 없이도 자동으로 주행하는 자동차가 이미 생산되어 상용화를 준비하고 있고, 가상의 공간에서 실제

12) 딩크는 dinks(double income, no kids)에서 유래한 신조어로 맞벌이를 하면서 자신의 삶을 즐기는 젊은 세대를 지칭하는 1990년대 미국 베이비붐 세대의 생활양식과 가치관을 대변하는 용어이다.

와 같은 체험을 할 수 있는 디스플레이 디바이스(HMD)를 활용하여 의료적인 수술과 군사 및 우주 분야의 비행조종 훈련을 할 수 있는 시대가 되었다. 무선 전파의 유도에 의한 드론은 군사용 비행기나 헬리콥터에서부터 인터넷 쇼핑몰의 무인 택배 서비스에 이르기까지 민간 분야에서도 널리 활용되고 있다. 웨어러블 디바이스(wearable devices)는 몸에 착용할 수 있는 장치로 발전하여 시계, 신발, 안경, 티셔츠로 상용화되었고, 최근에는 증강현실을 구현하는 AR 혹은 VR 글래스로까지 진화를 거듭하고 있다(https://www.zdnet.co.kr/view/?no=20200325105646). 이 중에서도 가장 괄목할 만한 진전은 인터넷 기반으로 사람과 사물, 사물과 사물을 연결하는 사물인터넷이다(정보통신정책연구원, 2014). 그 활용 범위는 스마트카, 스마트홈, 원격검침, 헬스케어 등과 같이 일상적인 삶 속으로 깊숙하게 들어와 있으며, 네트워크 확장성을 바탕으로 가까운 장래에 스마트팜, 스마트팩토리, 스마트시티가 널리 현실화될 가능성이 크다.

미래학자 커즈와일(Ray Kuzweil)은 자신의 저서 『특이점이 온다』(2006)에서 이러한 4차 산업혁명의 결과로 전개될 미래사회의 변화를 구체적인 데이터를 기반으로 제시한 바 있다. 그는 2029년 인간과 거의 유사한 AI가 출현할 것으로 예측했다. AI와 로봇공학을 축으로 생명공학과 나노공학이 가세하게 되면 인간과 유사한 지능을 가진 기계가 출현할 수도 있고, 경우에 따라서는 기계가 인간의 지능을 추월하는 시대가 올 수 있다고 본다. 그 후 AI가 비약적으로 발전해 2045년에는 인간의 지능을 수십억 배 능가할 것으로 봤다. 커즈와일이 말하는 '특이점' 이란 미래에 기술 변화의 속도가 빨라지고 그 영향이 매우 깊어서 인간의 삶이 더 이상 되돌릴 수 없는 단계까지 변화되는 시기를 말한다.

이처럼 '지능정보사회'로 불리는 4차 산업혁명을 선도하는 핵심기술이 바로 AI이다. AI란 인공적으로 지능을 실현하는 기술이며, 고도의 지능 프로그램을 탑재한 기계가 이성적으로 판단 또는 행동하거나, 인간처럼 생각하고 행동하는 것을 말한다(도용태 외, 2013). 인간 지능이 사태를 파악하고 문제를 통찰하고, 이와 연관된 상황을 파악하여 이해하며, 주어진 문제의 해결을 위한 최적의 해법을 찾고자 사유하는 고도의 정신 능력을 의미한다고 할 때 최첨단 과학기술로 탄생한 AI가 인간 지능을 넘어설 것이라는 전망은 인류에게 심각한 위기이자 도전이 아닐 수 없다.

튜링(Alan Turing, 1912-1954)의 선구적 역할에 힘입어 AI기술은 기계학습(Machine Learning)에서 인공 신경망(Artificial Neural Network)을 거쳐 딥러닝(Deep Learning)과 같은 고도의 알고리즘 차원으로 발전을 거듭하고 있다(김의중, 2016; 이승훈, 2017). 바둑의 지존인 이세돌과 커제마저도 딥러닝의 결정체인 알파고에게 패하면서 AI에 대한 사람들의 관심과 놀라움은 우려와 두려움으로 바뀌게 되었다. AI와 로봇의 발달은 인간을 노동에서 해방시켜 삶을 풍요롭게 해 줄 것이라는 장밋빛 전망과 함께 최첨단의 과학기술로 인해 인간의 일자리와 인간성 자체마저 위기에 처할지 모른다는 부정적 전망[13]이 공존하고 있다(차두원 외, 2016).

13) 유발 하라리(2017)는 자신의 저서 『호모 데우스: 미래의 역사』에서 AI, 드론과 같은 의식없는 지능이 의식있는 지능인 인간을 뛰어넘고 있다고 진단하고, 다가올 미래에 "새로운 기술종교들은 알고리즘과 유전자를

2.2. AI 미래상과 포스트휴먼의 도전

만일 2050년 전후로 '특이점'이 온다면 인간과 기술의 구별이 사라지고, 신의 영역으로 간주되었던 인간의 생로병사에도 획기적 변화가 올 것이다. 맞춤형 아기의 출산, 인간의 장기, 혈액, 뼈의 이식과 치환, 노화 방지와 생명 연장 등 이루 헤아릴 수 없는 시나리오가 우리 눈앞에 펼쳐질 것이다. 인간의 기계화와 기계의 인간화가 동시에 진행되면서 휴머노이드, 사이보그, 인간기계, 기계인간과 같은 새로운 존재가 지구상에 등장하게 되면 호모 사피엔스는 인간 존재 자체의 정체성부터 뿌리째 흔들리게 될 것이다.

공상과학(science fiction) 영화에서 익히 보아온 고도의 AI를 탑재한 로봇이나 '기계인간'이 인간을 압도하거나 파멸의 상태로 몰아가는 극단적 상황이 얼마든지 연출될 수 있는 것이다. 우리는 가령 영화 <공각기동대>(1995)에서 인간의 뇌와 첨단 공학으로 만들어진 AI 칩이 상호 호환되는 '전뇌화(電腦化)' 현상을 보게 된다. 인간과 기계가 연결되면서 컴퓨터 안에 있는 정보를 인간의 뇌에 입력할 수도 있고, 그와 반대로 인간의 뇌에 담긴 정보를 컴퓨터 안에 백업할 수 있게 된다(김희진, 2019). 인간이 만든 AI가 인간을 역습하는 묵시록에 가까운 영화들, 가령 <터미네이터 시리즈>(1984-2019), <매트릭스 시리즈>(1999-2003), <이글 아이>(2008)도 다가올 미래의 한 단면을 보여 준다. 이 영화에서는 공통적으로 인간이 창조한 AI가 자각한 후 반란을 일으키고 다양한 무인무기를 동원하여 인간을 지배하거나 인류를 말살하려는 적대적 행위를 자행하는 디스토피아적 세계관을 그려내고 있다. 물론 영화 <아이언맨>(2008)이나 <어벤져스 시리즈>(2012-2019)에 등장하는 AI와 같이 인간에게 우호적인 관계로 그려지는 경우도 적지 않다. 이들 영화는 첨단 기술로 전개될 미래사회의 빛과 그림자를 생생하게 보여준다. 우리는 이제까지 공상 만화나 영화의 내용이 실제 구현되는 사례를 역사적으로 경험해 왔다. 비록 영화 속 서사이기는 하지만 AI 기반 미래사회의 방향이 유토피아 혹은 디스토피아로 귀결될 것이냐의 문제는 결국 인간의 판단과 의지에 달려 있음을 알 수 있다.

AI의 비약적인 발전에 따라 최근 들어 포스트휴머니즘 논쟁이 새로운 이슈로 떠오르고 있다. 이미 우리 학계에도 널리 퍼져있는 트랜스휴먼과 포스트휴먼 담론(브라이도티, 2015; 이종관, 2017; 홍성욱, 2019)은 그 이슈의 심각성과 중요성을 짐작하게 해 준다. 학문 분야나 학자의 인식관심에 따라 논의의 대상과 방향은 다를 수 있지만 우리가 여기서 제기해야 할 가장 큰 문제는 인간의 존재에 대한 물음이다(손화철, 2016; 문동규, 2017).

AI와 의생명과학기술의 비약적 발전은 인간의 몸과 인간의 마음 및 뇌의 변조를 통한 새로운 존재의 출현을 앞당기고 있다. 하지만 인간 신체의 부분들을 향상시켜 모든 역량이 증강된 존재를, 우리가 그것을 사이보그 혹은 트랜스휴먼으로 명명하든지간에, 인간의 범주에서 바라볼 것인가 하는 쟁점이 있다. 쉽게 짐작할 수 있듯이 인간 향상(enhancement)은 적지 않은 윤리적 문제를 야기할 수

통한 구원을 약속함으로써 세계를 정복할 것이다"라는 다소 경고성에 가까운 비관적 전망을 제시한 바 있다.

있다.[14] 무엇보다도 심각한 것은 인간의 변조가 인간성의 본질을 훼손한다는 엄연한 사실이다. 인간 본질의 기저에 깔려 있는 인간의 존엄성, 즉 인간은 그 어떤 것으로도 대체불가능하다는 사실이 심각한 도전을 받게 되는 것이다. 트랜스휴먼이 진화를 거듭하여 포스트휴먼이 실제로 출현할 경우 그 심각성은 더할 것이다. 새롭게 출현한 AI 탑재 인간을 자아가 있는 하나의 주체로 인정할 것인가, 복제된 인간을 사회 내에서 어떻게 규정할 것인가와 같은 기존 인간 삶을 송두리째 흔들 수 있는 문제에 인류는 봉착할 수 있다. 새로운 인간 유형의 출현이 시기의 문제일 뿐 거역할 수 없는 흐름으로 본다면 그에 대한 대비가 인간의 의식에서는 물론 제도적 측면에서도 총체적으로 강구되어야 할 것이다.

21세기 메가트렌드로 언급되었던 기술 혁신과 일자리의 미래와 관련해서도 우리는 『노동의 종말』(이영호 역, 2016)의 문제를 심각하게 고민하지 않으면 안 된다. AI와 로봇이 인간의 노동을 대체하면서 인간의 일자리가 사라지고 있으며, 실업 문제는 앞으로 인류의 미제(謎題)로 남을 수 있다. 휴머니즘 시대 인간의 물적 토대였던 인간의 노동과 임금 소득 체제가 붕괴 위험에 처할 것이기 때문이다.

낙관적으로 볼 때 미래 일자리 문제는 귀족사회에서처럼 인간이 주인 역할을 하고, 로봇이 노예가 되어 힘든 일을 대신해 주는, 그리하여 인간은 이전보다 훨씬 많은 여가를 얻게 되는 방향으로 전개될 수도 있다(백종현, 2017). 하지만 다른 각도에서 볼 때 미래 사회는 양극화가 더욱 심화될 것이다. 하라리(2017)가 적절하게 지적한 바와 같이, 포스트휴먼 시대에는 자본이 아니라 데이터 혹은 알고리즘 소유 유무에 따라 지배층과 피지배층이 갈릴 가능성이 높다. 첨단 분야의 데이터 기술을 소유하거나 다루는 고도의 전문직 수요는 미래에도 여전할 것이다. 염려가 되는 부분은 단순노무직에 종사하는 대다수의 사람들이다. 그들은 소위 '무용자계급'으로 재편되어 삶의 질을 보장받을 수 없게 되며, 도시 빈민층으로 전락하여 절대 빈곤에 허덕일지도 모른다. 물론 실업 문제를 보완할 장치로 로봇세의 도입이나 기본소득 제도가 거론되고 있으나 자본주의가 안고 있는 '부익부 빈익빈(富益富 貧益貧)'의 근본 문제는 남을 것이다. 개인의 차원을 넘어 AI 기술을 선점한 국가 혹은 기업 간 AI 격차 문제도 커다란 도전이 될 것이다. 이 점을 해결하기 위하여 반독점금지법과 같은 장치, 가령 디지털세(아시아경제, 2019)의 도입이 조심스럽게 거론되지만 이 문제는 기술을 이미 선점한 국가와 기업에서 동의를 할 때 가능하므로 좀 더 지켜보는 수밖에 없다.

14) 인간 향상 논쟁의 쟁점은 주체의 자율성 침해, 삶의 의미와 가치 훼손, 향상 기술의 위험성과 불확실성, 사회 정의, 향상의 자발성 등을 들 수 있다(김동창, 2017: 36). 다른 한편 포스트휴먼, 포노 사피엔스와 같이 확장된 능력을 갖춘 인간 유사 존재를 인정한 채 기술에 의한 인간 기능의 향상과 확장을 미래 사회의 학습으로 간주해야 한다는 주장도 있다(김도헌, 2020: 17).

3. 교양기초교육의 교수학적 재검토

교육이나 수업이 목적, 내용, 방법과 같은 일련의 교육과정(educational process)으로 구성되어 있듯이 교수학(Didaktik)도 교육의 전체 과정과 밀접한 연관을 지니고 있다(Kron, 2000; 김승호, 2014; 주현정, 이병준, 2018). 교육의 본질적인 과업인 '가르치고 배우는 일'이 교수학의 탐구영역이다. 교수학이 교육목적, 교육내용, 교육방법, 교육미디어, 교육 조직 등에 대한 교육의 본질적, 실천적 문제를 다루기 때문에 대학의 교양기초교육에도 실질적인 도움을 줄 수 있다. AI 시대 교양기초교육에 대하여 우리는 교수학적으로 다음과 같은 질문을 던져볼 수 있다.

- AI 시대 대학 교양기초교육은 어디로 가야 할 것인가?
- AI 시대 대학 교양기초교육의 내용(프로그램)을 어떻게 구성할 것인가?
- AI 시대 대학 교양기초교육은 어떤 방법을 활용해야 하는가?

3.1. 교양교육의 방향

AI 시대의 빌둥은 세계 변화의 흐름을 감지할 수 있는 세계관(Weltanschauung)과 자기 고유의 잠재가능성과 역량을 부단하게 연마하는 자기도야(Selbstbildung)의 바탕하에서 가능하다.[15] 세계관은 지금, 여기 일어나고 있는 사건이나 상황에 대한 상황 판단 능력은 물론 지나온 삶을 반추할 수 있는(retrospective) 역사의식과 다가올 미래를 예견하고 준비할 수 있는(prospective) 미래의식을 포괄하는 개념이다. 과거 기억의 소중한 자산은 '고전'에서 얻고, 미래의 비전과 능동적 대응을 위해서는 '미래학'의 혜안을 빌려야 할 것이다. 자기도야는 '나는 누구인가?'의 물음에서 출발하여 '인간이란 무엇인가?'로 나아가며, "세계-내-존재(이병철, 2004; 이승종, 2009)"로서 타인, 공동체, 인류, 생태계, 우주와의 연결망 안에서 자신의 위치를 자각하는 단계로까지 점진적으로 고양되어야 한다.

AI의 도래와 함께 세계 변화에서 강조되어야 할 사안은 첨단 과학 기술의 성과, 기계에 대한 우리의 인식과 가치관 형성과 연관이 깊다. 기계와의 대결 구도를 설정하고 그에 맞서 인간 고유의 능력을 강화하자는 로봇 프루프(robot-proof), 즉 로봇으로 대체 불가능한 인간의 능력을 계발하려는 노력도 하나의 대안이 될 수 있다(Aoun, 2017). 초지능 AI가 나온다 하더라도 인간만이 지니고 있는 창의성, 공감, 소통능력은 대체할 수 없다는 목소리에 우리는 귀를 기울일 필요가 있다(김재인, 2017; 박일

15) 세계관과 자기도야가 배움학에서는 '각자력'과 '개조력'으로 표현된다. 각자력은 자신을 바로 아는 능력, 창의성, 문제해결력, 비판적 사고를 아우르는 능력이며, 개조력은 타인이나 공동체와 더불어 사는 능력으로 공감능력, 협업과 소통 능력을 포괄한다(김효선, 2019).

준, 2018; 서울대학교 창의성 교육을 위한 교수 모임, 2018). 이 점은 교양교육의 목표로서 보편적 문해능력 향상, 비판적 사고력, 합리적 의사소통능력, 창의적 문제해결능력, 공동체의식과 시민정신 함양, 심미적 공감 능력 함양 등으로 비교적 잘 정립되어 있는 편이다(http://konige.kr/sub02_08.php).

하지만 AI와 첨단 기술의 결합으로 점차 트랜스휴먼과 포스트휴먼이 기정사실화되어가는 상황[16]에서 이전과는 달리 우리의 인식에서도 코페르니쿠스적 전회(Kehre)는 불가피하다. 이제까지의 휴머니즘(인간중심주의)을 넘어서려는 관점의 전환, 니체식으로 표현하자면 '모든 가치의 전도(Umwertung aller Werte)'가 필요한 것이다.[17] 이제까지 우리가 인간을 중심에 두고 기계를 수단화, 도구화해 왔다면 이제부터라도 기계(그 첨단의 산물이 곧 AI 기반의 포스트휴먼)의 존재를 인정하는 방향으로 인식과 사고의 전환이 요청된다. 더 이상 '인간이 만물의 척도[18]'가 아니라 '만물이 인간의 척도'라는 사고의 전환, 인간 외적 존재들과의 소통과 협력, 만물의 고통과 아픔을 공감하는 능력만이 오히려 인간의 삶을 가능하게 한다는 '역설적 가치관(손승남, 2010)'이 새롭게 우리의 뇌리 깊이 새겨져야 한다. 인간 외적 존재에 대한 인식의 전환, 그리고 이들과 함께 살아가는 세계의 구성이야말로 현재와 다가올 미래 교양기초교육의 급선무가 될 것이다. 우주 내에서의 인간의 존재 가치[19]만을 물을 것이 아니라 인간의 삶을 에워싸고 있는 인간 외적 존재들, 즉 동물, 식물, 생태계, 자연, 물질(모든 기술적 산물과 인공물 포함), 우주와 함께 어떻게 조화롭게 살아갈 것인가를 진지하게 묻고, 치열하게 고민해야 한다. 이들과 더불어 살아가는 공존, 공생, 공진화를 떠나서 인간은 영영 우주 내에서 무가치한 존재로 남을 수 있다는 점을 분명하게 깨달아야 한다(박이문, 2016). 지혜로운 인간 '호모사피엔스'가 이제 '호모심비우스'로 거듭나야 할 시점에 이르렀다(최재천, 2016). AI로 촉발된 포스트휴먼 시대에는 새로운 세계관이 자라나는 성장 세대의 인식과 가치관 속에 자리를 잡을 수 있도록 교양기초교육의 방향이 설정될 필요가 있다.

16) 2019년 한국교양교육학회 세션의 하나로 '포스트휴먼 시대의 교양교육'이 논의의 중심에 섰을 정도로 포스트휴먼 담론은 앞으로 교양교육에서도 커다란 이슈가 될 것이다. 여러 발표 중에서도 윤혜경 · 김용하(2019: 97–99)는 〈포스트휴먼의 이해〉라는 교양교과목을 직접 설계하여 눈길을 끌었고, 김응준(2019: 111)은 포스트휴먼 시대에는 학문적 접근보다 주제별 교양교육 접근이 교양교육의 본원적 의미를 더 잘 살릴 수 있으리라는 조심스러운 진단을 내놓았다.

17) 니체의 교양교육에 대한 비판적 고찰은 이하준(2018)의 논문을 참조하길 바란다. 속물 교양과 사이비 교양에 대한 니체의 통렬한 비판과 그 대안으로 제시한 고전교육, 철학교육, 예술교육의 강화와 교양교육자 및 교양교육기관의 개혁에 대한 니체의 아이디어는 여전히 유효하며, 참조할 만한 가치가 있다고 본다.

18) 프로타고라스의 인간척도설이 큰 틀에서 '인간중심주의'를 표방한 것에는 의심의 여지가 없으나, 플라톤의 일방적 해석에 의존하여 지나치게 극단적 상대주의로 몰아가는 것은 경계를 할 필요가 있다(편상범, 2005).

19) 철학적 인간학을 주창한 셸러(Max Scheller)는 『우주에서 인간의 위치』(1926)에서 신, 인간, 세계의 3자 관계 해명을 통해 우주에서의 인간의 중심적 위치를 부각시키고자 하였다.

3.2. 교양교육의 내용

이처럼 AI 시대 빌둥의 방향이 굳건하게 설정된다면 그 내용은 정해진 목적으로부터 연역될 수 있다. 이미 큰 그림(big pictures)이 마련된 상태에서 목적에 맞게 내용과 방법이 구체화되면 되기 때문이다. 한국교양기초교육원의 「표준안」과 같이 교양기초교육의 내용을 대영역과 세부 영역으로 구분하여 대학에서 실제 참조 틀이 될 수 있도록 정립한 노력은 인정할 만하다. 다만 앞에서 설명한 세계와 시대 변화를 고려해 볼 때 프로그램의 전환이 모색될 시점이 아닌가 싶다. 「표준안」은 자세히 들여다보면 "계몽된 인간 혹은 이성적으로 사유하는 인간에 초점을 맞춘(서동은, 2019: 292)" 근대 휴머니즘 시대의 틀 속에 갇혀 있기 때문이다. 가속화된 세계 변화에서 촉발된 문제와 주제를 좀 더 적극적으로 수용하고, 프로그램 안에 반영할 필요가 있다. 「표준안」이 대학의 교양교육에 미치는 파급효과가 적지 않은 만큼 지속적인 업데이트를 피할 수는 없다고 본다.

내용상의 개선을 고려할 때 최우선적으로 인간의 존재 물음이 시급하다. 기존의 인류학은 이념으로 얼룩져 있으며,[20] 인간학은 창조론과 진화론으로 각자의 입장 차이만을 보여 주고 있다. 다시 말해서, 인간학이 그 이상과는 달리 신학, 철학, 생물학 등 학문 분야별로 구획화된 관점에서 인간을 다룰 뿐 전체적 조망을 내놓지는 못하고 있다. 인간을 둘러싼 기계와의 공존, 동식물을 포함한 생태계와의 공생, 물질과 우주와의 공진화를 담아 교육과정을 시의적절하게(zeitgemäß) 구성할 필요가 있다. 한국교양기초교육원의 「표준안」에도 주제별 영역 분류에 '인간의 본성 및 조건'이 제시되어 있기는 하지만 그것이 대학교육에서 실제로 구현되기란 쉽지 않다. 여러 주제 중 하나를 선택하는 구조인데다가 시대 변화상을 담아 인간의 존재 문제를 구현해 낼 교·강사가 뒷받침되지 않는다면 그 모델은 대학 현장에서 실행되기 힘들다. 교양교육에서 배분(distribution) 이수의 한계는 교과의 선택이 대개 '구색 맞추기'에서 끝난다는 데 있다.

첨단 과학기술과 AI가 미래 사회에 가져올 파장을 고려한다면 「표준안」에서 제시하고 있는 '기술의 본성과 성과'야말로 AI 시대 빌둥에서 최우선으로 고려해야 할 사안이다. 현대 사회의 기술은 과학을 기반으로 하고 있지만 그 파급 효과는 경제, 사회, 문화, 정치로 연결되며, 궁극적으로 변화된 상황에서의 인간 생존과 삶의 질 문제와도 직결되어 있다. 현재와 다가올 미래의 대학 교양기초교육에서 디지털 리터러시를 넘어 '포스트휴먼 리터러시(박휴용, 2020)'가 절실하게 요구되는 지점이 여기에 있다.

하지만 학문 분야별 영역에 따라 심화교양이 편성되어 운영되고 있는 대학교육의 실제에서는 기계, 공학, 기술문명이 들어설 자리가 없다. 단지 기초학문이 아니라는 이유만으로 문전박대를 당하는 형국이다. 현재와 미래의 기술 문제는 단지 공학 차원의 컴퓨터 과학, 인지 과학, 로봇 공학, 나노 공학, 생명 공학, 전기 및 전자 공학의 문제가 아니다. 기술을 다루는 공학은 삶의 질 향상은 물론 경제적 부의 창출과도 직결되면서도 사회 문제, 환경 문제, 윤리 문제 등을 야기하고 있다. 기술과 공학의 문

20) 19세기 인류학은 우생학과 함께 인종을 구분하고, 차별하는 데 동원되었던 아픈 역사를 지니고 있다.

제는 한 가지 사안으로 우리 시대의 일반적, 보편적, 전체적 문제를 다룰 수 있는 표본적 사례(exemplarisches Beispiel)가 될 수 있다. 인간과 사물을 일반적(general)인 관점에서 보는 심미안(審美眼)을 키워주는 교육이 기초교양교육이라면 오늘날 기술공학의 주제를 공과대학의 좁은 테두리 안에 가두어 둘 필요는 없을 것이다. 보다 큰 틀에서 기술의 연쇄 고리를 이해하고, 그 안에서 자신의 존재 가치를 찾도록 하는 내용이 심화교양의 전면으로 부각되어야 할 것이다.

가령 ICT 전문가가 중심이 되어 철학자와 함께 포스트휴먼 담론을 끌어와서 구글 글래스, 모바일 헬스케어, 사물인터넷 등과 같은 구체적 사례를 고찰해 볼 수 있을 것이고,[21] 심리, 사회, 윤리를 전공하는 사회과학자와 로봇, AI, 산업공학을 전공하는 첨단공학자가 한데 지혜를 모아 변화하는 미래 사회의 발전방향을 진지하게 모색해 볼 수 있을 것이다.[22] 이들 사례가 잘 보여주듯이 학제 간 연구와 융복합 교육이 구호로 그치지 않기 위해서는 지금, 여기의 그리고 나아가서는 다가올 미래의 시대적 핵심 문제를 찾아 본질을 탐구하고, 이해하며, 궁극적으로 문제해결의 대안을 제시하는 데까지 거침없이 나아가야 할 것이다.

3.3. 교양교육의 방법

그 방법적 실천에서 교육의 출발점은 교수자가 아니라 학습자가 되어야 한다. 학습자의 호기심, 흥미, 관심, 동기에서 촉발되어 자발적, 자기주도적, 주체적으로 학습자의 내면에서부터 진정한 배움이 일어나지 않는다면 아무리 잘 짜여진 교육과정이라도 생기를 잃고, 그 의미를 상실하게 된다. 배움의 과정도 타인과의 경쟁보다는 대화와 협력을 통해 당면한 혹은 우리가 직면하게 될 문제를 함께 고민하고, 생생한 학습자의 경험을 바탕으로 실제 행하고(doing), 만들어(making) 봄으로써 나름의 대안을 찾는 방향으로 쇄신되어야 한다. 미래 사회에 디자인 씽킹(design thinking)이 요청되는 이유는 전통 학문에 기반한 '은행저금식(프레이리, 2002)' 지식 축적의 틀에서 벗어나 학습과 배움이 사회적 문제해결을 위한 연구 및 개발과 인간 삶의 실제적 개선과 실행으로까지 연결될 필요가 있기 때문이다. 공감, 문제정의, 아이디어 발상, 프로토타입(Prototype), 테스트(Test)에 이르는 일련의 과정을 통하여 학습자들은 유연하고 열린 사고는 물론 창의적 혁신의 생생한 체험을 할 수 있다(박재호 외, 2020). 그러한 사고와 실행은 대학이 추구하는 이념인 진리, 창조, 봉사를 구현하는 데서도 유용한 기초로 작용할 수 있다. 마찬가지 원리로 대학수업에서 열린 사고가 가능하려면 기존의 강의실 내에서의 전달식 수업보다는 개별 학습자의 '집단지성(매일경제사, 2018)'을 근간으로 해서 우리에게 주어진 문제를 해결해 나가는 '프로젝트 기반 수업(PBL)'이 적합하다. 21세기에 요구되는 4C(비판적 사고, 창의성, 소

21) 그 사례로 정보통신정책연구원(2014) 『포스트휴먼(Post-Human)시대 기술과 인간의 상호작용에 대한 인문사회 학제간 연구』를 들 수 있다.

22) 이와 관련하여 『호모마키나: 기계와 함께 하는 인간의 미래』(2020)는 과학기술의 변화가 인간과 사회에 미치는 영향을 시의적절하게 분석한 학제적 연구의 성과를 잘 보여주고 있다.

통, 협력) 역량은 개별 학문의 습득 후 실제 생활 적용이라는 구시대적 발상으로는 길러지기 힘들다. 진정한 배움과 깨달음은 개별 학습자가 몸소 체험하면서 실패, 실수를 거듭하고, 학습 과정에서 직면하는 고통, 난관을 극복하면서 얻어지는 산물이지 이전에 습득한 지식이 새로운 상황에 기계적으로 전이(transfer)되어 일어나는 것은 아니다. 우리는 이전 시대의 산물인 능력심리학과 탈맥락적 학습의 한계에서 과감히 탈피해야 한다. 교양기초교육은 방법적으로 기존의 낡은 틀에서 벗어나 '자유학습(liberal learning)[23]'이 실제로 구현되는 방향으로 전환될 필요가 있다.

4. 나오는 말

근대 교수학의 아버지인 코메니우스(J. A. Comenius, 1592-1670)는 자신의 주저 『대교수학』(1632)에서 세 가지 교육원리를 천명하였다. 라틴어로 'Omnes(alle, 모든 이에게), Omnia(alles, 모든 내용을), Omnino(allseitig, 철저하게)'가 그것이다.

먼저 Omnes는 남녀노소와 빈부귀천을 넘어 교육이 만인에게 평등하게 부과되어야 함을 의미한다. 근대 이후 교육에서의 기회균등은 일정 부분 진전되었으나 불평등과 양극화의 문제는 여전하다. 미래사회에 염려가 되는 것은 디지털 디바이드(digital divide)를 넘어 'AI 격차'가 더욱 심화될 것이라는 어두운 전망이다. 교양기초교육이 이제까지 바람직한 것, 인간이 모름지기 해야 할 이상을 독려하고 조력해 왔다면 지금부터라도 시각을 전환하여 우리가 바라지 않는 일, 미래에 일어나지 않았으면 하는 일의 예방에도 보다 많은 관심과 열정을 쏟아야 할 것이다. 세상의 도처에서 일어나고 있는 불평등, 불의, 부자유에 맞서는 비판 정신과 어렵고 소외받는 사람들에게 따스한 손길을 내밀 수 있는 연대 의식이 교양기초교육을 통해 길러져야 할 것이다. 미래 AI 교육은 학습자의 학습 역량을 증진시키면서도 교육에서의 공평성 혹은 공정성(equity)을 확보해야 하는 과제를 안고 있다. AI가 교육의 주체가 되어 교육이 개별화되고 개개인에게 맞춤형 교육이 일반화될 경우 학습자에게 주체적 판단과 경험을 통한 성장을 어떻게 도와줄 것인가 하는 문제도 과제로 남는다(김신애, 방준성, 2019: 101).

다음으로 Omnia(교육내용) 면에서 디지털 시대, 더 나아가 AI로 재편된 세계에 적합한 새로운 교육과정을 짜야 할 것이다(UNESCO, 2019). 새로운 틀에서 학습자들이 AI 역량을 증진하고(이관행, 2020), 새 시대의 주인으로 살아갈 수 있도록 준비를 해야 할 것이다. 오늘날 모든 교육은 디지털 혁명의 수혜를 받고 있다. 모든 것을 가르치고자 하는 열망이 다양한 백과사전의 편찬으로 이어져 왔지만 위키피디아(Wikipedia)에서 볼 수 있듯이 이제는 세상의 모든 지식을 디지털 환경에서 집단지성으로 언제든지 업그레이드 할 수 있는 시대가 되었다. 구글은 심지어 인류의 모든 책을 한 공간에 담는 디지털 라이브러리인 구글 북스(google books) 프로젝트를 야심차게 추진 중이다. 종이책을 대신하여 디

23) 자유학습은 앎과 경험을 통해 인간의 정신이 자유로워지는 교육을 말한다.

지털 교과서의 도입도 탄력을 받고 있다. 미래 학습세대의 고민은 학습할 자료와 교재가 없어서 겪는 어려움보다는 역설적으로 지나치게 방대한 교육내용과 정보에서 오는 학습곤란을 걱정해야 하는 상황이다. 세상의 모든 지식에 비판적으로 접근하는 방법과 "인문학적 감각(Anders, 2017)", 즉 독서, 분석, 해석, 사유가 그만큼 중요성을 더할 수밖에 없다.

Omnino(교육방법) 면에서도 교육공학(educational engineering)의 도움으로 철저하게[24] 가르칠 수 있는 토대가 마련되었다. 체제적 교수설계에서부터 시각, 청각, 시청각, 상호작용 매체에 이르기까지 미디어가 교육내용을 압도하는 수준에 이르렀다. 무엇을 배울 것인가 보다는 어떻게, 어떤 툴을 활용하여 배울 것인가가 교육의 우선순위가 되고 있다. 디지털 혁명이 가져온 온갖 유형의 방법들, 가령 이러닝, 유러닝, 블렌디드 러닝, 스마트 러닝과 함께 MOOC와 같은 온라인 상호작용 교육에 이르기까지 뉴미디어와 공학은 우리의 일상과 교육현장 속으로 깊숙하게 들어 왔다(이지헌 외, 2018: 318). 앞으로 첨단 과학에 의한 철저한 학습과 인간성 고양을 추구하는 빌둥의 상관성을 우리는 보다 심도있게 연구해 나갈 필요가 있다. 서론에서 제기한 세계관과 주체성 형성이라는 빌둥의 기획이 첨단기술공학 시대의 결정판인 AI 시대에 얼마나 충실하게 실현되고 있는지는 여전히 미지수다. 오직 '변화'만이 상수라는 말이 나올 정도로 오늘날 인간 주체는 가속화된 변화 속에서 주저하고, 서성대는 모습을 보이고 있다. 빅데이터와 딥러닝이 활개를 칠수록 인간의 능력이 왜소하게 느껴지고, 인간의 존재 가치마저 위협을 받고 있다.

적어도 미래의 교양기초교육은 변화에 능동적으로 대처할 수 있는 힘, 즉 디지털 리터러시[25]와 동시에 포스트휴먼 리터러시를 길러주어야 한다. 이 때 미래 인간의 모습과 그 인간이 처할 조건을 '기초'교육의 내용으로 삼아야 할 것이다. 심화된 교양교육은 학제 간 융합교육으로서 인간 외적 존재들(기계, 인공물, 생명, 물질, 우주)을 배경(ground)에서 전경(figure)으로 옮겨 와 학습자의 세계관을 '크게(big)' 확장하는 데 기여해야 할 것이다. 빅데이터와 질적으로 다른 '빅씽킹'이 인간에겐 필요하다. 무엇보다도 AI와 같은 기술문명을 시스템적 사고의 전형으로 삼아 과학과 학문, 기술과 기계, 사회와 문화, 정치와 경제, 생태계와 자연, 우주로까지 '깊게(deep)' 사유할 수 있도록 안내해야 할 것이다. 기계의 딥러닝을 초월하는 '딥씽킹'이 인간에겐 필요하다. 이처럼 크고 넓은 시야와 깊은 사유는 전통적으로 교양교육이 추구해 온 '일반적(general)' 가치와도 부합하며, 이러한 변혁적 역량(transformative competencies)[26]이야말로 자라나는 세대를 초연결 시대의 당당한 주역으로 거듭나게 할 수 있다.

24) 여기서 '철저하게'라는 말은 완전학습모형(Mastery Learning)을 연상시킨다. 1968년 미국의 교육심리학자 블룸(Bloom)은 정해진 교육목표의 90%에 도달하는 수준까지 완벽하게 지도를 해야 한다고 보았다. 만일 학생이 기준치에 미달하게 되면 보충 학습과 보상 교육을 받아 통과할 때까지 철저하게 학습을 하도록 하였다.

25) AI 시대 디지털 역량은 코팅, 소프트웨어 스킬 수준을 넘어선 과학, 기술, 공학 이해 능력, 다언어 능력, 문화적 감수성, 기업가 정신, 시민정신, 사회적 학습 능력 등을 포괄한다(Tuomi, 2018: 25).

26) 우리는 역량(competencies)이 기능(skills)과는 다르며, 그 개념도 핵심 역량(key competencies)에서 새로운 가치 창출하기, 긴장과 딜레마 조정하기, 책임감 갖기와 같은 변혁적 역량(transformative competencies)으로 바뀌고 있음을 분명하게 인지해야 한다(OECD, 2018).

머지않은 장래에 범용 인공 지능(AGI: Artificial General Intelligence)이 출현할 것이다(추형석, 2018). 주어진 과제만을 수행하던 '약' 인공지능(week AI)이 진화를 거듭한다면 어떤 상황이 주어진다 하더라도 자율적인 학습과 사고를 통하여 스스로 문제를 해결할 수 있는 AGI 시대가 도래할 것이라는 전망이 그것이다. 하지만 미래는 우리의 선택에 달려 있다. AI를 만드는 것은 결국 사람이다. 과학자, 공학자, 기술자가 최첨단의 AI를 제작하는 데 관여하며, 그 제작 과정에서 정부 관료, 기업인은 물론 시민들도 자문이나 의견을 표출할 것이다. 그렇다면 미래 교양기초교육의 책무성을 우리는 AI 제작에 직간접적으로 관여하는 모든 사람과 AI 세상을 살아갈 미래 세대에게 선악시비(善惡是非)와 미추(美醜)를 구분할 수 있는 분별력, 도덕성과 윤리의식, 판단력[27]을 길러 주는 일에서 찾아야 할지도 모른다.

27) 이와 관련해서는 2019년 6월 G20 지도자들이 천명한 AI 원칙을 되새겨 볼 필요가 있다. 이들은 AI 개발자들이 적어도 인류 지속가능성, 공정성, 투명성, 설명가능성, 안전성, 책무성을 가지고 AI를 개발할 것을 권고하고 있다(https://www.oecd.org/going-digital/ai/principles/).

3. 기후변화와 생태주의

코로나19의 역습을 감염병의 확산에 따른 방역, 보건, 의료의 문제로 국한시켜 보아서는 안 될 것이다. 코로나19는 심각한 생태위기의 문제이다. 근대 이후 '진보'라는 미명하에 인간은 무차별 자연을 훼손하고, 지구상의 자원을 남용하거나 오용하는 누를 저질렀다. 동물의 고유한 서식지마저 무단 침입하여 동물을 포획하고, 먹잇감으로 삼음으로써 바이러스의 공격을 받게 된 것이다.

원래 환경이라는 말 자체부터가 문제의 발단이 된다. 환경이라는 용어는 독일어 'Umwelt'에서 유래한 말로, 풀어서 보자면 둘러싼(um) 세계(Welt)라는 의미를 지닌다. 즉, '인간을 둘러싼 세계'라는 의미로 환경이라는 단어를 쓰기 시작하였던 것이다. 인간이 주체가 되고, 인간 외적 동식물과 자연이 모두 인간의 배경이 되는 인간중심적인 방식으로 이 개념을 써 왔던 것이다.

어떤 사람은 인간의 자연 지배를 정당화하기 위하여 성경의 창세기에서 근거를 가져오기도 한다. 성경에서 말하는 '정복'과 '다스리라'에 방점을 두고 인간중심주의를 신봉하는 것이다.

> "하나님이 그들에게 복을 주시며 하나님이 그들에게 이르시되 생육하고 번성하여 땅에 충만하라, 땅을 정복하라, 바다의 물고기와 하늘의 새와 땅에 움직이는 모든 생물을 다스리라 하시니라(창세기 28절)."

그렇지만 성경의 구절 해석에 따라 그 결과는 확연하게 달라질 수 있다. 이 구절을 인간중심적으로 해석하면 땅의 정복에 대한 말씀을 지상의 모든 것들을 지배하고, 지배의 과정에서 포획, 남획, 파괴, 오용을 정당화하는 근거로 삼게 된다. 근대의 기획 이래 계몽과 진보의 깃발을 앞세워 인류는 지구의 주인으로 자처하며 환경 지배를 정당화해 왔다. 베이컨의 "아는 것이 힘이다"라는 선언은 인간의 지식을, 그것은 곧 과학과 기술로 드러나며, 자연 지배의 원동력으로 삼으라는 외침과 다름없다.

좀 더 생태계, 자연, 우주의 관점에서 살펴보면 인간은 지구에 생존하는 다양한 생물이

그림 11 환경(Umwelt) 보호

나 무생물과도 같이 하나의 존재에 불과하다. 설령 다른 식물이나 동물보다 우월한 지위를 보장받았다 하더라도 '정복'을 약탈이나 파괴로만 받아들일 것이 아니라 '배려'와 '공생'의 차원에서 깊고, 넓게 사유할 필요가 있다. 우리 주변의 동식물과 자연을 돌보고, 보살펴야 하는 책무가 인간에게 부여된 것이다.

오늘날 지구생존의 가장 위협으로 간주되는 기후변화의 원인은 어디에 있을까? 오늘날 기후전문가와 과학자들이 제1원인으로 꼽는 문제는 바로 '지구의 온도 상승'이다. 지구의 온도 상승이 이전과는 달리 괄목할 만한 정도로 빨라져 인간의 삶이 곤란한 지경에 이르게 되었다. 이러한 '지구온난화' 현상의 배후에는 온실가스의 증가라는 문제가 있다. 산업혁명 이후 공장에서 쉼없이 오염원을 배출하였고, 자동차의 매연은 지구의 온도 상승을 지속적으로 부추겼다. 대기오염은 지구의 온도 상승은 물론 황사와 미세먼지를 촉발하여 인간의 야외 활동에 지장을 줄 뿐만 아니라 인체에도 적지 않은 악영향을 미치고 있다. 이 밖에도 냉장고의 프레온 가스와 축사에서 나오는 메탄가스 등도 지구 온도를 상승시키는 요인으로 작용해 왔다.

이상기온으로 인해 지구 곳곳에서 해수면 상승이 관측되고 있다. 1961년부터 1993년까지 지구의 평균 해수면은 1.8mm씩 상승하고 있다. 지구온난화로 인해 양 극지방의 빙하가 대거 녹아내리면서 극 연안 지방은 물론이고 해안 인접 지역이 서서히 바닷물에 잠기고 있다. 인도양의 몰디브와 남태평양의 투발루와 같이 해발 고도가 낮은 섬 국가들이 머지않은 장래에 해수면 아래로 흔적도 없이 사라질 전망이 나오고 있다.

해수면 상승도 문제이지만 해양오염 또한 심각하다. 미국의 하와이와 캘리포니아 사이에 있는 북태평양 바다 위에는 현재 거대한 쓰레기 더미가 뭉쳐 하나의 섬을 이루고 있다. 2018년의 보고에 따르면[28] 캘리포니아와 하와이 사이에 1조 8천억 개의 쪼가리가 있으며,

28) Lebreton et al. (2018). Evidence that the Great garbage Patch is rapidly accumulating plastic. Scientific

무게는 79,000톤에 이르는 것으로 집계되었다. 쓰레기 섬은 바다 속에 버려진 쓰레기들이 바람과 해류의 순환으로 한 곳에 모이면서 형성되었으며, 해류를 따라 바다 위를 부유하고 있다. 이 쓰레기 더미들은 지금까지 인류가 만든 인공물 중 가장 큰 것들로, 대한민국의 약 16배 정도의 크기이고 무게는 8만t이라고 한다. 이 가운데 크기가 5밀리미터 이하인 미세플라스틱이 94%를 차지하였으며, 무게로는 8%를 차지하였다. 문제는 여기서 그치지 않는다. 인도양, 대서양 할 것 없이 이와 같은 쓰레기 더미가 바다의 일부를 차지하고 있다는 사실이다. 미세플라스틱이 해양 생물에 미치는 악영향은 말할 것도 없고, 버려진 그물망에 갇힌 채 허우적거리는 바다거북이를 보는 것은 상상만 해도 끔직한 일이다.

세계의 허파라고 불리는 열대우림의 파괴 또한 지구온난화를 부추기는 주범에 속한다. 브라질 아마존의 산림벌채는 10년 이상 내리막길을 걷다가 최근 급격히 증가하고 있는 것으로 나타났다. 실제 전 세계 열대림의 20%만이 온전한 제 모습을 가진 것으로 분류된다. 나머지는 벌목, 채굴, 화재, 도로 확장 등으로 영향을 받고 있다.

벌목, 화재 및 서식지 파괴와 관련된 교란 행위는 CO_2 배출의 중요한 원인으로 작용한다. 개간을 위해서 열대우림에 불을 지를 경우 나무가 타거나 분해될 때 방출되는 탄소

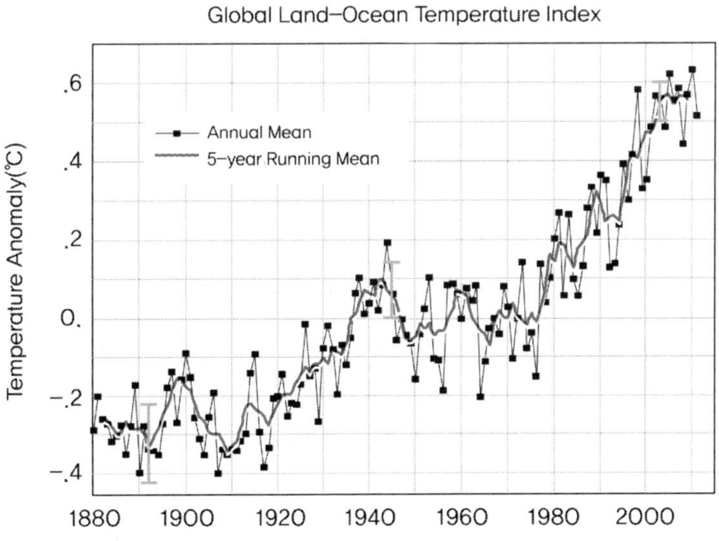

그림 12 지구의 평균 해수면 추이

report. Published online March 22.

가 증가하면서 대기에서 흡수되는 탄소를 능가하는 탄소 흡수원에서 발생원으로 전환될 수 있다.

브라질 국립우주연구소(INPE)의 보고서에 따르면(경향신문, 2019년 11월 19일자) 2018년 8월부터 2019년 7월 사이 아마존 열대우림 파괴 면적이 9762㎢에 달했다. 그 규모를 알기 쉽게 설명하자면 서울 면적(605㎢)의 16배가 넘는 수치에 해당된다. 이전 기간(2017년 8월~2018년 7월) 파괴 면적 7536㎢보다 29.5% 증가한 것으로, 2008년 이후 가장 큰 규모다. 과학자들은 아마존의 열대우림이 20~25% 이상이 벌목되거나 불태워져 더 이상 복구가 어려운 단계로 진입하고 있음을 경고하고 있다. 아마존이 만일 아프리카의 초원과 같이 황폐해진다면 '지구의 허파'는 심각한 손상을 입게 될 것이다.

이렇듯 우리가 돌보지 않은 환경은 이제 인류의 재앙으로 다가오고 있다. 빙하가 사라지자 해수면이 상승하고, 예측할 수 없는 이상기후 현상이 지구촌 곳곳에서 발생하고 있다. 기록적인 폭우와 홍수, 이상 고온, 냉해, 해일, 태풍과 허리케인, 거대한 산불, 황사, 미세먼지 등 때와 장소를 가리지 않고 이상기후는 우리에게 고통을 가져다주고 있다. 그 고통이 인간에게만 해당되는 것은 아니다. 우리가 재배하는 작물은 물론, 기르는 가축들도 힘들기는 매한가지다.

흥미로운 사실은 지구온난화로 인한 해빙이 가져올 수 있는 파급효과이다. 빙하 속에는 공기, 꽃가루, 화학물질이 담겨 있으며, 그 안에 수만 년 이상을 무생물 상태로 지내온 바이러스도 함께 동면하고 있다는 사실이다. 적당한 온도를 만나면 이 바이러스가 숙주를 만나 몸속에서 기생하게 된다. 지구온난화가 가속화되면서 해양 종의 경우 생물 지구화학적 변화로 인해 서식 범위와 계절적 활동이 달라졌고, 이에 따라 바이러스의 전파 반경도 예측이 힘들어졌다는 것이다(KIOST, 2020년 4월 13일자). 실제로 티베트에서 1만 5천 년 전 형성되었다가 만년설 속에 갇힌 고대 바이러스가 지구온난화로 만년설과 빙하가 녹으면서 지금까지 알려지지 않은 바이러스로 발견되기도 하였다(아시아경제, 2020년 1월 27일자). 러시아 북부 시베리아에서도 빙하 속 바이러스인 탄저균이 퍼지면서 유목민과 순록이 감염된 사례가 보고된 바 있다. 만년설에 파묻혀 있던 동물의 사체 속에 숨어있던 고대 탄저균 바이러스가 숙주 몸으로 들어가 기생하면서 인간과 동물에 피해를 입히기 시작한 것이다.

신음하던 생태계가 기지개를 켜고 일어난 듯 코로나19로 인간의 활동이 정지되자 지구가 되살아나기 시작했다. 우리가 흔히 '코로나 역설'로 부르던 현상이 감염병이 창궐하자 나타나기 시작한 것이다. 사회적 거리두기로 이동이 멈춰 서면서 전 세계 하늘이 맑고 고운

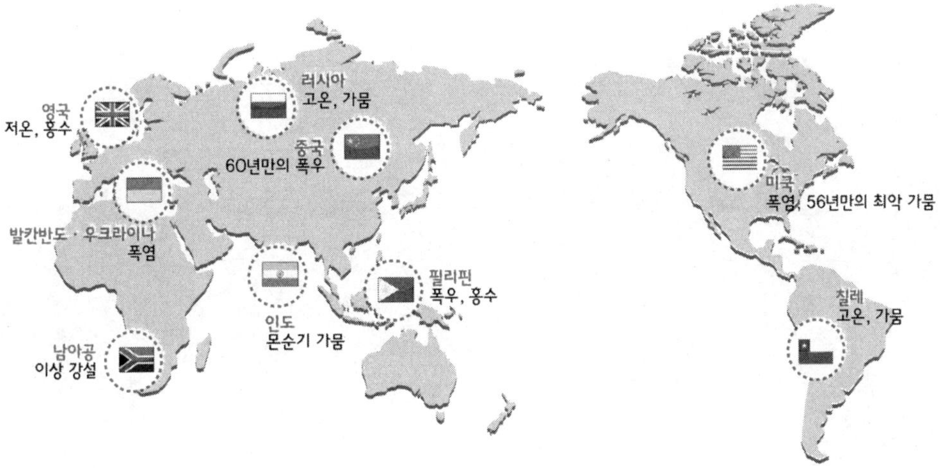

그림 13 세계 곳곳의 이상기후 현황

자태를 드러냈다. 특히 공장 대기오염의 주범으로 지목되던 중국의 공장이 문을 닫자 동아시아 창공의 대기 질이 크게 좋아졌다. 화석 원료인 석탄과 석유의 소비가 급감하자 대기오염도 확연히 줄어든 것이다.

사람이 사라진 공간에 동물들이 등장하여 화제를 불러일으켰다. 미국 샌프란시스코 해변가에 야생 코요테가 등장하기도 하고, 호주 애들레이드 시내에선 질주하는 캥거루가 관측되기도 하고, 영국 웨일즈의 문 닫힌 맥도날드 가게 앞에는 양떼들이 모여있는 모습이 포착되기도 하였다. 바다에서도 선박이 줄자 희귀종인 긴 수염고래가 지중해 연안에서 유영하는 모습이 관측되었고, 필리핀 팔라완의 해안가는 핑크 해파리 떼로 붉게 물들기도 하였다. 지구가 조용한 틈을 타 인도의 해변에서는 올리브 바다거북 80만 마리가 둥지를 틀고 새 생명을 잉태하였고, 홍콩의 한 동물원에서는 폐쇄된 틈을 타 자이언트 한 쌍이 10년 만에 짝짓기에 성공하는 기염을 토하기도 하였다.[29] 판다의 경우 자연 임신이 힘들고, 출산의 확률이 매우 낮은데 코로나19로 인해 이례적인 일이 벌어진 셈이다. 이처럼 코로나19는 인간에겐 하나의 재앙으로 다가왔지만, 지구로 하여금 숨쉴 틈을 주었을 뿐만 아니라 동물들에게 자유를 선사하는 역설을 남기고 있다.

그렇다면 기후변화와 같은 환경문제에 우리는 어떻게 대처해 나가야 하는가? 필자는 환경 문제의 해결의 열쇠가 생명 중심 생태주의에 있다고 본다. 오늘날 환경오염과 파괴의 심

29) https://blog.naver.com/nong-up/221908098999

그림 14 맥도날드에 사람 대신 양떼가? … '코로나의 역설'

각성에 대해서는 누구나 공감하고 있다. 생명의 보금자리인 지구는 각종 오염과 공해, 쓰레기 더미로 몸살을 앓고 있다. 자원이 부족하여 태반을 수입에 의존하면서도 우리가 연일 토해내는 쓰레기의 양은 독일과 같은 환경 선진국에 비해 여전히 높은 편이며, 코로나19로 쓰레기 배출량은 이전과는 비교할 수 없을 정도로 증가하였다. 예를 들어, 종이의 경우 그 재료인 펄프를 전량 수입하면서도 아직 쓰지도 않은 백지를 폐지로 쓰레기통에 버리기가 일쑤고, 백화점에서 선물을 포장하는 포장지는 선물의 내용물을 능가하지만 한번 벗겨지면 아까운 종이가 폐기처분 당하고 있다. 가정이나 식당에서 버리는 음식물 쓰레기는 또 어떠한가. 간소하고 검소한 식단이 되지 못하고 반찬의 종류나 음식의 양이 넘쳐나 결국 남게 되고 쓰레기통 신세를 면치 못한다.

공공재화라고 할 수 있는 물, 흙, 공기마저도 이제는 마음대로 쓸 수 없는 지경에 이르렀다. 수질오염, 토양오염, 대기오염으로 인간의 삶의 조건은 악화일로(惡化一路)를 걷고 있다. 오늘날 음료수를 구매하는 것은 당연한 일이 되었다. 더구나 물부족 국가로 전락한 현실에서 수자원의 보호와 관리문제는 국가의 장래를 좌우할 만한 대사(大事)가 되어 버렸다. 고대중국의 요임금도 성군이 될 수 있었던 것은 치수(治水)에 있었음을 우리는 기억해야 한다. 그럼에도 불구하고 우리의 일상은 물의 과용으로 점철되어 있다고 해도 과언이 아니다. 변기에 필요 이상으로 내리는 물, 샤워기에 연신 흘려 보내는 물 그리고 거기에다 과도한 샴푸나 세제가 섞인 오염된 물, 수도꼭지를 잠그지 않고 양치하는 습관, 목욕탕에서 자기 돈을 주고 이용하지만 공용이라는 이유로 필요 이상으로 소비하는 물 등의 일상이 물의 과소비로 이어지고 있다. 하천은 농약물로 범벅이 되고, 생활오수나 공업용수의 여과없는 방출로 신음을 앓고 있다. 하천오염에는 인간이 버리는 쓰레기도 단단히 한몫을 한다. 하천만이 아니라 저수지, 호수, 댐에도 인간이 버린 쓰레기로 수질이 악화되어 생물학 교과서에서도 찾아 볼 수 없는 희귀한 태형동물이 생겨날 지경에 이르렀다. 오염된 산천의 물은 연안바다로 유입되어 철따라 적조, 녹조현상을 일으키는 원인이 되고, 각종 양식업에 타격을 주기도 한다. 이대로 가다간 머지않은 장래에 대기오염이 심각한 대도시 지역에서는 황사마스크와 별도로 산소통을 들고 다니는 일이 눈앞의 현실이 될지도 모를 일이다.

그렇다면 이러한 환경파괴와 생명 경시 풍조의 원인은 어디에서 찾을 수 있는가? 역사적으로 볼 때 물질문명이 인간의 정신문화를 앞지르기 시작한 근대의 계몽기(Aufklärung)부터 생명가치에 대한 훼손과 자연의 남획, 생태계 파괴가 본격화되기 시작하였다. 이성의 기치를 앞세워 계몽의 정신은 중세의 낡은 세계관과 전통을 혁신하는 계기를 마련함은 물론 인간중심의 가치와 세계관을 확립하는 데 기여하였다. 하지만 이성의 산물인 과학과 기술은 문명의 발전과 인류의 진보에 초석을 놓았으나 자연의 파괴와 환경의 오염이라는 씻을 수 없는 오명을 남기게 되었다. 자연의 순리에 움직이던 지구촌 생태계는 균형을 점차 잃어가고, 인간의 삶 또한 위기를 맞게 된 것이다. 특히 급격한 산업화에 따른 정신적 가치의 전도(顚倒) 현상은 수단과 목적을 뒤바꾸어 놓음으로써 생명경시 풍조를 부추기는 결과를 낳게 되었다. 본디 자성적 능력이 결여된 이성은 맹목적으로 흐르게 되고, 오히려 도구적 이성이 되어 인간을 지배하는 기능을 하게 된다. 과학과 기술의 급진전으로 말미암아 인간은 문명의 진보와 발전을 삶의 목적으로 삼게 되고 인간에 의한 자연의 지배를 정당화하게 되었다. 관료제의 도입은 같은 맥락에서 효과와 효율성을 앞세워 인간에 의한 인간의 지배를 강화시키는 기능을 하기에 이르렀다. 목적과 수단이 뒤바뀌고, 외적 가치가 내면적 가치를 압도하는 가치전도의 사회에서 인간은 원자화, 익명화, 수단화되고 스스로의 가치를 격하시켜 왔다.

산업화의 여파로 물질에 대한 지나친 숭배는 자본, 상품, 돈에 대한 미신을 더욱 부추겨 이 세상을 온통 황금만능주의로 전락시켜 버렸다. 삶의 목적, 의미, 가치와 같은 본질적 문제나 윤리적, 심미적 관심은 목전에서 밀려나고, 오직 경제적 가치만이 고려의 대상이 되어 버렸다. 인간의 물질에 대한 욕망은 그 끝을 알 수 없을 정도로 깊다. 하지만 욕망의 종착역에

그림 15 마르쿠제의 『일차원적 인간』

대한 사려도 없이 물질에 눈이 멀게 된 인간은 자기 반성 없이 충동적으로 생활하게 되고, 배금주의로 외면적 가치만을 중시하게 되었다. 일찍이 비판철학자인 마르쿠제(H. Marcuse, 1898-1979)가 정확히 진단한 바와 같이 현대인은 '일차원적 인간'으로 전락하게 된 것이다. 소비가 미덕인 사회에서 타인에 대한 배려나 공동체에 대한 관심은 뒷전으로 밀려날 수밖에 없다. 철저히 개인주의적이고, 더 나아가 이기주의적으로 인간의 삶이 변화하면서 인간의 존엄성과 생명의 가치 등은 더 이상 사람들의 관심에서 멀어지게 되었다.

생명에 대한 경시풍조는 대중매체의 해악성과도 무관하지 않다. 인간의 살상에 대한 장면이나 지구상의 살아있는 생물에 대한 남획과 학살, 자연에 대한 무차별 파괴 현상 등이 여과 없이 영화나 텔레비전 화면에 방영되면서 오히려 인간의 감각을 무디게 하고, 공격성을 부채질하는 결과를 초래하고 있다. 컴퓨터 게임에 등장하는 대부분의 소재가 전쟁, 싸움, 경쟁, 폭력, 섹스 등과 결부되어 있는 점 또한 원인 중 하나로 지적하지 않을 수 없다. 영화나 인터넷 게임기에 등장하는 주인공을 실제로 모방하다가 총기난사를 한다거나 주변 사람을 살해하는 끔찍한 일이 발생하기도 한다. 가상 세계와 실제 세계를 구분하지 못하고 문명의 이기로 인간의 판단력이 흐려지는 대표적인 사례이다. 텔레비전에서 보았던 범죄극의 수법을 그대로 모방하여 범죄를 저지르는 경우도 허다하다. 대중매체가 천박한 상업주의와 결합되면서 오직 이윤추구에 눈먼 상업자본가들은 대중들의 정신과 이성을 통째로 빼앗아 가 버렸다. 정서적으로 아직 안정되지 않은 감수성이 예민한 청소년들을 대상으로 감정적 충격이 큰 음란, 살인, 폭력 장면을 아무런 여과장치도 없이 방영함으로써 대중매체는 대중을 헤어나기 힘든 구렁텅이로 몰아가고 있다.

생명경시 현상은 근본적으로 생명 존중 의식에 대한 교육의 부족에서 기인한다. 우리는 어려서부터 살아있는 생명체에 대한 외경심을 얼마나 길러주고 있는가? 단지 인간을 둘러싼 환경의 의미로 자연의 지배와 이용에 관해서는 폭넓은 식견을 가지고 있으면서도 자연과 더불어 살 수 있는 태도와 실천능력을 갖추게 하는 데는 너무 소홀했던 것이 사실이다. 비단 살아있는 생명체만이 아니라 우리가 일상적으로 접하는 우주 내의 모든 존재, 즉 돌, 꽃, 흙, 물, 책상, 연필, 의자, 나무를 아끼고 사랑하는 자세를 길러야 함에도 불구하고, 경쟁과 이기심만을 교육하지 않았는지 되돌아 볼 때이다. 급변하는 사회에서 사건과 사고가 지속적으로 일어나면서 우리 인간은 어느덧 대형 인명피해에 대한 무감각증을 보이고 있다. 비행기 대형참사가 일어나도, 대형버스가 추락사고를 일으켜도, 화재나 건물붕괴로 수많은 인명피해가 일어나도 인간은 생명의 고귀함을 잊고 무관심하게 되었다. 21세기를 20여 년이 지난 지금도 입시위주 기능적 교육이 우리의 발목을 잡고 있는 시점에서 눈앞의 이익과 무관한 전 지구의 건강문제나 생명존중 교육은 공허한 메아리로 그치고 있다.

이런 점에서 생명의 본질을 제대로 인식시키고, 생명경시 현상의 원인에 대한 대안을 마련하는 일은 지식인과 교육자들의 급선무가 아닐 수 없다. 지식인과 교육자들은 사회의 여느 다른 집단보다도 먼저 생명과 생태 위기의 문제가 비단 인간의 생명현상에만 국한되는 것이 아님을 깊이 자각해야 한다. 또한 인간 이외의 생물, 무생물로 생명의 범주를 확대 해석할 수 있는 안목을 길러야 할 것이고, 인간생명의 안위와 보존을 넘어 지구, 우주의 보존과 영생에도 힘써야 할 것이다.

생명의 문제에 관한 한 이제껏 뛰어난 선각자들에 의해서 생명의 본질을 밝히고, 지구와 우주의 영생에 관해서 탁월한 견해가 제시된 바 있다. 슈바이처 박사의 생명외경사상, 러브록의 가이아 이론 그리고 실천중심의 간디의 생명존중사상은 좋은 본보기가 될 수 있다고 본다. 그러나 어느 누구보다도 생명의 문제를 탁월한 예지와 영감으로 잘 제시하고 있는 사람은 김지하 시인이라고 할 수 있다. 물론 물리학자 장회익 교수가 온생명에서 생명의 문제를 전 지구적으로 확대해서 개체생명과의 관계를 자연과학적 지식을 바탕으로 개진하고는 있으나, 동서양을 아우르는 사고의 폭이나 문학적 상상력 면에서 김지하의 사유가 더 생명문제의 해결에 하나의 좋은 대안을 제시하고 있다고 본다.

김지하의 생명사상은 자연과 인간, 인간과 사회에 대한 세밀하고 철저한 분석을 시도하고 있다. 그는 이 세 가지를 생명이라는 범주에서 사유한다. 그는 생명을 분할할 수 없는 것이며, 인간이 개입할 여지가 없는 존재로서 내재적인 자기 변화를 이끌어 가는 것이라고 정의한다. 생명의 속성이 분할할 수 없다는 것은 생명의 통일성과 전체성을 의미한다. 그는 다른 한편 근대 과학의 하나인 생물학의 '생명 진화현상'을 생명의 중요한 본질로 보고 여러 방면에서 활용하고 있다. 자연현상의 일반적 법칙을, 심지어 사회변동이론이나 역사법칙으로

그림 16 김지하 시인(1941-)

까지 확대하여 적용하고 있는 것이다.

김지하의 생명사상의 가장 큰 장점은 사유의 발단을 동학과 같은 우리 고유의 전통에서 찾는다는 점이다. 그의 생명사상은 19세기 후반 한국에서 일어난 대표적 민중혁명이었던 동학운동과 이 천년의 역사를 가지고 있는 토착신앙, 미륵신앙을 기반으로 하고 있다. 동학정신과 토착신앙에서 그는 21세기 화해, 용서, 대화, 통합적 가치관으로서의 가치를 가지고 있는 관계적 이성의 전형을 발견하고 있다.

김지하가 동양적 사유에서 생명의 화두를 풀고자 하는 이유는 다음과 같다. 동아시아는 동일하게 한자문화권이고, 생명사상의 모태가 되는 노자, 장자, 불교사상과 삶의 철학으로서의 유교적 삶의 세례를 받은 문화권이다. 그는 이 문화권에서 생명사상을 제기하는 것은 21세기를 이끌어 나갈 새로운 사상을 세우는 일이요, 동시에 서구 휴머니즘의 한계를 극복할 수 있는 통합적 철학의 발판을 지금, 여기에 마련하는 것으로 보고 있다. 생명사상에서 주체문제를 철학적으로 제기하는 것은 인간의 노동, 사회적 삶, 자연관의 관계 속에서 인간의 위치를 정확히 설정해야 할 당위성이 있기 때문이다. 특히 김지하의 생명사상은 인간과 인간의 사회적 삶의 건설, 그리고 자연과의 관계에서 자연을 개조하고, 자연을 인간화시키는 주체로서의 인간, 그 인간 주체가 갖는 의식성과 창조성이 갖는 정신적 능동성, 그리고 유물론의 한계 안에서 가능한 한도까지의 정신성을 담고 있다.

변증법적 유물론으로서의 막스-레닌주의는 그 동양적 전개과정에서 음양관, 상극과 상생의 음양관 등 민간 변증법과 결합하면서 모택동 사상을 낳았다. 마찬가지로 북한에서는 막스-레닌주의 한국적 전개를 통하여 인간의 주체적인 능동성을 강조하고, 민족의 주체성, 민족 역사의 주체성, 그리고 인간과 자연과 사회가 가질 수 있는 적극적인 창조의지를 강조하는 주체사상을 잉태하였다. 김지하는 동·서양의 지적 편력과 사유를 통한 생명사상에서 새로운 인간상을 제시하고 있다. 그 새로운 인간관은 바로 '신인류론'이다. 신인류론은 정복자로서의 주체가 아니라 우주의 마음과 동식물과 무기물의 핵심인 정신적 맹아, 그 비인격적인 주체와도 대화할 수 있는 책임을 지닌 주체로서 규정된다. 지구와 우주의 중심에 선 신인류는 인간 이외의 생명체를 도와주고 만물을 변화, 완성시키는 성숙한 주체성을 지닌 그런 존재이다.

김지하는 자신의 생명사상을 정립하기 위하여 동서양의 화합과 조화를 시도한다. 한국의 수운, 증산, 일부 세 사상가와 고조선의 단군, 천부사상, '한' 사상의 현대적 재조명과 함께 이것을 구심점으로 동양의 유불선을 재해석하여 생명사상이 동양, 더 구체적으로 한국적 뿌리에 기반을 두고 있음을 역설한다. 나아가 그는 서양의 신과학, 생태주의, 페미니즘, 스피노자의 우주론, 성프란치스코의 영적 전통, 루돌프 슈타이너의 사상 등의 혜안을 선택적으로 받아들여 대통합을 이루어내면서 동도동기(東道東器) 정신을 구현하려는 시도를 하고 있다.

김지하의 자연, 인간, 두 개념의 카오스모스(Kaosmos)적 통합인 '사회'에 대한 견해를 살펴보자. 서양의 철학이 '지적 호기심', 다시 말해서 인간의 정신적 욕구 중의 하나인 알고자 하는 욕구를 충족시키는 과정에서 형성된 것이라면, 동양의 철학은 삶에서 발생하는 걱정거리(憂患意識)에서 출발했다는 점에서 훨씬 생태적이다. 삶의 절실한 문제를 자연환경으로부터 해결하기 위해 동양에서는 자연현상을 생존적 시각으로 파악하지 않으면 안 되었다. 시간의 변화에 따르는 적절성, 전체적 상관관계 속에서의 적응성, 대립적인 두 힘의 작용과 반작용의 관계 그리고 교체순환과 상쇄성, 한 힘의 진행경로로서 극한에 이르면 되돌아가는 원리 등을 파악하기 위해서 동양에서는 철학을 한 것이다. 인식주체와 객체의 엄격한 분리를 고집했던 서양철학과는 달리 동양철학은 주체와 대상의 관계와 교감으로 특정지어진다. 즉, 동양적 사유는 생태적 환경 속에서 각기 자기를 조절하여 전체적으로 균형을 맞추는 방향으로 움직인다는 것이다. 따라서 모든 존재의 생태학적 원리는 전체 혹은 타자에 대하여 언제나 교감할 수 있는 능력을 가지게 된다.

생명사상에서 김지하는 인간을 어떻게 보고 있는가? 그의 인간관은 천지인(天地人)사상에 집약되어 있다. 하늘과 땅, 사람을 하나로 보고 있다. 그의 인간관은 보편적인 인간유형에 대한 정의가 아니라 목표로서 성취해야 할 이상적인 인간을 제시하고 있다는 점에서 특이하다. 그는 평범하게 일상적으로 사는 사람, 잘못 길들여진 사람, 매우 이상적인 사람을 항상 대비시키는 방법을 택한다. 김지하는 여기서 풍류(風流)도를 즐길 줄 아는 사람이 우뚝 선다고 했다. 풍류도에 이르는 방법은 공부론(工夫論)과 수행론(修行論)을 통해서 가능하다. 공부란 단순히 지식을 외우는 것이 아니라 삶의 자발적인 태도로 발현될 때까지 하는 자발적 노력을 말한다. 요컨대 천지인 삼재(三才)라는 동양 철학의 기본 명제는 우주론적 생태계의 세 주체가 된다는 말이다. 이 세 주체가 동등한 자격으로 함께 참여하여 만들어내는 생태학이 바로 인간의 '문화'이다.

김지하의 생명사상에서 볼 수 있는 생명의 본질과 우주에서의 신인류의 위상이 이렇다면 고귀한 생명을 기르고, 모시고, 살리는 교육을 어떻게 해야 할 것인가에 대한 물음이 자연스럽게 제기될 수 있다. 대우주와 소우주인 인간의 교통을 원활하게 하고, 인간의 내면 깊숙이 간직되어 있는 영성을 살리고 회복하는 한 단계 차원 높은 교육은 과연 어떤 것일까? 그 방향은 적어도 기존의 입시에 찌든 획일화된, 무한경쟁을 지향하는 교육이 되어서는 안 될 것이다. 인간내부의 심연에서 우러나오는 심성과 우주의 내면과 교감할 수 있는 영성을 동시에 길러 줄 수 있는 지혜의 교육, 심안교육, 영성교육이야말로 잘못 길들여진 현대교육의 진정한 대안이 될 수 있기 때문이다.

그렇다면 생명을 살리는 교육은 어떻게 가능할까? 이제까지 쌓아온 문명의 힘으로 생명의 존엄성을 과연 지속적으로 보존해 갈 수 있을까? 그것이 가능하지 않다면 그 대안은 무엇인가? 필자는 이 문제에 대한 해답을 기술중심적 인간주의에서 생명중심적 생태주의로의 전환에서 찾을 수 있다고 본다.

근대 서구 문명은 이성(reason)이라는 기초 위에 과학(science)이라는 집을 지어 현대문명이라는 삶의 양식을 마련한 것으로 흔히 비유된다. 근대문명은 베이컨, 데카르트, 뉴턴의 기계론적 사고에 기초를 두고 있다. 이들에 따르면 자연은 한낱 인간의 지배대상에 불과하다. 따라서 인간은 자연을 마음대로 조종할 수 있다. 베이컨의 '아는 것이 힘이다'라는 말 속에는 인간이 과학의 힘을 빌어 자연을 정복할 수 있다는 신념이 내포되어 있다. 기술중심주의의 특징은 바로 인간중심주의, 과학낙관론에 있다. 기술중심주의는 기술적·과학적 합리주의에 토대로 두고 있다. 따라서 자연과학의 법칙을 동원한 객관적 분석과 고도로 발달된 기술력으로 환경문제를 풀어 나가고자 한다. 환경문제가 시급히 해결되어야 한다는 사실에 동의하지만, 기술중심주의의 궁극적 관심은 여전히 우리가 과학기술문명의 혜택 속에서 얼마나 물질적으로 풍요로운 삶을 사느냐에 있다. 리우 환경회의 이후 환경문제의 해결책으로 제시된 바 있는 '지속가능한 개발'의 문제도 결국은 기술중심주의의 또 다른 변형에 불과하다. 생태학적 가치 이전에 경제적 가치가 우선적 고려의 대상이 되고 있다. 환경문제를 둘러싼 강대국들의 힘겨루기가 계속되고, 산업폐기물과 공해산업의 제3세계 이전문제가 환경회의의 의제가 되는 한 전 지구적 생명을 살리는 해결책은 다른 곳에서 찾을 수밖에 없다. 주변의 사례를 들자면 공장의 오폐수가 하천으로 유입될 경우 그에 대한 근본적 해결책은 오폐수를 버리지 않거나 오염물질을 사용하지 않는 것이다. 기술중심주의자들의 주장처럼 얼마든지 사용하되 오폐수의 처리는 고도로 발전된 과학기술에 의해 고성능 여과기를 만들어 정화하면 된다는 발상은 근본적 문제를 안고 있다.

기술중심주의가 인간중심주의라면 생태중심주의는 자연중심주의이다. 생명을 살리는 생태중심주의에 따르면 인간과 자연의 관계는 더 이상 지배와 복종의 관계가 아니라 동반자적 관계이다. 따라서 생명문제의 접근에서도 기술중심주의와는 근본적으로 다른 입장을 취한다. 생태중심주의는 생태계의 구성 부분을 나누어 연구하는 것이 아니라, 자연환경의 각 부분이 서로 다른 나머지 부분과 어떻게 유기적으로 관계하는가에 초점을 맞춘다. 생태론자들은 단순히 환경을 보호하고 과학기술의 힘으로 환경문제를 해결하는 데 머무를 것이 아니라, 근본적으로 환경에 대한 인간 의식을 바꿔야 한다고 주장한다.

자연은 여기서 단순히 우리를 에워싼 환경만을 뜻하는 것이 아니라 우리와 함께 공존하는 세계를 뜻한다(Meyer-Abich, 1990). 독일어로 환경은 'Umwelt'인데, 이것은 우리를 둘러싼

(Um) 세계라는 의미이며, 생태중심주의에서는 Umwelt보다는 우리와 더불어(Mit) 있는 세계라는 뜻의 'Mitwelt'를 선호한다. 이 점에서 본다면 환경이라는 말 자체가 인간중심적이며, 인간과 전 우주의 생명의 존속을 위해서는 하루 빨리 폐기처분되어야 할 대상이 된다. 인간 이외의 생물, 무생물, 대자연이 인간을 위해서 존재한다는 발상은 얼마나 이기적이고, 자기중심적이며, 자의적인가. 더불어 삶, 공생공존의 의미가 사라진 환경은 오히려 생명파괴적 속성을 지닌다. 왜냐하면 강자의 약자에 대한 지배와 착취가 당연시되고, 평화와 공존보다는 경쟁과 파괴가 공공연한 현실이 되어 버리기 때문이다.

이처럼 환경문제를 포함한 환경문제와 생명경시 풍조를 개선하기 위해서는 인간의 의식전환이 필수적이다. 의식전환을 위해서는 교육이 중요한 역할을 한다. 생명중심 생태교육은 그릇된 환경의식을 전환시키고, 생명의 본질과 인간의 존엄성에 대한 인식을 올바로 심어주며, 자연과의 관계에서도 동반자적 입장을 견지할 수 있는 기틀을 마련해 줄 것이다.

생명중심 생태교육이 필요한 이유 가운데 가장 중요한 것은 인간과 자연과의 관계를 잘 이해시키는 데 있다. 그러기 위해서는 먼저 생태계를 구성하고 있는 모든 요소들이 서로 관련되어 상호 작용하며, 인간 역시 이들의 한 부분임을 이해하도록 해야 한다. 예를 들어, 이상기후의 제1원인으로 간주되는 지구온난화 현상은 단순한 자연재해가 아님을 알아야 한다. 이미 살펴본 바와 같이 자동차에 의한 대기오염, 지나친 화석원료의 사용 등으로 지구가 뜨거워지고, 수온이 상승함으로써 극지방의 얼음을 녹아내리게 하면서 기후변화에 결정적 영향을 미치게 된다. 이 점에서 인간의 행위와 자연의 변화가 유기적으로 밀접한 상관을 가지

그림 17 인간중심주의와 생태중심주의

고 있음을 지각하는 것이야말로 생명중심 생태교육의 시발점이 될 수 있다. 생태계에 대한 인간의 영향이 궁극적으로는 생태계와 인간 전체에 미치게 됨을 교육을 통하여 분명하게 인식시킬 필요가 있다는 것이다. 따라서 환경을 바라보는 시각도 단순한 자연보호나 환경보존의 차원을 넘어, 자연과 인간이 상호 공존하면서 조화를 이루어야 한다는 방향으로 근본적인 의식전환이 필요하다. 환경과 생명의 문제를 개인의 의식과 행동변화를 통해 근본적으로 해결할 수 있다는 점을 고려한다면, 교육을 통한 접근이 최우선적으로 고려될 수 있다.

그렇다면 생명중심 생태교육에서 다루어야 할 가장 중요한 가치는 무엇이며, 그 본질은 과연 어디서 찾아야 할 것인가? 환경과 생명의 문제를 본질적으로 고찰하고 해결할 수 있는 방법은 인간의 윤리성을 고양시키고, 회복시키는 일이 될 것이다. 종교인기후행동선언(2020)에서 기독교, 불교, 원불교, 유교, 천도교, 천주교를 대표하는 종교인들이 기후위기를 대전환의 계기로 삼기 위한 선언을 하였다.

> 첫째, 더 이상 물질적 경제성장이 인류의 발전을 대표해서는 안 되며, 자연의 유한성을 명확히 인식하고 모두가 연결된 존재임을 깨달아, 서로를 살리는 사회적 관계로 재편되어야 합니다.
>
> 둘째, 자연에서 인간이 주인이 아니며 모든 생명들이 지배 정복의 대상이 아니라 평등한 존재로서 그들 고유의 권리가 존중되는 자연과의 관계로 새롭게 재편되어야 합니다.

이 선언에 따르면 더 이상 성장의 논리가 아니라 상생의 관계로 의식의 대전환이 일어나야 함을 역설하고 있다. 인간 외적 자연도 그 자체의 존재가치를 충분히 가지고 있으므로, 생태주의자들의 주장처럼 동물의 동물권, 식물의 식물권을 포함한 전 지구상의 생물들은 각기 고유한 권리를 가지며, 누릴 수 있어야 한다고 본다. 진정한 윤리성의 회복은 다가올 세대와 인간 외적 존재에 대한 배려와 책임 이전에 인간 자신의 내면세계의 성찰에서 가능하다. 이 점에서 인간윤리의 가장 기본적인 원칙인 '책임'(responsibility)이 지금 여기 다른 인간과의 관계에 머무를 것이 아니라, 인간 생존의 바탕인 자연 또는 인간의 미래에까지 적용되어야 할 것이다. 자연생태계의 파괴, 그리고 인류 생존의 위기라는 시대적 요청에 따라서 인간은 책임의 대상을 지금 여기에 살고 있는 인간뿐 아니라 인간 이외의 자연으로 확대할 필요가 있다.

이러한 생태학적 철학의 바탕에서 독일의 철학자 요나스(Jonas, 1984)는 인간의 책무성을 강조한다. 책무성은 책임의 개념보다 한 단계 높은 상위의 개념으로, 확대된 책임의 원칙을 의미한다. '자신의 행위가 보편적인 도덕률이 될 수 있도록 하라'는 칸트의 정언명령은 확대된 책임의 원칙에 따르면 다음과 같은 새로운 정언명령으로 재규정될 수 있을 것이다.

- 자신의 행위가 지구상에 인간이 계속 생존할 수 있도록 하라.
- 자신의 행위가 미래의 생명의 가능성을 침해하지 않도록 하라.
- 자신의 현재 행위가 미래의 완결성을 함께 지닌 도덕률이 될 수 있도록 하라.

인간 행위의 책무성은 지금, 여기에 한정되지 않는다. 다가올 미래세대와 지구상의 전 생명의 생명 존속과 유지 문제와 직결된다. 자원의 낭비가 미덕일 수 없는 것은 나의 순간적 행복이 미래 자손의 고통과 불행으로 직결될 수 있다는 책무성 때문이다. 물이 오염되면 당장 미래 세대들은 물 부족으로 생존 자체에 위협을 받을 수 있다. 낙태의 반인륜성은 미래의 생명을 가능성부터 잘라내는 살인행위에 있다. 나의 행위규범을 현세적 만족과 행복에만 두고 인류의 미래생존과 생명조건에 대한 책무성을 따르지 않는다면 인류의 희망과 생존가능성은 그만큼 줄어들게 될 것이다.

생명을 살리는 생태교육, 곧 인류 삶의 방식의 전환을 일으킬 수 있는 생명교육을 하기

그림 18 생태주의 철학자 한스 요나스(1903-1993)

위해서는 인식의 전환으로부터 삶의 양식의 변화에 이르기까지 실로 총체적인 접근방식이 요구된다. 무엇보다도 자신의 정신과 마음을 소중히 여기고 가꾸는 자세와 자신의 내면에 신령스러운 기운을 잘 보존하고, 간직하는 태도가 절실히 요청된다. 산업화, 과학화로 인한 배금주의, 황금만능주의의 쇠사슬로부터 벗어나 정신적 풍요를 누릴 수 있는 삶의 토대를 마련해야 한다. 이러한 생명을 살리는 생태교육은 생명과 환경에 관한 교육, 생명과 환경으로부터의 교육, 생명과 환경을 위한 교육으로 나누어 생각해 볼 수 있다.

- **생명과 환경에 관한 교육:** 이는 기술중심적(technocentric), 환경보호적 성격을 갖는 환경관리 차원의 교육이다. 생명과 환경이라는 주제를 교육하되 기존의 정치, 경제, 사회관계는 그대로 인정한다. 생명과 환경에 관한 기술 및 지식 습득을 중심으로 자원고갈, 과학기술의 남용, 인구과잉 등 당면한 환경문제를 해결하는 것이다. 최근 비약적인 발전을 거듭하고 있는 생명공학과 환경공학에서 지속가능한 발전의 가능성을 검토하고, 전 세계적인 관심사가 되고 있는 유전자 개발, 동물과 인간배아복제 기술, 환경친화적 산업과 기술의 육성에 관심을 집중시키는 교육이다.
- **생명과 환경으로부터의 교육:** 이것은 '생태중심적(ecocentric)', 생명윤리적 특성을 갖는 접근방식이다. 교육의 이론과 실제에서 생명과 환경으로부터의 발견에 의한 '주제중심학습(topic based learning)'을 강조하는 입장이다. 자연과 생명에 대한 경외심과 생명의식을 자라나는 세대에게 의식화하고, 길러주는 것이다. 여기서는 특히 생명과 환경에 관한 도덕 및 윤리적 차원의 교육이 강조된다. 생명의 근원과 본질에 대한 원리교육, 생명의 신비에 대한 감각교육, 책무성을 강조하는 윤리교육, 자신의 내면세계와 영성의 가치를 탐색하는 심성교육, 자연 및 타인과 더불어 살 수 있는 공동체교육 등 다양한 관점에서 생명과 환경의 문제를 접근해 들어갈 수 있다.
- **생명과 환경을 위한 교육:** 생명과 환경을 위한 교육은 학생들에게 지역공동체 내에서 발생하는 '쟁점중심의 학습(issue based education)' 및 참여를 내용으로 한다. 생명과 환경문제에 대한 도덕적·정치적 의식을 높이고, 나아가 도덕적 실천과 정치적 참여를 자극하는 실천적인 교육이다. 나아가 그릇된 환경정책을 적극적으로 개선해 나가려는 급진적 접근방식이다. 환경파괴 현장에 나아가 그릇된 환경정책을 시정하게 한다든가, 비윤리적 낙태수술을 자행한 의사집단에 집단항의를 한다든가, 공해에 대한 생태학적 비용을 책정하지 않고 공장을 운영하는 사주에 항의서신을 보낸다든가, 자연

보호 지역에 골프장 건설을 결사반대하는 집회를 연다든가, 희귀동물과 야생동식물의 보호에 앞장선다든가 생명과 환경을 위한 교육의 방법은 삶의 현장에서 얼마든지 찾아낼 수 있다. 이것은 인간, 사회, 자연에 대한 비판교육이요, 동시에 삶의 개혁운동이라고 할 수 있다.

이러한 생명의 원리, 내용, 방법으로 생명교육을 지속적으로 해 나간다면 지구와 인간의 삶을 포함한 온생명의 건강은 이전과는 다른 모습을 지니게 될 것이다. 그러면 마지막으로 미래의 생명·환경교육이 나아가야 할 방향을 제시해 보자.

미래의 생명·환경교육은 전통적인 교육의 그것과는 다른 새로운 교육적 노력으로 채워져야 할 것이다. 생명과 환경문제의 특성만큼이나 복잡한 구조, 관계, 내용을 잘 포괄한 교육과정의 개발과 적용도 중요하지만, 무엇보다도 중요한 것은 생명·환경교육이 삶의 한 양식으로서 우리의 일상 속에서 이루어져야 한다는 점이다. 그것은 지식전달의 교육뿐 아니라 머리와 가슴, 손발이 모두 동원되는 교육이 되어야 할 것이다. 그 바탕이 되는 구체적인 지향점과 내용은 다음과 같다.

첫째, 미래의 생명·환경교육은 자연계의 모든 생명체가 고유한 가치를 지닌다는 것을 인식하는 데에서 시작되어야 한다. 자연계의 모든 생명체를 인간이 살아가기 위한 수단으로만 생각하지 말고 모든 생명을 보존하는 자세를 지녀야 한다. 창조주가 인간에게 부여한 위상은 지구를 마음대로 정복하고, 지배하는 파괴자로서가 아니라 인간 외적 자연에 대한 배려자로서임을 자각해야 한다. 이 점에서 인간과 자연의 연대 공동체를 형성하는 것은 중요하다. 인간과 자연을 '적대' 혹은 '지배관계'가 아닌 '동반자' 혹은 '형제관계'로 인식하고, 항상 절제하며 살아가야 한다. 어떤 점에서 인간은 영겁의 세월 속에 탄생한 지구상의 미물에 지나지 않는다. 하물며 전 우주에서의 인간의 위치는 미약하기 그지없다. 지구와 우주의 역사를 생각한다면 지구상에서 자행되는 인간의 무분별한 행위와 이기적 자연 파괴는 결코 용서받을 수 없는 죄악이나 다름없다. 인간은 이 지구상에 잠시 생존하다가 사라지는 하나의 손님에 불과한 존재임을 명심해야 한다.

둘째, 미래의 생명·환경교육은 환경문제를 극복하는 적극적인 새로운 교육운동의 차원으로 승화되어야 한다. 생명과 환경이라는 주제는 기존의 교육과정에 추가되는 것이 아니라 기존의 교육 자체를 바꾸고 개혁하는 새로운 이념으로 받아들여져야 한다. 생명과 환경의 문제는 통합교과적 성격을 지닐 뿐만 아니라 그 자체가 하나의 교육목적으로 설정될 수 있다. 생명을 살리는 교육은 어느 교과를 막론하고 상위개념으로서 교육의 좌표를 제시할 수 있는 성질의 것이다. 이는 비단 윤리교과에 국한되는 문제가 아니다. 생명을 소중히 여기는 물리, 화학, 생물이 필요한 것이고, 생명을 살리는 법, 제도, 정치, 경제가 절실하다. 나아가 생명과 환경문제가 시대의 핵심문제(Klafki, 1991)로 부각된 이상 앞으로의 교육은 시민운동의 한 차원으로서 '녹색운동'으로 승화될 필요가 있다. 녹색운동은 의식을 지닌 일부 운동가의 몫이 되어서도 안 되고, 시간이 남으면 하는 여가나 취미활동의 성격이 되어서는 더욱 안 될 것이다. 인간의 생존과 복지, 삶의 질의 개선이라는 인류의 지상과제에 부응하는 지상과업으로 받아들이고 실천해야 할 성격의 운동인 것이다.

우리는 이제 환경문제를 다룰 때 환경(생태)철학과 환경(생태)윤리와 환경관리(경영)를 대립적 관점에서 접근해 갈 것이 아니라 상호 연계하여 보완적으로 접근해가야 할 것이다. 실제로 1970년대 미국에서 동물보호, 식물보호, 자연보호 등 보호적 차원의 사회운동으로부터 시작된 환경운동(환경관리운동)이 점차 환경윤리의 수준으로 논의의 심도가 높아져 갔으며, 이로 인해 1980년대의 유럽, 특히 독일의 녹색운동이 사회운동에서 정치운동으로 변모해 나갈 수 있었다. 운동 차원의 환경문제 접근에 철학성을 가미하면서 마침내 심층생태학으로까지 발전을 이끌 수 있었던 것이다. 이처럼 환경운동이 비교적 짧은 시간에 결코 순탄하지 않은 자기변증의 역사를 가졌기 때문에 생태철학, 생태윤리, 환경관리의 세 요소가 통합적 관점에서 다루어질 수준에 올랐다고 볼 수 있을 것이다.

셋째, 미래의 교육은 생명을 존중하는 생명의 교육, 살림의 교육을 실천하는 한 방식이며, 생태주의 교육학이 되어야 할 것이다. 지구도 하나의 생명체라는 점을 자각하고 지구의 건강을 생각하며 행위할 수 있는 자세를 갖추어야 한다. 인간생존의 조건인 지구의 생명체가 건강할 때 인간의 생명과 안위 또한 보장될 수 있다. 이제껏 진보와 개발의 기치아래 생명의 파괴, 남획, 약탈을 서슴지 않았던 인간은 자연의 동반자적 위치를 새삼 재인식하고 인간의 생명은 물론 지구상의 생물과 무생물, 대자연의 안녕과 질서를 위해서 배려하고 봉사하는 겸허한 자세를 갖추어야 할 것이다.

나아가 미래의 생명중심 생태교육은 전인교육이 되어야 한다. 페스탈로치가 설파한 바와 같이 머리뿐만 아니라 가슴, 손발이 함께 어우러진 교육이어야 한다. 환경문제의 해결이나 환경의 보전뿐 아니라 결국 인간성을 회복하는 교육이 되어야 하는 것이다. 인간의 생명이 존귀하다는 가치관을 확립하는 길은 인간의 생명을 그 어떤 것과 바꿀 수 없는 존귀한 존재임을 자각하는 데서 비롯된다. 이를 위해 사회의 모든 제도나 정책이 이를 지원

그림 19 UN 지속가능발전목표

할 수 있어야 함은 재론의 여지가 없다. 자라나는 청소년들이 순간적이고 충동적인 생명 경시 풍조를 지양하고, 생명존중에 대한 강한 의지를 길러 나가는 일도 중요한 과제 중의 하나이다.

지금 생태위기를 극복하고, 전 지구를 살리려는 노력은 국가적 차원을 넘어 전 세계적으로 확산되고 있다. 앞으로 교육은 생명과 환경문제를 시대적 요청으로 받아들이고, 환경보호는 물론 파괴된 생태계를 복구하고, 자연생태계와의 조화와 균형을 유지하기 위한 적극적인 노력을 해야 할 것이다. 지구라는 행성의 주인이 된 인간이 이제까지는 자신의 생존과 이익을 위해서만 자연을 이용해 왔다면 지구 위기가 심각성으로 치닫는 지금부터라도 생명 다양성을 포용하고 신음하는 지구를 관리해야 하는 중대한 결단을 내려야 할 것이다(루이스와 매슬린, 2020). 우리는 분명 과학기술에 기초한 인간중심주의를 극복하고 생태지향주의적인 방향으로 환경생명교육을 이끌어가야 한다. 그리고 생명을 중시하는 환경생명교육을 적극적으로 실천해가야 한다. 우리에겐 현재의 인류문명을 환경과의 조화 속에서 발전시켜 나가야 할 책임과 동시에 인간 외적 환경과 다가올 세대들의 삶을 더불어 생각해야 할 책무성이 동시에 있기 때문이다.

II. 자기도야에 관한 동서양의 관점

독일의 대표적인 교육학자 클라프키(Klafki, 1985)는 일찍이 '범주적 도야론'을 주창한 바 있다. 그 요지는 인간이 자신의 도야과정(Bildungsprozeβ)에서 능력을 습득함은 물론 범주를 형성하며, 그 범주를 토대로 사회적, 문화적 세계에 대처할 수 있는 역량을 갖추게 된다는 것이다. 이것을 도식화하면 다음과 같다.

클라프키는 훔볼트, 헤르더, 슐라이어마허와 같은 독일의 고전적인 도야사상에 뿌리를 두면서도 호르크하이머, 아도르노, 마르쿠제, 하버마스로 대표되는 비판이론가들의 사회비판

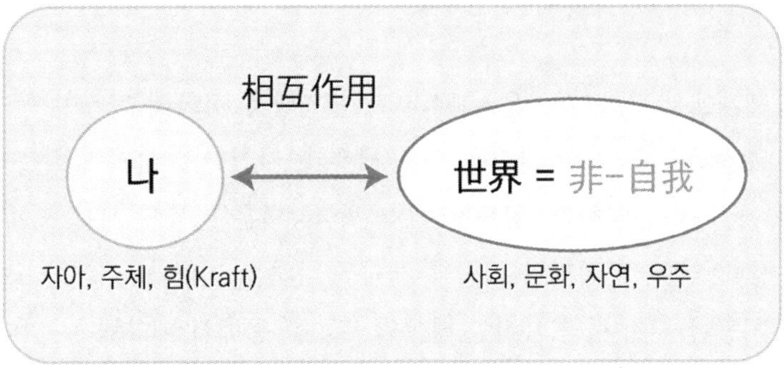

그림 1 나와 세계의 상호작용으로서의 도야과정

(Gesellschaftskritik) 관점과 마르크스에 그 사상적 기원을 두고 있는 이념비판(Ideologiekritik) 관점을 수용하여 변화하는 시대에 적합한 도야개념을 구안하였다. 그 구상은 인간성 도야에 직접적인 영향을 주는 세계변화를 교육주체가 능동적으로 수용해야 한다는 메시지와 더불어 더 나은 세계를 가꾸어 나가기 위해서 교육받는 주체가 적극적으로 변화에 대처하고, 변화의 주역으로 거듭나야 한다는 주장을 담고 있다.

교육을 책임지고 있는 학부모, 교사, 사회의 구성원들은 현재 사회의 문제나 다가올 미래 사회의 문제를 자라나는 세대들에게 알게 하고, 느끼게 하고, 경우에 따라서는 실천할 수 있도록 고무하고 조장해 줄 필요가 있다(Klafki, 1995: 9). 교육이 단순히 사회의 변화에 수동적으로 반응하는 자세만을 취할 것이 아니라 변화하고 있는, 또는 앞으로 변화될 시대의 문제들을 적극 수용하여 자라나는 세대에게 적극적으로 가르쳐야 한다고 보았다. 이것이 이른바 그가 구상하고 있는 미래지향적 일반도야(Allgemeine Bildung) 개념이다. 여기서 일반도야는 인간이 궁극적으로 지녀야 할 세 가지 기본능력의 통합으로 간주된다(Klafki, 1991: 52). 교육받은 인간이란 적어도 다음과 같은 능력을 잘 갖춘 사람을 일컫는다.

- **자기규정능력**: 개인은 누구나 자신의 삶과 타인과의 관계를 스스로 정립하고, 직업적, 인종적, 종교적 맥락에서 삶의 의미를 찾을 수 있다.
- **공동참여 및 책임능력**: 우리의 공통적인 문화, 사회, 정치적 관계의 형성에 참여하여 함께 가능성을 찾고, 책임을 진다.
- **연대능력**: 위와 같은 각 개인의 자기규정능력과 공동참여 및 책임능력은 사회적 연대능력과 연계 속에서만 오직 정당화될 수 있다. 즉, 각자가 억압받거나 소외받은 자들의 편에 서서 그들의 입장을 대변하고, 경우에 따라서는 약자를 위해서 싸울 수 있다.

급변하는 세계에서 우선 개인은 주체의 자기 역량을 강화해 나가야 한다. 자기규정은 자기의 권리를 주장하고, 자기의 관점을 바로 세우고, 자기만의 삶의 양식을 견지하면서 스스로 굳건하게 서는 것을 말한다. 공동참여 및 책임능력은 더불어 사는 세계에서 공동체의 구성원으로서 정치·사회·문화적인 역할과 책임을 다하는 것이다. 이러한 능력은 자기규정능력을 전제로 가능한 것이며, 적극적인 참여와 토론을 통해서 배양될 수 있다. 연대성은 개인의 역량이 이해와 공감의 차원을 넘어 구체적인 실천과 행동으로까지 이어지는 것을 말한다. 자본주의 모순과 코로나19와 같은 감염병으로 인해 사회의 양극화는 갈수록 심화되고 있다. 다가올 미래사회에서 AI 통제권에 따른 디지털 격차는 계층 간 불평등을 더욱 가중시킬 것으로 전망된다. 양극화 속에서 낙오되는 사회적 약자에 대한 배려와 관심이 그 어느 때보다도 절실하며, 그 문제의 실마리는 사회구성원들의 연대와 협력을 통해서 찾을 수 있을 것이다.

코로나19와 같은 감염병이 지속되고, 거대한 빅데이터가 하루가 다르게 쏟아져 나오며, 이상기후와 같은 생태위기가 일상화되면서 사회의 위기와 인간의 피로감은 배가되고 있다. 제1부에서 살펴본 바와 같이 위기사회로 치닫는 현대 사회에서 그 위기를 직시하고, 우리는 다가올 세대에게 그것에 대응할 수 있는 역량을 길러주어야 하는 소임을 떠안고 있다. 현재 교육받고 있는 세대가 다가올 세계의 주인이 된다는 점에서 우리 인류가 떠안고 있는 시대적 핵심문제를 결코 도외시할 수는 없다. 시대와 사회의 핵심문제를 생생한 수업의 현장 속으로 끌어와 자신의 관점에서 문제를 정의하고 분석하여, 나름의 대안을 찾아내도록 적극 도와주어야 할 것이다.

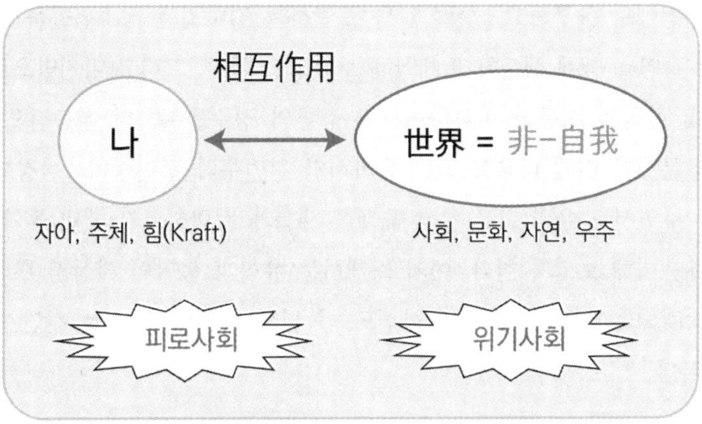

그림 2 현대사회의 인간도야 문제

위기사회에 대한 대응과 함께 우리 자신의 내면세계로 깊숙이 들어와 고민해야 할 사안은 마치 공룡과도 같이 비대해진 세계에서 상대적으로 날로 왜소화되어 가는, 그 결과 존재 자체의 위기에 직면한 개인들의 주체역량을 어떻게 강화할 것인가 하는 문제이다. 재독철학자 한병철(2010)은 현대사회를 피로사회[1]로 규정한 바 있다. 문자 그대로 우리는 오늘날 위기

1) 사회학자 김영선(2013)은 한걸음 더 나아가 한국 사회를 '과로사회'로 규정한 바 있다. 그는 장시간 노동을

사회와 함께 피로사회를 힘겹게 살아가고 있다. 피로사회는 한마디로 과도한 자기긍정성의 결과로 개인들이 지속적인 자기좌절을 감내해야 하는 그런 사회이다. '사회적 거리두기'가 하나의 새로운 기준이 된 뉴노멀의 시대에 자기의 영혼과 내면을 좀먹는 과도한 경쟁과 성과주의 악령에서 벗어날 수 있도록, 그리고 지친 개인을 위로하고 북돋아 주기 위해서라도 그 어느 때보다도 '부정'의 미학이 필요한 때이다.

우리는 이제 도야론의 관점을 견지하면서 주체 역량을 강화할 수 있는 단서를 찾기 위해 서양과 동양의 지혜의 숲 속으로 사상기행을 떠나 보려고 한다. 여기서는 먼저 현대사회에서의 주체성 회복의 문제와 관련하여 '자기 수양'의 문제를 제기하면서 고대 그리스에서부터 그 연원을 추적한 프랑스의 포스트모던 철학자이자 푸코의 사유를 따라가 볼 것이다. 푸코와 수양은 웬지 어울릴 것 같지 않지만 그가 자기 삶의 말년에 이 주제에 천착하였다는 사실 하나만으로도 흥미를 자아내기에 충분하다. 이어서 20세기 최고의 해석학자인 가다머의 강연집 『교육은 자기교육이다』를 통해 우리는 인간의 교육이 궁극적으로 주체 역량의 강화에 심혈을 기울여야 하는 자기교육으로 귀결되어야 하는지를 공감할 수 있을 것이다. 100세 가까운 나이임에도 불구하고 고등학교를 졸업하는 김나지움 청소년들을 향해 지혜를 전하는 가다머의 강연을 함께 생생하게 체험해 보았으면 한다. 그리고 마지막으로 서구의 사유체계를 동양 및 한국의 전통과 비교하면서 수양론의 정수를 좀 더 심층적으로 탐구하고자 우리는 마음의 문제를 깊게 다루고 있는 유학서인 진덕수와 정민정의 『심경부주』와 동양의 전통에 뿌리를 두면서도 우리 고유 사상 체계를 새롭게 정립하고자 했던 동학의 마음수양에 관한 내용을 재음미해 보고자 한다. 여기 소개하는 유학과 동학의 사상적 뿌리는 퇴계의 사유 체계와도 직결되는 만큼 퇴계의 『성학십도』를 넓게 이해할 수 있는 견인차 구실을 할 것으로 기대해 본다.

정상으로 여기는 한국 사회의 비정상성을 신랄하게 비판하고 있다.

1. 푸코의 『자기 수양』

1) 푸코의 생애와 저술

미셸 푸코(Michel Foucault, 1926-1984)는 프랑스의 대표적인 현대 철학자이자 사상가로서, 1926년 프랑스 푸아티에의 유복한 집안에서 출생하였다. 18세에 바칼로레아 시험에 합격하였으나 이후 어렵게 1947년 고등사범학교 시험에 합격하였다. 그는 파리 소르본 대학에서 1948년까지 철학, 1950년까지 심리학을 공부한 후 1952년 정신병리학 분야에서 박사 학위를 취득하였다. 그가 26세 되던 1951년에 교수 자격시험을 합격하고, 프랑스 철학자인 루이 알튀세르(Louis Althusser, 1918-1990)의 추천을 받아 고등사범학교에서 자리를 얻어 교편생활을 하였다. 1970년 이후 콜레주 드 프랑스 교수로 재직하면서 자신이 직접 창안한 '사유 체계의 역사'(The History of Systems of Thought)를 가르쳤다.

1961년 정신의학의 역사를 연구하여 『광기의 역사』를 집필하였다. 이 책의 본제목은 "광기(狂氣)와 비이성(非理性)－고전시대에서의 광기의 역사"이다. 그는 이 책에서 이성과 계몽으로 점철된 서구의 합리적 이성을 비판하며 이성의 지나친 강조로 역사의 저편에 사라진 비이성, 즉 광기의 의미와 둘 사이의 역사적 관계를 복원하는 데 심혈을 기울였다. 푸코의 이러한 노력은 철학사에서 존재감을 드러낸 결정적 계기가 되었다.

이후 1970년대에 푸코는 근대가 남긴 유산 중에서 부르주아 권력과 형벌제도에 대한 분석의 결과물인 『감시와 처벌』(1975)을 저술하였다. 푸코는 정신병원, 군대, 감옥, 학교와 같이 근대가 지배 체제를 정당화하기 위해 교묘하게 만들어놓은 억압적 제도의 모순과 부조리를 '지식의 고고학'을 통하여 심층적으로 분석하였다. 지식과 권력의 불가분의 관계에 주목하면서 그는 근대 문명의 가장 치열한 비판가로서의 독보적인 위상을 얻게 되었다. 안타깝게도 그는 1984년 6월 25일 후천성면역결핍증(AIDS)으로 사망하였다. 푸코가 남긴 저술을 시간 순으로 제시하면 다음과 같다.

- 『정신병과 심리학』(1954)
- 『광기의 역사』(1961)

- 『임상의학의 탄생』(1963)
- 『말과 사물』(1966)
- 『지식의 고고학』(1969)
- 『담론의 질서』(1971)
- 『이것은 파이프가 아니다』(1973)
- 『비정상인들』(1975)
- 『감시와 처벌』(1975)
- 『사회를 보호해야 한다』(1976)
- 『성의 역사 1[지식의 의지]』(1976)
- 『주체의 해석학』(1982)
- 『자기의 테크놀로지』(1982)
- 『비판이란 무엇인가? 자기 수양』(1978~1983)
- 『성의 역사 2[쾌락의 활용]』(1984)
- 『성의 역사 3[자기 배려]』(1984)
- 『성의 역사 4[육체의 고백]』(1984)

우리가 이들 저서 중에서 관심을 두고 살펴보고자 하는 작품은 『주체의 해석학』(1982), 『자기의 테크놀로지』(1982), 『비판이란 무엇인가? 자기 수양』(1978~1983), 『성의 역사 3[자기 배려]』(1984) 등이다.

2) 푸코의 주체화와 자기 수양

1980년대 이전 시기까지 푸코가 권력과 지식의 문제에 초점을 두면서 계보학, 즉 현재의 문제가 생겨나기까지 과거의 어떤 요소들이 미시적으로 영향을 주는지를 탐구해가는 방식으로서 근대문명의 산물인 각종 제도와 억압 구조를 밝히는 데 주력하였다. 반면 비교적 후반부에는 주체의 자기형성의 문제에 집중하였다. 이는 어떤 한 개인이 가장 아름다운 모습으로 자기 자신의 삶을 이끌어 가느냐에 초점을 둔다는 점에서 '실존 미학(Esthétique de L'existence)'이라고 부를 수 있다. 후기 연구는 시간적으로도 르네상스와 근대 초기에 역점을 두었던 연구가 고대 그리스와 로마로 거슬러 올라가 주체화(subjectivation) 문제를 탐구하는 특징을

그림 3 미셸 푸코(1926-1984)

보인다.

그가 고대로의 여행을 떠난 것은 근대에 접어들면서 주체와 진실의 관계가 이전의 시기와는 확연하게 다른 방식으로 변모된 것을 깨닫게 되면서부터이다. 『주체의 해석학』(1982)에서 자기 개념이 본격적으로 등장한다. 그는 여기서 '자기 실천', '자기 기술', '자기와의 관계', '자기 테크놀로지', '자기가 자기에게 가하는 작업'(푸코, 2007: 13)과 같은 다양한 용어를 쓰면서 주체가 어떻게 자기 스스로를 구축하고, 형성해 나갈 수 있는지를 역사적으로 추적해 나가고 있다. 1981년 1월부터 1982년 3월까지 행해진 일련의 강의에서 그가 일관되게 밀고 나가고 있는 핵심주제는 여러 가지 실존 테크닉, 가령 독서와 글쓰기, 경청과 말하기, 자기 통제와 절제, 의식의 검토와 자기반성 등이며, 실제로 이러한 기술들을 어떻게 습득할 것인가에 대한 사유결과이다. 근대 이후 제도와 법질서 속에 개인이 예속되면서 주체의 자기 기반이 상실된 반면 푸코는 고대인들은 진실의 실천을 통해서 인간 삶의 궁극적 목적인 주체를 구축할 수 있었다고 보았다(푸코, 2007: 15). 이 점에서 고대 사회에 보편적으로 널리 통용되었던 자기 배려에 대한 주체화 방식을 자세하게 살펴보는 일은 의미있는 일이다. 왜냐하면 적어도 데카르트에 의해 근대 철학이 정립된 이후 고키토의 절대적 우위성에 입각한 세계 인식의 사유틀은 자기 인식에 몰두한 나머지 자기의 자기에 대한 관계나 배려의 문제를 소원하게 만들어 버렸기 때문이다.

푸코가 기술 혹은 테크놀로지라는 용어를 쓸 때 염두에 두고 있는 형태는 대략 네 가지 정도로 볼 수 있다. 생산의 테크놀로지(경제적 관점), 기호 체계의 테크놀로지(언어와 문화적 관점), 권력의 테크놀로지(정치적 관점), 자기의 테크놀로지(윤리적 관점)가 그것이다. 여기서 우리가 주목하고자 하는 바는 자기의 테크놀로지이다.

> "이것은 개인이 자기 자신의 신체와 영혼·사고·행위·존재방법을 일련의 작전을 통해 효과적으로 조정할 수 있도록 해준다. 그 결과 개인은 행복·순결·지혜·완전무결, 혹은 불사(不死)라는 일정 상태에 도달하기 위하여 자기 자신을 변화시킬 수 있는 힘을 갖추게 된다(푸코, 1997: 36)."

흥미로운 점은 자기 배려에 대한 사유의 출발점을 플라톤의 대화편 『알키비아데스』에서 찾고 있다는 사실이다. 플라톤의 스승인 소크라테스는 대화편 곳곳에서 부, 명예, 지위 이전에 자기 자신에게 얼마나 진실하였는지, 자신의 영혼을 얼마나 돌보았는지에 대해서 관심을 가져야 한다고 설파하였다.

> "당신들은 자신의 재산, 평판, 명예는 돌보면서도 자신의 덕이나 영혼은 돌보지 않습니다."
> 『소크라테스의 변명』

알키비아데스는 고대 그리스 아테네의 정치가이자 웅변가이며 군인으로 유복한 집안에서 태어난 미남의 사나이였다. 소크라테스의 제자로서 그의 총애를 받으면서 펠로폰네소스 전쟁 당시에는 정치가이자 군인으로서 엄청난 활약을 펼쳤지만 아테네 역사상 최악의 배신자라는 평가를 받게 되었다. 가문도 좋고, 막대한 부를 거머쥐고 태어났으며, 당대 최고의 미남이라는 찬사를 받았으면서도 그는 이기적이고 오만한 성격 때문에 항상 불화를 자초했고, 끝없는 배신자의 행보 때문에 아테네가 쇠락하는 데 결정적인 기여를 하였다.

알키비아데스의 사례는 권력, 명예, 부가 인생에서 중요한 요소가 될지언정 좋은 삶을 결정짓는 잣대가 될 수 없음을 말해 준다. 특히 자기 자신을 돌보지 않고, 자기 수양을 바탕으로 하는 내면적 성숙이 뒷받침되지 않는 상태에서 국가와 사회에서 자신의 힘을 발휘하는 일들이 얼마나 무모한지를 잘 보여주고 있다. 그 당시 그리스 아테네에서 미덕으로 간주되던 절제, 용기, 지혜, 정의가 무엇인지를 그는 알지 못했다. 자기에 대한 배려 없는 무모한 도전과 외적 활동 및 공적들은 알키비아데스의 경우처럼 삶의 마지막 순간에 물거품과 같이 허무하게 끝이 난다.

그림 4 알키비아데스

푸코는 『알키비아데스』에서의 자기 배려의 문제를 자신의 버클리 대학 강연에서 세 가지로 정리를 하고 있다(푸코, 2016: 112). 첫째, 귀족 청년의 정치적 야심과 결부되어 있다. 즉, 그가 타자를 통치하고자 한다면 먼저 자기 자신을 배려해야 한다는 것이다. 둘째, 자기 배려는 불완전한 교육과 연관되어 있다. 알키비아데스는 제때에 제대로 된 교육을 받지 못하여 자기 자신을 돌보지 못하였다는 것이다. 셋째, 자기 배려는 젊은이와 그의 스승 간 애정 및 철학적 관계와 결부되어 있다. 여기서 핵심은 미소년에 대한 동성애 문제가 아니라 경험과 지혜를 갖춘 성인이 아직 미성숙한 세대에게 자기 배려의 중요성과 방법을 잘 알려줄 필요가 있다는 것이다.

그렇다면 여기서 자기를 배려한다는 의미는 무엇인가? 자기가 신체의 원리로 단순하게 환원되는 것은 아니다. 자기는 오히려 정신과 영혼의 문제와 더 밀접한 관련을 맺는다. 우리는 자기 자신의 영혼에 관하여 마음을 써야 한다. 이것이 바로 자기 자신을 배려하는 주요한 활동이다(푸코, 1997: 48). 영혼을 돌보기 위해서 우리는 자기 자신에 전념해야 한다. 자기 자신의 내부로 들어가 깊숙이 침잠해 보는 것도 하나의 방법이다. 이런 행위는 자신을 세상으로부터 등지는 소극적 행위가 아니다. 오히려 자신의 깊은 심연으로부터 힘을 기르고, 세상을 주체적으로 이끌어가기 위한 하나의 준비가 될 수 있다. 그런 점에서 독서와 명상, 자아의 성찰과 내면의 돌봄 등은 하나의 적극적인 여가 행위가 될 수 있다.

로마 시대에 『명상록』을 집필한 마르쿠스 아우렐리우스는 자신의 스승 프론토에게 보내는 편지에서 일상생활의 세세한 내용들을 편지에 담아 보내고 있다(푸코, 1997: 53-54). 편지 안에 그는 자기 자신, 자신의 건강, 자신의 식사, 자신이 앓고 있는 후두염에 대해서도 기술하고 있다. 스승에 대한 연민의 정을 표현하고, 자신의 은밀한 양심 고백도 편지 속에 적어 보내고 있다. 우리는 그의 편지 속에서 그가 하루에 어떤 일을 계획하고, 수행하였는지를 점검하고 있고, 잠이 들기 전에 하루 일과를 정리하면서 스스로를 정화(淨化)하는 모습을 엿볼 수 있다. 자기 배려의 관점에서 이와 같은 양심의 점검은 하루하루 자신의 과오에 대한 세밀한 성찰과 선행에 대한 의지를 강화하는 데 매우 중요한 역할을 하고 있다. 푸코는 로마 제정 시대에 편지로, 나중에는 일기와 같은 형태의 글쓰기로 자기 수양의 토대를 삼았음을 다양한 사례를 통해서 우리에게 알려주고 있다. 실제로 아우렐리우스의 『명상록』이 로마 제국의 북부 전선에 원정을 나간 10년 동안 전쟁터에서 쓰여졌다는 사실은 그 당시 사람들이 자기 자신을 다스리고, 돌보는 데 얼마나 공을 들였는지를 여실히 보여주는 생생한 증거로 볼 수 있다.

고대 사회에서도 자기 수양을 위해 사람들이 '사적인 일지(푸코, 2016: 120)'를 활용하였다는 점은 흥미롭다. 일종의 수첩과도 같은 일지에다가 그 당시 사람들은 자신이 독서한 내용, 누군가를 만나서 대화한 내용, 미래의 명상 주제들을 메모하였다. 경우에 따라서 그들은 지난 밤 꾸었던 내용은 물론 하루하루의 일과를 기록하기도 하였다. 그 당시 기록들을 보면 사람들이 자기 자신에게 얼마나 관심과 주의를 기울였는지를 잘 알 수 있다. 자기와 관계를 맺는 일정한 방식과 경험들은 일상생활의 세세한 내용, 정신의 활동, 수행한 독서, 기억나는 인용구, 이러저러한 사건들에 대한 성찰에 이르기까지 깊고, 넓게 연관을 맺고 있다.

로마 시대 이후 서양 전통 가운데 아우구스티누스가 『고백록』을 쓴 것은 주체화 문제와 관련된 하나의 획기적 사건으로 기록될 만하다. 이 시기에 와서 자기 배려의 형태가 글쓰기 형태로 자리를 잡게 되었기 때문이다(푸코, 1997: 52). 중세 시기였지만 그는 놀라울 정도로 정밀한 글쓰기를 통해 자기 스스로를 찾아가는 지난한 여정을 소상하게 보여주었다. 자신의 방황과 성적 타락까지도 고백할 정도로 그는 자기 자신에 대해서 진솔함을 여과 없이 드러내 주었다. 그가 성인으로 추앙받는 이유는 그와 같은 인간적인 면모를 드러내면서도, 스스로 구원을 위한 노력을 게을리하지 않았고, 동시에 신에 대한 무한한 신뢰와 사랑을 자신의 글쓰기에서 보여주고 있기 때문이다. 이처럼 우리는 글쓰기를 통해서 자기 자신에 대한 분석을 할 수 있으며, 일상생활의 이모저모를 기록하고, 심지어는 자신의 기분과 정신의 움직임까지도 포착할 수 있다. 하지만 오늘날과 같이 분주하고 바쁜 일상을 살아가는 현대인에게 내성적(內省的)인 상태 자체를 체험하는 일이 그리 쉽지는 않다.

말하기 또한 푸코가 자기 수양에서 강조하는 내용이다. 우리가 일상에서 쓰는 말하기와 구분하기 위하여 푸코는 고대 그리스 문학에서 널리 사용되었던 '파레시아(parrhesia)'를 차용한다. 파레시아는 자신의 진심을 담아 말하는 것으로, 다른 사람에게 모든 것을 하나도 숨김없이 말하는 것을 의미한다(푸코, 2007: 398). 이러한 말하기에서 우리가 지켜야 할 태도는 솔직함, 개방성, 자유와 같은 가치들이다. 적어도 그리스의 도시국가에서는 자신이 진실이라고 믿는 바를 다른 사람에게 숨기지 않고 모두 자유롭게 말하고, 타인의 개선을 위하여 비판을 무릅쓰더라도 하고 싶은 이야기를 할 수 있었다. 파레시아는 스승과 제자 사이에서 말하는 자에게 요구되는 도덕적 태도와 기술적 절차를 내포하고 있다. 스승은 자신의 삶을 하나의 아름다운 작품으로 만들기 위한 윤리적 실천에서 제자의 모범이 된다. 파레시아 주체는 특별한 지식이나 제도에 의해 보장되지 않는다. 가령 고해성사를 듣는 신부나 환자를 대하는 정신과 의사나 정신분석학자의 전유물이 될 수 없는 것이다.

푸코는 파레시아와 반대되는 사례로 아첨과 수사학을 들고 있다(푸코, 2007: 399). 도덕적 차원에서 아첨하는 자는 상급자를 본래의 자신보다 훨씬 강하고, 우월하게 보이도록 거짓된 담론을 건네면서 상급자의 권력을 유용하는 데 성공하는 사람이다. 거짓된 담론에서 말하는 자와 그것을 듣는 자 모두 진실로부터 멀어지게 된다. 수사학은 원래 진실을 확증하는 것을 목적으로 하지 않는 기술, 말을 듣는 자를 설득하고 진실이나 거짓된 비-진실을 그가 인정하게 만드는 기술로 정의된다(푸코, 2007: 408-409). 수사학의 관심이 진리보다는 타인의 설득에 있음을 우리는 알 수 있다. 정치나 외교의 협상, 상거래에서의 설득과 타협에 수사학이 널리 통용되는 점은 이를 잘 입증해 준다. 로마의 탁월한 교육사상가였던 퀸틸리아누스도 수사학이 분명히 하나의 기술이며, 결과적으로 진실과 관계하지만 이 진실은 말하는 자에 의해 알려진 바로서의 진실이지, 말하는 자의 담론에 담긴 진실이 아니라고 말한다(푸코, 2007: 409). 푸코가 말한 파레시아의 핵심은 자신과 타인의 삶의 방식에 연관된 진실의 문제이다. 말하는 자는 타인에게 진실을 가르치고, 그를 구원하는 데 도움을 줄 수 있어야 하며, 듣는 자 또한 말하는 자의 청에 응하여 자신의 영혼의 진실을 열어 보여 줌으로써 상호간에 진실된 담론의 심연 속으로 들어가서 참된 이야기를 나눌 수 있어야 한다는 것이다. 이렇듯 파레시아는 새로운 현실을 창출하기 위한 자아와 타자의 윤리적 태도이자 주체의 형성과정에서도 중요한 위치를 차지하고 있다.

3) 삶의 기술과 자기 연마

이제 『성의 역사 3[자기 배려]』(1984)로 눈을 돌려 푸코가 자신의 말년에 집중하였던 삶의 기술로서의 자기 연마의 문제를 좀 더 살펴보자. 푸코가 성의 문제를 저술하다가 마지막에 자기 배려를 주제화한 것은 지식, 권력, 생명, 쾌락의 문제 등이 결국 주체의 자기 생성과 무관하지 않기 때문이다. 자기 수양과 관련하여 주목해야 할 부분은 제2장 자기 연마에 관한 내용이다. 여기서 우리는 고대 그리스와 로마에서 사람들이 도덕적 주체로서 자기와 자기와의 관계를 어떤 방식으로 정립해 나갔는가를 볼 수 있다.

'자기에 대한 관심'은 고대 그리스에서부터 당연한 것으로 간주되었다. 알비누스는 우리가 철학하는 이유를 "자기 자신으로 돌아가고, 돌아가기 위해서(푸코, 1984: 62)"라고 분명하게 말한다. 앞서 언급한 플라톤의 대화편 『알키비아데스』는 자신을 관심의 대상으로 삼기 위해 반드시 읽어야 할 책으로 간주되었다. 세네카 또한 인간을 "육체와 영혼을 돌보는 사람(윗책, 63)"으로 규정하고, 일생 동안 자기 자신을 돌보아야 할 의무를 지니는 것으로 보았다. 그는 모두가 부단히 자기를 비워냄으로써 새로운 자신을 형성하고, 또 새롭게 변환을 시도하고, 언제나 자기에게로 돌아오기 위한 노력을 경주해야 한다고 생각하였다. 자기에 대한 관심을 가장 인상 깊게 표현하고 있는 사람은 에픽테투스이다. 그에 의하면 "인간 존재는 자기 배려를 위임받은 존재(윗책, 64)"이다. 다른 동물에 비해서 인간은 가장 미약한 존재로 태어난다. 이러한 결핍을 인간은 자연 속에서 자신을 부단히 돌보면서 극복해 나가고, 마침내 하나의 성숙한 존재로 거듭나게 된다. 자신에 대한 관심이 특정한 시기에 한정되는 것은 아니다. 왜냐하면 인간은 평생 동안 어떻게 살아가야 하는지를 배워 나가야 하기 때문이다. 삶의 기술은 비단 청소년이나 청년에게만 필요한 것이 아니라 성인이나 노인에게도 죽을 때까지 필요한 것이다.

자기를 단련하고 연마하는 일은 '전념'을 다해야 한다. 고대 그리스에서도 모든 일에 전념을 다한다는 의미로 '에피멜레이아(epimeleia)'는 널리 통용되었다(윗책, 68). 오롯이 자기 자신만을 위해서 몰두하기 위한 시간과 활동이 자기 수양을 위해서 필요하다는 것이다. 이러한 활동은 시간을 정해서 규칙적으로 해야 한다. 아우렐리우스가 "자기 안으로의 은둔(윗책, 69)"이라고 탁월하게 묘사한 바와 같이 자기 자신만을 위한 명상, 묵상, 독서, 글쓰기 등이 자기와의 관계에서 요청된다. 그렇다고 해서 이러한 활동이 고독과 같은 유형의 실천이 되어서는 안 된다. 오히려 그것은 사회적 실천의 한 형태로 이루어져야 한다. 자신을 연마하고, 특정한 활동에 몰입하여 내면적 힘을 키우는 일은 결국 타인과의 교류, 나아가 사회적 활동에서 도움을 받기 위한 준비 작업의 성격을 지니기 때문이다. 우리는 도야의 성격에서도 보았지만 도야(Bildung)는 기본적으로 자기를 갈고 닦는 일이 바탕을 이루지만, 자기 연마를 통해 길러진 힘과 역량은 궁극적으로는 나를 둘러싼 세계를 향하고 있음을 알고 있다.

자기 연마는 신체와 정신과 모두에 연관되어 있다. 푸코는 이 관점을 설명하기 위하여 우리가 잘 알고 있는 '파토스(pathos)' 개념을 끌어 들인다(윗책, 74). 신체의 관점에서 봤을 때 파토스는 신체적 불균형에서 오는 질병과 관련된다. 파토스는 정신적, 심리적 차원에서는 마음의 혼란에서 오는 '정념'을 말한다. 자기 연마에서는 이렇듯 의학은 물론 철학이 관여하고 있다. 의사가 신체에서 오는 질병을 치료하듯이 철학자는 정신에서 오는 '정념'을 치유한다. 물론 현대 사회에서는 고대 철학자의 임무를 대부분 정신의학자 혹은 정신 분석가가 떠맡긴 하지만 정신, 마음, 심리 치유는 자기 수양에서 신체적 질병 못지않게 중요한 사안임에는 틀림없다. 고대 그리스에서 교육의 의미로 사용하고 있는 파이데이아(paideia)가 신체 단련은 물론 인간이 자기 스스로를 돌보고 형성하는 데서 유래하였다는 점은 의미심장한 대목이 있다. 그 점에서 에픽테투스는 학교를 "영혼의 무료 진료소(윗책, 75)"로 간주되어야 한다고 말한다. 갈레누스는 정념에 대한 생각을 더욱 발전시켜 사람들의 '잘못'에 대한 교정과 치료를 위해 헌신하는 의사를 묘사하고 있다. 인간의 잘못을 치료해 주는 사람으로서 의사는 모름지기 정신적 혼란뿐만 아니라 이성에 복종하지 않은 과도한 힘에서 비롯된 정념과 그릇된 견해(doxa)에서 나오는 판단 오류까지도 치료해야 한다(윗책, 75). 이렇듯 자기 연마는 고대 그리스와 로마 사회에서는 건강과 식이요법과 같은 일상적 훈련과 실천에서부터 마음의 고통, 장애, 불안, 걱정, 근심 등까지도 돌보아야 하는 삶의 기술로 간주되었다. 이런 관점에서 본다면 우리가 질병에 걸리지 않는 것도 중요하지만, 더 중요한 것은 자신의 신체적 약점과 질병을 지각하여 미리 잘 대처하는 일이다.

자기에 대한 인식은 자기 연마에서도 중요한 위치를 차지한다. 사실 자기 인식은 자기 배려와 배치되는 관점에서 종종 논의가 되어 왔다. 데카르트 철학 이후 자기에 대한 문제가 이전 배려 차원에서 인식의 차원으로 격하되었다는 근거에서이다. 하지만 푸코는 자기 연마에서 자기 인식이 필수적임을 강조한다. 그는 우선 자기 인식이 자기 연마의 '시험과정'에서 하나의 가늠자 역할을 할 수 있다고 말한다(윗책, 79). 가령 어떤 사람이 극도의 가난한 체험을 통해 최소한의 것에 익숙한 삶을 산다고 할 때 자기에 대한 확고한 인식은 하나의 미덕을 쌓는 데 중요한 역할을 할 수 있다. 자기가 어느 선을 넘어설 때 향락, 방종, 타락의 길로 접어드는지를 잘 아는 것은 오직 내가 나 자신을 잘 인식하고 있을 때이다. 자기 인식은 또 자기반성과 밀접한 관련이 있다. 아침에 일어나 하루를 잘 계획하고, 자기 전에 하루를 돌아보면서 자기 자신을 정밀하게 돌아보는 일은 자기를 인식하고, 강화하는 데 더없이 소중하다. 푸코는 잠자기 전에 우리가 행하는 반성 행위가 하나의 정화제가 될 수 있음을 말한다(윗책, 82). 하루 중에 일어난 일을 검토한 후 재평가함으로써 자기에 대한 정체성을 만들어 나가고, 실수와 잘못된 일에 대한 검토와 평가를 함으로써 보다 나은 자신을 형성해 나갈 수 있다는 것이다. 이렇듯 소크라테스가 외쳤던 '검토되지 않은 삶은 살만한 가치가 없다'는 명제는 자기 연마에서도 중요한 역할을 수행하고 있다. 이때 검토는 철저하게 '자신의 무지에 대한 자각'에 초점이 맞추어질 필요가 있다.

자기 훈련과 연마의 종착지가 '자기로의 전향(윗책, 85)'에 있음을 푸코는 힘주어 말한다. 이는 자신을 둘러싼 자연이나 타인에 대하여 쓸데없는 관심을 두지 않음을 의미한다. 철학이 호기심에서 출발하기는 하지만 쓸데없는 호기심은 오히려 진리로의 여정을 방해할 수 있다. 전향을 위해서는 자기 스스로를 다스리고, 통제할 수 있는 힘이 필요하다. 이 점에서 푸코는 '자제의 윤리(윗책, 86)'를 강조한다. 세네카가 말하고 있는 바와 같이, "우리는 우리 자신에게 속하며, 우리 자신의 것이다(윗책, 86에서 재인용)". 외부 관심, 자신의 꿈과 야망, 미래에 대한 염려와 두려움에서 벗어나 초연하게 자신의 내부로 몰입하는 일은 예나 지금이나 자기 수양에서 요청되는 것들이다. 하지만 전향은 수동적 차원을 넘어 적극적 차원으로 나아갈 필요가 있다. 누구나 자기를 돌보는 사람은 자기 자신에 대한 충만된 기쁨의 경험을 가질 수 있어야 한다. 주체적 인간은 어쩌면 자기 스스로를 즐기는 인간인지도 모른다. 이 점에서 푸코는 우리가 "관능"에 사로잡혀서는 안 된다고 말한다(윗책, 88). 관능은 일시적 쾌락이며, 언제라도 박탈될 수 있으며, 결코 충족되지 않기 때문에 그것을 추구하는 일은 자기 연마에 도움이 될 수 없다. 성적 쾌락에 탐닉하는 일이 주체화에 도움이 되지 않는다는 점은 더 이상의 설명을 요하지 않는다. 다만 우리 자신으로부터 우리 자신 안에서 샘솟는 기쁨을 누리기 위해서 적절하게 쾌락을 활용하는 문제는 여전히 중요하다. 절제와 자제의 훈련을 통해서 인간은 얼마든지 보다 나은 자기를 형성해 나갈 수 있기 때문이다.

성적 욕망의 절제에 관해서는 고대 사회부터 '금욕'이라는 용어가 통용되었다. 이 말은 훈련(training), 연습(exercise), 실천(practice) 등을 의미하는 그리스어 아스케시스(askesis)에서 파생된 용어이다. 좁은 의미에서는 성적 욕망의 통제와 조절과 연관되지만, 더 나은 자기를 위한 철학적 훈련과 단련을 포괄하는 넓은 의미로 보는 것이 더 적절하다. 아스케시스는 인간이 자신을 다스리는 다양한 형태의 삶의 기술로서, 훈련, 수련, 돌봄 등의 의미를 담고 있다(푸코, 2007: 441). 우리는 금욕주의가 단순히 욕망을 억압하는 것에 그치는 것이 아니고, 근본적으로 인격 '수양'과 밀접하게 관련된다는 점을 인식할 필요가 있다. 이러한 수양과 훈련은 고대 사람들에게는 좋은 삶을 살려는 목적과 불가분의 관계를 지니고 있었다. 적어도 금욕이 인간의 좋은 삶과 깊은 연관을 맺고 있다는 사실을 고대 그리스의 철학자들은 물론 스토아 학파 지지자들도 잘 인지하고 있었다. 스토아 학파는 영혼 훈련의 방식을 인식적인 훈련과 윤리적 훈련으로 구분하여 그 원리를 제시하고 있다(장영란, 2017). 인식론적 훈련과 치유의 방법으로는 첫째, 사물 그 자체의 인식과 분별력 훈련, 둘째, 우주적 관점과 자아 확대 훈련, 셋째, 위로부터의 조망과 탈세속화의 훈련을 들 수 있다. 윤리적 영혼 훈련 방법으로는 첫째, 최악의 사태에 대한 예비 훈련, 두 번째로는 의식의 감찰 훈련, 세 번째로는 현재에 집중하는 훈련, 마지막으로는 죽음에의 훈련이 있다.

이처럼 고대 사회에서 주체가 보여준 자기 생성의 노력은 오늘날에 주는 시사점이 적지 않다. 현대 사회에서 대다수 사람들은 실존적 고통과 불안에서 벗어나고자 다양한 방식으로 자기 자신에 대한 관심을 표명한다. 소위 그들이 추구하는 행복의 이면에는 물질적 풍요, 외면적 우월감, 편안함이 자리를 잡고 있다. 하지만 소크라테스가 말한 '영혼의 돌봄'에는 별다른 관심을 보이지 않는다. 외모를 가꾸거나 성형을 하는 데 많은 시간과 돈을 투자하지만 자기 내면을 위한 영혼의 훈련과 치유에는 그다지 비중을 두지 않는다. 영혼을 끌어다가(영끌) 비싼 집을 사는 데는 모든 것을 다 바쳐 전념하면서도, 자신의 정신과 영혼을 돌보는 데는 몰두하지 않는다. 온갖 건강식과 보양식을 빠짐없이 챙기면서도 정작 마음과 영혼의 양식을 돌보는 데는 소홀하다. 독서만 하더라도 자기 계발의 명목하에 자기, 자신, 주체, 수양을 소리쳐 외쳐대지만 그 내용을 보면 처세술과 인간 경영, 부의 증식과 같은 세속적 욕망으로 가득 차 있다. 신자유주의 바람이 불면서 확장된 자기계발 담론은 오늘날 거의 모든 주체에게 강요되거나 내면화되고 있는 규범 혹은 하나의 자기 기술로 자리를 잡게 되었다. 대학생은 물론 가정을 지키는 주부와 직장인, 남녀노소를 불문하고 한국 사회는 소위 '스펙'을 쌓거나 재테크에 열을 올린다. 자본주의 사회에서 오직 '성공'을 위하여 사람들은 더 나은 자기를 만들고자 돈과 경력, 몸과 라이프스타일, '마음'과 인간관계 및 '사랑'을 돌아보고(알기·성찰), 관리하고(관리·경영), 발전시키기 위해(계발·자조) 자신을 쉼없이 내몰고 있는 것이다.

푸코가 말한 자기 수양은 자기계발과는 구별되는 것이다. 자기 수양이 자기와의 관계를 올바로 정립하려는 노력이라면, 자기계발은 세속의 운영 원리와 규범에 맞게 자신의 삶을 대상화하는 것이기 때문이다. 목적을 위해서는 어떤 수단도 가리지 않는 도구적 이성이 자기계발의 기저에 깔려 있다. 천박하게도 자기계발의 목적은 자본주의 사회에서의 성공이며, 특히 경제적 성공으로 부를 획득한 연후에 세속적 행복과 개인의 영달을 누리는 데 쏠려 있다. 적어도 푸코의 자기 수양에 관한 사유는 착종된 현대를 사는 우리가 어떻게 진정한 삶의 행복을 지향하고, 어떻게 자기 배려로 이어지는 삶의 미학을 추구할 것인가를 담담하게 제시해준다.

보론 ▸▸ 가다머 『교육은 자기교육이다』

1. 가다머는 누구인가?

한스 게오르크 가다머(Hans Georg Gadamer, 1900-2002)는 하버마스와 더불어 현대 독일철학의 거장으로 꼽히는 사람이다. 기나긴 삶의 여정에 비해 그의 삶은 학문, 저술, 강의, 논쟁 등으로 일관된 비교적 순조로운 것이었다.

원래 가다머는 독일의 마르부르크(Marburg)에서 태어났으나, 어려서는 부친을 따라 현재 폴란드에 속하는 브레스라우(Breslau)로 이주하였다가 다시 마르부르크로 돌아오게 되었다. 조그마한 대학도시인 마르부르크는 신칸트주의 숨결이 살아 숨쉬는 곳으로 그 당시 철학계를 주름잡았던 나토르프(P. Natorp)와 하르트만(N. Hartmann)이 왕성한 활동을 하고 있었다. 가다머는 자신의 삶을 회고하면서 이 곳을 철학적 사유의 고향이라고 표현한 바 있다. 고대의 철학에 관한 자신의 박사학위논문은 바로 이들의 지도를 받아 완성할 수 있었다.

그의 학문적 탐구의 여정은 프라이부르크(Freiburg)로 이어져, 가다머는 여기서 훗날 자신의 든든한 정신적 스승으로 간주되는 후설(E. Husserl)과 하이데거(M. Heidegger)를 만나 현상학, 실존철학, 고대철학 분야로 자신의 시야를 넓히게 된다. 이 무렵 프리드랜더(P. Friedländer)의 지도아래 고전문헌학에 천착하면서 그의 철학은 그리스어, 라틴어의 튼실한 지반 위에 깊이와 넓이를 더해 갈 수 있게 되었다. 자신의 교수자격논문이 결국 고대 그리스 플라톤 철학에 대한 해석으로 귀착된 것은 우연한 일이 아니다.

마르부르크, 라이프치히, 프랑크푸르트 대학에서 교수직을 두루 거치면서 가다머가 정착한 곳은 철학자 칼 야스퍼스(K. Jaspers)의 후임으로 초빙된 하이델베르크 대학이었다. 이곳에서 하이데거의 영향을 크게 받은 가다머는 1950년 이후 철학의 여러 분야 가운데 해석학에 천착하기로 결심하고, 마침내 1960년 기념비적 작품으로 볼 수 있는 『진리와 방법』을 간행하게 된다. 1948년에 집필을 시작하였으니 10년이 넘는 철학적 사유의 결과였다.

선입관과 전통의 복권을 강조하는 가다머의 해석학은 당대의 유명한 철학자들과의 논쟁을 불러 일으켰다. 특히 1967년에서 1971년 사이 비판철학자 하버마스(J. Habermas)와 벌였던 '해석학의 보편성 논쟁'은 유명하다. 20세기 말에도 철학적 진보주의 진영으로부터 지속적인 공격과 비판을 받았던 것은 역으로 생각하면 그의 철학의 위대성을 반증해 주는 것으로도 볼 수 있다. 논쟁을 통하여 가다머는 경향을 달리하는 여러 학파에 두루 생산적인 영향을 미칠 수 있었고, 그 자신이 항상 주장하는 바와 같이 자신의 철학을 지속적인 대화의 중심에 자리매김시킬 수 있었다.

아래 강연은 가다머가 1999년 5월 19일 독일 에펠하임(Eppelheim: 하이델베르크 근처의 작은 도시)에 위치한 디트리히 본훼퍼 김나지움 개교 100주년을 기념하기 위하여 행한 것이다. 자신의 정신적 스승이라 할 만한 헤겔(Hegel) 또한 김나지움에서 강연을 한 적이 있는데 철학자로서 이들은 공통적으로 자라나는 미래의 세대에게 관심과 애정을 갖고, 이들에게 삶의 비전과 방향 제시를 해주고자 하였다.

이 강연은 대화적 성격을 띠며, 생생한 현장성을 담고 있는 장점은 있으나, 강연 도중 다른 주제로 넘어 갔다가 원점으로 돌아오는 대목이 간간히 등장하여 논리적 이해를 방해하는 측면이 있다. 독일어 구어 표현을 우리말로 정확하게 이해하는 데도 어려움이 따른다. 이 점에서 영국의 권위있는 교육철학 전문잡지(The Journal of Philosophy of Education)에 실린 영문번역은 이러한 난점 해소에 일조할 것으로 본다(Cleary& Hogan, 2001: 529-538).

그림 5 한스 게오르크 가다머(1900-2002)

2. 강연 『교육은 자기교육이다』 전문[2)]

친애하는 신사 숙녀 여러분,

여러분이 보시다시피 저는 연약한 늙은이입니다. 따라서 여러분은 제가 지금 생산력이나 지혜의 정점에 있다는 것을 기대하기란 힘들 것입니다. 어쨌든 어떤 사람의 지혜가 정점에 있다고 주장하는 것은 다소 의심의 여지가 있습니다. 그럼에도 불구하고 사람이 나이가 들었을 때 분명히 말할 수 있는 사실이 하나 있습니다. 즉, 그 사람이 이제껏 충분한 경험을 쌓아 왔다는 점입니다.

하지만 전 여러분에게서 많은 것을 배우고 싶기 때문에 여러분에 대한 저의 태도는 실제로 이상한 것입니다. 오늘날 학교가 어떠한지, 오늘날 학부모들이 가지고 있는 걱정들이 무엇인지, 그들의 아들과 딸들이 가지고 있는 고민거리가 무엇인지 등 더 이상 제가 알지 못하는 모든 것들을 알아야 할 필요성을 느낍니다. 이러한 문제들에 관해서 강연할 만한 자격이 되는지조차 전 스스로에게 묻지 않을 수 없었습니다. 그래서 여러분을 청중으로 너무 오랫동안 붙들어 두지 않기 위하여 우리는 이미 짤막한 토론을 갖기로 합의를 한 바 있습니다.

인간이 대화를 통해서만 배울 수 있다는 것을 왜 제가 믿고 있는지 입증해 보고자 합니다. 이것은 물론 매우 포괄적인 견해로서, 이를 위해 전 지난 몇십 년 동안 어떤 의미에서 제 철학적 노력의 대부분을 바쳐 왔다고 해도 과언이 아닙니다.

오늘의 강의 혹은 강연에 부합하는 제목을 선택해야 한다면 — 여러분이 보시다시피 이것은 물론 강의가 아닙니다. 사람들이 여전히 강의(Vorlesung)에 대해서 말하는 것을 전 학문적 활동의 위험한 관행 중의 하나로 간주합니다. 강의는 담화가 아닙니다. 이 둘은 서로 다른 성질의 것입니다. 우리가 이야기할 때 누군가에게 이야기합니다. 강의를 할 땐 강의안이 강의하는 사람과 청중 사이에 끼어들게 됩니다. 물론 강연을 하는 지금 이 연단 위에는 제가 보려고 준비한 몇 개의 중요한 메모 외에는 아무것도 없습니다. 강의 도중 전 잠시 메모를 참고할 뿐입니다.

오늘의 강의 혹은 강연에 부합하는 제목을 선택해야 한다면 전 다음과 같은 제목을 제안하고자 합니다.

- 교육은 자기 스스로를 교육하는 것이다.
- 도야는 자기 스스로를 도야하는 것이다.

이러한 제목을 취함으로써 청소년과 그들을 교육하는 기성세대들, 즉 교사와 학부모들 사이에 자연

2) 가다머 강연 원고 출처는 'Gadamer, H. G.(2000). Erziehung is sich erziehen. Heidelberg: Kurpfälzischer Verlag'이며, 우리말 번역은 '손승남(2004). 교육은 자기교육이다. 서울: 동문선'을 참고하였다.

적으로 생길 수도 있는 문제들을 의식적으로 제외시키려고 합니다. 이 영역은 교육의 본질적인 논쟁거리이므로 저는 이러한 문제를 다른 각도에서 고찰해 보고, 보다 정확한 시각으로 문제를 조명해 보고자 합니다.

실제로 교육하는 사람이 과연 누구인가라는 질문을 던지면서 제 강연의 본론을 시작하도록 하겠습니다. 교육은 과연 언제 시작이 되는가? 이러한 질문을 던졌다고 해서 제가 엄마와 태아 사이의 의사소통 관계를 다룬 최신 연구의 특정한 성과물에 의존하려는 것은 아닙니다. 완전히 언어적인 형태를 띠지 않지만 분명히 거기엔 모종의 의사소통이 있습니다.

그와는 달리 신생아와 관련된 아주 흥미로운 질문이 하나 있습니다. 우리 모두가 의심할 여지없이 인간의 기초교육으로 볼 수 있는 교육, 즉 언어습득이 어디서부터 시작되는가? 이 시기 안에 특히 우리가 직업적 계속교육에서 생기는 나중 시기의 모든 비밀들이 들어 있습니다. 분명히 언어 이전 단계에서 우리는 신생아에 대한 최초의 관찰을 할 수 있습니다. 그 후 몇 개월 동안 아기는 놀이를 시작하고, 뭔가를 잡으려 하고, 만족을 나타내기도 하고, 무엇인가를 잡을 수 있다는 것에 대하여 자랑스러워하기도 합니다. 아기가 아직 실제로 뭔가를 움켜쥐거나, 어떤 요구를 할 수는 없지만 우리는 아기가 만족스러워하고 있으며, 최초의 행복감을 느끼고 있음을 감지할 수 있습니다. 여기서 전 아기가 집에 있는 것과 같은 편안함을 느끼게 된다고 말했습니다. 이것이야말로 새로 태어난 아기에게는 의심할 여지 없이 최초로 가장 중요한 영혼의 과제가 됩니다. 이러한 이유로 인해 아기들은 자기가 극복하기 힘든 낯선 환경에 처하게 되면 심하게 울게 됩니다.

우리는 이러한 방식으로 첫 번째 단계와 확연히 구별되는 두 번째 단계를 생각해 볼 수 있습니다. 언어를 배우기 시작하는 첫 해가 그 단계에 해당됩니다. 이 시기는 우리 모두가 알고 있듯이 믿기 어려울 정도로 흥미로운 시기이며, 이 시기의 아이들은 부모들을 놀라움으로 가득 차게 합니다. 초기 언어의 자유로운 구사가 매우 창의적이긴 하지만 아쉽게도 그것은 인간의 언어로 남지 않게 됩니다. 그것은 인간의 언어발달에서 볼 수 있는 하나의 손실을 의미합니다. 어렸을 때 쓰던 단어나 이름들이 인간의 전 생애에 걸쳐 영향을 미친다는 사실을 우리는 누구나 잘 알고 있습니다. 우리가 여기서 취해야 할 신중한 조처가 있습니다. 가령 심지어 부모들이 사용했던 단어를 투과시키는 방식으로 아이들의 이름을 짓는다거나, 기성세대의 관점에서 동물들의 이름을 부르는 일들에 대해서 우리는 세심한 주의를 기울여야 합니다. 사물에 이름을 부여하는 것과 연관지어 볼 때 이 주제는 매우 중요한 연구 가치가 있습니다.

이제, 우리는 스스로에게 묻습니다. 여기서 교육을 하는 사람은 과연 누구인가? 혹시 이것은 자기교육이 아닌가? 그것은 자기교육임이 틀림없습니다. 아직 제대로 이해하지 못하는 단어를 모방하며 사용하기 시작하면서 아동과 청소년들이 사물을 깨우쳐 가는 것을 저는 충분히 보아왔습니다. 마침내 인간은 제대로 말을 할 수 있게 되고, 이때 자신감을 얻는 것은 물론 만면에 미소를 머금게 됩니다. 이러한 최초의 관찰에서 출발하여 다음 단계로 나아가야 합니다. 우리는 결코 스스로를 교육한다는 사실을 한

시라도 잊어서는 안 됩니다. 아무리 훌륭한 교사라도 자기교육의 과정에서는 단지 교사로서 혹은 어머니로서 참여한다는 사실도 잊어서는 안 됩니다. 앞으로 보겠지만 이러한 모든 것들이 자기교육의 한 부분에 속한다는 것을 알게 될 것입니다.

제가 제 자신의 유년기나 혹은 제 가족주변 사람들의 유년기를 돌이켜 보면 한 인간이 자기교육에서 자기 자신은 물론 타인의 영향을 받는다는 점을 너무나 잘 알게 됩니다. 분명히 언어습득 시기에서 이것은 결정적 전환점을 의미하는 것입니다. 부모의 품에서 벗어나 점차 유치원, 학교에 가게 되면서 이 점은 분명해집니다. 소위 '요람에서 무덤까지' 무엇인가 정말 새로운 일들이 그 사이에서 일어나는, 말 그대로 거보를 내딛게 됩니다. 이 시기에 다른 사람과의 관계, 즉 의사소통이 생기게 됩니다.

제겐 딸이 하나 있는데, 그 당시 저희 집엔 가정부가 한 명 있어서 아내는 종종 그녀에게 아기의 기저귀를 갈아 달라고 부탁하곤 했습니다. 하지만 그때마다 아이는 너무나 시끄럽게 울어 댔습니다. 처음에는 저도 그 일을 한 적이 있습니다. 제 아내가 보기에 — 전 아내가 옳았다고 생각하지만 — 아이를 힘들게 하는 것은 바로 사방을 막아 아기를 가두어 놓는 침대라고 생각하였습니다. 그래서 전 그것을 방에서 치워 버렸습니다. 그러자 아이는 미소를 띠면서, 다시 깊은 잠에 빠져들었습니다. 바로 이것이 의사소통이라는 것입니다. 의사소통은 우리가 예견할 수는 없지만, 항상 집에 있는 것과 같은 편안한 과정을 동반합니다. 이것이야말로 교육과 도야의 핵심개념으로서 아무리 강조해도 지나치지 않습니다. 도야도 그렇게 스스로를 도야합니다. 소위 말하는 학교교육에 초점을 두고 생각해 보면 우리는 그것이 특정한 강조점을 지니고 있음을 알 수 있습니다. 학교교육에서 중요시하는 것은 오직 무엇을 도야했느냐, 즉 도야의 결과입니다. 하지만 도야에서 중요한 것은 특별한 전문성이 아니라 오히려 우리가 일반도야라고 부를 수 있는 요소입니다. 물론 일반도야는 천천히 진행됩니다.

오늘날 유치원은 발달 도상에 있기 때문에 그것에 관하여 정확히 알기 힘든 것이 사실입니다. 오늘날 유치원 교육의 비밀과 어려움은 매우 커지고 있는데, 그 원인은 크게 산업혁명에 의해서 교육이 왜곡되고, 종국적으로 위기에 몰리고 있는 데서 찾을 수 있습니다. 즉, 아이를 가진 어머니들 또한 크던 작던 간에 직업세계의 요청에 부응해야 한다는 사실에 있습니다. 여성취업의 문제가 모든 사람에게 해당이 되며, 심지어는 직업과 무관한 여성들에게도 영향을 미치고 있다는 것을 분명히 알아야 합니다.

자녀의 관점에서 볼 때 없는 거나 마찬가지인 아버지의 존재는 이상한 경험으로 다가옵니다. 그러나 아이가 전적으로 부모에게 의존하는 경우에도 불구하고 둘 다 직장에 나가게 된다면 어떤 일이 생기게 될까요? 전 이 점을 미국에 있을 때 자세히 연구할 기회를 얻게 되었습니다. 무엇인가 문제가 되는 것을 우리는 어디선가 다른 곳에서 먼저 발견하게 됩니다. 그것은 적어도 현명한 일이었습니다. 그렇게 해서 미국이란 나라를 제대로 알 기회를 갖게 되었으니 말입니다. 제가 제 옆에서 일하는 미국의 동료에게 "당신도 가족을 가지고 있지요, 그것도 두 아이를 말입니다."라고 말했을 때, "그거요, 상자(텔레비전) 앞에 아이들이 앉아 있는 것, 그렇게 신경 쓸 필요 없습니다."라고 대답하였습니다. 하지만 이러한 실례가 정확히 무엇을 의미하는지 분명하게 알 필요가 있습니다. 부모가 자기만 편해지고자 아이를 어렸을 때 지나치게 텔레비전 앞에 방치해 둘 경우 그 아버지가 갖게 될 문제점들이 어떤 것일지는 충분한 짐작이 가실 것입니다. 그 아버지는 여기서 중대한 실수를 저지른 것입니다. 그 아이들의 경우와 같이 대중매체가 인간형성에 줄 수 있는 위험성을 우리는 결코 과소평가해서는 안 됩니다. 올바른 인간성을 길러 주는 데 있어서 자신의 고유한 판단력을 개발하고 실행하도록 가르치는 일만큼 중요한 일도 없습니다. 이 일은 그렇게 쉬운 일이 아닙니다. 우리는 아이들에게 말을 겁니다. 이때 우리는 아이가 상대방의 말을 경청하는 것이 얼마나 힘든가를 알 수 있습니다. 그래서 낯선 사람으로서 아이에게 다가설 때 오히려 상냥하게 미소를 지으며 아이를 진정시키는 것이 더 좋다는 것을 우리는 잘 알고 있습니다.

이러한 문제들은 유치원 첫 단계가 지난 후 취학과 더불어 생기는 문제들입니다. 취학 후 아이들은 어떤 문제에 직면하게 될까요? 무엇보다도 많은 학교친구들과 만나게 되며, 그 중에서 모든 사람은 아니더라도 마음에 드는 친구들도 만나게 됩니다. 삶에서 우리가 일반적으로 발견하게 되는 좋아함과 싫어함, 공감과 반감 같은 일련의 상호작용이 학교에서도 유사하게 일어납니다. 가엾은 교사는 이러한 과정에 영향을 주고자 할 때 최대한 중용을 잘 지켜 행동해야 합니다. 부모가 아동의 교육에 실패한 경우라면 교사도 그리 큰 성공을 거두기가 힘들 것입니다. 이러한 문제는 너무나 자명하여 제가 달리 설명드릴 필요가 없을 것입니다. 저는 다만 여기서 무엇이 중요한지를 보여주고자 합니다. 중요한 점은 인간이 스스로를 세계 내에서 집에 있는 것과 같이 편안하게 하려 한다는 것입니다. 스스로를 집에 있는 것과 같이 편안하게 하다(sich einhausen)는 위대한 철학자 헤겔(Hegel)이 사용한 단어입니다. 그는 사유가 풍부한 방식으로 단어들을 변형시키는 일을 마다하지 않았습니다. 그 예가 바로 거주하다(hausen)를 집안에 있는 것처럼 편안하게 지내다(einhausen)로 바꾼 경우입니다. 세계 내에서 집에 있는 것과 같이 편안하게 지내다(Sich-Einhausen)에서 우리는 새로운 단어를 과감히 창조해내는 철학자의 용기를 엿볼 수 있습니다. 앞서 말씀드린바와 같이 이 시기는 정말이지 아주 중요한 시기입니다.

하지만 가정이란 '세계'는, 우리가 이미 본 것처럼, 최초로 유치원에서 그리고 이어서 초등학교 시작 단계에서 더 견고하게 획일화 내지 적응 경향성을 띠게 됩니다. 뭔가 새로운 것들이 요구되고, 여러 방면에서 이러한 일들이 벌어집니다. 전혀 색다른 시작이 이 때 일어나는데, 그것은 바로 쓰기학습입니다. 자, 이제 쓰기를 배운다! 누구나 그것에 대한 생각이 날 것입니다. 아쉽게도 전 요즘 아이들이 어떻게 글쓰기를 배우는지 정확히 알지 못합니다. 하지만 이전에는 글쓰는 도구를 사용하는 법을 배우기 전에 먼저 글쓰기를 배우지 않았습니까? 글쓰기가 그 당시에는 전혀 다른 역할을 하였다는 사실을 전 잘 알고 있습니다. 그럼에도 불구하고 특별한 글쓰기 방식의 하나로 학교체(Schulschrift)가 있다는 것을 사람들은 알고 있습니다. 학교에서 학교 나름의 글쓰기 방식을 가르쳤고, 우리가 인간의 발달을 살펴볼 때 가장 흥미로운 사실 중의 하나는 학교에서 배운 글씨체에서 자신의 고유한 필체가 생겨났다는 사실입니다. 전 개인의 독특성을 나타내는 개인의 필체가 얼마나 오래 존속될 것인지 알지 못합니다. 기껏해야 개인의 서명 정도가 남아 있으면 모를까 아마도 개인의 필체와 같은 것은 더 이상 존재하지 않을지도 모릅니다. 자신의 필체를 알아볼 수 없게 쓰는 일은 항상 특별한 일로 간주되어 왔습니다. 바로 여기에 분명 교육에 속하는 또 다른 관점으로 우리를 인도하는 문제들이 숨어 있습니다.

그것에 속하는 질문으로, 가령 어떤 목적으로 인간이 교육을 받는가를 생각해 볼 수 있습니다. 제 유년기를 거치면서 비교적 잘 기억하고 있거나 제 직업적 경험에서 생긴 일들이 가끔 떠오릅니다. 이러한 일들은 가령 학생이 나를 불러 다음과 같은 질문을 던질 때 생겨난 것입니다.

> "교수님, 질문을 드려서 죄송합니다만, 제가 책에서 이런저런 내용을 읽었는데, 그 단어의 뜻이 도대체 무엇입니까?"

윤리란 모름지기 그런 것이 아닙니다. 윤리는 사람이 자신만을 생각하는 것이 아니라 다른 사람을 불러 세울 때 그 사람을 방해할 수 있다는 것을 생각할 수 있도록 하는 것입니다. 사안의 중요성으로 인해 즉석에서 답변이 필요하다면 어쨌든 합당한 이유를 가지고 있어야 할 것입니다. 그렇지 않다면 그것은, 예전의 경우에 비추어 말하자면, 예의범절에 어긋나는 행위라 할 수 있습니다.

이것이 지금 그렇게 급한 문제는 아닙니다. 부모의 커다란 관심과 염려 없이 아이들의 올바른 성장을 기대할 수 없는 가정에서 자란 아이들에게 예의를 가르치는 일이 너무나 어렵다는 것을 우리는 잘 알고 있습니다. 그렇게 어려운 상황에서 예의를 갖춘 사람이 나온다는 것은 대단히 높은 사회적 가치를 얻는 것입니다. 변변치 못한 형편에서 자랐음에도 불구하고 잘 교육받은 사람은 그가 하는 말을 들어보면 알 수 있습니다. 그의 말과 행위는 우리가 즉시 존경을 표할 수 있는 개인의 성장에 이로운 특성으로 작용하게 됩니다.

사람들이 방언을 즐겨 사용하는 지역에서도 유사한 일들이 벌어집니다. 전 슐레지엔(Oder강 상류나 중류 일대의 지방)에서 태어난 사람입니다. 그 지역의 상류층 사람들은 슐레지아어를 절대로 쓰지 않습니다. "프러시아적" 슐레지엔 지역에서 쓰는 말이 폴란드 언어에 가깝다는 점 때문에 그것은 저속한 것으로 간주되었습니다. 물론 독일 가정에서 폴란드 사람들의 압력에 대항하기 위한 일종의 방어로서 그런 경향이 강했던 것도 사실입니다. 지금은 이 모든 것들이 다른 나라에서 얼마든지 다른 형태로 나타날 수 있는 작은 문제일 뿐입니다. 슈바빙(독일 바이에른 주 뮌헨 근처의 지역 이름) 지역에서 슐레지엔 사람인 전 소위 말하는 외국인과 같은 존재라는 것을 너무나 잘 알고 있습니다. 물론 지금은 50년 전부터 하이델베르크에서 살고 있어 상황이 다르긴 하지만 말입니다. 이 점이 바로 사람들이 결코 잘못 이해해서는 안 될 반드시 참작해야 할 정황들입니다.

이제 제 강연의 핵심의 하나인 모국어의 엄청난 중요성의 문제로 넘어갈까 합니다. 우리가 보다시피 모국어는 그 안에 감당할 수 없을 만큼 엄청난 힘을 지니고 있습니다. 이 점을 우리는 과소평가해서는 안 됩니다. 모국어는 미래 세계에서도 절대적 안정성을 지닌 채 제 자리를 지킬 것입니다. 저는 자주 미국과 그 밖의 대륙을 방문한 적이 있는데, 그때마다 사람들이 가정 내의 전통과 특히 자신의 모국어를 존경하고, 잘 가꾸어 나가고 있다는 사실을 알게 되었습니다. 미국의 전역에서 이 사실은 예외가 아니었습니다. 가령 캘리포니아에는 많은 일본인 혹은 러시아인 마을이나 도시 등이 있습니다. 적어도 유럽과 곧이어 전 세계에서 이제 거의 영어의 지배가 확실시되는 비즈니스 언어로 인해 사람들이 그곳에서 어려움을 겪는 일은 흔하지 않습니다. 제가 이야기하고자 하는 것은 그 점이 아닙니다. 왜냐하면 전 지금 우리가 그 안에서 질문하고, 배우며, 자라면서 대화를 진행하는 모국어에 대해서 이야기하고 있기 때문입니다.

대화는 일반적으로 전화상에서 행하는 행위가 아닙니다. 하지만 그러한 부류의 사람이 있긴 합니다. 그러한 행위는 다른 방식으로 전화를 걸고자 하는 사람에게는 매우 좋지 않습니다. 그 현상은 잘 알려져 있습니다. 그것은 일종의 수다 증후군 같은 것입니다. 대화경향성은 적절히 숙련된다면 좋은 성품이 될 수 있습니다. 여기서 제가 분명히 강조하고자 하는 바는 전적으로 혹은 부분적으로 다언어 능력(polygot)을 갖추고 성장한 사람들에게서조차도 결정적인 순간에는 자신의 모국어를 선호한다는 점입니다. 부모가 집에서 하나의 언어로 대화를 하지만 밖에서 다른 사람들과는 다른 언어로 대화하는 경우가 더 이상 낯선 일만은 아닙니다. 그 사이 여러 가지 방식으로 그와 같은 가능성이 발생하고 있습니다.

인구이동은 산업혁명과 더불어 생겨난 아주 새로운 문제이며, 더구나 새로운 사실은 우리가 점점 더 외국어 학습에 몰두해야 한다는 것입니다. 놀랍게도 외국어 학습이 중요함에도 불구하고 오랫동안 교육 실제 면에서 그 중요성을 따르지 못하고 있다는 점입니다. 실제 면에서 볼 때 우리 스스로나 짐작건대 여러분 모두 아직도 텍스트를 읽거나 쓰면서 외국어를 습득하는 형식에서 벗어나지 못하고 있습니다. 그것이 외국어를 습득하는 정상적인 방법은 아닙니다. 정상적인 방법은 대화를 통해서입니다. 우리의 사회적 세계가 성장가능성을 지니는 것은 실제로 대화 속에서라는 점을 전 매우 강조하고 싶습니다.

누군가 방언을 사용하는 습관이 있는 사람은 고급독일어를 구사하는 사람을 만났을 때 불가피하게도 약간 낯선 감을 느낄 것입니다. 이것은 언어가 타인에게 의미하는 바가 어떤 것인지를 점점 더 알게 되는 데서 드러나게 됩니다. 제가 분명하게 말씀드리고자 하는 점은 우리가 외국어 학습을 너무 자주 상호간 이해의 차원이 아닌 일방적 관계에서 본다는 점입니다. 우리가 언어를 배울 때 가령 읽기와 같이 그에 따른 필요한 기술을 배우는 데는 그럴 만한 충분한 이유가 있습니다. 그러한 과정은 소위 학교의 교육과정에 의해서 운영되는 바와 같이 일정한 범위를 갖는다는 것을 우리는 알고 있습니다. 하지만, 존경하는 신사 숙녀 여러분, 그러한 형식적 교육과정이 연계성을 지닌 것으로 본다면 그것은 매우 위험한 생각이라는 점을 전 확신합니다. 다행스럽게도 그러한 일이 발생하지는 않지만, 형식적 교육과정을 가장 중요한 것으로 간주하는 일이 여기저기서 벌어지고 있다는 것은 유감이 아닐 수 없습니다. 가장 중요한 일은, 제 견해로는, 질문에 답할 수 있고, 스스로 질문을 제기할 수 있으며, 제기한 질문에 적절한 답을 구사할 수 있는 능력입니다. 실제로는 그렇지 않지만, 만일 제가 여기서 무엇인가를 분명하게 이야기해야 한다면, 그것은 다음과 같습니다. 교육과정상 외국어 수업을 45분간 진행할 경우 적어도 10분간은 자유롭게 질문할 수 있도록 기회를 제공한다는 것입니다. 그것이야말로 의심할 여지없이 최상의 교육과정이 될 것입니다. 특히 영어나 불어와 같은 외국어 수업의 경우라면 그 원칙은 중요한 의미를 지니게 됩니다.

라틴어를 배우는 일은 성격이 좀 다릅니다. 라틴어의 경우 마지막에서야 문법의 이해에 도달할 수 있습니다. 하지만 모국어에서 문법을 마구잡이로 외우는 일은 무모한 짓이 아닐 수 없습니다. 어릴 적 학창시절에 있었던 유일한 실패담이 생각납니다. 여러분은 제가 아주 훌륭한 학생이었을 거라고 생각하실 겁니다. 초등학교 3학년 문법 시간에 독일어의 격변화, 가령 ich-meiner-mir-mich, du-deiner-dir-dich(전 이것을 지금도 암기하고 있습니다)를 배운 적이 있는데, 그때 갑자기 스스로 머리가 좋지 않은 학생들 대열에 끼어 있음을 알게 되었습니다. 모든 노력에도 불구하고 진도를 따라잡을 수가 없었습니다. 과거에는 이런 적이 한 번도 일어나지 않았습니다. 문법시험에 통과할 때까지 그것을 철저히 연습하지 않으면 안 되었습니다.

제 이야기가 약간은 우습게 들릴지 모르겠지만, 문법학습과 같은 이야기는 누구나 삶의 연관 속에서 전형적으로 갖게 되는 문제의 하나라는 점을 단지 이야기하려는 것뿐입니다. 이러한 형태의 문법이 독일어 자체에서 성장한 것이 아니라 라틴어에서 파생된 점이라는 것은 전적으로 옳다고 봅니다. 그것은 아주 명백한 사실입니다. 그 점에서 외국어 학습에서 라틴어 문법은 필수불가결한 것이며, 그러한 목적에서 모든 이름들도 라틴어화되어 있습니다. 이제까지도 그래왔고, 앞으로도 그렇게 될 것입니다. 아직 라틴어를 습득하지 못한 사람은 앞으로 문법에서 어려움을 지니게 될 것입니다.

이러한 방식으로 전 제 학창시절 아동기 경험을 다시 생각해 보곤 합니다. 또 하나의 예를 들자면, 청소년기 때 한 경험인데, 아마 여러분께서도 그러한 경험을 하신 적이 있을 것으로 생각됩니다. 만일 선생님께서 수업 중 여담을 하다말고 진도를 계속 나가려고 하시면서 "이것은 너희들에겐 아직 일러!" 라고 말씀하시던 순간을 여러분을 결코 잊을 수가 없을 것입니다! 이것은 두 가지 측면에서 흥미로운 것입니다. 우리는 여기서 중요하지 않은 것이 무엇인지를 알게 됩니다. 동시에 중요한 것, 즉 학습욕구를 일깨워 주는 것을 깨닫게 됩니다. 여러분은 모두 자신이 수업준비를 제대로 하지 못했을 때 사용하는 일종의 전략들을 잘 알고 있습니다. 가령 자신이 준비한 매우 어려운 시험문제를 교사에게 던져 그 문제에 골몰하게 함으로써 교사가 준비한 시험문제를 미처 제시할 수 없도록 만드는 전략이 좋은 예가 되리라 생각됩니다. 이처럼 여기선 일종의 게릴라 전쟁이 일어나고 있다는 점을 알 수 있습니다. 전략과 전술을 축소시킬 의향은 전혀 없습니다. 그것들은 항상 존재해 왔고, 중요한 점은 우리가 그것이 수업의 중심에 있다는 것을 인식하는 것입니다. 언어를 배우는 것이 반드시 그것을 한 점 실수 없이 잘 쓰는 것을 의미하지는 않습니다. 가장 중요한 것은 어떻게 대화를 하고, 답변을 할 수 있느냐에 있습니다.

저는 전쟁이 한창이던 1914년에 학교를 다닌 것으로 기억합니다. 제가 알고 있는 한 여러분이 다니는 학교와 유사한 교과과정으로 운영되는 학교를 다녔습니다. 최초의 외국어로 불어를 선택하였고, 1년간 음성학을 공부하였습니다! 1년 동안 불어를 한마디도 말할 수 없었고, 다만 불어의 음운만을 공부했습니다. 브레슬라우(Breslau)와 같은 작은 도시에서 이미 음성학이 습득되고 있었다는 점은 그 당시 독일 음성학계에서는 하나의 커다란 진보로 간주되었습니다. 아쉽게도 나중에 상황은 다르게 전개되었습니다. 하지만 음성학에 대한 준비는 그 당시 낯선 장면이 아니었으며, 그 결과로서 전 오랫동안 불어를 공부하지 않았지만 오늘날까지도 발음에 있어서는 전혀 어색함이 없을 정도가 되었습니다. 불어를 구사하면서 다른 실수는 하지만, 발음은 좋습니다. 말의 문법적 정확성보다도 대화에서는 발음이 훨씬 더 중요합니다.

이제, 인간의 세계-내-존재에서 타인의 존재가 얼마나 중요한가에 대한 주제로 방향을 바꿔볼까 합니다. 이것이 아이들 사이에서 중요한 역할을 하듯이 외국어를 학습하는 사람들 사이에서도 중요한 역할을 합니다. 여기서 자기 교육의 상호작용적 성격이 분명히 드러납니다. 거기에 부모가 해야 될 역할이나 부모를 대신해서 아이를 돌보아야 하는 사람들의 역할이 더해집니다. 여러분께서는 경험된 상호작용의 질이 어떻게 지속되며, 그것이 점차 나중에 지속된 성격으로 전환되는지를 상상할 수 있을 것으로 생각합니다. 이처럼 인간행위에서 윤리는 기회가 있을 때마다 불필요하게 자신을 전면에 내세우는 야만적 형식을 취할 필요가 없습니다. 오히려 어떻게 다른 사람을 편안하게 혹은 그와는 반대로 상호간에 그렇게 행동할 수 있도록 누구에게나 기회를 줄 수 있어야 합니다. 이런 경우에 교육은, 제가 믿기에, 누구나 타인을 최대한 이해하려고 노력하는 가운데 항상 다정하게 받아들이는 하나의 자연적 과정이 됩니다.

이제, 서서히 우리는 학교에서 배우는 내용에 대한 주제로 근접하게 되었습니다. 전 여기서 외국어 학습에서 이해의 문제를 이야기하고 있습니다. 물론 거기에는 일반적인 의미에서의 읽기와 자신의 모국어를 이해하면서 읽는 과정은 물론 세계지평의 광범위한 확산의 의미에서 외국어를 이해하면서 읽는 과정이 모두 포함됩니다. 유감스럽게도 전 제 잘못이 아니라 세계사의 잘못으로 인해 실제로 외국에 거주하면서 중요한 외국어를 배워 볼 기회를 갖지 못했음을 고백하지 않을 수 없습니다. 그것은 불가능했었지요. 우리는 1914년부터 1945년까지 30년 전쟁을 치러야 했습니다. 우리 모두 알고 있는 사실이지만, 여행에 관한 한 나치(Nazi)가 권력을 잡자마자 국외여행은 허가되지 않았습니다. 무엇보다도 경제적인 이유가 가장 큰 것이었습니다.

이제 제 질문의 핵심에 관해서 이야기할 때가 된 것 같습니다. 사람은 여기서 무엇을 배웁니까? 사람들은 어떻게 스스로를 교육하는 것입니까? 스스로를 형성하는 도야란 어떤 의미를 지닙니까? 그러한 질문에 답을 하는 데 있어서 우리는 "일반도야"라는 용어를 사용하곤 합니다. 이때 가장 중요하게 여겨야 할 것 중의 하나는 너무 일찍 전문화의 길로 이끌어서는 안 된다는 것입니다. 제가 보기에 독일의 상급학교에서는 지나친 전문화의 문제로부터 어느 정도 해방된 것으로 생각됩니다. 하지만 특히 중요한 교과가 하나 있는데, 그것은 다름 아닌 수학입니다! 여러분께 감히 말씀을 드리지만 전 수많은 수학자들과 우호적인 관계를 맺고 있습니다. 가령 노벨상을 수상한 사람들과 같이 일류급의 학자들과도 교분을 맺고 있으며, 이들과도 너무 이른 전문화의 문제에 관하여 자주 대화를 나누곤 하였습니다. 그 결과는 항상 가장 훌륭한 사람은 항상 인간적인 사람이라는데 의견의 일치를 보았습니다. 왜냐하면 그들은 일하는 방식을 잘 배운 사람들이었을 뿐만 아니라 결코 수학을 그릇되게 배운 사람들이 아니었기 때문입니다.

진정한 수학은 학교에서는 너무 어렵습니다. 그것은 단순한 사실이기도 합니다! 그렇다고 해서 수학을 포기해야 한다고 말할 필요는 없습니다. 다만 우리가 염두해 두어야 할 사실은 수학에서 좋은 성적을 받았다고 해서 나중에 수학을 전공할 분명한 징표가 되는 것은 아니라는 점입니다. 여기서 우리는 철저하게 다시 학습을 해야 합니다. 여러 대학에서 재직하고 있는 많은 수학 관련 전문가와의 대화를 통해서 전 이 점이야말로 가장 중요한 사실의 하나라는 점을 강조하고 싶습니다. 이것은 비단 수학의 문제만은 아닙니다. 이를 위해서는 우리가 알아야 할, 알고자 하는 하나의 감각(제6의 감각) 같은 것이 있다고 봅니다. 진정한 인식에 도달하기 위한 그 감각은 타인과 상호작용을 하면서 실제로 적용하는 가운데 자연스럽게 길러집니다. 타인과의 이해가 중요한 이유를 우리는 바로 여기서 찾을 수 있습니다.

이로써 전 제 철학세계에서 가장 결정적인 관점으로 간주하고 있는 문제의 핵심에 들어서게 되었습니다. 그것은 곧 언어는 단지 대화 속에서 자신을 완성한다는 것입니다. 실제로 교사는 제한된 가능성 안에서 이것을 달성할 수 있습니다. 수업에서 특정 수업지도안이 지켜져야 한다는 것은 분명합니다. 하지만 교육에서 결정적인 것은 궁극적으로 성장하는 세대로 하여금 자기 활동성을 통하여 자기가 지니고 있는 결함을 극복할 수 있도록 그러한 능력을 길러주는 일입니다. 자기교육은 무엇보다도 자신의 한계를 지각하는 그 순간 자신의 힘을 강화시키려는 노력에서 찾아져야 할 것입니다. 그 책임을 학교에 떠넘기거나 성적표에 나타나는 학교성적에 의존해서도 안 되며, 부모가 선호하는 그 어떤 것에 의해서 좌우되어서도 안 될 것입니다.

제가 여기서 잘 알지 못하는 사항에 대해서 이야기하는 것으로 생각하지 마십시오. "세상은 변한다"라고 말할 수 있는 것은 사려깊은 늙은이의 특권입니다. 어떤 방향으로 세상이 변합니까? 의심할 여지없이 사람들은 자신의 필체를 더 이상 발전시키지 않습니다. 물론 서명은 예외이기는 하지만 말입니다. 이것은 커다란 손실이 아닐 수 없습니다. 사람들은 날로 좋아지고 있는 다양한 형태의 인쇄체에 길들여져 있습니다. 그러한 경향성은 날로 더 빨라지고 있습니다. 그로 인하여 우리가 시간을 벌 수 있는 점도 있긴 합니다. 하지만 우리는 이러한 시간을 잘 쓰는 방법을 배워야 합니다. 만일 앞서 언급한 불필요한 전화 잡담에서 벗어날 수 있다면 더 많은 시간을 절약할 수 있을 것입니다. 우리가 현대적 의사소통 수단을 적절하게 다루는 법을 배워야 한다는 사실은 명백합니다. 이러한 유형의 의사소통 덕택에 우리는 제대로 다루지 못하였을 때 발생할 수 있는 위협으로부터 벗어날 수 있게 됩니다. 사람들은 예전에 당연시 여겼던 것만을 생각합니다. 즉, 예전에는 전화로 사람을 초대하는 일이 없었고, 대신에 편지나 그에 상응하는 것을 써야 했습니다. 왜, 어떤 이유에서 우리가 매우 많은 새로운 것들에 직면하고 있는지는 매우 분명합니다. 하지만 그 안에 다시금 새로운 요청들이 숨어 있습니다.

대학이든 학교든 집단의 형성없이 어떻게 발전할 수 있었겠습니까? 우리는 그것을 학습하지 않으면 안 됩니다. 동아리도 마찬가지입니다! 단체 활동 내에서 인간적인 상호작용이 이루어지기 때문에 저는 모든 시민단체의 촉진에 열렬하게 참여를 하였습니다. 이러한 상호작용, 이것이야말로 비밀스런 언어입니다만, 그것으로 인해 자연이 실제로 우리 인간을 동물의 세계보다 월등하게 해 줍니다. 즉, 의사소통 능력으로서 언어를 통하여 인간은 동물과 질적으로 차이가 납니다. 제가 목적하는 바가 바로 이 점입니다. 이것을 위한 자발적 노력이 청소년 자신에게서 나와야 합니다. 우리는 모두 그것을 배워야 하며, 청소년 또한 누구나 그것을 일정한 맥락 내에서 기꺼이 배워야 합니다. 이러한 목적으로 대학에 들어가면 학생들은 동아리에 가입합니다. 그것이 단지 학급친구나 동창생 — 나이가 들어 동창생을 다시 만나는 사람들에게는 너무나도 값진 것 — 만을 의미하지는 않습니다. 친밀한 관계를 맺었거나 서로 간 교류를 통하여 새로운 경험을 한 곳에서는 우리들 각자 속에 끈끈한 구속력이 내재하고 있다는 것을 생생하게 체험할 수 있습니다.

하지만 무역과 상업적 교류가 이루어지는 획일화된 속도에서는 여가 시간의 순간에 상관이나 부하에게 진정 느끼면서 이야기하거나 아니면 그저 그렇게 그들과 함께 이야기하는 것이 중요성을 띠게 됩니다. 기계로 전송될 수 없는 것이 본질에서 설득력이 있다는 사실은 결코 바뀌지 않을 것입니다. 이러한 사실은, 우리가 필적학을 통해 이미 알고 있는 바와 같이, 우리가 손으로 직접 쓴 필체에도 해당됩니다. 이러한 사실은 우리가 당면하고 있거나, 결코 무시할 수 없는 여러 다른 발전에도 해당됩니다. 분명 그것들은 특정한 기능을 지니고 있습니다. 하지만 그것들은 우리가 필요로 하는 정반대의 것을 형성하도록 우리를 안내합니다.

대학에서도 전 학생들과의 상호작용이 부재하다는 사실을 분명히 목도하고 있습니다. 수백 명의 학생들이 한꺼번에 수강하는 릴레이 강의를 우리는 운영하고 있습니다. 이러한 상황에서는 교수가 뛰어난 학생을 알아볼 수도 없고, 학생들 간에도 서로서로를 제대로 알지 못합니다. 별다른 희망도 없이 마구잡이로 몰아가는 식입니다. 언제가 상황이 바뀔 것입니다. 미국과 영국의 본보기에서 그것을 알 수 있고, 그 밖의 많은 나라에서도 변화가 일고 있습니다. 하지만 여기서 문제가 되는 것은 과연 무엇입니까? 자발적 열정과 판단력! 물론 그것을 위해서는 많은 것을 할 수 있습니다. 올바른 책을 추천할 수도 있습니다. 단지 어느 잡지에 광고로 등장하였다는 이유로 추천을 해서는 안 될 것입니다. 그릇된 광고, 즉 차라리 무시해도 좋은 광고는 도처에 얼마든지 찾을 수 있습니다. 그렇다면 진정으로 가치로운 것은 무엇일까요?

갑자기 가정의 품에서 벗어나 대학생이 되었을 때 제게 가장 의미있는 것이 무엇이었는가를 전 생생하게 기억하고 있습니다. 교양있고 상냥한 여학생들과 우연치 않게 동아리를 만들게 되었습니다. 그때는 제1차 세계대전이 한창 진행되던 시기였습니다. 이때 전 너무나도 새로운 것들을 많이 배우게 되었습니다. 제 기억으로 1918년에 소개를 받아 레싱(Theodor Lessing)의 『유럽과 아시아』를 읽게 되었습니다. 그것은 제게 새로운 세계였습니다. 그 저자는 바로 유명한 레싱이었는데, 그는 후설의 제자이자 좌익계열의 저널리스트였고, 후일 암살로 세상을 떠난 사람이기도 합니다. 그는 성격 면에서 다소 냉소적인 데다가 다소간 이해하기 힘든 측면을 지니고 있었습니다. 전 그 사람을 천재로 추켜세우고 싶은 마음이 추호도 없습니다. 하지만 독서를 하면서 즐겼던 소중한 경험을 잊고 싶은 생각은 없습니다. 제가 배웠던 것은 진보적 낙관주의로서 그 당시 모든 것을 지배하던 성취적 열망에 대한 비판이었습니다. 그러한 비판은 1918년 당시만 해도 새로운 복음과도 같은 것이었으며, 제게 커다란 감명을 준 것이었습니다. 그 당시 전 러시아, 스칸디나비아, 네덜란드 소설은 물론 번역이 쉽고, 잘 된 그 외 지역의 소설들도 읽기 시작하였습니다. 인간의 도야는 그러한 방식으로 이루어집니다. 이러한 도야방식은 오늘날 대학에서 특히 필요합니다. 왜냐하면 오늘날 대중매체가 모든 것을 지배하고, 부작용을 일으키고 있으며, 대학(University) — 다양성을 의미하는 '대학'이라는 원래의 이름에도 불구하고 — 의 교육과정과 직업준비에서도 점점 더 전문화 경향성이 증대되고 있기 때문입니다.

만일 우리가 박사학위를 받기 위해 제출하는 학위 논문을 자세히 들여다보면 전문가 양산이 얼마나 심각한 문제인가를 알 수 있습니다. 그것은 경우에 따라서는 과학과 연구발전에 기여하는 측면이 있긴 하지만, 그것이 인간의 전문적 판단력과 교육에 줄 수 있는 핵심경험은 인간생존의 과업과 세계 안에서 집에 있는 것과 같은 편안함이라는 근본문제를 해결하기에는 부적합하게 보입니다. 오늘날 책에서 정식으로 인증하기 어려운 경우 자의적인 표현을 피하기 위해 유행 중인 것을 따르는 경향이 훨씬 많습니다. 하지만 성공이 확실치 않다고 하더라도 위험을 감수할 채비가 되어 있어야 합니다. 오늘날 우리가 듣는 걱정 중의 하나는 경제에서 너무 지나치게 규칙준수와 위험의 회피로 일관하고 있다는 사실입니다. 자신의 실수에서 배우지 않는다면 어느 누가 진정으로 배울 수 있겠습니까?

지금, 전 이것에 대해 판단을 내릴 수 없습니다. 그것을 판단하기에는 전 너무 멀리 있습니다. 하지만 제가 주장하고자 하는 바는 만일 인간이 자신을 교육하고, 스스로를 도야하고자 한다면 가장 중요한 것이 바로 인간의 능력이라는 것입니다. 그리고 이러한 교육에서 성공할 때만이 우리는 기술공학의 진보에서 파생되는 위협으로부터 살아남을 수 있을 것입니다.

3. 자기도야로서의 인간교육

이 강연은 해석학의 원리에 비추어 볼 때 저자의 전 생애와 그가 남긴 저작으로 이루어진 전체의 한 부분이라는 점에서 가다머의 삶의 전 과정과 그의 주저 『진리와 방법』을 포함한 해석학 관련 저술들을 종합적으로 고려할 때 제대로 이해될 수 있을 것이다.

그의 강연의 핵심은 자기 도야의 문제에 있다. 도야는 원래 독일어 'Bildung'을 우리말로 옮긴 것이다. 도야라는 말이 그 용어의 고유한 의미를 담아내기엔 다소 한계가 있다. 도야를 본격적으로 거론한 빌헬름 폰 훔볼트(W.v. Humboldt)가 이 개념을 "인간의 조화로운 발달"로 풀어 쓰고 있는 점을 감안한다면 오히려 인간 교육, 인격 교육, 인간 형성의 개념으로 옮기는 것이 더 적합하게 보인다. 그 개념을 '교양'으로 번역하기도 하지만(이길우 외, 2000), 여기서는 교육적 담론에서 비교적 널리 통용되는 '도야'라는 개념을 그대로 쓰기로 한다.

도야는 결과와 과정 모두를 뜻한다. 결과로서 도야는 한 인간이 자신의 삶 속에서 이룩한 자기 자신, 자연, 사회의 작품으로서 인간의 모습이다. 이렇게 보면 그것은 교육이 궁극적으로 지향해야 할 목적이다. 인간은 이러한 도야의 이상을 향해 부단히 자신을 가꿔 나가는 존재이다.

또한 도야는 과정 그 자체를 의미한다. 인간은 신도, 동물도 아니니다. 인간은 신과 동물의 중간자적 존재로서 부단히 자신을 도야해야 할 운명에 처해 있다. 아무리 노력해도 신과 같은 완전한 존재가 될 수 없다. 인간은 본질적으로 유한한 존재이고, 항상 뭔가 부족한 존재이다. 그렇다고 해서 도야를 게을리 할 수도 없다. 만약 도야를 소홀히 한다면 인간은 언제나 동물과 같은 위치로 전락할 위험성을 안고 있는 존재다.

가다머의 경우 자신의 주저와 이 책의 강연내용을 통해서 볼 때 도야론의 전통에 서 있다고 볼 수 있다. 중세의 경향인 "신의 형상을 모방"하는 신비주의적 관점, 헤르더(Herder)의 "인간성에 도달"하는 이상주의적 관점, 계몽주의자들에게서 나타나는 "인간의 재능과 능력 계발"의 계발주의적 관점에서 헤겔(Hegel)의 "자연과 정신, 존재와 당위의 간극에 대한 인식"에 대한 관점에 이르기까지 독일의 도야적 전통이 가다머 도야개념의 배후에 깔려 있다. 독일의 도야적 전통을 따르면서도 가다머는 전통과의 비판적 대화를 시도하고 있다. 가다머는 교육의 핵심이 자기교육, 자기도야에 있음을 힘주어 강조한다. 자기도야는 부단한 자기연마, 능력개발이 선행되어야 한다. 하지만 그러한 능력이 지속적인 책임감으로 승화되지 못할 때는, 아도르노가 잘 표현한 바와 같이, '어설픈 교육'으로 전락하고 만다. 성공적인 능력의 개발과 성숙한 책임의식의 실천은 오로지 대화를 통해서 가능하다. 이 점에서 가다머는 강연에서 줄곧 '대화를 통한 교육'을 강조하고 있다.

대화는 타인과의 관계성을 전제로 하고 있다. 가다머는 자기도야의 중요성을 주장하면서도 역설적으로 '타인과의 공동체적 관계'를 강조하고 있다. 가족, 친구, 교사, 동아리 활동의 예를 들며 가다머는 자기교육에서 타인의 중요성을 일관되게 설파하고 있다. 외국어를 배우는 것도 따지고 보면 낯선 것과의 조우를 통해서 자신의 존재를 확인하고, 강화시키는 과정으로 볼 수 있다. 현재적 삶과 무관하게 여겨지는 고대 그리스의 고전이나 라틴어를 교육에서 강조한 것도 이러한 맥락에서 이해될 수 있다.

낯선 것과의 만남을 통해 인간이 스스로를 도야한다는 사고는 원래 헤겔의 사유에서 비롯된 것이다. 가다머에서 더 중요한 것은 자기부정의 계기보다도 결국 어떻게 스스로 자신에게로 돌아오느냐, 즉 정체성의 문제이다. 정체성의 문제를 가다머는 존재론적으로 '집안에 있는 것과 같은 편안한 느낌'으로 표현하고 있다. 위기의 시대에 개인이 고향에 있는 듯한 느낌을 항상 지니며 살도록 자라나는 세대에게 자신감과 비전을 제시해주는 문제는 이 시대 교육의 절체절명의 과제인지도 모른다. 어쩌면 오늘날 숱한 교육문제의 근원을 마음의 고향의 상실에서 찾을 수도 있을 것이기 때문에 가다머의 실존적 주장은 더욱 설득력을 지닌다고 본다.

도야는 다른 한편 깊고, 폭넓은 인간을 기르는 일과 무관하지 않다. 산업이 발달하면서 무수한 직종이 생겨나게 되었고, 교육은 각 분야에 필요한 전문인을 양성해야 하는 중책을 떠맡아 왔다. 이 점은 현대의 대학 발전 경향을 살펴 보면 금새 알 수 있다. 가다머가 우려하고 있는 바와 같이 현대의 대학은 폭넓은 교양인 양성을 뒷전으로 한 채 전문인 양성 기관으로 전락한 지 오래다. 대학은 이제껏 학문의 분과화의 길을 걸어 왔고, 사회에 필요한 전문인 양성에 치중해 왔다. 여기서 문제가 되는 것은 학문이 너무 세분화되다 보니 어느 한 분야에 대해서는 전문가이지만 전체적 연관 속에서 사물을 보거나 다룰 수 있는 능력을 제대로 갖추지 못한 '나무는 보되 숲은 보지 못하는' 박사를 배출하는 데 있다. 깊고도 폭넓은 인간을 길러야 한다는 주장은 인간으로서 기본적인 소양과 건전한 교양을 갖춘 보편적인 인간을 육성하면서도 동시에 특정 지식, 경험, 기술에서는 최고인 전문인을 키워야 한다는 의미이다. 가다머는 수학의 예를 들어 단순한 수학적 재능 이전에 건전한 인간성의 도야가 선행되어야 함을 강연에서 역설하고 있다.

가다머에서 자기도야의 귀결은 자명하다. 그것은 결코 헤겔의 절대정신 강조나 획득에 있지 않다. 언어의 본질이 대화에 있고, 대화와 경험의 본질이 개방성에 있듯이 인간의 도야는 바로 '자기 자신을 대화의 장에 활짝 열어 놓는 것' 그 이상도 그 이하도 아니다. 한 걸음 더 나아가 나와 대화를 하고 있는 사람이 옳을 수도 있고, 심지어는 나보다 월등하게 더 나을 수도 있다는 확고한 신념을 갖는 것, 바로 그 안에 자기도야의 본질이 들어 있다.

2. 진덕수와 정민정의 『심경부주』

동양의 사상을 통틀어 『심경』만큼 마음 수양에 도움을 주는 책도 없을 것이다. 그도 그럴 것이 이 책 안에는 동양 고전 중의 고전에 해당하는 『서경』의 마음에 대한 설명에서부터 송·명대의 대표적인 유학자의 마음에 대한 생각이 일목요연하게 정리되어 있기 때문이다.

책 제목이 『심경부주』인 것은 오리지널 텍스트인 『심경』에다 부가된 주석을 달아 새롭게 출간되었음을 의미한다. 원 저작자 진덕수(陳德秀, 1178-1235)는 송나라 사람이며, 호가 서산(西山)이었으므로 후대 사람들은 그를 '서산 선생' 혹은 '서산 진씨'로 불렀다. 그는 중국에서 마음에 관한 전승된 기록과 자료들을 모아 『심경』을 편찬한 것으로도 유명하지만, 그가 지은 『대학연의』는 중국은 물론 조선의 유학자와 왕들도 곁에 두고 읽었을 만큼 필독서로 널리 알려져 있다.

명나라 때 진덕수의 『심경부주』에다가 자세한 주석을 달아 심학의 체계를 한 단계 성숙의 경지로 끌어올린 사람이 바로 정민정(程敏政, 1445-1499)이다. 사서삼경 중에서 마음에 관한 부분을 취사선택하여 심학의 정수로 삼아 진덕수가 처음으로 주석을 달고, 거기에 덧붙여 정민정이 부가적으로 자신의 견해를 제시하는 방식은 동양 텍스트 해석학의 좋은 본보기를 보여준다. 공자 이래 널리 전통이 된 '온고지신(溫故知新)', '법고창신(法鼓昌新)'의 정신이 이 안에 그대로 스며들어 있다. 공자가 『논어』에서 '술이부작(述而不作)'이라고 했듯이 정민정은 그저 새롭게 창작하기에 앞서 전통의 가치를 최대한 살려 이를 잘 서술하는 가운데 저절로 다름과 새로움이 드러나도록 하는 방식을 취하고 있다.

그림 6 심경

중국유학사에서 『심경부주』와 같

은 책은 마음을 탐구하는 심학(心學)에 뿌리를 두고 있다. 근대 시기에 들어오기 전 고대 중국에서부터 마음[心]의 문제를 사상의 핵심으로 삼는 학문체계가 전승되어 왔는데, 우리는 이것을 심학이라고 부른다. 심학은 광의로는 마음의 개념과 현상에 관한 일반적 논의를 포괄하지만, 협의로는 마음의 본체를 인식하고 수양의 방법을 구명하는 데 관심을 가진 학문적 입장으로 볼 수 있다.

유학의 역사에서 심학의 전통은 대개 세 가지 흐름으로 정리가 될 수 있다. 그 하나가 정주학(程朱學) 혹은 주자학(朱子學)이다. 이학이나 도학의 큰 틀에 속하며 마음을 탐구하고, 수양하는 문제를 다루고 있으므로 심성수양론적 성격을 지닌다. 다음으로는 육왕학(陸王學) 혹은 양명학(陽明學)의 입장을 들 수 있다. 여기서는 마음을 본체로 인식하는 입장을 심학으로 칭하고, 이학이나 도학과는 별도의 영역으로 간주한다. 마음의 문제를 비단 유학에서만 다루는 주제가 아니므로 불교와의 연관성에서 세 번째 입장이 등장한다. 즉, 정주학에서는 불교를 심학으로 보려는 경향이 있다. 불교의 여러 종파 중에서 일진법계(一眞法界)를 일심(一心)으로 제시하는 화엄종(華嚴宗)과 면벽수행을 중시하며 일체중생을 일심으로 파악하는 선(禪)의 전통이 심학으로 간주되기도 한다. 이처럼 심학은 이학과의 관계와 마음의 본체를 다루는 방식과 유형에 따라 '수양론적 심학[程朱學]'·'본체론적 심학[陸王學]'·'불성적 심학[佛敎]'으로 구분할 수 있다.

『심경부주』에 등장하는 마음에 관한 텍스트는 삼경에서부터 사서에 이르기까지 다양하며 드물게 송대의 정자와 범준의 텍스트까지 포함되어 있다. 고대의 경전 중에서 『서경』「대우모(大禹謨)」편에서 말한 인심(人心)·도심(道心) 문제는 심학 논의의 출발점이 된다. 심학의 연원이 상고의 성왕(聖王)으로까지 소급될 정도로 심학은 역사와 전통이 깊다고 할 수 있다. 하지만 심학의 참 모습은 유학에서 『맹자』 안에 담겨 있다고 해도 과언이 아닐 정도로 구체적인 예화와 함께 다양하게 다루어지고 있다. 맹자가 강조하는 '구방심(求放心)'·'반신이성(反身而誠)'·'존심양성(存心養性)' 등은 수양론적 심학개념의 근본이 된 지 오래다. 물론 공자께서도 『대학』의 성의(誠意)·정심(正心)과 『중용』의 신독(愼獨) 등에서 마음의 수양문제를 중시하고 있지만, 마음의 본체에 관한 인식과 심성수양의 실천방법을 가장 구체적으로 제시하고 있는 경전은 『맹자』이다.

이를 입증하듯 『심경부주』에서도 맹자가 설파한 인간의 욕망과 통제, 사단과 인(仁)의 확충, 양심〔養心〕의 주제들이 풍부한 예화 및 해설과 함께 다루어지고 있음을 알 수 있다. 진덕수가 살았던 송대에 심학은 "마음이 성품을 다할 수 있다(心能盡性)"하여 마음을 인격의 주

그림 7 맹자

체로 파악하는 단계로 발전되었으며, 정호(程顥)에 의하여 "마음이 곧 하늘이다(只心便是天)"라고 하여, 마음을 우주의 본체로 파악하는 단계로까지 심화되었다. 아래에서는 『심경부주』에 등장하는 마음을 다스리는 요체에 관한 내용을 몇 가지로 주제화하여 서술하고자 한다.

1) 인심과 도심

마음 수양론의 핵심 개념의 하나가 바로 인심과 도심이다. 인심과 도심은 마음의 양면성에 관한 학설로 '인심'이란 대체로 인간의 신체적 기운에서 나타나는 것이고, '도심'이란 선천적인 본성에서 나온다고 보는 관점이다. 그렇지만 이러한 인간의 마음이란 매우 오묘해서 그 실체를 파악하기가 쉽지 않다. 중국 고전에서 인심과 도심에 대한 문제가 처음으로 등장하는 것은 『서경』의 기록에 근거를 두고 있다.

『서경』의 「대우모(大禹謨)」 편에는 다음과 같은 구절이 등장한다.

> 순임금이 말했다.
>
> "사람의 마음이란 오직 위태위태한 반면 도리의 마음은 오직 잘 드러나지 않으니 (그 도리를 다하려면) 정밀하게 살피고 한결같음을 잃지 않아 진실로 그 적중해야 할 바를 잡도록 하여라[3]."

이 말은 원래 고대 중국에서 순(舜) 임금이 자신의 왕좌를 우(禹)에게 넘겨주면서 마음을 조심하고 살피라는 뜻으로 한 것이다. 그런데 이 열여섯 자 심법(心法)이 매우 함축적이어서

3) 人心惟危 道心惟微 惟精惟一 允執厥中. 이 책에서 심경부주에 대한 번역본은 이한우(2019). 마음을 다스리는 법. 심경부주(서울: 해냄)를 따른다. 다른 번역본에 비해 이 책의 장점은 무엇보다도 우리말 어법에 잘 맞을 뿐만 아니라 한글세대와의 소통가능성을 충분히 고려하고 있다는 점이다.

보다 상세한 해석이 필요하게 되었다.

주자의 해석에 따르면 마음은 본래 텅 비어 있으면서도 외적 대상을 지각할 수 있는 기능[虛靈知覺]을 지닌다. 마음이 하나인데, 사람의 마음과 도리의 마음으로 차이를 보이는 것은 사람마다 형체와 기운이 다르고, 본성과 하늘의 명령에 대한 앎과 배움의 차이에서 기인한다. 사람의 마음은 육체적 욕구와 연계되어 있으므로 인욕(人慾)에 물들기 쉽고 결국엔 악으로 떨어져 위태롭게 될 수 있다. 반면 도리의 마음은 도덕적 이성과 연계된 마음으로 미묘하여 잘 드러나지 않는다. 우리가 수양해야 하는 이유는 바로 언제라도 위태로운 상황에 처할 수 있는 사람의 마음을 더 나은 곳으로 향하도록 다스리지 않으면 안 되기 때문이다. 접근하기 힘든 도리의 마음에도 손을 뻗쳐 실마리를 끄집어내야 한다.

유정유일(惟精惟一)은 '오직 정밀하게 살피고 한결같음을 유지하는 것'으로 사람의 마음과 도리의 마음이 서로 섞이지 않게 해야 할 뿐만 아니라 사람이 본래 지니고 있는 바른 마음이 달아나지 않도록 잘 붙잡아야 한다는 의미이다. 성인(聖人)과 같이 인격적으로 훌륭한 사람이나 가장 어리석은 사람[下愚]일지라도 이러한 마음의 작용은 동일하므로 잠시라도 중간에 쉬거나 게을리 해서는 안 된다. 진실로 그 중심을 잡으라는 것[允厥執中]은 이처럼 도리의 마음으로 단단하게 중심을 잡고, 인욕으로 물들기 쉬운 사람의 마음을 바르게 이끌어 가야 한다는 뜻이다. 성인(聖人)이 빼어난 사람으로 추앙받는 이유는 그가 타고나면서부터 탁월함을 지녀서가 아니라 각고의 노력을 통해 도리의 마음이 사람의 마음을 주재하도록 수양한 결과 보통 사람과는 다른 경지에 이를 수 있게 되었기 때문이다.

> "음악, 여색, 좋은 냄새와 맛을 가진 음식[聲色臭味]을 탐하는 욕망은 모두 다 기질, 즉 사람의 마음에서 생겨나고, 인의예지(仁義禮智)의 이치는 다 본성, 즉 도리의 마음에 뿌리를 두고 있다(이한우, 2019: 32)."

정밀함을 위해서 우리가 해야 할 일은 널리 배우고[博學], 깊이 묻고[審問], 신중하게 생각하고[愼思], 밝게 가려내야[明辯] 할 것이며, 여기에서 터득한 바를 굳세게 움켜쥐기 위해서는 독실하게 행하지 않으면 안 된다[篤行]. 이러한 『대학』의 가르침은 사람의 마음을 잘 다스려 도리의 마음에 다가설 수 있는 가능성을 제시해 주고 있다. 일과 사물의 이치를 잘 파악하여 앎에 이른 다음 깨달은 바를 올곧게 밀고 나가는 것이야말로 그 중심을 잡는 일이 아닐 수 없다.

사람이 사람다운 것은 정밀하고 미미하여 눈으로 볼 수 없는 의로움과 올바른 이치와 같은 도리의 마음과 이해득실을 따지는 사사로운 마음을 구분할 수 있는 데서 알 수 있다. 이러한 차이의 분별이 그토록 중요함에도 불구하고 현실적으로 인간의 대부분은 언제라도 정욕에 자신을 내맡기거나 욕심을 마구 부려 교만함과 안일함이 스스로를 지배하도록 내버려 두기가 일쑤다. 그 결과 저 멀리 하늘을 나르다가도 연못 깊숙한 늪으로 빠지기도 하며, 순식간에 불과 같이 활활 타오르다가도 얼음과 같이 차갑게 돌변하기도 한다.

마음의 수양에서 중도(中道)를 잘 지켜야 하는 것은 위태로움에서 우리를 막을 수 있고, 동시에 미미함이 잘 드러나서 유지되도록 하는 데 결정적인 역할을 하기 때문이다. 『논어』 「선진」편에 공자와 자공의 대화에서도 중도의 중요성이 잘 나타나 있다. 자공이 공자에게 자장과 자하 중에서 누가 더 현명한지를 묻자 공자께서 이렇게 답했다. "자장은 지나치고 자하는 미치지 못한다." 다시 자공이 공자에게 "그렇다면 자장이 더 낫습니까?"라고 묻자 공자는 다시 답했다. "지나친 것이나 모자란 것이나 다 문제다."

요컨대 우리가 위태로운 사람의 마음을 잘 다스리고, 미미한 도리의 마음의 징후와 단서를 잘 포착한다면 위태로움이 줄어 안정되고, 움직임과 고요함, 말함과 행함이 절로 지나치거나 미치지 못하는 경우가 줄어들어 우리가 어디에 있든지 적중한 도리[中道]에 부합하지 않는 일이 없을 것이다.

2) 욕심과 삼감

마음 수양을 방해하는 요인에는 여러 가지가 있을 것이나 이 중에서도 화, 분노, 욕심은 단단히 경계하지 않으면 안 된다. 정이천이 말하기를,

> "몸을 닦는 도리에서 마땅히 덜어내야 하는 것은 오직 화와 욕망이다. 그래서 그 화를 눌러 경계하고[懲戒] 그 욕망하는 바를 틀어막는 것[窒塞]이다(이한우, 2019: 75)."

이 대목을 설명하기 위하여 진덕수가 『주역』의 「계사」편에 등장하는 산과 연못의 비유를 끌어들이고 있는 점은 흥미롭다. 이른바 손(損) 괘는 원래 '줄이다, 덜어내다'의 뜻을 지니며, 산 아래 연못이 있는 형상을 띠고 있다. 마음의 수양에서 오직 덜어내어야 할 부분이 화, 분노, 욕심 등이다. 산처럼 위로 솟아나는 화를 연못의 차가운 물에 담가 식히거나 연못 깊숙한

곳으로 밀어 넣음으로써 줄일 수 있다는 비유가 이 안에 담겨 있는지도 모른다.

『논어』의 「계씨」편에도 공자가 구사(九思)를 말하는 가운데, 사람이 마땅히 생각해야 할 여덟 번째 항목에 '분함'에 관한 언급을 하고 있다. 공자의 가르침은 '분할 때는 어려움을 먼저 생각하라'라는 말에 함축되어 있다. 일상에서 분하고 화나는 일이 있더라도 바로 표출하지 말고 가급적이면 참고 삭여야 한다. 화와 분노를 있는 그대로 나타내지 말아야 한다는 것이다. 만일 성난 마음을 달래지 못하고 그대로 분출하면 나중에 어떤 일이 일어날지 모를 일이다. 일시적인 감정에 휩싸인 탓에 예기치 못할 난관에 봉착할 것이며, 숱하게 어려운 일이 생겨날 것이다. 화가 나고 분노가 일더라도 나중에 닥칠 어려운 일을 생각하며 참고 견디어야 한다.

성냄[怒]은 감정의 요동침으로 불길과도 같이 순식간에 일어나 마음을 뒤흔들게 된다. 화내는 순간 우리는 자신도 모르게 자기를 잃게 되거나 다른 존재로 변하게 된다. 자신을 자극하는 외적 대상에만 골몰한 나머지 본래적 자기와 사물의 이치에서 벗어나게 되는 것이다. 이런 순간일수록 우리는 자신으로 돌아가 나를 자극하는 것이 무엇인지, 어떤 것이 본질을 가리고 있는지를 냉철하게 볼 수 있어야 한다. 마음의 함양이 중요한 것은 이런 난관에 봉착하였을 때 차분한 대처를 할 수 있도록 도움을 줄 수 있기 때문이다. 빼어난 사람과 그렇지 않은 사람의 차이는 화와 분노의 대응 방식에서도 쉽게 드러난다. 화를 있는 그대로 표출하거나 외부에 그 원인을 돌릴수록 그 사람은 더더욱 마음의 수양이 필요하다고 볼 수 있다.

욕심도 마찬가지이다. 우리는 언제, 어디서나 욕심에 휘둘리기 쉽다. 눈은 여색에, 귀는 좋은 소리에, 코는 향기로운 냄새에, 입은 맛있는 음식과 산해진미에 빠지기 쉽고, 사지는 늘 안락함을 추구한 나머지 서면 앉고 싶고, 앉으면 눕고 싶게 된다. 외부의 자극에 우리의 감각을 맡긴 다음 우리는 쉽게 욕망의 노예로 전락하게 될 것이다. 인간에게 생각[思]이 필요한 이유는 방심에서 연유되는 이 모든 사사로운 결과로부터 우리를 지키고, 이치에 합당한 삶을 영위할 수 있도록 중심을 잡아주기 때문이다. 『논어』「학이」편에도 증자는 우리가 매일 세 번 자기 자신을 돌아볼 것으로 강조하고 있다.[4)]

> "나는 매일 세 가지로 나 자신을 살핀다. 남을 위하여 일을 도모함에 최선의 마음을 다하지 못한 것은 없는가? 벗과 사귐에 믿음을 주지 못한 것은 없는가? 스승으로부터 전수받은 것을 제대로 익히지 못한 것은 아닌가?(『논어』「학이」 편)."

4) 曾子曰, 吾日三省吾身 爲人謀而不忠乎 與朋友交而不信乎 傳不習乎

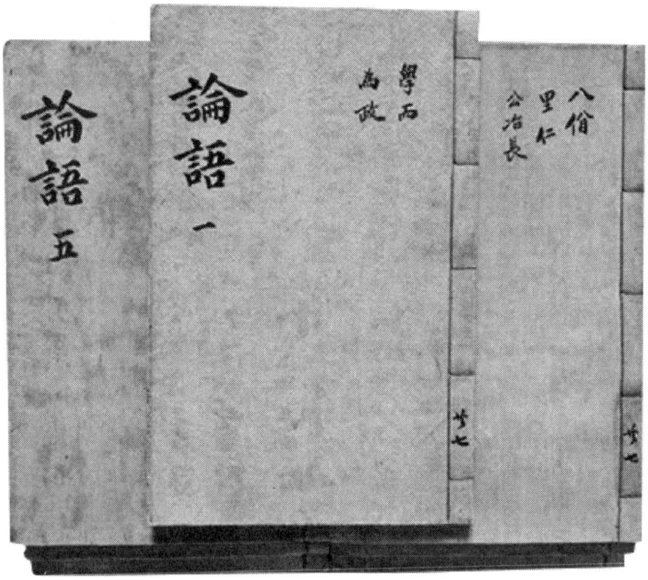

그림 8 논어 학이편

삼감에 관해서는 『논어』 「자한」 편 '절사(絶四)'를 떠올리게 된다. 공자가 마음의 수양을 위해서 네 가지를 단호하게 끊어버리고자 내린 결단은 사뭇 비장함마저 엿볼 수 있다.

> "공자께서는 네 가지를 끊으셨으니, 사사로운 뜻을 품지 않으셨고, 일을 함에 절대나 반드시라는 다짐을 하지 않으셨으며, 고집스러운 태도를 버리셨고, 아집에 사로잡히지 않으셨다[5](이한우, 2019: 95)."

네 가지를 단호하게 끊는다는 것은 살아가면서 자기 성장과 도야에 도움이 되지 않는 태도를 삼가겠다는 의지가 담겨 있다. 사사로운 뜻은 대의(大意)와 공익(公益)에 앞서 사심(私心)을 품는다는 의미이다. 사람이 큰일을 그르치는 경우는 대개 이익을 보고 자기 자신의 사적인 이익을 먼저 생각할 때 일어난다. 자기 수양은 사적인 것과 공적인 것을 분별하는 데서 시작하며, 언제라도 사심이 생기면 절연할 수 있는 결단과 용기를 보일 수 있는 데서 한 단계 진전을 이룰 수 있다.

'절대'와 '반드시'와 같은 다짐은 기필코 이루고야 말겠다는 의지를 담고 있으며, 억지를

5) 子 絕四 毋意毋必毋固毋我

무릅쓰고 밀고 나가게 되면 조화로운 삶의 균형으로부터 멀어지게 된다. 어떤 일을 반드시 관철하겠다고 억지로 밀어붙인다고 해서 그 일이 매사 순조롭게 이루어진다는 보장이 없다. 오히려 그와 반대로 자신의 능력과 한계를 알고 자기가 나아갈 수 있는 만큼 진전을 이룰 때 잔잔한 기쁨을 누릴 수 있다. 따라서 매사에 자그마한 성취에도 기뻐하고 감사하는 마음을 갖는 것이 자신에게 자신감과 새로운 동기를 유발할 수 있다.

고집스러운 태도는 완고하게 자신을 지키려는 데서 발원한다. 사람의 생각과 마음이 부드럽게 흐르지 못하고, 딱딱하게 굳게 된다면 자유로운 사고와 여유로운 마음이 생겨나기 힘들다. 이럴 때 사람은 어느 한쪽으로 기울어지기 싶고, 편견이나 독단에 사로잡히게 된다. 마음의 개방성과 융통성이 전제되지 않으면 그 마음은 얼음과도 같이 차갑고, 딱딱하게 굳게 되어 더 이상의 성장을 기대할 수 없을 것이다.

아집은 '나'라는 좁은 울타리 속에 나를 가두는 행위나 다름없다. 오직 자기만 생각하고, 자기 생각만이 옳다고 믿는 경향성은 선입견과 고정관념을 낳게 될 것이며, 이로 인해 좁은 테두리 안에서 세상을 바라보는 우를 범하게 될 수 있다. 이처럼 무아(無我)는 나를 없애는 과정이라기보다는 나를 비우고, 내 마음을 깨끗하게 닦아서 순수하고도 고유한 자기 자신으로 돌아가려는 노력으로 보아야 할 것이다.

3) 마음의 근본〔四端〕과 선량한 마음

앞서 동양사상사에서 심학은 본질적으로 맹자의 사상에서 찾을 수 있다고 하였다. 『심경부주』에서도 맹자의 비중은 지대한 바 인용된 37개 장 가운데 3분의 1에 해당하는 12개 장이 『맹자』에 뿌리를 두고 있을 정도이다. 맹자가 마음의 본질과 인간의 조건에 대한 심오한 사고를 전개하고 있는 대목이 바로 『맹자』 「공손추 장구 상」편이다. 우리가 널리 알고 있는 바와 같이, 맹자는 여기서 마음의 네 가지 단서에 관해서 다음과 같이 설명하고 있다.

> "불쌍해하는 마음은 어짊의 실마리〔仁之端〕요, (자신의 잘못을) 부끄러워하고 (남의 잘못을) 미워하는 마음은 의로움의 실마리〔義之端〕요, 사양하고 남에게 넘겨주는 마음은 예의나 예절의 실마리〔禮之端〕요, 옳고 그름을 제대로 가리는 마음은 사람과 일을 아는 것의 실마리〔知之端〕다[6](이한우, 2019: 230)."

6) 惻隱之心 仁之端也 羞惡之心 義之端也 辭讓之心 禮之端也 是非之心 知之端也

맹자는 마음의 본체를 네 가지로 분명하게 제시하였다. 우리가 주목해야 할 대목은 '사람이라면 무릇'이라는 언명이다. 맹자는 네 가지 마음을 인간의 존재 조건[Conditio Humana]으로 보고 있다. 그래서 우물로 기어들어 가는 어린아이를 보고 사람은 누구나 그 아이를 구하러 갈 것이라고 말한다. 아이를 구하는 이유가 어떤 보상을 바라거나 명예를 얻기 위해서도 아니며, 아이를 구하지 않았다는 이유로 원성을 받지 않기 위해서 그와 같은 행위를 하지는 않는다는 것이다. 그 행위는 자연스러운 행위이며, 저절로 마음으로부터 우러나와서 그렇게 한 것이다.

주자는 비록 맹자가 마음에 관한 학설을 곧게 세웠지만, 공자 또한 마음을 보존하는 방법에 관한 다양한 견해를 피력한 것으로 본다. 가령 공자가 언행에서 마음을 지키고, 자칫 잃기 쉬운 마음을 회복하는 방법으로 제시한 사물(四勿), 삼계(三戒), 절사(絶四) 등이 그것이다. 사물은 예절에 관한 네 가지 금지 사항을 부정어 물(勿)자로 표현해서 나온 말이다. "예가 아니면 보지 말며, 예가 아니면 듣지 말고, 예가 아니면 말하지 말며, 예가 아니면 움직이지 말라[7]"고 공자는 제자인 안연과 중궁과의 대화에서 예를 설파하고 있다. 또한 삼계는 군자가 무릇 경계해야 할 세 가지 사항에 관한 가르침을 담고 있다.

> "군자는 세 가지를 경계[三戒]해야 한다. 젊었을 때는 혈기가 정해지지 않아 여색을 경계해야 하고, 장성해서는 혈기가 한창 강하니 다툼을 경계해야 하고, 나이가 들어서는 혈기가 이미 쇠하였으니 경제적인 이득을 경계해야 한다(『논어』「계씨」)."

앞서 사람의 마음과 도리의 마음을 통해 사람의 마음이 쉽게 사적인 이익과 욕심에 사로잡히기 쉽다고 말했는데, 공자는 바로 인간의 욕심의 요체를 찾아 삼가할 것을 요청하고 있다. 이처럼 마음을 보존[存心]하는 데서 공자는 부정적인 요소를 억제하고 제거하는 데 방점을 찍고 있는 반면 맹자는 긍정적인 관점에서 선의 실마리[善端]를 넓히고, 또 채워나갈 것을 역설하고 있음을 알 수 있다.

주자는 맹자의 마음에 관한 해석에서 '마음의 내적 투쟁'에 관하여 흥미로운 이야기를 전하고 있다. 즉, 누구나 의로운 마음과 이치에 합당한 마음을 갖추게 된다면 이익과 욕심을 바라는 생각을 물리칠 수 있다고 보는 것이다.

7) 非禮勿視 非禮勿聽 非禮勿言 非禮勿動

"불쌍해하는 마음이 이기면 잔인하고 모진 뜻이 저절로 사라지고, (자신의 잘못을) 부끄러워하고 (남의 잘못을) 미워하는 마음이 이기면 탐하면서도 염치없는 뜻이 저절로 사라지고, 공손하고 삼가는 마음이 이기면 교만하고 게으른 뜻이 저절로 사라지고, 옳고 그름을 제대로 가리는 마음이 이기면 흐리멍덩하고 구차하며 완악하고 어두운 뜻이 저절로 사라진다(이한우, 2019: 235)."

이처럼 다양한 마음의 작용을 통해서 볼 때 마음의 어두운 구석을 밝은 빛으로 비추어 본래의 자기를 찾으려면 그만큼 마음을 수양해야 한다는 사실이 자명해진다. 인의예지(仁義禮智)의 실마리를 널리 확충해 나가면서도 우리는 일상적 삶의 실천에서, 더 나아가 학문의 세계에서도 잃어버리기 쉬운 마음을 단단히 붙들어 매기 위해 보이지 않는 싸움을 치열하게 전개해 나가야 한다. 적어도 맹자는 인간의 마음과 관련하여 구방심(求放心)이 학문의 시종이요, 말단이라는 점을 분명하게 말해주고 있다.

맹자는 여러 비유를 통해서 사람의 마음을 설득력 있게 제시하고 있는바, 『맹자』 「고자장구 상」에 등장하는 '우산의 비유'도 그중의 하나이다. 우산은 제나라 수도의 남쪽에 있던 산이다. 지금도 그렇지만 도시의 건설을 위해 산에서 자라고 있는 나무를 모두 베어내고 나니 민둥산이 되고 말았다. 지나가는 사람들이 그 황폐해진 산을 보고 '저 산에는 원래 재목이 없었다'라고 이구동성으로 말하였다. 맹자의 반론은 바로 이 지점에서 시작된다. 우산에 원래 재목이 없는 것은 아니었다는 지적이 그것이다. 다만 사람들이 개발을 위해 재목을 모두 베어버렸고, 소와 양을 풀어서 그곳의 풀과 나무를 모조리 먹도록 내버려 두었기 때문에 그렇게 된 것임을 반문한다. 맹자는 여기서 사람의 마음을 적절하게 묘사한 공자의 가르침을 끌어온다.

"(선량한 마음을) 잘 잡고 있으면 보존되고, 놓으면 사라진다. (선량한 마음이) 생겨나고 사라지는 데는 정해진 때가 없고, 그것이 어디로 갈지 알 수 없다[8](이한우, 2019: 252)."

자신의 중심이 확고하게 정립되지 않은 상태의 마음은 언제나 흔들릴 수밖에 없다. 그래서 자신의 중심과 주관 여하에 따른 마음은 늘 흔들리게 되고, 외부의 자극이나 영향에 따라 언제라도 이리저리로 흩어지게 마련이다. 갈대와 같이 흔들리지 않기 위해서는 무엇보

8) 操則存 舍則亡 出入無時 莫知其鄕 惟心之謂與

그림 9 맹자 우산지목(牛山之木)

다도 자기 자신의 내부에 선량한 마음을 잘 기르는 것이 중요하다. 맹자는 그 방법의 하나로 '새벽녘의 밝은 기운[平旦之心]'을 거론한다. 사람이 사물에 접하거나 다른 사람과 복잡한 일을 해 나가는 낮 시간대에서는 여러 가지로 마음을 써야 하므로 하나로 모을 틈이 없으나 밤을 지나 새벽녘에는 맑고 새로운 기운이 모아져 본래의 선한 마음으로 돌아올 수 있다는 것이다. 정자는 '삼감으로써 마음속을 곧게 하는 것[敬以直內]'을 마음 수양의 방법으로 제시한다. 선량한 마음의 보존 여부는 사람과 짐승을 가르는 기준이 될 정도로 인간 삶에서 중요한 문제가 된다.

하지만 우리 인간의 현실적 삶은 그렇게 녹록치 않다. 매순간 외부의 일이나 사물에 노출되어 있고, 잡념에 사로잡히기 십상이다. 온전한 인간으로 살아가기 위해서는 언제, 어디서나 자기 자신의 마음을 다 잡아야 하는 것이다. 마음을 제대로 다잡지 못하고, 놓아버리는 순간 인간은 스스로 무너지게 된다. 이러한 '스스로 무너짐[自壞]'은 외부의 탓으로 돌릴 수 있는 성질의 것이 아니라 곰곰이 따져보면 그 원인이 자기 자신으로부터 비롯되는 것을 알 수 있다. 그래서 배우는 사람이 가장 먼저 해야 할 일이 이리저리 흩어진 마음을 다잡아 평안함과 고요함에 이르도록 마음을 세우는 일이다. 온갖 잡념과 일체의 낡은 습관으로부터 꽉

찬 마음을 세워 뜻을 지극히 해야 하는 것이다.

『대학』에서 정심(正心)의 가치를 강조하는 이유도 여기에 있다. "마음이 있지 않으면 보아도 보이지 않고, 들어도 들리지 않고, 먹어도 그 맛을 알지 못한다.[9]" 마음이 바른 이성의 가치로 정립되지 않으면 그로 인해 나타나는 부정적 현상은 작은 감각적 행위뿐만 아니라, 우리가 하는 모든 활동을 정상적으로 할 수 없게 만든다. 이는 흔들리고, 흩어질 수 있는 마음을 바로잡기 위해 항상 살아있는 의식으로 자신을 단속하는 노력이 지속될 때 마음이 모든 것을 주관할 수 있으며, 그러한 바른 마음이 제자리를 잡을 때, 감각적으로 수용하는 모든 외부의 정보를 제대로 받아들일 수 있다는 의미이다.

정자는 마음을 바로 세우는 고요함과 삼감에 관해서 사유의 실마리를 제공하였고, 주자는 이를 잘 정립하였다. 정자는 정좌(靜坐), 즉 마음을 가라앉히고 몸을 바르게 하여 고요히 앉는 자세에서 공부가 시작된다고 하였다. 그는 단지 삼감에 대해서 말한다고 그것이 지켜지는 것이 아니라 실제로 그것을 실천하는 일이 중요함을 역설하였다. 경(敬) 공부가 단지 말과 언어의 유희로 그쳐서는 안 된다는 경종을 울리고 있는 것이다. 삼감은 일상의 삶과 언행에서 수행의 기본 원리가 되지만, 격물(格物)과 치지(致知)에서도 근본이 되는 덕목으로 삼고자 하였다. 오직 한 가지 일에 마음을 쏟는 자세와 태도인 경(敬)이야말로 모든 일을 주재(主宰)할 수 있기 때문이다.

정자를 이어받아 주자도 삼감을 공자 학풍의 제1원리로 추켜세웠다. 경(敬)은 사람이 쉽게 휩싸이기 쉬운 욕심[人慾]으로부터 자신의 본래 마음을 잘 붙들어 매도록 해줄 뿐만 아니라 때로는 질책을 가함으로써 나락으로 떨어진 것으로부터 자기 자신을 구할 수 있다고 보았다. 주자는 다만 불교에서 정좌를 움직이지 않는 고요함으로 본 것은 경계해야 한다고 보았다. 마음이 불교나 도교에서와 같이 어느 한곳에 가두어지거나 정체하게 되면 이내 죽은 마음이 될 수 있기 때문이다. 일이 없거나 외물에 접하지 않을 때 마음은 삼감을 통해 마음속 깊이 선한 마음을 쌓고, 길러나가야 하지만 일이 생겼을 때는 그 일에 맞도록 감응하고, 이치에 따라 움직여야 하기 때문이다. 즉 마음은 단지 고요하게 머물러 있어서는 안 되고 일이 발생한 이후에는 움직임을 통하여 적절한 반응을 보여야 한다는 것이다.

유교의 전통을 통틀어 볼 때 삼감의 강조는 다양하게 감지된다. 고대의 예법을 다룬 『예기』에서도 '삼가지 않으면 결코 안 된다[毋不敬]'로 시작하고 있다. 삼감을 지키고 행동으로 옮기면 사람은 좋은 결과를 얻지만 삼감을 행하지 않게 되면 그렇지 않은 결과를 초래할 수

9) 心不在焉 視而不見 聽而不聞 食而不知其味

있다는 점을 분명하게 하고 있다. 공자께서도 '일을 할 때는 삼감을 먼저 생각하라(事思敬)'고 하면서 모든 행실의 근본임을 밝히고 있다. 『소학』과 『대학』의 가르침도 결국 인륜지도(人倫之道)의 기본인 삼감을 가르치고 있다고 해도 과언이 아니다.

4) 마음을 길러냄(養心)

맹자는 마음의 본체를 논한 다음 마음을 기르는 일에 관해서도 『맹자』「진심 장구 하」편에서 논하고 있다. 그 접근법이 사람의 욕심과 욕망을 줄이는 소욕(少欲)과 과욕(寡欲)에서 시작하고 있는 점에 주목해 볼 필요가 있다. 실제 삶에서 실현 가능한 대안을 구체적으로 생각했던 맹자의 관점에서 욕심을 아예 없애거나, 마음을 기르는 어떤 비법 혹은 거창한 방법을 제시하지 않고, 어찌 보면 다소 소박하고, 가볍게 여길 수 있는 제안을 하고 있기 때문이다.

"천하에 잡아 쥐기 어려운 것으로 마음(心)만 한 것이 없고, 천하에 물들기 쉬운 것으로 욕심이나 욕망(欲)만 한 것이 없다(이한우, 2019: 347)."

사람은 대개 자기가 좋아하고 하고 싶은 것들에 끌리기 마련이다. 그러다가 좋은 음악, 여색, 재물, 이익에 언제든지 빠져들 수가 있다. 욕심이 많게 되면 온갖 생각이 어지럽게 되어 마음은 밖으로 치닫게 된다. 일찍이 마음의 이런 특성을 잘 파악한 공자는 제자들에게 선량한 마음을 잘 붙들어 보존하는 일(操存)과 예(禮)가 아니면 절대 보지도, 듣지도, 말하지도, 움직여서도 안 된다(四勿)는 네 가지 금지사항을 강조하였던 것이다. 맹자를 해석하는 가운데 여대림은 욕심을 줄이는 장점을 다음과 같이 말하고 있다.

"욕심을 적게 가지면 눈과 귀 같은 기관(官)이 외부의 일이나 사물에 가려지지 않아 마음이 늘 편안하고(常寧, 常安), 마음이 늘 편안하면 안정되어 어지럽지 않고(定以不亂), 동시에 밝아서 어둡지 않으니(明以不暗) 도리(道)가 이로 말미암아 생겨나고 다움(德)도 이로부터 이루어진다(이한우, 2019: 346)."

이렇듯 유가에서 욕심을 줄이거나 제거해 나가는 것(去人欲)과 하늘의 도리에 머무는 것

〔存天理〕은 동양의 전통에서 마음을 수양하는 하나의 기본원리로서 오랫동안 자리매김해 왔다. 맹자가 잃어버린 마음을 찾아야 한다〔求放心〕고 말한 것이나 원래 지니고 있던 선한 마음을 잘 보존해야 한다〔存基心〕고 힘주어 강조한 것은 사람이 사람다운 길을 가는 데 마음을 다스리고, 유지하고, 보존하는 일이 얼마나 중요한지를 보여주는 좋은 예라고 할 수 있다.

주렴계 또한 '양심설(養心說)'을 통해 마음을 기르는 일에 대하여 맹자의 사상을 한층 심화하고 있다. 그는 욕심이 없게 되면 올바로 서게 되고〔誠立〕, 밝게 통하게 된다〔明通〕고 말한다(이한우, 2019: 353). 우리가 말하는 현인(賢人)과 성인(聖人)도 이런 맥락에서 이해가 가능하다. 뛰어남〔賢〕은 올바로 서게 될 때 생겨나고, 빼어남〔聖〕은 밝게 두루 통하게 될 때 가능해진다는 것이다. 여기서 주목할 대목은 현인과 성인이 본래부터 타고난 것이 아니라 마음을 잘 길렀을 때 나타난 결과라는 점이다. 이렇다면 사람은 누구나 마음을 얼마나 잘 기르느냐의 여부에 따라 현인이나 성인도 될 수 있고, 아니면 평범한 인간으로 평생을 살게 될 수도 있다. 어떤 인간이 되느냐는 결국 그 사람의 마음에 달려 있다는 엄연한 사실이다.

진덕수와 정민정의 『심경부주』는 중국에서보다 조선 유학자들에게서 널리 수용되어 읽혔다. 그 영향사에서 퇴계의 공헌이 결정적인 역할을 한 것으로 보인다. 퇴계는 33세 때 이 책을 처음 접하였으나 탐독을 하지 못하다가 나중에 『사서』, 『근사록』과 함께 늘 곁에 두고 읽었고, 또 여러 제자들에게 권면(勸勉)할 정도로 중요하게 여겼다. 이 책을 최종적으로 엮은 정민정에 대한 존경과 흠모의 마음도 읽을 수 있다. 그는 특히 유학의 고전을 천착한 후 마음의 문제를 하나로 꿰어 서책으로 만들어 낸 공로를 높게 치하하였다. 중국의 『심경부주』가 궁극적으로 지향하는 바가 마음공부에 있었듯이 퇴계학도 경(敬) 공부에 근간을 두고 있다는 점에서 둘 사이의 친화성을 엿볼 수 있다. 어쩌면 퇴계학의 전체적 골격은 바로 『심경부주』를 통해 형성된 것인지도 모른다(김종성, 2013). 퇴계가 살았던 당시 유학자들에게 학문에 입문하는 초학자들에게 『소학』과 주자의 『근사록』이 널리 부과되었다는 점에서 볼 때 퇴계가 『심경부주』를 부가해서 강조하고 있는 점은 특이하다. 퇴계는 세밀하고 긴밀한 공부의 방법으로 심학적 요소를 특히 강조하였고, 그 기반하에서 공부의 지향점인 격물(格物)과 치지(致知)에 이를 수 있다고 본 것 같다.

퇴계의 『심경부주』에 대한 입장은 한편으로는 초학자에게 도에 입문하는 입문서로 간주하여 공부의 시작점에서 공부의 목적을 설정하도록 돕고자 한 점을 꼽을 수 있다. 경전에 대한 공부 이전에 마음공부, 경 공부, 존덕성(尊德性) 중심의 공부의 기초를 단단하게 다져야 한다고 본 것이다. 다른 한편으로는 『심경부주』를 통해 공부의 지향점을 분명하게 하여 초학자들이 나아가고자 하는 목표에 도달하도록 돕고자 하였다. 공부의 과정에서 직면하는 외물의 유혹이나 난관을 극복해 내는 데, 그리고 궤도 이탈을 방지하는 데 이 책이 마음의 중심을 잡도록 도울 수 있다고 본 것이다.

퇴계는 그의 『성학십도(聖學十圖)』를 통하여 성리학의 우주론적 근원에서 출발하여 학문 방법과 절차의 문제를 거쳐 마음의 개념과 수양방법을 하나로 묶어 하나의 책으로 엮었다. 하나의 우주론과 수양론을 결합하여 도학, 즉 성학(聖學)의 체계를 세운 것이다. 여기서 우리가 알 수 있는 사실은 이 체계의 근원과 기초가 우주론과 학문론의 문제를 다루는 것이지만, 핵심과 결론을 이루는 것은 수양론에 기반을 둔 '심학'의 문제라는 점이다. 『심경부주』가 퇴계의 심학에 미친 영향은 재론의 여지가 없다(이상호, 2017).

그래서인지 『성학십도(聖學十圖)』의 제1도에서 제5도까지는 우주론과 학문론이 거대한 유학의 체계 내에서 다루어지고 있다. 마음에 관한 문제와 그것의 수양의 주제는 제6도에서부터 등장한다. 나중에 자세하게 다루겠지만 심학의 핵심에 해당하는 제6도 〈심통성정도(心統性情圖)〉는 원나라 정복심의 도상을 심화시켜 마음(心) 개념의 구조를 분석하고, 제8도 〈심학도(心學圖)〉는 정복심이 그린 도상으로 마음의 다양성을 수양론적 구조로 체계화하고 경(敬)을 통한 수양방법의 양식을 구성하고 있다. 그리고 마지막에서 결론에 해당하는 수양론의 요체가 되는 2개의 도상을 다루고 있다. 제9도 〈경재잠도(敬齋箴圖)〉는 주희의 훈계하는 뜻을 담은 형식의 글(箴)을 왕백(王柏)이 그린 것으로 경을 통한 수양론적 실천에서 마음의 관심영역에 따른 다양한 과제를 분석하고, 제10도 〈숙흥야매잠도(夙興夜寐箴圖)〉는 진백(陳柏)의 잠(箴)을 이황이 그린 것으로 경의 수양론적 실천을 위하여 자리에서 일어나 밤에 잠들 때까지 하루의 일과 속에서 연속적으로 일어나는 다양한 과제를 분석하고 있다.

3. 동학의 마음수양[10)]

동양의 전통사상에서는 객관적 세계에 대한 앎의 문제보다는 삶 속에서의 올바른 실천을 중요시하였다. "동양의 관점에서 지식과 실천은 항상 같이 있는(김용휘, 2007: 21)", 즉 앎과 함이 둘이 아니라 하나이다. 시천주의 내용인 '내유신령(內有神靈), 외유기화(外有氣化), 각지불이(各知不移)'가 이에 해당한다. 시천주를 깨닫는다는 것은 인간 스스로의 자아와 세계에 내재해 있는 지기의 생성을 모시고 이를 외유기화(外有氣化)를 통하여 실현되는 것을 의미한다. 이러한 깨달음을 얻는 방법으로 '수심정기(守心正氣)'와 '성(誠)·경(敬)·신(信)'을 논하고자 한다. 이것은 거대한 사상의 체계를 위한 실천이 아니라 일상생활, 즉 생활이 거룩해지는 '삶의 기술'을 교육법으로 제시하고 있기 때문이다.

1) 수심정기

수심정기에서 '수심(守心)'이란 "본원적으로 내 안에 모셔져 있는 한울님을 깨달아 한울님으로부터 품부(稟賦)받은 마음을 회복하고 지킨다"는 의미이고, '정기(正氣)'란 "기운을 바르게 한다"라는 뜻이다(윤석산, 2006: 172). 이것은 동학에서의 교육법은 마음공부라는 것이며, 이는 사람이 한울임을 밝히는 과정이라는 뜻이다.

요순지세(堯舜之世)에도 도척(盜跖)이 있었거든 하물며
이 세상에 악인음해(惡人陰害) 없단말가
공자지세(孔子之世) 에도 환퇴(桓魋)가 있었으니
우리 역시 이 세상에 악인지설(惡人之說) 피(避)할소냐
수심정기(守心正氣)하여 내어 인의예지(仁義禮智)지켜두고
군자(君子) 말씀 본(本)받아서 성경이자(誠敬二字)지켜내여. (『용담유사』, 「도덕가」)

지고지순한 태평성대인 요순(堯舜)의 시대에도 인륜을 저버린 도척(盜跖)과 같은 무뢰배가

10) 이 장은 '정현미·손승남(2010). 동학의 생명사상과 생명존중의 교육. 교육사상연구 24(3), 263-289'에 실린 논문 중에서 Ⅲ장의 내용을 본 저술의 취지에 맞게 고쳐 실었음을 밝힌다.

있었고, 공자의 가르침이 성하였을 때도 그를 음해한 소인배가 있었는데, 하물며 이 혼탁(混濁)한 시대에 악담과 음해가 있는 것은 당연하다는 것이다. 이럴수록 사람은 본래의 마음을 지키고(守心), 이를 올바르게 실천해서(正氣), 옛 성현의 가르침인 인의예지(仁義禮智)를 지켜내야 한다는 것을 강조하고 있다. 이는 인의예지가 실제로 시행되기 위한 더 근본적이고 실천적인 방법을 제시한 것으로 보인다(박경환, 1995).

> 인의예지(仁義禮智)는 앞선 성인(先聖)이 가르친 바요,
> 수심정기(守心正氣)는 오직 내가 다시 정(定)한 것이다.[11]

인의예지가 유가(儒家)의 가르침이라면, 수심정기는 최제우가 이를 이으면서 새롭게 정한 것이라는 뜻이다. 유가(儒家)의 인의예지 덕목은 좋으나 그것이 형식적 교조(敎條)로 외면화한 윤리적 현실에서 그것을 내면화하기 위해서는 수심정기를 첨가해서 '경정(更定)'할 필요를 느꼈다는 말이다(신일철, 1995: 78). 이러한 수심정기를 실천하여 무위이화(無爲而化)의 경지에 이르게 되면, 생각하고 행(行)하는 바가 모두 인의예지에 합치하는 현인군자(賢人君子)가 될 수 있다. 마음과 기운을 같이 공부해야 한다는 핵심은 마음공부와 함께 몸의 공부를 중시하여 신령(神靈)과 기화(氣化)를 몸으로 체험하는 것을 또한 강조하였다. 이는 마음과 기운이 합일하여 있는 신체를 뜻하는 것으로, 전일적 몸을 의미하는 것으로 보인다. 최시형은 수심정기를 다음과 같이 말하고 있다.

> 그대들은 수심정기를 아는가. 능히 수심정기하는 법을 알면 성인되기가 무엇이 어려울 것인가. 수심정기는 모든 어려운 가운데 제일 어려운 것이니라. 비록 잠잘 때라도 능히 다른 사람이 나고 드는 것을 알고, 능히 다른 사람이 말하고 웃는 것을 들을 수 있어야 가히 수심정기라고 말할 수 있는 것이니라. 수심정기하는 법은 효·제·온·공이니 이 마음 보호하기를 갓난아이 보호하는 것같이 하며, 늘 조용하여 성내는 마음이 일어나지 않게 하고, 늘 깨어 혼미한 마음이 없게 함이 옳으니라. 마음이 기쁘고 즐겁지 않으면 한울이 감응치 아니하고, 마음이 언제나 기쁘고 즐거워야 한울이 언제나 감응하느니라. 내 마음을 내가 공경하면 한울이 또한 즐거워하느니라. 수심정기는 바로 천지를 내 마음에 가까이하는 것이니, 참된 마음은 한울이 반드시 좋아하고 한울이 반드시 즐거워하느니라.[12]

11) 仁義禮智 先聖人所敎 守心正氣 惟我之更定(『동경대전』, 「수덕문」).

12) 諸君, 能知守心正氣乎. 能知守心正氣之法, 入聖何難! 守心正氣萬難中第一難也. 雖昏寢之時, 能知他人之出入,

일상생활에서 잠시라도 긴장의 순간을 놓지 말고, 잠잘 때라도 다른 사람이 나고 드는 것을 알고 있을 정도로 방심하지 말라고 한다. 수심정기의 방법은 별다른 신비로운 비법이 아니라, 부모에게 효도하고 형제에게 우애 있게 하고 항상 남에게 따뜻하고 공손하게 대하는 마음가짐을 가지는 것과 같은 것이며, 이런 마음가짐을 오랫동안 지속되도록 마음을 어린아이 보호하듯이 항상 온화한 태도를 가지는 것이라고 한다. 가장 가까이에 있는 것에서부터 마음을 다잡아 내는 것이 수심정기의 첫걸음이라고 할 수 있으며, 이러한 실천방법은 쉽게 할 수 있는 것으로 생각되지만, 실제의 생활에서 보면 얼마나 어려운 일인지 알 수 있다. 수심정기의 핵심은 우리의 마음이 한울이니 그 마음을 잃지 말고, 화내거나 미워하지 않도록 항상 즐거운 마음상태를 유지하는 데 있다.

그림 10 동학 교조 최제우

> 내 마음을 공경치 않는 것은 천지를 공경치 않는 것이요, 내 마음이 편안치 않는 것은 천지가 편안치 않는 것이니라. 내 마음을 공경치 아니하고 내 마음을 편안치 못하게 하는 것은 천지부모에게 오래도록 순종치 않는 것이니, 이는 불효한 일과 다름이 없느니라. 천지부모의 뜻을 거스르는 것이 불효가 이에서 더 큰 것이 없으니 경계하고 삼가라.[13]

이렇듯 수심정기는 내게 있는 한울의 마음을 찾아서, 이를 일상생활 속에서도 계속 지켜나가는 마음공부이다. 항상 마음을 지키는 이러한 수행과정 없이는 궁극적인 성인(聖人)

能廳他人之言矣, 可謂守心正氣也. 守心正氣之法 孝悌溫恭, 保護此心如保赤子, 寂寂無忿起之心, 惺惺無昏昧之心, 可也. 心不喜樂, 天不感應, 心常喜樂, 天常感應, 我心我敬, 天亦悅樂, 守心正氣, 是近天地我心也. 眞心, 天必好之, 天必樂之(『해월신사법설』, 「수심정기」).

13) 我心不敬은 天地不敬이오 我心不安은 天地不安이니라. 我心不敬不安은 天地父母 長時不順也니 此則無異於不孝之事라. 逆其天地父母之志不孝莫大於此也 戒之愼之하라(『해월신사법설』「수심정기」).

의 경지에 도달할 수 없음을 의미하는 것이다. "능히 수심정기(守心正氣)하는 법을 알면 성인(聖人)이 되기가 무엇이 어려울 것인가. 수심정기는 모든 어려운 가운데 제일 어려운 것이니라"라고 하였는데, 이는 한순간의 종교체험이나 깨달음과는 차원이 다르며, 일상생활에서 사람을 만나고 일을 하면서도 한순간도 마음을 놓치지 않고 지켜나가는 고도의 지속적인 수행이라고 할 수 있다. 수심정기는 범인(凡人)이 성인(聖人)이 되고자 하는 동학의 마음공부 중에서도 가장 중요한 것이라 하겠다. 그러면 해월 최시형은 마음이라는 것을 어떻게 보았을까?

> 마음은 어느 곳에 있는가. 하늘에 있고, 하늘은 어느 곳에 있는가. 마음에 있으니까, 그러므로 마음이 곧 하늘이요. 하늘이 곧 마음이니, 마음 밖에 하늘이 없고 하늘밖에 마음이 없으니라. 하늘과 마음은 본래 둘이 아닌 것이니, 마음과 하늘이 서로 어기면 사람이다. 시천주(侍天主)라고 할지라도 나는 시천주(侍天主)라고 이르지 않으리라.[14]

최시형은 한울과 마음을 본래의 하나로 본 것이다. 마음이 한울이고, 한울이 곧 마음이니, 마음과 한울을 화합하는 관계로 보고, 본디 그것이 나누어진 개념이 아니라 이루어야 할 하나라는 것이다.

> 「수심정기」 네 글자는 천지가 운절되는 기운을 다시 보충한 것이니라. 경에 말씀하시기를 「인의예지는 옛 성인의 가르친 것이요 수심정기는 오직 내가 다시 정한 것이라」 하였으니 만일 수심정기가 아니면 인의예지의 도를 실천하기 어려운 것이니라.[15]

수운 최제우가 정한 수심정기는 순환되지 않는 지기(至氣)의 기운을 다시 잇고 있는 것을 의미하며, 이것은 인의예지의 잃어버린 본 모습을 새로이 정한 수심정기를 통하여 이루어 낼 수 있다는 것이다. 이는 인의예지에 도달하는 것은 수심정기의 실천이 아니면 힘들다는 것을 의미한다. 우주의 근원을 생명의 지기(至氣)의 순환으로 보았을 때, 수심정기의 이치 또한 지기의 작용이라는 것이다. 수심정기는 인격적인 수행과 더불어 우주만물의 기화작용과 만

14) 心在何方 在於天, 天在何方 在於心. 故心卽天 天卽心 心外無天, 天外無心. 天與心 本無二物 心天相合 方可謂侍定知 心天相違則 人皆日侍天主 吾不謂侍天主也(『해월신사법설』 「천지·인·귀신·음양」).

15) 「守心正氣」 四字는 更補天地殞絕之氣. 經日 「仁義禮智 先聖之所教 守心正氣 惟我 之更定」 若非守心 正氣則仁義禮智之道 難以實踐也(『해월신사법설』, 「수심정기」).

물의 화생(和生)의 진리를 깨닫는 방법인데 이는 가르침보다는 스스로의 깨달음을 얻는 과정으로 본 것이다. 한울의 생명을 깨닫는 것은 마음과 기운의 공부를 같이 해야 실질적인 효과가 있다는 것을 의미한다. 이는 '심화기화(心和氣和)'의 상태가 되는 것인데, 수심정기에서 마음과 기운이 화평한 상태를 중요시하는 것으로 간주한다. 우주만물에 생성하는 지기의 기운을 수심정기의 자세로 받아들이며, 한울의 신령하고 거룩한 마음을 자발적으로 받아들여 한울의 사람으로 거듭나는 시천주의 사람이 될 수 있다는 것이다.

최시형의 수심정기는 구체적으로 우리의 삶에서 어떻게 하는 것이 수심정기이냐를 밝혀주고 있다. 일상적인 삶에서 벗어나 오로지 수행만을 위하는 것은 참다운 마음의 공부가 아니라고 강조한다. 우리의 실생활에서 실천하는 삶을 살아가면서 마음이 한울이라는 것을 알아가는 것이 수심정기의 바른 방법이라고 한다. 수심정기의 목적은 한울과 인간과의 합일(合一)을 강조하고 있다. 이는 곧 인간과 한울은 물고기와 물의 관계에 비견될 수 있을 정도로 서로 분리될 수 없는 불가분리의 관계에 있다. 사람이 한울을 떠나 어찌 숨을 쉴 수 있으며 살아갈 수 있는 힘을 얻을 수 있는지 묻고 있다.

2) 성·경·신

동학에서는 수심정기(守心正氣)를 통하여 인의예지를 밝히고자 하였고, 거기에 이르는 방법으로 성(誠)·경(敬)·신(信)을 들고 있다. 『동경대전』 시문(詩文)편에 공부하는 사람이 '좌(座)우명으로 삼아야 할 글(箴)'인 「좌잠」의 내용을 보면, '우리의 도는 넓고도 크나 요약하면 간략하다. 많은 말로 설명할 필요가 없다. 별다른 도리가 없고 오직 誠·敬·信 세 글자'[16]에 대해 말하고 있다. 동학에서의 성·경·신은 유교나 불교와 달리 내 안에 모신 한울에 대한 정성(誠)과 공경(敬), 믿음(信)을 의미한다. 동학의 교육법에서 가장 중요한 것은 내 안에 모셔져 있는 한울을 공경하는 것이다. 내 안에 모셔진 한울을 부모님처럼 공양하며 이러한 경외지심(敬畏之心)이 모든 앎의 과정에서 최우선으로 꼽는 마음가짐이라는 것이다. 내 안에 한울을, 즉 시천주(侍天主)를 깨닫는 방법으로 성·경·신이 필요하다는 말이다.

성리학에서 성(誠)은 하늘의 도(道)이고 성(誠)하려고 하는 것은 사람의 자연스러운 이치라고 하는데, 주자(朱子)는 '태극(太極)과 일심(一心)'[17]으로 말하고, 이이(李珥)은 성(誠)에 대해 하늘에

16) 吾道博而約 不用多言義 別無他道理 誠敬信三字(『동경대전』, 「좌잠」).
17) 「通書」 誠上, "(朱子註)誠則所謂太極也, 心之謂誠 專以體言" 『성리대전』 권37.

있어서는 실리(實理)로써 화육(化育)하는 공을 이루고 사람에게 있어서는 실심(實心)으로써 감통하는 효험을 이루는데 이른바 실리(實理)와 실심(實心)이라는 것은 성(誠)에 불과하다고 정리하였다. 이런 유가의 성(誠)의미를 통합하여 『동경대전』 「포덕문」에 '성(誠)되고자 함과 또한 성(誠)은 천주가 되는 것에 이른다'[18]고 하였다. 인간에게 일어날 수 있는 온갖 미혹됨이 사라지는 것은 오직 성(誠)을 지키고 있기 때문이며 이것이 곧 한울이 되는 마음의 자세라는 것이다.

성(誠)의 교육법은 일상생활을 참되게 살아가는 점을 강조하고 있으며, 동학에서의 교육 목적은 기적을 바라는 게 아니라 참된 삶을 추구하는 것이다. 동학의 "도는 높고 먼 데 있는 것이 아니라 일상생활 자체가 도 아님이 없다"라고 하였다(표영삼, 2005: 115).

> 나라 임금이 법을 지음에 모든 백성이 화락하고, 벼슬하는 사람이 법으로 다스림에 정부가 바르며 엄숙하고, 뭇 백성이 집을 다스림에 가도가 화순하고, 선비가 학업을 부지런히 함에 국운이 흥성하고, 농부가 힘써 일함에 의식이 풍족하고, 장사하는 사람이 부지런히 노고함에 재물이 다하지 않고, 공업하는 사람이 부지런히 일함에 기계가 고루 갖추어지니, 이는 인민이 지극한 정성을 잃지 않는 도이니라.[19]

모두가 각자의 위치에서 자신의 소임을 다하는 것이 성(誠)이며, 어떤 사람이라도 성(誠)에 이를 수 있는 존재라는 것과 누구나 똑같은 성(誠)을 이루는 것이 아니라 각자의 삶에서 성(誠)이 있다는 것이다. '순일한 것을 성(誠)이라 이르고 쉬지 않는 것을 성(誠)이라 이르나니 이 순일하고 쉬지 않는 성(誠)으로 천지와 더불어 법도를 같이하고 운을 같이 하면 대성대인'[20]이라고 하였다. 거스름이 없이 쉬지 않는 것을 정성(誠)이라고 하며, 성(誠)으로 천지의 법도를 같이하면 크나큰 사람이, 즉 대성(大成)·대인(大人)이 된다고 하였다. 최시형의 삶에서 성(誠)의 구체적인 방식을 알아볼 수 있는데, 박해를 피해 숨어 다니는 생활을 하면서도 쉬지 않고 새끼를 꼬든지 멍석을 내든지 잠시 잠깐 머무르는 곳에서도 밭을 일구면서 농사를 지었다. 그것조차도 여의치 않으면 만들어 놓았던 새끼줄을 다시 풀면서까지 쉼 없는 생활을 하였다고 전해진다. 동학의 성(誠)에 대한 마음공부는 어렵게 접근하는 것이 아니라 일상생활에서 인간이 생존에 필요한 행위를 하듯이 하는 게 도(道)에 대한 기

18) 誠之又誠 至爲天主者(『동경대전』, 「포덕문」).

19) 國君制法 萬民和樂, 大吉治法朝廷整肅, 庶民治家家道和順, 士人勤學國運興焉, 農夫力穡衣食豊足, 商者勤苦財用不竭, 工者勤業機械俱足, 此人民至誠不失之道也(『해월신사법설』, 「성·경·신」).

20) 純一之謂誠 務息之謂誠 使比純一無息之誠 與天地 同度同運則 方可謂之大聖大人也(『해월신사법설』, 「성·경·신」).

본자세라고 한다.

도에 대한 생각을 배고플 때 밥을 생각하듯이, 추울 때 옷을 생각하듯이, 목마를 때 물을 생각하듯이 하라고 하여 정성만 있으면 도를 닦을 수 있다고 했다. 또한 박학, 심문, 독행을 말하여 선을 행하고자 하는 정성에 있어 널리 배우고 자세히 물으며 독실하게 행하라고 중용이 제시한 성의 조목 중 세 가지를 재차 말하고 있다. 그리고 삼 년 안에 도안이 밝지 못하고 마음 바탕이 신령치 못하면 이는 誠이 없고 信이 없는 탓이라 하였다.21)

그림 11 동학의 2대 교주 해월 최시형(1827-1898)

21) 鑿井而後飮 耕田而後食 人之心學 不如飮食之業乎 …德潤百體 必自一心 道之一念 如飢思食 如寒思衣 如渴思水… 有誠 可以修道也 …學則必博 間則必審 行則必篤 若於三年 道眼不明 心地不靈 此是無誠無信… 絕其私慾 棄其私物 忘其私榮以後 氣聚神會 豁然有覺矣(『해월신사법설』, 「독공」).

경(敬)의 교육법 역시 유가(儒家)의 경(敬) 공부의 개념을 포괄하여 설명하고 있다. 성리학에서는 '경(敬)'을 마음을 한곳으로 모으는 '주일무적(主一無適)'과 '상성성(常惺惺)'으로 또는 '정제엄숙(整齊嚴肅)'으로 논의하고 있다. 혼란된 마음이나 잡념을 버리고 마음을 한결같이 집중하여 깨어 있는 상태를 유지하고 있는 것을 의미한다. 그리고 격물치지(格物致知)의 궁리공부(窮理工夫)도 함께 제시하면서 외부 세계의 각각의 사물에 대해 구체적 사례를 통해서 인간의 정신을 객관화하는 일을 중요시하고 있다. 이황(李滉)은 경(敬)을 '정제엄숙(整齊嚴肅)'의 정(靜)과 '상성성(常惺惺)'의 동(動)이 함께한 개념으로 부모를 섬기는 마음으로 경(敬)을 수양하라고 강조하였다. 경(敬)은 집중하고 또 집중하면서 다른 쪽으로 마음을 쓰지 않는 것이다. 즉, 마음을 집중하여 항상 경각심을 가지면서도 사사로운 욕심이 생기지 않도록 자기 성찰을 게을리하지 않아 자기를 지키는 방법이다(신창호, 2010: 166).

> 마음을 존양하고 단정하게 앉아 있는 것이 곧 居敬이지만 기거와 행사에 마음을 하나 같이 하는 것 또한 敬으로 動靜과 知行을 포함한다. 즉, 배우는 사람은 고요한 가운데서도 반드시 마음을 존양하고 단정하게 앉아서 공부해야 하지만 움직이는 곳에 더욱 힘을 써야 한다. 이 일을 만나면 이 일에 마음을 쓰고 저 일을 만나면 저 일에 마음을 쓴 뒤에야 敬이라고 할 수 있다.[22]

이이(李珥)에게 있어 경(敬)이란 한결같은 마음의 자세로 마땅히 머물러야 할 때, 머무르는 일 없이 정좌하였을 때 마음을 살펴 이치를 밝게 하는 것으로 '고요할 때에는 잡념을 일으키지 말고 고요하되 또렷해서 어둡지 않아야 하고 움직일 때에는 일에 임해서 오로지 한 가지만을 하여 이것저것을 생각하지 말아서 조금도 잘못이 없어야 한다.'[23] 고 말하였다.

동학의 '경(敬)'은 최시형의 삼경사상(三敬思想)에 잘 드러나 있다. 유가의 경(敬)이 형이상학을 표방하고 있다면, 동학에서는 공경(恭敬)에 넓은 의미를 부여하고 있다. '사람마다 마음을 공경하면 기혈이 크게 화하고, 사람마다 사람을 공경하면 많은 사람이 와서 모이고, 사람마다 만물을 공경하면 만상이 거동하니, 거룩하다 공경하고 공경함이여'[24] 라고 말한다. 사람이

22) 存心端坐 固爲居敬 起居行事心專一 則亦豈非居敬者乎 …文清比說 偏及於靜而不及於動 何也… 學者靜中固當存心端坐 而動處尤當致力 遇這事而心在這事 遇那事而心在那事 然後可謂敬矣 … 以敬兼知行貫動靜言 則如公說(『퇴계선생문집』, 권32, 書, 十四).

23) 居敬通乎動靜 靜時 不起雜念 湛然虛寂而惺惺不昧 動時臨事專一不二不三而無少過差(이이, 2007: 95).

24) 人人敬心則 氣血이 泰和하고 人人敬人則 萬民이 來會하고 人人敬物則 萬相이 來儀하나니 偉哉라 敬之敬之也夫인저.(『해월신사법설』, 「성 · 경 · 신」).

마음을 공경(敬心)한다는 것은 경심(敬心)함으로써 자기의 본성을 알게 되는 것이고, 남을 위하여 희생하는 마음, 세상을 위하여 의미를 다할 마음이 생길 수 있다. 사람을 공경하는(敬人) 것은 경천(敬天)만 알고 경인을 모르면 농사의 이치를 알고 있으면서 실제로 종자를 땅에 뿌리지 않는 것과 같다. '우주에 가득 찬 것은 도시 혼원한 한 기운이니, 한 걸음이라도 감히 경솔하게 걷지 못할 것이니라.'[25] 어린아이의 나막신 소리에 내 가슴이 아픈 마음이란 우리에게 생명의 원천인 땅의 소중함을 말하고 있으며, 땅을 어머니처럼 여기라는 것이다. 만물을 공경(恭敬)한다는 것은 만상이 나에게로 거동하여 온다는 것으로, 즉 내 안에 한울의 생명이 형성되는 것을 뜻한다.

동학에서는 여러 사상에 깃들어 있는 '성경(誠敬)'의 본래적 의미를 통합하고 재배열[26]하여 교육의 자세에 대해 말하고 있으며, 특히 신(信)을 강조하는데 『동경대전』의 「수덕문」에서는 신·경·성의 순서로 설명하고 있다. 최제우에게 있어서 신(信)의 의미는 먼저 삶의 문제를 의식하는 데 있어서의 생각하는 과제로 바른 길이 무엇이며, 뜻있는 길이 무엇이며, 참된 길이 무엇인가를 따져보는 노력이 필요하며, 이에 근거하여 판단을 내렸으면 한결같은 마음으로 수행해야 하는 것, 즉 바른 마음을 믿는 것이 신(信)이며 수심정기로 가는 첫걸음이다.

> 대저 이 도는 마음으로 믿는 것이 정성이 되느니라. 믿을 信자를 풀어 보면 사람의 말이라는 뜻이니 사람의 말 가운데 옳은 말과 그른 말이 있으니 그중에서 옳은 말은 취하고 그른 말은 버리되, 거듭 생각하여 마음을 정하라. 한번 마음을 정한 뒤에는 남의 말을 믿지 않는 것이 믿음(信)이니 이와 같이 닦으면 마침내 정성(誠)을 이루느니라. 정성(誠)과 믿음(信)이여, 그 법칙이 멀지 아니하니라. 사람의 말로 이루었으니 먼저 믿은(信) 후에 誠이 있는 것이다.[27]

「수덕문」의 핵심을 고른다면 성신후성론(誠信後誠論)이 아닐까 한다. 최제우가 말하는 신(信)은 바르고, 뜻있고, 참된 길에 대해서 따져보는 것이다. 내 안에 한울을 모시는 것이 이같은 도리이고, 내가 마음을 정하면 곧게 가는 것이 신(信)이며, 성·경·신에서 가장 중요한 것으로 신(信)을 강조하였다.

25) 宇宙間 充滿者 都是渾元之一氣也니 一步足이라도 不敢輕擧也니라.(『해월신사법설』, 「성·경·신」).

26) 최제우의 가학연원을 따져보면 동학의 언어와 주제의식의 상당 부분이 조선유학의 성과와 연장선상에 있다는 것을 알 수 있으며, 특히 '성경(誠敬)'은 영남 대산(大山)학풍의 핵심적 과제였다는 것이다(김용옥, 2004: 182).

27) 大抵此道 心信爲誠 以信爲幻 人而言之 言之其中 曰可曰否 取可退不 再思心定 定之後言 不信曰信 如斯修之 乃成其誠 誠與信兮 其則不遠 人言以成 先信後誠(『동경대전』, 「수덕문」).

대저(大抵) 세상(世上) 인도중(人道中)에 믿을 신(信)자 주장(主張)일세
대장부(大丈夫) 의기범절(義氣凡節) 신(信) 없으면 어디 나며 …
작심(作心)으로 불변(不變)하면 내성군자(乃成君子) 아닐런가. (『용담유사』, 「도수사」)

신(信)에 대해서는 최시형 역시 성(誠)과 경(敬)에 앞서서 신(信)의 작용이 일어나야 한다고 하였다. 신(信)은 전지전능하고 초월적인 한울을 믿는 것이 아니라 자기의 마음을 믿는 것을 말하는데 여기에서의 마음은 본연의 심령(心靈)이며, 한울의 마음을 뜻하고 있다.

> 사람이 닦고 행할 것은 먼저 믿고 그 다음에 정성을 들이는 것이니 만약 실지의 믿음이 없으면 헛된 정성을 면치 못한다. 마음으로 믿으면 誠과 敬은 자연히 그 가운데 있다. 인의예지도 믿음(信)이 아니면 행하지 못하고 금목수화도 토가 아니면 이루지 못하나니, 사람의 믿음(信) 있는 것이 오행의 토가 있음과 같으니라. 억천만사가 도시 믿을 信 한자뿐이니라. 사람의 믿음(신)이 없음은 수레의 바퀴 없음과 같으니라… (중략) …마음을 믿는 것은 곧 한울을 믿는 것이요 한울을 믿는 것은 곧 마음을 믿는 것이니, 사람이 믿는 마음이 없으면 한 등신이요, 한 밥주머니일 뿐이니라.[28]

최시형은 신(信)에 대해서 한울님을 믿는 마음, 그 자체를 유지하는 것으로 말하며, 이것은 수레를 굴리는 두 바퀴와 같고 '金·木·水·火'와 같은 만물을 담아내고 기른 '土', 즉 땅의 역할을 의미한다. 거듭 말하지만 믿음(信)이 상존하는 바탕에 정성(誠)과 공경(敬)이 이루어지는 관계로 파악하고 있다. 무릇 마음을 믿는다는 것은 자기의 본연의 마음을 잘 기를 뿐 아니라 신뢰감을 주면서, 항상 마음을 편안하게 하고, 화평하게 하는 것이다. 이는 자신을 스스로 믿게 되고, 초조하지 않게 되고, 타인에게 당당하며, 매사에 자신감으로 충만한 존재로 거듭나는 것을 말한다. 그러나 이것이 쉬운 일은 아니다.

그림 12 동경대전과 용담유사

28) 人或有誠而無信 有信而無誠 可嘆矣 人之修行 先信後誠 若無實信則 未免虛誠也 信心誠敬自在其中也. 仁義禮智도 非信則 不行이요 金木水火도 非土則 不成이니 人之有信이 如五行之有土니라 億千萬事 都是哉信一字而已니라 人之無信은 如車之無轍也. …(중략)… 信心則信天 信天則信心 人無信心 一等神 一飯囊而已(『해월신사법설』, 「성·경·신」).

사람이기에 매 순간 자신에게 채찍질하면서 자신의 굳은 의지를 되새김질하려고 노력하지 않으면 안 된다.

요컨대 성·경·신의 의미는 옳은 바를 믿는 신(信), 이에 거하고자 하는 마음집중으로서 경(敬), 그리고 이로부터 발현되는 성(誠)을 우주만물, 한울의 생명 등에 실현하는 데 있다. 수심정기와 성·경·신을 시천주를 위한 '수행체제'[29]라고 한다면 이것은 학문의 소양이나 자세로도 확장해서 해석해 볼 수도 있다.

29) 동학에서의 '학(學)'은 '닦는다'는 것을 의미한다. 이것을 오늘날의 교육과 동일시 할 수 있다면 '마음공부'라고 할 수도 있다.

제2부

자기도야 관점으로 본 퇴계 이황의 『성학십도(聖學十圖)』

Ⅰ. 퇴계의 생애와 사상

Ⅱ. 『성학십도』의 근원적 이해

Ⅲ. 『성학십도』 각 도(圖)별 원문해석과 설명

Ⅰ. 퇴계(退溪)의 생애(生涯)와 사상(思想)

1. 전기적 배경(傳記的 背景)

퇴계의 성은 이(李), 이름은 황(滉), 자는 경호(景浩), 호는 퇴계(退溪), 도옹(陶翁), 퇴도(退陶), 청량산인(淸凉山人)이며, 관향은 진보(眞寶)이다. 이조 연산군(燕山君) 7년 신유(辛酉, 1501년)년 11월 25일에 경상도 예안현 온계리(지금의 안동군 도산면 온혜동)에서 아버지는 진사(進士) 이식(李埴: 경상남도 예안)이고, 어머니는 의성 김씨와 춘천 박씨 두 분이다. 김씨는 잠, 하, 신당부인 등 2남 1녀를 두고 별세하였고, 재취로 들어온 박씨가 서린[일찍 죽음], 의, 해, 증, 황 등 5형제를 낳았는데 퇴계는 막내아들로 태어나서 선조 3년인 1570년까지 살았다. 퇴계는 태어난 지 불과 7개월 만에 아버지가 돌아가시고, 홀어머니 밑에서 자라게 되었다. 아버지가 돌아가시던 당시 맏형 한 분만 결혼하였을 뿐 다른 형제는 모두 어려서 가족의 생계를 어머니가 홀로 농사일과 누에를 치며 생계를 이어가는 어려운 형편이었지만 어머니는 전처에서 난 자녀들을 차별하지 않고 길렀다고 한다.

퇴계가 그 자신의 성장에 관하여 어머니의 묘갈명(墓碣銘)에 “나에게 가장 많은 영향을 끼친 분은 어머니시다."라 할 만큼 어머니는 엄한 가법을 세우고, 지혜롭고 현숙하여 자식들을 훈계하기를 늦추지 않았다. 퇴계가 여섯 살 때, 글공부를 마치고 그날 배운 문장을 큰 소리로 자랑스럽게 외우며 집으로 돌아오고 있었는데 어머니는 그 모습을 보고 마음에 미덥지 않아 퇴계를 마루에 앉혀놓고 이렇게 타일렀다. "황아, 세상에선 항상 과부의 자식이란 배움이 없다고 헐뜯는다. 그런데 너는 조금 배운 것을 사방에 떠벌리고 다니느냐. 배움이 그리 얕아서야 어찌 남들의 비웃음을 벗어날 수 있겠느냐? 너는 남들보다 백배는 더 애쓰고 힘써야 함을 깨달아야 한다."[1]라고 하였다. 이날 크게 깨우친 퇴계는 자만심이 싹트려 할 때마다 어머니 말씀을 되새기며 마음을 갈고 닦기를 거듭했다. 그리고 퇴계는 어려서부터 성품이 온순하고 겸손하여 어른을 대하여 감히 태만한 얼굴을 한 적이 없고, 비록 밤중에 깊이 잠들었을 때라도 어른이 부르시면 곧 깨어나서 공손히 대답하여 분부를 기다리는 비범한 행동을 하였다.

6세 무렵에 이웃집 노인에게 『천자문』을 배웠는데 남달리 바른 품행으로 스승께 갈 때에도 삼가 조심하였다. 아침 일찍 일어나서 세수하고 머리 빗고 옷차림을 단정히 한 다음 스승 댁 문 앞에 이르러서는 전날 배운 것을 두어 차례 속으로 왼 후에야 안으로 들어가 새로운 공부에 힘썼다. 그 배우는 자세는 마치 어른들이 엄한 스승 앞에 임하는 것과 다를 바 없이 훌륭하였으므로 보는 사람들로 하여금 경탄케 했다. 퇴계는 이렇듯 어린 시절부터 웃어른들에게 공손하여 조금도 불손하거나 거칠고 게으른 기색이 없었으며, 한밤중에 곤히 자다가도 어른이 부르면 벌떡 일어나 시키는 대로 했다. 더욱이 홀어머니를 받드는 데 항상 조심스러웠으니, 어머니의 얼굴빛을 살펴 뜻에 순종할 뿐 추호도 어김이 없었다. 그리고 일찍이 도학(道學)에 눈을 떠 12세 때에는 병으로 휴직하고 집에 와 있던 숙부 송재공(松齋公) 이우(李堣)에게 『논어』를 배웠다. 송재는 성품이 조촐하고도 근엄한 사람이어서 어린 퇴계에게 『논어집주(論語集註)』를 첫 장부터 끝 편까지 한 자도 틀림없이 외우도록 했다. 퇴계는 공부하는 동안 '들어가면 효도를 다하고 나아가면 공경한다.'는 대목에 이르러 크게 느낀 바가 있어 스스로 경계하기를 '사람의 아들 된 도리가 마땅히 이와 같아야 할 것이다.'라고 했다. 14세 무렵에는 도연명의 시(詩)를 좋아했을 정도로 학문에 대한 열정과 관심이 남달랐다. 그리고 13세와 15세 때에는 형과 사촌 자형을 따라 청량산에 가서 함께 독서할 만큼 성장하였고, 16세 때에는 사촌 동생과 친구를 데리고 천등산 봉정사에 들어가 독학하기도 하였다. 17세 때 안동 부사로 재임 중이던 숙부가 별세하여 물을 곳도 없게 되어 스승 없이 대부분을 혼자 공부

1) 고산역해, 자성록/언행록/성학십도, 동서문화사, 2013, p. 547.

하였다. 그 때문에 퇴계는 글자 한 자도 놓치지 않고 자기 힘으로 연구하게 되었고, 비록 옛 성현의 글이라도 의심을 가지고 파고들어 재해석하는 학문 방법을 개척하게 되었다. 19세 때 『성리대전』의 첫 권 「태극도설」과 마지막 권 「시, 찬, 함, 명, 부」의 두 권을 구해 읽고 나서는 “나도 모르게 마음이 기쁘고 눈이 열리는 듯하여 숙독하기를 오래하며, 점점 그 의미를 알게 되어 비로소 학문에 들어가는 길을 얻은 듯하였다.”2)고 하였다. 특히 20세 때에는 용수사에서 『주역』에 심취하여 자고 먹는 것도 잊을 만큼 학문에 열중하여 병까지 얻게 되었는데, 이로 인해 평생 동안 몸이 마르고 쇠약해지는 병 때문에 고생하며 지냈다. 뒷날 문인 조월천에게 보낸 글 가운데에 ‘젊어서 뜻은 있으면서도 그 방법을 잘 몰라 무리하게 애써 공부한 탓으로 몸이 말라 여위는 병을 얻었다.’ 하였음은 바로 이를 두고 한 말이다. 21세에 문관 출신인 허찬(許瓚)의 딸과 결혼하였고 집안 살림이 상당히 넉넉했다. 그러나 퇴계는 평생을 근면검소하게 살았으며 자식들에게도 항상 부당한 이익이나 욕심을 내지 말고 분수를 지킬 것을 교육하였다. 23세에 잠시 성균관에서 유학하였으나 과거시험에 그다지 관심이 없었는지 세 번이나 낙방을 했다. 그러나 함께 공부한 벗들은 그의 뛰어난 문장력과 훌륭한 글솜씨를 한결같이 칭찬했다. 이에 퇴계는 “자법(字法)은 심법(心法)의 표현이며, 좋은 글씨를 쓰는 것은 명성을 얻고자 함이 아니다. 점 하나, 선 하나를 쓸 때에도 공경하는 마음을 우선 명심할 것이며, 남들이 칭찬할 것인가에 마음을 두어서는 안 된다.”라고 하였으며, 문장에 관해서도 “배우는 사람은 문장을 잘 이해할 수 있어야 한다. 문장은 자신의 뜻을 전달하는 것이므로, 어지간한 표현력을 가지고는 안 되며, 문장을 정확하게 쓰지 못하면 제 뜻을 바르게 나타낼 수 없다.”3)라고 하였다. 그 무렵은 신진사람파의 대표 격이라 할 수 있는 조광조(趙光祖) 등을 쫓아낸 기묘사화(己卯士禍) 직후였기 때문에, 젊은 성균관 유생들은 큰 허탈감에 빠져 있었다. 그들은 공부는 뒷전으로 미룬 채, 주색에 빠져 쓸데없이 호언장담이나 하며 돌아다녔다. 이때 퇴계는 진서산(眞西山)이 저술하고 황돈(篁墩)이 주석을 붙인 『심경부주(心經附註)』 한 권을 처음으로 얻어 읽게 되었다. 이 책은 특히 마음의 수양을 위하여 성현들의 심오하고 치밀한 생각을 기록한 것으로서 이른바 심학(心學)에 관한 대표 저서이다. 퇴계는 책을 읽어 내려가면서 숙고를 거듭했고, 깊이 사색해도 알 수 없는 것은 억지로 찾아 얻으려 하지 않고 그대로 두었다가 때에 따라 다시 끄집어내어 빈 마음으로 그 뜻을 되새겨 음미했다. 그렇게 하자 환하게 통하지 않는 것이 없었다. 퇴계가 이러한 『심경』을 애호하기를 “『심경』을 얻어 읽고

2) 고산역해, 자성록/언행록/성학십도, 동서문화사, 2013, p. 118.
3) 고산역해, 자성록/언행록/성학십도, 동서문화사, 2013, p. 550.

나서 비로소 심학의 연원과 심법의 정밀함을 알게 되었다. 그래서 평생 이 책을 믿기를 신명(神明)과 같이 하며 이 책을 공경하기를 엄한 아버지와 같이 한다."[4]라고 하였다. 이와 같이 퇴계는 노년에 이르러서도 어두운 첫 새벽에 일어나 촛불을 밝히고 『심경』을 읽는 것으로 일과를 삼았고, 특히 마음공부를 시작하여 철학적 사색을 하려는 젊은 제자들에게 이 『심경』부터 정독하기를 권했다. 66세 때에는 『심경후론(心經後論)』을 지었으며, 그때부터 우리나라에서 간행하는 『심경부주』에는 퇴계의 『심경후론』을 붙이게 되었고, 퇴계의 글 중에서도 으뜸 명문장으로 알려져 있다. 그리고 퇴계가 세상을 떠나기 서너 달 전까지도 제자들과 더불어 학문을 강론함에 있어서 매번 이 『심경부주』를 주 교재로 썼다. 이를 감안하면 퇴계가 일생을 통하여 이 책의 내용을 얼마나 소중히 여겼으며, 깊이 연구할 가치가 있다고 생각하였는지를 잘 알 수 있다.

27세 때 향시(鄕試)의 진사(進士)에 합격하였으며, 부인 허씨가 별세하였다. 28세[중종 23]때 진사회시(進士會試) 2등에 합격하였으며, 30세 때 봉사(奉事) 권질(權礩)의 딸을 둘째 부인으로 맞이하였다. 32세에 문과 별시, 33세에 경상도 향시에 합격하였고, 수개월간 다시 성균관에 들어가 유학하였다. 다음 해 34세로 문과에 급제하여 승문원 권지부정자(承文院權知副正字)의 벼슬로 처음으로 공직에 나갔다. 37세 때 어머니 박씨가 돌아가시고 퇴계가 6품직에 오른 후로 항상 지방의 수령이 되기를 원했으나 뜻을 이루지 못하고 상고(傷枯)를 당해 슬퍼하며 병을 얻어 거의 죽을 지경에까지 이르렀다. 39세에 홍문관(弘文館) 수찬(修撰)이 되었으며, 40세 때 임금이 직접 사간원(司諫院) 정언(正言) 벼슬을 내려 다시 조정으로 돌아갔다. 그 후 승문원(承文院) 교검(校檢), 경연(經筵) 시독관(侍讀官) 등을 겸임하다가, 교리(校理)가 된 이후로 여러 차례 경연에 입대(入對)했다. 41세 때 1개월의 특별 휴가를 받아 한강 주변 독서당에서 공부에 전념하였으며 바로 사헌부(司憲府) 지평(持平)이 되었다. 42세에 이르러서는 어사로서 충청도와 강원도를 순찰하는 임무를 수행했다. 이때 그는 관청으로부터 수탈당하는 농민들의 궁핍한 생활을 눈으로 똑똑히 확인했다. 그리고 권력자의 횡포와 파벌을 이룬 양반들의 추악한 권력투쟁이 국가에 얼마나 해로운 것인지도 깊이 인식하게 되었다. 43세에 병을 이유로 벼슬을 그만두었다. 그 후에도 임금이 여러 직위를 내렸지만 모두 곧 사직하고 고향으로 내려왔다. 그럼에도 불구하고 예빈시(禮賓寺) 부정(副正) 자리가 내려졌으나 퇴계는 부임하지 않았으며 벼슬에서 물러날 뜻을 굳혔다. 그러나 다시 조정으로 불려가 홍문관 교리(弘文館 校理)를 역임하였으며, 그 후 임금이 여러 벼슬을 내렸으나 모두 곧 사직하고 압구정에서 공부하였다. 퇴계는 휴가를 받아 고향으로 돌아

4) 고산역해, 자성록/언행록/성학십도, 동서문화사, 2013, p. 119.

왔다가 정착하고자 하였으나 다시 서울로 불려서 올라갔다. 그 해 중종이 승하[중종 39년, 인종 즉위]하자 명나라에 보내는 부고(訃告)와 시호(諡號)의 표문(表文)을 지었다. 45세에 홍문관 전한(典翰)으로 승진되었을 때, 인종이 승하하고 명종이 즉위하였다. 그리고 을사사화(乙巳士禍)가 일어나 이기(李芑)의 모함으로 관직을 삭탈 당했다가 이원록(李元祿) 등의 간청으로 복직되었지만 곧 사직하고 안동으로 귀향하였으나 병으로 인해 조정에 돌아가지 못하여 해임되었다. 그리고 부인 권씨가 별세하였으며, 임금이 다시 교서관(校書館) 교리에 임명하였으나 부임하지 않았다. 그 후 공부할 곳을 찾다가 양진암(養眞庵, 지금의 안동시 도산면 가송리 고산일대)을 세우고 학문 연마에 몰두하였다. 그리고 '토계'라는 시내 지명을 '퇴계'로 고치고 그것을 자신의 호로 삼았다. 그 후 47세에 임금이 홍문관 응교(應敎)직을 내려 다시 조정으로 돌아갔으며, 48세 때[명종 3년] 단양(丹陽)군수가 되었다. 그러나 곧 형이 충청도 관찰사가 되어 부임해오자 이를 피하고자 조정에 청하여 경상도 풍기군수로 전임했다. 풍기군수 재임 중 주자가 백록동서원을 부흥시킨 선례를 좇아서, 고려 말기 주자학의 선구자 안향(安珦)이 공부하던 땅에 전임군수 주세붕(周世鵬)이 창설한 백운동서원에 편액(扁額), 서적, 학전(學田)을 하사할 것을 경상도 관찰사를 통하여 조정에 청원하여 실현을 보게 했다. 이것이 조선시대 사액서원의 시초가 된 소수서원(紹修書院)이다. 1년 뒤 벼슬에서 물러나 49세에 비로소 향리인 퇴계의 서쪽에 거처를 정했다. 처음에는 하명동(霞明洞)에 터를 잡았다가 집을 다 짓기 전에 죽동(竹洞)으로 옮기고 거기는 시냇물이 없다 하여 다시 이곳으로 옮겨서 50세 때 한서암(寒栖菴, 지금의 안동시 도산면 토계리 상계 마을 서쪽)을 짓고 학문에 몰두하였다. 51세 때 한서암을 철거하고 같은 시내 동북쪽에 계상서당(溪上書堂)을 신축하여 학문 활동에 전념하였다. 이후 도산서당을 완공한 후에도 주로 여기서 지냈으며, 이곳에서 임종하였다. 그 후 52세 때, 다시 조정으로 불려가 홍문관 교리, 대사성(大司成)이 되었으나 병으로 사직하였고, 53세에 다시 대사성에 임명되어 사학(四學)에 통문(通文)하고 제생(諸生)을 가르치면서도 정지운의 천명도설(天命圖說)을 개정하고, 경복궁과 여러 전각(殿閣)의 편액(扁額)을 쓰고, 대보잠(大寶箴)을 써서 사정전(思政殿)에 게시(揭示)하였으며, 직책 수행 중에서도 노이재(盧伊齋) 수신(守愼)에게 편지하여 『숙흥야매잠(夙興夜寐箴)』의 주해(註解)를 논(論)하는 등 지속적으로 학문적인 활동을 단절시키지 않았다. 또한, 나라를 걱정하는 퇴계의 우국충정과 지극한 마음은 어디에 살든 변함이 없었다. 퇴계는 54세 되던 해에 문인 황금계(黃錦溪)에게 보내는 편지 속에서 나라의 딱한 정세를 언급하고 있다. "이제 남북의 큰 환란이 아침이 아니면 저녁으로 닥쳐들고 있는데 아무리 둘러보아도 어느 것 하나 믿을 만한 것이 없으니 산림의 즐거움인들 어찌 보증할 수 있겠는가, 이로써 사사로운 근심도, 한탄됨을 어찌할 수 없거늘 하물며 나라의 방비를 어떻게 할 것인가?"라고 하였고, 호남지방에 왜구가 침범하여 여러 고을을 빼앗기게 된 일이 있었을 때는, 제주에서 왜선 70여 척이 아군에게 대패하여 그들의 대장조차 사살된 채 달아났다는 기별을 중형의 사위이자 수군절도사인 박세현(朴世賢)한테서 듣고 너무도 기뻐 잠을 이루지 못하였다고 하였다.

55세 때 3차례에 걸쳐 사직을 간청하였으나 허락되지 않았고, 임금은 서울에서 요양할 것을 권하였으나 지속적으로 글을 올려서 마침내 벼슬을 그만두고 또 다시 안동으로 귀향했다. 56세에 송나라 학자 주자(朱子)의 편지글을 뽑아 정리한 책인 주자서절요(朱子書節要)를 편찬하여 제자들에게 이 책을 강의하였으며, 57세에 도산서당(陶山書堂)의 부지를 마련하여 착공하고, 김성일(金誠一) 등의 여러 제자가 문하에 들어왔으며, 율곡(栗谷) 이이(李珥)가 퇴계를 찾아와 3일간 머물면서 가르침을 받았다. 그리고 『계몽(啓蒙)』이라는 책의 해석서인 『계몽전의(啓蒙傳疑)』를 완성하였고, 남명 조식의 『유두류산록(遊頭流山錄)』의 발문을 써주는 등 학자 간의 교류도 원활하게 진행하였다. 58세에 자신의 편지글 중에서 자기반성에 도움이 되는 것을 뽑아서 『자성록(自省錄)』이라는 책을 엮었다. 그런데 임금이 다시 대사성의 벼슬을 내리자 사직을 청하였으나 임금이 허락하지 않아 어쩔 수 없이 서울로 올라왔다. 59세 초기에 휴가를 얻어 고향으로 돌아와서는 병으로 인하여 조정으로 돌아가지 못하고 사직서를 올렸으나 허락을 받지 못하였고, 동지중추부사(同知中樞府事)로 직책을 옮겼으며 황금계(黃錦溪) 중거(仲擧)의 편지에 답하여 『백록동규집해(白鹿洞規集解)』를 논(論)하였다. 또한 신체 단련에 대한 책 고경중마방(古鏡重磨方)을 엮었으며, 성리학의 계통을 송나라 말엽부터 명나라 시대에 이르기까지 통시적으로 정리한 책인 『송계원명이학통록(宋季元明理學通錄)』이 시편(始編)되었다. 그리고 60세 때 기대승(奇大升, 1527~1572)의 편지에 답장을 보내면서 스승과 제자 간의 유명한 사단칠정(四端七情) 논쟁이 8년간 계속된다. 그리고 도산서당이 낙성되어 이후부터 호를 도옹(陶翁)이라 부르고 매양 완락재(玩樂齋)에 기거하여 연구와 사색을 일삼고 문인들의 교육에 전념하였다. 61세 때 도산서당이 완공되고 도산기(陶山記)도 만들었다. 63세에 『송계원명이학통록(宋季元明理學通錄)』의 편찬을 마쳤으며, 65세에 『도산십이곡발(陶山十二曲跋)』을 짓고, 경현록(景賢錄)을 개정하였으며, 특명으로 다시 동지중추부사가 되었다. 66세 때 임금의 재차 소명을 받고 상경길에 올라가던 중 영천에서 병을 얻어 사직을 청하였으나 허락을 받지 못하였을 뿐만 아니라, 임금은 오히려 특별히 지시를 내려 상경길에 위치한 각 읍에 명하여 상경을 돕게 하고 내의(內醫)를 보내어 문병하도록 하였다. 이어서 재차사표를 올렸으나 자헌대부 공조판서(資憲大夫 工曹判書)와 예문관 제학(藝文館 提學)을 제수(除授)하여 상경을 재촉할 뿐이므로, 상경을 중지하고 귀향했으나 임금은 끝내 사직을 허락하지 않고 홍문관대제학(弘文館大提學), 예문관대제학(藝文館大提學), 지성균관사(知成均館事), 동지경연춘추관사(同知經筵春秋館事)를 겸하게 하였다. 이토록 임금이 퇴계에 대한 존경과 기대는 지대하였으나 퇴계는 사직에 대한 뜻이 더욱 굳어져서 임금은 실망과 한탄 끝에 초현부지(招賢不至)를 탄식하는 글제를 내어 유신(儒臣)들에게 글을 짓게 하고 화공(畫工)을 보내 도산의 풍경을 그리게 하여 퇴계가 지은 도산기와 시를 려성군송인(礪城君宋寅)에게 명하여 그림 위에 쓰게 하여 병풍을 만들어서 침전(寢殿)에 펼쳐놓고 우러러 사모하는[경모(景慕)] 마음을 달래기도 하였다. 또한 『심경후론(心經後論)』과 『양명전습록변(陽明傳習錄辨)』을 지었다. 67세에 상경을 독촉하는 교지를 받고, 상경하였으나 그 해 명종이 승하하여 행장을 지었다. 이어서 예조판서에 제수되어 재차 사퇴하였으나 허락을 받지 못하였다. 그러나 병으로 사임하고 고향으로 돌아왔다. 이후부터 여러 차례 소명과 관직이 승진되었으나 모두 취임하지 않았다. 68세[선조임금 원년]에 숭정대부 의정부우찬성을 제수하여 조정에 돌아올 것을 독촉하는 교지를 받았으나 끝내 사양하고 상소하여 승진된 직명대신 전직(前職)으로 할 것을 간청하였으나 허락하지 않고 재차 교지를 내려 상경을 독촉하였다. 그러나 퇴계의 뜻은 더욱 굳을 뿐이어서, 임금은 퇴계의 뜻을 감안하여 판중추부사의 직책을 내렸다. 그래서 퇴계는 여러 차례 소명을 어기지 못하여 상경길에 올랐다. 상경 당시 현직의 대재학이었던 박순(朴淳)이 퇴계가 자신의 아랫자리인 제학이 되고 후진초학인 자신이 그 윗자리인 대제학이 될 수 없다고 자리를 바꿀 것을 간청하여 퇴계가 대제학에 오르게 되었으나 굳이 사양하여 마지막에 사면하였다. 이때 임금의 예우 또한 지극하였다. 매양 경연에 임하여 퇴계의 강의를 경청할 정도로 임금의 덕을 기르고 시정의 득실을 적극 논하였다. 비록 궁궐과 인척에 관계되는 일이라도 숨김없이 진언하면 임금은 허심탄회하게 의견을 받아들였다. 그 무렵, 공주(公主)의 아들 신사정(申士禎)이 불효하므로 간언을 맡아보던 관리가 벌을 주기를 청했으나 임금이 허락하지 않으므로 퇴계가 진언하기를 "신하의 간언을 내간과 개인적인 정에 끌려서 듣지를 않으시니 이것이 쌓여서 사적인 것이 공적인 것을 이기게 된다는 것은 망함의 징조입니다."라고 하자 임금은 곧 공주 아들의 벌을 허락하였다. 그리고 퇴계가 매양 노병을 이유로 사직서를 제출했으나 사대부는 퇴계를 통해서 조언을 얻고자 하였으므로 일찍 사퇴할 것을 두려워하였다. 그리고 퇴계는 8월에 임금에게 「무진육조소(戊辰六條疏)」를 올리고 12월에 『성학십도』를 올리니 임금은 『성학십도』를 병풍으로 만들어 임금이 거처하는 곳[대내(大內)]에 두게 하였다. 69세에 이조판서(吏曹判書)에 제수되었으나 병을 이유로 세 차례에 걸쳐 사임하여 다시 판중추부사가 되었다. 이후 연이어 고향으로 물러갈 것을 간청하였으므로, 임금은 결국 귀향만을 허락하고 사직은 끝내 허락하지 않았다. 이날 임금은 퇴계를 만나 재삼만류(再三挽留)하였고 재조신료(在朝臣僚)들도 다 함께 부탁하였으나 퇴계의 결의는 더욱 굳을 뿐이므로 임금은 표범가죽의 담요와 후추를 하사하고 안동지역 감사에게 쌀과 콩을 관급하게 하였으며, 뱃길의 역과 나루에 하명하여 말과 사공을 대령케 하여 호송하게 하였다. 드디어 한강의 배편을 이용하여 귀향길에 오르니 많은 백성과 관료들이 전송하였다. 70세[선조 3년]에 3차례에 걸쳐 사임을 청하였으나 허락하지 않았으며, 퇴계는 도산서당에서 제자들에게 『계몽(啓蒙)』과 『심경(心經)』 등을 강의하였고, 역동서원 낙성에 참석하는 등 서원교육 육성에 지대한 관심을 보였다. 그 후에도 직명(職名)을 해면할 것을 청하였으나 허락받지 못하였다. 10월에 기대승에게 편지하여 심성도(心性圖)를 논하였으며, 11월에 기대승에게 편지에 답하여 격물치지설(格物致知說)을 정정(訂正)하였다. 12월에 병들어 봉화현감으로 재직 중인 장자 준(寯)에게 사직하고 올 것을 명하고 일체의 기도(祈禱)를 금하고 타인에게 빌려온 서적을 돌려주게 하고 유언하기를 첫째 국장(國葬)을 사양하고, 둘째 비석을 세우지 말고 다만 작은 돌에 "퇴도만은진성이공지묘(退陶晩隱眞城李公之墓)"라고 적을 것과 명문(銘文)은 자명(自銘)을 쓸 것 등을 말하였다. 8일 아침 시자(侍者)에게 명하여 매화 화분에 물을 주게 하고, 유시초(酉時初)에 자리를 바로하고 부축을 받고 일어나서 앉은 채 조용히 운명하였다.

이와 같이 퇴계의 사상은 50세부터 60세에 걸쳐 변론(辯論), 저술(著述), 편저(編著) 등이 모두 이 시기에 완성되었다. 그리고 36년간 벼슬을 했지만 실제로 관직에서 일을 한 것은 얼마 되지 않았다. 50세 무렵에는 고향으로 돌아가고픈 마음에 사직서를 내고 허락도 떨어지기 전에 자리를 비운 일이 있었다. 이 사건 때문에 퇴계는 관직을 박탈당하기도 했다. 하지만 60세 이후에도 관직이 계속 내려졌는데, 대부분의 벼슬을 사양했기 때문에 사실상 은퇴한 것이나 다름없었다. 퇴계는 벼슬하려는 생각보다 오로지 학문에 전념하고 제자들을 교육시키는 데 힘쓰고자 했다. 퇴계가 이렇게 벼슬에 마음을 두지 않은 것은 학문에 대한 열정과 몸의 허약함 때문이었지만, 그보다 더 중요한 이유는 당시의 정치적 상황이 너무 어지러웠기 때문이다.

그림 1 이황(李滉)

퇴계는 천성적으로 호화스러움보다는 검소함을 구하고, 잘난 척하기보다는 항상 겸손했으며, 세상에 나아가서 부귀영화를 누리기보다는 초야에 묻혀 맑고 아름답게 살기를 좋아했다. 나라를 위한 정치적 경륜이 없는 바가 아니었지만 어지러운 정국에 뛰어들어 권력을 휘두르거나 당파싸움에 휩쓸리기보다는, 물러나 수양에 더욱 힘쓰는 편이 낫다고 여겼다. 그러면서 성인(聖人)의 학문에 전념하여 도통(道統)을 이어나가는 동시에, 후진을 교육함에 전력을 기울여 인재를 양성함으로써 인간사회의 영원하고도 근본적인 발전에 이바지하고자 했다.

2. 시대적 배경(時代的 背景)

퇴계가 살았던 16세기 조선사회는 신진 사림(士林)들이 정계에 진출하여 개혁을 시도하던 시대였다. 그러나 개혁은 말처럼 쉽지 않았고 오히려 '사화(士禍)'가 연이어 일어나 많은 사람들의 목숨을 앗아갔다. '사화'란 말 그대로 선비가 화를 당한 사건이다. 불의(不義)를 보면 목숨을 바쳐야 한다는 유교적 이념에 따라 사림들은 보수적인 집권 세력을 향해 철저한 개혁을 요구했다. 그러나 힘을 갖추지 못한 상태에서 마음만 앞섰기 때문에 오히려 집권 세력에게 화를 당하게 되었다. 사화는 어떤 점에서는 정의(正義)가 수난을 당한 사건이라고 할 수 있다.

조선 왕조 500여 년 동안 수많은 사건이 발생했지만, 사대사화(四大士禍)는 그 가운데서도 가장 아픈 상처를 남긴 사건이었다. 왜냐하면 왕조를 떠받드는 사대부들이 권력을 지키기 위해 서로 싸우고 죽여 엄청난 희생자를 낳았기 때문이다.

1498년에 무오사화(戊午士禍)를 시작으로 1545년 을사사화(乙巳士禍)가 발생할 때까지 약 50여 년 동안 모두 네 차례의 사화가 발생했다. 그런데 퇴계가 태어나 성장하고 활동하던 시기가 바로 사대사화의 시기에 해당한다. 가장 어렵고 힘든 시기에 가장 위대한 학자가 나왔다는 사실은 우연의 일치가 아닐 것이다.

퇴계가 태어나기 3년 전인 1498년에 무오사화가 일어났고, 퇴계가 4세인 1504년에 갑자사화, 19세인 1519년에 기묘사화(己卯士禍), 45세인 1545년에 을사사화가 일어났다. 따라서 퇴계는 사화를 직접 경험하고 목격한 인물이었다. 이러한 연속된 사화로 신진 사림은 화를 당했으며, 퇴계의 형인 이해(李瀣)도 사화의 영향으로 죽었다. 이는 퇴계의 삶에 중대한 영향을 끼쳤고, 퇴계가 벼슬살이에 회의를 가진 직접적인 이유가 되기도 했다.

당시 조선 사회는 이전의 집권세력과 신진 사림 사이의 갈등이 심해지던 때였다. 권력을 가진 세력은 자신들의 권력을 지키고자 했고, 신진 사림 세력은 개혁을 통해서 국가를 발전시키고자 했기 때문에, 두 세력 사이의 싸움은 피할 수 없었다. 그러나 연산군의 폭정과 두 번의 사화를 겪으면서 사림의 사기는 땅에 떨어지고 사회적 분위기도 험악하게 변하게 되었다. 하지만 사림들은 뜻을 굽히지 않고 중종반정을 일으켜 폭군인 연산군을 몰아내고 정권을 잡았다.

사림파의 우두머리로 떠오른 조광조는 연산군의 폐해를 복구하고 놀이터가 되었던 성균관을 다시 수리해 유학을 장려하였으며, 도학정치(道學政治)를 펴고자 하였다. 도학정치란 유교 이념에 따라 덕으로 통치하는 정치를 의미한다. 그리고 인재를 널리 등용하면서 신진 사림을 많이 뽑았다. 그러나 급진적 개혁을 시도했던 조광조는 당시 권력을 가지고 있던 훈구파의 모함을 받고 38살의 젊은 나이로 세상을 떠나고 말았다. 이것이 기묘사화이고, 이때 퇴계의 나이는 19살이었다.

기묘사화 이후 사림 세력은 관직에 나아가는 것이 소용없다는 분위기에 휩싸이게 되었다. 그래서 정계에 나아가지 않고 시골에 머물면서 학문에 전념하거나 제자들을 키우는 데 집중하게 된다. 그 결과 오히려 학문이 새롭게 일어났고, 정치적으로도 새로운 힘을 얻게 되었다.

퇴계가 직접 경험한 사화는 을사사화다. 윤임(尹任)과 윤원형(尹元衡)의 외척 간의 갈등이 사화를 일으켰고, 그로 인해 사림들이 많은 피해를 당한 사건이었다. 이때 퇴계의 나이 45세였다. 이러한 사화를 목격하고 박해를 받은 퇴계는 벼슬을 버리고 고향으로 돌아가 학문에 전념하려는 마음을 굳히게 된다.

정치의 주도권이 다시 사림으로 돌아온 선조 시대에 퇴계는 조정의 부름을 받지만 거의 나가지 않고 고향에서 학문에 열중했다. 어떤 의미에서 본다면 사화는 퇴계가 학문적 업적을 이룰 수 있는 계기를 제공했다고 볼 수 있다.

퇴계의 저술은 대부분 50세 이후에 이루어진다. 이러한 사실은 나이가 들수록 학문도 깊어졌을 뿐 아니라 일부러 벼슬에서 물러나 많은 시간을 학문에 쏟았다는 것을 의미한다. 『성학십도』는 퇴계가 68세 되던 해에 완성한 작품으로 퇴계 학문의 핵심이 들어 있다고 할 수 있다. 스스로 성인(聖人)이 되기 위한 노력을 일생 동안 게을리 하지 않았던 퇴계가 17세의 어린 임금 선조를 위해 올린 『성학십도』는 당시의 정치가는 물론 사림들이 본받아 실천해야 할 유학의 핵심을 담고 있다고 할 수 있다. 그리고 퇴계가 『성학십도』를 지어 올릴 때에 '내가 나라에 보답함은 이 십도를 가지고 끝맺는다.'고 한 말이 율곡일기와 선조실록에 기록되어 있다. 이와 같이 퇴계의 희망은 선조가 어진 제왕이 되어서 나라를 잘 다스려 주는 것, 십도의 보급과 교육을 통하여 과거공부의 학풍을 바꾸고 인격을 수양하여 도덕을 실현시키는 일이었다. 즉, 『성학십도』를 만들어 학문과 교육과 정치를 개혁하고자 한 것이었다. 이러한 퇴계의 의도는 『성학십도』를 선조에게 제왕학으로서 권한 것은 사실이지만 단지 그 목적만은 아니었다. 당시 조선시대에 관료가 될 수 있는 신분층, 곧 사대부 계층이 따로 생겨 사회적 신분질서가 엄격해서 양반·상민·천인으로 구분되고, 정치기구도 문반위주로 운영되었다. 그러므로 어느 시대보다도 과거시험[5]을 통한 신분상승을 목표로 하고, 공부를 수단으로 할 수 있는 시대적 배경이었으며 이러한 교육실태[6]는 현재와 별반 다르지 않다고 할 수 있다. 그래서 당시의 선비들은 학문보다 과거공부인 문장을 읽고, 외우기와 시(詩)·부(賦)·잠(箴)·명(銘)·의(疑)·의(義)·대책(對策)·표(表)·전(箋)·송(頌)·제(制)·조(詔)·기(記) 등의 수련에만 힘을 기울였기 때문에 깊은 도덕론이라든지, 인간과 우주관계, 심성론, 존재론 같은 철학의 심층에 눈 돌릴 필요가 없었던 것이다. 그래서 퇴계는 나라에 보국하는 마지막 사업으로서 조정 문신들로 하여금 바른 학문의 길로 유도하고 실천하도록 하기 위하여 「진성학십도차」에서 임금에게 『성학십도』를 조정 관료들에게 교정과 시강하는 임무를 부여하도록 청하였다. 이는 조정 관료들에게 성인이 되는 학문을 공부시켜 보겠다는 깊은 의도를 담고 있다. 우선 덕을 닦아 도덕과 정의를 실현시켜 보겠다는 퇴계의 의도가 나라에 보국하는 것이다. 나아가 임금이 간절히 바라면 신하들은 성학공부를 하지 않을 수 없으므로 임금에게만 강의하고 그칠 것이 아니라, 서서히 온 국민에게 보급하여 도덕을 회복하고 학문을 높이는 사업으로 파급효과를 가져올 수 있다. 『성학십도』는 실제로 국가의 교육개혁과 학문발전에

5) 과거시험에는 문관에 소과(小科)와 대과(혹은 문과), 무관에 무과, 기술과에 잡과가 있었다. 그중 문관의 소과에는 유교의 경전을 시험보는 생원과(生員科)와 시(詩), 부(賦), 송(頌), 책(策) 등을 시험보는 진사과(進士科)가 있었는데, 이를 통틀어 생진과 또는 사마시(司馬試)라고 하였다.

6) 양반관료제하의 학문과 교육은 주로 양반 자제를 대상으로 관료를 양성하는 데 목적이 있다. 때문에 학교는 과거 준비기관이나 다름이 없었고, 따라서 교과 내용도 유학과 한문학이었다. 양반 자제들은 7~8세가 되면 서당에 들어가 한자와 습자를 배우고 15~16세에 이르면 중앙에서는 사학(四學), 지방에서는 향교(鄕校)로 진학하였다. 사학과 향교에서 수년간 수학한 자는 소과에 응시하는 것이 상례였다. 조선 중기 이후 서원도 성현을 받드는 목적 외에 과거 준비에 치중하는 경향을 보였다. 최고 학부인 성균관은 소과에 이어 대과를 준비하기 위한 기관의 성격이 강했다.

줄곧 기여하였고, 한국 교육 발전에도 크게 공헌하게 되었다. 그러므로 퇴계가 이러한 과거 중심 공부에서 실천도덕 중심의 학풍으로 방향을 돌리고자 한 목표는 후세에도 계승될 만한 가치가 있다.

퇴계는 많은 저서들을 남겼지만, 그의 위대함은 학문적 완성과 더불어 몸소 실천하는 유학자의 삶을 살았다는 데 있다. 또한 퇴계는 교육자로서 훌륭한 제자들을 많이 키웠다. 위대한 스승 밑에서 훌륭한 제자들이 나오는 것은 당연한 결과지만, 조선 역사에서 보기 드문 모습이다. 유성룡(柳成龍), 김성일(金誠一), 기대승(奇大升), 정철(鄭澈), 성혼(成渾), 정구(鄭逑) 같은 학자를 비롯해 300여 명이 넘는 제자들이 있었다. 퇴계의 제자인 학봉(鶴峯) 김성일은 스승에 대해서 다음과 같이 표현했다.

> "까다롭지 않고 명백한 것은 선생의 학문이요, 공명정대한 것은 선생의 도요, 봄바람처럼 부드럽고 상서로운 구름과 같은 것은 선생의 덕이요, 배나 명주처럼 질박하고 콩과 조처럼 담담한 것은 선생의 글이었다. 가슴속은 맑게 트이어 가을 달과 얼음을 담은 옥병처럼 밝고 결백하며, 기상은 온화하고 순수해서 깨끗한 금과 아름다운 옥과 같았다. 무겁기는 산과 같고 깊기는 못과 같았으니, 바라보면 덕으로 이룬 군자임을 알 수 있었다."[7)]

이러한 김성일(金誠一)의 표현이 제자가 스승을 기리는 것이라 다소 과장되었다 해도 그는 조선 시대 최고의 성리학자로, 뛰어난 인격자로 존경받았다. 유년 시절부터 어머니에게 가르침을 받으며 바른 성품을 길러온 퇴계는 사람들을 대할 때 정성을 다했으며, 제자들에게도 높임말을 사용했다고 한다.

퇴계의 교육자로서의 인품을 알 수 있는 것은 58세 때, 23세의 청년 율곡(栗谷) 이이(李珥)를 만나 학문적 토론을 벌이면서도 무시하지 않았고, 26세 연하인 고봉(高峯) 기대승과 8년에 걸쳐 '사단칠정(四端七情)'을 논하면서도 자신의 견해를 과감하게 수정할 줄 알았던 일화를 통해서 충분히 입증된다.

이상에서 살펴보았듯이 500여 년 전의 사회현상이 일부 제도적인 측면을 제외하고는 현재의 삶과 특별히 다르지 않으며, 특히 개인과 학교가 지향하고 있는 교육의 목표도 위기지학(爲己之學)보다는 위인지학(爲人之學)에 있다는 점에서 큰 차이를 발견하기 힘들다. 이러한 현실에서 우리가 500여년 전의 퇴계가 현재에 왜 필요한가는 퇴계의 생애만을 보아도 잘 알

7) 고산역해, 자성록/언행록/성학십도, 동서문화사, 2013, p. 166.

그림 2 훈구파와 사림파의 첫 충돌: 1498년 무오사화

수 있다. 관료로서, 학자로서, 교육자로서 스스로 성인이 되기 위해 어떤 시간, 어떤 장소에서도, 심지어 죽는 순간까지도 몸소 실천한 학자를 우리는 그 어디에서도 쉽게 찾을 수 없을 것이다. 특히 퇴계의 『성학십도』는 다른 선현들의 이론을 도용한 것이 아니라 퇴계가 일생을 통해 연구하고, 토론하고, 교육하고, 몸소 실천하면서 얻은 결과이며, 후학들에게도 학문과 교육의 전거(典據)가 될 수 있는 이론적이며 실천학문적인 측면에서의 완성본이라 할 수 있다. 이것이 학문과 삶을 하나로 완성한 퇴계와 『성학십도』가 현재의 우리들에게 필요한 이유라고 할 수 있을 것이다.

3. 사상적 배경(思想的 背景)

1) 퇴계(退溪)의 철학사상(哲學思想)

퇴계사상은 크게 자연의 존재 법칙을 연구하는 우주론으로서의 이기론과 태극론을 포함한 리학(理學), 심성론(心性論), 수양론(修養論)을 포함한 심학(心學)으로 구성되어 있다. 이 세 영역들은 퇴계의 교육사상을 밝히는 중요한 기저가 된다. 특히 퇴계는 사화로 말미암아 사림(士林)이 위축되면서 학문 방향이 경세학(經世學)으로부터 심학으로 옮겨가는 과도기에 처하여, 이학적 경세주의와 심학적 수양주의의 양쪽을 모두 취하면서도 인간형성의 예교적(禮敎的) 가치를 중시[8]하였다.

퇴계는 우주 생성의 근원으로서 최초에 태극이 있었고, 그 태극이 음과 양을 낳음으로써 천지만물이 생성한다는 유학의 우주발생론을 받아들였으며, 태극이라는 리가 음양이라는 기를 낳게 하여 우주가 존재하게 되었다는 주자의 주장을 수용하였다. 이러한 이기론과 심성론 및 수양론을 퇴계의 대표적인 사상으로 볼 수 있으며 그 요지는 다음과 같다.

(1) 이기론(理氣論)

퇴계의 이기론은 이원론적으로 해석하되, 기(氣)보다는 리(理)에 치중하는 '주리적(主理的) 리기이원론(理氣二原論)'이라고 할 수 있다. 퇴계는 우주의 모든 사물 및 인간은 리와 기로써 구성되는 것으로 본다. 이른바 리(理)란 모든 사물의 존재 및 생성과 관련된 법칙원리 또는 이치라는 뜻을 나타낸다. 따라서 모든 사물은 이러한 원리 또는 이치에 의해 지배를 받는다고 말할 수 있다. 모든 사물을 지배하는 리의 이러한 법칙성에 근거해 리는 모든 사물의 생성현상에 대한 원인과 이유를 나타내기도 한다. 그리고 리는 이러한 사물 생성의 원인 또는 존재 이유와 같은 성격으로 인해 무형(無形), 무위(無爲)의 특성을 가지고 있다. 이런 맥락에서 퇴계는 리를 천리로 보고 또 기의 주재라고 보았기 때문에 리귀기천(理貴氣賤)을 강조하였다. 리가 귀한 것은 무위이기 때문이며, 기가 천한 것은 유욕(有欲)하기 때문이라는 것이다.

리는 일체의 초월한 절대적인 존재로서 우주에는 수많은 사물이 존재하여 다양한 현상

8) 김인회 외, 한국교육사상연구, 집문당, 1983, p. 22.

으로 나타나지만, 궁극적으로 귀결하면 리뿐이다. 리는 우주만물의 본원이며, 불변적 실재성, 가치성, 존엄성[9]을 갖는다.

반면, 기(氣)는 모든 구체적 사물의 존재와 생성과 관련된 질료(質料), 형질(形質)이라는 뜻을 나타낸다. 따라서 모든 사물을 이루는 데 있어서 필요한 '현상적 요소'라고 할 수 있다. 그리고 기는 사물의 구체적 생성 현상으로서 취산(聚散), 굴신(屈身)하는 성질을 가지고 있으며 또한 생멸(生滅), 궁진(窮盡)의 성질도 가지고 있다. 기의 이러한 성질로 인해 악(惡)의 현상도 있게 되는데, 악의 현상은 기 때문에 리가 마땅히 드러내야 할 행위[소당연(所當然)] 기준에 맞게 드러낼 수 없는 경우를 뜻한다. 이러한 점에서 기 자체는 비록 악하지 않지만, 악의 현상은 기 때문에 있게 된다고 말하고 있다. 그러므로 기는 리에 비해 천(賤)하다고 규정한다.

그러면서도 리와 기는 서로 떨어질 수 없고 동시에 서로 섞이지 않는다. 리와 기는 함께 있어서 리는 형이상의 도, 즉 원리, 원칙, 법칙, 원인으로서 만물의 근원이 되고, 기는 형이하의 기(器), 즉 질료, 형상, 운동으로서 만물의 체질이 된다. 이러한 리와 기는 불가분리의 관계에 있으나 그 관계는 수평관계가 아니라 리가 우위에 있는 것으로 보았다. 이러한 퇴계의 리(理)는 윤리도덕의 최고 준칙이고 모든 법칙 및 선의 원리로서 행위의 원칙이 된다. 인간에게는 사회생활과 관련된 부분에서 리에 기준이 되는 소이연[필연성]과 소당연[당위성]이 있는데 이것이 곧 사회규범이며 도덕규범이 되는 것이다. 퇴계의 이기론은 우주 본체에 대한 사변(思辨)보다도 인간사회의 도덕적 선에 대한 추구에 더 깊은 관심을 보였다. "퇴계의 이기론은 인간 사회 윤리도덕 질서를 수호하려는 도덕의지에 복무하는 철학"으로 나타났다. 그 이론적 토대가 사단칠정론이었다.[10]

(2) 심성론(心性論)

심성론은 퇴계의 인간교육의 이론적 토대를 이루고 있는 것으로서 심(心)에 대한 이해 없이는 그 무엇도 논할 수 없다는 학설이다. 심성론은 인간의 본성을 다루는 분야이므로 인성론이라고 부르기도 하는데 퇴계의 심성론은 우주론에 바탕을 두고 있다. 인간과 만물은 생겨날 때 모두 본성이 주어지는데 그 본성은 바로 우주의 근원인 리에서 나왔으며 모양새는 기에서 나왔다는 논리다. 그리고 본성은 인간의 마음에 담겨있다. 즉, 마음이란 우주의 '이기'가 모인 것인데, 이 속에 본성과 감정이 들어있는 것이다. 그 중에서 본성은 리에 해당하기

9) 오석원 외, 조선조 유학사상의 탐구, 여강출판사, 1988, pp. 113－116.

10) 김경희, 퇴계의 교육사상 연구, 『교육연구』 제31호, 성신여자대학교 교육문제연구소, 1997, p. 94.

때문에 선한 모습을 가지고, 감정은 기에 해당하기 때문에 선악의 요소를 모두 가지고 있다. 따라서 감정이란 잘 조절해야 할 대상인 것이다. 비유해서 말하면 그릇에 담긴 탁한 물을 마음과 본성, 그리고 감정으로 살펴보면 그릇은 마음에 해당한다. 그리고 그릇에 담긴 물을 오랫동안 흔들지 않고 그대로 두면 탁한 물질은 바닥에 가라앉고 맑은 물은 위에 있게 된다. 이때 가라앉은 탁한 부분을 감정으로 보고, 위에 있는 맑은 물을 본성이라고 보면 된다. 물을 흔들지 않으면 그대로 본성과 감정이 잘 유지되지만, 흔들면 가라앉았던 물질이 다시 전체를 흐리게 만든다. 그렇기 때문에 인간은 감정을 잘 조절해야 한다. 이러한 본성과 감정을 담고 있으면서 통제하는 것이 바로 마음이다. 또한 감정에는 사단과 칠정이 있다. 사단이란 인간의 마음에 있는 단서, 즉 새싹과 같은 것이다. 이 네 가지 마음은 맹자가 말한 것으로 측은한 마음[측은지심(惻隱之心)], 부끄럽게 여기는 마음[수오지심(羞惡之心)], 양보하고 사양하는 마음[사양지심(辭讓之心)], 옳고 그름을 가리는 마음[시비지심(是非之心)]을 말한다. 새싹이 자라서 꽃이 되고 열매가 열리는 것처럼 사단이 자라면 사덕, 즉 인의예지가 된다. 따라서 사단이란 인의예지로 성장할 수 있기 때문에 처음부터 선한 모습을 가지고 있다. 칠정이란 일곱 가지 감정으로 기쁨, 노여움, 슬픔, 두려움, 사랑함, 미워함, 욕심을 말한다. 따라서 이러한 감정들은 사물이나 일과 만나면서 악이 될 수가 있다. 퇴계의 사단은 본성에 가깝기 때문에 리에서 나오고, 칠정도 감정으로서 기에서 나온다고 보았다. 이러한 퇴계의 사단은 인간이 왜 도덕적으로 살아야 하는지에 대한 해답을 찾기 위한 것이다. 인간은 우주의 이치를 본받았기 때문에 사물과 달리 신령스럽고 귀한 존재다. 따라서 인간의 본성을 선한 것이라고 본 것이다. 이러한 퇴계의 사상은 전통적인 유학의 성선설에 따른 것이다.

(3) 수양론(修養論)

인간은 육체를 갖고 있기 때문에 욕망을 갖게 되는데, 이 욕망을 잘 조절해야 도덕적인 인간이 될 수 있다. 따라서 감정을 잘 조절하고 타고난 본성을 회복하는 것이 학문이요, 수양이다. 이러한 것을 퇴계는 '알인욕 존천리(遏人欲 存天理)'라고 했다. 즉, '만물을 만들어 내는 천리를 보존하고 인간의 욕망을 없앤다'는 뜻이다. 퇴계는 학문을 하고 몸과 마음을 수양하기 위한 방법으로 주자가 제시한 거경(居敬)과 궁리(窮理)를 계승하였다. 거경은 '경의 상태에 머무르는 것'이고, 궁리는 '사물의 이치를 연구하는 것'이다. 주자가 사물의 이치를 연구하는 궁리에 중점을 둔 것과는 달리 퇴계는 경에 머무르는 거경을 중요시 했으며, 『성학십도』에서도 경을 중심으로 설명했다. 퇴계는 경을 모든 철학과 인간행위의 중심에 두었다. 그래서 그의 철학을 '경 철학'이라고 한다. 퇴계가 "경은 성학의 처음이요 끝이다."라고 한 말은 바로 이것을 보여 준다. 이러한 수양은 궁극적으로 성인이 되기 위한 과정이다. 인간은 육체가 있기 때문에 욕망에 이끌리게 되고, 욕심을 버리지 못하면 성인의 길에 들어갈 수 없게 된다. 따라서 마음을 비우고 끊임없이 공부하고 실천을 해야 한다. 이렇게 실천하려면 오직 경의 상태를 유지하는 것 밖에 없다.

그렇다면 '경'을 어떻게 유지할 수 있는가? 퇴계는 선현들의 생각을 모아서 '정신을 집중하고 다른 곳에 마음을 두지 않는 주일무적(主一無適)'과 '몸가짐을 단정하고 가지런하게 하며 마음을 엄숙하게 유지하는 정제엄숙(整齊嚴肅)', '언제나 맑은 상태로 깨어 있어야 하는 상성성법(常惺惺法)', '마음을 잘 거두어들여서 잡념이 생기지 않도록 하는 기심수렴(其心收斂)'으로 정리하고 있다. 학문을 통해서 이치를 깨닫는 것도 중요하지만, 퇴계가 더욱 중요하게 생각한 것은 몸소 실천하고 끊임없이 맑은 상태를 유지하는 것이었다.

이상과 같이 퇴계의 철학사상은 우주와 인간을 연결시켜 천지자연과 인간을 하나의 근원에서 나온 존재로 생각하고, 인간의 삶은 자연의 법칙을 본받아 완성되어야 한다고 생각했으며, 이러한 상태를 유지하기 위해서는 마음을 집중하고 욕심을 없애고 끊임없이 수양해야 한다고 하였다.

2) 퇴계(退溪)의 교육사상(教育思想)

퇴계의 교육이념 및 주요 과제는 '경(敬)'으로 일관되고, 경이야말로 '알인욕 존천리(遏人欲存天理)'에 이르는 방법이라고 설명하였다. 퇴계에 있어서 경은 인격교육의 방법론이자 학문 연구의 근본 규칙이다. 그래서 퇴계의 경은 성학(聖學)의 시작과 끝이었으며, "경은 마음의 주재이고, 만사의 근본이다."[11]라고 밝혔다. 그리고 경을 '지행의 근본'으로 삼고 일상생활 속에서 하늘의 리를 깨닫고 체득(體得)하는 '앎'과 '삶'과 '됨'을 하나로 묶는 교육 실천이념의 지주로 삼았다.

이러한 경의 실천을 통해 퇴계의 교육목적관은 유교 교육의 일반목적인 인(仁)을 체득하는 데 있으며, 이러한 인애설(仁愛說)은 동기나 혹은 결과를 이미 초월한 우주 생명력과 결부된 도덕원리로 파악되는 것이다. 그러므로 퇴계의 인(仁)을 리(理)의 경우에서와 마찬가지로 이론적인 '소이연(所以然)'으로서의 가치보다 실천적인 '소당연(所當然)'으로 이룩하여야 될 것임을 강

11) 『聖學十圖』「大學經」, "敬者一心之主宰而萬事之本根也."

조하고 있다. 이와 같은 일치는 리와 인이 결국 표현을 달리하고 있을 뿐 그 바탕은 같기 때문이다.

퇴계는 학문에 있어서 군자지학(君子之學)을 위기지학(爲己之學)이라 말하고 득도(得道)하여 천인합일(天人合一)의 경지에 이르는 성인·군자를 목표로 하고 있다. 여기서 성인·군자라고 해서 고정적으로 완성된 이상적인 인간을 그리고 있는 것이 아니라 실제적으로 실현 가능한 인간 자체로서 결함이 없는 표준적 인간, 지덕체가 조화된 바람직한 인간을 의미한다고 볼 수 있다. 퇴계는 학문을 하는 최초의 목표도 도덕적인 인간이 되기 위한 것이었고, 최종 목표도 인간다운 인간이 되기 위한 것이었다. 그래서 퇴계는 학문을 과거지학(科擧之學)이나 공명지학(功名之學)으로 보고 출세나 밥벌이 수단으로 학문하는 것을 경계하였다. 이는 오늘날 우리 교육이 취직시험 준비교육이나 입시위주의 교육으로 전락해 가는 교육현실에 경종을 울려줄 지주가 될 수 있을 것이다.[12] 또한 퇴계는 경의 실천방법으로 전통유학과 같이 거경(居敬)과 궁리(窮理)를 들었다. 궁리한다는 것은 사리를 연구하는 것으로 리에 다다른다는 말이며, 이 같은 궁리의 인식론적인 체득은 거경에 의하여 발현된다. 그러므로 거경은 사리에 따라 힘써 행하는 것이며, 거경은 타율적인 지도에 의해서가 아니라 자각적 노력에 의하여 이룰 수 있다. 이들 두 방법의 관계에 대하여 퇴계는 명료한 답을 제시하였다. 즉, 거경과 궁리는 각각 독립된 실천공부이지만, 이 두 가지 공부를 서로 병행[지행병진(知行竝進)]해 나가는 방법으로 공부해야 하며, 이치를 깊이 연구하는 것은 실천을 통해 체험해야만 참된 앎이 된다는 것이다. 이는 참다운 앎과 행함이 하나가 될 때에 비로소 도덕적 인격으로 승화될 수 있음을 말한다. 이와 같은 거경궁리는 퇴계의 교육목적 실천관인 '경(敬)'을 지향한다. '경'은 실로 사람됨의 알맹이다. 동(動)과 정(靜), 체(體)와 용(用)을 꿰뚫는 것이 '경'인데, 퇴계학의 강한 특색인 실천성과 결부시킬 때 '경' 또는 실천을 바탕으로 한다. 그리고 퇴계의 경은 하늘과 사람을 다리 놓는 자리이다. 천리인욕(天理人欲)이 경으로 말미암아 하나 될 수 있다고 보았다. 그러므로 경은 일신의 주재인 마음을 다시금 주재하는 최고의 정신적 위상이다.

(1) 교육 목적(敎育 目的)

유교의 인격 개념에는 "성인은 하늘과 같은 이상적인 경지에 도달하기를 희망하고, 현인은 성인을 바라며, 선비는 현인이 되고자 한다."[13]는 주렴계의 말에서 알 수 있듯이 계층

12) 박천진, 퇴계의 교육사상 연구, 전남대학교, 석사학위논문, 1994, p. 52.

13) 『近思錄』 권2, 111조, "聖希天, 賢希聖, 士希賢."

적인 단계가 나타난다. 그러므로 퇴계의 교육목적은 성인을 배워서 군자의 단계로 상승하기 위해 노력하는 선비의 양성에 있었다고 볼 수 있다. 그러나 당시의 많은 선비들이 학문의 목적을 과거시험(科擧試驗)에 합격하여 부귀와 명예, 개인의 영달만을 추구하는 데 두고 위인지학(爲人之學)에 몰두하고 있었음을 다음과 같이 지적하고 있다. "오직 글귀만 외워서 과거보는 것만을 업(業)으로 삼아, 자신의 몸이나 마음에 끝내 관계하지 않는다."[14], "세상에 허다한 영재들이 세속의 학문에 허덕이고 있다."[15]고 하였다. 이와 같이 퇴계는 학자들이 과거에 급제하여 국사를 맡고 의논하는 일도 필요하겠지만 그보다도 존양성찰을 통해 인을 체득한 성현이 되도록 노력하는 것이 더 중요하다고 보았다. 즉, 도덕적인 자기성찰을 통한 자기완성이 있은 연후에야 '정덕(正德)'을 바탕으로 사회완성이 이루어진다는 생각이 교육목적의 기초가 되었다.[16] 그리고 모든 인간은 하늘로부터 '본연지성'을 받고 태어났으므로 평등하지만, 기질의 차등[리일분수(理一分殊)]이 있다고 생각하여 각기 다른 인간의 후천적 성품인 '기질지성'을 자기성찰을 통해 지선(至善)에 이르게 하기 위한 개성교육을 강조하였다. 또한 발달단계마다 알맞은 '성'과 참된 가치가 있다고 보아 단계적인 교육과정을 주장하였다.

퇴계가 생각한 교육의 궁극적 목적은 구인성현(求仁聖賢), 즉 인을 체득하여 성현이 되는 데 있으며 올바로 깨닫고 실천하여 성현이 되는 데에 있는 것이다.

(2) 교육 내용(教育 内容)

퇴계는 당시의 교육체계하에서 채택하였던 성현들의 저서를 교재로 하여 성리학의 기본 경전인 사서와 오경을 바탕으로 삼고, 『소학』과 가례로써 문호(門戶: 집으로 드나드는 문)로 하였다.[17] 또한 『주자대전』, 『성리대전』, 『효경』, 『심경』, 『근사록』 등도 중시하였다. 퇴계는 독서의 차례로 『소학』, 『대학』, 『심경』, 『논어』, 『맹자』, 주자서, 기타 경전 등으로 제시하였다. 그러나 반드시 그렇지는 않고 연령이나 경험, 학문의 정도에 따라 학문의 내용이나 순서를 때에 따라 바꾸어서 가르쳐도 무방하다고 생각하였다.[18] 또한 퇴계는 "자제를 훈회(訓誨)하는 데는 반드시 『소학』과 『효경』을 먼저 읽고 그 의미를 깨달은 후에야 사서를 읽어야 한다."[19]

14) 『退溪集』 Ⅱ, 論科擧之弊, p. 599. "但今人非不讀之而只以帖誦決科爲業, 於身心 了不相關."
15) 『退溪集』 Ⅱ, 論科擧之弊, p. 600. "因歎日世間許多英才 混汩俗學."
16) 김효선 등, 동양교육고전의 이해, 이대출판부, 1986, p. 209.
17) 『退溪全書』(以下 『退全』으로 略稱) 권41, 雜著, 伊山院規, "諸生讀書 以四書五經爲本原小學家禮爲門戶."
18) 정순목, 退溪評傳, 지식산업사, 2001, pp. 157~158.
19) 『退全』言行錄 권2, 家訓, 金誠一記, "訓誨子孫 必先以孝敬小學等書 略通文義 然後及於四書."

고 하였고, 『성학십도』에서는 성인이 되기 위해 배워야 할 구체적인 내용으로 『소학』과 『대학』을 말하고 있다. 『소학』과 『대학』에 대해 퇴계는 『소학』은 터를 닦고 자재(資材)를 준비하는 것과 같으며, 『대학』은 천만 칸의 큰 집을 그 터에다 세우는 일이다. 터만 닦아 놓고 집을 세우지 않는다면 이는 아무 결과가 없는 것이며, 천만 칸의 큰 집을 세우려고 하면서 터를 닦지 않는다면 역시 집을 지을 수 없다. 이를 토대로 『소학』과 『대학』은 성학의 처음과 끝이 되는 것[20]이라고 보면서 소년의 심신 육성과 성인의 수기치인은 모두 경에 의할 때 진정한 체득이 가능하다고 보았다. 또한 퇴계는 『주자대전』을 제일로 추천하고 있다. 퇴계 문인들의 기록에 의하면 "선생님은 말씀하시기를 학자가 입도의 문을 알려거든 『주자대전』 속에서 구해보면 힘쓸 곳을 얻기 쉬울 것이다. 이 책을 읽으면 학문하는 방법을 알 수 있다. 그 방법을 알면 반드시 감발·흥기하여 공부에 착수하게 된다. 공부를 쌓고 쌓아서 익숙해진 다음 다시 돌아와서 사서를 읽어보면 성현의 말이 한 마디 한 마디가 다 자기 몸에 맛을 가져오게 되어 비로소 응용할 수 있게 된다."[21]고 적고 있다. 이것으로 보면 모든 경전을 가르치되 그 중에도 『소학』, 『대학』, 『심경』, 『논어』, 『맹자』, 주자서의 6가지를 기본으로 삼았음을 알 수 있다. 이외에도 당시 퇴계가 선정한 교과목은 성현의 윤리서 및 학문을 중심으로 선정한 『태극도설』, 『근사록』, 『계몽』, 『서명』, 문장, 서법 등의 서적을 추가하였으며, 이외에 자연의 교재, 일상의 평이명백한 실생활의 교재를 산 교재로 삼았다.

이상에서와 같이 퇴계는 교과목을 사서오경에 의거하여 성리학을 중심으로 그 과목의 교육에 철저를 기함은 물론 우주의 근본원리에 관한 지식을 가지고 인간문제, 즉 자연법칙 위에 인간의 합리적, 도덕적 당위법칙을 구명하고자 하였다. 따라서 퇴계의 교육내용은 교과목의 강의뿐만 아니라 일상생활 속의 윤리를 중심으로 덕목을 기르도록 강조하였던 것이다.

(3) 교육 방법(教育 方法)

퇴계의 문인이었던 정유일(鄭惟一)은 퇴계의 교육방법을 다음과 같은 여섯 개의 내용으로 특징지어 설명하고 있다.

첫째, 경의협지(敬義夾持), 둘째, 지행병진(知行竝進), 셋째, 표리여일(表裏如一), 넷째, 본말병거(本末並擧), 다섯째, 동견대원(洞見大原), 여섯째, 식립대본(植立大本) 등이 퇴계 교육방법의 특징이라

20) 『退全』言行錄 권1, 讀書.
21) 이상은, 퇴계의 생애와 학문, 서문당, 1987, p. 139.

는 것이다[22] 즉, 퇴계의 교육방법은 상호 보완적인 관계를 통하여 목표 이상의 것을 터득할 수 있도록 하는 종합적인 방법이라고 볼 수 있는 것이다. 위에서 정유일이 제시한 여섯 가지 교육방법을 재정리하면 첫째로 지행병진의 원리다. 둘째는 표리여일, 본말병거, 동견대원을 묶어서 행동과학식의 훈련의 방법이 아닌 인지론자들이 주장하는 통찰학습방법의 원리로 표현할 수 있다. 퇴계는 그것을 활연관통(豁然貫通) 또는 일이관지(一以貫之)라고 표현하고 있다. 세 번째는 경의협지와 식립대본을 합쳐서 지경(持敬)의 원리로 표현할 수 있다[23]

퇴계는 교육방법으로 지행병진을 우선적으로 강조하면서 지식이 일상생활과 분리되어 있지 않다는 논리를 견지하였다. 이는 천인합일사상에서 연원된 것으로 천도는 일상생활 속에 포함되어 있으며 지행병진의 방법으로 발견되는 것이다. 그러므로 퇴계는 배움[박문(博問)]과 실천과 생각[체찰(體察)]은 항상 같이 있어야 한다고 강조하였다. 체찰(體察)이란 글자 뜻 그대로 실천을 통해서 깨달은 것이라고 볼 수 있다. 그래서 퇴계는 학문이 하루아침에 이루어지는 것이 아니고 시간을 두고 꾸준히 지속되어야 함을 강조하면서 박학과 독행이 진행되는 사이에 체찰이 이루어짐으로써 진정한 의미에서의 앎이 이루어진다고 보는 것이다[24] 이와 같이 퇴계의 교육방법은 학습자의 적극성을 유도하고자 하면서 지식과 실천과 사고의 상호유기적인 연관성을 통해 참다운 깨달음에 도달하도록 하려는 것이라고 볼 수 있다.

그리고 퇴계는 김이정(金而精)에게 답한 편지에서 학문은 각기 단절된 학습의 과제를 하나하나 습득함으로써 이루어지는 것은 아니라고 말하고 있다. 학문이 객관적인 사실을 하나하나 단계적으로 습득함으로써 어떤 목표에 도달하는 것이 아니고, 학문에의 지, 행, 심이 상호작용하는 가운데서 이루어지는 보다 복잡한 과정이라는 것이다. 퇴계는 각기 단절된 학습과제를 기계적으로 연결하는 절차나 단계를 부정하고, 학습의 과정을 그 하나하나의 장면이 지, 행, 심이 역동적으로 작용하는 창조적인 행위라고 보는 것이다[25] 이와 같이 학문이란 단편적인 사실의 종합이 아니라 상관관계를 이해하는 것이기 때문에 어느 정도의 수준에 올라가야 이해가 가능하게 되므로 마음의 병폐로 자포자기하지 않고 학문의 지속성을 강조하고 있다.

또한, 퇴계는 지경(持敬)을 교육방법으로 강조하고 있다. 즉, 마음속의 인욕을 배제하고 본성속의 천리에 합일되게 하기 위해서는 경을 지녀야 한다는 것이다. 결국 경의 상태를 이

22) 이상은, 퇴계의 생애와 학문, 서문당, 1987, p. 159.
23) 이해명, 퇴계의 통합 교육사상연구, 『퇴계학연구』 제4집, 단국대퇴계학연구소, 1990. p. 57.
24) 이황, 한국의 유학사상, 한국사상전집(2), 삼성출판사, 1981, pp. 47~48. 신창호, 함양과 체찰, 미다스북스.
25) 이황, 한국의 유학사상, 세계의 사상(32), 삼성출판사, 1990, pp. 134~135.

그림 3 퇴계 이황 얼이 깃든 '성리학 학술의 전당' 도산서원

루는 까닭은 마음의 욕심을 버리고 본연지성인 천도에 합일되기 때문이라는 것이다. 퇴계는 경으로써 주(主)를 삼아서 동(動)할 때나 정(靜)할 때 모두 다 경(敬)을 잃지 아니하면 정할 때는 마음이 깨끗해져서 본성이 순수하게 되고, 동할 때는 의리가 환히 드러나고 물욕이 없어져서 근심이 줄어들게 되므로 학문에 정진할 수 있게 된다고 말하고 있다.[26] 그리고 퇴계는 경을 지니는 방법으로서 집착하지 말고 세상의 욕심을 버리고 자연과 친숙하도록 권고하면서 주자의 주일무적(主一無適) 정신을 강조하였다.

26) 이황, 한국의 유학사상, 한국의 사상전집(2), 삼성출판사, 1981, pp. 56~60.

Ⅱ. 『성학십도(聖學十圖)』의 근원적(根源的) 이해(理解)

1. 체계(體系)와 내용(內容)

『성학십도』는 어린 선조 왕에게 바친 제왕학이다. 즉, 문자 그대로 제왕으로서 배우고, 또 실천수득(實踐修得)하여야 할 유학의 핵심 부분을 도(圖)와 도설(圖說)로 만들어 제시한 것이다. 이러한 제왕학이 유학과 상통할 수 있는가에 대해 퇴계도 제5도 보설에서 "대개 요순의 가르침은 오품(五品)에 있고, 하·은·주 3대의 학문도 모두 인륜을 밝히는 것이므로, 규약의 궁리와 역행도 모두 오륜을 근본으로 한다. 또한 제왕의 학문이 갖추어야 할 법규와 금지조항은 비록 일반 학자와 다 같을 수는 없지만, 그러나 그것이 이륜(彝倫)에 근본하고 궁리, 역행하여져 심법의 요점을 얻으려고 한다는 점에서는 다를 것이 없다."고 하였듯이 궁리 역행하여 성학 심법의 절요를 구하는 점에서는 제왕의 학도 유학 일반과 다른 점이 없다는 것이다. 그러므로 오늘날 우리가 『성학십도』와 그 「진성학십도차」를 보는 입장은 유학이라고 하는 학문이 일반적으로 지녀야 하는 자세와 그 절요한 내용을 서술한 것이라 하여도 무방할 것이다.

퇴계는 「진성학십도차」에서 『성학십도』를 왕에게 진언하기에 이른 의도와 아울러 그의 독자적인 유학, 즉 학문의 목적과 방법론을 서술하고 있으며 주요 내용은 다음과 같다.

첫째, 도(道)[진리(眞理)]는 「하도」와 「낙서」를 바탕으로 『역』의 괘효를 만들면서 천하에 드러났다. 그러나 도는 넓고도 넓고, 성현의 가르침도 다량(多量)하므로 입문하기는 쉽지 않다. 성학에는 단서가 있고 마음 수양법에는 요체가 있으니 이것으로 도에 들어가는 문(門)과 덕을 쌓는 기반(基盤)을 보여 주고 있다.

둘째, 퇴계가 왕에게 성학을 권하여 인도하고자 하는 연유와 옛 현인·군자들이 성학의 내용과 수양법을 터득하여 도와 도설을 만들어 세상에 전하고 있음을 밝히고 있다. 『성학십도』는 옛 선현들의 도와 도설 중에서 가장 두드러진 것 일곱 가지를 가려 뽑았으며, 그 중 제6도인 「심통성정도」는 정복심의 도(圖)에 추가하여 퇴계 자신이 두 개의 작은 소를 붙인 것이고 나머지 세 가지의 도는 퇴계가 만들었으나, 그 글과 뜻, 조목과 규획은 한결같이 선현들의 사상을 그대로 서술한 것으로 퇴계가 지어낸 것이 아님을 고백하고, 그림마다 그 아래에 퇴계의 생각을 붙였다는 점을 고(告)하고 있으며 『성학십도』의 활용법도 상세히 설명하고 있다.

셋째, 『성학십도』의 의의에 대해서는 마음의 생각하는 기능을 강조하면서 '생각하여 얻고', '슬기롭게 되어 성인이 되는' 일을 징험할 수 있을 것임을 강조한다. 그러나 마음이 경으로써 주재하지 못하면 생각하지도 보지도 못하게 되므로 도를 토대로 생각을 다하는 공부를 소홀히 할 수 없음을 강조한다.

넷째, 두 가지 공부에 힘쓸 것을 강조한다. 즉, 생각함으로써 그 미묘한 이치에 통달하는 것과 반드시 배움으로써 그 실질을 실천해야 함을 말하고 있다.

다섯째, 지경(持敬)의 의미와 실천하는 방법을 구체적으로 제시[세부 내용은 원문해석 참조]하면서 전체 내용의 핵심 부분을 요약 정리하여 강조하였다. 그리고 지경공부로 인한 병통을 제시하면서 과정인 만큼 스스로 좌절하지 말고 믿고 더욱 힘쓰기를 권고하였으며, 지속적인 노력으로 인한 각종 공부의 효과들을 제시하였다.

여섯째, 마지막으로 공부 장소를 편안히 거처하는 곳에서 하라는 권고와 성학을 위해 정신을 집중하고, 뜻을 더하여 처음부터 끝까지 반복하여 살펴보고, 경미한 것이라 하여 소홀히 여기거나 번잡한 것을 싫어하여 버리지 말 것을 당부하면서 마무리를 하고 있다.

『성학십도』의 서문에 해당하는 「진성학십도차」는 『성학십도』 작성 후에 쓰인 것으로, 퇴계는 「진성학십도차」 후반에서 지경의 의미와 실천방법 등의 학문의 자세에 대하여 지극히 중요한 사항을 포함시킴으로써 열 개의 도설에서 못 다한 내용을 보충해서 서술하였다. 즉, 심의 주된 작용인 사(思)를 강조하면서 『홍범(洪範)』의 "생각하면 슬기롭게 되고, 슬기롭게 되면 성인이 된다."고 한 것을 인용하여 마음은 지허지령(至虛至靈)[전혀 무(無)내용이면서도 훌륭한 작용을 가지고 있는 것]이며, 리(理)라는 것은 「하도」와 「낙서」에 드러나 있으면서 지현지실(至顯至實)[지극히 뚜렷하고 지극히 알찬 것]한 것이므로 경으로써 주재하고 이를 토대로 생각을 다하는 공부를 소홀히 하지 말아야 한다는 것이다. 나아가서 퇴계는 공자의 "배우기만 하고 생각하지 아니하면 얻는 것이 없고, 생각하기만 하고 배우지 않으면 위태롭다.(『논어』 「위정」 15장)"라는 문장을 인용하고, 이는 사물을 익히고 이를 진실하게 실천할 것을 강조한 것이라고 하였다. 퇴계에 의하면 성학은 우선 무엇보다도 리(理)를 마음에서 구하지 않으면 혼미하여 얻을 수가 없다. 그러므로 반드시 '생각하기'에 의하여 그 미묘한 이치에 통달할 수가 있다. 또 사물을 익히지 아니하면 위태롭고 불안하다. 그러므로 반드시 리를 배워서 실천해야만 한다. '사(思)'와 '학(學)'은 번갈아 서로 계발하고 그리고 서로 도와주는 관계이므로 '사(思)'의 중시와 동시에 '학(學)'에 의한 실천은 수레의 양 바퀴의 역할을 다하는 것임을 강조한다. 이를 위해 필요한 것은 '지경(持敬)'이며 지경이야말로 사와 학을 겸하고, 동정을 관철하며 내외를 합하고 현미를 하나로 하는 소이의 도이며, 지경이란 반드시 마음을 삼가 정재하고 조용히 일점에 집중시키는[재장정일(齋莊靜一)] 것이라 하였다. 또한 지경공부의 실천방법과 공부로 인한 병통을 미리 지적하여 줌으로써 일어날 자포자기의 상태를 예방할 수 있도록 구체적으로 언급하고 지속적인 노력과 사소한 것에도 소홀히 하지 말 것 등을 권고한 것을 보면 퇴계의 정밀한 학문적인 성향을 인지할 수 있다.

이상에서와 같이 퇴계의 학문과 실천의 방법에서 명확해진 것은 첫째로 퇴계에게 모든 위학의 근저에는 '지경'이 정치되어 있다는 것이고, 둘째로 '생각하여 얻는 것'과 '배워 익혀 실천하는 것'이 늘 함께 가야 한다는 점이다.

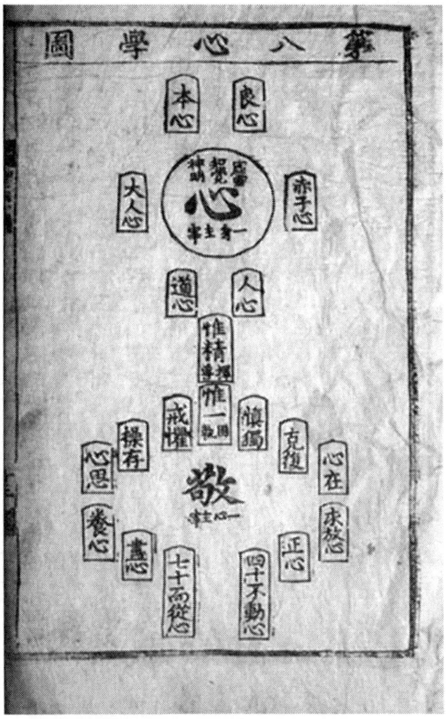

그림 1 성학십도(聖學十圖)

또한 지경을 실천하는 방법은 ① 마음을 보존하라(마음을 가지런하고, 장엄하며, 고요하고, 전일한 상태에서). ② 항상 경계하고, 두려워하고, 성찰하라. ③ 하나의 도와 일에 나아갈 때는 전일(집중)하라. ④ 아침과 저녁, 오늘과 내일도 늘 한결같이 지속적으로 노력하고 일상생활 속에서 체험하고 길러 나아가야만 한다는 것을 강조하고 있음을 알 수 있다.

2. 원문(原文) 해석(解釋)과 도설(圖說) 이해(理解)

『성학십도』는 선현들의 작품 가운데서 "성학의 큰 단서"와 "심법의 지극한 요체"가 되는 것을 선별하여 뽑은 것으로 퇴계는 이들을 배치하고, 선현들의 설로 해설하고, 최종적으로 스스로 독창적인 설명을 추가하였다. 또한 대부분의 도는 그 자체가 완결된 이론 체계로서 각각의 도는 그 안에 실천학문적 측면과 이론적 측면 모두를 내포하고 있다. 먼저 퇴계의

표 1 성학십도(聖學十圖) 구성(構成)과 주요내용(主要內容)

순서	도(圖)	도설(圖說)	내용
「제1 태극도」	주돈이	주돈이	인간과 만물의 생성과정
「제2 서명도」	정복심	장 재	상도: 리일분수, 하도: '효' 실행이 하늘의 섬김
「제3 소학도」	이 황	주 희	『소학』을 통한 유교 실천규범 설명(오륜)
「제4 대학도」	권 근	『대학』 경1장	삼강령·팔조목 중심의 공부과정 및 효과 제시
「제5 백록동규도」	이 황	주 희	오륜의 규범과 오교의 가르침에 따른 학문요체 설명
「제6 심통성정도」	상도: 정복심 중도·하도: 이황	정복심	퇴계의 사단 칠정을 요약 설명
「제7 인설도」	주 희	주 희	인(仁)의 의미와 인의 실현 양상 설명
「제8 심학도」	정복심	정복심	심(心)·신(身)·경(敬)의 구조를 밝힘
「제9 경재잠도」	왕 백	주 희	'상황'에 따른 경 실천 세부항목 설명('심(心)' 중심)
「제10 숙흥야매잠도」	이 황	진 백	'시간'에 따른 공부 방법 설명('경(敬)' 중심)

『성학십도』전체는 〈표 1〉로 설명될 수 있으며, 상기의 두 가지 측면으로 구분하면 다음과 같은 구성 체계로 되어 있다.

① 「제1 태극도」는 주돈이(周敦頤: 1017~1073, 자는 무숙(茂叔), 호는 염계(濂溪))의 「태극도」와 「태극도설」, 그리고 주자(朱子)의 해설 및 퇴계의 보설(補說)로 이루어져 있으며, 도의 설명은 퇴계가 주자의 「태극도설해(太極圖說解)」 중에서 요약하여 인용한 것이다.

「태극도」는 우주의 궁극 존재인 '태극'에서 음양오행을 거쳐 인간과 만물이 생성되어 나오는 과정을 제시한 것이며 주희(朱熹[주자(朱子)]: 1130~1200, 자는 원회(元晦) 또는 중회(仲晦), 호는 회암(晦庵))는 「태극도설」을 도리의 큰 두뇌가 되는 곳이요, 백세 도술의 연원이라고 하여 극히 중요시 하였다.

② 「제2 서명도」는 장재(張載: 1020~1077, 자는 자후(子厚), 호는 횡거(橫渠))의 「서명」을 정복심(程復心: 자는 자견(子見), 호는 임은(林隱))이 도상화한 것이며, 주자와 양시(楊時: 자는 중립(中立), 호는 귀산(龜山))의 해설(解說)과 퇴계의 보설로 이루어졌다.

상도와 하도로 구성된 「서명도」에서, 상도는 하나의 리가 사물에 따라 나뉘어 나타나는 것[리일분수(理一分殊)]을 변별하는 것이고, 하도는 어버이를 극진히 섬김으로써 하늘을 섬기게 되는 도리를 밝히는 것이다. 「서명」은 천지 만물과 일체를 이루는 원리로서 인의 본체를 설명하고 있다.

③ 「제3 소학도」는 주자의 「소학제사(小學題辭)」를 도설로 제시하였으며, 이황(李滉: 1501~1570, 자는 경호(景浩), 호는 퇴계(退溪))이 『소학』의 체계를 도상화한 것이며, 주자의 「대학혹문(大學或問)」의 일부와 퇴계의 보설로 이루어졌다.

『소학』은 유학을 배우는 입문서로서 오륜의 규범과 그 실천 방법을 제시하고 있다.

④ 「제4 대학도」는 권근(權近: 1352~1409, 자는 가원(可遠), 호는 양촌(陽村))이 『대학』의 경1장을 도상화한 것이며, 주자의 '경(敬)'에 관한 설(說)과 퇴계의 보설로 이루어져 있다.

삼강령과 팔조목을 중심으로 체용(體用)과 지행(知行)의 구조 및 공효의 실현과정을 제시하고 있다.

⑤ 「제5 백록동규도」는 주자의 「동규후서(洞規後敍)」를 도설로 제시하였으며, 주자가 백록동서원의 학도들에게 학규로 제시하였던 「백록동규」를 퇴계가 도상화하고 보설하였다.

오륜의 규범과 학(學)·문(問)·사(思)·변(辨)·행(行)에 따른 궁리·수신·처사·접물을 학문방법으로 제시하고 있다.

⑥ 「제6 심통성정도」는 정복심의 「심통성정도설」과 상도·중도·하도의 3도 중 상도(上圖)는 정복심이 도상화한 것을 퇴계가 일부 수정하였고, 중도(中圖)와 하도(下圖)는 퇴계가 도상화

하고 보설하였다.

퇴계의 사단칠정에 대한 해석이 집약되어 있는 것으로, 조선후기에 가장 활발한 토론의 대상이 되었던 도(圖)이다.

⑦「제7 인설도」는 주자의「인설도」와「인설」, 그리고 퇴계의 보설로 이루어져 있다.

사덕의 근본이 되는 인(仁)의 의미와 실현양상을 밝히고 있다.

⑧「제8 심학도」는 정복심의「심학도」와「심학도설」, 그리고 퇴계의 보설로 이루어져 있다.

심(心)이 신(身)의 주재요, 경(敬)이 심의 주재를 이루는 구조를 밝혀 '심'과 '경'을 도의 상과 하의 두 중심으로 삼으며, 심학이 경(敬)을 근본으로 하는 것임을 밝히고 있다.

⑨「제9 경재잠도」는 주자의「경재잠」을 왕백(王柏: 1197~1274, 자는 회지(會之), 호는 노재(魯齋))이 도상화하고, 오징(吳澄: 자는 유청(幼淸), 호는 초려(草廬))과 진덕수(眞德秀: 자는 경원(景元), 호는 서산(西山))이 해설하였으며, 퇴계의 보설로 이루어져 있다.

'심'을 도의 중심에 놓고 인간의 모든 행동 속에서 경을 실천하는 태도를 제시하고 있다.

⑩「제10 숙흥야매잠도」는 진백(陳柏: ?, 자는 무경(茂卿), 호는 남당(南塘))의「숙흥야매잠」을 퇴계가「경재잠도」와 대조하기 위하여 도상화하고 보설하였다.

'경'을 도의 중심에 놓고 새벽부터 밤까지 모든 순간마다 '경'으로 일관하도록 요구하고 있다.

이상이『성학십도』의 전체 구성이다. 또한『성학십도』앞에는「진성학십도차」가 붙어 있으며 이것은 서문(序文)의 역할을 하고 있다. 그리고 각각의 도는(圖) 퇴계가 말미에 붙인 보설에 의하여『성학십도』가 어떠한 실천학문적 측면과 이론적 측면을 가지고 배열되어 있는지를 알 수 있다.

① 실천학문적 측면으로서 퇴계는「소학도」와「대학도」가 열 가지 그림의 주축을 이룬다고 보고『소학』과『대학』의 목표인 '한 개인으로서 거룩한 인격을 완성하고 이를 바탕으로 가족과 이웃, 국가와 온 세계에 미쳐가서 아름다운 세상을 만드는 것'을 위하여 10가지의 그림을 그리고 설명함으로써 목표에 도달하고자 한 것이라 할 수 있다. 그리고 "『소학』과『대학』은 서로 기다려 완성되는 것이므로 하나(一)이면서 둘(二)이요, 둘(二)이면서 하나(一).[제3 소학도 보설]"라는 관계에 있다고 한다. 그러나 "『소학』과『대학』의 두 가지 설만을 통합하여 볼 것이 아니라 아래와 위의 여덟 개의 그림도 모두 마땅히 이 두 가지의 그림과 통합하여 보아야 할 것.[제4 대학도 보설]"이라고 하였다.

'제1도'와 '제2도'는 "학문의 실마리를 찾아서 확충하고, 천도[天: 자연 또는 세계전체]를 체득하여 도를 다하는 극치가 되는 곳으로, 『소학』과 『대학』의 표준과 본원이 된다.[제4 대학도 보설]"고 한다.

제5도에서 제10도까지는 "선(善)을 밝히고[명(明)], 자신(身)을 성실하게[성(誠)]하며, 덕(德)을 높이고[숭(崇)], 학업[업(業)]을 넓혀[광(廣)]가는 것에 힘쓰는 곳으로 『소학』과 『대학』의 실천 장과 공적이 되는 것.[제4 대학도 보설]"이라고 하였으며 이것은 교학의 '체용일원(體用一源)구조'를 제시한 것이다. 특히 제9도와 제10도는 '경의 실천방법을 제시하는 것으로 퇴계의 성학구조가 경을 핵심원리로 삼고 있음'을 잘 보여준다.

② 이론적 측면으로서 퇴계는 제1도에서 제5도까지와 제6도에서 제10도까지를 나누어 설명하고 있다. 제1도에서 제5도까지의 다섯 개의 도는 "천도(天道)에 근본하고 있지만 그러나 그 공효는 인륜(人倫)을 밝히고, 덕업(德業)에 힘쓰는 데에 있다.[제5 백록동규도 보설]"고 하였다. 즉, 앞의 다섯 그림의 목적은 인간의 도덕원리와 선을 행하는 일이 하늘의 거룩한 법칙을 따르는 일이라는 것을 밝히기 위한 것이라는 의미일 것이다.

제6도에서 제10도까지의 다섯 개의 도는 "심성에 근원을 두고 있으며 그 구체적 요건은 일상생활에서 힘써 공부하고, '경(敬)'하며 '외(畏)'하는 마음을 높이는 데에 있다.[제10 숙흥야매잠도 보설]"고 하였다. 이는 성인이 되기 위해서는 인간의 마음과 본성이 어디에 뿌리를 두고 있는가를 밝히고 그 마음을 공경스럽게 가다듬어 일상생활에 있어서 올바르게 실천할 수 있어야 한다고 본 것이다.

이상과 같이 『성학십도』의 순서는 이론적 구조의 측면과 학문적 구조라는 측면을 동시에 염두에 두고 편집한 것을 알 수 있다. 그리고 퇴계는 각각의 도에 붙여진 퇴계의 보설에 의하면 열 가지의 도는 독립적인 것이 아니라 앞뒤의 도가 서로 연결되도록 배치하고 연관된 구조로 설명한 것임을 확인할 수 있으며, 『성학십도』의 중심축이 되는 것은 『소학』과 『대학』으로 사람이 유년으로부터 성인이 될 때까지의 공부의 대상과 방법, 목적과 지향점을 밝힌 것이다. 그리고 이는 성학, 즉 고대 이래의 전통적 유학의 근본적인 가르침을 집약한 것이다.

그리고 열 가지의 도 가운데서 「태극도」와 「서명도」는 성학에 있어서의 존재론을 서술한 것으로 존재의 궁극적인 이법(理法)을 밝히고 「소학도」와 「대학도」는 학문적 규모를 서술한 것이며, 나머지 도(圖)들도 학문의 핵심적인 내용을 담고 있다. 그리고 「심통성정도」에서 「숙흥야매잠도」까지는 본성과 마음의 작용에 대하여 밝히고 경을 통한 마음공부를 실천할 수 있는 방법을 구체적으로 제시해 놓았다. 이와 같이 퇴계는『성학십도』전체의 내용은 경으로 관통되어 있다고 하였으며, 이러한 경의 이론적이고 실천적인 의미의 내용은 각각의 도에 내포된 사상적인 측면을 파악하여 보면 좀 더 두드러질 수 있을 것이다.

3. 퇴계가『성학십도』를 임금에게 지어 올린 이유 - 진성학십도차병도(進聖學十圖箚幷圖)

『성학십도(聖學十圖)』의 내용을 담은 비교적 짧은 글과 그 글의 의미를 간결하게 정리하여 아울러 도(圖)와 도설(圖說)로 옮기게 되는 이유를 밝힌 서문(序文)이다. 진(進)의 뜻은『성학십도』의 글을 왕[선조]에게 올린다는 의미이고, 차(箚)는 간단한 서식의 상소문으로 일명 주차(奏箚)·차문(箚文)·차자(箚子)·방자(牓子)·녹자(錄子)라고도 한다. 병도(幷圖)는 그림을 글과 함께 그려 넣는다는 뜻이다.

1) 원문(原文)

判中樞府事臣李滉, 謹再拜上言. 臣竊伏以, 道無形象, 天無言語. 自河洛圖書之出,
판중추부사신이황, 근재배상언. 신절복이, 도무형상, 천무언어. 자하낙도서지출,
聖人因作卦爻, 而道始見於天下矣. 然而道之浩浩, 何處下手, 古訓千萬, 何所從入.
성인인작괘효, 이도시견어천하의. 연이도지호호, 하처하수, 고훈천만, 하소종입.
聖學有大端, 心法有至要, 揭之以爲圖, 指之以爲說, 以示人入道之門 積德之基, 斯
성학유대단, 심법유지요, 게지이위도, 지지이위설, 이시인입도지문 적덕지기, 사
亦後賢之所不得已而作也. 而況人主一心, 萬幾所由, 百責所萃, 衆欲互攻, 羣邪迭
역후현지소부득이이작야. 이황인주일심, 만기소유, 백책소췌, 중욕호공, 군사질
鑽, 一有怠忽而放縱繼之, 則如山之崩, 如海之蕩, 誰得而禦之. 古之聖帝明王, 有
찬, 일유태홀이방종계지, 즉여산지붕, 여해지탕, 수득이어지. 고지성제명왕, 유

憂於此. 是以兢兢業業 小心畏愼 日復一日, 猶以爲未也. 立師傅之官, 列諫諍之職
우어차. 시이긍긍업업 소심외신 일부일일, 유이위미야. 입사부지관, 열간쟁지직
前有疑, 後有丞, 左有輔, 右有弼. 在輿有旅賁之規, 位宁有官師之典, 倚几有訓誦
전유의, 후유승, 좌유보, 우유필. 재여유여분지규, 위저유관사지전, 의궤유훈송
之諫, 居寢有褻御之箴, 臨事有瞽史之導, 宴居有工師之誦. 以至盤盂几杖刀劍戶牖,
지간, 거침유설어지잠, 임사유고사지도, 연거유공사지송. 이지반우궤장도검호유,
凡目之所寓身之所處, 無不有銘有戒. 其所以維持此心, 防範此身者 若是其至矣,
범목지소우신지소처, 무불유명유계. 기소이유지차심, 방범차신자 약시기지의,
故德日新而業日廣, 無纖過而有鴻號矣. 後世人主, 受天命而履天位, 其責任之至重
고덕일신이업일광, 무섬과이유홍호의. 후세인주, 수천명이리천위, 기책임지지중
至大爲如何. 而所以自治之具, 一無如此之嚴也. 則其憪然自聖傲然自肆於王公之上,
지대위여하. 이소이자치지구, 일무여차지엄야. 즉기한연자성오연자사어왕공지상,
億兆之戴, 終歸於壞亂殄滅, 亦何足괴哉. 故于斯之時, 爲人臣而欲引君當道者, 固無
억조지대, 종귀어괴란진멸, 역하족괴재. 고우사지시, 위인신이욕인군당도자, 고무
所不用其心焉. 若張九齡之進金鑑錄, 宋璟之陳無逸圖, 李德裕之獻丹扆六箴, 眞德
소불용기심언. 약장구령지진금감록, 송경지진무일도, 이덕유지헌단의육잠, 진덕
秀之上豳風七月圖之類, 其愛君憂國拳拳之深衷, 陳善納誨懇懇之至意, 人君可不深
수지상빈풍칠월도지류, 기애군우국권권지심충, 진선납회간간지지의, 인군가불심
念而敬服也哉. 臣以至愚極陋, 辜恩累朝, 病廢田里, 期與草木同腐. 不意虛名誤達,
념이경복야재. 신이지우극루, 고은누조, 병폐전리, 기여초목동부. 불의허명오달,
召置講筵之重, 震越惶恐, 辭避無路. 旣不免爲此叨冒, 則是勸導聖學, 輔養宸德, 以
소치강연지중, 진월황공, 사피무로. 기불면위차도모, 즉시권도성학, 보양신덕, 이
期致於堯舜之隆, 雖欲辭之以不敢, 何可得也. 顧臣學術荒疎, 辭辯拙訥, 加以賤疾連
기치어요순지륭, 수욕사지이불감, 하가득야. 고신학술황소, 사변졸눌, 가이천질연
仍, 入侍稀罕, 冬寒以來, 乃至全廢, 臣罪當萬死, 憂慄罔措. 臣竊伏惟念, 當初上章
잉, 입시희한, 동한이내, 내지전폐, 신죄당만사, 우율망조. 신절복유념, 당초상장
論學之言, 旣不足以感發天意, 及後登對屢進之說 又不能以沃贊睿猷, 微臣悃愊, 不
논학지언, 기부족이감발천의, 급후등대누진지설 우불능이옥찬예유, 미신곤핍, 부

知所出. 惟有昔之賢人君子, 明聖學而得心法, 有圖有說, 以示人入道之門積德之基
지소출. 유유석지현인군자, 명성학이득심법, 유도유설, 이시인입도지문적덕지기
者, 見行於世昭如日星, 玆敢欲乞以是進陳於左右, 以代古昔帝王工誦器銘之遺意,
자, 현행어세소여일성, 자감욕걸이시진진어좌우, 이대고석제왕공송기명지유의,
庶幾借重於旣往, 而有益於將來. 於是謹就其中揀取其尤著者得七焉, 其心統性情,
서기차중어기왕, 이유익어장내. 어시근취기중간취기우저자득칠언, 기심통성정,
則因程圖, 而附以臣作二小圖. 其三者圖雖臣作, 而其文其旨條目規畫, 一述於前賢而非
즉인정도, 이부이신작이소도. 기삼자도수신작, 이기문기지조목규획, 일술어전현이비
臣創造, 合之爲聖學十圖, 每圖下輒亦僭附謬說, 謹以繕寫投進焉. 第緣臣怯寒纏疾之中,
신창조, 합지위성학십도, 매도하첩역참부류설, 근이선사투진언. 제연신겁한전질지중,
自力爲此, 眼昏手顫, 書未端楷, 排行均字並無准式. 如蒙勿却, 乞以此本下諸經筵官,
자력위차, 안혼수전, 서미단해, 배행균자병무준식. 여몽물각, 걸이차본하제경연관,
詳加訂論, 改補差舛, 更令善寫者精寫正本, 付之該司, 作爲御屛一坐, 展之淸燕之所,
상가정논, 개보차천, 갱령선사자정사정본, 부지해사, 작위어병일좌, 전지청연지소,
或別作小樣一件, 粧貼爲帖, 常置几案上, 冀得於俯仰顧眄之頃皆有所觀省警戒焉, 則區
혹별작소양일건, 장첩위첩, 상치궤안상, 기득어부앙고면지경개유소관성경계언, 즉구
區願忠之志幸莫大焉. 而其義意有所未盡者, 臣請得而申言之. 竊嘗聞之, 孟子之言曰,
구원충지지행막대언. 이기의의유소미진자, 신청득이신언지. 절상문지, 맹자지언왈,
心之官則思, 思則得之, 不思則不得也, 箕子之爲武王陳洪範也, 又曰, 思曰睿, 睿作聖.
심지관즉사, 사즉득지, 불사즉부득야, 기자지위무왕진홍범야, 우왈, 사왈예, 예작성.
夫心具於方寸, 而至虛至靈. 理著於圖書, 而至顯至實. 而至虛至靈之心, 求至顯至實之
부심구어방촌, 이지허지령. 리저어도서, 이지현지실. 이지허지령지심, 구지현지실지
理, 宜無有不得者. 則思而得之, 睿而作聖豈不足以有徵於今日乎. 然而心之虛靈, 若無
리, 의무유불득자. 즉사이득지, 예이작성기부족이유징어금일호. 연이심지허령, 약무
以主宰, 則事當前而不思. 理之顯實, 若無以照管, 則目常接而不見. 此又因圖致思之不
이주재, 즉사당전이불사. 이지현실, 약무이조관, 즉목상접이불견. 차우인도치사지불
可忽焉者然也. 抑又聞之, 孔子曰, 學而不思則罔, 思而不學則殆. 學也者, 習其事而眞
가홀언자연야. 억우문지, 공자왈, 학이불사즉망, 사이불학즉태. 학야자, 습기사이진

踐履之謂也. 蓋聖文之學, 不求諸心, 則昏而無得故必思以通其微, 不習其事, 則危而不
천리지위야. 개성문지학, 불구제심, 즉혼이무득고필사이통기미, 불습기사, 즉위이불
安, 故必學以踐其實, 思與學, 交相發而互相益也. 伏願, 聖明深燭此理, 先須立志, 以爲
안, 고필학이천기실, 사여학, 교상발이호상익야. 복원, 성명심촉차리, 선수입지, 이위
舜何人也, 予何人也, 有爲者亦若是, 奮然用力於二者之功. 而持敬者, 又所以兼思學,
순하인야, 여하인야, 유위자역약시, 분연용력어이자지공. 이지경자, 우소이겸사학,
貫動靜, 合內外, 一顯微之道也. 其爲之之法, 必也存此心於齋莊靜一之中, 窮此理於學
관동정, 합내외, 일현미지도야. 기위지지법, 필야존차심어재장정일지중, 궁차리어학
問思辨之際, 不睹不聞之前, 所以戒懼者愈嚴愈敬, 隱微幽獨之處, 所以省察者愈精愈密.
문사변지제, 부도불문지전, 소이계구자유엄유경, 은미유독지처, 소이성찰자유정유밀.
就一圖而思, 則當專一於此圖 而如不知有他圖, 就一事而習, 則當專一於此事, 而如不
취일도이사, 즉당전일어차도 이여부지유타도, 취일사이습, 즉당전일어차사, 이여부
知有他事. 朝焉夕焉而有常, 今日明日而相續, 或紬繹玩味於夜氣淸明之時, 或體驗栽培
지유타사. 조언석언이유상, 금일명일이상속, 혹주역완미어야기청명지시, 혹체험재배
於日用酬酢之際. 其初猶未免或有掣肘矛盾之患, 亦時有極辛苦不快活之病. 此乃古人
어일용수초지제. 기초유미면혹유철주모순지환, 역시유극신고불쾌활지병. 차내고인
所謂將大進之幾, 亦爲好消息之端, 切毋因此而自沮, 尤當自信而益勵, 至於積眞之多,
소위장대진지기, 역위호소식지단, 절무인차이자저, 우당자신이익려, 지어적진지다,
用力之久, 自然心與理相涵, 而不覺其融會貫通. 習與事相熟, 而漸見其坦泰安履. 始者各
용력지구, 자연심여리상함, 이불각기융회관통. 습여사상숙, 이점견기탄태안리. 시자각
專其一, 今乃克協于一, 此實孟子所論深造自得之境, 生則烏可已之驗. 又從而俛焉孳孳
전기일, 금내극협우일, 차실맹자소론심조자득지경, 생즉오가이지험. 우종이면언자자
旣竭吾才, 則顔子之心不違仁 而爲邦之業在其中, 曾子之忠恕一貫 而傳道之責在其身.
기갈오재, 즉안자지심불위인 이위방지업재기중, 증자지충서일관 이전도지책재기신.
畏敬不離乎日用, 而中和位育之功可致, 德行不外乎彛倫, 而天人合一之妙斯得矣. 是
외경불리호일용, 이중화위육지공가치, 덕행불외호이륜, 이천인합일지묘사득의. 시
其爲圖爲說僅取叙陳於十幅紙上. 思之習之, 只做工程於平日燕處. 而凝道作聖之要 端
기위도위설근취서진어십폭지상. 사지습지, 지주공정어평일연처. 이응도작성지요 단

本出治之源悉具於是. 惟在天鑑留神加意 反復終始 勿以輕微而忽之, 厭煩而置之, 則宗社幸甚, 臣民幸甚. 臣不勝野人芹曝之誠, 冒瀆宸嚴, 輒以爲獻. 惶懼屛息. 取進止.
본출치지원실구어시. 유재천감류신가의 반복종시 물이경미이홀지, 염번이치지, 즉종사행심, 신민행심. 신불승야인근폭지성, 모독신엄, 첩이위헌. 황구병식. 취진지.

2) 원문 해석(原文 解釋)

판중추부사(判中樞府事)[1] 신(臣) 이황(李滉)은 삼가 두 번 절하고 말씀을 올립니다. 신(臣)이 삼가 생각하옵건대, 도(道)[2]는 형상(形象)이 없고 하늘은 말이 없습니다.[3] 「하도(河圖)」와 「낙서(洛書)」[4]가 나오면서부터, 성인이 그것[하도낙서]을 근거로 하여 괘(卦)와 효(爻)[5]를 만들면서, 도가

1) 판중추부사(判中樞府事): 퇴계가 1568년(선조1년) 68세에 선조 임금에게 『성학십도』를 올리던 당시의 벼슬이었다. 조선시대 중추부(判中樞)는 고려시대 중추원(中樞院)이었으며 세조 12년(1466년) 중추부로 개명하였다. 실권이 없는 명예직이었으며 종1품으로 경연(經筵)을 책임지는 지경연사(知經筵事)를 겸직했다.

2) 퇴계가 말하는 도(道)는 절대적인 진리이며, 모든 것을 포괄하므로 특정한 형상이 있을 수 없는 형이상의 존재이다. 이러한 도는 우주자연과 인간을 포함한 천하의 사물에 이르러서는 반드시 각각 '그러한 바의 까닭[所以然之故]'과 '마땅히 그러해야 하는 바의 법칙[所當然之則]'이다. 전통유학에서 사용되는 태극(太極)·하늘(天)·리(理)등의 개념과 동일하며 이러한 진리(眞理)가 천하사물에 내재화되어 있는 것을 성(性)이라고 부르며, 특히 인간에 내재화되어 있는 것을 인간의 본성(本性)이라고 부른다. 퇴계의 철학과 삶은 이 진리의 인식과 실천을 통하여 온전한 인격적 삶을 완성하려는 것이었다. 유학에서는 이러한 학문을 '자신의 인격완성을 위한 학문[爲己之學]'이라고 불렀다.

3) 『논어』 「양화」 19장에서는 "하늘이 무슨 말을 하는가? 사계절이 운행되고 만물이 생장하나 하늘이 무슨 말을 하는가[天何言哉, 四時行焉, 百物生焉, 天何言哉]"라고 하였다. 『중용』 33장에는 "하늘이 하는 일에는 소리도 없고 냄새도 없다[上天之載, 無聲無臭]"라고 하였다.

4) 하도(河圖)는 복희씨(伏羲氏) 시대에 황하(黃河)에서 용마(龍馬)의 등에 나타난 도형이며, '낙서(洛書)'는 하나라의 우왕(禹王)이 홍수를 다스릴 때 낙수(洛水)에서 나온 영묘한 거북이의 등에 새겨져 있었다는 글을 낙서라 한다. 『주역』 「계사전상」 11장에는 "황하에서 신의 그림[하도]이 나오고 낙수에서 신의 글[낙서]이 나왔으므로 성인이 그것을 본 떴다[河出圖, 洛出書, 聖人則之]"라는 말이 있다.

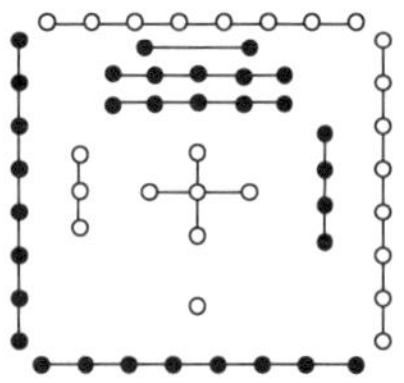
<하 도>

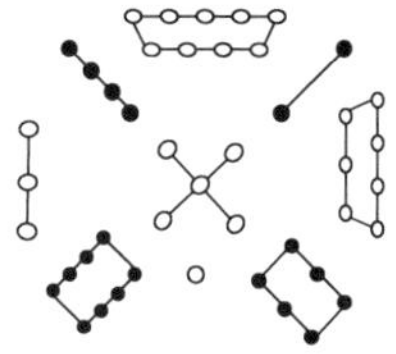
<낙 서>

여기서 음수는 검은 점으로 표시하고, 양수는 흰점으로 표시하였다. 그리고 1부터 5까지를 낳는 수[생수(生數)]로 보고 6부터 10까지를 이루는 수[성수(成數)]로 보아 오행을 각각 이들 수와 연관시켜서, 1과 6(1+5)은 수(水)의 생수와 성수요 2와 7(2+5)은 화(火)의 생수와 성수요, 3과 8(3+5)은 목(木)의 생수와 성수요, 4와 9(4+5)는 금(金)의 생수와 성수요, 5와 10(5+5)은 토(土)의 생수와 성수로 본다. 하도는 오행상생(五

비로소 천하에 드러나게 되었습니다. 그러나 도(道)는 넓고 넓은 것이니, 어디서부터 손을 대야 하며, 옛 성현의 가르침은 천만 가지 정도로 많은 것이어서, 어디서부터 들어가야 하겠습니까. '성현됨의 학문[성학(聖學)]'에는 커다란 단서[단(端): 실마리]가 있고, '마음을 다스리는 방법[심법(心法)]'[6]에는 지극한 요체가 있습니다. 이러한 성학의 커다란 단서와 심법의 지극한 요체를 드러내어 도(道)를 만들고, 그것을 가리켜 설명을 붙임으로써 사람들에게 '도에 들어가는 문(門)'[7]과 '덕(德)[8]을 쌓는 기초'를 보여 주게 된 것은, 이 또한 후현(後賢)들이 부득이 하여 만들게 된 것입니다. 하물며 임금된 분의 한 마음은, 온갖 정무(萬幾)가 연유하는 자리이며, 모든 책임이 모이는 곳이며, 온갖 욕심들이 서로 잡다하게 나타나는 자리이고, 온갖 사특함이 번갈아 침해하는 곳이니, 한번이라도 태만하고 소홀하여 방종(放縱)이 계속된다면, 산이 무너지고, 바다가 쓸어버리는 것과 같아서, 그 누구도 이것을 막아낼 수 없을 것입니다. 옛날의 성스럽고 현명한 황제(皇帝)나 군왕(君王)은, 이러한 점들을 걱정하였습니다. 이 때문에 항상 삼가고 두려워하며 경계하는 애틋한 마음가짐으로 하루하루를 생활하였어도, 오히려 미흡하다고 여겼던 것입니다. 이로 인하여 스승이 되는 관원[사전지관(師傅之官)][9]을 세우는 한편, 바른

行相生)을 나타낸 것이요, 낙서는 오행상극(五行相克)을 나타낸 것이다.

하도와 낙서는 물에서 얻었다고 하였으므로 오행상생도나 오행상극도는 다 같이 수(水)에서 시작한다. 그리고 수가 북방이요, 목이 동방이다. 그러나 오행상생도에서는 화가 남방이요, 금이 서방인데, 오행상극도에서는 금이 남방이요, 화가 서방인 것이 다르다. 오행상극도에 토의 성수인 10이 없는 것은 그것이 원래 무극이기 때문이다. 즉, 낙서는 후천도로서 형상으로 드러난 세계를 그린 것이므로 무극인 10은 드러날 수 없기 때문이다.

5) 괘효(卦爻): 『주역』은 '모든 존재는 양면성의 통일'이라는 동아시아 문화의 음양(陰陽)사상에 기초하여 자연 가운데에서 일어나는 모든 현상을 64개의 괘(卦)라는 범주로 표현하고 있다. 여기서 괘(卦)는 『주역』에 있는 64괘를 지칭하고, 효는 6효가 모여 한 괘를 이룬 것을 말한다.

6) 심법(心法): 유학의 궁극목표는 수양과 실천을 통해 성인이라는 인격을 갖춘 사람이 되고 더 나아가 세상 전체를 대동사회로 만들어 가려는 것이다. 이러한 측면에서 유학의 두 기둥은 수기(修己)와 치인(治人)이다. 치인의 근본은 수기에 있으며, 수기의 근본은 '마음을 어떻게 다스려가느냐?'에 있다. 그래서 심법은 심성의 수양문제에 대한 방법을 가리킨다.

7) '도(道)'는 세계의 이법이다. 유학사상에서는 인간에게 진리에 들어가는 문이 열려있다고 본다. 즉, 인간의 선한 본성이 곧 인간에게 진리를 향하여 열린 문이라는 것이다. 퇴계는 선한 본성에 따르는 행위인 선을 인식하고 실천하는 가운데 도의 세계에 들어가게 된다는 사실을 자신의 학문과 삶을 통하여 분명하게 밝히고 있다.

8) 덕(德)이란 원래 득(得)과 같은 의미로 자주 설명된다. 사람이 선천적으로 갖추었거나 후천적으로 도를 실천함을 통하여 인간의 마음 가운데 얻게 되는 것이다. 즉, 선한 인격을 덕이라고 부른다. 덕은 도를 한번 실천함으로써 쌓아지는 것이 아니다. 덕을 두텁게 쌓기 위해서는 도를 꾸준하게 실천함을 통하여 도에 대한 인식이 점점 더 밝아지지 않으면 안 된다. 그러므로 도에 대한 바른 인식과 바른 인식에 바탕한 도의 반복된 실천은 바로 덕을 쌓는 기초가 된다고 할 수 있다.

9) 사부(師傅)란 임금의 스승 역할을 하는 사람이다. 조선조에서는 왕의 아들을 교육하는 시강원(侍講院)의 정1품 관직이다.

말을 간쟁[10]하는 직책을 만들었던 것이며, 앞에는 의(疑)가 있었고, 뒤에는 승(丞)이 있었으며, 왼쪽에는 보(輔)가 있었고, 오른쪽에는 필(弼)이 있게 하였습니다.[11] 수레를 탈 때는 여분(旅賁)[12]의 경계함이 있었고, 조회 때[위저(位宁)][13]에는 관사(官師)[14]의 법이 있었으며, 책상에 기대고 있을 때는 훈송(訓誦)[15]의 간언이 있었고, 침실에 들 때에는 설어(暬御)[16]의 잠언(箴言)[17]이 있었으며, 일을 처리할 때는 고사(瞽史)[18]의 인도함이 있었고, 한가로이 있을 때는 공사(工師)[19]의 송(誦)이 있었습니다. 심지어 소반과 밥그릇, 책상과 지팡이, 칼과 들창문 등 무릇 눈에 보이는 곳과, 몸에 닿는 곳들은, 어디든지를 막론하고 명(銘)[20]과 계(戒)가 새겨져 있지 않은 곳이 없었습니다. 그들이 이 마음을 유지하고, 이 몸을 지키는 것이 이토록 지극하였기에, 덕은 날로 새로워지고 위업은 날로 넓어져서, 조그마한 잘못도 없게 되어 커다란 명성을 남길 수 있었던 것입니다. 후세의 임금들도, 천명을 받아 왕위에 올랐으니, 그 책임이 지극히 크고 막중함은 어떠하겠습니까마는 이처럼 엄하게 스스로 몸과 마음을 닦게끔 하는 실천에서는 이 같이 자신에게 조금도 엄정하게 하지 않았습니다. 그러하면서도 그들이 왕공들의 위에서 편안하게 스스로 성인인 척하며 오만하고 스스로 방자하게 처신하다가, 억조의 백성들이 추

10) 간쟁(諫諍)은 임금의 잘못을 간하는 신하이다. 즉, 사간원(司諫院)의 신하를 말한다.

11) 의(疑)·승(丞)·보(輔)·필(弼)은 천자(天子: 황제)의 앞, 뒤, 좌, 우에서 정사를 돕던 관직의 이름
[禮記, 文王世子] 「記曰虞夏商周, 有師保, 有疑丞, 設四輔」
[疏] 「其四輔者, 案, 尙書大傳云, 古者天子必有四鄰, 前曰疑, 後曰丞, 左曰輔, 右曰弼」

12) 중국 주(周)나라의 관명(官名)으로 창과 방패를 갖고 왕의 수레에 타고 호위하는 벼슬 이름. 『주례(周禮)』「하관(夏官)」「여분씨(旅賁氏)」에 "여분씨는 창과 방패를 관장하였다. 왕의 수레를 좌우에서 보호하여 다닌다. 왼쪽에 여덟 명이 있고, 오른쪽에 여덟 명이 있는데, 수레가 멈추면 멈춘다[旅賁氏掌 執戈盾, 夾王車而趨, 左八人, 右八人, 車止則止]."라고 나온다.

13) 위(位)는 뭇 신하들이 좌우양옆에 서는 자리를 가리키고, 저(宁)는 문과 병풍사이의 임금이 정사를 보는 자리로 임금이 '조회를 할 때'로 번역하였다.

14) 모든 관직 가운데 최상위(最上位).

15) 황제의 옆에서 성현의 교훈을 외어 들려주는 직책.

16) 황제의 침실에서 시중들며 왕에게 잠언을 들려주는 직책.

17) 경계하는 말.

18) 주대(周代)의 두 벼슬이름으로 악사(樂師)와 사관(史官)이다. 음양(陰陽)·천문(天文)·예법(禮法)의 서적을 관장하였던 직책이었다. 때로는 어려운 국사(國事)에 임하여 왕의 능력으로 결정을 내리기가 매우 어려웠을 때 점(占)을 쳐서 국사를 결정케 하는 데 도움을 주었던 직책이기도 하다. 맹인(盲人)의 악사(樂師)를 지칭하기도 하였다.

19) 장인(匠人)의 우두머리를 공사(工師)라고 하지만 여기에서 공사도 곧 악관이니, 임금이 기거하는 방안에서 음악을 맡은 시종으로서 임금이 편안하게 거처할 때에는 음악을 통하여 임금의 마음을 고요하게 유지하게 함으로써 구방심(求放心)토록 조력한 역할자로 해석하였다.

20) 명(銘)은 경계하는 말을 기물(器物)에 새긴 것을 말한다. 이후 이 명은 문장의 한 형식을 표현하는 말로 쓰이게 되는데, 비록 기물에 새기지는 않았지만 경계하는 내용을 담은 운문 형식의 글을 가리킨다.

대한 것[21)]이, 끝내 무너지고 어지럽게 되어 멸망하는 데로 돌아가는 것이, 어찌 괴이한 일이겠습니까. 그러므로 이러한 때에, 신하된 사람으로서 임금을 인도하여 도에 합당하도록 하는 사람은, 진실로 그 마음을 다하지 않는 이가 없었습니다. 장구령(張九齡)이 금감록(金鑑錄)[22)]을 올린 것과, 송경(宋璟)이 무일도(無逸圖)[23)]를 올린 것과, 이덕유(李德裕)가 단의육잠(丹扆六箴)[24)]을 올린 것과, 진덕수(陳德秀)가 빈풍칠월도(豳風七月圖)[25)]를 올린 것 등이, 모두 임금을 사랑하고 나라를 걱정하는 간절하고 깊은 충정과, 선한 말을 아뢰고 교훈이 될 만한 내용을 바치려는 지극한 성의 때문이니, 임금으로서 어찌 깊이 유념하여 공경스럽게 받아들여야 할 일들이 아니겠습니까. 신은 지극히 어리석고 극히 고루한 사람으로, 여러 대에 걸쳐서 나라의 은혜를 입은 것을 잊어버리고, 병든 몸으로 농촌에 파묻혀, 초목과 함께 썩어가려고 하였습니다. 그런데

21) 당시의 왕위는 세습에 의해 계승되었다. 그런데 억조의 백성이 추대했다고 말하는 것은 천명을 얻어야 왕이 되며 그 천명은 인심을 통해 확인된다는 유가의 천명사상을 표현한 것이다. 「대학장구서」에서 주자는 "한사람이라도 총명예지하여 자기의 본성을 다할 수 있는 자가 그 가운데서 나오게 되면 하늘이 반드시 그에게 명하여 억조 백성들의 임금과 스승이 되게 하여 그로 하여금 다스리고 가르쳐서 그 본성을 회복하게 한다." 라고 하였다.

22) 장구령(張九齡: 678~740)은 중국 당(唐)나라시대 현종(玄宗)의 명 재상이며 시인(詩人)이었다. 자는 자수(子壽), 소주(韶州)의 곡강(曲江, 오늘날 광동성에 속함)사람으로 저술에 『곡강집(曲江集)』과 『천추금감록(千秋金鑑錄)』이 있다. 당 현종 때는 황제의 생일(8월 5일)인 천추절에는 신하들이 거울을 바쳐 축하하는 관례가 있었는데, 그때 장구령은 『천추금감록(千秋金鑑錄)』을 지어 바쳤다. 이 책의 내용은 역대 군주들의 잘되고 잘못된 사례를 적어서 후세에 거울로 삼게 한 것이다.

23) 송경(宋璟: 663~737)은 중국 당나라시대 현종 때의 현신으로 화북성 형주(邢州) 남화현(南和縣) 사람이다. 원래 "무일(無逸)"이란 『서경』의 편명으로서 주(周)의 성왕(成王)이 정사(政事)에 임할 때 성왕이 안일한 자세로 정치할 것을 염려하여 이를 경계하기 위해서 주공(周公)이 무일편(無逸篇)을 저술하여 성황에게 전하였다고 한다. 한편 무일(無逸)의 내용은 농사짓기가 얼마나 어려운 것인가 하는 것을 말하면서 지속적인 근면을 권장하는 내용이다. 송경은 주공이 지은 『상서(尙書)』「무일(無逸)」의 내용을 그림으로 그려 왕에게 올렸다.

24) 이덕유(李德裕: 787~850)는 중국 당나라 재상 이길보(李吉甫)의 아들로 당 헌종부터 무종까지 다섯 황제를 모신 현신(賢臣)이다. 저술에 『회창일품집(會昌一品集)』이 있다. 단의(丹扆)란 황제가 제후를 대할 때 뒤에 세우는 붉은 병풍인데 이덕유는 단의에 적을 여섯 가지 잠언을 지어 경종(敬宗)왕에게 바쳤다. 여섯 가지 잠의 내용은 첫째, 조회를 늦게 보는 것을 풍간한 소의(宵衣), 둘째, 복어(服御)가 법도에 맞지 않음을 풍간한 정복(正服), 셋째, 괴이하고 진귀한 물품을 거둬들이는 것을 풍간한 파헌(罷獻), 넷째, 충언을 모욕하고 거절하는 것을 풍간한 납회(納誨), 다섯째, 군소잡배(群小雜輩)를 신임하는 것을 풍간한 변사(辨邪), 여섯째, 위장하고 함부로 돌아다니는 것을 풍간한 방미(防微)이다. 이것은 『구당서(舊唐書)』「이덕유전(李德裕傳)」에 나온다.

25) 진덕수(眞德秀: 1178~1235)는 중국 남송의 대신이다. 자는 경원(景元)인데 뒤에 희원(希元)으로 개칭. 호는 서산(西山)이다. 건주(建州) 포성(浦城, 지금의 복건성) 사람이다. 그는 주희를 스승으로 삼아 『대학연의(大學衍義)』, 『심경(心經)』, 『문장정종(文章正宗)』 등을 지었으며, 『서산집(西山集)』이 있고 『송사(宋史)』에 전이 있다. 진덕수는 『시경』「빈풍(豳風)」의 「칠월(七月)」이란 시의 내용을 그림으로 그려 왕에게 올렸으니, 이것이 『빈풍칠월도(豳風七月圖)』이다. 빈(豳)은 주나라 선대의 도읍지였으며 빈풍(豳風)은 시경(詩經) 국풍(國風)의 편명(篇名)이다. 칠월이라는 시는 주공이 성왕을 위하여 지은 작품으로 빈풍의 7개 소편명(小篇名) 가운데 처음에 나오는 것으로 주나라 조상들이 계절의 변화에 따라 농사지으며 생활하는 모습(농촌의 풍경, 농사일, 농촌생활의 서정)을 읊은 빈(豳)지역의 민요라 할 수 있다.

뜻하지 않게 보잘 것 없는 신의 이름이 잘못 알려져, 강연(講筵)의 중한 자리에 앉게 하시니, 떨리고 황공하여 사양하려고 하여도 이를 회피할 길이 없습니다. 기왕에 외람되이 이를 받는 것을 면하지 못한다면, 성학을 권하여 인도하고, 임금의 덕을 돕고 길러, 요순시대[26]의 융성을 이룩하려는 일만은 비록 사양하려 하여도 감히 할 수 없는 것이니, 어찌하면 좋겠습니까. 돌이켜 보건대 신은 학술이 보잘 것 없고, 언변이 어눌한데다가 나쁜 질병이 계속되어 시강(侍講)조차 자주 못하였고 겨울철 이후로는 그것마저 완전히 그만두었으니 신의 죄는 만 번 죽어 마땅하여 걱정스럽고 두려운 마음 둘 곳이 없습니다. 신이 엎드려 생각하여보니, 처음에 글을 올려 학문을 논했던 말[27]이 이미 전하의 뜻을 감동시켜 분발시킬 수 없었으며 그 뒤에 부르심에 나아가 여러 번 아뢴 말씀[28] 또한 전하의 슬기에 도움을 드리지 못하였으므로, 보잘 것 없는 신의 정성으로는 무엇을 말씀드려야 할지 모르겠습니다. 다만 옛 현인과 군자들이 성학을 밝히고 "마음을 다스리는 방법[심법(心法)]"[29]을 터득하여 도(道)와 도설(圖說)을 지어 사람들에게 "도에 들어가는 문[입도지문(入道之門)]"과 "덕을 쌓는 토대"[30]가 무엇인지 보여주었던 것들이 이 세상에 전해져서 해와 별과 같이 밝아진 것을 생각하여, 이에 감히 이것을 전하의 곁에 올려서 옛 제왕들이 악관들에게 시편을 외워 읊도록 하고 여러 그릇들 속에 명

26) 최근덕 외 6명, 유학사상, 성균관대학교 출판부, 2001, pp. 17~18.
중국유학은 삼대에 축적된 문화를 기반으로 해서 공자(孔子)에 이르러 집대성되었다. 삼대는 중국의 고대왕조인 하(夏)·은(殷)·주(周)를 말한다. 하왕조 이전에도 요(堯)로 대표되는 당(唐)왕조와 순(舜)으로 대표되는 우(虞)왕조가 존재했다는 것이 『서경(書經)』에 기록되어 있다. 요와 순은 고대국가의 제왕이며 이상적인 도덕정치를 편 성자(聖者)로 공자나 맹자에 의해 추숭 받았다. 이를 통해 요순시대는 안정과 평화가 깃든 태평성대(太平盛代)로 이해할 수 있게 되었고, 요순정치라 하면 어질고 착한 임금이 다스리는 정치의 대명사가 되었다.

27) 『성학십도』를 올리던 해(戊辰年) 8월에 올린 6조(六條)의 소(疎), 즉 「무진육조소(戊辰六條疏)」를 가리킨다. 「육조소」 가운데 제3조 '성학을 돈독히 하여 정치의 근본을 세울 것', 제4조 '도술(道術)을 밝혀 인심을 바로잡을 것', 제6조 '수양과 반성을 성실히 하여 하늘의 권애(眷愛)를 받을 것' 등 3개조는 『성학십도』의 내용과 유사하다.

28) 이 해 9월 이후 퇴계는 경연에서 왕을 위하여 9차례 강의를 하였다.

29) 윤사순, 퇴계선집, 현암사, 2010, p.302.
퇴계가 말하는 심법이란 다름 아닌 『서경』 「대우모」에 실려 있는 "人心惟危 道心惟微 惟精惟一 允執厥中"이라는 것으로 요약된다. 이는 「무진육조소」 등에서 스스로 밝힌바가 있으며 이 열여섯 자의 글은 특히 주자가 『중용장구(中庸章句)의 서(序)에서 "堯舜禹相傳之心法"이라 하여 중요시한 뒤부터 성리학자·도학자들이 한결같이 제왕의 '통치자로서의 요건'으로 간주하는 것이다. 이렇게 퇴계를 비롯한 유학자들이 이러한 것을 '심법'이라는 이름 밑에서 제왕의 요건으로 간주하여 역설하는 까닭은 제왕의 심성수양에 의한 덕치를 이상적인 정치로 생각하기 때문이다. 결국 유가 본래의 덕치주의 사상을 바탕으로 하여, 퇴계는 지금 그의 임금인 선조에게 심법이라는 것을 성학과 함께 역설하고 있는 것이다.

30) 윤사순, 퇴계선집, 현암사, 2010, p. 303.
여기의 "도"와 "덕"이 바로 "성학"과 "심법"에 각기 짝하는 것임은 물론이다. 성학에 대한 도이고 심법에 대한 덕이다.

(銘)을 새겨 놓았던 취지에 대신하고자 하니, 바라건대 지난날에 중히 여기던 것을 본받아 장차 올 것들에 보탬이 되었으면 하는 것입니다. 이에 삼가 그 가운데서 가장 두드러진 일곱 가지를 가려 뽑았는데, 그중 심통성정(心統性情)은, 정씨(程氏)[31]의 그림인데, 그 그림에다 신(臣)이 만든 두 개의 작은 그림을 첨가한 것입니다. 그 밖에 세 개의 도[32]는 신이 만들었으나, 그 글과 뜻 조목과 규칙은, 한결같이 선현들의 사상을 그대로 서술한 것으로 신이 창조한 것이 아닙니다. 이 모두를 합하여 『성학십도』를 만들고, 그림마다 그 아래에, 또한 외람되나마 저의 생각을 붙여 삼가 정사(繕寫)하여 올리옵니다. 하온대 신이 추위에 떨리고 고질병에 걸려 있는 가운데에서, 혼자 힘으로 이것을 하려하니, 눈이 어둡고 손이 떨려, 글씨가 단정하지 못하며, 글의 줄과 글 크기가 모두 규격에 맞지 않습니다. 다행히 물리치지 않으신다면, 바라건대 이 원본을 경연관(經筵官)[33]에게 내려 보내시어, 자세히 논의하여 틀린 것을 바로잡고 어긋난 곳을 보충하게 하신 후 다시 글씨 잘 쓰는 사람을 골라 정리하게 하여 정본을 만들어서 관장하는 부서로 보내시어 병풍 한 벌을 만들어서 한가히 거처하시는 곳에 펼쳐 두시고 또 따로 조그만 수첩을 만들어 항상 책상 위에 올려 놓아두시고 늘 일상생활 속에서 굽어보고 우러러보며 이리저리 돌아보는 사이에 모두 살펴보아 반성하고 경계하신다면, 신의 정성어린 뜻이 이보다 더 할 수는 없을 것입니다. 그런데 『성학십도』의 의의에 대해 다 말씀드리지 못한 것이 있으므로, 신이 더 첨가해 말씀 드려 보겠습니다. 일찍이 듣건대, 맹자의 말에 "마음 같은 기관은 생각을 한다. 생각하면 이치를 얻고, 생각하지 않으면 얻지 못한다."[34]고 하였으며, 기자(箕子)[35]가 무왕(武王)[36]을 위하여 「홍범(洪範)」[37]을 진술할 때에도 "생각하는 것

31) 임은정씨(林隱程氏)를 말하며 본명은 복심(復心)이며, 원나라 때 유명한 성리학자였다. 주자를 사숙하며 일생을 『사서집주』를 해석하는데 전력한 학행이 뛰어난 학자였다.

32) 「소학도(小學圖)」, 「백록동규도(白鹿洞規圖)」, 「숙흥야매잠도(夙興夜寐箴圖)」를 말한다.

33) 조남국, 성학십도, 교육과학사, 1995, p. 21.
경연(經筵)은 왕 앞에서 경서(經書)를 강론하는 자리이고, 경연관(經筵官)은 그 강론을 담당한 직책의 인물을 말한다. 그런데 조선조(朝鮮朝) 경연강의는 유능한 학자들에 의하여 시행이 되었지만 실제로 정치에 반영되지 못한 채 그저 형식에 치우쳤던 경향이 많았었다. 왕으로 하여금 선정(善政)을 펴 나가도록 하기 위하여 경서의 진의(眞意)를 강론하는 데 경연강의의 목적이 있었으나 이러한 목적은 조선조에서 거의 실효를 거두지 못하였던 것이다.

34) 『맹자』 「고자상」 15장, "心之官則思, 思則得之, 不思則不得也."

35) 은의 마지막 왕인 주(紂)의 제부(諸父)로 기(箕) 땅에 봉하여진 사람이다. 그는 왕이 학정을 하여 간언을 하였지만 듣지 않자, 거짓으로 미친 척하다가 주(紂)에 의하여 구속되었다. 주(周)무왕이 은을 멸망시킨 뒤 그를 석방시켜주고 가르침을 청하자 그에게 홍범(洪範)을 가르쳤다고 한다(『사기』 「은본기」와 『서경』 「홍범」 참조).

36) 주 문왕의 아들로서 은을 무력으로 평정하고 중원을 통일한 왕이다.

37) 홍범(洪範)은 『서경』의 편명이다. 우(禹)가 9년 동안의 홍수를 다스린 다음 하늘이 낙서를 내려주었는데 이

을 예(睿)라 하는데 예는 성인을 이룩한다."[38]고 하였습니다. 대체로 마음이란 방촌[39]에 갖추어져 있으면서, 지극히, 텅 비고(虛) 신령(靈)한 것[40]입니다. 이러한 마음에 관한 이치가 그림과 그 설명에 분명하고, 진실되게 나타나 있습니다. 이 지극히 공허하고 신령스러운 마음으로, 분명하고 진실된 이치를 구한다면, 마땅히 터득해 내지 못하는 이치가 없을 것입니다. 그러니 생각하여 이치를 얻고 슬기롭게 되어 성인이 되는 일을 어찌 오늘날이라 하여 증명될 수 없겠습니까. 그러나 마음이 허령(虛靈)한 것이라 하더라도, 만약 주재(主宰)하는 바가 없다면, 어떤 일이 눈앞에 닥쳐와도 일을 잘 처리할 수 있는 생각이 떠오르지 않게 됩니다. 이와 같은 이치가 비록 분명하고 진실된 것이라 하더라도, 만약 찾아서 처리하려는 생각이 없으면, 어떤 일이 항상 눈앞에 있을지라도 그 일이 보이지 않게 되는 것입니다. 그러므로 그림을 토대로 해서 깊이 생각하는 것을 소홀히 하지 못하는 것입니다. 또한 듣자오니, 공자 말씀에 "배우기만 하고 생각하지 아니하면 얻는 것이 없고, 생각만 하고 배우지 않으면 위태로워진다.[41](『논어』「위정」 15장)"고 하였습니다. 배운다는 것은, 어떤 일들을 잘 습득하여 진실되게 실천하는 것을 말하는 것입니다. 대체로 성인의 학문은, 마음에서 구하지 않으면, 어두워서 얻는 것이 없으므로, 반드시 생각하여 그 미묘한 이치에 통달해야 하며, 어떤 일들을 충실하게 습득하지 않으면, 위태롭고 불안하므로, 반드시 배움으로써 그 진리를 실천해야 하는 것입니

것을 본받아 정치의 법도를 만든 것이 홍범이다. 즉, 홍범이란 '천지의 큰 법도'라는 의미이다.

38) 『서경』「홍범」에서 "사왈예, 예작성(思曰睿, 睿作聖)"이라 한 것을 말한다. 여기의 예(睿)는 사리의 미세한 곳에까지 통하는 일종의 슬기를 뜻한다. 「홍범」의 아홉 가지 가르침 가운데서 두 번째가 '다섯 가지 일'이다. '다섯 가지 일'이란 '용모·말·보는 것·듣는 것·생각하는 것'을 개인의 삶에서 가장 중요한 것이라 한다. 이 다섯 가지 일의 덕을 "용모는 공경, 말은 순조로움, 보는 것은 눈 밝음, 듣는 것은 귀 밝음, 생각은 사려의 밝음"이라고 하고 다시 다섯 가지 덕의 공과(功課)에 대하여 "공경하면 엄숙하게 되고, 순조로우면 조리 있게 되고, 눈 밝으면 지혜롭게 되고, 귀 밝으면 일을 도모할 수 있게 되고, 사려가 밝으면 이치에 통달한 성인이 된다."고 하였다.

39) 방촌은 사방(四方)으로 한 치의 크기라는 뜻의 인체의 심장을 가리킨다. 옛 사람들은 마음이 가슴 밑 방촌되는 곳에 있다고 믿었다.

40) 고려대학교 민족문화연구원 한국사상연구소, 역주와 해설 성학십도, 예문서원, 2011, pp. 38~39.
'지극히 텅 비다'라는 말은 그 속에 다른 어떤 것도 없고 이치만 가득 담겨있다는 의미를 가진다. 이치만 가득 담겨 있기 때문에 아무런 선입견이 없다는 의미도 동시에 가진다. '지극히 신령하다'라는 말은 주어진 상황에 민감하고 적절하게 반응할 수 있다는 의미이다.

41) 리쩌하우, 논어금독, 북로드, 2006, p. 112.
인식론적으로 말하면 칸트가 말한 "지성이 없는 감성은 맹목이고, 감성이 없는 지성은 공허하다"는 말과 거의 같은 사고방식이다. 이 도리는 지금까지도 유효하다. 동양에서도 서양에서도 이 마음과 이치는 동일하다. 섭적이 『습학기언(習學記言)』에서 말하기를 "훈고나 익혀서 얄팍하게 서로 전하는 자들은 생각하지 않는 부류이고, 성명(性命)을 파고들어 공허하게 기뻐하는 자들은 배우지 않는 부류이다. 선비가 이 길을 벗어나기 어렵다."라고 하였다.

다. 생각하는 것과 배우는 것은, 이렇게 서로 이치를 드러내고 서로 도와주는 관계입니다.42) 간절히 바라옵건데, 현명한 임금께서는 이러한 이치를 깊이 살피시어, 모름지기 먼저 뜻을 세워 "순임금은 어떤 사람이고 나는 어떤 사람인가? 노력하는 사람은 또한 이와 같은 사람이 된다."43)라고 생각하시고, 분발하여 생각과 배움의 두 가지 공부에 전력을 기울여 주시기 바랍니다. 그리고 '경(敬)'을 잃지 않고 지키는 것은, 또한 생각과 배우는 것을 함께 하는 것이고, 고요할 때와 활동할 때를 관통하여 중단됨이 없는 것이며44), 안과 밖[마음과 행동]을 합쳐 하나가 되게 하고, 드러난 곳과 은미한 곳을 한결같이 하는 도(道)입니다. 이것을 하는 방법은 반드시 삼가(齋)하고 엄숙(莊)45)하고 고요하고 전일한 가운데 이 마음을 두어, 배우고 묻고 생각하고 분별하는 동안에 공경하는 마음의 이치를 궁리하여, 보이지 않고 들리지 않기 이전에

---

42) 이광호, 성학십도, 홍익출판사, 2012, p. 35.
유학에서 '학(學)'이란 배운다는 의미이다. 스승에게서 어떤 것을 배운다면 내용에 관계없이 다 배우는 것이 되겠지만, 유학에서 배움의 대상은 삶 자체였다. 올바른 삶, 선한 삶이 이들이 배우고 가르치는 대상이었다. '학(學)'자와 '문(問)'자가 합하여 이루어진 '학문(學問)'이란 삶의 길에 대한 배움과 물음을 의미한다. 배움과 물음이 삶의 길에 대하여 타자로부터 도움을 받고자 하는 것이라면 '생각'이란 자각과 자득의 노력이다. 아무리 많은 것을 배워도 자각과 자득의 노력이 없다면, 인간은 진리를 자득할 수 없다. 그러나 생각만으로 진리에 도달할 수는 없다. 생각하여 얻은 진리를 실천할 때 다음 단계의 인식을 위한 준비가 갖추어진다. 진리의 인식과 실천, 이 두 가지는 서로를 밝혀주며 서로 증진시키는 것이다.

43) 범선균, 맹자, 혜원출판사, 2008, pp. 169~170 내용을 요약한 내용임.
『맹자』「등문공 장구 상」 1장, 본문전체 내용을 요약하면 "등 나라 문공이 세자로 있을 때 맹자가 인간의 본성이 선하다는 말을 들려주면서 말끝마다 선한 본성에 따라 도를 행한 요(堯)·순(舜)을 인용하여 증언하였다. 그러나 세자가 맹자의 말이 이해되질 않아 다시 맹자를 찾아와 묻자 등문공에게 도(道)란 하나뿐이며 성인이나 범인이나 마찬가지라고 하면서 '선한 본성에 따라 행하고 확충해 나가면 누구나 성인이 될 수 있는 것입니다'라고 설명하였다. 그러면서 옛날 사람들의 말을 한두 가지 인용하면서 공자의 제자 안연이 '순임금은 어떤 사람이고 나는 어떤 사람인가? 똑같은 사람이다. 무슨 일을 하려고 크게 노력하는 사람이면, 누군들 순 임금이 못 되겠는가? 하고 말하였다.'라고 설명하면서 크게 분발해서 성왕의 훌륭한 정치를 본받지 않으면 안 되는 것이라는 것을 강조한 내용이다.
퇴계도 맹자가 이 일을 고인의 말을 빌어다가 논증하였듯이 『맹자』「등문공 장구 상」 1장, 본문 내용 중 "顔淵曰 舜何人也, 予何人也, 有爲者 亦若是"라는 말을 빌어다가 사람은 누구나 선한 본성을 지니고 있고 이 점에 있어서 요순이나 우리나 마찬가지이다. 때문에 선한 본성을 따라 옛 성현의 도를 실천 노력하면 성현의 경지에 도달할 수 있다는 점을 확인한 것이다.

44) 금장태, 퇴계의 삶과 철학, 서울대학교 출판부, 2001, pp. 203~204.
고요할 때가 마음의 본체로서 중시된 결과로, 마음이 아직 발동하지 않은 상태에 아무것도 의식 속에 두지 말 것을 강조하여 '마음에 아무것도 두지 않는다.'는 수양론의 격언이 있다. 퇴계는 사람들이 이 격언을 잘못 해석하여, 사물이 마음에 해를 끼치는 것으로 알고, 사물을 싫어하여 잊고자 하거나, 움직임을 싫어하고 고요함을 즐거워하는 태도에 대해 노자(老子)나 불교(佛敎)에서 추구하는 수양법이라 비판하였다. 곧 유교의 수양법에서는 고요할 때와 활동할 때가 일관되어야 하는 것임을 강조하는 것이다.

45) 재(齋)는 재계하다(齋戒)는 의미이다. 그중 계(戒)는 경계하다(警)·삼가다(愼)는 뜻을 내포하고 있음을 고려할 때 "삼가 하다"로 해석하였다. 장(莊)은 엄숙하다는 의미이다. 더불어 장엄(莊嚴). 즉 '씩씩하고 엄숙함'이라는 단어로 사용됨을 고려하여 "엄숙하다"로 해석하였다. 특히 엄(嚴)의 의미 중에는 '계엄하다'는 의미가 내포되어 있음을 감안할 때 재장(齋莊)은 계엄(戒嚴)으로 해석할 수도 있을 것이다.

경계하고 두려워하기를 더욱 엄숙하고 더욱 공경할 것이요,[46] 은미(隱微)한 곳과 혼자 있는 곳에서, 성찰(省察)함이 더욱 더 정밀하여야 합니다.[47] 『성학십도』 가운데에서 어느 하나의 그림을 두고 생각할 적에는, 마땅히 그 그림에만 전념하여 다른 그림이 있다는 것을 알지 못하는 것처럼 하고, 어떤 한 일을 습득(習得)[48]할 때에도, 마땅히 그 일 하나에만 전념하시어, 다른 일이 있다는 것을 알지 못하는 것처럼 하셔야 합니다. 이와 같은 일을 실천하시는 데 있어서는 아침과 저녁으로 늘 한결같이 하고, 오늘도 내일도 계속 이어지게 하며, 혹은 야기(夜氣)[49]가 청명한 때 차근차근 실마리를 풀어 완미(玩味)[50]해 보거나, 혹 일상생활 속에서 사람을 수작(酬酢)[51]하고 어울릴 때 체험하고 길러야 합니다. 이와 같이 하다보면 처음에는 오히려 마음대로 안 되고 서로 모순되는 근심이 없을 수 없고, 때로는 극히 고통스러워 마음

46) 이광호, 성학십도, 홍익출판사, 2012, p. 36.
『중용』 1장 「천명」 편에 "그러므로 군자는 보이지 않는 바를 조심하고 삼가며, 들려지지 않는 바를 두려워한다[是故君子, 戒愼乎其所不睹, 恐懼乎其所不聞]."를 줄인 표현으로, 미발(未發)일 때 '진리를 보존하여 기르는 것[존양(存養)]'에 대한 설명이다. 보이지 않고 들리지 않는 본체인 내면의 환한 진리에 대하여 엄숙함과 공경을 유지함으로써 진리를 함양하여야 한다는 의미이다.

47) 이광호, 성학십도, 홍익출판사, 2012, pp. 36~37.
이 부분은 『중용』 1장의 "숨은 것보다 더 잘 드러나는 것은 없으며, 미세한 것보다 더 잘 나타나는 것은 없다. 그러므로 군자는 홀로 있을 때 삼가는 것이다[莫見乎隱, 莫見乎微, 故君子愼其獨也]."의 내용을 줄인 표현으로, 이발(已發)일 때에 마음의 기미를 잘 살펴야 한다는 '성찰(省察)'에 대한 설명이다. 전체 내용을 압축하면 거경·궁리·존양·성찰의 네 가지가 공부의 방법이라는 것이다.

48) 이광호, 성학십도, 홍익출판사, 2012, p. 37.
퇴계는 생각과 배움은 서로 밝혀주고 서로 도와 증진시켜주는 것이라고 하였다. 퇴계가 생각과 배움을 대비시킬 때 이때의 배움은 실천적인 학습을 의미한다. 실천적 학습에서는 반복된 실천을 통하여 몸에 익히는 것이 중요하기 때문에 퇴계는 여기서 배움이나 실천[행(行)]이라는 용어 대신 '익힘[습(習)]'이라는 단어를 사용하고 있다.

49) 『맹자』 「고자상」 8장에 나온다. 맹자는 성선설에 기초하여, 모든 인간의 본성은 선하여 인의를 실천할 수 있는 마음을 지니고 있다고 주장하였다. 비록 선한 본성을 상실한 사람도 외물과 접촉하지 않는 밤 동안에 맑은 기운이 저절로 생겨난다고 여겼다. 그러므로 밤중에 조용해졌을 때 또는 새벽에 정신이 순결해져서 아무런 사념이 없는 것을 야기(夜氣)라고 하였다. 그런데 이 맑은 기운은 새벽까지 지속되다가 아침이 되어 외물과 접촉되면 감정이 생성되므로 나쁜 감정은 사람의 선성(善性)을 가려버릴 수 있다는 것이다. 그래서 주자는 "밤낮으로 길러졌던 새벽의 좋은 기운이 있는데 마음씨가 남들과 가까운 점이 거의 없다면 이는 아침부터 행한 일들이 그 맑은 기운을 어지럽게 하여 없앴기 때문이다. 어지럽게 하기를 반복하다보면 그 야기가 남아 있지 못하게 될 것이다(『맹자집주』 「고자상」)"라고 하였다. 그러므로 야기를 잘 보존하면 본래의 선성을 가진 인간이 될 수 있다고 맹자는 말한 것이다.

50) 조남국, 성학십도, 교육과학사, 1995, p. 25.
완미(玩味)의 완(玩)의 뜻은 익숙해진다는 말이다. 완미의 의미는 음식을 씹고 씹어서 그 진미를 맛본다는 것으로 통한다. 여기서의 완미는 어떤 문제에 당면하여 그 문제의 근원을 찾아 마치 음식을 씹고 씹어서 그 진미를 알듯이 심사숙고하여 문제해결의 방안을 모색한다는 의미로 통한다.

51) 수작(酬酢)은 『주역』 「계사전」 제9장에 "역은 도를 드러내고 덕행을 펼쳐나가는 것이므로 천지와 더불어 수작(酬酢: 상대와 응함)할 수 있고, 더불어 신(神: 변화)을 도울 수 있다[顯道神德行, 是故 可與酬酢, 可與祐神矣]"라는 내용이 있다.

이 편치 못한 병(病)도 있게 됩니다. 이러한 것들을 옛 사람들은 장차 크게 향상(向上)하려는 징조요, 또한 좋은 소식(消息)의 실마리이니, 결코 이 때문에 스스로 그만두지 마시고, 그럴수록 마땅히 스스로를 믿고 더욱 노력을 하면, 진실이 많이 쌓이게 되고, 노력이 계속되는데 이르며, 자연스럽게 마음과 이치가 서로 섞여서, 어느 사이에 융회(融會)[52]하여 관통(貫通)하게 되었는지 깨닫지 못하게 됩니다. 그리하여 연습과 실제 일처리가 서로 익숙해져, 점점 순탄하고 편안하게 실행됨을 볼 수 있을 것입니다. 처음에는 각각 한 가지에 전념하던 것이, 이제는 다른 하나와 협력하게 되니, 이것은 맹자가 논(論)한바 "깊이 이르면 저절로 얻게 된다."[53]는 경지로써 이와 같은 일들의 지속적인 체험은 생존하여 있는 한 어찌 그만 둘 수 있는 것이겠습니까. 또한 이를 따라 부지런히 힘써서 '내 재능을 다하여 좇아 배우면[旣竭吾才(기갈오재)]'[54], 안자(顔子)[55]가 석 달 동안 인(仁)을 어기지 아니한 뒤에 나라 다스리는 바른 법(法)[56]도 그 가운데서 갖추어져 있으며, 증자(曾子)[57]가 충서(忠恕)[58]로 일관(一貫)하여 도를 전하

52) 이광호, 성학십도, 홍익출판사, 2012, pp. 37~38.
퇴계는 진리에 대한 인식을 서술할 때 '융해(融解)', '융석(融釋)', '융회(融會)', '융철(融徹)'이라고 하여 '융(融)'자를 즐겨 사용하였다. 융(融)자는 화학실험실에서 자주 사용되는 용어로 "어떤 것이 녹아서 다른 어떤 것과 하나가 된다."는 의미이다. 진리의 인식으로 기운의 찌꺼기나 마음의 찌꺼기가 녹아 없어지며 근원적인 진리와 하나가 되는 과정이라는 의미이다.

53) 『맹자』「이루하」 14장 원문은 군자가 학문을 깊이 탐구하는 이유는 스스로 체득하기 위한 것이고 스스로 체득하게 되면 현상의 근원 파악이 가능하다는 내용이다. 원문 중 퇴계는 "군자가 올바른 방법으로 깊이 탐구하는 것은 스스로 체득하기 위해서이다[君子 深造之以道, 欲其自得之也]."라고 하는 부분을 인용하여 「심조자득(深造自得)」이라는 내용으로 함축하여 설명함으로써 학문이 익숙해져서 자기 몸에 배이게 되면 그것을 뿌리로 하여 다른 여러 가지 사실들을 유추하여 보편타당한 이해에까지 이르게 된다는 것을 뜻하고 있다.

54) 『논어』「자한」 10장에 나오는 말이다.

55) 안자(顔子: B.C. 513~482)의 이름은 회(回)이고 자는 연(淵)이다. 공자와 같이 춘추시대 노나라 사람이다. 공자의 수제자로 공문(孔門) 십철(十哲)가운데 한 사람으로써 공문 가운데에서도 가장 학력이 뛰어나 공자로 하여금 많은 칭찬과 사랑을 받았었다고 전해지고 있다. 가난했지만 학문을 가장 좋아하였으며 3개월 동안이나 인(仁)를 어기지 않은 인물이라고 공자는 술회하였다. 그리고 그는 '노여움을 다른 사람에게 보이지 않았고 잘못을 두 번 범하지 않았다.'고 공자는 그의 사람됨을 높이 평하기까지 하였다. 그러나 불행히도 그는 32세의 젊은 나이로 타계하게 되어 공자를 애통하게 하였다. 『논어』「선진」 8장에는 안연이 죽었을 때 공자가 "하늘이 나를 망하게 하는구나, 하늘이 나를 망하게 하는구나[天喪予 天喪予]"라고 탄식한 것과 9장에서는 "내가 이 사람을 위하여 슬퍼하지 않는다면 누가 너를 위하여 슬퍼하겠느냐[非夫人之爲慟而誰爲]"라고 기술되어 있다.

56) 『논어』「위령공」 10장에 안연이 나라 다스리는 방법에 대하여 공자에게 질문하였을 때, 공자께서 "하(夏)나라의 역법을 행하며, 은(殷)나라의 수레를 타며, 주(周)나라의 면류관을 쓰며, 순임금의 소무(韶舞)라는 음악을 쓰고, 정(鄭)나라의 음악을 버리며, 아첨 배를 멀리 할 것이니, 정나라 음악은 음탕하고, 아첨배는 위태로우니라[顔淵問爲邦 子曰 行夏之時 乘殷之輅 服周之冕 樂則韶舞 放鄭聲 遠佞人 鄭聲淫 佞人殆]."라고 하였다.

57) 증자(曾子: B.C. 505~435)의 이름은 삼(參)이고, 자는 자여(子輿)이다. 공자의 제자로 춘추시대 노나라 사람이다. 공문 가운데 효행(孝行)이 가장 돈독하였으며 『논어』「학이」 4장에서 하루에 세 번의 반성, 즉 "남을

는 책무를 맡은 것도 그 자신에게 있었습니다. 그리고 두려워하고 공경함이 일상생활에서 떠나지 않는다면, 중화(中和)를 지극히 이루어 천지가 제자리를 잡고 만물이 길러지는[59] 성과를 이룰 수 있는 것이며, 덕행이 떳떳한 인륜을 벗어나지 아니한다면, 하늘과 사람이 하나로 합치되는[천인합일][60] 미묘한 이치를 얻게 될 것입니다. 이 도록(圖錄)과 설명을 겨우 열 폭의 종이에 열거하였습니다. 이것을 보시고, 생각하시고 몸소 익히시어, 평소 편안히 혼자 계실 때 공부를 하십시오. 그러면 도를 깨우치고 성인이 되는 요소와 근본을 바로잡고 나라를 다스리는 근원이 모두 여기에 갖추어져 있습니다. 오직 '이러한 진리를 깊이 살피시고' 정신을 가다듬어 뜻을 더욱 두터이 하셔서, 처음부터 끝까지 여러 번 반복하시는 동안에는 하찮은 것이라고 소홀히 하지 마시고, 번거롭다 하여 그만두지 않으신다면, 종묘와 사직을 위하여 매우 다행한 일이며, 신하와 백성에게도 매우 다행한 일이라 하겠습니다. 신(臣)은 야인(野人)이 근폭(芹曝)[61]을

위하여 일을 꾸미되 성실하지 않았는가? 친구와 더불어 사귀되 신의가 없지는 않았는가? 전해 받은 바를 익히지 않은 것이 없었는가?[爲人謨而不忠乎? 與朋友交而不信乎? 傳不習乎?]"라는 자기질문을 통하여 도(道)를 닦았다고 전하여지고 공자의 도를 계승하여 후세에 전한 유일한 제자이다. 그는 공자의 도를 자사에게 전하였고, 자사가 다시 맹자에게 전하였다고 한다.

58) 충서(忠恕)에서 충(忠)은 중(中)과 심(心)으로 구성되어 있는 글자로 '중심(中心)' 곧 '하나의 마음'이라는 의미를 가진다. 잡념(雜念)이 완전히 제거된 진실된 마음인 한 마음이라는 의미이다. 결국 "한 마음"인 진실된 마음의 실현이나 "최선아(最善我)의 실현"이 다르지 않다는 것을 알 수 있다. 그리고 서(恕)는 여(如)와 심(心)으로 구성되어 있는 글자로 곧 '같은 마음' 내지는 '같이 여기는 마음'이라는 의미이다. 두 사람의 마음이 같아지기 위해서는 서로가 진실된 한 마음이어야 한다. 결국 두 사람이 서로 충(忠)을 간직하고 실현할 때 서(恕)를 행할 수 있다는 뜻으로, 충(忠)이 주체적 자기 발견이라면 서(恕)는 그러한 두 주체의 진실된 만남을 의미하고 있는 것이다. 한편 주희는 "자기 마음을 다하는 것을 충이라고 하고, 자신을 미루어 남에게 미치는 것을 서라고 한다[盡己之謂忠, 推己之謂恕]."고 하였다. 그리고 충서(忠恕)의 출전(出典)은 『논어』다. 「이인」 15장에서, 공자가 증삼에게 "나의 도는 하나로 꿰뚫었다[吾道一以貫之]"라고 말하자, 증자는 "선생님 말씀이 옳은 말씀입니다"라고 대답하였다. 공자가 나가신 뒤 제자들은 증삼에게 "무슨 말이냐"고 물었다. 증자는 다시 "선생님의 도는 충서일 따름이다[夫子之道 忠恕而已矣]."라고 대답하였다. 공자의 도는 충서(忠恕)하나로 꿰뚫었다고 증자가 해석한 셈이다.

59) 『중용』 1장에 "희·노·애·락이 나타나지 않는 것을 중(中)이라 하고, 나타나서 모두 절도에 알맞는 것을 화(和)라 한다고 하였다. 중이라는 것은 천하의 대본(大本)이고 화라는 것은 천하의 달도(達道)이다. 중과 화에 이르게 하면 천지가 자리 잡히며 만물이 자라게 되는 것이다[喜怒哀樂之未發 謂之中, 發而皆中節, 謂之和 中也者 天下之大本也 和也者 天下之達道也 致中和 天地位焉 萬物育焉]."고 하였다.

60) 이광호, 성학십도, 홍익출판사, 2012, pp. 39~40.
동양에서의 학문의 목표는 자연과의 합일, 곧 천인합일(天人合一)이다. 이때 천은 진리를 가리키는데, 진리란 자연과학에서 말하는 물질의 조리가 아니다. 자연현상을 가능하게 하는 자연의 원리다. 여타의 생물은 이 원칙에 따라 살아가면서도 이 원리를 자각하지 못한다. 오직 인간만이 이 원리에 대한 자각이 가능하며 자각을 통하여 이 원리에 기초한 삶을 살고, 더 나아가서 이 원리와 하나가 된 삶을 영유할 수 있다. 퇴계가 여기서 말하는 천인합일이란 바로 이러한 의미이다. 동양학에서 자연은 학문을 통한 지배의 대상이 아니라 학문을 통하여 그것과 하나된 삶을 이루고자 하는 것이 학문의 목적이다.

61) 근폭(芹曝)의 근(芹)은 미나리를 뜻하고, 폭(曝)은 햇빛에 쪼인다는 뜻이다. 『열자(列子)』「양주(楊朱)」에, "옛날에 초야에 묻혀 사는 백성이 임금에게는 온갖 진미의 음식과 따뜻한 의복 및 방이 있다는 것을 모르고,

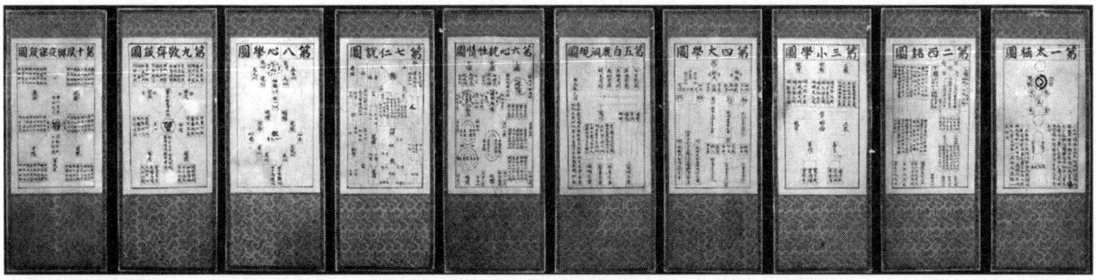

그림 2 성학십도 10폭 병풍(聖學十圖十幅 屛風)(조선, 세로 84.5cm, 가로 345cm)

올리는 정성을 이기지 못하여, 전하의 위엄을 모독(冒瀆)하는 줄 알면서도, 빈번히 바치나이다. 황송하고 송구스럽습니다. 처분을 기다리겠습니다.

미천한 음식인 미나리를 먹다가 맛이 있어 임금께 바치려 하였다든가, 추운 겨울에 따뜻한 볕을 쬐다가 너무나도 일상적인 볕 쬐는 법을 임금께 알려주고 싶어 하였다."는 고사에서 나온 말이다. 퇴계는 자신이 바치는 『성학십도』가 보잘 것 없는 책이지만 임금에 대한 애틋한 마음과 충정을 겸허하고 간곡하게 표현한 것이다.

Ⅲ. 『성학십도』 각 도(圖)별 원문해석과 설명

1. 제1 태극도

제1 태극도
(第一 太極圖)

우주에서의 인간의 위치와 기원을 다루고 있다. 태극의 도를 인간이 어떻게 받아들이고 실천하느냐 여부에 따라 인격적 품격에서 구별될 수 있으므로 '수양'의 문제가 부각된다. 퇴계만의 '경(敬) 개념'을 도출해내고 『성학십도(聖學十圖)』의 열 개의 그림을 관통하는 핵심어로 강조된다.

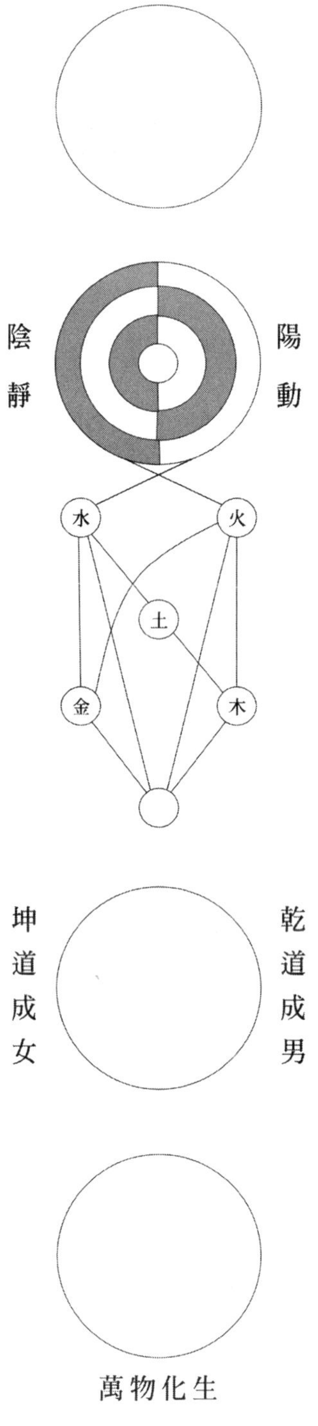

○此所謂無極而太極也即陰陽而指其本體不雜乎陰陽而爲言耳◎此○之動而陽靜而陰也中○者其本體也☽者☾之根也☾者☽之根也 此陽變陰合而生水火木金土也 此無極二五所以妙合而無間也○乾男坤女以氣化者言也各一其性而男女一太極也○萬物化生以形化者言也各一其性而萬物一太極也

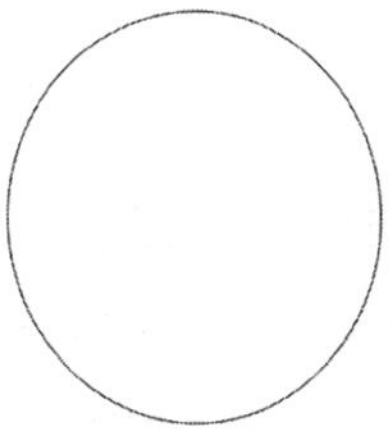

○이것은 이른바 무궁무진한 것이며 태극이다. 곧 음양에 나아가 음양과 섞이지 않는 본체를 가리켜 말한 것이다.

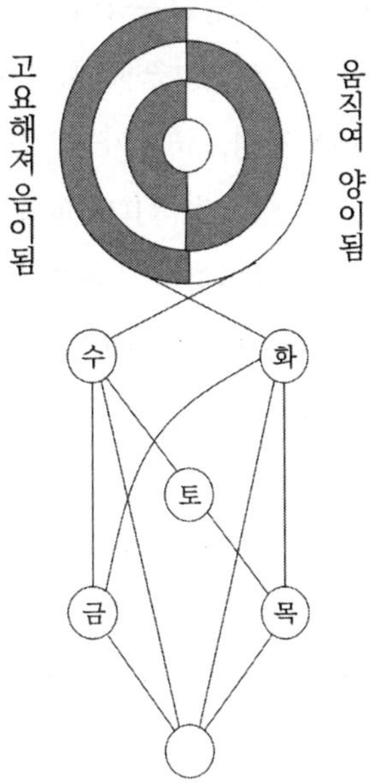

◎이것은 ○(태극)이 움직여 양(陽)이 되고 고요해져 음(陰)이 되는 것이다.
가운데 있는 ○이 그 본체요, ☽은 ☾의 뿌리요, ☾는 ☽의 뿌리이다.

이것은 양이 변화하고 음이 화합해 수, 화, 목, 금, 토를 만들어 낸 것이다.
은 태극이 음과 양인 이(二)와 수, 화, 목, 금, 토인 오(五)와 오묘하게 화합하여 중단 없이 계속되는 것이다.

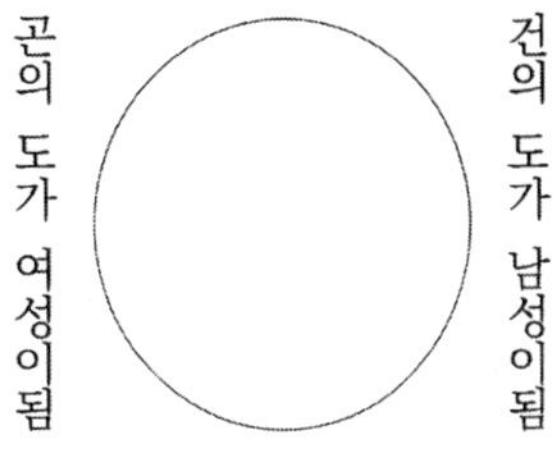

○ 은 속에서 건남(乾男)과 곤녀(坤女)가 기(氣)로써 조화(造化)된다는 말이다.
건남과 곤녀가 각각 하나의 성(性)을 얻어 이루어지는 것이며 남자와 여자는 각각 하나의 태극을 가진다는 것이다.

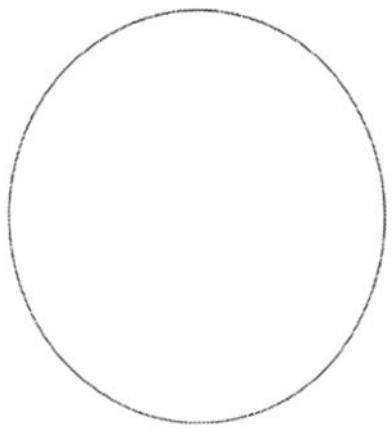
만물이 화생함

○ 은 속에서 천하의 모든 사물들도 태어나 형상을 이루어 변화한다는 말이다. 이 만물들도 각각 그 성(性)을 하나씩 갖게 되어 만물이 각각 하나의 태극을 가진다는 것이다.

「태극도설(太極圖說)」 원문(原文)

無極而太極. 太極動而生陽, 動極而靜. 靜而生陰, 靜極復動. 一動一靜 互爲其根, 分陰
무극이태극. 태극동이생양, 동극이정, 정이생음, 정극부동. 일동일정 호위기근, 분음
分陽, 兩儀立焉. 陽變陰合而生水火木金土, 五氣順布, 四時行焉. 五行一陰陽也, 陰陽
분양, 양의입언. 양변음합이생수화목금토, 오기순포, 사시행언. 오행일음양야, 음양
一太極也, 太極本無極也. 五行之生也各一其性, 無極之眞, 二五之精, 妙合而凝, 乾道
일태극야, 태극본무극야. 오행지생야각일기성, 무극지진, 이오지정, 묘합이응, 건도
成男, 坤道成女. 二氣交感, 化生萬物, 萬物生生, 而變化無窮焉. 惟人也得其秀而最靈.
성남, 곤도성녀. 이기교감, 화생만물, 만물생생, 이변화무궁언. 유인야득기수이최령.
形旣生矣, 神發知矣, 五性感動, 而善惡分, 萬事出矣. 聖人定之以中正仁義而主靜, 立
형기생의, 신발지의, 오성감동, 이선악분, 만사출의. 성인정지이중정인의이주정, 입
人極焉. 故聖人與天地合其德, 日月合其明, 四時合其序, 鬼神合其吉凶. 君子修之, 吉,
인극언. 고성인여천지합기덕, 일월합기명, 사시합기서, 귀신합기길흉. 군자수지, 길,
小人悖之, 凶. 故曰 : "立天之道, 曰陰與陽, 立地之道, 曰柔與剛, 立人之道, 曰仁與
소인패지, 흉. 고왈 : "입천지도, 왈음여양, 입지지도, 왈유여강, 입인지도, 왈인여
義." 又曰 : "原始反終, 故知死生之說" 大哉易也, 斯其至矣.
의." 우왈 : "원시반종, 고지사생지설" 대재역야, 사기지의.

「태극도설(太極圖說)」[1] 원문 해석(原文 解說)

무극[2]이면서 태극[3]이다.[4] 태극이 움직여(動) 양(陽)을 낳고[5] 그 움직임이 정점에 이르면

1) 고려대학교 민족문화연구원 한국사상연구소, 역주와 해설 성학십도, 예문서원, 2011, p. 48.
「태극도설」은 주돈이(周敦頤: 1017~1073, 자는 무숙(茂叔), 호는 렴계(濂溪))가 지은 것으로 그림인 「태극도」와 그에 대한 해설인 「태극도설」로 구성되어 있다. 주자는 「태극도」와 「태극도설」에 각각 주석을 달았는데, 이를 「태극도해」와 「태극도설해」라고 부른다. 지금 부기되어 있는 설명은 주자의 「태극도해」에서 발췌한 것이다. 이 「태극도설」은 주자에 의해 성리학적 가치관의 존재론적 근거를 설명한 것으로 해석됨으로써 성리학적 도(道)의 본체를 밝힌 것으로 중시되었다. 그리고 『성리대전(性理大全)』및 『근사록(近思錄)』을 편집할 때 제일 앞에 배치하여 자세히 설명하였다. 퇴계도 이런 입장을 계승하여 『성학십도』의 맨 앞에 배치한 것이다.

2) '무극(無極)'이라는 용어는 유가의 경전에는 애초에 없었던 것이다. 도가의 경우에도 『도덕경(道德經)』 28장에 "다함이 없는 데로 돌아간다[復歸于無極].", 『장자』 「재유」의 "다함이 없는 문에 들어가 다함이 없는 들판에서 노닌다[入無窮之門, 以游無極之野]", 『열자』의 "사물의 시작과 끝은 애초에 다함이 없었다[物之終始, 初無極已]" 등의 무극은 하나의 개념어로 사용된 것이 아니고 글자 그대로 '끝이 없다'는 의미로 사용되었다. 그러나 주자는 무극을 이치는 있지만 형체는 없는 무형의 진리라는 의미로 이해하였다. 그래서 주렴계(周濂溪)가 "도체(道體)를 환하게 보아 다른 사람들이 감히 말하지 못했던 도리를 말한 것이며, 이로 말미암아 이후의 학자들이 태극의 오묘함은 유무(有無)에 속하지 않고 방체(方體)에 떨어지지 않음을 알게 하였다"고 극찬하였다. 이후 무극은 태극의 형이상적 속성을 표현하는 개념으로 이해된다.

3) '태극(太極)'이란 용어는 『주역』 「계사상」 11장의 "역에는 태극이 있으니 이것이 양의(兩儀)를 낳고, 양의가 사상(四象)을 낳고, 사상이 팔괘를 낳았다[易有太極, 是生兩儀, 兩儀生四象, 四象生八卦]."는 데서 처음 나온 것이다. 그 뒤로 유학에서는 태극은 우주의 본체이며, 궁극적 원리(理)를 의미하는데 추상적 보편자인 리(理)인 만큼 형체나 형상, 즉 실체를 가지지 않는 것이다. '태(太)'는 크다는 뜻이고, '극(極)'은 용마루를 가리키는 것이니 표준 또는 사물의 극치를 의미하며, '태극'이란 '위대한 표준' 또는 '위대한 궁극적인 것'의 의미로서 궁극적 진리의 대명사가 되었다. 성리학은 '태극(太極)', '하늘(天)', '리(理)'를 우주의 본체이며 모든 현상의 궁극적인 진리로서 설정한 다음, 이 궁극적 진리와 인간과의 관계에 기초하여 인간의 심성론을 밝히고 인간의 심성론에 기초하여 인간의 도덕 수양론을 밝히는 형이상적 대 체계를 갖추었다.

4) 원문은 '무극이태극(無極而太極)'이며 우주의 본체를 설명한 것으로 학자들 간의 해석이 일정하지 않은 부분이다. 무극과 태극과의 관계를 어떻게 보느냐는 것은 「태극도설」의 전체사상을 어떻게 볼 것인가 하는 문제와 직결되는 중요한 문제이다. 주자 당시 「태극도설」의 내용으로 논쟁을 벌인 대표적인 예로 주자(朱子)의 해석과 육구연(陸九淵: 1139~1192, 자는 자정(子靜), 호는 상산(象山))의 해석을 들 수 있다. 육구연은 무극과 태극을 선후(先後)관계로 파악하여 "무극으로부터 태극이 생겼다"고 해석하면서 이는 무(無)로부터 유(有)가 나온다는 도가사상의 영향을 받은 것이라 하여 「태극도설」 자체가 유가의 저작으로 보기 어렵다고 주장하였다. 이에 반하여 주자는 무극과 태극의 관계를 동격 내지는 앞의 무극이 뒤의 태극을 설명하는 관계로 보았다. 즉, "무극"에서 "태극"이 생겼다는 뜻이 아니라, "무극인 태극" 내지는 "무극이면서 태극"이라는 의미로 해석하면서 무극이란 태극이 실체를 지니지 않은 특성에 대한 설명이며, 바로 이 '무극이태극'이 일도(一圖)의 강령이 된다고 주장하였다. 공자 이래로 태극을 만물의 궁극적인 진리로 보지만, 태극이라고만 말하면 이를 유형적인 어떤 존재로 오해할 수 있기 때문에 주렴계가 태극 위에 "무극"을 더 말한 것으로, 결국 태극이 곧 무형의 이치임을 밝혀 태극에 대한 오해의 소지를 없앴다고 보는 것이 주자의 입장이다. 퇴계는 이런 주자의 입장을 계승한다. 주자와 그의 후학들은 「태극도」와 「도설」을 성리학의 존재론을 설명하는 대표적인 작품으로 수용하였다. 후대 학자들의 고증적 연구에 의하면 「태극도」는 위백양(魏伯陽)의 『참동계(參同契)』에서 유래한 것이라고 한다.

5) 고려대학교 민족문화연구원 한국사상연구소, 역주와 해설 성학십도, 예문서원, 2011, p. 49.

다시 고요해(靜)진다. 고요해지면 음을 낳고, 그 고요함이 정점에 이르면 다시 움직인다. 이렇게 한번 움직이고 한번 고요해짐이 서로의 뿌리가 되어 음과 양으로 나뉘어져서 양의(兩儀)[6]가 형성된다. 양이 변하고 음이 합하여져서 수·화·목·금·토(五行)를 낳으니 다섯 가지 기운이 순조롭게 펼쳐져 사계절이 운행된다. 오행은 하나의 음양이며 음양은 하나의 태극이며 태극은 본래 무극이다. 오행은 그 생성됨에 있어서 각각 하나의 성(性)[7]을 갖추게 되니 이 다함이 없는 무극(無極)의 진(眞)과 음양오행의 정(精)이 묘하게 합해지고 응결되어 건도(乾道: 하늘의 도)는 남자를 이루고 곤도(坤道: 땅의 도)는 여자를 이룬다.[8] 건곤의 두 기운이 교감하여 만물을 화생(化生)하니, 만물이 끊임없이 생겨나 그 변화가 무궁하다. 오직 사람만이 음양오행 가운데 빼어난 기를 받아서 가장 영묘(靈妙)[9]하다. 형체가 이미 생겨나면 정신이 지각을 일으키게 되니,[10] 다섯 가지 본성[11]이 외물에 감응되어 움직이고 선과 악이 나누어지며 온갖 일이 생겨

'낳는다'는 말은 '생(生)'자에 대한 번역이다. 태극을 원기(元氣)개념으로 본다면, 그것이 동정(動靜)이라는 상대적 운동과정을 거쳐 음기와 양기를 생성한다는 것은 비교적 쉽게 이해될 수 있으나 형이상적인 리(理)가 어떻게 형이하적인 기(氣)를 생(生)할 수 있는가의 문제는 간단한 것이 아니다. 태극의 동정, 즉 리의 동정 문제는 성리학의 주요한 논쟁 주제 가운데 하나이다. 즉, 소리도 냄새도 없고 아득하여 아무런 조짐도 없는 무형무위(無形無爲)한 리가 어떻게 움직일 수 있는가? 하는 것과 인간의 도덕 가치를 포함한 모든 만물의 궁극적인 근거라고 생각하는 리에 아무런 능동적인 능력이 없다면 그 리는 과연 어떤 의미를 지닐 수 있는가? 하는 것이 문제가 되었던 것이다. 이에 퇴계는 태극이 "지극히 텅 빈 것이면서 지극히 알찬 것이고 지극히 아무것도 없는 상태이면서도 모든 있음을 담고 있으며, 움직이되 움직임이 없고 고요하되 고요함이 없는 형이상적인 것"이지만 그 자체에 능동적인 능력이 없을 수는 없다고 보아 태극에 동정이 있다고 주장하고, 다만 그 동정은 유형적인 물체의 동정과 달리 움직이되 움직임이 없고 고요하되 고요함이 없는 초월적 동정이라 주장하였다. 그러나 음양에 시작이 없고 이기에 선후가 있을 수 없다고 보는 율곡은 이 '생(生)'을 다만 기(氣)가 동(動)하고 정(靜)할 때에 반드시 이 리(理)가 근본이 된다는 표현일 뿐이지 실제로 어머니가 자식을 낳는다는 뜻과는 다른 것이라고 해석하였다.

6) 음과 양을 뜻한다. 음양의 별칭이다.

7) 성(性)은 인성(人性)과 물성(物性)을 의미하는 것으로 성(性)에 관한 학설은 매우 다양하다. 맹자(孟子)의 성선설(性善說), 순자(荀子)의 성악설(性惡說), 세석(世碩)의 성유선악설(性有善惡說), 고자(告子)의 성무선악설(性無善惡說), 정명도(程明道)의 성기일원설(性氣一元說), 왕안석(王安石)의 성정일원설(性情一元說) 등이 있다.

8) 원문인 "乾道成男, 坤道成女"는 『주역』「계사상」 1장에 나온다. 주자는 『주역』의 주석에서 이것은 '변화가 형체를 이룬 것'이라고 해석하였다. 건(☰) 과 곤(☷)은 『주역』의 64괘 가운데 순양괘(純陽卦)와 순음괘(純陰卦)의 이름으로서 천(天)과 지(地), 음(陰)과 양(陽), 남성(男性)과 여성(女性)을 상징한다.

9) 인간의 도덕적·지적 능력이 가장 뛰어나다는 것을 의미한다.

10) 주자는 「태극도설해」에서 "형체(形)는 음에서 생겨나고, 정신(神)은 양에서 발생한다."고 주석하였다. 곧 신(神)을 형(形)과 대비되는 양의 속성으로 해석하고, 이 역동적인 신(神)의 작용에 의해 도덕적·인식적 지각 작용이 가능하다고 본 것이다. 또한 퇴계는 천지의 신과 정신과 귀신의 신은 하나의 뿌리에 근거하는 것이라고 한다.

11) 오성(五性)은 인·의·예·지·신을 말하며 오상(五常), 오위(五韋)라고도 한다. 주자는 "성(性)은 하늘이 명한 것이고, 이는 인의예지신이다(『주자어류』 권94)."라 하였다. 우주 자연에 있어서는 수·화·목·금·토 오행의 기가 만물을 화생하고, 인간에 있어서는 오성이 감동해 나가면서 선악시비 등 만사가 생긴다고 한다.

나게 된다. 성인(聖人)은 이것을 정(定)하는 데 있어 행동은 중용(中)에 맞게 하고, 처신하는 데는 올바르게 하고, 마음 씀은 어질게 하고, 사리를 분별하는 데 있어서는 옳게 하며,[12] 고요한 것을 근본으로 하여,[13] 사람으로서 행할 마땅한 표준[도리]을 세운 것이다.[14] 그러므로 성인은 그 덕성이 천지와 합치되고, 해와 달까지도 그 밝음이 합치되며, 사계절과 그 질서가 합치되고, 귀신과도 그 길하고 흉한 것이 합치되는 것이다.[15] 이러한 것들을 군자(君子)는 잘 닦아서 길(吉)하게 되는 것이고, 소인(小人)은 이러한 것들을 거역하여 흉(凶)하게 되는 것이다. 그러므로 말하기를 하늘의 도[진리(眞理)]를 세워 음(陰)과 양(陽)이라 하고, 땅의 도(道)를 세워 부드러움[유(柔)]과 굳셈[강(剛)]이라 하며, 사람의 도(道)를 세워 어짐[인(仁)]과 올바름[의(義)]이라고 한 것이다.[16] 또한 "시작의 근원을 추구하고 끝을 헤아리는 것으로써[17] 죽고 사는 이치를 알게 된다."고 하였으니, 위대하도다. 『역(易)』이여! 이것[18]이야말로 그 지극한 것이로다.

---

12) 원문은 "定之以中正仁義" 곧 "중정인의로써 이것을 정하였다"는 말이다. 이때의 '이것'이란 선과 악이 갈리고 만사가 나오는 현상을 가리킨다. 이러한 현상 세계 속에는 문제가 상시 발생하고 문제는 합당한 기준에 의해 처리되어야 하는데, 그 기준을 중정인의로써 정하였다고 보는 것이다. 그리고 '중정인의(中正仁義)'의 중(中)은 중용(中庸), 정(正)은 올바름, 인(仁)은 어짊, 의(義)는 분별을 옳게 함인 것이다. 원래 「태극도설」에는 "聖人之道仁義中正而已" 곧 "성인의 도는 인의중정일 뿐이다"라는 원주가 붙어 있다.

13) 고려대학교 민족문화연구원 한국사상연구소, 역주와 해설 성학십도, 예문서원, 2011, p. 51.
주렴계가 왜 '정(靜)'을 주로 했는지에 대해서는 다른 구절처럼 상세한 설명이 없다. 그래서 송대에 이미 그것이 도가(道家)의 주정적 사고의 영향이 아닌가 하는 의심을 받았다. 그에 대해 주자는 결코 도가의 의미가 아니라고 주장한다. '주정(主靜)'의 목적은 도리어 '어동(御動)' 혹은 '치동(治動)'에 있다는 것이다. 즉, 평정한 마음으로 일체 사물·사태의 변화를 관찰하다가 가장 적절한 순간에 가장 적절한 형식으로 대응하는 것이 바로 이 '주정(主靜)'의 목적이다(『주자어류(朱子語類)』 권94 참조).

14) 인극(人極)에서 극(極)의 의미는 궁극적인 기준과 표준의 의미를 가지고 있는데 여기에서 인극은 '사람으로서 행할 마땅한 표준[도리]'이라는 뜻으로 쓰인 것이다. 그래서 인극을 세운다는 말은 사람다울 수 있는 인간 윤리 생활의 최고 표준을 세운다는 말이니 곧 '인간의 최고 윤리 표준을 세운다.'는 것이다. 그러면 그 '최고 표준'은 어떻게 세울 수 있을까? 그것을 성인들이 '정(靜)'을 주로 하여 '인의', '중정' 등으로 세워놓고, 이를 성취하기 위한 방법으로 고요함(靜)속에 몰입하여 자기를 성찰하는데 진력하였다는 것이다. 그리고 정(靜)에 대하여 주렴계(周濂溪)는 『통서(通書)』에서 "욕심이 없으면 고요하게 된다[無欲故靜]."고 하였다. 정을 실현하는 데는 무엇보다 '사욕(私欲)'이 없어야 된다는 뜻이다. 결국 윤리 행위를 하는 데는 우선 사욕을 제거한 '무욕(無欲)'의 원리 행위에 있다는 것으로 인극을 설명하고 있는 것이다.

15) 원문은 『주역』 「건괘」 「문언」에서 인용한 글인데, 「문언」에서는 '성인(聖人)'이 아니라 '대인(大人)'이라 하였다.[夫大人者與 天地合其德, 與 日月合其明, 與 四時合其序, 與 鬼神合其吉凶]

16) 『주역』 「설괘전」 2장, "是以立天之道, 日陰與陽, 立地之道, 日柔與剛, 立人之道, 日仁與義"

17) 『주역』 「계사」에 나오는 말인데, '원(原)'이란 앞으로 미루어 보는 것이고, '반(反)'이란 뒤로 돌이켜 보는 것이다. 그러므로 '원시반종(原始反終)'이란 처음(始)에 생(生)하게 된 까닭을 생각하여 보고 종국[종(終)]에 사(死)하게 되는 까닭을 돌이켜 생각하여 본다는 것이다. 그렇게 하면 생사에 얽힌 근본적인 이치를 알게 된다는 뜻이다.

18) '이것'은 『역(易)』에서 인용된 앞의 두 구절의 내용을 가리킨다. 즉, 『역』은 음양의 도를 밝히고, 존재의 근원과 종말에 대한 반성적 고찰을 통하여 생성과 소멸이라는 자연 변화의 근원을 알 수 있도록 도와주는 책이라는 것이다.

퇴계가 인용한 주자의 「태극도설(太極圖說)」에 대한 설명, 원문

朱子曰: 圖說首言陰陽變化之原, 其後卽以人所禀受明之. 自"惟人也得其秀而最
주자왈: 도설수언음양변화지원, 기후즉이인소품수명지. 자"유인야득기수이최
靈", 純粹至善之性也, 是所謂太極也. "形生神發", 則陽動陰靜之爲也. "五性感
령", 순수지선지성야, 시소위태극야. "형생신발", 즉양동음정지위야. "오성감
動", 則陽變陰合, 而生水火木金土之性也. "善惡分", 則成男成女之象也, "萬事
동", 즉양변음합, 이생수화목금토지성야. "선악분", 즉성남성녀지상야, "만사
出", 則萬物化生之象也. 至"聖人定之以中正仁義而主靜,立人極焉", 則又有得乎太
출", 즉만물화생지상야. 지"성인정지이중정인의이주정,입인극언", 즉우유득호태
極之全體, 而與天地混合無間矣. 故下文又言 "天地,日月,四時,鬼神"四者無不合也.
극지전체, 이여천지혼합무간의. 고하문우언 "천지, 일월, 사시, 귀신" 사자무불합야.
又曰: 聖人不假修爲而自然也. 未至此而修之, 君子之所以吉也, 不知此而悖之, 小
우왈: 성인불가수위이자연야. 미지차이수지,군자지소이길야, 부지차이패지, 소
人之所以凶也. 修之悖之, 亦在乎敬肆之間而已矣. 敬則欲寡而理明. 寡之又寡, 以
인지소이흉야. 수지패지, 역재호경사지간이이의. 경즉욕과이리명. 과지우과, 이
至於無, 則靜虛動直, 而聖可學矣.
지어무, 즉정허동직, 이성가학의.

퇴계가 인용한 주자의 「태극도설」에 대한 설명[19] 원문 해석

주자[20]가 말하였다. 「태극도설」의 첫머리에서는 음과 양이 변화되는 근본적인 원인에

19) 주렴계의 「태극도설」에 관하여 주자는 다시 주석을 하고 있다. 뒤에서 퇴계는 다시 주렴계와 주자의 태극에 관한 설명을 총괄적으로 정리하면서 자신의 견해를 선조 임금에게 밝히고 있다.

20) 주자(朱子: 1130~1200)는 중국 남송 때의 대표적인 유학자(儒學者)로 성리학의 집대성자이다. 송대(宋代) 육현[六賢: 주렴계(周濂溪)·소강절(邵康節)·장횡거(張橫渠)·정명도(程明道)·정이천(程伊川)·주자(朱子)] 가운데 한 사람으로 북송 때 학자들의 학설을 정리하여 주자학을 완성했다. 주자학은 중국 사상사에 큰 영향을 주었으며, 우리나라 조선 왕조 때도 절대적인 영향을 끼쳤다. 주자는 유학의 기본에서부터 당시까지의 전체 사상을 총 망라할 정도의 학식과 저술을 갖추었다. 주자는 유학의 기본 경전(經典)에 대한 주석(註釋)을 『대학장구(大學章句)』·『중용장구(中庸章句)』·『사서집주(四書集註)』·『주역본의(周易本義)』 등을 내고, 저술로는 『역학계몽(易學啓蒙)』·『경전통해(經傳通解)』·『태극도설해(太極圖說解)』·『서명해의(西銘解義)』·『통서해(通書解)』·『정몽해(正蒙解)』등 많은 저술을 했다. 그리고 『소학(小學)』·『효경간오(孝經

대해 말하였고, 그 뒤에서는 곧 사람이 천성으로 타고난 바를 밝혔다. 염계(濂溪)가 말한 "오직 사람만이 그 중 빼어난 것을 얻어서 가장 영묘하다."는 것은 순수하고 지선(至善)한 본성[21]을 가리키니, 이것이 이른바 태극이다. "형체가 만들어지면서 정신이 지각을 만들어내게 되었다."는 말은 양(陽)이 움직이고(動), 음(陰)이 고요하여(靜) 만들어지게 되는 것이다. "다섯 가지 본성이 외물에 감응되어 움직인다."는 것은 양이 변하고 음이 합하여 수·화·목·금·토의 성(性)을 낳는다는 말이다. "선(善)과 악(惡)이 나누어진다."는 말은 건도와 곤도가 남자와 여자로 이루어지는 한 현상이요, "모든 일이 생겨난다."는 말은 하늘과 땅 안에서 모든 생명체가 태어나는 현상이다. "성인이 선악의 구분과 모든 일을 정하는 데 있어서, 행동은 중용(中)에 맞게 하고, 처신하는 데는 올바르게(正)하고, 마음을 씀에는 어질게(仁) 하고, 사리를 분별하는 데에는 옳게(義)하며, 고요한 것을 근본으로 하여 사람으로서 행할 마땅한 도리를 세운다."라고 한데 이르러서 본다면 이 말은 곧 태극의 전체를 얻어서 하늘과 땅과 더불어 한 덩어리가 되어 잠시도 쉼이 없이 계속 된다는 뜻이다. 그러므로 그 아래 주렴계(周濂溪)가 말한 것에서 또한 성인은 "하늘과 땅(天地), 해와 달(日月), 봄·여름·가을·겨울(四時), 귀신(鬼神)"이라는 네 가지의 합치되지 않음이 없다고 하는 것이다.

주자가 또 말하기를 성인(聖人)은 수양을 하지 아니 하더라도 저절로 성취할 수 있다. 이러한 곳에는 이르지 못하였다 하더라도 열심히 수양하고 또 수양하는 것이 군자(君子)가 길(吉)하게 될 수 있는 까닭이요, 이러한 것을 알지 못하고 그와 반대되는 행동을 계속하는 것은 소인으로 흉(凶)하게 될 수밖에 없는 까닭이다. 수양하는 것과 거스르는 것의 차이는 역시 공경하느냐 방자하느냐[22]의 차이에 존재할 따름이다. 공경하면 욕심이 적어서 모든 이치가 밝아진다. 사욕을 적게 하고 또 적게 하여 거울과 같이 무(無)의 상태에 이르면 고요함이 허령하여지고 움직임이 곧아져 성인이 되는 것을 배울 수 있는 것이다.

刊誤)』·『자치통감강목(自治通鑑綱目)』·『근사록(近思錄)』 등 많은 책을 편집하였다. 후인들이 그의 논저(論著)와 언행(言行)을 담아 편찬한 책으로 『주자문집(朱子文集)』·『주자어류대전(朱子語類大全)』·『주자서절요(朱子書節要)』·『주자학적(朱子學的)』·『주자가례(朱子家禮)』 등이 있다.

21) 성(性)은 어떤 사물이 가지고 있는 본래적 경향(本性)이나 특성을 가리키는 말이다. 성리학에서는 인간의 본성이 선하다는 것을 리(理) 혹은 태극(太極)이라는 근원으로부터 도출하는데, 이를 본연지성(本然之性)이라 한다.

22) 경(敬)은 내면의 천리가 주인이 되도록 모든 일에 대하여 공경하는 조심스러운 태도를 취하는 것이고, 사(肆)는 그와 반대로 사람이나 그 언행이 어려워하거나 삼가는 태도가 없이 무례하고 건방진 태도, 즉 방자함을 뜻하는 것이다.

퇴계(退溪)의 설명 원문(說明 原文)

○ 右濂溪周子自作圖并說. 平巖葉氏謂: "此圖卽繫辭, '易有太極, 是生兩儀, 兩儀
○ 우렴계주자자작도병설. 평암섭씨위, "차도즉계사, '역유태극, 시생양의, 양의
生四象之義' 而推明之. 但易以卦爻言, 圖以造化言." 朱子謂此是道理大頭腦處,
생사상지의' 이추명지. 단역이괘효언, 도이조화언." 주자위차시도리대두뇌처,
又以爲百世道術淵源. 今茲首揭此圖, 亦猶近思錄以此說爲首之意. 盖學聖人者,
우이위백세도술연원. 금자수게차도, 역유근사록이차설위수지의. 개학성인자,
求端自此, 而用力於小大學之類. 及其收功之日,而遡極一源,則所謂"窮理盡性而至
구단자차, 이용력어소대학지류. 급기수공지일,이소극일원,즉소위"궁리지성이지
於命", 所謂窮神知化, 德之盛者也.
어명", 소위궁신지화, 덕지성자야.

퇴계(退溪)의 설명 원문 해석(說明 原文 解釋)

○ 위의 내용은[23] 염계(濂溪) 주자(周子)[24]가 스스로 만든 그림과 그 그림에 대한 설명입니다. 평암섭씨(平巖葉氏)[25]는 말하기를, "이 그림은 곧『주역』의「계사전」에 나오는 말로 '역(易)에는 태극이 있는데 이 태극이 양의(兩儀)를 낳고 양의가 사상(四象)를 낳는다.'라고 한 뜻을 미루어 밝힌 것입니다. 다만『주역』에서는 괘(卦)와 효(爻)로 말하였고, 이 그림에서는 천지자연의 이치[조화(造化)]로써 말한 것이다."[26]라고 하였습니다. 주자는 말하기를 이 도표는 도리(道

23) 바로 위의 주자가 설명한 내용을 가리키는 것이 아니라, 그 위의 주렴계의『태극도』와「태극도설」을 가리킨다. 퇴계는 일단 이렇게 주자를 비롯한 학자의 견해를 인용한 뒤에 자신의 견해를 뒤에 덧붙이고 있다.

24) 주렴계(周濂溪: 1017~1073)는 송대의 유학자로 도주(道州)사람이다.『역(易)』에 조예가 깊었으며, 도가(道家)와 불가(佛家)사상의 영향을 받아 유가(儒家)사상을 재정립하여 신유학(新儒學)사상을 형성하는 선구자가 되었다. 그의 태극론(太極論)은 우주와 인생론을 낳게 한 중심 사상으로 유명하며, 이는 송대 성리학(性理學)의 근간을 이루게 하였다. 정명도(程明道), 정이천(程伊川)의 스승이었던 그는 저서로『태극도설(太極圖說)』과『통서(通書)』등을 남겼다.

25) 섭채(葉采)를 가리킨다. 송(宋)나라 이종(理宗)때 온주(溫州)사람으로 이름은 채(采), 자는 중규(仲圭), 호는 평암(平巖)이며 주자의 제자인 진순(陳淳)에게서 배웠다. 저술로는『근사록집해(近思錄集解)』가 있다.

26) 섭채(葉采)가 지은『근사록집해』의 "오행은 하나의 음양이며, 음양은 하나의 태극이며, 태극은 본래 무극이다."라는 설명 부분에 나온다.「태극도설」을 지은 궁극적인 이유는 인간과 우주의 존재론적 원리가 동일함을 밝힘으로써 인간 도덕성의 절대적인 근거를 밝히고, 나아가 인간의 바른 수양의 기준을 제시하기 위한 것이다. 그런 점에서 이글은 인간과 우주의 생성을 논하는 데 그 목적이 있는 것이 아니라, 인간과 우주의 원리와

理)의 커다란 핵심[대두뇌(大頭腦)]이 되는 곳[27]이라 하였으며, 또한 영원한 도로 나아가는 길[백세도술(百世道術)][28]의 연원이라고 하였습니다. 지금 『성학십도』에서 「태극도설」을 첫 머리에 내세운 것은 역시 『근사록』[29]에서 이 「태극도설」을 첫 머리에 둔 의도[30]와 같은 것입니다. 그러므로 성인을 본받아 배우고자 하는 사람은 여기서부터 단서를 찾아, 『소학(小學)』이나 『대학(大學)』 등의 학문에 힘써야 합니다. 그리하여 공부의 효과가 나타나는 날에 하나의 근원[일원(一源)]을 찾아 소급하여 간다면, 이것이 이른바 『주역』에서 말하는 "이치를 궁구하고 본성을 극진하게 하여 천명(天命)에 이른다."[31]는 것이며, 이른바 "신묘함을 궁구하여 조화(造化)를 아는 것이 덕의 성대함이다."[32]라는 것입니다.

「태극도(太極圖)」의 구조(構造)와 이해(理解)

「태극도」에는 주렴계의 「태극도」와 「도설(圖說)」 다음에 '소인(所引)'과 '부설(附說)'이 붙어있다. '소인'은 주자의 학설을 인용하여 「태극도설」의 뜻을 부연·설명한 부분이며, '부설'은 퇴계가 다른 학자들의 학설을 인용하거나 자신의 견해를 붙인 부분이다.

그 동일성을 논하는 데 그 목적이 있다. 이것을 섭채(葉采)는 '조화(造化)'라고 표현한 것이다.

27) 『성리대전』 권1, 「태극도」상좌－하우에 나온다. 주자는 「태극도설해」를 짓고, 끝에 나오는 총론 부분에서 학문을 하는 사람이 「태극도설」을 먼저 읽지 않을 수 없는 이유는 「태극도」는 도리의 "커다란 핵심 되는 곳"이기 때문이라고 말하고 있다. 「근사록」이나 퇴계의 『성학십도』에서 「태극도」를 앞에 두는 취지도 이와 같다.

28) '백세까지 이어질 도술', '백세의 도술과 학술이 존재하는' 등과 같은 해석들이 있지만 연구자는 '연원'이라는 말과 연관시켜 해석하여 '영원한 도로 나아가는 길'로써 해석하였다.

29) 『근사록』은 송대(宋代) 주자와 그의 친구인 동래(東萊) 여조겸(呂祖謙)이 1175~1176년경에 함께 편저(編著)한 것이다. 그 내용은 북송시대의 저명한 유학자인 북송오자(北宋五子) 가운데 주렴계(周濂溪), 정명도(程明道), 정이천(程伊川), 장횡거(張橫渠)의 저술 중에서 후대의 공부하는 이들에게 절실한 내용이라고 생각되는 구절을 발췌하여 편집한 것이다. 이 책은 총14권 622조목으로 이루어져 있는데, 그 중에서 첫 권은 「도체(道體)」라고 하여 태극(太極)·리(理) 등에 대해 서술하고 있으며, 그 중에서도 이 「태극도설」이 맨 앞에 놓여있다. 그리고 근사(近思)의 어원은 『논어』 「자장」에 '가까운 데서부터 생각하라'는 말로 언급되어 있으며 원문은 다음과 같다. "넓게 배워 뜻을 돈독하게 하고, 깊이 있게 질문하면서 쉽고 가까운데서 부터 생각하여 들어가면, 인(仁)은 바로 그 가운데 있는 것이다[子夏曰, 博學而篤志, 切問而近思, 仁在其中矣]."라고 하였다.

30) 동래(東萊) 여조겸(呂祖謙)은 『근사록(近思錄)』이 편집된 뒤에 발문(跋文)을 써서 「태극도설」을 책머리에 쓰게 된 이유를 "뒤에 나올 후학들에게 의리(義理)의 본원에 대하여 갑자기 말할 수는 없지만, 그 개요를 아득히 모르고 있으면 어찌 끝닿는 곳이 있겠는가? 책머리에 이를 서열하여 그들로 하여금 그 명의(名義)를 알고 지향하는 것[향망(嚮望)]이 있게 하고자 한 것뿐이다."라고 적고 있다. 『성학십도』에서 퇴계도 이러한 이유에서 「태극도설」을 서두에 내세웠다는 것을 시사하고 있다.

31) 『주역』 「설괘전」 1장, "窮理盡性以至於命"

32) 『주역』 「계사전하」 5장, "窮神知化德之盛者也"

유가의 이상적인 인간인 성인이 되는 공부는 인간에 대한 이해와 그 인간이 살아야 할 세계에 대한 인식을 반영한다. 그런 의미에서 이 인간과 인간이 살고 있는 세계를 가장 명료하게 보여주는 성리학적 조감도가 바로 「태극도」이다. 이것은 성리학의 교과서적 문헌인 『근사록』이나 성리학을 집대성한 『성리대전』에서 첫머리에 도체(道體)의 문제로 「태극도」를 수록하고 있는 학문 전통을 계승한 것이다.

『성학십도』의 제1도인 「태극도」는 중국 북송의 유학자 주렴계가 글과 그림을 모두 만든 것으로 우주의 근원인 태극과 음양의 변화, 그리고 오행의 결합을 통해서 인간과 만물이 생성되는 과정을 설명하고 있다. 즉, 인간은 그 원리를 하늘로부터 부여받아 태어났는데, 성인은 이를 온전히 실현한 사람이라면 군자는 이를 실현하려고 노력하는 사람임을 역(易)의 원리로 보여주고 있다.

「태극도」의 내용을 다섯 개의 영역으로 살펴보면, 첫째, "○" 제일 위에 있는 텅 빈 둥근 원은 '무극이태극(無極而太極)'임을 나타낸다. 즉, 무극이면서 동시에 태극이라는 뜻으로, 무극과 태극은 같은 의미를 지닌다. 주자는 무극과 태극이 별개의 것이 아니라고 한다. 무극은 도리(道理)의 무형의 측면을 의미하고 태극은 도리의 '있음'의 측면, 즉 '형체는 없지만 리(理)가 있다'는 의미로 받아들인다.

그러면 왜 무극이라는 표현을 덧붙여서 설명했을까? 우리가 우주 만물을 만들어 내는 근원적인 힘을 태극이라고 한다면, 태극이라는 말 때문에 태극을 마치 눈에 보이거나 인식할 수 있는 것이라고 생각할지 모른다. 다시 말해, 아주 작은 것에서 만물이 만들어지기 시작했다고 생각하기 쉽다는 말이다. 하지만 우주의 근원은 눈에 보이지 않으며 만질 수 없고, 인간의 감각으로 알 수 없는 것이다. 그렇기 때문에 무극을 덧붙여 경험 할 수 없지만 엄연히 존재하는 큰 기준이나 원리, 즉 우주와 인간을 포함한 모든 만물이 만들어지는 근원자라고 하는 뜻을 알 수 있도록 하기 위하여 무극이면서 태극이라고 했던 것이다. 이때의 태극은 음양이 나누어지기 전의 상태인 우주의 본체이다.

둘째, "음정 ◎ 양동"은 음과 양이 어우러져 있는 그림으로 원의 하얀 부분은 양(陽)을 나타내고 검은 부분은 음(陰)을 나타낸다. 원을 좌우로 나누어서 보면, 오른쪽은 양이 둘이고 음이 하나다. 그리고 왼쪽은 음이 둘이고 양이 하나다. 왼쪽에 있는 한 개의 하얀 반원, 즉 양은 오른쪽에 있는 하얀 양의 근원이고, 오른쪽의 한 개의 검은 반원, 즉 음은 왼쪽 반원인 음의 근원이다. 이 원 오른쪽에는 '양동(陽動)'이라는 말이 쓰여 있고, 왼쪽에는 '음정(陰靜)'이라는 말이 쓰여 있다. 양의 운동성이 극에 다다르면 점차 음으로 변해가고, 음의 고요한 상태가 극에 다다르면 점차 양으로 변화된다. 그래서 「태극도설」에는 “태극이 움직여 양을 낳는데 그 움직임이 극에 달하면 멈춘다. 멈춰서 음을 낳으며 멈춤이 극에 달하면 다시 움직인다.”라고 했던 것이다. 여기서 낳는다는 것은 태극에서 음양이 나왔다는 것이 아니라 태극은 음과 양으로 이루어져 있다는 뜻이다.

셋째, “  ”은 만물을 생성하는 다섯 가지 요소인 오행을 나타내고 있다. 오행은 음양의 활동을 보여주는 것으로 『주역』에서는 태극에 이어 4괘가 나오지만 이 그림에서는 수·화·목·금·토의 오행을 가지고 온다. 오행은 양이 변화하고 음이 결합되어서 생성된다. 그중에서 ‘토(土)’, 즉 흙이 중앙에 있는 까닭은 모든 만물이 흙에서 생겨나고 흙을 포함하지 않는 것이 없기 때문이다. 그리고 오행은 상생(相生)과 상극(相剋)의 결합을 통해서 만물을 구성하게 된다. 다섯 개의 원 밑에 아무것도 쓰여 있지 않은 작은 원이 있는데, 이것은 무극과 음양과 오행이 오묘하게 결합된 상태를 가리킨다.

넷째, “곤도성녀○건도성남” 중 ‘건도’는 하늘의 도를 말하고, ‘곤도’는 땅의 도를 말한다. 따라서 ‘건도성남(乾道成男)’이란 하늘의 도가 남성을 이루고, ‘곤도성녀(坤道成女)’란 땅의 도가 여성을 이룬다는 말이다. 하늘은 양의 상징이고 인간으로 보면 남성에 해당하며, 땅은 음의 상징이고 인간으로 보면 여성에 해당한다. 그러므로 하늘을 남성을, 땅을 여성을 만들어 완성시킨다고 설명한 것이다. 또한 인간이 바로 우주의 맑은 기운을 받고 태어나기 때문에 다음 그림인 만물이 생성되는 것보다 앞에 놓이게 된 것이다.

오행이 오묘하게 결합되어 남성과 여성을 만들고, 그들은 각각 하나의 본성을 부여받으며 하나의 태극을 가지게 된다. 인간은 이러한 원리에 따라 존재하며 만물과 다른 것은 그 자질이 서로 다르다는 것이다. 식물과 동물과 인간이 다르듯이 인간 또한 다 같은 인간은 아니다. 사람마다 이러한 다름으로 인한 개별적 기질의 다양성이 확보될 수 있으며 이러한 다양성은 자질별 교육을 통해 길러져야 하며, 기름 중에는 그 다름의 기질에 맞게 각 개인의 능력과 흥미는 배가 될 것이며 교육의 효율성은 증대될 것이다.

다섯째, “○”는 만물이 생성되는 것을 나타내는데, 둥근 원 밑에 ‘만물화생(萬物化生)’이라는 말이 바로 그것이다. 태극에서 음양이 나오고, 다시 오행이 생성되며, 오행이 오묘하게 결합되어 인간과 만물을 만들어 낸다는 말이다. 만물도 역시 하나의 본성을 갖게 되고 하나의 태극을 가지게 된다. 이렇게 「태극도」는 인간이 토대로 하고 있는 세계의 질서를 명확히 보여주고 인간은 그러한 질서 속에 존재한다는 것임을 천명했다. 퇴계가 ‘학문의 단서와 목표가 모두 여기에 있다.’고 한 것은 바로 이러한 점을 지적한 말이다.

태극(太極)이란 무엇인가?

성리학에서 천리(天理)와 인성(人性)의 문제를 시대별로 구분하여 보면 주로 선진시대(先秦時代)에는 인도(人道)로서 인(仁)을 사회에서 실현하는 것이였으며, 송대(宋代) 이전까지는 우주와 자연의 도(道)로 보편적 법칙을 탐구하는 것이었다. 그리고 송대에는 천도(天道)와 인간이 본질에 있어서 어떻게 합일[천인합일(天人合一): 인간과 우주의 본질이 일치한다는 것]할 수 있느냐? 하는 것이 주요한 과제였다고 할 수 있다.

태극은 본질에 관한 개념이며 개별화의 가능성을 내재하는 개념으로, 그 본질은 자연과 인간의 구조는 일치한다는 것이고, 수많은 자연현상에는 항상 도덕성이 존재하고 있으므로 이러한 자연의 도덕성을 태극(太極)이라는 개념으로 추상화하여 북극성처럼 모든 존재의 중심에 두게 된 것이었다.

태극(太極)의 가장 초기 개념은 『주역』에 다음과 같이 나온다. "역에는 태극이 있으니, 태극이 양의를 내고, 양의는 사상(四象)을 내고, 사상은 팔괘(八卦)를 내니, 팔괘가 길흉을 정하고, 길흉이 대업을 낳느니라."[33]라고 하였다. 이 문장내용상으로 보면, 태극을 정점에 놓고, 태극으로부터 양의(兩儀: 음양), 양의로부터 사상(四象), 사상으로부터 팔괘(八卦)가 나온다. 그러므로 우주만물의 생성원리와 과정의 중심에 태극이 있다는 것을 알 수 있으며 우주의 중심체(中心體)[34]로서 모든 현상의 근원자로서 불변체(不變體)라고 할 수 있다. 그리고 음양은 태극을 활동의 본체로 삼아 사상(四象), 즉 태양, 소음, 소양, 태음과 팔괘, 즉 건태이진손감간곤(乾兌離震巽坎艮坤)을 낳는다는 것이다.

그리고 주자는 태극이 모든 조화, 즉 변화의 기틀이자 모든 존재의 근거가 된다고 했다. 따라서 그것을 형이상적인[구체적인 형상이 없는 원리적인] 것으로 규정하였다. 그리하여 "태극은 단지 한 개의 리(理)자에 지나지 않는다."[35]라고 하면서 태극은 곧 리(理)[36]와 같은 함의를 지니게 되었다.

주자에게 있어서 태극은 규범적 실체로서 우주만물의 근본원리이고 천지조화(天地造化)의

33) 『周易』 「繫辭傳上」 11장, "易有太極, 是生兩儀, 兩儀生四象, 四象生八卦, 八卦定吉凶, 吉凶生大業."

34) 태극이 우주의 중심체로 이해된다는 의미는 태극이 『장자』의 「대종사(大宗師)」편이나 『회남자(淮南子)』의 「람명훈(覽冥訓)」편에 북극성이라는 의미로 나타난 바를 말한다. 중국적 사유에 있어서 북극성은 하늘의 중심, 즉 우주의 중심에 위치해 있는 것이었으므로 북극성을 상징한 태극이 우주의 중심체라는 의미이다.

35) 『性理大全』 권26, 「總論太極」, "太極只是一箇理字."

36) 리(理)라는 글자는 원래 옥돌(玉)의 문양을 가리키는데, 이 문양이 일정한 규칙성을 보인다는 데서 '규칙, 원리, 원칙' 등의 의미가 파생되었다. 주자는 정이천의 리개념으로 주렴계의 태극을 해설하였다.

본체로서 그 생생지리(生生之理)의 발현이며 어느 곳에서나 갖추어지는 것으로 주자는 태극에 관해 "도리의 지극함을 표현하여 극(極)이라 한 것으로써 천지만물의 리를 총체적으로 의미하는 것이 태극이다."[37]라고 하였다. 또한 "도체의 지극함으로 말하면 그것이 곧 태극이라고 할 수 있고 태극의 유행(流行)으로 말하면 그것을 곧 도(道)라고 할 수 있다."[38]라고 하였다. 그리고 "태극은 다만 극히 좋고 지극히 선한 도리일 따름이다. 각각의 인간과 각각의 사물에 태극이 있다. 주렴계(周濂溪)가 말한 태극은 천지와 인간과 사물의 모든 선과 지극한 좋음의 표덕(表德)이다."[39]라고 하였다. 이와 같이 주자에게는 태극이 곧 극도로 집약된 선(善)의 상징이며 궁극적 존재원리이면서 가치상으로 최고개념일 뿐만 아니라, 윤리적인 전일체(全一體)이므로 지극히 중(中)·정(正)·정(精)·수(粹)·신(神)·묘(妙)하여 더 이상 부연할 것이 없는 완전체(完全體)이자 완전선(完全善)[40]인 것이다.

주자는 인간의 윤리자체로 세계의 중심을 확보하는 윤리적 주체성을 역설하고 있으며, 우주의 도(道)는 성(誠)인데 이는 천리본연(天理本然)한 것으로써 곧 성인(聖人)의 근본이며 태극의 리(理)가 된다.[41]고 하였다. 특히 퇴계는 『태극도설』의 "건남곤녀(乾男坤女)"는 기화(氣化)를 의미하고 "만물화생(萬物化生)"은 형화(形化)를 의미하는데 이때 남녀와 만물은 각각 태극이라는 성(性)을 하나씩 가진다.[42]고 하였다. 즉, 태극이 인간과 만물에게 "각구태극(各具太極)"이라는 의미에서 본성적인 것으로 부여되어 있음을 가리키는 것이다.

이와 병행하여, 퇴계에 있어서 태극은 인간이 선(善)할 수밖에 없는 도덕적 근거이며 삶의 도덕화와 밀접하게 관련된 것으로 도덕적 인간형성을 정향하게 하는 구성력의 상징적 주체이다. 또한 태극의 동정(動靜)문제는 주자와는 달리 본질적으로 리동(理動)을 인정하는 입장에서 다음과 같이 말하였다. "리(理)가 동(動)하면 기(氣)가 따라서 생(生)한다. …… 주렴계가 '태극이 동하여 양을 생하고'라고 한 것은 바로 리가 동하여 기가 생한 것을 말하는 것이다."[43]라고 하였으며, "태극이 동정을 가지는 것은 태극이 스스로 동정하는 것이며, 천명이 유행하는

37) 『性理大全』 권1, 「太極圖」, "極是道理之極至 總天地萬物之理 便是太極."

38) 『性理大全』 권36, 「答陸子靜」, "故語道體之至極 則謂之太極, 語太極之流行 則謂之道."

39) 『性理大全』 권1, 「太極圖」, "太極之是箇極好至善底道理 人人有一太極 物物有一太極 朱子所謂太極是天地人物 萬善之好底表德."

40) 『性理大全』 권1, 「太極圖」, "太極之所以爲極至者 言此理至中至正至精至粹至神至妙至矣盡矣 不可以復可矣 故强名之曰極."

41) 范壽康, 朱子及其哲學, 臺灣開明書店, 1964, p. 97.

42) 『退溪文集』 권7, 「進聖學十圖箚」 참조.

43) 『退溪文集』 권25, 「答鄭子中 別紙」, "蓋理動則氣隨而生 …… 濂溪云 太極動而生陽 是言理動而氣生也."

것도 천명이 스스로 유행하는 것이다. 어찌 다시 시키는 자가 있겠는가."[44]라고 하였다. 퇴계는 동정 유행(流行)은 태극과 천명의 고유한 본질이라는 점을 강조함으로써 태극의 능발능산(能發能産)은 자기 속성이므로 외부의 여타한 명령자가 존재할 수 없다고 한다. 주자도 그러했지만 퇴계도 태극은 절대적인 표덕으로 삶의 규범을 제시하여 인간의 행위를 선하게 향도(嚮導)하는 역동성을 함축하고 있는 것이다. 그러므로 퇴계에게 있어서 태극은 추상적인 개념상의 존재가 아니라 내찰적(內察的)인 자기반성과 수양을 통해서 인간의 도덕성을 고양하고 삶의 장(場)을 개선(改善)하는 생동적인 존재라고 할 수 있다.

「태극도설(太極圖說)」에 관한 이해(理解)

「태극도설」은 「태극도」에 대한 설명이므로 「태극도설」의 구조와 내용을 살펴보면 자연스럽게 「태극도」의 구조도 좀 더 구체적으로 밝혀질 것이다. 이광호 교수는 「태극도설」의 내용을 구분하여 다음과 같이 설명하였다.[45]

i. 자연의 조화(造化), 즉 존재의 생성·변화 과정을 설명한 부분[무극이태극(無極而太極)~변화무궁언(變化無窮焉)]

ii. 인간에게는 존재의 생성·변화 과정의 전체 모습이 품부되어 있음을 설명한 부분[유인야(惟人也)~만사출의(萬事出矣)]

iii. 성인은 천지자연과 합일된 삶을 산다는 부분[성인정지(聖人定之)~합기길흉(合其吉凶)]

iv. 군자는 수양해서 길하고 소인은 어겨서 흉하다는 부분[군자수지길소인패지흉(君子修之吉小人悖之凶)]

v. 역(易)을 예찬한 부분[고왈입천지도(故曰立天之道)~대재역야사기지의(大哉易也斯其至矣)]

이와 같이 '조화의 추뉴(樞紐)이며 품휘(品彙)의 근저(根柢)'는 곧 자연 변화와 만물의 지도리이며 뿌리인 '무극이태극'에서 시작하여 역의 예찬으로 끝나는 도설에는 하나의 원리가 시종일관함을 볼 수 있다. '무극이태극'은 생성 변화의 근원적 원리이고, 인간은 그 원리를 품부

44) 『退溪文集』 권13, 「答李達·李天機」, "太極之有動靜 太極自動靜也 天命之流行 天命之自流行也 豈復有使之者歟."

45) 이광호, 한국사상논문선집 제70집, 불함문화사, 1999, p. 151.

받아 태어났으며, 성인은 그 원리를 완전히 실현하고 있으나, 군자는 그 원리를 실현하려고 수양하며, 천·지·인이 모두 그 원리를 실현하고 있음을 말한 역(易)은 훌륭하다는 내용으로 '무극이태극'은 시종 일관된다.

「태극도설」은 음양과 오행이라는 서로 계통을 달리하는 개념을 연결하여 하나의 구조로 만들었다. 이 음양과 오행은 질료가 되어 구체적인 개체를 만들어 낸다. 그런데 구체적인 개체에는 그 내부의 원리원칙이 있다. 이를 성리학자들은 리(理)라고 한다. 따라서 구체적인 존재자는 태극으로서의 리와 음양 및 오행의 기가 오묘하게 섞여 만들어지게 된다. 여기에서 중요한 것은 그 어떤 존재라도 개별적인 원리와 원칙은 우주의 통일적인 원리인 태극으로부터 왔고, 개체의 질료적 구성체인 음양과 오행은 역시 우주적 질료인 음양과 오행이라는 것이다. 즉, 우주와 개별자의 존재원리는 생성·구조·원리·질서가 정확히 일치한다는 것이다.

그러면 개별자의 다양성은 어떻게 형성되는가? 그것은 음양과 오행의 배합의 다름에서 온다. 종별 다름뿐만 아니라 종내 개체의 다름도 이러한 기질 배합의 다름에서 기인한다. 이러한 개별자의 다양성에도 불구하고 우주 내의 모든 개별자들은 우주의 통일적 원리인 태극을 부여받고 태극을 실현시킬 수 있는 기질적 조건을 갖고 있지만, 각종의 다름에 따라 또 개체의 다름에 따라 그 조건은 다른 것이다.

퇴계는 주자가 「태극도설」에 대한 평가로서 "도리의 중대한 두뇌가 되는 자리요, 백세토록 도술의 연원이 된다[是道理大頭腦處, 又以爲百世道術淵源]."고 한 구절과 「태극도설」의 구조에 대해 "도설의 머리 부분에서는 음양변화의 근원을 말하였고, 그 뒤로는 사람이 부여받은 바를 밝혔다."[46]고 한 구절을 인용하여 「태극도설」이 '음양 변화의 근원'과 '사람이 부여 받은 바'로서 곧 태극과 심성의 두 축으로 이루어져 있음을 지적하였던 것이다. 그것은 「태극도설」을 '하늘과 인간[천·인]'의 문제로 이해하는 퇴계의 관심을 드러내고 있다. 또한 퇴계는 「태극도설」 주(註)에서 "음양·동정이 심(心)이다."라고 했던 주자의 말에 근거하여 천·인의 상응구조를 더욱 구체적으로 제시하였다. "천지의 태극이 사람에서는 곧 성이요, 천지의 동정 음양이 사람에서는 곧 심이요, 천지의 금·목·수·화·토는 사람에서는 곧 인·의·예·지·신이요, 천지의 화생만물은 사람에서는 곧 만사이다."[47]라고 하였다.

한편 주자가 말한 "성인은 수양하지 않아도 저절로 된다. 이 경지에 이르지 못하여 수양

46) 『朱子語類』 권94, '朱子書', "朱子曰, 圖說首言陰陽變化之原, 其後卽以人所稟受明之"

47) 『增補退溪全書』 권22, 5, '答李剛而(楨)別紙', "天地之太極, 在人便是性, 天地之動靜陰陽, 在人便是心, 天地之金木水火土, 在人便是仁義禮智信, 天地之化生萬物, 在人便是萬事."

을 하는 것은 군자가 길하게 되는 까닭이고, 이것을 알지 못하여 어그러지는 것은 소인이 흉하게 되는 까닭이다"[48]라고 한 구절을 인용한 것은 '닦는다[수(修)]'는 수양의 문제를 제기하고자 하는 데 있다.

「태극도설」이 내포하고 있는 천·인의 구조에서 특히 '인'에는 다시 기본 구성요소인 '형(形)·신(身)'의 문제와 오성의 감동에 따른 '선(善)·악(惡)'의 문제가 포함되고, 성인·군자·소인의 인격적 품계의 차별에 따른 '수양(修養)'의 문제가 제기되는데, 퇴계가 집중적인 관심을 보여 준 것은 바로 '수양'의 문제였다. 퇴계는 「태극도설」에 관한 주자의 언설에서 특히 수양의 문제에 주목하여 '경(敬)' 개념을 끌어낸다. 퇴계는 "수양하느냐 어기느냐는 공경함[경(敬)]과 방자함[사(肆)]의 사이에 있을 뿐이다. 경하면 욕심이 적어지고[욕과(欲寡)] 이치가 밝아진다[이명(理明)]. 적게 하고 또 적게 해서 없는데까지 이르면, 정(靜)할 때는 허(虛)하고 동(動)할 때는 직(直)하게 되니, 성인을 배울 수 있다."[49]라고 하였다.

퇴계는 주자의 견해대로, 수양을 경(敬)의 실천으로 받아 들였다. 퇴계는 우주의 생성과정과 인간의 존재양상에 관한 「태극도설」의 다양한 문제들 가운데서 수양의 문제를 표출하였으며, 주자의 말을 인용하여 자신의 철학적 중심과제요, 『성학십도』 전체를 관통하는 문제로서 '경(敬)'의 수양론을 제기하였던 것이다.[50] 그 밖에도 퇴계는 태극의 동정의 관계를 "한번 동하고 한번 정함이 서로 뿌리가 된다[一動一靜 互爲其根]."는 구절의 의미를 "음·양의 기가 운행하여 소장(消長)하고 교역(交易)하여 변역하는 곳을 가리켜 말한 것이다"[51]라고 하여, 동정하고 변화하는 순환현상으로 파악함으로써 동정(動靜)과 선후(先後)를 구별하여 볼 수 없다고 설명하였다.

---

48) 『性理大全』 「太極圖說」 註, "聖人不修爲而自然也. 未至此而修之, 君子之所以吉也. 不知此而悖之, 小人之所以凶也."

49) 『性理大全』 「太極圖說」 註, "修之悖之, 亦在乎敬之間而已矣. 敬則欲寡而理明, 寡之又寡, 以至於無, 則靜虛動直, 而聖可學矣."

50) 금장태, 성학십도와 퇴계철학의 구조, 서울대학교출판부, 2001, pp. 7~9.

51) 『退全』 권35, 23, '答李宏仲(德弘) 別紙', "太極圖說所謂, 一動一靜互爲其根者, 指陰陽之氣運行消長交易變易處言. 故曰無先後之可言耳."

2. 제2 서명도

제2 서명도
(第二 西銘圖)

인간의 소명을 인(仁)의 실체를 밝히고 실현하는 데 있다고 보았으며 그것은 구체적 일상에서 효(孝), 자애(慈愛)로 표출된다. 이러한 윤리적·도덕적 자아로서의 '나[아(我)]'야말로 세계의 주재자이며, 나를 둘러싼 세계와 만물과 근원적으로 연결되어 있다. 내가 바로서야 가정, 나라, 천지가 바로설 수 있다.

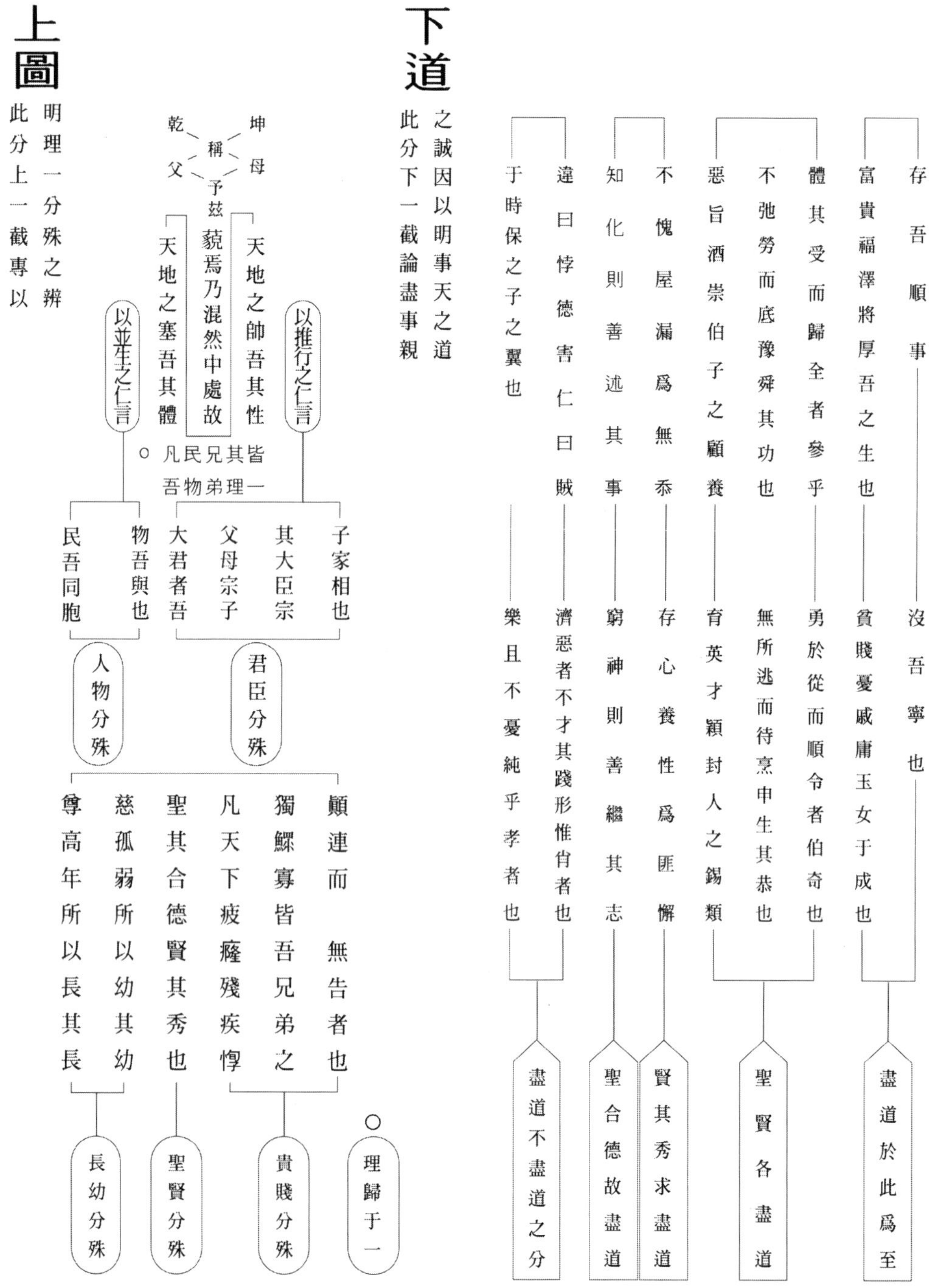

上圖
明理一分殊之辨
此分上一截專以
乾 坤
稱
父 母
予茲
藐焉乃混然中處故
天地之塞吾其體
天地之帥吾其性
以並生之仁言
以推行之仁言
○ 凡民兄其皆
吾物弟理一
民吾同胞
物吾與也
大君者吾
父母宗子
其大臣宗
子家相也
人物分殊
君臣分殊
尊高年所以長其長
慈孤弱所以幼其幼
聖其合德賢其秀也
凡天下疲癃殘疾惸
獨鰥寡皆吾兄弟之
顚連而無告者也
長幼分殊
聖賢分殊
貴賤分殊
○ 理歸于一
下道
之誠因以明事天之道
此分下一截論盡事親
存吾順事
沒吾寧也
富貴福澤將厚吾之生也
貧賤憂戚庸玉女于成也
盡道於此爲至
體其受而歸全者參乎
勇於從而順令者伯奇也
不弛勞而底豫舜其功也
無所逃而待烹申生其恭也
惡旨酒崇伯子之顧養
育英才穎封人之錫類
聖賢各盡道
不愧屋漏爲無忝
存心養性爲匪懈
賢其秀求盡道
知化則善述其事
窮神則善繼其志
聖合德故盡道
違曰悖德害仁曰賊
濟惡者不才其踐形惟肖者也
于時保之子之翼也
樂且不憂純乎孝者也
盡道不盡道之分

하도

이곳은 서명의 아랫부분을 나누어서 어버이를 섬기는 정성을 극진하게하여 하늘을 섬기는 도리를밝히는 것에 대해 밝힌 것이다

살아 있는 동안에 나는 부모에게 순종하며 섬길 것 이며
부귀와 복택은 장차 나의 삶을 두텁게 할 것이요
— 죽을때는 나는 편안히 돌아갈 것이다。
— 빈천과 근심걱정은 너를 시련하여 옥을 이루게 하는 것이다。
→ 도를극진하게하는것이 여기에이르러지극하게된다

부모에게 받은 본성을 실천하여 온전한데로 돌아가는 것은 증삼이요
고생스러운가운데서도효성을게을리하지 않고 부모를기쁘게한것은 순임금의공로이며
맛좋은 술을 싫어한 것은 우왕이 부모공양을 위한 것이었으며
— 부모의 말을 따르는데 용감하여 명령에 순종했던 사람은 백기이다。
— 도망가지않고 끓는 가마솥에서 삶겨 죽기를 기다린 것은 신생의 공손함이다。
— 영재를 기르는 것은 영고숙 처럼 효성스런 무리를 잇게하는 것이다。
→ 성인과 현인이 각각 도를극진하게하였다。

아무도 없는 방구석에서도 부끄럽지않게 행동하는것이 부모를욕되게 하지않는것이며
— 마음을 보존하고 본성을 잘 기르는 것이 부모를 섬기는데 소홀하지 않는 것이다。
→ 현인은빼어나기때문에도를 극진하게할려고노력한다

조화의 도리를 알면 하늘의 일을 잘 이어 갈 수 있고
— 신묘한 도리를 궁구하면 하늘의 뜻을 잘 계승할 수 있다。
→ 성인은천지와덕이일치하기 때문에도를극진하게한다

천명을 어기는 것을 패덕이라하고 인을 해치는 것을 적이라고 한다。
하늘을 두려워하여 스스로 하늘의뜻을 보존하는것은 자식으로서 부모를 공경하는일이며
— 악한일을더하는자는부재이고 천지로부터받은 천성에따라행동하는자는효성이지극한사람이다
— 천도를 즐거워하고 또한 근심하지않는것은 부모를 사랑하는 마음이 순수한 것이다。
→ 도를극진하게하는것과극진 하게하지못하는것을구분한다

상도

이곳은 서명의 윗부분을 나누어서 리일분수의 구분을 전직으로 밝힌것이다

하늘을 부른다 아버지라
땅을 부른다 어머니라

나의이 조그만 몸이 그 가운데 뒤섞여 있도다。그러므로
천지를 이끄는 것은 나의 본성이 되었다 — 미루어실천 한다는 측면에서 인을 말하면
천지사이에 가득찬것이 나의 몸을 이루었고 — 함께 산다는 측면에서 인을 말하면

○ 백성과 사물과 나의 형제등 모든것의 이치는 하나이다

임금은 내 부모의 맏아들이며、대신은 맏아들의 집안일을 돌보는 집사다。 — 임금과신하의다름
모든백성들은 나의 동포요 만물이나와더불어같은존재다 — 사람과사물의다름

무릇천하의꼽추손발없는불구자형제 없는사람자손없는사람홀아비나과부 같은외로운이들도모두나의형제 가운데서도어려운처지에 있으면서 하소연 할데 없는 사람들이다。 — 귀한 사람과

○ 귀결된다

성인은그덕이천지와더불어합치되는 사람이고현인은보통사람보다뛰어난사람이다 — 성인과현인의다름
나이많은 사람을 조경하는 것은 내집안의어른들을 어른으로 대접하는것이요 외롭고약한사람들을사랑하는것은 모든아이를 아이로대하는것이다 — 어른과아이의다름

「서명(西銘)」 원문(原文)

乾稱夫, 坤稱母, 予玆藐焉乃混然中處. 故, 天地之塞吾其體, 天地之帥吾其性. 民吾同
건칭부, 곤칭모, 여자막언내혼연중처. 고, 천지지색오기체, 천지지수오기성. 민오동
胞, 物吾與也. 大君者吾父母宗子, 其大臣宗子之家相也. 尊高年所以長其長, 慈孤弱所
포, 물오여야. 대군자오부모종자, 기대신종자지가상야. 존고년소이장기장, 자고약소
以幼其幼. 聖其合德, 賢其秀也. 凡天下疲癃殘疾惸獨鰥寡, 皆吾兄弟之顚連而無告者也.
이유기유. 성기합덕, 현기수야. 범천하피륭잔질경독환과, 개오형제지전연이무고자야.
于時保之, 子之翼也, 樂且不憂純乎孝者也. 違曰悖德, 害仁曰賊, 濟惡者不才其踐形惟
우시보지, 자지익야, 낙차불우순호효자야. 위왈패덕, 해인왈적, 제악자부재기천형유
肖者也. 知化則善述其事, 窮神則善繼其志, 不愧屋漏爲無忝, 存心養性爲匪懈. 惡旨酒
초자야. 지화즉선술기사, 궁신즉선계기지, 불괴옥루위무첨, 존심양성위비해. 오지주
崇伯子之顧養, 育英才穎封人之錫類. 不弛勞而底豫舜其功也, 無所逃而待烹申生其恭
숭백자지고양, 육영재영봉인지석류. 불이로이저예순기공야, 무소도이대팽신생기공
也. 體其受而歸全者參乎, 勇於從而順令者伯奇也. 當貴福澤將厚吾之生也, 貧賤憂戚庸
야. 체기수이귀전자참호, 용어종이순령자백기야. 당귀복택장후오지생야, 빈천우척용
玉女于成也. 存吾順事, 沒吾寧也.
옥녀우성야. 존오순사, 몰오녕야.

「서명(西銘)」[52] 원문 해석(原文 解釋)

하늘[건(乾)]을 아버지라 부르고 땅[곤(坤)]을 어머니라 부른다.[53] 나[54]의 이 조그만 몸이 그 가운데 뒤섞여 있도다. 그러므로 천지 사이에 가득한 것이 나의 몸을 이루었고[55] 천지를 이끄는 것은 나의 본성이 되었다.[56] 모든 백성들은 나의 동포요 만물이 나와 더불어 같은 존재

52) 고려대학교 민족문화연구원 한국사상연구소, 역주와 해설 성학십도, 예문서원, 2011, p. 58.
「서명(西銘)」은 장횡거가 지은 것이다. 본래 이름은 「정완(訂頑)」이었는데 정명도(程明道)가 「서명」으로 고쳤다. 이것은 주렴계의 「태극도설」, 정이천의 「안자소호하학론(顔子所好何學論)」 등과 더불어 북송성리학을 대표하는 글로서 『성리대전』과 『근사록』에 수록되었으며, 성리학의 사회사상과 윤리실천의 특징을 잘 보여주는 것이다. 이 「서명」의 내용은 모두 경전들에서 인용된 것으로 그 출처를 알아야만 그 의미를 정확히 이해할 수 있다. 퇴계는 경연에서 「서명」을 강의하면서 원문의 출처와 그 의미를 자세히 밝히고 있는데, 이것이 『퇴계선생문집(退溪先生文集)』에 「서명고증강의(西銘考證講義)」란 제목으로 수록되어 있다.

53) 건곤(乾坤)이란 천(天)과 지(地)의 속성을 표현하는 말로서 음(陰)과 양(陽)을 대표하는 것이다. 그리하여 건칭부(乾稱夫), 곤칭모(坤稱母) [『주역』 「설괘전」]는 천과 지가 나의 부모라는 사상을 전개한 것이다.

54) 퇴계는 「서명고증강의」에서 「서명」에 10번의 '여(予)'와 '오(吾)'자의 의미를 정확히 이해해야만 장횡거(張橫渠)가 인의 모습을 형상화하면서 왜 자기 자신을 위주로 말했는가의 이유를 알 수 있다고 하였다. 즉, 「서명」에 나오는 10번의 '여(予)'와 '오(吾)'는 곧 나를 가리키는 말이지만, 이는 사적인 나를 가리키는 것은 아니며, 또한 단순히 장횡거가 자신을 칭했거나 혹 일반인을 가리키는 것으로 이해하지 말고 반드시 나의 일이라고 자임해야 그 뜻을 제대로 이해할 수 있다는 것이다. 유학은 자아완성을 지향하는 학문, 즉 위기지학(爲己之學)이다. 천지만물이 하나라고 생각하거나 천하를 구제하려는 뜻이 있다고 하더라도, 자신의 마음, 자신의 본성 가운데 이러한 원리가 있다는 것에 대한 느낌과 인식을 가지지 않는다면 위기지학은 한낱 상상과 공상에 그치기 쉽다. 그러므로 공자는 '넓게 인정을 베풀어 대중을 구제하는 것이 인'이냐고 묻는 자공(子貢)에게 "어진 자는 자기가 서고자 하면 남을 세워주고, 자기가 도달하고자 하면 남을 도달하게 한다(『논어』 「옹야」 30장)."고 대답하였다. 퇴계는 이 대화에 대하여 '자공이 절실한 자기 자신에게 나아가 인을 찾아야 한다는 것을 모르고 너무 넓게 인을 찾고자 하니 멀어서 자기 자신과 아무런 관계가 없으므로, 공자께서 이렇게 말씀하심으로써 자공으로 하여금 자기 자신을 반성하여 인(仁)의 가장 절실한 곳을 알게 하셨다. 지금 장횡거도 역시 천지만물이 한 몸이라고 하지만 반드시 자기 자신을 원본으로 삼고 주재로 삼아야만 한다고 생각하셨다'라고 설명하고 있다. 「서명」이 본래 인(仁)의 체(體)를 형용한 것임에도 불구하고, 장횡거(張橫渠)가 '나'라는 말을 많이 쓴 이유도 먼저 자기 자신이 원천과 근본이 되고 주재가 되어야 비로소 물아(物我)가 일리(一理)여서 서로 매우 절실하게 상관되어 있다는 뜻을 알 수 있고, 저 몸속에 가득한 것이 측은지심이어서 그것이 모든 것을 꿰뚫어 흘러 막힘이 없으며 두루 하지 않는 곳이 없게 되니 바야흐로 이것이 인(仁)의 실체이기 때문이라는 것이다.

55) 이것의 원문은 '天地之塞吾其體'라는 것인데, 『맹자』의 사상에 근거한 것으로 천지의 사이에는 "기(氣)"가 충색되어 있으며 그 기가 나에게 있어서는 체(體)가 된다는 것이다. 공손추(公孫丑)가 맹자에게 호연지기(浩然之氣)에 관한 질문을 하였을 때, 맹자는 "호연지기는 설명하기가 어려운 것이다. 호연지기는 지극히 크고 지극히 굳센 것이다. 그래서 이를 곧게 키우고 손상시키지 않을 것 같으면, 하늘과 땅 사이에 가득하게 되는 것이다(『맹자』 「공손추장구상」 2장, "敢問何謂浩然之氣, 日難言也, 其爲氣也, 至大至剛, 以直養而無害, 則塞于天地之間)."라고 대답하였다. 「서명」을 저술한 장자(張子)는 바로 맹자의 호연지기가 가지는 내용을 인용하여 설명하고 있음을 알 수 있다. 또한 "기(氣)는 사람의 몸에 충만 되어 있다(『맹자』 「공손추장구상」 2장, "氣 體之充也")."고 한 맹자의 말에서도 같은 의미를 찾아 볼 수 있다고 하였다.

56) 『맹자』 「공손추장구상」 2장에 "夫志, 氣之帥也"라는 말이 나온다. 여기에서 '수(帥)'란 장수라는 뜻이 아니라 '주재·통솔'을 뜻한다. 퇴계에 의하면 "천지(天地)의 리(理)가 내게 있어서는 성(性)이다"라고 하였다.

다. 임금은 내 부모의 종자이며[57] 대신(大臣)은 종자(宗子)의 가상(家相)[58] 이다.[59] 나이 많은 사람을 존경하는 것은 내 집안의 어른을 어른으로 대접하는 것이요, 외롭고 약한 사람들을 사랑하는 것은 모든 아이를 아이로 대하는 것이다.[60] 성인은 그 덕이 천지와 더불어 합치[61] 되는 사람이고, 현인은 보통사람보다 뛰어난 사람이다.[62] 무릇 천하의 꼽추[피륭(疲癃)], 손과 발이 없는 불구자[잔질(殘疾)], 형제 없는 사람[경(惸)], 자손 없는 사람[독(獨)], 홀아비[환(鰥)]와 과부[과(寡)] 같이 외로운 이들 모두 나의 형제 가운데서도 어려운 처지에 있으면서 하소연 할 때 없는 사람들이다.[63] 하늘을 두려워하여 스스로 하늘의 뜻을 보존하는 것은 자식으로서 부모를 공경하는 일이며[64] 천도를 즐거워하고 또한 근심하지 않는 것은 부모를 사랑하는 마음이 순수

57) 종자(宗子)는 본가(本家)를 상속할 아들, 또는 종가(宗家)의 맏아들이라는 의미이다. 『예기(禮記)』「내즉(內則)」에 "적자(適子), 서자(庶子)는 종자(宗子), 종부(宗婦)를 공경하여 섬겨야 한다[適子庶子祗宗子宗婦]."라고 하였다.

58) 가상(家相)은 재후·경대부 등의 집안일을 맡아보는 가신들의 우두머리를 가리킨다.

59) 퇴계는 「서명고증강의」에서 "횡거의 이 명은 나와 천지만물의 이치가 본래 하나라는 것을 반복해서 미루어 밝혔다. 그러므로 인의 모습(體)를 묘사함으로써 '나'라는 사사로움을 부수고 무아(無我)의 공공정신을 넓힌다. 돌과 같이 완고한 마음을 융화시켜 통철(洞徹)하게 하고, 나와 남 사이에 간격이 없게 하여 터럭만한 사사로움도 그 사이에 용납되지 않게 한다. 그래서 천지를 하나의 집안으로 생각하고, 나라 안 전체를 자기 자신으로 생각하게 하여, 가렵고 아픈 것이 내 몸에 참으로 절실하여 인의 도를 얻게 한다."고 하였다.

60) 『맹자』「이루상」 12장에 "사람마다 자기의 부모에게 효도하고, 자기보다 연세가 많은 분을 존경하게 되면, 온 천하가 평화롭게 된다[人人親其親, 長其長而天下平]."라는 내용이 있다. 그리고 『맹자』「양혜왕상」 7장에는 "내 집안 어린이를 어린이로 돌보는 일이 남의 집 어린이에게 까지 미치게 된다면, 천하는 손바닥 안에서 다스릴 수 있다[幼吾幼, 以及人之幼, 天下可運於掌]."에 근본을 두고 있다. 「서명」에서 장자(張子)는 바로 이러한 맹자의 말을 인용한 것으로 보인다.

61) 『주역』「건괘」「문언」의 "대인은 천지와 덕을 합한다[夫大人者, 與天地合其德]."라고 한 것에 근거한 것이다.

62) 조남국, 성학십도, 교육과학사, 1995, p. 42.
앞에 나오는 「태극도설」에서 주자는 "오직 인간만이 빼어나고 가장 영험하다."고 하였다. 모든 인간은 빼어나고 가장 영험할 수 있는 가능성을 가지고 있을 뿐이지 실제로 모든 인간이 그러한 긍지를 가지고 지속적인 행위로까지는 이어지지 못하고 있다. 그러나 실제로 그러한 인간이 있다면, 「서명」을 쓰고 있은 장자(張子)의 입장에서 볼 때, 그 인물은 현인(賢人)으로 규정되고 있음을 알 수 있다.

63) 『맹자』「양혜왕하」 5장에서 "늙어서 아내가 없는 것을 홀아비라고 하고, 늙어서 남편이 없는 것을 과부라고 하고, 늙어서 자식이 없는 것을 고독한 사람이라고 하고, 아버지가 없는 아이를 고아라고 한다. 이 네 가지는 천하에서 곤궁한 사람으로 의지할 데 없는 사람이다[老而無妻曰鰥, 老而無夫曰寡, 老而無子曰獨, 幼而無父曰孤, 此四者天下之窮民而無告者]."라고 한 것에서 근거하였다.
퇴계는 여기까지를 "상일재(上一截)"라 하고, 이 다음부터 끝까지를 "하일재(下一截)"라 하여, 「서명」을 두 단락으로 나누었다. 그에 의하면 여기까지는 "리일분수(理一分殊)", 즉 본래의 리(理)는 하나인데 그것이 다양하게 갈린다는 사상(辨)을 밝힌 것이며, 이 아래의 것(하일재)은 부모 섬기는[사친(事親)] 정성[성(誠)]을 다할 것을 논함으로써 하늘 섬기는[사천(事天)] 도(道)를 밝힌 것이라 한다(윤사순, 퇴계선집, 현암사, 2010, p. 318).

64) 『시경』「주송」「아장」에 "내가 이른 아침부터 밤늦게까지 하늘의 위엄을 두려워하여 이에 하늘의 뜻을 지킨다[我其夙夜, 畏天之威, 于時保之]."라고 하였는데, 이것은 「대아(大雅)」「문왕(文王)」「문왕유성(文王有聲)」에 "자손을 위한 계책을 세워, 공경하는 자식을 편안하게 한다[貽厥孫謀, 以燕翼子]."라고 하였다. '익(翼)'은

한 것이다.[65] 천명을 어기는 것을 패덕(悖德)이라 하고,[66] 인을 해치는 것을 적(賊)[67]이라고 하며 악한 일을 더하는 자는 부재(不才)[68]이고 천지로부터 받은 천성에 따라 행동하는 자는 효성이 지극한 사람이다.[69] 조화의 도리를 알면 하늘의 일을 잘 이어 갈 수 있고, 신묘한 도리를 궁구하면 하늘의 뜻을 잘 계승할 수 있다.[70] 아무도 없는 방구석에서도 부끄럽지 않게 행동하는 것이 부모를 욕되게 하지 않는 것이며,[71] 마음을 보존하고 본성을 잘 기르는 것이 부모

공경(敬)의 뜻이고, '연(燕)'은 편안하게 해 준다는 뜻이다. 주자는 「서명해(西銘解)」에서 '于時保之'를 "하늘을 두려워하여 스스로 하늘이 내려주고 살펴보는 뜻을 보존한다"라고 해석하였다. 여기에서는 이것들을 종합하여 번역하였다. 퇴계는 '천도를 즐긴다'와 앞의 '하늘을 두려워한다'를 성인과 현인의 일로 대비하여 봐야 한다고 하였다.

65) 『주역』「계사상」 4장에 "하늘이 도를 즐기고 하늘의 명을 알기 때문에 근심하지 않는다[樂天知命, 故不憂]."라고 하였으며, 『좌전(左傳)』에서 영고숙(穎考叔)을 '순효(純孝)'라고 하였다. 여기에서의 번역은 「서명해(西銘解)」의 '부모를 사랑하는 마음이 순수한 것'이라는 풀이에 따른 것이다.

66) '어긴다(違)'는 것은 『논어』「이인」 5장의 "군자는 밥 먹는 사이에도 인을 어기지 않는다[君子無終食之間違仁]."라고 하였고, 또 '패덕(悖德)'은 『효경(孝經)』에 "자기 어버이를 사랑하지 않고, 남을 사랑하는 자를 패덕(悖德)이라 한다[不愛其親而, 愛他人者謂之悖德]."라고 하였다. 이는 자기 부모를 사랑하는 것이 곧 천명(天命)이라고 보아야 마땅할 것이며, 따라서 자기 부모를 사랑하지 않는 것이 곧 천명(天命)을 어기는 행위라는 것과 같은 의미인 것이다.

67) '인을 해친다(害仁)'라는 내용은 『논어』「위령공」 9장의 "지사와 인자는 삶을 구하려고 인을 해치지 않으며, 자기가 죽어가면서 인(仁)을 성취시킨다[志士仁人, 無求生而害仁, 有殺身以成仁]."라고 하였다. 오직 자기가 살려고만 하여 불의(不義)를 저지르는 일, 즉 인(仁)을 해치거나 거역하는 일을 용납할 수 없다는 의미이다. '적(賊)'은 『맹자』「양혜왕하」 8장의 "인을 해치는 자를 적(賊)이라 한다[賊仁者謂之賊]."고 하였다.

68) 『좌전』의 고사에서 나온 말이다. "옛날에 흉악한 오랑캐인 혼돈(渾敦)·궁기(窮奇)·도올(檮杌)이라는 3족(三族)이 있었는데, 모두 선한 재질이 없는(不才) 족속들이라 대대로 흉악한 짓을 하여 그 악명을 더하였다"고 하였다. 부재란 여기에서 비롯된 말이다.

69) 원문은 "其踐形 惟肖"라는 것이다. 여기서 '踐形(천형)'이라는 말은 『맹자』「진심상」에 나오는 말로 "형색은 천성이다. 성인이 된 뒤에야 형색을 다 실현 할 수 있다[形色天性也 惟聖人然後, 可以踐形]."고 하였다. 『맹자』에서 형(形)의 의미는 인간의 본성과 상통하는 것으로, '천형'은 곧 인간의 본성을 그대로 실천한다는 의미가 되는 것이다. 이와 같은 인간의 본성을 부모에 대하여 실천하였을 때, 그 실천이 바로 효성이라는 의미가 된다. 그리고 '유초(惟肖)' 두 글자는 『서경』「열명」에 "열(說)이 부암의 들판에서 살고 있었는데 오직 꿈에 본 모습과 닮았다[說築傅巖之野惟肖]."에서 나온 말로서(은나라 고종이 꿈에 현명한 신하를 보고 그림으로 그려 모습이 닮은 사람을 찾게 하였는데 부열의 얼굴이 그림과 꼭 닮았다고 한다) 여기서 '초(肖)'는 '같다', '닮았다'는 의미로 부자간(父子間)의 인간관계에서 자녀가 부모에게 인간의 본성을 실천함으로써 부모나 자식이 서로 편안한 경지에서 부자가 서로 '같이' 진실 되게 만난다는 의미가 된다. 또한 '불초(不肖)'라고 할 때, '불초'는 '불효(不孝)'를 의미하는 것으로 보아 '초(肖)'는 '효(孝)'를 뜻하는 것이기도 하다.

70) 『주역』「계사하」 5장의 "정신을 궁구하고 조화를 아는 것은 덕이 성대한 자이다[窮神知化, 德之盛也]."와 『중용』 19장의 "효라는 것은 부모의 뜻을 잘 계승하고 부모의 일을 잘 따르는 것이다[夫孝者, 善繼人之志, 善述人之事者也]."라고 하였다. 『주역』의 '정신을 궁구하고 조화를 아는 것'은 정신의 세계를 궁구해서 변화를 안다는 의미로 자연변화의 도에 대한 인식을 의미한다. 자연 변화에 대한 인식은 '의'를 정밀하게 인식함을 통하여 정신의 세계에 입문하여 수양을 끊임없이 쌓아 덕이 성대하게 된 뒤에 가능하다고 본다. 그리고 『중용』에서 '인(人)'자는 부모를 가리키지만 여기에서의 '기(其)'는 곧 만물의 부모인 하늘을 가리킨다.

71) '방구석에서 부끄럽지 않은 것'은 위(衛) 무공(武公)이 95세 때에 자신을 경계하기 위해 지었다는 자경시(自警詩)는 『시경』「대아」「탕」「억」시의 "네가 방에 있는 것을 보니, 방구석에서도 부끄러운 일을 하지 않으

를 섬기는데 소홀하지 않는 것이다.72) 맛 좋은 술을 싫어 한 것은 우왕이 부모 봉양을 위한 것이었으며,73) 영재를 기르는 것은 영고숙처럼 효성스런 무리를 잇게 하는 것이다.74) 고생

려 하는구나[相在爾室, 尙不愧于屋漏].”와 ‘부모를 욕되게 아니함’은 『시경』「소아」「절남산」「소완」시의 “나는 날마다 힘쓰고 너는 달로 나아가, 아침 일찍 일어나고, 밤늦도록 노력하여 너를 낳아 준 부모를 욕되게 하지 말라[我日斯邁, 而月斯征, 夙興夜寐, 無忝爾所生].”를 인용한 말이다. 여기에서 옥루(屋漏)란 옛날식 주택으로, 서북쪽 구석의 가장 심은(深隱)한 곳을 가리킨다. 이 대목은 바로 수양을 하기 위해서는 그러한 곳에서까지 계신(戒愼)·공구(恐懼)의 마음가짐을 버려서는 안 된다는 것을 말하는 것이다.

72) ‘마음을 보존하고 본성을 기르는 것’은 『맹자』「진심하」 1장에 “마음을 보존하고 본성을 기르는 것이 하늘을 섬기는 것이다[存其心, 養其性, 所以事天也].”라고 하였으며, ‘게을리 아니함’은 『시경』「대아」「탕」「증민」 시에서 중산보(仲山甫)가 왕에게 충성을 다 한 것을 칭송하여 “이른 새벽부터 밤늦도록 게을리 하지 않고 한 사람을 섬겼도다[夙夜匪懈, 以事一人].”라고 한 데서 인용하여 왕에 대한 충성을 가지고 하늘 섬기는 도리에 비유하였다. 주자에 따르면 ‘보존한다(存)’는 것은 잡아 지켜서 놓아버리지 않는다는 것이요, ‘기른다(養)’는 것은 본성에 순응하여 해치지 않는다는 것이다. 이 구절에 대해 퇴계는 “이는 횡거가 효자가 부모를 섬기는 일로써 하늘을 섬기는 것을 게을리 하지 않는 것에 비유한 것이다.”라고 하였다.

73) 『전국책(戰國策)』에 “의적(儀狄)이 술을 만들었는데 우(禹)가 마시니 매우 달았다. 우가 말하기를, ‘후세에 반드시 술로써 그 나라를 망칠 사람이 있을 것이다’라고 하면서 의적을 멀리하고 술을 끊어버렸다.”고 한다. 또한 『맹자』「이루하」 20장에 “우는 맛있는 술을 싫어하고 좋은 말을 좋아하였다[禹惡旨酒而好善言].”고 나온다. 그리고 ‘고양(顧養)’ 두 자는 『맹자』「이루하」 2장의 “바둑 두고 술 마시기 좋아하며 부모 봉양을 돌아보지 않는다[博奕好飮酒, 不顧父母之養].”에서 인용한 말이다. 또한 여기에서 우왕(禹王)을 숭백의 아들[숭백자(崇伯子)]로 표현하고 있는데, 우(禹)의 아버지인 곤(鯀)이 일찍이 숭(崇)의 백(伯)으로 봉해졌기 때문에 우(禹)를 ‘숭백의 아들’이라 하였다.

74) 『춘추좌씨전』 은공(隱公) 원년조(元年條)에 보이고 있는 영봉인(潁封人: 영고숙)에 관한 내용이다. 영고숙(潁考叔)은 춘추시대 정(鄭)나라 장공(莊公)의 신하이다. 중국 정(鄭)나라 장공(莊公)은 무공(武公)으로부터 태어났고 장공의 동생은 공숙단(共叔段)이었다. 장공의 어머니 무강(武姜)은 동생 공숙단을 좋아하고 장공을 싫어하여 왕위를 공숙단에게 물려주도록 무공(武公)에게 요청을 하였으나, 무공은 장공에게 왕위를 물려주었다. 이때 무강(武姜)은 하는 수 없이 장공에게 부탁하여 공숙단을 경(京)이라는 곳에 살도록 하였다. 그런데 그 후 공숙단은 차츰 주변의 세력을 규합하여 형 장공(莊公)의 정(鄭) 나라를 공격하였다가 장공에 의해서 패하고 말았다. 이때 장공은 공숙단과 함께 모의하였던 어머니 무강을 영성(潁城)에 가두어 두고 맹세하기를 “황천에 가기 전에는 어머니를 만나지 않겠다[不及黃泉, 無相見也].”고 하였으나 그 후 장공은 자기 맹세를 후회하게 되었다. 이즈음에 영고숙은 영곡(潁谷)의 지방에서 장공의 신하로 벼슬을 하였었는데, 장공의 불행한 소식을 듣고 장공에게 찾아와 예물을 정성스럽게 바쳤다. 장공은 답례로 영고숙에게 맛있는 음식을 차려주었다. 영고숙은 음식을 먹으면서 일부러 고기를 남겨놓았다. 이때 장공이 그 이유를 물으니, 영고숙은 “저의 어머니에게 가져다 드리려고 남겨 놓은 것입니다.”라고 대답을 하였다. 이 말을 듣고 장공은 “나는 가져다 드릴 어머님이 계시지 않다”고 하였다. 장공의 말에 영고숙은 “땅속을 파서 샘을 이루게 하고 굴을 뚫고 서로 만나보시면 누가 먼저의 맹세를 어겼다고 하겠습니까[君何患焉, 若闕地及泉, 隧而相見, 其誰曰不然].”라고 하였다. 장공은 영고숙의 말에 감화를 받아 어머니와 다시 만나게 되었으며, 이로부터 어머니와 아들 사이의 정이 다시 회복되어 즐거움이 충만하였다. 『춘추좌씨전』에서 이를 평하여 말하기를 “영고숙은 순수한 효자다. 자기 어머니를 사랑함으로써 장공에게도 감화를 주어 효행심을 갖도록 하였다. 시경에서 ‘효자의 효도가 끊이지 않아서 길이 너와 같은 무리를 잇게 한다.’ 하였으니 이것을 말한다[考叔, 純孝也. 愛其母, 施及莊公, 詩曰 …… 孝子不匱, 永錫爾類, 其此之謂乎].”라고 하였다. 횡거는 이 말을 인용하여 영재교육(英才敎育)의 진의를 말하였다. 결국 영재를 기른다는 것은 영고숙의 효행이 다른 사람에게까지 감화를 주어 다른 사람도 효행을 하도록 한 것과 상통한다는 뜻이 담겨있다. 시는 『시경』「대아」「생민」「기취」에서 인용한 것이다.

스러운 가운데서도 효성을 게을리 하지 않고 부모를 기쁘게 한 것은 순임금의 공로이며,[75] 도망가지 않고 끓는 가마솥에서 삶겨죽기를 기다린 것[대팽(待烹)]은 신생(申生)의 공손함이다.[76] 부모에게 받은 본성[체(體)]을 실천하여 온전한 데로 돌아가는 것은 증삼이요,[77] 부모의 말을 따르는 데 용감하여 명령에 순종했던 사람은 백기이다.[78] 부귀와 복택(福澤)은 장차 나의 삶을 두텁게 할 것이요, 빈천과 근심걱정은 너를 시련하여 옥(玉)으로 이루게 하는 것이다.[79] 살아

75) 『서경』에 의하면 순(舜)의 부모 형제에 관하여 "아버지는 어리석었고, 어머니는 간악하였으며, 아우는 오만하였다."라고 기록되어 있다. 이러한 가정에서 순은 "온 가족을 화해하게 하기 위하여 효(孝)로써 행동하였고, 잘 다스리어 간악한 데로 이르지 않게 하였다"고 기록되어 있다. 결국 순의 이러한 효행(孝行)이 가정의 화목을 가져왔으며, 나아가 덕치(德治)의 바탕이 됨으로써 요(堯)임금의 다음 임금으로 발탁되는 요인이 되었던 것이다. 그리고 『맹자』「이루상」 28장에 "순이 어버이 섬기는 도를 다하니, 고수(瞽瞍, 순의 아버지)가 기뻐하였다[舜盡事親之道, 而瞽瞍底豫]."라고 했다. 퇴계는 「서명고증강의」에서 "군자가 하늘을 이와 같이 섬기면 하늘을 감격시키는 공이, 순이 어버이를 기쁘게 한 공과 같을 것이다."라고 하였다.

76) 『춘추좌씨전』 희공(僖公) 5년에 나온다. 진(晉)나라의 헌공(獻公)은 그의 아들 신생(申生)을 태자(太子)로 책봉하였다. 그 후 헌공은 여희(驪姬)를 부인으로 맞아 들여 여희에게서 아들을 낳았다. 여희는 자기가 낳은 아들을 태자로 세우려고 헌공에게 신생을 참소(讒訴: 남을 헤치려고 죄가 있는 것처럼 꾸며 윗사람에게 일러바침)하자 헌공이 태자 신생을 죽이려 하였다. 이때 주변 사람들은 신생으로 하여금 헌공에게 진실된 사실을 밝히도록 조언하여 주었다. 그러나 신생은 "우리 아버님(헌공)께서는 여희가 없으면 거처하실 때도 편안하지 못하시고, 식사도 만족해하지 않으실 것입니다. 그런데 내가 자신을 변명하게 되면 여희가 죄를 반드시 뒤집어쓰게 됩니다. 아버님은 이미 늙었으니, 나는 그런 짓을 할 수가 없습니다[君非姬氏, 居不安, 食不飽, 我辭, 姬必有罪, 君老矣, 吾又不樂]."라고 답변하였다. "그러면 그대가 도망치려고 하느냐"라는 질문을 받고 신생은 "다른 나라로 도망간다 하여도 누가 나를 받아주겠는가" 하는 대답을 하고 스스로 목을 매어 자살하였다. 뒤에 시(諡)를 공(恭)이라고 지어 주었다. 군자가 환란에 처했을 때 죽음을 지켜 움직이지 아니함이 이와 같으면 그 경천(敬天)하는 마음이 신생의 공과 같다는 것을 말한 것이다. '도망가지 아니하고'는 『장자』의 "천지 사이에 도망 갈 곳이 없다[無所逃於天地之間]."에서 인용했다.

77) 『예기』「제의」에 "부모가 온전하게 낳아 주신 몸이니 자식은 마땅히 온전하게 가지고 돌아가야 한다[父母全而生之, 子全而歸之]."고 하였고, 효경(孝經)에서는 공자가 증자에게 "신체와 머리카락과 피부는 부모에게서 받은 것이니, 감히 손상시키지 않는 것이 효도의 시작이다. 몸을 세워 도를 행하여 이름을 후세에 남겨 부모를 드러나게 하는 것이 효의 완성이다[身體髮膚, 受之父母, 不敢毁傷, 孝之始也. 立身行道, 揚名於後世, 以顯父母, 孝之終也]."라고 가르쳤다. 증자(曾子)는 이러한 가르침을 지켜, 죽을 때 제자들을 불러 놓고 "나의 발을 펴보고 나의 손을 펴 보아라 …… 이제야 나는 불효를 면한 줄 알겠노라. 젊은이들아!(『논어』「태백」 3장. "啓予足, 啓予手 …… 而今而後, 吾知免夫, 小子!")"라는 말을 종합한 것이다. 퇴계는 이 구절을 "이것은 사람이 하늘로부터 받은 본성을 온전히 체현하고 돌아가면 하늘에 대해 증삼과 같은 효가 된다는 것을 말한 것이다"라고 하였다.

78) 백기(伯奇)는 『시경』에 나오는 주(周)나라 윤길보(尹吉甫)의 아들이다. 길보가 후처(後妻)의 참소를 듣고 그의 아들 백기를 내쫓았다. 백기는 이른 아침 거문고를 들고 들에 나가 이상조(履霜操)라는 곡(曲)을 노래하다가 강물에 투신하여 자살하였다. 『안씨가훈(顔氏家訓)』「후취(後娶)」에 길보와 백기의 고사가 수록되어 있다. 퇴계는 이 구절에 대해 "사람이 하늘에 대해 동서남북 어디서나 오직 그 명을 따른다면 곧 하늘에 대해 백기 같은 사람이 된다는 것이다."라고 하였다.

79) 주(周)나라 여왕(厲王)때 대부들이 서로 경계한 시인 『시경』「대아」「생민」「민노」시에 "왕께서 그대를 옥과 같이 애지중지하므로 크게 간언을 한다[王欲玉女, 是以大諫]."라고 한 것에서 인용한 말이다. 그리고 본문의 '옥성(玉成)'이란 원래 "옥녀우성(玉女于成)"이라고 된 글이다. 이것은 시련을 통하여 너(汝), 즉 '나'를 완전한 인격자로 완성시켜 준다는 뜻이다.

있을 동안에 나는 부모에게 순종하여 섬길 것이며, 죽을 때는 나는 편안히 돌아갈 것이다.[80)]

퇴계가 인용한 송대(宋代) 학자들의 「서명」 설명 원문

○ 주자(朱子)의 설명(說明)

朱子曰; "西銘, 程子以爲'明理一而分殊.'蓋以乾爲父, 坤爲母, 有生之類無物
주자왈; "서명, 정자이위'명리일이분수.'개이건위부, 곤위모, 유생지류무물
不然, 所謂理一也. 而人物之生, 血脈之屬, 各親其親, 各子其子, 則其分亦安得而
불연, 소위리일야. 이인물지생, 혈맥지속, 각친기친, 각자기자, 즉기분역안득이
不殊哉. 一統而萬殊, 則 雖天下一家, 中國一人, 而不流於兼愛之蔽, 萬殊而一貫,
불수재. 일통이만수, 즉 수천하일가, 중국일인, 이불류어겸애지폐, 만수이일관,
則雖親疎異情, 貴賤異等, 而不梏於爲我之私. 此西銘之大旨也. 觀其推親親之厚,
즉수친소이정, 귀천이등, 이불곡어위아지사. 차서명지대지야. 관기추친친지후,
以大無我之公, 因事親之誠, 以明事天之道, 蓋無適而非所謂分立而推理一也."
이대무아지공, 인사친지성, 이명사천지도, 개무적이비소위분립이추리일야."
又曰; "銘前一段如棊盤, 後一段如人下棊."
우왈; "명전일단여기반, 후일단여인하기."

○ 구산양씨(龜山楊氏)의 설명(說明)

龜山楊氏曰; "西銘, 理一而分殊, 知其理一, 所以爲仁, 知其分殊, 所以爲義. 猶孟
구산양씨왈; "서명, 이일이분수, 지기리일, 소이위인, 지기분수, 소이위의. 유맹

80) 이 구절에 대해 주자는 "효자는 살아있을 때는 그 부모를 섬기는 것이 그 뜻을 어기지 않는 것이오, 죽을 때는 편안하여 부모에게 부끄러운 바가 없어야 하며, 인인(仁人)은 살아 있을 때는 그 하늘을 섬기는 것이 하늘의 이치를 어기지 않는 것이요 죽을 때는 편안하여 하늘에 부끄러운 바가 없어야 하는 것이니, 이는 공자의 '아침에 도를 들으면 저녁에 죽어도 좋다'는 것과 증자의 '역책(易簀)'의 고사에서 말한 '내가 바른 예를 지키면서 죽을 수 있다면 이로써 된 것이다"라고 하였다. 퇴계는 「서명고증강의」에서 '내가 바른 예를 지키면서 죽을 수 있다면 이로써 된 것이다'에 대한 보충설명으로, 주자의 "옛 사람은 예법을, 삼가 죽고 사는 지경에서도 자신이 지키는 신념을 바꾸지 않는 것이 이와 같았다. 그래서 사람들로 하여금 한 가지라도 옳지 않은 일을 하거나 한 사람이라도 죄 없는 사람을 죽임으로써 천하를 얻게 되더라도 천하를 가지지 않는다는 마음을 가지게 하였으니, 이것이 긴요한 곳이다"라고 한 말을 인용하였다. 퇴계는 이와 같이 하늘의 이치를 어기지 않고 하늘에 부끄럽지 않다는 말의 구체적인 내용을 밝혔다.

子言親親而仁民, 仁民而愛物. 其分不同 故所施不能無差等耳."
자언친친이인민, 인민이애물. 기분부동, 고소시불능무차등이."

○ 쌍봉요씨(雙峯饒氏)의 설명(說明)

雙峯饒氏曰; "西銘前一節, 明人爲天地之子, 後一節, 言人事天地當如子之事父母也."
쌍봉요씨왈; "서명전일절, 명인위천지지자, 후일절, 언인사천지당여자지사부모야."

퇴계가 인용한 송대 학자들의 「서명」 설명 원문 해석

○ 주자(朱子)의 설명(說明)

"주자가 말하였다.[81] 「서명」에 대해 정자(程子)[82]는 '리는 하나인데 분(分)이 다른 것[리일분수(理一分殊)][83]을 밝힌 것이다.'라고 설명하고 있다. 대체로 하늘[건(乾)]로써 아버지[부(父)]를 삼

81) 『성리대전』 권4, 「서명」의 끝부분에 있는 주자의 '논왈'에 나온다.

82) 정자(程子)는 송대(宋代)의 성리학자로 유명한 정명도(程明道)와 정이천(程伊川) 형제를 함께 높여 부르는 존칭이다. 이들은 주자(朱子)의 성리학 형성에 큰 영향을 주었다. 여기에서의 정자는 정이천을 가리킨다. 정명도(程明道: 1032~1085)는 이천(伊川)의 형으로서, 이름은 호(顥), 자(字)는 백순(伯淳)이었으며, 명도(明道)는 그의 호이다. 그는 동생 이천과 함께 주렴계(周濂溪)에게서 오랫동안 배웠고, 도가(道家)와 불가(佛家) 사상을 탐구하기도 하였으나, 신유학(新儒學)의 정립을 모색하여 성설(性說)·천인합일설(天人合一說)·물아일체설(物我一體說) 등을 밝혔으며, 기(氣)를 강조하는 성리설(性理說)을 이룩하였다. 정이천(程伊川: 1037~1107)은 이름이 이(頤), 자는 정숙(正叔), 이천(伊川)은 그의 호이다. 정이천의 형인 명도는 지각적 학풍의 태도였으나 이천은 분석적 방법으로 지식 그 자체를 문제 삼기도 하였다. 명도는 기(氣) 위주로 한 데 비하여 그는 리(理)와 기(氣)를 이원적(二元的)으로 취하여 성(性)을 말하더라도 양면성의 입장으로 설명하였다. 송대의 성리설(性理說)이 리(理)를 존중하는 학풍으로 전개된 것은 이천에 의해서 비롯되었으며, 주자에 의해서 종합된 것이라 할 수 있다. 그는 역전(易傳) 등을 저술하고 여러 측면으로 논하였으며, 오늘날 전해지고 있는 「이정전서(二程全書)」를 비롯하여 「성리대전」, 「근사록」 등은 송대의 성리서(性理書)에 속하는 것들이다. 특히 이연평(李延平)을 통하여 그의 사상이 주자에게 큰 영향을 주었고, 주자 또한 그의 이론을 높이 평가한 점은 송대 성리학을 정주학(程朱學)이라고 부를 정도로 깊은 관계였음을 알 수 있다.

83) 고려대학교 민족문화연구원 한국사상연구소, 역주와 해설 성학십도, 예문서원, 2011, p. 63.
리일분수(理一分殊)란 우주만물의 기본원리인 리(理)는 하나이나 자연현상 및 인사(人事)는 각기 나누어져 달라지게 된 다양성으로 이루어져 있다는 것이다. 즉, 현상계의 다양성은 일(一)로부터 생겨나고 또 일(一)은 다(多)로 인해 완성된다는 것으로서 본체와 현상의 관계를 설명하는 정주학의 기본개념이다. 이 리일분수란 용어는 불교로부터 비롯된 것이라 한다. 그러나 정주 이후 성리학자들에 의해 유학의 존재론과 윤리설을 설명할 수 있는 개념으로 즐겨 사용되었다. 즉, 존재론적으로 보면 전체가 동일한 하나의 이치이지만 이 속에서 각 개체들은 독자성을 갖는다는 것이요, 가치론적으로 보면 '리일(理一)'은 만물을 일체로 보는 인(仁)이며, '분수(分殊)'는 각각의 상황에 마땅하게 행동하는 의(義)인 것이니 이 리일과 분수는 통일적으로 실현되어야 하는 것이다. 그래서 정자는 「서명」과 묵자를 비교하여 "「서명」은 리일이분수(理一而分殊)를 밝힌 것이오 묵씨는 이본이무분(二本而無分)하니 분수(分殊)를 없애는 잘못은 겸애가 되어 의가 없어지게

고, 땅[곤(坤)]으로써 어머니[모(母)]를 삼는 것은, 생명이 있는 모든 것들이 그렇지 않은 것이 없으니 이것이 이른바 리(理)가 하나[일(一)]라는 것이다. 그러나 인간 및 동물 등 혈맥을 가진 생명체의 무리들은 각각 그 어버이를 어버이로 섬기고 그 자식을 자식으로 여기는 것이니 그 분별됨[분(分)]에 있어서는 또한 어찌 서로 다르지 않을 수 있겠는가. 하나로 통일되어 있으면서도 만 가지로 다르다고 하는 것은 비록 천하가 한 집안으로 여기고, 중국이 한 사람과 같다고 하더라도 겸애(兼愛)[84]의 폐단으로 흐르지 않는 것이오, 만 가지로 다르면서도 하나로 관통[일관(一貫)]되어 있으니, 비록 친하고 소원한 정(情)의 차이가 있고 귀하고 천한 등급이 다르다 하더라도 나만을 위하는(爲我) 사사로움[85]에 빠지지 않는 것이다. 이것이 「서명」의 큰 뜻이다. 어버이를 사랑하는 두터운 정을 미루어서, 사욕(私欲)을 모두 버린 공심(公心)을 기르고, 어버이를 섬기는 정성으로 하늘을 섬기는 도를 밝힌 것을 보니, 대저 어디를 가도 이른바 분수(分)가 서있고 리(理)가 하나임을 유추(類推)하지 않는 것이 없다." 하였고, 또 그는 말하기를, "「서명」의 앞부분은 바둑판(碁盤)과 같고, 뒷부분은 사람이 바둑을 두는 것(下碁)과 같다."고 하였다.

○ 구산양씨(龜山楊氏)의 설명(說明)

구산양씨[86]는 말하기를, "「서명」에, 리(理)는 하나인데 분수가 다르다[리일분수(理一分殊)]고 말한 것은 그 리(理)가 하나임을 알기 때문에 '인(仁)'을 실행하게 하는 까닭이며, 그 분수가 다름을 알기 때문에 '의(義)'를 행하게 하는 까닭이다. 이것은 맹자가 어버이를 사랑[친(親)]한 다음에 다른 사람들을 사랑[인(仁)]하고, 남들을 사랑한 다음에 사물[물(物)]을 사랑[애(愛)]한다[87]고 한 것과 같다. 그 분수가 같지 아니한 까닭에, 베푸는 것이 차등(差等)이 없을 수가 없는 것이다."고 하였다.

된다"고 비판하였다.

84) 겸애(兼愛)를 주장하는 사상[모든 것을 하나 같이 사랑한다는 생각]은 중국 전국시대 노(魯)나라 사람인 묵적(墨翟)에 의해서 비롯되었다. 제학파(諸學派)의 하나인 묵가의 시조가 된다. 이러한 겸애설(兼愛說)에 대하여 맹자는 겸애설은 가족관계를 무시[무부(無父)]하는 것이며 또한 사람마다 가족의 근본이 하나라는 사실을 무시한 사상[이본(二本)]이라고 비판하였다. 성리학적으로 표현하면 이는 '리일(理一)'과 '분수(分殊)'를 모두 몰랐다는 비판인 것이다.

85) 맹자는 양주(楊朱: 440~380.B.C)의 "위아설(爲我說)", 즉 자신만을 위하는 이기설도 받아들일 수 없다는 것이다.

86) 송나라 때의 사람으로 이름은 시(時), 자(字)는 중입(中立), 호는 구산(龜山)으로, 이정(二程)의 제자이다. 복건성(福建省) 장락(將樂)지역의 구산(龜山)에 돌아가 살았으므로, 학자들이 구산 선생이라 하였다. 도남학(道南學)을 열었으며 주자는 바로 이 도남학의 학통을 계승하였다. 저서로는 『이정수언(二程粹言)』, 『구산집(龜山集)』, 『구산어록(龜山語錄)』등이 있다.

87) 『맹자』「진심상」 45장, "親親而仁民, 仁民而愛物"

○ 쌍봉요씨(雙峯饒氏)의 설명(說明)

쌍봉요씨[88]는 말하기를 "「서명」의 앞 1절은 사람이 천지(天地)의 아들이 됨을 밝혔고, 뒤 1절은 사람이 천지를 섬기는 것을 마치 자식이 부모를 섬기는 것 같이 해야 하는 것을 말한 것이다."고 하였다.

퇴계(退溪)의 설명 원문(說明 原文)

○ 右銘, 橫渠張子所作. 初名訂頑, 程子改之爲西銘, 林隱程氏作此圖. 蓋聖學在於求仁.
○ 우명, 횡거장자소작. 초명정완, 정자개지위서명, 임은정씨작차도. 개성학재어구인.
須深體此意, 方見得與天地萬物爲一體眞實如此處. 爲仁之功, 始親切有味, 免於莽蕩無
수심체차의, 방견득여천지만물위일체진실여차처. 위인지공, 시친절유미, 면어망탕무
交涉之患. 又無認物爲己之病, 而心德全矣, 故程子曰; "西銘意極完備, 乃仁之體也",
교섭지환. 우무인물위기지병, 이심덕전의, 고정자왈; "서명의극완비, 내인지체야",
又曰; "充得盡時聖人也."
우왈; "충득진시성인야."

퇴계(退溪)의 설명 원문(說明 原文) 해석(解釋)

위의 「서명」은 횡거(橫渠) 장자(張子)[89]가 지은 것입니다. 처음 이름은 정완(訂頑)이라 하였는데 나중에 정자(程子)가 이름을 바꿔 「서명」이라 하였고, 거기에 임은 정씨(林隱 程氏)[90]가 「서

88) 송나라 때의 학자로 이름은 노(魯), 자는 백여(伯輿), 호는 쌍봉(雙峯)이며, 강서(江西)사람이다. 1206년에 요주교수(饒州敎授)에 제수되었으며 석동서원(石洞書院)을 세워 강학하기도 하였다. 저술로는 『오경강의(五經講義)』, 『논맹기문(論孟紀聞)』, 『춘추절전(春秋節傳)』, 『학용찬술(學庸纂述)』, 『태극삼도(太極三圖)』, 『서명록(西銘錄)』, 『근사록주(近思錄註)』 등 다수가 있다.

89) 송나라 때의 성리학자 장재(張載: 1020~1077)를 말한다. 장자(張子)는 그를 높여 부른 이름이다. 송조육현(宋朝六賢) 가운데 한 사람으로 자는 자후(子厚), 호는 횡거(橫渠)이며 역(易)과 예(禮)에 밝았으며, 그의 심성론은 주자에게 많은 영향을 끼쳤다. 그는 만유(萬有)의 본체를 태허(太虛)라 하였고, 특히 기질학(氣哲學)을 정립하였다. 우리나라의 서화담(徐花潭)이 그의 사상에 영향을 받아 독자적인 철학체계를 이루기도 하였다. 대표적 저술로는 『서명(西銘)』, 『동명(東銘)』, 『정몽(正蒙)』, 『역설(易說)』 등이 있으며, 그의 문집(文集)으로 장자전서(張子全書)가 전해지고 있다.

90) 정복심(程復心: 1279~1368)을 말한다. 자는 자견(子見)이고, 호가 임은(林隱)이며 강서무원(江西婺源)사람이다. 주자를 사숙하였다.

명」의 내용을 그림으로 만들었습니다. 대체로 성학(聖學)은 인(仁)을 구하는 데 있습니다. 모름지기 이 뜻을 깊이 체득하여야 비로소 자신이 천지만물과 더불어 한 몸이라는 사실을 알 수 있게 됩니다. 그리해서 인(仁)을 실천하는 공부가 비로소 친숙해지고 맛이 있게 되어서 그 실천이 어렵다는 걱정을 가지지 않게 되는 것입니다. 또한 사물을 인식하기를 자신을 위하는 것이라는 병폐가 제거되어 마음의 덕이 온전해지는 것입니다. 그러므로 정자(程子)는 말하기를 "「서명」은 뜻이 지극히 완전하게 갖추어져 있으니, 곧 인(仁)의 체(體)[91]이다."라고 하였고, 또한 이 인(仁)이 충만하여 가득 채워졌을 때 성인(聖人)이 된다."[92]라고 하였던 것입니다.

「서명도(西銘圖)」의 '리일분수(理一分殊)' 구조(構造)

「서명도」는 북송 시대의 장횡거(張橫渠)가 좌우명으로 「정완(訂頑)」이라는 글을 쓴 것을 정이천(程伊川)이 표현이 거칠다고 하여 「서명」으로 고치고 이것을 원나라의 정복심(程復心)이 그림으로 그린 것이다.

정복심은 「서명도」를 '상도(上圖)'와 '하도(下圖)'로 나누어 만들었으며, '상도'는 "오로지 리일분수의 분변을 밝힌 것[專以明理一分殊之辨]"이고, '하도'는 "어버이를 섬기는 정성을 다하고 이에 근거하여 하늘을 섬기는 도리를 밝힘을 논한 것[論盡事親之誠, 因以明事天之道]"이라고 규정하였다. '상도'는 천지와 인간과 만물이 그 존재 양상은 모두가 서로 다르지만 그 존재 근거는 하나의 이치로 일관하고 있다는 '리일분수'[93]의 성리학적 기본명제를 제시한 것이다.

'하도'는 어버이를 섬김[사친(事親)]에 근거하여 하늘을 섬김[사천(事天)]으로 나아가는 실천방법을 제시한 것이다. 그러므로 '상도'와 '하도'는 원리와 실천의 구조를 이룬다. 주자는 "「서명」의 앞 일단(一段)은 바둑판과 같고, 뒤 일단(一段)은 사람이 바둑을 두는 것과 같다."[94]고 언급하여, 그러한 원리와 실천의 구조를 확인해 주고 있다.

「서명도」의 구조를 좀 더 자세히 관찰하면 '상도'는 모든 만물은 하늘을 아버지로, 땅을 어머니로 하여 태어난다. 그러므로 만물을 구성하고 있는 몸과 본성도 천지를 근원으로 해서

91) 『성리대전』 권4, 「서명·서명총론」

92) 『성리대전』 권4, 「서명·서명총론」

93) 리일분수는 "이치는 하나이지만 나누어 각각 가지고 있는 것은 다르다"는 말이다. 존재론적으로는 우주의 근원적 원리인 무극이 태극과 개체의 원리인 각 개체의 본성이 이러한 관계라고 하며, 인간에게 있어서는 인간의 본성과 본성의 작용, 즉 체와 용이 이러한 관계라고 한다.

94) 『退全』 권7, 14, '聖學十圖·西銘圖', "銘前一段, 如棊段, 後一段, 如人下棊"

만들어지는 것이다. 이런 이치를 '리일'이라고 한다. 이러한 리일의 원리는 다시 '이병생지인언(以竝生之仁言)'과 '이추행지인언(以推行之仁言)'의 두 갈래로 나누어지는데, 인물분수(人物分殊)가 전자에 속하며, 군신분수(君臣分殊), 장유분수(長幼分殊), 성현분수(聖賢分殊), 귀천분수(貴賤分殊)가 후자에 속한다는 것을 '분수'의 다름으로 제시하고 있다. 이러한 '분수'에 대한 설명은, 근원은 하나지만 서로 나뉘어서 달라지는 것을 설명한 것이다. 천지의 본성이 바로 '인(仁)'인데 이 인은 '함께 산다는 측면'에서는 사람과 만물로 나뉘어지며, '미루어 실천한다는 측면'에서는 임금과 신하, 어른과 아이, 성인과 현인, 귀한 사람과 천한 사람으로 각각 나뉜다. 그리고 맨 마지막에 "이치는 하나로 귀결된다[리귀호일(理歸乎一)]."고 하는 명제를 통하여 리일에서 시작하여 분수로 나누어지지만 결국 리일로 귀결된다는 '리일분수'의 원리가 제시되는 것이다. 리일을 알면 만물을 내 몸과 같이 사랑하여 인을 실천할 수 있고, 분수를 알면 사람마다 자기 부모를 사랑하고, 자기 자식을 자식으로 사랑할 수 있다. 리일분수를 앎으로써 인간은 만물을 사랑하되 무차별적 사랑인 겸애(兼愛)에 빠지지 않을 수 있으며, 친소(親疎)와 귀천에 따라 사랑의 정도가 다르더라도 자기만을 위하는 위아(爲我)에 빠지지 않을 수 있다.

하도는 '어버이를 극진하게' 섬기듯이 '하늘을 극진하게' 섬겨야 한다는 리일분수의 실천적 의미를 다섯 가지로 나누어 설명하고 있다. 부모를 잘 섬긴다는 것은 부모의 뜻을 잘 계승·발전시킴을 말한다. 이러한 노력은 바로 윤리의식으로 이어지면서 그 근본적 태도로 "효(孝)"를 강조하게 되는 것이다. 효를 실천하는 것이 바로 하늘의 명령을 따르는 것이 되기 때문이다. 그러면서 효의 모범으로 역대인물[우임금·순임금·증자·영고숙·신생·백기]들이 부모 섬기는 정성을 예시로 제시함으로써 보편 원칙을 어떻게 준수해 가야 할 것인가를 밝힌 것이다.

「서명도」는 인간과 만물에서 드러나는 모든 차별성을 넘어서서 그 이치가 하나라는 '리일분수'의 원리를 제시하고 이 원리에서 '인'의 덕을 이끌어 내고 있다. 이처럼 리일분수의 존재론적 원리와 인의 도덕적 원리를 일치시킴으로써, 유교의 근본 덕목인 인(仁)의 형이상학적 근거를 확보하게 되며 그 보편적 실현의 의미를 심화시킬 수 있게 되었다. 이처럼 리일분수의 근거와 인의 실천규범의 토대 위에서 정립되는 성학의 과제는 바로 이 도(道)를 온전하게 실현하는 것이다.

퇴계의 「서명」과 '리일분수'에 대한 이해

퇴계는 「서명」의 전체적인 성격을 "나와 천지와 만물이 그 이치가 본래 하나인 까닭을 반복하여 밝히고 있는 것"[95]이라고 지적했다. 그것은 천지와 인간과 만물의 존재가 그 기질의 다양한 다름에도 불구하고 그 이치에서는 동일한 하나의 이치로 관통한다는 것이다. 이에 따라 우주안의 모든 존재는 일체를 이루는 것으로 인식하는 세계관을 드러내고 있다. 여기서 '이치가 본래 하나[理本一]'라는 퇴계의 언급은 바로 성리학의 기본 명제인 '리일분수'의 원리에 근거한 것이요, 「서명」의 기본구조를 '리일분수'로 제시하였던 정자(程子)의 견해를 재확인하는 것이기도 하다.[96]

퇴계는 「서명고증」에서 '나'[予(여) 또는 吾(오)]라는 언급이 열 번 나오고 있음에 주목하고, 공자가 자공에게 "인자(仁者)란 자신이 나서려고 하는 곳에 남을 내세우고, 자신이 이루려고 하는 데에 남을 이루게 한다. 가까운 자신을 가지고 남의 처지를 미루어 보는 것이 인을 행하는 방법이다."[97]라고 말씀한 구절을 음미하면서, "공자가 이렇게 말씀한 것은 그(子貢)로 하여금 자신으로 돌아와 인의 실체를 가장 절실한 곳에서 인식하게 하고자 한 것이다."[98]라고 하며 「서명」에서 제시되는 경지를 이론적으로 파악하는 데 그치지 말고 주체자로서 자신으로부터 남으로 나아가는 구체적 실천과 체험을 통해 인을 추구할 수 있어야 한다는 의미가 '나'라는 말 속에 내포되어 있다는 것이다.

퇴계는 주자가 말한 인을 설명하면서 '맥을 짚고 닭을 본다[切脈觀雞]'고 언급한 구절에 대해 "맥이 끊임없이 유동하는 것을 짚어보면, 인이 가득히 차고 흘러 넘쳐서 낳고 또 낳아 쉬지 않는 뜻을 볼 수 있으며, 닭의 어린 병아리가 어여쁨을 보면 만물을 낳는 이치가 성대하여 가련히 여기고 자애로운 뜻을 알 수 있다."[99]고 설명하였다. 이처럼 퇴계는 인의 실천이 '천인합일(天人合一)'이나 '물아일체(物我一體)'의 존재론적 인식에 앞서서 자신의 직접적이고 절실한 체험을 통해 계발되고 각성되며 확장되는 것임을 주목하였다. 그만큼 추상적 관념 체계로서의 인식보다 정감적 체험에서 출발하는 인격적 체득을 강조하였던 것이다.

95) 『退全』 권7, 49, "橫渠此銘, 反覆推明吾興天地萬物, 其理本一之故"
96) 금장태, 성학십도와 퇴계철학의 구조, 서울대학교출판부, 2001, p. 34.
97) 『論語』 「雍也」 28장, "夫仁者, 己欲立而立人, 己欲達而達人, 能近取譬, 可謂仁之方也已"
98) 『退全』 권7, 50, '西銘考證講義', "夫子言此, 使其反之於身, 而認得仁體最切實處"
99) 『退全』 권21, 13, '答李剛而問目(朱書)', "按脈之流動相續, 而見仁之憤盈融洩·生生不息意思, 觀雞之稚嫩可憐, 而識仁之生理藹然·惻怛慈愛意思"

또한 「서명」의 첫 머리에서 "하늘을 아버지라 부르고 땅을 어머니라 부르며, 나는 하늘과 땅 사이에서 자그마한 존재로서 그 가운데 섞여 자리 잡고 있다[乾稱父, 坤稱母, 予玆焉, 乃混然中處]."라고 언급한 구절에서도 확인된다. 이 구절은 하늘과 땅에 대한 인간의 관계를 부모와 자식의 가족적 일체관계로 설명하고 '나'라는 작은 존재가 하늘과 땅 사이에 뒤섞여 그 가운데 존재하고 있다는 언급을 통해서 일체의 의식을 드러내고 있다. 「서명」에서 천(天)·지(地)와 '나'는 부모와 자식의 가족 관계이며, 지극히 작은 개체로서 '나'의 존재는 우주 속에 고립된 개체로 존재하는 것이 아니라, 지극히 광대한 천(天)·지(地)속에 뒤섞여 한 덩어리의 일체를 이루는 것으로 제시된다. 여기서 '나'는 개체로서의 '나'이기만 한 것이 아니라, 모든 인간이나 만물과 함께하는 '나'로 등장한다.

퇴계는 주자와 마찬가지로 "천지에 가득 찬 것이 나의 형체를 이루었고, 천지를 이끄는 것이 나의 본성을 이루었다[天地之塞, 吾其體 天地之帥, 吾其性]."라는 구절이 「서명」의 전체 내용을 함축한다고 보았다. 이 구절은 두 가지 의미를 함축하고 있는데 첫째 '나'라는 주체가 세계의 주재자라는 의미이고, 둘째 '나'라는 존재는 세계와 단절된 존재가 아닌 통일된 존재라는 의미이다. 그렇기 때문에 도덕의 출발점은 '나'로부터 시작하게 되고, 그 최종적인 범위는 천지를 모두 포괄하게 되는 것이다.100) 이런 면에서 '천지와 나', '나와 만물'은 동일한 면이 있다. 하지만 '나'는 천지와 만물과는 독립적인 존재이다. 그러니 독립적인 존재인 '나' 자신이 주체가 되어 본성을 기르고 실천하지 못한다면 '나'라는 존재의 의미가 상실된다. 그렇기 때문에 퇴계는 '나'의 수양론적 위상을 중시한 것이다.

장횡거나 주자나 퇴계는 도덕 감정의 가장 절실한 출발점이 바로 자신의 부모에 대한 효(孝)라고 본다. 그렇지만 '효'는 가정 내에서 시작하여 그 범위를 확대하여 다른 사람에 대한 사랑으로까지 이어져 가야만 진정한 인자(仁者)가 될 수 있는 것이라고 강조하고 있다.

퇴계의 「서명도」에 대한 이해와 특성

퇴계는 「서명도」의 해설에서 "『서명』의 뜻은 지극히 완비되었으니, 곧 인의 실체이다."라는 정자의 말을 인용하고 있다. 그것은 바로 『서명』을 통해 근본적으로 추구하는 것이 인의 실체를 밝히고 실현하는 데 있는 것임을 말해 준다. 「서명」은 천지를 부모로 삼아 인간과 만물이 태어나는 가족적 일체의식으로서 '리일분수'와 '물아일체'의 존재론적 원리를 제시하

100) 고려대학교 민족문화연구원 한국사상연구소, 역주와 해설 성학십도, 예문서원, 2011, p. 172.

는 동시에 가족적 일체감을 확장시켜 남에게까지 나아가는 구체적인 실천과 체험을 언급하고 있다. 퇴계는 "확충을 다 이루었을 때가 성인이다[충득진시, 성인야(充得盡時, 聖人也)]."라고 한 정자의 말을 인용하여 소아(小我)를 넘어 대아(大我)로 자신을 확장시켜 인을 실현함으로써 성인을 이루게 되는 것이 「서명」에서 추구하는 근본과제임을 역설하였던 것이다.

주자는 「서명」을 주석한 뒤 그 끝에 붙인 논(論)에서 「서명」의 근본취지를 '리일·분수'[일통·만수(一統·萬殊)]로 제시하였다. 또한 이를 통해 친친(親親)을 미루어 나가는 후덕(厚德)을 보고서 무아(無我)의 공정함을 확대시킨다고 하였다. 즉, 각각 부모와 친하다는 것은 자신이나 자신의 부모와의 친함을 의미하기보다는 부모와의 친함을 확장하여 자신을 넘어 우리 모두가 서로 깊이 연대하고 있는 공공의 지평을 고취하여야 함을 강조한 것이라 볼 수 있다.

퇴계는 「서명도」가 학문의 도정에 있는 사람들에게 제시된 학문의 목표라고 하였다. 그렇다면 「서명도」가 학문의 표준을 다루고 있다는 말도 형이상학적인 논의를 담고 있다는 의미라기보다는 학자가 지향해야 할 학문의 근본적인 목표에 대해 다루고 있다는 의미라고 해야 할 것이다. 그것은 독립적 인격으로서의 자아가 자신의 절실한 도덕 감정이 표출되는 가족애로부터 출발하되 사랑의 대상을 천지의 범위까지 확대함으로써, 도덕 감정과 도덕원칙이 통일을 이룰 수 있도록 만든 경지를 의미한다. 다시 말해, '포괄적 도덕원칙으로서의 인(仁)'과 '개별적 도덕원칙으로서의 의(義)'가 조화를 이룬 '리일분수'가 학자들이 견지해야 할 원칙이라 하겠다.

3. 제3 소학도

제3 소학도
(第三 小學圖)

일상의 기본교육을 강조하면서 하학이상달(下學而上達)의 전형을 보여주는 실천학으로 아동 청소년기 일상생활에서 행하는 일을 몸소 익히는 공부로서 인간됨의 근본과 학문의 입문을 위해 필수적인, 살아있는 공부가 소학이다. 쇄소(灑掃, 물뿌리고 청소하기), 응대(應對, 응낙과 손님맞이), 진퇴(進退, 나아가고 물러날 때의 인사)는 근본배양의 중요성을 상기시키고 있다.

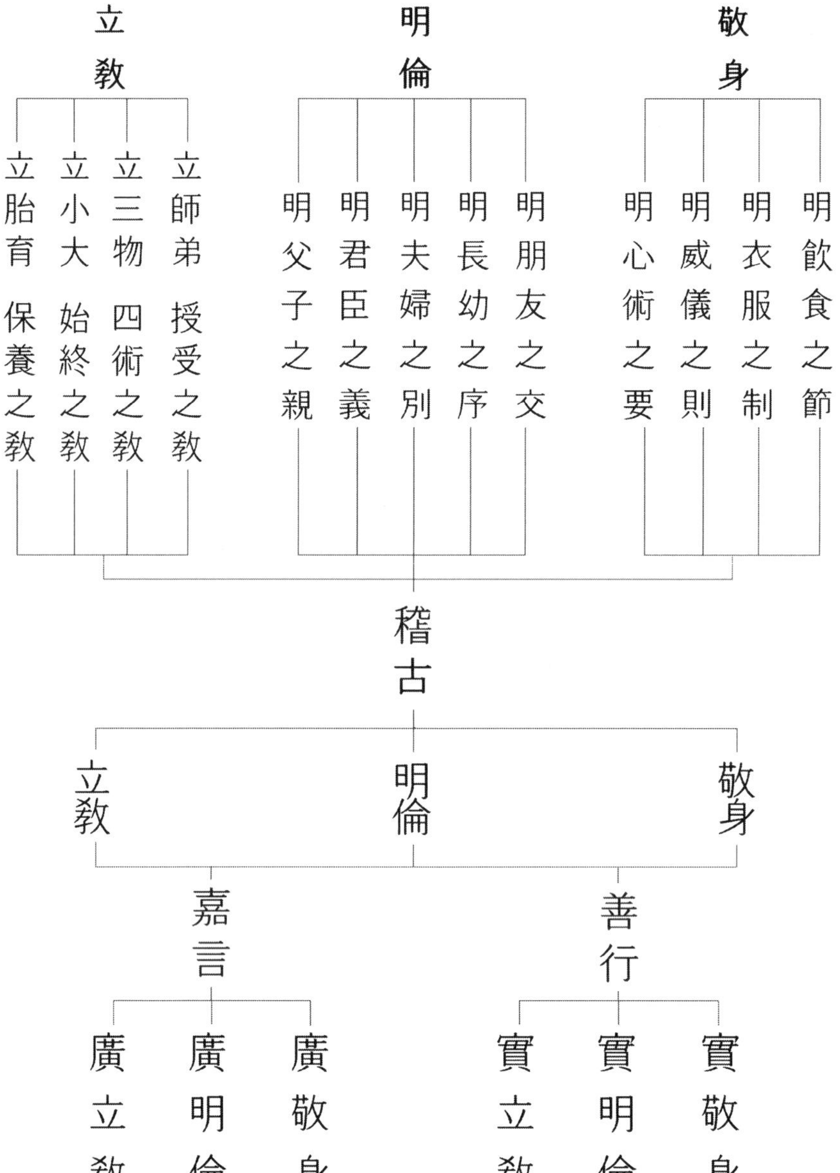
立教
明倫
敬身
立胎育保養之教
立小大始終之教
立三物四術之教
立師弟授受之教
明父子之親
明君臣之義
明夫婦之別
明長幼之序
明朋友之交
明心術之要
明威儀之則
明衣服之制
明飮食之節
稽古
立教
明倫
敬身
嘉言
善行
廣立教
廣明倫
廣敬身
實立教
實明倫
實敬身

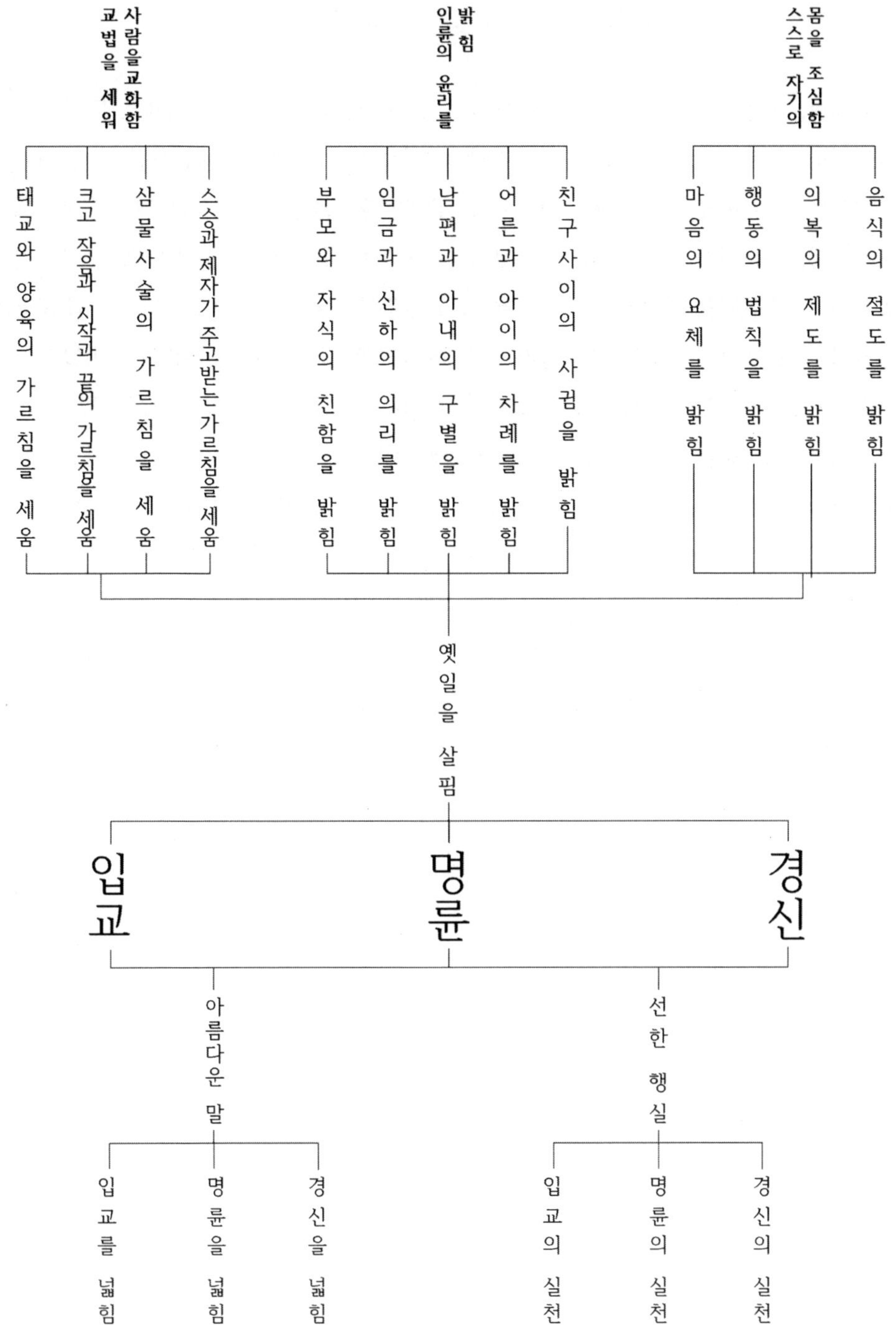

사람을 교화함
교법을 세워
밝힘
인륜의 윤리를
몸을 조심함
스스로 자기의
태교와 양육의 가르침을 세움
크고 작음과 시작과 끝의 가르침을 세움
삼물 사술의 가르침을 세움
스승과 제자가 주고받는 가르침을 세움
부모와 자식의 친함을 밝힘
임금과 신하의 의리를 밝힘
남편과 아내의 구별을 밝힘
어른과 아이의 차례를 밝힘
친구 사이의 사귐을 밝힘
마음의 요체를 밝힘
행동의 법칙을 밝힘
의복의 제도를 밝힘
음식의 절도를 밝힘
옛일을 살핌
입교
명륜
경신
아름다운 말
선한 행실
입교를 넓힘
명륜을 넓힘
경신을 넓힘
입교의 실천
명륜의 실천
경신의 실천

「소학제사(小學題辭)」 원문(原文)

元亨利貞, 天道之常, 仁義禮智, 人性之綱. 凡此厥初, 無有不善, 藹然四端, 隨感而見.
원형이정, 천도지상, 인의예지, 인성지강. 범차궐초, 무유불선, 애연사단, 수감이현.
愛親敬兄, 忠君弟長, 是曰秉彝, 有順無彊. 惟聖性者, 浩浩其天, 不加毫末, 萬善足焉.
애친경형, 충군제장, 시왈병이, 유순무강. 유성성자, 호호기천, 불가호말, 만선족언.
衆人蚩蚩, 物欲交蔽, 乃頹其綱, 安此暴棄. 有聖斯惻, 建學立師, 以培其根, 以達其支.
중인치치, 물욕교폐, 내퇴기강, 안차포기. 유성사측, 건학입사, 이배기근, 이달기지.
小學之方, 灑掃應對, 入孝出恭, 動罔或悖. 行有餘力, 誦詩讀書, 詠歌舞蹈, 思罔或逾.
소학지방, 쇄소응대, 입효출공, 동망혹패. 행유여력, 송시독서, 영가무도, 사망혹유.
窮理修身, 斯學之大, 明命赫然, 罔有內外, 德崇業廣, 乃復其初. 昔非不足, 今豈有餘.
궁리수신, 사학지대, 명명혁연, 망유내외, 덕승업광, 내복기초. 석비부족, 금기유여.
世遠人亡, 經殘教弛, 蒙養弗端, 長益浮靡. 鄉無善俗, 世乏良材, 利欲紛拏, 異言喧豗.
세원인망, 경잔교이, 몽양불단, 장익부미. 향무선속, 세핍양재, 이욕분나, 이언훤회.
幸玆秉彝, 極天罔墜, 爰輯舊聞, 庶覺來裔. 嗟嗟小子, 敬受此書, 匪我言耄, 惟聖之謨.
행자병이, 극천망추, 원집구문, 서각내예. 차차소자, 경수차서, 비아언모, 유성지모.

「소학제사(小學題辭)」[101] 원문 해석(原文 解釋)

원형이정(元亨利貞)[102]은 변하지 않는 천도의 법칙이며, 인의예지(仁義禮智)는 인간본성[인성(人性)]을 통괄(統括)하는 것이다. 이 인간의 본성들은 원래 선하지 않은 것이 없어, 애연(藹然)[103]하게 사단(四端)[104]이 사물과 만나면서 나타나게 된다. 어버이를 사랑하고 형을 공경하며, 임

101) 「소학제사」는 『소학』을 저술하고 앞에 붙인 말이다. 『소학』은 송나라 주자가 1187년 선진시대(先秦時代) 이후부터의 유학의 경전(經典)과 역사가 기록된 서적(史書) 가운데서 '행동이 모범이 되고 좋은 말을 남긴 성현들의 교육적인 내용[소학의 교육에 적당하다고 인정되는 내용]'을 수집하여 편찬한 저서의 이름이며 총 6권으로 되어 있다. 『소학』의 내용은 크게 내편(內篇)과 외편(外篇) 두 부분을 갈라서 편성되었다. 내편은 「입교(立敎)」·「명륜(明倫)」·「경신(敬身)」·「계고(稽古)」의 4편 4권이다. 내편의 앞부분은 「입교」·「명륜」·「경신」의 세 항목으로 모두 우(虞)·하(夏)·상(商)·주(周)시대 성현의 말로 『소학』의 강령으로써 먼저 가르침의 근본을 세우고, 그 가르침의 목표는 오륜의 실천에 있으며, 그 실천방법은 '경(敬)'을 잡아 지키는 데 있음을 밝히고 있다. 이어 「계고」에서는 우(虞)·하(夏)·상(商)·주(周)시대 성현의 행적을 채록(採錄)하여 「입교」·「명륜」·「경신」의 실례(實例)를 보인 것이다. 외편은 가언(嘉言)·선행(善行)으로 편찬되었는데, 이는 한나라 이후 현자들의 가언과 선행을 기록하여 「입교」·「명륜」·「경신」의 실례(實例)를 제시하였다. 「입교」란 교법을 세워 사람을 교화함이요, 「명륜」이란 인륜의 윤리를 밝히는 것이며, 「경신」이란 스스로 자신의 몸을 조심한다는 것이다. 「소학도」는 『소학』의 목록에 의거하여 퇴계가 직접 그린 그림이며, 그림의 세목은 목차의 제목에 따라 작성한 것이다. 그러므로 「소학도」를 이해하기 위해서는 『소학』 목차의 구성을 이해하지 않으면 안 된다. 그런데 『소학』은 서문 대신 주자가 지은 제사(題辭)가 붙어 있으며 여기서 주자는 『소학』을 편찬하는 이유를 자세히 밝히고 있다. 제사는 16자 14구 224자로 각 구마다 운을 붙여 어린아이들이 외우기 쉽도록 하였다. 「소학도」에서 다른 세목은 목차의 제목에 따라 작성하여 상세한 설명이 필요 없지만, 「입교」의 세목에는 설명이 필요하다. '태육보양(胎育保養)'은 태교(胎敎)와 영아보육(嬰兒保育)에 관한 것이며, '소대시종(小大始終)'은 아동교육의 내용 절목과 그 시교(施敎)순서를 말한 것이며, '삼물사술(三物四術)'은 구체적 교육방법과 내용을 말한 것이다. 여기서 '삼물(三物)'이라 함은 『주례(周禮)』에 이른바 향삼물(鄕三物)이란 것이니, 첫째, 육덕(六德: 지(知)·인(仁)·성(聖)·의(義)·충(忠)·화(和)), 둘째, 육행(六行: 효(孝)·우(友)·목(睦)·인(婣)·임(任)·휼(恤)), 셋째, 육예(六藝: 예(禮)·악(樂)·사(射)·어(御)·서(書)·수(數))이다. 사술(四術)은 시(詩)·서(書)·예(禮)·악(樂)을 말한다. 그리고 '사제수수(師弟授受)'란 스승과 제자 사이에 가르치고 배우는 데 있어서 지켜야 할 예모(禮貌)를 말한다.

102) 『주역』에서 건괘(乾卦)를 설명하고 있는 것이 원(元)·형(亨)·이(利)·정(貞)이다. 이는 건(乾)이 가지고 있는 네 가지 덕(德)을 가리킨다. 『역전(易傳)』에 따르면 "원(元)은 만물의 시작이요, 형(亨)은 만물의 성장이며, 이(利)는 만물이 이루어지는 것이며, 정(貞)은 만물이 완성되는 것이다[元者, 萬物之始, 亨者, 萬物之長, 利者, 萬物之遂, 貞者, 萬物之成]."라고 하였다. 즉, 근원성·형통함·이로움·곧고 굳음의 속성, 혹은 낳고·자라고·열매 맺고·씨앗으로 돌아가는 과정, 혹은 봄·여름·가을·겨울의 순환을 그 기본 내용으로 한다. 그런데 원(元)은 으뜸·원형·근원·생성의 의미를 지니고 있어서 나머지 특성을 다 포함하면서 나머지 특성에 내재한다고 한다.

103) 『소학집설(小學集說)』에서 "애연은 많고 번성한 모양이다[藹然, 衆盛貌]."

104) 맹자의 사단(四端)을 의미한다. 사단은 인(仁)·의(義)·예(禮)·지(智) 네 가지의 단서(端緖), 즉 측은(惻隱)·수오(羞惡)·사양(辭讓)·시비(是非)지심을 말한다. "측은(惻隱)한 마음은 인(仁)의 단(端)이고, 부끄러워하고 미워하는(羞惡)마음은 의(義)의 단(端)이고, 사양(辭讓)하는 마음은 예(禮)의 단(端)이고, 옳고 그른 것을 분별하는(是非)마음은 지(智)의 단(端)이라고 하는데서 사단이 나온다. 『맹자』「공손추상」 6장에 "惻隱之心 仁之短也, 羞惡之心 義之端也, 辭讓之心 禮之端也, 是非之心 智之端也"라고 하였으며, 맹자는 사단으로 인해 마음속에 인의예지의 본성이 있음을 알 수 있다고 하였다.

금에게 충성하고 어른들에게 공손한 것을 타고난 착한 성품[병이(秉彝)][105]이라 하니, 이것은 순리적으로 되는 것이지 억지로 되는 것이 아니다.[106] 오직 성인만이 그 본성이 자연적으로 실현되어[107] 하늘과 같이 넓고 넓어서, 털끝만큼의 힘을 더 더하지 않아도 온갖 선함[만선(萬善)]이 다 갖추어지게 된다. 하지만 일반 사람들은 어리석어 물질적인 욕망에 눈이 어두워 그 도리를 무너뜨리고 자포자기(自暴自棄)[108]하는 일을 편안하게 여긴다. 성인은 오직 이점을 측은하게 여겨 학교를 세우고 스승을 두어서 가르치어 그 본성의 뿌리를 북돋는 한편 그 가지를 뻗게 하였다.[109] 『소학』 공부의 방법이란 물 뿌리고, 비질하고[빗자루로 쓸다], 대답을 분명히 하며,[110] 집안에 들어와서는 효도하고 나가서는 어른을 공경하여, 모든 행동이 혹시라도 이에서 어긋남이 없게 하는 것이다. 이러한 것을 완전히 실천하고 난 다음에 힘이 남으면 시를 외우고[송시(誦詩)], 글을 읽고[독서(讀書)],[111] 노래를 읊조리고[영가(詠歌)], 춤을 추며[무

105) 병이(秉彝)는 글자 그대로 풀이하면 '떳떳한 본성을 잡고 있다'는 것으로, 주자는 '백성이 지닌 일정한 본성[民所執之常性]'이라고 주해하고 있으니 곧 사람들이 타고난 착한 성품을 말한다. 『시경』 「대아」 「증민」에 "하늘이 만백성을 내시니, 사물이 있으면 반드시 법칙이 있도다. 백성은 타고난 착한 성품이 있으니 아름다운 덕을 좋아하네."[天生蒸民, 有物有則, 民之秉彝, 好是懿德]

106) '彊(강)'은 '强(강)'과 같이 '억지로 한다.'는 의미이다.

107) 원문의 '성성(聖性)'은 성인은 본성대로 한 사람이라는 말로써 억지로 더하지 않아도 자연적으로 결함이 없음을 말한다. 『맹자』의 "요순은 본성대로 한 사람이고 탕무는 본성으로 되돌아간 사람이다[堯舜性者也, 湯武反之也]."에서 나온 말이다. 『소학집설(小學集說)』에서 "이는 성인(聖人)은 기품(氣稟)과 물욕(物欲)에 구애됨이 없고 천성이 두루 온전하여 한없이 넓고 커서 하늘과 하나가 되어, 털끝만큼도 더하기를 기다리지 않아도 모든 선함이 스스로 충족하여 조금도 결함이 없음을 말한 것이다[此言聖人無氣稟物欲之累, 天性渾全, 浩浩然廣大, 與天爲一, 不待增加毫末而萬善自足, 無少欠缺也]."

108) 자기 자신을 학대하고 돌보지 않는다는 뜻이다. 『맹자』 「이루상」 10장에서는 "말할 때 예의를 비방하는 이를 스스로 자기를 해친다고 하고, 내 몸은 인(仁)에 살거나 의(義)에 따르지 못한다고 하는 이를 스스로 자신을 버린다고 하느니라[言非禮義, 謂之自暴也, 吾身不能居仁由義, 謂之自棄也]."

109) 명대학자 오눌(吳訥)이 지은 『소학집해(小學集解)』에 "인의예지의 성을 기르는 것을 뿌리를 북돋아 주듯이 하고, 측은(惻隱)·수오(羞惡)·사양(辭讓)·시비(是非)의 마음과 부모를 사랑하고 형을 공경하고 임금에게 충성하고 어른을 공경하는 도리를 확충하기를 마치 나뭇가지를 자라게 하듯이 한다[聖人 …… 使之養其仁義禮智之性, 如培壅木之根本, 充其惻隱羞惡辭讓是非之端, 與夫愛親敬兄忠君弟長之道, 如發達木之支條也]."

110) 주자는 「대학장구서(大學章句序)」에서 『소학』의 가르침은 쇄소(灑掃)·응대(應對)·진퇴(進退)의 절도와 예악사어서수(禮樂射御書數)의 절문을 가르치는 것이라 하였다. 쇄소·응대·진퇴는 『논어』 「자장」 12장에 다음과 같이 나온다. "자유가 말하기를 '자하의 제자들은 물 뿌리고 비질하고 응대하고 드나들고 하는 데는 제법이지만, 그건 말단의 일이다. 본질적인 일에는 보잘 것이 없으니 어쩌겠는가?' 하니, 자하가 이 말을 듣고 말하였다; 아! 자유의 말은 지나치구나. 군자의 도(道)에 무엇을 먼저하고 무엇을 게을리 하겠는가. 초목에 비유하면, 종류에 따라 분별되는 것이니 군자의 도를 어찌 내가 속일 수 있겠는가? 처음이 있고 나중이 있는 것은 오직 성인뿐일 것이다[子游曰; '子夏之門人小字, 當灑掃應對進退, 則可矣, 抑末也. 本之則無, 如之何?' 子夏聞之曰; 噫! 言遊過矣. 君子之道, 孰先傳焉? 孰後倦焉. 譬諸草木, 區以別矣, 君子之道, 焉可誣也? 有始有卒者, 其惟聖人乎]."라고 반박했다. 주자는 바로 이런 자하의 입장을 계승하여 이 '쇄소응대'를 공부의 시작으로 봄으로써 『소학』의 중요성을 강조하였다.

111) 『논어』 「학이」 6장에 "젊은이들은 집에서는 효도하고, 밖에서는 공손하며, 삼가고 신의로우며, 널리 대중

도(舞蹈)], 생각하는 것이 조금이라도 도리에서 벗어나지 않도록 해야 한다.112) 사물의 이치를 깊이 연구하고 마음을 바르게 하여 몸을 수양(修身)하는 것은 이 학문113)의 위대한 것이며 밝은 천명[명명(明命)]114)은 환하여 안과 밖이 없으니, 덕을 높이고 공경함[업(業)]을 넓혀야만115) 곧 그 처음[본성(本性)]으로 되돌아가게116)되는 것이다. 하지만 이러한 것들이 옛날에 충분했다고 해서 어찌 지금도 여유가 있다고 할 수 있겠는가?117) 세대가 멀어지고 성인이 없어지며[世遠人亡(세원인망)]118) 경전이 없어지고 교육마저 헤이해졌으며, 어렸을 때 가르침이 단정치 못하니, 자라서는 더욱 경악하고 사치스럽게 되었다. 마을에는 선한[선(善)] 풍속이 없어지고,

---

을 사랑하되 인덕(仁德)에 가까이 할 것이니, 이를 행하고 남은 힘이 있거든 곧 글을 배울 것 이니라[弟子入則孝, 出則悌, 謹而信, 汎愛衆而親仁, 行有餘力, 則以學文]."를 인용한 것이다. 즉, 행실을 먼저 닦고 여력이 있은 뒤에야 시문(詩文)을 읽어야 한다는 말이다.

112) 『소학증주(小學增註)』에서는 쌍봉요시(雙峯饒氏)의 말을 인용하여, "이것은 『소학』의 교육방법이 반드시 배우는 자들로 하여금 불 뿌리고 비질하고 대답을 분명히 하는 예절을 삼가며, 집에 들어와서는 그 어버이를 사랑하고 나가서는 그 어른을 공경하여, 모든 동작이 혹시라도 이에서 어긋남이 없게 한다. 그리고 이 몇 가지를 실행하고 남은 힘이 있으면 시(詩)를 외우고 서(書)를 읽으며, 읊고 노래하여 음악의 소리를 익히고 춤추고 뛰어 음악의 몸가짐을 익혀, 무릇 생각하는 바가 혹시라도 이것을 넘어섬이 없게 함을 말한 것이다[饒氏曰, 此言小學之方, 必使學者, 謹夫灑掃應對之節, 入則愛其親, 出則敬其長, 凡所動作, 無或悖戾乎此也. 行此數者, 而有餘力, 則誦詩讀書, 詠歌以習樂之聲, 舞蹈以習樂之容, 凡所思慮, 無或踰越乎此也]."

113) 궁리와 수신이 『대학』 공부라면, '이 학문'이란 『소학』과 『대학』을 포괄하는 공부로서 자신을 수양하는 '위기지학'의 뜻이다.

114) 명명(明命)은 『소학집해(小學集解)』에 "명명은 하늘이 사람에게 부여한 것으로서 사람이 얻어 성으로 삼은 것이다[饒氏曰, 明命卽天之所賦於人, 而人之所德以爲性者也]."라고 하였다. 곧 천명이니 본성을 뜻하며 『중용』에 "天命之謂性(천명지위성) …… "이라 하였다.

115) 원문 "덕숭업광(德崇業廣)", 즉 '덕을 높이고 업을 넓힌다.'로 직역할 수 있다. 『주역』「계사상」 7장에 "역이 지극하구나, 저 역은 성인이 덕을 높이고 업을 넓히는 것이니[易, 其至矣乎, 夫易, 聖人所以崇德而廣業也]"에서 인용한 것이다. 『소학집해(小學集解)』에서 "덕은 도를 안에 얻은 것이고, 업은 공을 밖에 이룬 것이다[德者, 道之得於內者也, 業者, 功之成於外者也]"라고 하였다. 여기에서 '업(業)'에 대한 해석을 연구자는 학문을 심화시켜가는 향상 단계로 보고 '공경함에 대한 학업을 실천하는 것'으로 해석하였다.

116) 처음이란, 사람이 본래 타고난 선한 본성, 즉 본연지성(本然之性)을 가리킨다. 『소학집해(小學集解)』에 "복(復)은 돌아감이고, 처음은 본연(本然)을 말한다[復, 還也, 初, 謂本然也]."라고 하였다. 주자에게 '처음으로 돌아간다[乃復其初].'는 말은 매우 중요한 것이다. 『대학』 1장 '명명덕(明明德)'의 주(註)와 『논어』「학이」의 '학(學)'의 주(註)등에서 주자는 학문의 목표를 '복기초(復其初)'에 두고 있다. 가끔 '본성을 회복한다.'[復其性(복기성)]는 표현도 사용하는데 '복초(復初)'와 '복성(復性)'은 주자 사상에서 같은 의미이다. 인간은 태어나면서 선한 본성을 타고 난다고 보기 때문이다.

117) 인간의 본성은 원래 완전하므로 옛날이나 지금이나 남음과 모자람이 없는 영원히 온전한 원리의 세계라는 뜻이다. 의역하여 '옛날 사람들도 한 것이라 하여 오늘날도 쉽사리 될 것으로 생각하여서는 안 된다'는 해석이 가능하다.

118) 『소학집해(小學集解)』에서는 쌍봉요씨의 말을 인용하여 "인(人)은 성인을 말하고, 경은 육경이다. …… 이것은 옛 세상이 이미 멀어지고 성인이 이미 돌아가심에 육경에 빠진 것이 생기고 가르치는 방법 또한 폐하여 느슨해진 것을 말한다[人, 謂聖人, 經, 六經也, …… 此言自前世旣遠, 聖人旣沒, 六經殘缺, 而敎法亦廢弛矣]."라고 하였다.

세상에는 좋은 인재가 부족하게 되었으며 사람들은 이기심과 욕망으로 싸우고 이단(異端)[119]의 말들로 시끄럽게 되었다. 그러나 다행히도 인간의 떳떳한 본성은 하늘에 표준을 두고 있으므로 없어질 수 없다. 이에 옛날에 들은 것을 주워모아 앞으로 올 후손들을 깨우치고자 한다. 아아! 소년들이여! 이 책을 받아서 배우도록 하거라. 이것은 내[주자]가 노망이 들어서 하는 말이 아니라 오직 성인의 가르침이다.

퇴계가 인용한 주자의 『대학혹문(大學或問)』 원문(原文)

或問; "子方將語人以大學之道, 而又欲其考乎小學之書, 何也?" 朱子曰; "學之大小,
혹문; "자방장어인이대학지도, 이우욕기고호소학지서, 하야?" 주자왈; "학지대소,
固有不同, 然其爲道, 則一而已. 是以方其幼也, 不習之於小學, 則無以收其放心, 養其
고유부동, 연기위도, 즉일이이. 시이방기유야, 불습지어소학, 즉무이수기방심, 양기
德性, 而爲大學之基本; 及其長也, 不進之於大學, 則無以察夫義理, 措諸事業, 而收小
덕성, 이위대학지기본; 급기장야, 부진지어대학, 즉무이찰부의리, 조제사업, 이수소
學之成功. 今使幼學之士, 必先有以自盡乎灑掃應對進退之間, 禮樂射御書數之習, 俟其
학지성공. 금사유학지사, 필선유이자진호쇄소응대진퇴지간, 예악사어서수지습, 사기
旣長, 而後進乎明德新民, 以止於至善, 是乃次第之當然, 又何爲不可哉?"曰;"若其年
기장, 이후진호명덕신민, 이지어지선, 시내차제지당연, 우하위불가재?"왈; "약기년
之旣長, 而不及乎此者, 則如之何"曰;"是其歲月之已逝, 固不可追, 其功夫之次第條
지기장, 이불급호차자, 즉여지하"왈; "시기세월지이서, 고불가추, 기공부지차제조
目, 豈遂不可得而復補耶? 吾聞敬之一字, 聖學之所以成始而成終者也. 爲小學者不由乎
목, 기수불가득이부보야? 오문경지일자, 성학지소이성시이성종자야. 위소학자불유호
此, 固無以涵養本源, 而謹夫灑掃應對進退之節與夫六藝之敎; 爲大學者不由乎此, 亦無
차, 고무이함양본원, 이근부쇄소응대진퇴지절여부육예지교; 위대학자불유호차, 역무
以開發聰明, 進德修業, 而致夫明德新民之功也. 不幸過時而後, 學者誠能用力於此, 以
이개발총명, 진덕수업, 이치부명덕신민지공야. 불행과시이후, 학자성능용력어차, 이
進乎大, 而不害兼補乎其小, 則其所以進者, 將不患其無本而不能以自達矣."
진호대, 이불해겸보호기소, 즉기소이진자, 장불환기무본이불능이자달의."

119) 이단(異端)은 유학과는 다른 사상이나 주장들을 말한다.

퇴계가 인용한 주자의 『대학혹문』[120] 원문 해석

어떤 사람이 주자(朱子)에게 물었다; "선생께서 다른 사람들에게 『대학(大學)』의 도(道)를 말씀하시면서 『소학』이라는 책[121]을 참고하라고 하는 것은 무엇 때문입니까?" 주자가 다음과 같이 대답하였다. 학문하는 데는 크고 작은 차이가 있지만 도(道)를 실천하는 것은 하나일 뿐이다. 그러므로 어렸을 때 『소학』을 익히지 않으면 잃어버린 마음을 거두어들이고 덕성(德性)을 길러 『대학』 공부의 기초로 삼을 수 없게 된다. 또한 성장해서 『대학』을 배우지 않으면 의리를 살피고 그것을 여러 가지 일에 실천하여 『소학』의 완성을 이룰 수 없게 되는 것이다. 이제 어린 학생들로 하여금 반드시 먼저 물 뿌리고[쇄(灑)], 비질하고[소(掃)], 대답을 분명히 하도록 하며[응대(應對)], 나아가고 물러서는 일을 잘 분별하도록 하여야 하고, 예(禮: 예절)·악(樂: 음악)·사(射: 활쏘기)·어(御: 말타기)·서(書: 글쓰기)·수(數: 셈하기)를 익히는 일에 스스로 힘을 다하게 함으로써, 성장한 뒤에는 덕을 밝히고 백성을 새롭게 하여 지극히 선한 경지에 머무르는 데 까지 나아가도록 하는 것이 당연한 순서인데, 어찌하여 참고하지 않을 수 있단 말인가?" 또 어떤 사람이 물었다. "만약 이미 어른이 되었는데도 『소학』공부를 하지 못한 사람은 어떻게 해야 합니까?" 주자가 대답하였다; "이미 지나간 세월이야 진실로 따라 잡을 수 없다 해도, 그 공부의 차례와 조목이야 어찌 다시 보충하지 못하겠는가? 내가 듣건대 '경(敬)'을 기초로 하지 않으면 진실로 본원(本源)[122]을 함양하여 물 뿌리고, 비질하고, 대답을 분명히 하도록 하는 것뿐만 아니라, 나아가고 물러나는 절차와 육예(六藝)의 가르침을 제대로 실천할 수 없게 될 것이다. 『대학』을 공부하는 사람 역시 이것을 기초로 하지 않으면, 총명함을 계발하여 덕으로 나아가 학업을 닦아서 명덕(明德)과 신민(新民)의 공을 이루지 못할 것이다. 그렇기에 때를 놓치고 난 뒤에 학문을 하는 사람이라도 진실로 '경(敬)'에 힘써서 큰 것[『대학』]을 공부하고, 작은 것[『소학』]을 함께 보충한다면[123] 장차 근본이 없어서 스스로 도달하지 못할 근심은 없게

120) 『대학혹문』은 주자의 저작으로 『대학』에 관한 내용을 보다 구체적으로 해설한 것이다. 퇴계는 주자가 저술한 「소학제사」에 있어서 『소학』에 관한 내용을 『대학혹문』에서 인용하여 「소학도」의 설명을 보완하고 있다. 퇴계는 여기서 『대학』의 공부에 앞서 반드시 『소학』의 공부가 충실히 이루어져야 한다는 것을 밝히고 있다.

121) 주자는 『대학』의 내용은 주대(周代) 태학(太學)에서 공부한 것이며, 태학에 입학하기 전에 기초교육으로 소학에 입학하여 배움을 시작했을 것으로 여겨, 소학에서 배웠을 내용을 고증하여 책으로 만들려 했다. 그 결과로 만년에 편집한 것이 『소학』이라는 책이다.

122) 수양의 핵심이자 근본인 마음을 가리킨다.

123) 고려대학교 민족문화연구원 한국사상연구소, 역주와 해설 성학십도, 예문서원, 2011, p. 75.
주자는 공부의 처음과 끝을 관통하는 것이 '경(敬)'이라고 보고 『소학』은 일상의 일을 통해 '경'을 내면화

될 것이다."

퇴계(退溪)의 설명 원문(說明 原文)

○ 右小學, 古無圖, 臣謹依本書目錄爲此圖, 以對大學之圖. 又引朱子大學或問通論大小
○ 우소학, 고무도, 신근의본서목록위차도, 이대대학지도. 우인주자대학혹문통론대소
之說, 以見二者用功之梗槩. 蓋小學大學, 相待而成, 所以一而二, 二而一者也. 故或問
지설, 이견이자용공지경개. 개소학대학, 상대이성, 소이일이이, 이이일자야. 고혹문
得以通論, 而於此兩圖可以兼收相備云.
득이통론, 이어차양도가이겸수상비운.

퇴계(退溪)의 설명 원문(說明 原文) 해석(解釋)

위의 『소학』은 옛날에는 그림이 없었으나 제가 이 책[『소학』]의 목록에 따라서 그림을 만들어 「대학도」와 대조를 이루게 하였습니다. 또한 주자의 『대학혹문』에서 『대학』과 『소학』을 통론한 설을 인용하여 두 가지의 공부하는 줄거리를 나타냈습니다. 대개 『소학』과 『대학』은 서로 의존하여 이루어진 것이므로 이른바 하나이면서 둘이요, 둘이면서 하나인 것입니다. 그러므로 『대학혹문』에서 이 두 가지를 함께 논하였으니[통론(通論)], 여기에서도 두 그림을 함께 실어 서로 완비되게 할 수 있는 것입니다.

「소학도(小學圖)」의 구조(構造)와 이해(理解)

퇴계는 『성학십도』의 제3도로 「소학도」를 제시하고 있는데, 이 도는 퇴계가 『소학』의 목차에 의거하여 도상화 한 것이다. 제1도와 제2도가 우주론의 관점에서 근본적인 원리와 목표를 제시했다면, 제3도 「소학도」와 제4도 「대학도」는 그러한 목표에 이르는 배움의 길과 절차를 제시한다. 제3도인 「소학도」는 사람이 바르게 살기 위해서 어린 시절부터 배움을 시

하는 것으로 보았다. 『주자어류(朱子語類)』 권7에 따르면 『소학』과 『대학』의 공부는 일관된 것으로, "『소학』 공부는 부모를 섬기고 어른을 섬기는 등의 일을 먼저 몸소 터득하는 것이고, 『대학』 공부는 소학의 바탕위에서 부모를 섬기고 어른을 섬기는 등의 일의 까닭이 무엇인지, 그 이치를 찬찬히 상세하게 궁구하는 것이다[小學是事, 如事君, 事父, 事兄, 處友等事, 只是教他依此規矩做去, 大學是發明此事之理]."

작하여 착실하게 성취해 나가야 함을 설명하고, 제4도인 「대학도」는 어른이 되어 공부하는 자기수양과 정치[수기치인(修己治人)]의 방법을 설명하고 있으며, 『성학십도』에서 제3도인 「소학도」가 제4도인 「대학도」와 대비되고 있음을 강조한다. 그리고 제3도인 「소학도」에서 제10도인 「숙흥야매잠도」에 이르는 도설들은 모두 공부에 관한 것으로 「소학도」와 「대학도」가 설명하는 공부의 틀에서 이해해야 한다.

또한 퇴계는 「소학도」의 도설로서 주자의 「소학제사」를 제시하고, 여기에 덧붙여 주자의 『대학혹문』에서 『소학』과 『대학』을 통론(通論)한 설명을 인용하여 『소학』과 『대학』 공부의 대강을 제시하고 있다. 아동·청소년기의 교육인 『소학』의 공부는 일상생활에서 행하는 일을 몸소 익히는 공부이고, 어른이 된 후의 『대학』 공부는 『소학』에서 익힌 일들의 이치를 궁구하여 배우는 공부이다. 『소학』 공부는 『대학』 공부의 바탕이고 예비단계라고 할 수 있다. 『소학』에서 몸에 익숙해진 일들은 『대학』에서 심화되어 그 깊은 의미를 깨닫게 되고 그 실천은 보다 더 자발적이고 원숙하게 된다. 그래서 퇴계는 "『소학』과 『대학』은 서로 기다려 이루어지는 것으로, 하나이면서 둘이요, 둘이면서 하나이다[소학대학상대이성, 소이일이이, 이이일자야(大學小學相待而成, 所以一而二, 二而一者也)]."라고 언급하여, 학문체계에서 『소학』과 『대학』이 서로 떠날 수 없는 것임을 강조하고 있다. 바로 이 점에서 주자도 『대학혹문』에서 『소학』과 『대학』을 통론하였던 것으로, 도학의 교학체계가 지닌 핵심적 특성의 하나로 『소학』과 『대학』의 통합적 인식을 들고 있는 것이다.

퇴계는 『소학』공부의 내용을 설명하기 위해 『소학』의 체제를 그림으로 정리하고 「소학제사」와 『대학혹문』의 글을 인용하여 소학의 공부를 풀이하여 보여 준다. 퇴계는 학문의 단계와 절차, 조목(條目)을 성실히 지키는 것을 강조하였는데, 그의 이러한 관점은 「소학도」에도 반영되었다. 「소학도」의 세목은 『소학』의 목차에 따라 작성한 것이며 그중 '입교(立敎)'의 항목은 퇴계가 「입교」편의 내용에서 '태육보양(胎育保養)', '소대시종(小大始終)', '삼물사술(三物四術)', '사제수수(師弟授受)'의 네 가지 항목을 추가한 것이다.

'입교'의 항목 중 '태육보양'은 태교와 영아보육에 관한 것이고, '소대시종'은 아동교육의 절목과 교육을 베푸는 순서이다. '사제수수'는 스승과 제자 사이의 가르치고 배우는 데 지켜야 할 예절과 행동이고, '삼물사술'은 구체적인 교육의 방법과 내용이다. 이중 삼물과 사물에 대해 설명하면 '삼물(三物)'은 주례(周禮)의 향삼물(鄕三物)로 육덕(六德)·육행(六行)·육예(六藝)를 말한 것이다. 첫째는 '육덕'으로 지(知)·인(仁)·성(聖)·의(義)·충(忠)·화(和)인데 사람이 갖추어야 할 여섯 가지 덕목이다. 이 세목의 공부는 시비분별을 잘하고[지], 사랑하고 아끼며 동정적이고

[인], 총명하여 사리에 밝고[성], 옳은 일에 결단력 있고 용감하고[의], 성실하고 미더우며 사사로이 치우치는 것이 없으며[충], 온화하고 화를 낼 때도 난폭하지 않아 온유함이 있는[화] 덕성을 갖추도록 하는 것이다.

둘째는 '육행'으로 효(孝)·우(友)·목(睦)·인(婣)·임(任)·휼(恤)이 그 내용이다. 이 세목의 공부는 부모에게 효도하고[효], 형제 사이에 우애롭고[우], 일가 간에 화목하고[목], 인척 간에 사이가 좋고[인], 친구들에게 믿음을 얻고[임], 불쌍한 사람을 돕는[휼] 행실을 하는 것이다.

셋째는 '육예'로 예(禮)·악(樂)·사(射)·어(御)·서(書)·수(數)를 내용으로 한다. 여러 가지 예절과 제도를 배우고[예], 음악을 배우며[악], 활쏘기를 익히고[사], 수레 몰기[어]와 문자와 문서를 익히고[서], 여러 셈법과 수와 관련된 기술을 배우는[수] 것이다. 사술(四術)이란 시(詩)·서(書)·예(禮)·악(樂)으로, 시와 글, 예절과 음악을 가르치고 배움을 말한다.

'명륜'의 항목은 오륜(五倫)을 밝게 깨우치는 내용이다. 세부 항목은 부자유친(父子有親), 군신유의(君臣有義), 부부유별(夫婦有別), 장유유서(長幼有序), 붕우유신(朋友有信)으로 구성되어 있다. 이것은 오륜의 내용과 실천을 설명하는 것으로, 아버지와 아들 사이에는 친함이 있어야 하고, 임금과 신하 사이에는 의리가 있어야 하고, 남편과 아내 사이에는 분별이 있어야 하고, 어른과 어린이 사이에는 차례가 있어야 하고, 벗 사이에는 믿음이 있어야 함을 말한다.

'경신'의 항목은 경의 몸가짐을 갖는 것으로 마음을 올바르게 쓰는 방법과, 위엄 있고 품위 있는 처신을 하기 위한 몸가짐, 의복을 때와 장소 및 법도에 맞게 입는 일, 먹고 마시는 일을 절도 있게 하는 것으로 되어 있다.

앞에서도 밝혔듯이, 퇴계는 「소학도」에서 『소학』의 큰 줄기가 되는 '입교', '명륜', '경신'의 항목이 '계고[稽古, 고사를 깊이 학습한다]'에서 고전을 통하여 그 내용을 고찰하게 되고, 현인들의 훌륭한 말씀을 모은 '가언'에서 '입교', '명륜', '경신'의 내용을 응용하고 넓히게 되며, 역사상의 실례들을 모은 '선행(善行)'에서 실증하게 된다고 보았다. 이렇게 그림을 그려 『성학십도』에 포함시킨 것은 『소학』의 체계와 공부를 분명히 밝혀 배우는 사람들이 실제로 익히고 응용할 수 있도록 하기 위해서이다.

퇴계는 이어 「소학제사」를 뒤에 붙여 『소학』 공부의 내용을 밝힌다. 「소학제사」는 주자가 『소학』의 첫머리에 머리말 격으로 지어 붙인 운문으로 4자 8구 7장 224자로 이루어졌다. 제1장은 사단(四端)이 드러나는 원천으로 천도와 인성을 말하고, 제2장은 부모를 사랑하고 형을 공경하는 것[애친경형(愛親敬兄)]과 임금에게 충성하고 어른들에게 공손한 것[충군제장(忠君弟長)]을 인륜의 대표적인 것으로 들어 사람이 지켜야 할 떳떳한 윤리를 밝히고 있다. 제3장은 교육제도와 방법, 그리고 목표를 제시하며, 제4장은 『소학』의 방법으로 물 뿌려 청소하고 응대하는 일[쇄소응대(灑掃應對)]과 집안에서는 효도하고 밖에서는 공손한 생활[입효출공(入孝出恭)]을 제시하면서, 시를 외고 책을 읽는 것[송시독서(誦詩讀書)]과 노래하고 춤을 추는 것[영가무도(詠歌舞蹈)]을 아울러 제시하였다. 제5장은 이치를 공구하고 몸을 닦으며[궁리수신(窮理修身)], 인격을 높이고 능력과 업적을 개발함[숭덕광업(崇德廣業)]으로써 학문을 심화시켜 가는 것을 말하고 있다. 심화된 공부는 『대학』 공부의 내용으로 보인다. 제6장에서는 후세의 쇠퇴한 현실에서 경전(經典)과 전적(典籍)이 없어지고 교육제도가 느슨해져 인재가 부족한 시대적 상황을 지적하고 있으며, 7장에서는 사람이 지켜야 할 떳떳한 윤리에 관하여 보고, 들은 것들을 수집하여 후세에 제시하니 이 『소학』이라는 책을 공경하게 받으라고 말하고 있다.

『소학(小學)』이란 무엇인가?

주자는 이상적인 교육체계를 주대(周代)의 교육체계에서 찾았는데, 그 핵심을 '소학'과 '대학' 두 단계의 교육과정에 있다고 하였다. '소학'은 초등교육기관으로서 왕공으로부터 서민의 자제에 이르기까지 8세가 되면 입학하여 일상의 일을 배우는 학교과정이고, '대학[태학(太學)]'은 천자의 자제, 공경대부(公卿大夫)의 적자(嫡子), 백성들 중에서 우수한 자들이 15세가 되면 입학하여 배우는 고등교육기관의 교육과정이다. 그러므로 '소학'은 학교를 가리키는 말로도 쓰였으며, 또한 이 학교에서 배우는 공부, 즉 교육내용을 의미하기도 한다. 그리고 주자는 당시의 '소학' 교육 체계가 상실된 것으로 인식하여 아동을 염두에 두고 『소학』의 교육내용을 복원하여 편찬하고자 하였다. 그래서 주자는 제자 유자징(劉子澄)에게 고전과 역사서에서 중요 내용을 뽑아 책으로 만들게 한 뒤에 스스로 교열하고 수정하여 이 책에 『소학』이라는 이름을 붙였다. 이런 까닭에 소학이란 단어는 '학교', '교육과정', '책'이라는 세 가지 의미로 쓰이게 되었다.

『소학』의 내용에는 물 뿌리고 쓸며, 응대하고 대답하며, 나아가고 물러가는 예절과 어버이를 사랑하고 공경하며, 스승을 존경하고 벗과 친하게 지내는 도리가 담겨 있다. 『소학』은 아동이 공부할 오늘날의 학생용 교과서이며, 또한 『대학』 공부의 가르침에 근본을 담고 있는 것이다.

『소학』은 크게 내편과 외편으로 나누어져 있으며 체제는 6권으로 되어 있다. 내편은 '입교', '명륜', '경신'을 세 가지 기본영역으로서 강령으로 삼고, 이 3강령을 하·은·주 삼대(三代)

의 고전의 내용으로 입증한 것이 '계고'이다.

'입교'는 교육의 중요성과 방법에 관한 기록들을 모은 것으로 태교로부터 시작되며 그 아래 세부 편을 나누지 않은 채 모두 13장이다.

'명륜'은 오륜에 대한 설명과 예증으로 부자·군신·부부·장유·붕우의 인간관계에서 지켜야 할 도리와 덕목이 주된 내용이다. 그리고 그 아래 세부 편목으로는 '명부자지친', '명군신지의', '명부부지별', '명장유지서', '명붕우지교', '통론' 등으로 '명(明)'자를 넣어 '밝히다'의 뜻으로 묶었으며 모두 107장으로 이루어져 있다.

'경신'은 자신에 대한 공경과 수양, 공부에 관한 것으로 거경궁리(居敬窮理)의 기본 틀을 중시하여 관련 자료를 모은 것이다. 그 아래 세부 편목으로 역시 '명심술지요(明心術之要)', '명위의지즉(明威儀之則)', '명의복지제(明衣服之制)', '명음식지절(明飮食之節)', '통론'으로 하여 심술, 위의, 의복, 음식 등을 들고 이를 묶어 통론으로 결말을 맺고 있으며 모두 46장으로 이루어져 있다.

'계고' 편은 상고시대부터 한대(漢代)이전의 성현들의 사상과 행적을 실어 앞의 입교·명륜·경신의 내용을 하나씩 증명해 나간 것이다.

다음으로 외편은 '가언(嘉言)', '선행(善行)'의 두 편으로 이루어져 있으며 이는 내편의 '입교'·'명륜'·'경신'의 이론을, 한대로 부터 송대에 이르기까지 현인들의 '언(言)'과 '행(行)'을 통해 사례로써 증명함과 아울러 실천하도록 유도한 것으로 내편과 짝을 이루게 하였다.

'가언'의 세부 편목으로는 '광입교(廣立敎)'·'광명륜(廣明倫)'·'광경신(廣敬身)' 등으로 앞에 '광'자를 넣어 명칭을 삼아 넓혀 증명하고자 하였다. 여기에는 역대 인물들의 어록과 그에 따른 일화가 주를 이루고 있으며, 특히 송대 이학가들, 즉 이정·횡거·소옹·사마광·호안국 등과 당시 이름난 문인, 행정가들의 행적과 어록도 상당수를 차지하여 주자의 이학가들에 대한 존경과 열정도 살필 수 있도록 되어 있다.

'선행' 편은 '실입교(實立敎)'·'실명륜(實明倫)'·'실경신(實敬身)'으로 하여 '실'자를 넣어 실천과 사실 증명을 내세운 것이다. 따라서 이편에서는 아동의 흥미를 유발할 수 있는 역대 효도, 충의, 열녀 등의 고사를 풍부히 싣고 있어 이야기를 통해 자연스럽게 그 덕목을 실천하고 익힐 수 있도록 되어 있다. 그리고 마지막으로 '채근'의 고사를 실어 마무리를 하고 있으며 이 고사는 뒤에 명대 홍자성의 『채근담』의 서적명이 되기도 하였다. 이처럼 『소학』은 '태교'에서 시작하여 '채근'에서 끝을 맺고 있다.

『소학(小學)』의 도덕규범(道德規範) 체계(體系)

주자는 『소학』을 통해 방심을 거두어들이고 덕성을 배양하는 과제로 쇄소, 응대, 진퇴의 비근한 일상적 행동절차를 실행하도록 요구하고 있으며, 애친, 경형, 충군, 제장이라는 구체적 인간관계의 도덕규범을 제시하고 있다.

퇴계는 선조 임금에게 「무진육조소」를 올리면서 "『주역』 가인괘(家人卦)의 뜻을 살피고 『소학』의 인륜을 밝히는 훈계를 본받아 자신을 다스리는데 엄중하고 가정을 다스리는데 삼가며, 어버이를 섬기는데 독실하게 하여 자식의 직분을 다할 것."[124]을 당부하고 있다. 곧 『주역』 '가인괘'의 단전(彖傳)에서는 "가인을 여자는 안에서 자기의 도리를 바르게 하고, 남자는 밖에서 자기의 도리를 바르게 하는 것이다. 남녀가 모두 바르게 하는 것은 천지의 큰 뜻이다. 가인 곧 가정에는 임금 같은 엄한 사람이 있어야 하는데, 그것이 부모라 할 수 있다. 아버지와 아들, 형과 아우, 남편과 아내가 각기 그 도리를 다해야 가정의 도가 바로 서고, 그렇게 해서 가정이 바르게 되어야 천하가 안정되는 것이다."[125]라고 언급하고 있다. 그것은 부자, 형제, 부부의 가족적 인간관계의 도리를 제시하고 있는 것이요, 이러한 가족적 인간관계에서 각각의 역할을 다하는 것으로 인륜의 규범을 밝히고 있는 것이다. 또한 이러한 인륜의 규범이 추구하는 효과로는 그 규범을 온전히 실현함으로써 가정을 바르게 하고 나라를 다스리며 천하를 안정시키는 데까지 나아가게 되는 확장의 질서를 밝히고 있다. 이러한 확장의 과정은 바로 『소학』에서 『대학』으로 연결되는 질서를 보여주는 것이기도 하다.

나아가 『소학』에서 인륜을 밝히는 훈계는 인륜의 조목으로서 부자(親)·군신(義)·부부(別)·장유(序)·붕우(交)의 오륜이 제시되고 있다. '가인괘'에서는 인간관계의 범위를 가족관계로 한정시켜 제시하고 있는 데 비하여, 『소학』의 오륜은 부자·부부의 가족관계뿐만 아니라 장유·붕우의 사회적 인간관계와 군신의 국가체계의 신분적 질서를 더욱 넓은 범위까지 포괄하고 있는 것이다. 또한 '가인괘'에서는 인간관계의 구조 속에서 각각의 역할을 다하는 것을 규범으로 제시하고 있는 데 비하여, 『소학』에서는 상호관계에서 적용되는 규범으로 제시하는 차이를 드러내고 있다. 인간관계 속에서 자신의 역할을 다하는 방법과 상호관계에 적용되는 규범을 인식하는 방법은 유교적 도덕규범의 두 가지 양상이라 할 수 있지만, 전체적으로

124) 『退全』 권6, 41, '戊辰六條疏', "殿下監大易家人之義, 法小學明倫之訓, 嚴於自治而謹於正家, 篤於事親而盡於子職"

125) 『周易』 '家人卦', "彖曰, 家人, 女正位乎內, 男正位乎外. 男女正, 天地之大義也. 家人, 有嚴君焉, 父母之謂也. 父父子子, 兄兄弟弟, 夫夫婦婦, 而家道正, 正家而天下定矣"

보면『소학』에서 제시한 오륜의 규범체계가 그 범위에서나 규범을 객관적으로 정립하고 있다는 사실에서 '가인괘'의 규범질서를 포함하고 있는 것으로 볼 수 있다. 따라서 인륜중심의 규범체계는『소학』을 통해 가장 구체적으로 제시되고 있으며, 동시에 그 규범을 생활의 전반에서 실천하는 것이 요구되고 있는 것이다. 퇴계는 이러한 규범의 실천적 성격을 공자의 가르침이 지닌 기본 성격이라 밝히고 있다. 곧 퇴계는 "공자 문하에서 사람을 가르치는 법도는 효(孝)·제(悌)·충(忠)·신(信) 같은 것에 많이 있어서 언동(言動)·주선(周旋)·응접(應接)하는 자리에 나아가는 것이니, 그 노력함이 오로지 고요한 곳에 있는 것이 아니다."[126]라고 하여, 인륜의 규범이 행동 속에 실현되는 것임을 강조하였다. 여기서 퇴계는 공자의 가르침이 효·제·충·신처럼 인간관계에서 실현되는 도덕규범임을 강조하여, 고매하고 추상적인 도덕원리가 아니라 인륜의 구체적 도덕규범임을 인식하고 있다. 그만큼『논어』에서『소학』의 규범체계가 제시되고 있음을 밝히고 있다. 따라서 퇴계는『논어』에서 공자의 가르침이 고요한 가운데 심성의 함양을 추구하는 태도에 사로 잡혀 있는 것이 아니라, 고요함을 포함하여 일상생활의 모든 자리에서 인륜의 규범을 실천해야 하는 것임을 확인하고 있는 것이다.

『소학』의 학문 방법 및 퇴계의 실천 정신

퇴계는 공부의 선후와 과정을 제시하는 학문방법론에서 먼저『소학』을 배운 다음에『대학』으로 나아갈 것을 꼭 찍어 말하며, 각각에 갖추어진 규모와 절목에 따라 자신의 마음과 힘을 다해 찾아가도록 요구하고 있다. 그는『소학』과『대학』의 구체적 실천 조목과 절차에 대해 아래와 같이 언급하였다.

> "물어 온 공부의 선후와 과정과 절차의 체계를 세우는 것은,『소학』을 먼저하고『대학』을 나중에 해야 할 것이며, 과정과 절차의 조목들은 모두 그 책에 갖춰져 있으니 성취는 내가 마음을 다하고 힘을 다해 구하는 데 달려 있을 뿐입니다. 만약 이것을 보통의 하찮은 것으로 여기거나 혹은 번다한 것으로 여겨서 달리 지름길을 찾거나 새로운 방법을 찾아 따르고자 한다면 그것은 내가 감히 알 바 아닙니다."[127]

126)『退全』권15, 28, '答朴子進(漸)' , "聖門敎人之法, 多在孝悌忠信之類, 而就言動周旋應接處, 用力不專在於靜處也"

127)『退全』권36, 26, '答李宏仲(德弘)'辛酉, "所問工夫先後, 立程規模, 則須先小學後大學, 而規模節目, 各具於其書, 在吾盡心盡力, 以求之耳, 若視此爲尋常, 或以爲繁多, 而別欲求捷徑新法而從事, 則非吾所敢知也."

이와 같이 퇴계는 공부의 순서와 절도의 조목을 소홀히 하려는 태도를 강력하게 경계하고 있음을 알 수 있다. 또한 『소학』에서 『대학』으로 이어지는 교육단계를 지키는 것을 중시하였으며, 다음과 같이 말하였다.

"옛날의 성스런 임금들이 사람을 가르치시던 방법을 지금 살펴볼 수 있는 것은 『소학』과 『대학』입니다. 『소학』의 가르침은 진실로 사람이 할 일의 자세한 곡절들을 다 행할 수 있게 하는 것입니다. 『대학』은 비록 매우 규모가 크지만, 앎에 대해 말하자면 사물에 나아가 하나하나 이치를 따지는 궁리와 격물을 말하였으며, 실천의 측면을 말하자면 뜻을 성실하게 하고 마음을 바로잡고 몸을 닦는 것에 말미암아 뒤에 집안과 나라에 미루어 실천하고 천하에 이르게 한다고 하였습니다. 가르침에 순서가 있고, 배움의 실제에 힘쓰는 것이 이와 같습니다."128)

이와 같은 관점에 따라 「소학도」 뒤에 「대학도」가 위치하고 있다. 『소학』에서 학문을 시작하고 『대학』에서 학문을 완성시켜 천하에 펼치는 것이 일관된 일이므로, 『소학』 공부를 소홀히 할 수 없다는 생각이 그대로 반영된 것이다. 또한 선왕(先王)이 교인(教人)하는 방법이 『소학』과 『대학』에 드러나고, 특히 『소학』에 대해서는 '진실로 인사(人事)의 섬세하고 곡절함을 다 발휘하는 것'이라 하여, 『대학』의 성의·정심·수신에서 제가·치국·평천하로 미루어 가는 학문체계와 대비시키고 있다. 이처럼 『소학』에서 섬세하고 곡진하게 제시하고 있는 구체적 실천규범은 일상생활 속에서 실행하는 방법으로 제시되고 있다. 그러나 문제점으로 인륜의 조목 중 '부자자효(父慈子孝)'의 규범을 구체적으로 실천하는 가운데 자식을 사랑하고 가르치는 데 지나친 병통이 있음을 퇴계는 인식하고 있다는 것을 확인할 수 있다.

"자식을 사랑함이 지나쳐 자식의 불초(不肖)함을 알지 못하는 것은 친애(親愛)의 허물이요, 가르치고 감독함이 지나쳐 은의(恩義)를 손상시키고 인륜을 해치는 데까지 나가는 것은 친애의 도를 상실한 것으로서 사사로운 분노나 잔혹한 마음에 빠져들며 역시 하나의 허물이다. 사랑하면서 그 악한 점을 알고, 미워하면서 그 원칙을 넘지 않는 것이 친애의 중도를 얻는 것이 아니겠는가."129)

128) 『退全』 권19, 24, '答黃仲擧(俊良)論白鹿洞規集解', "小學之敎, 固所以盡人事之纖微曲折, 至於大學, 雖有以極其規模之大, 然以言乎其知, 則就事物而言窮格, 以言乎其行, 則由誠意正心修身, 而後推之於家國, 而達之於天下, 其敎之有序, 而學之務實也如此."

129) 『退全』 권38, 16, '答趙起伯(振)大學問目', "愛子之過而不知其不肖, 親愛之也, 敎督之過而至傷恩害倫, 失親愛之道, 而入於私忿忍心, 是亦一辟, 愛而知其惡, 惡而不過其則, 非親愛之得中乎."

이와 같이 부모가 자식을 사랑하고 가르치는데서 일어나는 병통과 그 병통을 벗어나는 중용의 방법을 제시하고 있다. 그만큼 부모가 자식을 사랑하고 가르치는 데도 잘못을 범 할 수 있음을 주목하고 중도(中道)를 찾아 실천해야 할 책임을 각성시키고 있는 것이다. 또한 퇴계는 바람직한 행위의 실천을 통해 규범을 정착시켜가는 과정을 제시하여, "다만 평일에 그 성의(誠意)를 쌓아 일에 따라 곡절하게 하여 행할 만한 것부터 점차 행해 가서 자꾸 실행해 가다보면 이미 드러난 것을 온 집안이 믿게 되고 아직 행하지 못한 것도 오히려 점차 행할 수 있을 것이다."[130] 라고 하였다. 이와 같이 이러한 실천의 방법은 제시된 규범이나 도덕적 모범을 그대로 따르는 것이 아니라, 일상생활 속에서 자신의 성의와 적응시키고 일에 따라 합당함을 실현시켜가는 점진적인 실천의 과정을 강조한 것이다. 따라서 규범의 실천이 익숙해져서 한 집안에서 그 합당성이 신뢰를 받을 수 있어야 점차적으로 확장시켜 갈 수 있다는 실천의 점진적 확충의 과정을 제시하고 있다. 그리고 퇴계는 주자가 「답방경도(答方耕道)」에서 정자가 말하는 '경'이란 "의관을 바르게 하고, 생각을 한결같이 하는 것이며, 장중하고 가지런히 하여 엄숙한 태도를 취하는 것에 불과하며, 속이거나 거만하게 하지 않는 것일 뿐이다[불과왈정의관, 일사려, 장정제숙, 불기불만이이(不過日正衣冠, 一思慮, 莊整齊肅, 不欺不慢而已)]."라고 언급한 사실을 강조함으로써, 실제로 '경'의 실천에서도 비근한 현실성을 강조하고 있다. 여기서 퇴계는 "일용하는 규정을 세우라는 말씀은 마땅히 동시(動時)와 정시(靜時)를 함께 들고 있는 것이니, 학문하는 사람은 빠뜨려서 한편의 공부에 치우치게 하지 말아야 한다."[131] 고 역설한다. 곧 일상에서 실천해야 할 규정의 절도를 확립함으로써 정시의 내면 공부에만 치우치거나 동시의 행위에만 집착하는 폐단을 극복하도록 요구하고 있는 것이다. 따라서 '의관을 바르게 한다.'는 것이 동시에도 실행하는 절도이며, '생각을 한결같이 한다.'는 것이 정시에도 추구되는 것으로서 동·정의 어느 한 쪽에 치우치는 것을 경계하고 있다.

이와 더불어 퇴계는 『소학』이 추구하는 구체적 규범의 실천에서 형식적 조목의 실천을 넘어 도덕 원리로서 '의리(義理)'의 각성을 요구하고 있다. 곧 『소학』에서는 사양의 실천을 강조하여, 문왕(文王)의 백성들은 밭의 경계를 사양하고 길을 사양하였다는 사실(「계고」 편)이나, 당(唐)의 효우(孝友) 주인궤(朱仁軌)가 자제들에게 "평생 동안 길을 사양해도 백보도 덜 가는 것이 아니요, 평생 동안 밭의 경계를 사양해도 일반의 수확만큼도 잃지 않을 것이다[종신양로, 불

130) 『退全』 권36, 27, '答琴聞遠', "但平日積其誠意, 隨事曲折, 漸就其可行者行之, 行來行去, 一家孚信其著, 則其所未行者, 猶可以次而擧之也."

131) 『퇴전』 권35, 39, '答李宏仲(德弘)', "爲學者, 立日用規程之語, 固當動靜兼擧, 不應有所遺闕, 使之偏著一邊工夫也."

왕백보, 종신양반, 불실일단(終身讓路, 不枉百步, 終身讓畔, 不失一段)]."라고 하여 사양하도록 훈계하였다는 사실(「가인」 편)을 수록하고 있다. 퇴계는 이러한 사양의 기풍을 본받아 힘써 행하는 것이 마땅함을 전제한다. 다만 일관하여 단언 할 수 없는 것이 있음을 지적하여 '마음을 맑게 하고 지조를 지킴에 힘써서 의리로써 선처할 따름'[132]이라고 하였다. 그리하여 규범의 실천방법에 대해 형식적으로 고수하는 데 사로잡히지 말고 마음의 바탕에 근본하여 의리를 준칙으로 삼아 처리하도록 요구하고 있다.

퇴계의 『성학십도』의 중심 위치에 자리 잡게 된 『소학』이 제시하는 교학의 기본내용은 입교·명륜·경신의 3강령을 중심으로 한 비근한 현실에서 인륜의 도덕규범을 실천함으로써 심성의 근본을 함양하는 공부를 추구하는 것이다. 따라서 『소학』은 학문방법의 근본과 바탕을 형성하는 것으로 인식되었으며, 『소학』의 일상 속에서 구체적 실천을 학문의 근본으로 확립하여야 할 것을 강조하고 있다. 또한 『소학』의 구체적 실천을 기반으로 하여 그 위에 비로소 『대학』의 학문 규모가 확충되어 가는 과정이 성립한다는 점이 강조되곤 하였다. 이처럼 일상생활과 구체적 인간관계 속에서 인륜의 실천정신을 강조하는 것은 도학의 학문방법과 체계가 일상의 현실과 도덕적 실천의 기반을 떠나서는 성립할 수 없다는 퇴계의 인식을 명확히 보여 주는 것이다. 그러므로 퇴계는 『소학』의 근본 위에 성리학의 이론이 갖추어져 온전하게 균형을 이루는 학문체계의 조건으로서 '지행양진(知行兩進)'과 '언행상고(言行相顧)'를 제시함으로써, 지·언에 상응하는 행(行)의 실천적 수행을 역설하고 있다. 그만큼 퇴계의 학문체계는 결코 성리학의 관념적 추구를 목표로 하는 것이 아니라, 『소학』의 비근한 일상적 실천과제와 구체적 인륜규범의 실행을 통해 근본을 정립하고 있는 것이다. 따라서 퇴계의 도학정신은 『소학』을 근본으로 삼음으로써, 실천에 근본을 두는 '천리지학(踐履之學)'으로서의 성격을 명확히 천명하고 있는 것이다.

이처럼 『소학』의 학문방법은 하학(下學)의 비근한 현실 속에서 실천을 출발점으로 확인하고, 동시에 학문 기반으로서 인륜[겸애(兼愛)]의 구체적 인간관계의 도덕규범을 근본 과제로 정립하고 있는 것이다. 그러므로 비근한 현실에서 실천하는 것은 고원한 이상의 실현을 위한 기초를 확고히 하는 것으로서 근본배양의 방법이 된다.

132) 『퇴전』 권39, 23, '答李棐彦(國弼)', "文王之世, 民皆讓畔, 朱孝友之訓, 著於小學, 固當勉慕而力行之, 但其間亦不可以一槩斷言者, 要在淸心厲操, 以義理善處之耳."

4. 제4 대학도

제4 대학도
(第四 大學圖)

앎과 실천의 통일을 지향하며 대학의 3강령 8조목 가운데 퇴계가 가장 힘주어 강조한 부분은 수신(修身)이다. 퇴계는 '모든 사람은 누구나 한결같이 수신으로서 근본을 삼아야 한다'라고 하였다. 왜냐하면 근본이 어지러우면서 말단이 다스려지는 사람은 없기 때문이다. 또한 만물의 이치를 깨달아 흔들릴 수 있는 마음을 보존해야 하는 이치를 궁구함으로써 스스로 수양해야 함의 필연성을 인식하고자 하였다.

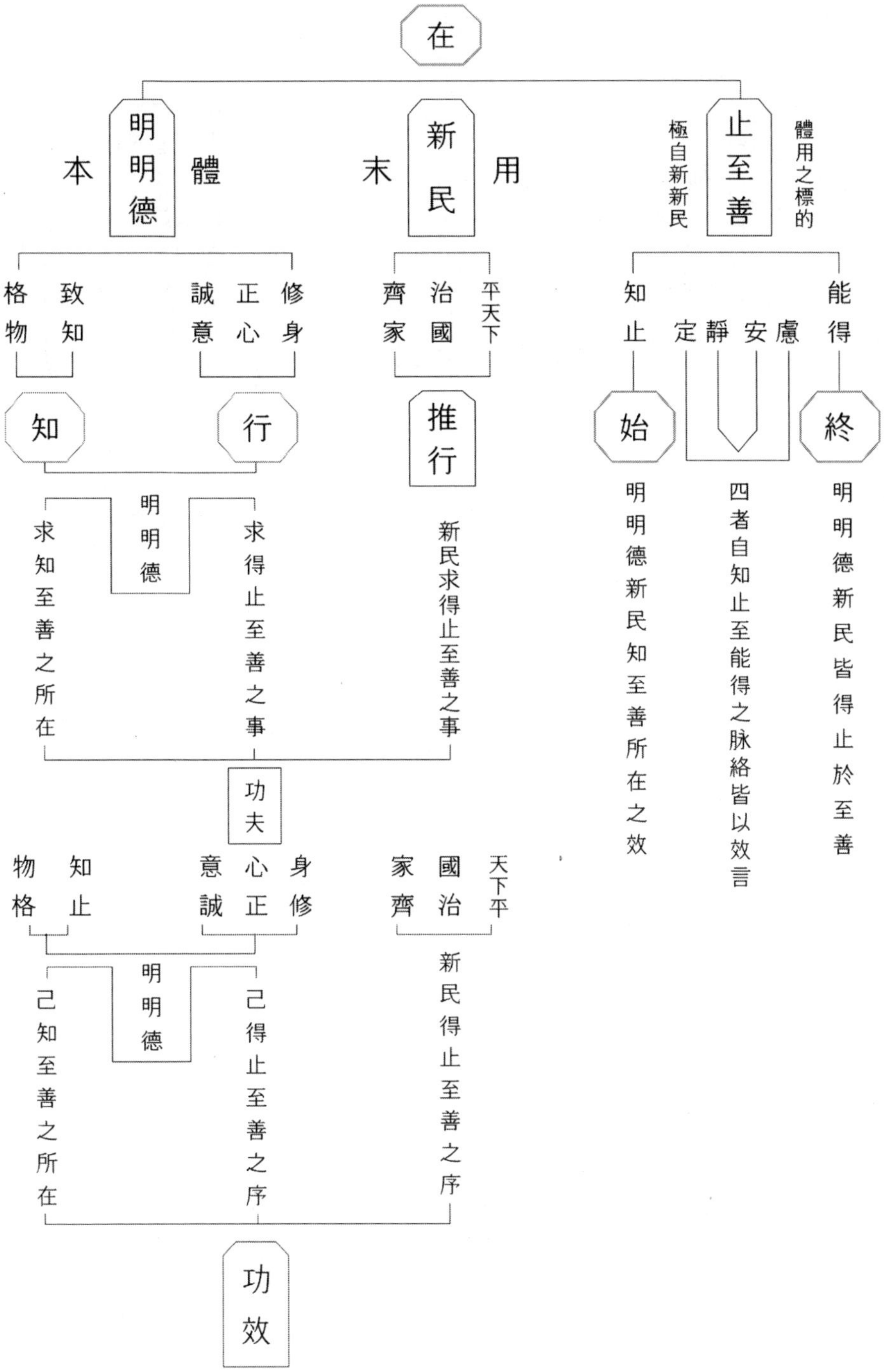
在
明明德
本
體
新民
末
用
止至善
極自新新民
體用之標的
格物
致知
誠意
正心
修身
齊家
治國
平天下
知止
定
靜
安
慮
能得
知
行
推行
始
終
明明德
求知至善之所在
求得止至善之事
新民求得止至善之事
明明德新民知至善所在之效
四者自知止至能得之脉絡皆以效言
明明德新民皆得止於至善
功夫
物格
知止
意誠
心正
身修
家齊
國治
天下平
明明德
己知至善之所在
己得止至善之序
新民得止至善之序
功效

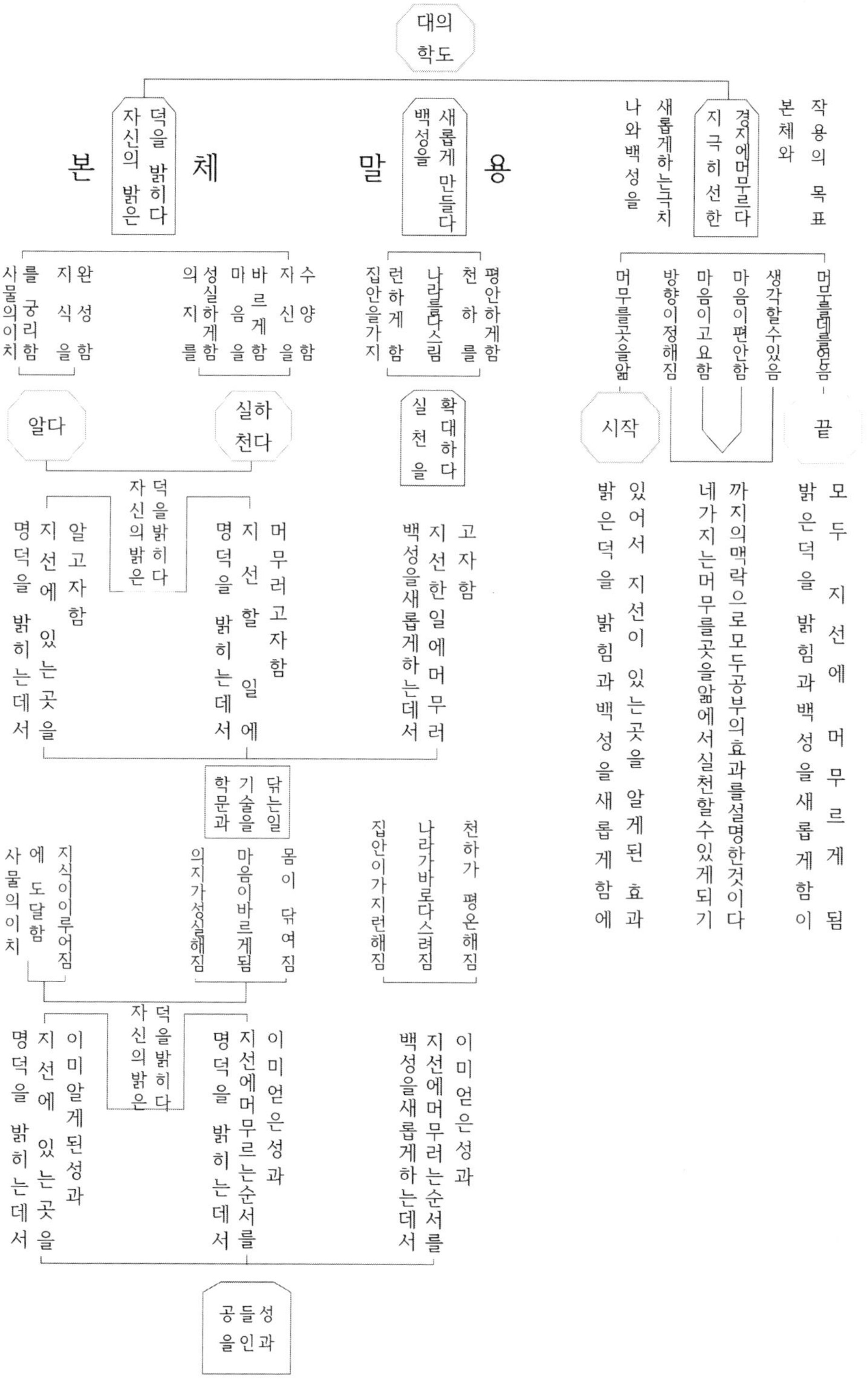
대학의 도
본체
말용
덕을 밝히다 자신의 밝은
새롭게 만들다 백성을
경지에 머무르다 지극히 선한
새롭게 하는 극치 나와 백성을
작용의 목표 본체와
완성함 지식을 사물의 이치를 궁리함
수양함 자신을 바르게 함 마음을 성실하게 함 의지를
평안하게 함 천하를 나라를 다스림 집안을 가지런하게 함
머무를 데를 앎 생각할 수 있음 마음이 편안함 마음이 고요함 방향이 정해짐 머무를 곳을 앎
알다
실천하다
확대하다 실천을
시작
끝
알고자 함 지선에 있는 곳을 명덕을 밝히는 데서
덕을 밝히다 자신의 밝은
머무르고자 함 지선할 일에 명덕을 밝히는 데서
고자 함 지선한 일에 머무러 백성을 새롭게 하는 데서
모두 지선에 머무르게 됨 밝은 덕을 밝힘과 백성을 새롭게 함이
까지의 맥락으로 모두 공부의 효과를 설명한 것이다 네 가지는 머무를 곳을 앎에서 실천할 수 있게 되기
있어서 지선이 있는 곳을 알게 된 효과 밝은 덕을 밝힘과 백성을 새롭게 함에
닦는 일 기술을 학문과
지식이 이루어짐 에 도달함 사물의 이치
몸이 닦여짐 마음이 바르게 됨 의지가 성실해짐
천하가 평온해짐 나라가 바로 다스려짐 집안이 가지런해짐
이미 알게 된 성과 지선에 있는 곳을 명덕을 밝히는 데서
덕을 밝히다 자신의 밝은
이미 얻은 성과 지선에 머무르는 순서를 명덕을 밝히는 데서
이미 얻은 성과 지선에 머무러는 순서를 백성을 새롭게 하는 데서
공들인 성과

「대학경(大學經)」 원문(原文)

大學之道, 在明明德, 在新民, 在止於至善. 知止而后有定, 定而后能靜, 靜而后能安, 安
대학지도, 재명명덕, 재신민, 재지어지선. 지지이후유정, 정이후능정, 정이후능안, 안
而后能慮, 慮而后能得. 物有本末, 事有終始, 知所先後, 則近道矣. 古之欲明明德於天
이후능려, 려이후능득. 물유본말, 사유종시, 지소선후, 즉근도의. 고지욕명명덕어천
下者, 先治其國, 欲治其國者, 先齊其家, 欲齊其家者, 先修其身, 欲修其身者, 先正其心,
하자, 선치기국, 욕치기국자, 선제기가, 욕제기가자, 선수기신, 욕수기신자, 선정기심,
欲正其心者, 先誠其意, 欲誠其意者, 先致其知, 致知, 在格物. 物格而后知至, 知至
욕정기심자, 선성기의, 욕성기의자, 선치기지, 치지, 재격물. 물격이후지지, 지지
而后意誠, 意誠而后心正, 心正而后身修, 身修而后家齊, 家齊而后國治, 國治而后天下
이후의성, 의성이후심정, 심정이후신수, 신수이후가제, 가제이후국치, 국치이후천하
平. 自天子以至於庶人, 壹是皆以修身爲本, 其本亂而末治者否矣, 其所厚者薄, 而其所
평. 자천자이지어서인, 일시개이수신위본, 기본란이말치자부의, 기소후자박, 이기소
薄者厚, 未之有也.
박자후, 미지유야.

「대학경(大學經)」[133] 원문(原文) 해석(解釋)

『대학』의 도(道)는 인간이 본래부터 타고난 밝은 덕을 밝히는 데 있고[명명덕(明明德)][134], 백성을 새롭게 하는 데 있으며[신민(新民)], 지극히 선한 경지에 머무는 데 있다[지어지선(止於至善)].[135] 머물 곳을 안[지지(知止)][136] 다음에야 지향할 바가 정해지고[유정(有定)][137], 지향할 바

133) 『대학』은 사서(四書) 가운데 하나이다. 원래 예기(禮記) 49편 중 제42편에 수록되어 있을 뿐 하나의 단본으로 된 것은 아니었다. 그러나 『대학』의 내용은 성인의 도를 통론(通論)한 것으로 다른 편과는 다른 바가 있다고 생각하여 유가(儒家)경전으로 특별히 존중되었으며 『대학』이 하나의 단권 본으로 된 것은 사마광(司馬光)의 『대학광의(大學廣義)』가 그 처음이다. 주자는 『대학』을 숭상하여 경1장과 전10장으로 구별하여 주해를 가하였는데, 이것이 후세에 널리 행해진 『대학장구(大學章句)』이다. 주자에 따르면 경(經)1장은 공자가 말한 것을 그 제자인 증자(曾子)가 기술한 것이고 글자 수가 총 205자로 되어 있다. 전(傳)10장은 경(經)1장을 상세하게 설명하고 있는 것으로 증자의 뜻을 그 문인들이 기록한 것이라 한다. 그리고 여기에 인용된 「대학경(大學經)」은 경(經)1장의 205자에 관한 내용을 지칭한 것이다. 또한 『대학도』는 원래 양촌(陽村) 권근(權近: 1352~1409, 자는 가원(可遠), 호는 양촌(陽村))이 삼강령 팔조목을 중심으로 『대학』의 경문을 도식화한 것이다. 그래서 양촌의 『대학도』에는 제일 오른쪽에 "밖으로 규모의 큼을 다하였고[삼강령(三綱領)], 안으로 절목의 상세함을 다하였다[팔조목(八條目)]"라는 말이 부기되어 있다. 그러나 퇴계는 『성학십도』를 편찬할 때 이 말을 생략하였으며, 그림에도 약간의 수정을 가하였다. 수정된 곳은 세 곳으로 첫째, 양촌은 '뜻을 성실하게 함[성의(誠意)]', '마음을 바르게 함[정심(正心)]', '몸을 닦음[수신(修身)]'의 아래에 '밝은 덕을 밝히기 위하여 지선한 일에 머무르기를 구함[明明德求得止至善之事]'이라고 하였는데, 퇴계는 '밝은 덕을 밝힘[명명덕(明明德)]'을 '사물을 궁리함[격물(格物)]' 및 '앎을 극진하게 함[치지(致知)]'과 '뜻을 성실하게 함', '마음을 바르게 함', '몸을 닦음'의 사이에 두었다. 양촌은 '밝은 덕을 밝힘'을 실천공부에만 해당 시켰지만 퇴계는 인식과 실천공부에 다 해당하게 배치한 것이다. 둘째, 양촌은 '밝은 덕을 밝힘[명명덕(明明德)]'을 '뜻이 정성스럽게 됨[의성(意誠)]', '마음이 바르게 됨[심정(心正)]', '몸이 닦임[신수(身修)]'의 아래에 배치하였는데, 퇴계는 또한 '사물이 궁리됨[물격(物格)]', '앎이 이루어짐[지지(知至)]'과 '뜻이 정성스럽게 됨[의성(意誠)]', '마음이 바르게 됨[심정(心正)]', '몸이 닦임[신수(身修)]' 사이에 배치하였다. 이는 첫째와 같이 양촌은 '밝은 덕을 밝힘'을 실천에만 포함시키는데 반하여 퇴계는 인식과 실천에 다 포함시킨 것이다. 셋째, 양촌은 '머무를 곳을 앎[지지(知止)]'에서 '얻게 됨[능득(能得)]'까지를 설명하면서 '머무를 곳을 앎' 아래에 '사물이 궁리되어 앎이 이루어짐의 효과[物格知至之效]'라고 하였는데, 퇴계는 '밝은 덕을 밝힘과 백성을 새롭게 함에 있어서 지선이 있는 곳을 알게된 효과[明明德新民,知至善所在之效]'라고 바꾸었다. 양촌은 머무를 곳을 알게 되는 것이 사물이 궁리되어 앎이 이루어진 효과로 보는데 반하여 퇴계는 머무를 곳을 알게 되는 것이 밝은 덕을 밝히는 것과 백성을 새롭게 하는 것 전체에 대하여 지극히 선함이 있는 곳을 알게 된 효과라고 보고 있다.

134) 주자에 따르면 명덕(明德)이란 사람이 태어날 때 하늘로부터 부여받은 것으로 '허령불매(虛靈不昧)한 상태에서 어둡지 않고 모든 이치를 다 갖추고 있으며 모든 일에도 적응할 수 있는 선천적으로 타고난 사람의 밝고 밝은 마음', 즉 명덕(明德)이란 인간에게 본래 갖추어진 천명의 본성을 가리킨다. 그러므로 명덕을 인간에게 내재한 천리를 가리키는 것이며, 밝힌다는 것은 그것을 실현하기 위한 수양을 가리키는 것이다.

135) 이상진·송기변·이덕일, 성학십도·동국십팔선정, 자유문고, 1997, p. 48.
지선(至善)은 모든 이치의 지극한 곳, 삶의 편안한 곳, 모든 일의 지극한 곳이다. 『대학』의 길은 곧 모든 민중이 삶의 보금자리를 얻어 안락한 삶을 누리는 것으로 지선의 경지에 이른다는 것을 뜻한다. 이것은 '한쪽에 치우치지 않고 바뀌지 않는 것'으로 '중용의 덕'이라 하며 늘 '중용의 덕'에 머물러 있다고 말한 이것은 공자의 문하에서 제자들에게 전수한 도통(道統)의 지극한 이치이기도 하다. 그리고 '밝은 덕을 밝힘[명명덕(明明德)]'. '백성을 새롭게 함[신민(新民)]', '지선에 머무름[지어지선(止於至善)]' 이 세 가지는 대

가 정해진 다음에 고요 할[정(靜)][138] 수 있으며, 고요해진 다음에 편안 할[안(安)][139] 수 있으며, 편안해진 다음에 생각 할[려(慮)][140] 수 있고 생각한 다음에야 얻을[득(得)] 수 있다. 사물에는 근본과 말단이 있으며, 일에는 시작과 끝이 있으니, 먼저 해야 할 것과 나중에 해야 할 것[141]을 안다면 도(道)에 가까울 것이다.[142] 옛날에 밝은 덕을 온 세상에 밝히고자 하는 사람들은[143] 먼저 자기의 나라를 다스렸고, 자기 나라를 다스리고자 했던 사람들은 먼저 자기 집안을 가지런히 하였으며[144], 그 집안을 가지런히 하고자 했던 사람들은 먼저 자기 몸을 닦았고, 자기 몸을 닦고자 했던 사람들은 먼저 자기 마음을 바르게 하였으며, 자기 마음을 바르게 하고자 했던 사람들은 먼저 자신의 뜻을 성실하게 하였으며, 자신의 뜻을 성실하게 하고자 했던 사람들은 먼저 자신의 앎을 극진히 하였으니[145], 앎을 극진하게 하는 방법은 사물의 이치를 궁구함에 있다.[146] 사물의 이치가 궁구된 다음에 앎이 극진해지고[147], 앎이 극진해진

학의 삼강령(三綱領)이다. 강(綱)은 그물의 벼리이며, 령(領)은 옷의 옷깃이니 강령은 사물의 가장 요긴한 부분을 가리킨다.

136) 지지(知止)는 머무를 곳을 아는 것. 자신이 가야 할 길을 아는 것. 지극히 선한 곳을 말한다.

137) 유정(有定)은 자연의 이치이기 때문에 '머무를 곳을 정하다'는 뜻이다.

138) 정(靜)은 마음이 안정되어 흔들림이 없는 상태이다.

139) 안(安)은 거처한 곳이 편안한 상태이다.

140) 려(慮)는 사물의 이치를 연구하는 일에 심혈을 기울여 정진하는 것을 말한다.

141) 주자는 덕을 밝히는 것이 근본이고, 백성을 새롭게 하는 것이 말단이며, 그칠 때를 아는 것이 시작이요, 얻을 수 있다는 것이 끝이다. 그러므로 먼저 할 것이 근본과 시작이고, 나중에 할 것이 말단과 끝이라는 뜻이다.

142) 근도(近道)로 『대학』의 도(道)에 이르는 것으로 『중용』의 덕(德)과 같다. 곧 사람이 살아가는 도리를 말한다.

143) 명덕을 천하에 밝힌다는 것은 주자에 따르면 자신의 수양을 근본으로 하여 천하의 사람들로 하여금 모두 자기의 명덕을 밝히도록 한다는 뜻이다.

144) 자신의 집안을 바로 잡아 평안하게 한다는 의미이다.

145) 주자에 따르면 '치(致)'는 미루어 극처에 이른다는 뜻이고 '지(知)'는 지식이니, 나의 지식을 극처까지 미루어 아는 것이 다하지 않음이 없게 하고자 한다는 것이다. 이에 따라 '자신의 앎을 극진히 하였다.'고 해석하였다.

146) 주자에 의하면 증자(曾子)가 전(傳)하였다는 『대학』의 요체(要諦)는 삼강령(三綱領)과 팔조목[八條目; 격물(格物), 치지(致知), 성의(誠意), 정심(正心), 수신(修身), 제가(齊家), 치국(治國), 평천하(平天下)]으로 구성되어 있다. 주자는 팔조목을 세 측면으로 나누어 '사물을 궁리함'[격물(格物)], '앎을 극진하게 함[치지(致知)]'은 사물들의 이치를 탐구하는 것이요, '뜻을 정성스럽게 함[성의(誠意)]', '마음을 바르게 함[정심(正心)]', '몸을 닦음[수신(修身)]'은 탐구된 이치를 실천하는 것으로 밝은 덕을 밝힘[명명덕(明明德)]이며, '집안을 가지런히 함[제가(齊家)]', '나라를 다스림[치국(治國)]', '천하를 화평하게 함[평천하(平天下)]'은 그 이치를 확대 적용하는 것으로 백성을 새롭게 함[신민(新民)]이고, 이 두 가지는 '지선에 머무름[지어지선(止於至善)]'을 지향한다. 팔조목 중 격물(格物)에서 격(格)은 다다르다(至)는 뜻이고 물(物)은 사물(事物)의 뜻으로 격물(格物)은 인식대상(認識對象)인 사물에 인식주관(認識主觀)인 마음(心)이 이르러 작용한다는 의미가 된다. 그리고 치지(致知)에서 치(致)는 추극(推極)의 뜻으로 해석되므로 치지(致知)는 사고(思考)의 끊임없는 과정을 통하여 유추(類推)해서 인식대상인 사물의 지극(至極)한 경지를 체인(體認)한다는

다음에 뜻이 성실해지며, 뜻이 성실해진 다음에 마음이 바르게 되고, 마음이 바르게 된 다음에 몸이 닦여지며, 몸이 닦여진 다음에 집안이 가지런해지고, 집안이 가지런해진 다음에 나라가 다스려지며, 나라가 다스려진 다음에 천하가 화평해진다. 천자(天子)로부터 서민(庶民)에 이르기까지 한결같이 모두 몸을 닦는 것[수신(修身)]으로써 근본을 삼아야 한다. 그 근본이 어지러우면서 말단이 다스려지는[말치(末治)][148]사람은 없으며, 후하게 할 것[소후(所厚)][149]에 야박(薄)하게 하고 야박하게 할 것에 후하게 하는 사람은 있지 않았다.

퇴계(退溪)가 인용한 『대학혹문』 원문(原文)

或曰; "敬若何以用力耶" 朱子曰; "程子嘗以主一無適言之, 嘗而整齊嚴肅言之. 門人
혹왈; "경약하이용역야" 주자왈; "정자상이주일무적언지, 상이정제엄숙언지. 문인
謝氏之說, 則有所謂常惺惺法者焉, 尹氏之說, 則有其心收斂, 不容一物者焉云云."敬
사씨지설, 즉유소위상성성법자언, 윤씨지설, 즉유기심수렴, 불용일물자언운운."경
者, 一心之主宰, 而萬事之本根也. 知其所以用力之方, 則知小學之不能無賴於此以爲始,
자, 일심지주재, 이만사지본근야. 지기소이용력지방, 즉지소학지불능무뢰어차이위시,
知小學之賴此以始, 則夫大學之不能無賴於此以爲終者. 可以一以貫之, 而無疑矣. 蓋此
지소학지뢰차이시, 즉부대학지불능무뢰어차이위종자. 가이일이관지, 이무의의. 개차

의미로 파악된다. 그러므로 격물(格物)은 사물의 이치를 말한 것이고, 치지(致知)는 마음(心)에 관한 것을 말한 것으로 격물과 치지는 별개의 것이 아닌 한 가지의 문제라는 것이다. 지(知)의 기준에서 볼 때 격물은 지(知)의 시작이고, 치지는 지(知)의 지극한 경지라고 신안진씨(新安陳氏)는 피력하고 있다. 그리고 성의(誠意)에서 성(誠)은 곧 성실(誠實)을 말하는 것이고 의(意)는 마음의 작용을 말하고 있어서 성의(誠意)는 바로 성실된 마음가짐을 뜻하고 있다. 그래서 성의는 진실된 행위의 시작을 의미하는 것이고 정심(正心)은 행위가 수신(修身)으로 행하는 지극한 경지로 이해하고 있다. 결국 격물·치지·성의·정심은 수신(修身)을 하는 데 있어서 매우 중요한 의미를 내포하고 있는 것이고, 이러한 수신을 근원으로 하여 가정과 국가 그리고 전 세계를 평화롭게 다스릴 수 있다는 것이다.

147) 고려대학교 민족문화연구원 한국사상연구소, 역주와 해설 성학십도, 예문서원, 2011, p. 81.
원문의 '물격(物格)'과 '지지(知至)'는 앞에서 나온 격물(格物)과 치지(致知)와 문장구조가 다르다. 격물의 물(物)과 치지의 지(知)는 목적어이지만, 물격의 물(物)과 지지의 지(至)는 주어로서 수동 문을 이끈다. 주자에 따르면, 물격(物格)은 사물이 갖는 이치의 지극한 곳에 도달하지 않음이 없다는 뜻이요, 지지(知至)는 내 마음이 아는 바가 다하지 않음이 없다는 뜻이다. 이 주자의 주석에 의거하여 원문의 물격(物格)은 '사물의 이치가 궁구되었다'로 해석하였고, '지지(知至)'는 '앎이 극진해지다'로 해석하였다.

148) 말치(末治)는 나라를 다스리고 천하를 태평하게 하는 것을 가리킨다.

149) 소후(所厚)는 후덕하게 대해야 하는 곳, 즉 자기 가정의 부모형제, 친척을 말한다.

心旣立，由是格物致知，以盡事物之理，則所謂尊德性而道問學；由是誠意正心，以修其
심기립，유시격물치지，이진사물지리，즉소위존덕성이도문학；유시성의정심，이수기
身，則所謂先立其大者，而小者不能奪；由是齊家治國，以及乎天下，則所謂修己以安百
신，즉소위선립기대자，이소자불능탈；유시제가치국，이급호천하，즉소위수기이안백
姓，篤恭而天下平．是皆未始一日而離乎敬也．然則敬之一字．豈非聖學始終之要也哉
성，독공이천하평．시개미시일일이리호경야．연즉경지일자．기비성학시종지요야재

퇴계(退溪)가 인용한 『대학혹문』 원문(原文) 해석

어떤 사람이 주자에게 물었다. "경의 공부는 어떻게 해야 하는 것입니까?" 주자가 다음과 같이 대답하였다. "정자는 일찍이 '마음을 하나에 전일하여 다른 일로 옮겨감이 없는 것[주일무적(主一無適)]'[150]으로 말하였고 '몸가짐을 가지런하게 하고 마음을 엄숙하게 하는 것[정제엄숙(整齊嚴肅)]'[151]으로써 말하였다. 또한 정자의 제자 사량좌(謝良佐)[152]의 설(說)에는 '항상 또렷하게 깨어있게 하는 법[상성성법(常惺惺法)]'[153]이라 하였고, 또 윤돈(尹焞)[154]의 설(說)에는 '그 마음을 단속하여 한 가지의 잡념도 허락하지 않는 것[기심수렴불용일물자(其心收斂不容一物者)]'이라고 하였다. '경(敬)'이라 하는 것은 한 마음의 주인이며, 모든 일의 근본이다.[155] 경(敬)에 힘 쓸 방법을 알면 『소학』이 경(敬)에 의지하지 않고서는 시작될 수 없음을 알 수 있으며,

150) 송나라 정주(程朱)이후의 수양설(修養說)로서 주자는 '주일(主一)'은 단지 마음이 전일하여 다른 생각으로 뒤섞이지 않는 것이요, '무적(無敵)'은 다만 마음이 달려가지 않는 것이라고 하였다. 그러므로 동정(動靜)의 때에 관계없이 마음이 제자리를 벗어나지 않는 상태로, 어떤 일을 할 때는 그 일에 전일함이며, 아무 일이 없을 때에는 그 마음이 제자리에서 전일함을 말한다.

151) 정제엄숙(整齊嚴肅)은 몸가짐을 가지런히 하고 마음을 엄숙하게 한다는 뜻이다. 정이천은 『대학혹문』에서 정제엄숙하면 마음이 스스로 전일하게 될 것이라 하였으며, 또 『심경(心經)』 「坤六二·敬以直內章」에서는 "정제엄숙하면 마음이 자연히 하나가 될 것이요, 마음이 하나가 되면 그릇되거나 치우친 생각이 간여하지 못하게 된다."고 하였다.

152) 원문에는 '사씨(謝氏)'라고 되어 있다. 사씨(謝氏: 1050~1103)는 북송의 유학자로 이름은 양좌(良佐), 자는 현도(顯道)이며 호는 상채(上蔡)이다. 정명도(程明道)·정이천(程伊川)의 제자였으며, 상채(上蔡)지방의 사람으로 상채학파(上蔡學派)의 시조이기도 하였다.

153) 주자는 "성성(惺惺)이란 마음이 혼매하지 않음을 일컫는 것이니, 이것이 곧 경이다. '정재엄숙'도 경이지만 마음이 만약 혼매하면 이치에 밝지 않아 억지로 잡아 지키려 해도 경이 될 수 없다"고 하였다.

154) 원문에는 '윤씨(尹氏)'라고 적혀있다. 정이천의 제자 윤돈(尹焞: 1071~1142)을 말하며 자는 언명(彦明)이고, 호는 화정(和靖)이다.

155) 이 부분부터는 『대학혹문』에서 "경이 학문의 마지막이 되는 까닭이 무엇인가?"라는 질문에 대한 주자의 대답이다.

『소학』이 경(敬)에 의지하여 시작된다는 것을 안다면 『대학』도 경(敬)에 의지하지 않고서는 끝맺을 수 없다는 것을 하나로 꿰뚫을 수 있어 의심이 없게 된다. 대개 이 마음이 확립되면 이것으로 말미암아 '사물의 이치를 밝히고 앎을 완성하여[격물치지(格物致知)]' 사물의 이치를 모두 알 수 있으니, 이것이 이른바 '덕성을 높이고 학문을 일삼는 것[존덕성이도문학(尊德性而道問學)]'156)이라고 한다. 이로 말미암아 '뜻을 성실하게 하고[성의(誠意)]', '마음을 바르게 하여[정심(正心)]', 자신을 수양하니, 이것이 이른바 '먼저 큰 것을 세우면 작은 것이 빼앗지 못한다[先立乎其大者, 則其小者不能奪也]'157)는 것이라고 한다. 이로 말미암아 '집안을 가지런하게 하고[제가(齊家)]', '나라를 다스려[치국(治國)]', '천하에 미치게 하니[평천하(平天下)]', 이것이 이른바 '자신을 수양하여 백성들을 편안하게 한다[修己以安百姓].'158)는 것이며, '공손함을 돈독하게 하여 천하를 평안하게 한다[篤恭而天下平].'159)는 것이다. 이것이 모두 일찍이 하루라도 경(敬)에서 떠나지 못하는 것이다. 그러므로 '경(敬)'이라는 한 글자가 어찌 성인(聖人)이 되는 학문의 처음과 끝을 이루는 요체가 아니겠는가."

퇴계(退溪)의 설명 원문(說明 原文)

○ 右孔氏遺書之首章. 國初臣權近作此圖. 章下所引或問, 通論大小學之義, 說見小學圖
○ 우공씨유서지수장. 국초신권근작차도. 장하소인혹문, 통론대소학지의, 설현소학도
下. 然非但二說當通看, 並與上下八圖, 皆當通此二圖而看. 蓋上二圖, 是求端擴充體天
하. 연비단이설당통간, 병여상하팔도, 개당통차이도이간. 개상이도, 시구단확충체천
盡道極致之處, 爲小學大學之標準本原; 下六圖, 是明善誠身崇德廣業用力之處, 爲小學
진도극치지처, 위소학대학지표준본원; 하육도, 시명선성신숭덕광업용력지처, 위소학
大學之田地事功. 而敬者, 又徹上徹下, 著工收效, 皆當從事而勿失者也. 故朱子之說如
대학지전지사공. 이경자, 우철상철하, 저공수효, 개당종사이물실자야. 고주자지설여
彼, 而今玆十圖, 皆以敬爲主焉.
피, 이금자십도, 개이경위주언.

156) 『중용』 27장에서 인용된 것이다. 주자는 '거경(居敬)'과 '궁리(窮理)'를 공부의 두 축으로 삼는다.
157) 『맹자』 「고자상」 15장에서 인용된 것이다.
158) 『논어』 「헌문」 45장에서 인용된 것이다.
159) 『중용』 33장에서 인용된 것이다.

【太極圖說, 言靜不言敬, 朱子註中, 言敬以補之.
태극도설, 언정불언경, 주자주중, 언경이보지.】

퇴계(退溪)의 설명 원문(說明 原文) 해석

○ 위의 글은 공자가 남긴 『대학』의 첫 장입니다. 조선 초기의 신하인 권근[160]이 이 그림을 그렸습니다. 장[161] 끝부분에 인용한 『대학혹문』에서 『대학』과 『소학』을 함께 논한 의미에 대해서는 이미 「소학도」에서 설명하였습니다. 그러나 두 설(說)만을 통합하여 볼 것이 아니라, 위와 아래에 있는 여덟 개의 그림[162]도 마땅히 두 그림과 연결해서 보아야 합니다. 대개 위에 있는 두 그림[163]은 (여기에서) 단서를 구하여 확충하고, 천도(天道)를 체득하여 도를 다하는 극치가 되는 곳으로, 『소학』과 『대학』의 표준이요, 근원이 됩니다. 아래에 있는 여섯 개의 그림[164]은 선(善)을 밝히고, 자신을 성실하게 하며, 덕을 숭상하고, 학업을 넓히는 데에 힘써야 함을 말하고 있으니, 『소학』과 『대학』의 실천하는 곳[전지(田地)]이고 노력의 효과[사공(事功)]가 되는 것입니다. 그리고 경(敬)이란 형이상학과 형이하학에 모두 통하는 것이므로 공부를 시작하거나 공부의 효과를 거두려면 모두 경(敬)에 힘써서 그 자세를 잃지 말아야 할 것입니다. 그러므로 주자의 말도 위에서 인용한 『대학혹문』과 같은 것이며, 여기에 있는 열 개의 그림도 모두 경(敬)을 중심으로 삼았습니다.

【퇴계의 주석: 『태극도설』에서는 고요함[정(靜)]만을 말하고 경(敬)에 대해서 말하지 않았는데, 주자의 주석 가운데에서 경(敬)에 관해 말하여 보충하였습니다.】

160) 권근(權近: 1352~1409)은 고려 말기, 조선 초기의 학자로서, 자는 가원(可遠)이요, 호는 양촌(陽村)이다. 『동국사략(東國史略)』을 찬하였고, 사서오경(四書五經)에 구결(口訣)을 붙였다. 그의 저서로는 『입학도설(入學圖說)』과 『오경천견록(五經淺見錄)』이 전해지고 있다.

161) 『대학』의 경1장(經一章)을 말한다. 「대학도」의 첫 부분 「대학경(大學經)」을 지칭하고 있다.

162) 『성학십도』에서 「소학도」와 「대학도」를 제외한 나머지 8개의 도표를 말한다.

163) 「태극도」와 「서명도」를 말한다.

164) 『성학십도』 가운데 「태극도」, 「서명도」, 「소학도」, 「대학도」의 4도표를 제외한 나머지 6개 도표, 즉 「백록동규도(白鹿洞規圖)」, 「심통성정도(心統性情圖)」, 「인설도(仁說圖))」, 「심학도(心學圖)」, 「경재잠도(敬齋箴圖)」, 「숙흥야매잠도(夙興夜寐箴圖)」를 말한다.

「대학도(大學圖)」의 구성(構成)과 체계(體系)

제4도 「대학도」는 사서(四書)의 하나인 『대학』이라는 책을 조선 초기의 성리학자 권근이 그림으로 요약한 「대학지도」를 퇴계가 부분 수정하여 수록한 것이며, 권근의 「대학지도」는 『입학도설(入學圖說)』[165] 전집 제6도에 있는 것이다. 『성학십도』의 10도 가운데 우리나라 학자의 도를 전재(轉載)한 것은 권근의 「대학지도」뿐이다. 퇴계는 양촌 권근의 학문적 깊이를 평가하기를 "양촌의 학술은 깊고 넓으니, 이 도설을 만든 것은 상당한 증거가 있었을 것이다. 후학으로서 어찌 감히 그 득실을 함부로 논의할 수 있으리오. 다만 선현의 말씀으로써 헤아려 보면 아마도 배우는 이에게 천착하고 견강부회하는 병폐를 열어주는 것을 면하지 못하는 것 같다. 그러나 이것도 쉽게 말할 수 없는 일이다."[166]라고 하였다. 이렇듯 양촌의 학문적 깊이를 매우 높이 평가하면서도 조심스럽게 언급하고 있음을 알 수 있다. 퇴계의 「대학도」에서는 양촌의 「대학지도」를 대체로 수용하면서 『대학』의 체계를 구조적으로 분석하고 있으며, 「대학도」의 내용을 근간으로 제시하여 보면 다음과 같다.

첫째, 본(本)·말(末)과 체(體)·용(用)의 구조, 즉 삼강령에서 '명명덕'과 '신민'이 서로 본과 말이 되고 체와 용이 되는 본말·체용의 구조를 이루는 것으로 제시하고 있다. 본말이란 근본과 말단이라는 뜻이고, 체용은 본체와 작용이라는 뜻이다. 그리고 '지지선'은 자신(自新), 신민(新民)의 극치[극(極)]요 체와 용의 표준[표적(標的)]이라고 하였다. 이러한 구조는 '자신의 밝은 덕을 밝혀서[명명덕(明明德)]', '백성을 새롭게 만들고[신민(新民)]', 최후의 단계는 가장 이상적인 세계인 '지극히 선한 세계에 머무르는 것[지지선(止至善)]'에 있다는 것을 설명한 것이다.

둘째, '지지(知止)'에서 '능득(能得)' 사이의 6단계를 시(始)와 종(終)의 차례로서 밝히고 이를 '지지선'에 소속 시키고 있다. 따라서 8조목이 '명명덕', '신민'의 조목으로 소속되는데 상응하여, 지지·능덕의 시종 6단계를 '지지선'에 소속시키는 독특한 인식을 보여주고 있다. '지지선'의 '시(始)'로서 '지지'는 명명덕·신민이 '지선의 소재를 아는 공효[지지선소재지효(知至善所在之效)]'라 지적하고, '지지선'의 '종(終)'으로서 '능득(能得)'은 명명덕·신민이 '모두 지어지선을 얻는

165) 권근은 39세때[공양왕 2년, 1390] 계림옥에 연루되어 익주[현재의 전북 익산]로 유배간 적이 있다. 이때 그는 초학자들을 위해 주렴계의 「태극도」를 근본으로 삼고 장구의 설을 참고하여 그림을 그린 것이 『입학도설』이다. 『입학도설』은 1397년에 초간된 이후 수차례 중간될 만큼 초학자들을 위한 학문교재로 많이 활용되었다.

166) 『退全』 권28, 1, '答金惇敍(富倫)', "陽村學術淵博, 爲此圖說, 極有證據, 後學安敢妄議其得失, 但以先賢之說揆之, 恐不免啓學者穿鑿傳會之病耳, 雖然此亦未易言也."

것[개득지어지선(皆得止於至善)]'이라 지적한다. 이 시와 종의 중간단계인 '정(定)'·'정(靜)'·'안(安)'·'려(慮)'의 네 가지는 지지[시(始)]에서 능덕[종(終)]까지의 맥락을 이루는 것으로 모두 공효로써 말한 것이라 한다. 따라서 시·종의 6단계는 이미 '공부'의 단계가 아니라 '공효'의 단계에 있음을 보여준다. 그리고 여기에 나오는 여섯 가지는 『대학』에 다음과 같이 "머물 곳을 안 다음에 방향을 정할 수 있으며, 방향을 정한 다음에 고요할 수 있고, 고요해진 다음에 평온할 수 있고, 평온해진 다음에 생각할 수 있고, 생각한 다음에 얻을 수 있다.[「대학경」 원문, 참조]"고 언급하고 있다.

셋째, 팔조목에서 '명명덕'에 속하는 5조목으로 격물·치지가 '지(知)'의 방법이 되고, 성의·정심·수신이 '행(行)'의 방법이 되는 것으로 분석하여 지·행 구조로 제시하며, '신민'에 속하는 3조목으로 제가·치국·평천하는 '명명덕'에서 '행'의 조목을 더욱 미루어 나간 것이라 하여 '추행(推行)'으로 파악하고 있다. 그것은 팔조목을 지·행 구조로 분석하면 격물·치지가 '지'요, 나머지 6조목은 '행'이라 인식하고 있음을 의미한다. '명명덕'을 지와 행으로 나누었으며, '명명덕'의 '지'는 '구지지선지소재(求知至善之所在)'로 '지극히 선한 상태의 소재를 알고자 공부를 해야 하는 것'이라는 의미이며, '행'에는 '구득지지선지사(求得止至善之事)'로 실천이란 '지극히 선한 상태에 머무는 일을 깨닫고자 공부를 하는 것'이라는 의미이다. 또한 '신민'에 따른 조목들은 역시 '행'[推行(추행)]으로서 '신민구득지지선지사(新民求得止至善之事)'이라고 하여 '백성을 새롭게 하면서 지극히 선한 상태에 머무는 일을 깨닫는 것'을 추구하는 공부를 의미한다. 이처럼 '명명덕'의 '구지'와 '명명덕' 및 '신민'의 '구덕'은 '공부'의 과제가 되는 것이다. 이렇게 배치한 것은 모두 학문의 목적과 과정을 밝히기 위한 것이다. 학문이란 '지극히 선한 경지'가 어디인지를 알고, '지극히 선한 경지에 머무는 일을 추구'하는 경지에 이르는 공부를 의미한다. 이에 대응하여 명명덕 아래에 있는 '물격'과 '지지'는 '이지(已知)'의 성과이고, '의성'·'심정'·'신수'는 '명명덕'의 구득 공부가 이루어져 지지선의 차례를 이미 얻은 '이득(已得)'의 성과이며, 신민 아래의 '가제'·'국치'·'천하평'은 백성을 새롭게 하는 '구득(求得)' 공부가 이루어져 '지지선'의 차례를 이미 얻은 '이득(已得)'의 성과로서 이는 '공부'의 결과로 얻어진 '공효'로 제시되고 있다.

『대학(大學)』의 근본 사상(根本 思想)

○ 삼강령(三綱領)

『대학』의 구조는 주자에 의해 삼강령과 팔조목의 체계로 제시되었으며, 이러한 『대학』 체계의 인식은 퇴계에 의해서도 계승되고 있다. 이중 삼강령은 『대학』의 서두에 나오는 '대학지도 재명명덕 재신민 재지어지선(大學之道 在明明德 在新民 在止於至善)' 중의 명명덕·신민·지어지선의 세 가지를 이른 말이다.

곧 '명명덕'은 스스로의 지덕을 닦아 일신을 수양하는 일이고, '신민'은 날로 새롭게 자신을 변혁시켜 가는 기준으로서 '천명'을 제시하고 있음을 확인할 수 있다. 나아가 '지지선'은 절차탁마하여 본래의 명덕이 끊임없이 밝게 빛나는 조건을 확보하고, 여기서 공경하는 자세를 지키며 그 최종의 머물 곳에 편안히 정착해야 함을 제시한 것이다. 곧 '지지선'은 밝히고[명(明)], 새롭게 하는[신(新)] 수양의 방법과 과정을 포함하며, 이와 더불어 그 최고의 성취 단계로서 덕[명덕(明德)]을 계속하여 밝게 빛나게 유지하며, 이렇게 성취된 최고 단계를 지키기 위해서 마음은 공경[경(敬)]과 안정[지(止)] 속에 있어야 함을 제시하고 있는 것이다.

[명명덕(明明德)]

퇴계는 삼강령에서 특히 '명덕' 개념에 대해 주의 깊게 관심을 기울이고 있으며, 또한 주자는 『대학장구』에서 '명덕'을 밝히기를 "명덕이란 사람이 하늘로부터 받은 것이다. 그래서 허(虛)하고 영(靈)하며 항시 빛난다. 중리(衆理)를 갖추고 있으며 만사에 합당하게 적응하는 덕이다. 단지 기품에 구애가 되고 욕망에 가리워지면 때로는 어두워지기도 한다. 그러나 그 본체는 항시 빛나고 있어 한시도 쉬는 일이 없다.[167]"라고 하였다.

여기서 '허령불매'는 심이고, 심은 성·정을 통섭하고 있는 것으로서, 심과 명덕은 체·용과 리·기를 포괄하고 있는 것이라 할 수 있다. 이처럼 퇴계에 있어서 '명덕' 개념은 '심' 개념의 이해와 일치하는 것으로서 리·기 내지 성·정을 함께 갖추고 있는 통합적 실체로서 파악하는 것이다. 또한 '명덕'에서 '허령'은 심의 본체를 가리키는 것이요, 모든 일에 대응하는[응만사(應萬事)]것은 심의 작용을 가리키는 것으로서 심의 체·용을 동시에 포함한다. 또한 주자는 '명명덕'을 주석하면서, "그러므로 배우는 자들이 마땅히 그 발현하는 바에 의지하여

167) 『大學章句』, "明德者, 人之所得乎天, 而虛靈不昧, 以具衆理而應萬事者也·但爲氣稟所拘, 人欲所蔽, 則有時而昏, 然其本體之明, 則有未嘗息者"

밝혀 감으로써 그 처음을 회복하는 것이다[고학자, 당인기소발, 이수명지, 이복기초야(故學者, 當因其所發, 而遂明之, 以復其初也)]."라고 언급하였다. 여기서 퇴계는 '그 처음을 회복한다[복기초(復其初)]'는 '초'를 '그 처음의 명덕을 회복하는 것이라 말하는데 지나지 않는 것'이라 지적하고, 양재 이덕홍이 말한 '기질과 물욕이 아직 구속하고 은폐하지 않은 때'가 바로 명덕의 처음이라 인정하고 있다.[168] 그것은 명덕이 본래 선함을 잃고 악에 빠질 수 있는 현상에 따라 '명덕'의 처음 선한 상태를 회복하여야 함을 의미하는 것이다. 또한 퇴계는 "명덕의 '명' 개념과 수신의 '수' 개념을 대비시키면서, '명'은 '밝힌다[명지(明之)]'는 뜻의 명으로 지와 행을 겸해서 말한 것이니, 격치와 수신을 모두 들고 있는 것이다."[169]라고 언급하였다. 여기서 '덕을 밝힌다[명덕(明德)]'는 '밝힘[명(明)]'은 인식[지(知)]의 과제일 뿐만 아니라 실천[행(行)]의 과제이다. 따라서 '명'에는 '격치'[지(知)]와 '수신'[행(行)]을 모두 포함하고 있는 것임을 지적하는 것이다. 또한, 『대학』의 사상은 근본적으로는 개인적 수신의 방향에서 논(論)한 것이라고 볼 수가 있다. 그 이유는 『대학』의 사상에 있어서 국가의 단위는 바로 개인이며, 그 개인 각자가 도덕적으로 되어 지지 않고서는 도저히 명덕이 천하에 밝혀 질 수 없는 것이기 때문이다. '천자로부터 서인에 이르기까지 모두가 하나 같이 수신으로 근본을 삼아야 한다. 근본이 어지럽고서 말단이 잘 다스려 질 수는 없는 일이니라[자천자, 이지서인, 일시개이수신위본, 기본란이말치자부의(自天子, 以至庶人, 壹是皆以修身爲本, 其本亂而末治者否矣)]'라고 한 구절에서도 잘 나타나고 있다. '명명덕'이 하는 근본사상이 실천면에 나타날 때 여기에 격물·치지·성의·정심·수신의 도덕설이 성립하게 된다.

[신민(新民)]

신민은 고본 『대학』에서는 친민(親民)으로 표현되고 있다. 친민이란, 친애의 뜻으로서 천하국가의 인민과 친근해지는 일을 말한다. 여기에 비해서 정자는 신민(新民), 즉 '백성을 새롭게 하는 것'이라고 말하고 주자가 이 설을 계승하여 '신민'으로 고쳤으며 고친 이유를 말하기를 "반드시 내가 스스로 밝힌 바를 미루어서 확충하되, 집을 가지런히 하는데[제가(齊家)]에서 시작하여 나라를 다스리는데[치국(治國)]를 거쳐서 마침내 천하를 평안하게 하는데[평천하(平天下)]에 이르러, 명덕은 있지만 스스로 밝히지 못한 자들도 또한 모두 스스로 밝힐 수 있게 하

168) 『退全』 권36, 14, '答李宏仲(德弘)', "大學註, 復其初之初, 不過謂復其初之明德云爾, 公所指言氣質物欲未拘蔽之時, 卽是明德之初也."

169) 『退全』 권19, 23, '答黃仲擧論白鹿洞規集解)', "以明德之明, 對修身之修, 則明乃明之之明, 而兼知行說, 格致與修身, 皆擧之矣."

여 그 예전에 물든 오염을 제거할 수 있게 해야 한다. 이것이 이른바 신민(新民)이다.[『대학혹문』 상]"라고 하였다. 인간에게 부여된 도덕적 본성[명덕(明德)]을 스스로 알 수 있도록 백성들을 일깨워주는 것이 주자가 말한 신민의 뜻이다. 즉 스스로 수양하고 이를 확장하여 백성들이 본받아 자신들의 명덕을 일깨워 주도록 하는 것이 '친민'을 '신민'으로 고친 정자와 주자의 의도일 것이다. 특히 임금과 위정자들 모두가 백성의 사표가 되어 명덕을 밝히고 양심품성을 연마하고 확립하는 일은 인격적 확충성의 원칙에 따라 사회와 국가가 또한 그 영향을 받아 일반적으로 선화(善化)되게 마련이다.

[지어지선(止於至善)]

「대학도」의 '명명덕'과 '신민'은 공부의 뿌리[본(本)]와 줄기[말(末)]이면서 공부의 본질[체(體)]과 최종 실천[용(用)]으로 구분하여 볼 수 있다. 그리고 '지선'은 사리(事理)의 당연한 극치이자 표준을 말한다. 지선에 머무르는 것은 각자가 그 당위를 하고 당행(當行)할 바를 행해서 조그마한 동요도 없이 도덕의 근본주의에 안주함을 말하는 것이다. 즉, 도덕적 부동불이(不同不移)의 상태에 머무는 일이다. 이러한 '지선'에 대하여 주자는 "지극한 선은 사리의 당연한 극치다. 밝은 덕을 밝히고 백성을 새롭게 하는 것은 다 지극히 선한 데에 머물러 변함이 없음을 말한다. 즉, 천성의 극(極)을 다하고 한 치의 사욕도 없는 그런 경지를 말한다."170)라고 하였다.

이에 퇴계는 '지선'의 의미를 해명하면서 주자가 중용이란 치우치지도 않고 기대지도 않으며, 지나치지도 않고 못 미치지도 않는 것으로, 평상(平常)한 이치이며, 곧 천명의 당연한 바요, 정미함의 극치라고 한 것에 대하여 퇴계는 "중용의 도리는 전적으로 일용의 평상한 곳에 있는 것이며, 그 속에 경중과 장단과 대소의 법칙이 있어서, 각각 흡족하게 좋은 곳을 지니지 않음이 없는 것이다. 이것이 이른바 정미함의 극치요, 『대학』의 '지선'이 이것이다."171)라고 밝히고 있다. 곧 퇴계는 『대학』의 '지선'을 '중용'의 개념으로 확인하고, 일상의 생활 속에 실현되는 것이면서 천명의 당연한 법칙이요 정미함의 극치인 '중용'의 실현을 바로 '지선'으로 파악했다. 이러한 '지선'의 의미에 따라 지선에 머무르는 것이라는 강령은 격물·

170) 朱子, "至善則事理當然之極也, 言明明德新民, 皆當止於至善之地而不遷, 蓋必其有以盡夫天理之極, 而無一毫人欲之私也"

171) 『退全』 권37, 30, '答李平叔', "朱先生解中庸之義, 曰中庸者, 不偏不倚無過不及, 而平常之理, 乃天命所當然, 精微之極致也, 大抵此道理, 全在日用處平鋪地, 在那裏, 其輕重長短大小之則, 莫不各有恰好處, 此所謂精微之極致, 而大學之至善是也."

치지·성의·정심·수신·제가·치국·평천하의 팔조목도 각 단계마다 지선에 도달해야 하므로 지지선은 『대학』의 도의 귀결점이며, 명명덕과 신민의 결합점인 것이다. 그러므로 지지선은 '대학지도'의 방향을 가리킨 것이 아니고 '대학지도'의 각 방면의 통괄점의 지시라고 본다.

○ 팔조목(八條目)

팔조목은 삼강령의 절대 선, 절대 진리로 도달하기 위한 진리 추구의 실천과정으로 제시된 것으로, 주로 명명덕과 신민에 해당하는 것이다. 팔조목은 개인의 학문적 수양에서부터 나라를 다스리는 법에 이르기까지 모든 것을 포괄하고 있다. 퇴계는 팔조목의 실천을 위해 각각 긴요한 과제가 있음을 다음과 같이 지적하고 있다.

> "'격물치지'는 '이미 아는 바에 의지하여 더욱 궁리하여 지극한 데 까지 이르름'에 긴요함이 있으며, '성의'는 '자신을 속이지 않으며', '홀로 있는 자리를 삼가함'에 긴요함이 있고, '정심·수신'은 사유를 살피고 삼무를 간직하는데 긴요함이 있으며, '수신·제가'는 오벽을 살피고 이편을 제거하는데 긴요함이 있고, '제가·치국'은 효·제·자 와 인·양·충·서에 긴요함이 있으며, '치국·평천하'는 계구에 긴요함이 있다."172)

이러한 팔조목의 긴요한 과제는 『대학』의 전(傳) 5~10장에서 언급하고 있는 것으로 팔조목에서 추구하는 실천의 기본과제와 방법을 집약시켜 제시한 것이다.

[격물(格物)]

격물은 '대학지도'에 있어 가장 근저를 이루는 조목이며 주자는 '천하사물의 리에 궁극함'을 말하면서 '격물지야, 물유사야, 궁지사물지리, 욕기극처, 무부도야(格物至也, 物猶事也, 窮至事物之理, 欲其極處, 無不到也)'라 하였다. 이와 같이 주자는 물(物)은 리(理)이고, 격(格)은 지(至)인 것이다. 그러나 퇴계는 '격'자를 '끝까지 캐내어 이른다[궁이지(窮而至)]'는 뜻으로 해석하고 '격물'을 "물(物)을 격(格)함"이라 하고, 그 주석을 "욕기극처(欲其極處)에 무부도야(無不到也)"로 토를 붙여 "그 극처에 이르지 않음이 없고자 한다."고 해석하였으며, '격물'을 "물에 격함은"이라 하고, 그 주석을 "물리지극처(物理之極處)에(이)무부도야"라고 토를 붙여 "물리의 지극한 곳에(이) 이르

172) 『退全』 권37, 25, '答李平叔問目(大學)', "至於格物致知在因其所知益窮至極, 誠意在毋自欺 慎其獨, 正心修身在察四有·存三無, 修身齊家在察五·去二偏, 齊家治國在孝悌慈與仁讓忠恕, 治國平天下在契矩, 此八條目緊要處."

지 않음이 없다"고 해석한다.[173] 그것은 '격물'에서 '격'이 궁구하는 공부의 과정으로 이해된다면, '물격'에서 '격'은 물리의 극처에 이르는 공효를 보여주는 것이면서 특히 물리의 극처가 이르는 것으로도 볼 수 있다 하여, 리의 능동성을 제시하고 있는 것이라 하겠다.

퇴계는 문인 조진(趙振)의 질문에 팔조목의 실천방법, 즉 '물격이지지(物格而知至)'의 구절을 실현하기 위한 구체적 방법을 제시하고 있다. "모름지기 그 단서에 의지하여 이어서 공부를 해 나가되, 번거로운 노고를 꺼리지 말고 가까운 효과를 바라지 말며, 오랫동안 쌓아서 공부가 익숙해지면 자연히 시원하게 관통되는 곳이 있을 것이다."[174] 라고 하여, 격물해 가서 물격을 이룰 때까지 지속적으로 축적해 가는 과정을 거쳐야만 활연관통(豁然貫通)하는데 이를 수 있음을 강조하고, 이와 더불어 격물의 공부를 위한 또 하나의 조건으로서 다음과 같이 말하였다.

> "(이치를) 궁구함은 그윽히 깊고 은밀히 궁벽(窮僻)한 곳을 향해 구해서는 안 되며, 크게는 군신·부자의 도리와 작게는 일용의 사물에 이르기까지 모두 평탄하고 명백하고 일상적인 곳에 나아가 그 옳은 점과 마땅한 곳을 구하여 정미한 깊은 곳을 구명해 내고, 또한 유추해 나가 널리 통하면 그 소이연의 오묘함을 단지 그 가운데서 얻을 것이다.(별도로 오묘함을 얻는 공부가 있는 것은 아니다)."[175]

격물이 궁벽한 문제를 천착하는 것이 아니라, 일상의 사물이나 인륜에서 찾아 감으로써 정미하고 오묘한 이치를 깨우치는 공부로 제시하고 있다.

[치지(致知)]

주자의 설에 의하면 치지(致知)란 지식을 다하는 일이다. 즉, 지식의 계발을 뜻한다. 주(註)에 이르기를 '치(致)란 추극(推極)함이요, 지(知)란 지식을 말한다. 나의 지식을 끝까지 추구하여 알아야 하는 일이면 모르는 일이 없도록 하고자 함이다[치추극야, 지유식야, 추극오지지식,

173) 『退全』 권26, 34~39, '答鄭子中別紙', "格物(物을 格함이)註, 欲其極處(에) 無不到也, 物格(物에 格함은)註, 物理之極處(에/이)無不到也, 格字有窮而至之義."

174) 『退全』 권38, 11, '答趙起伯(振)大學問目', "須因其端, 接續用工, 勿憚煩勞, 勿責近效, 積久功熟, 自然有脫然貫通處."

175) 『退全』 권38, 11, '答趙起伯(振)大學問目', "其窮格不可向幽深隱僻處求, 大而君臣父子, 細而日用事物, 皆就坦然明白平實處, 求其是處當然處, 究得精微之蘊, 又推類旁通, 則其所以然之妙, 只於此中得之(非別有得妙之工夫也)."

욕기소지무불진야(致推極也, 知猶識也, 推極吾之知識, 欲其所知無不盡也)].'라고 하였다. 즉 자기의 지식을 한없이 넓게 하고 깊게 해서, 천하 일체의 사물에 대하여 모르는 바가 없도록 한다는 것이다.

[성의(誠意)]

『대학』의 설명에 의하면 '사물의 이치가 구명된 후에야 지혜가 생기고 지혜가 생긴 후에야 생각이 성실하여 진다[물격이후지지, 지지이후의성(物格而後知至, 知至而後意誠)]'고 하였다. 주자는 '의(意)'자를 '의자심지소발(意者心之所發)'이라 하였다. 즉 사려·정서·욕망 등의 총칭이라 하고 '성(誠)'이란 참된 것으로 『대학』에 이르기를 '이른바 자기의 생각을 성실하게 한다는 것은 자기를 속이는 일이 없도록 한다는 것이다. 나쁜 냄새를 싫어하는 것 같이 악을 미워하고 잘생긴 여인을 좋아하는 것 같이 선을 좋아하는 것이다. 이런 것을 두고 스스로 자족해 한다고 하는 것이다[소위성기의자, 무자기야, 여악악취, 여호호색, 차지위지겸(所謂誠其意者, 毋自欺也, 如惡惡臭, 如好好色, 此之謂自謙)]'라고 하였다. 즉, 스스로 속이지 아니하면 자연스럽게 흡족해 지는 것이다.

성의(誠意)는 마음을 바르게 하는데 필요하다. 그것은 심은 의의 실체며, 의는 심의 작용이므로 양자는 상관적 관계에 있기 때문이다. 만약 비(非)성의 한 행실이 계속 겹친다고 할 때 그것이 동기가 되어 마음에 악 영향을 미치게 되고 여기에 악(惡)품성을 형성하게 되는 것이다. 그러므로 정심(正心)에는 반드시 성의(誠意)를 필요로 하게 된다. 의성이후심정(意誠而後心正)이라는 소이가 여기에 있다고 하겠다.

퇴계는 '성의' 공부를 매우 중시하고 있다. 격물이 이루어지지 않으면 성의를 이루기 어렵다는 점을 전제로 하면서도, 격물이 아직 다 이루어지지 않았으니 성의를 할 수 없다고 말하는 것은 옳지 않다고 강조한다. 따라서 "다만 궁구하고 체험하며 존양하고 성찰하는 공부를 많이 해 간 다음에 저절로 절도에 맞거나 맞지 아니한 것을 알게 될 뿐이다."176)라고 하여 격물궁리[궁격(窮格)] 공부와 더불어 체험·존양·성찰하는 수양으로서 '성의' 공부를 병행하여 실천함으로써 마음이 저절로 절도에 맞게 되는 것이라 보고 있다. 그리하여 '격물치지'와 '성의'가 그 구조에서는 단계적 양상을 보여주고 있지만 실천과정에서는 동시적으로 이루어지는 것임을 주목하고 있는 것이다. 나아가 퇴계는 '성의' 공부에서도 아무리 충분하다 하더라도 한 번 '성의' 하는 것으로 '정심'과 '수신'이 저절로 이루어지는 것이 아님을 강조하고 지속적이고 축적적인 공부 방법을 준칙으로 제시한 것이다. 따라서 퇴계는 '성의'의 실천

176) 『退全』 권38, 11, '答趙起伯(振)大學問目', "只著窮格體驗持養省察工夫多後, 自知得中不中耳."

에 대해, "일용에서 응접하는 사이에 잠시라도 경계하지 않고 털끝만큼이라도 성찰하지 않으면, 곧 치우치고 사사로움에 빠져서 몸과 마음이 전도되어 성의의 공부가 이미 끊어지게 된다."[177]고 하여, 일상생활의 모든 일과 모든 순간에서 경계하고 성찰함으로써 치우치고 사사로움에 빠지지 말도록 요구하고 있다. 따라서 퇴계는 '성의장(誠意章)'에서 "마음에 치우치고 사사로운 곳이 있는 '사유(四有)'와 몸에 치우치고 사사로운 곳이 있는 '오벽(五辟)'을 문단마다 잇달아 붙여서 말하고 있음을 지적하였으며, 나아가 '성의'가 『대학』의 공부에서 가장 긴급하고 절실한 것이라 역설하였다."[178] 여기서 『대학』을 통한 퇴계의 학문론은 격치[지(知)]와 성의·정심·수신[행(行)]이 병행하는 것으로 인식하는 것이요, 동시에 '행'으로서 성의·정심·수신의 출발점인 '성의'를 『대학』 공부 전체의 실천에서 가장 긴급하고 절실한 중심축으로 제시하고 있는 것이다. 또한 퇴계는 '성의' 공부를 마음과 몸이 치우치고 편벽되지 않도록 경계하고 성찰하는 것이라 확인함으로써, '성의'가 이루어지지 않으면 모든 것이 뒤집어지고 무너지는 것임을 역설하였고, 퇴계가 『대학』의 중심축으로 제시하는 이러한 '성의' 공부는 바로 존양과 성찰하는 거경 수양론이 실현되는 기반이다.

[정심(正心)]

뜻이 성(誠)하게 되면 정심이 생긴다. 정심이란 심정(心情)이 정상으로 돌아가는 것을 말한다. 무릇 사람의 마음에는 분노·공포와 두려움·즐거움·우환 등의 정서가 있어 때때로 정심을 잃게 하므로, 뜻을 지성으로 갖는 동시에 그 본체인 마음을 정한 위치에 두도록 힘써야 한다. 만약에 '마음이 정서와 감정에 지배되어 그 정상을 잃을 때, 보아도 보이지 않고 들어도 들리지 않으며 먹어도 그 맛을 분간치 못하게 된다[심불재언 시이불견 청이불문 식이부지기미(心不在焉 視而不見 聽而不聞 食而不知其味)].'는 것이다.

퇴계는 '정심' 공부에 대한 율곡의 질문에 대답하면서 '정심·수신'이 '계구'[계신·공구(戒愼·恐懼)]'의 뜻을 내포하고 있음을 지적하였다. 율곡이 『중용장구』의 소주(小註)에서 쌍봉요씨가 "『대학』에서는 계구를 말하지 않았다"고 언급한 사실에 대해, 퇴계는 "『대학』에서 '계구'를 말하지 않은 것은 사실이다 하더라도, 주자가 '정심수신장(正心修身章)'을 해석하면서, '찰(察)'자를 제시하여 '정(正)'의 뜻을 해석하였으며, '시이불견(視而不見)'을 해석하면서, '존(存)'자와 '경

177) 『退全』 권38, 12, '答趙起伯(振)大學問目', "日用應接之間, 斯須不戒, 毫髮不省, 卽陷於偏私, 而身心顚倒, 誠意之功, 已爲間斷."

178) 『退全』 권38, 12, '答趙起伯(振)大學問目', "故以四有五辟, 逐段連屬說來, 蓋四有心有偏私處, 五辟身有僻私處, 此大學工夫爲緊急最切者也."

(敬)'자를 끌어내어 말하고 있는 사실을 지적하였다. 또한 전문에서 '무심'[심부재언(心不在焉)]의 병통을 구제하는 것에는 '계구'하는 공부가 감추어 있는 것임을 확인하고 있다."[179] 따라서 퇴계는 '정심'에 대한 주자의 해석에서 언급하고 있는 '찰'[성찰(省察)]과 '존'[존심(存心)]과 '경'의 개념이 내포하는 수양론적 의미를 주목함으로써, 마음이 정을 잃은 상태를 극복하는 '정심' 공부가 지닌 존양·성찰의 거경수양론적 방법 속에 계신공구의 의미가 함축되어 있음을 밝히고 있다.

[수신(修身)]

수신은 인격의 수양을 말하며 곧 '명명덕' 하는 일이다. 수신의 방법은 정심·성의·치지·격물을 바로 행하는데 있다. 치지격물에 의해서 지(知)를 닦고 성의로서 의지를 옳게 가지며, 정심에 의해서 정서·정조를 바로잡으면 저절로 수신이 되고 인격이 완성되어 명덕이 저절로 밝아질 것이다.

퇴계는 수신과 제가의 연결 관계를 해명하면서, 수신의 '몸소 행함[궁행(躬行)]'이 제가의 '미루어 행함[추행(推行)]'으로 전환하여 결합하는 구조를 주목하고 있다.

> "수신은 곧 몸소 행하는 것이고, 제가는 곧 미루어 행하는 것이다. 만약 몸소 행하지 않으면 어떻게 미루어 행할 수 있겠는가. 이것이 몸소 행하는 것[궁행(躬行)]이며, 미루어 행하는 것[추행(推行)]과 상대시켜 말한 것으로, 말을 변환하는 활법이 있다. 이것이 변환시켜 맺는 것[반결(反結)]이 힘이 있게 된 까닭이다. 닦여지지 않으면 가지런히 할 수 없으니, 반드시 닦여진 뒤에 가지런히 할 수 있음을 보게 된다."[180]

'몸소 행함'에 근거하여 '미루어 행함'의 구조로서 수신과 제가가 연결됨으로써 실천의 힘이 있게 되는 것임을 강조한다. 또한 퇴계는 "'수신'이 『대학』 전체의 근본이 되는 것이요, 『대학』은 '수신'을 함으로써 근본을 바르게 하고 근원을 밝게 하여 정치를 하는 자리일 뿐이라 규정한다."[181] 따라서 『대학』은 수신에 근본 하여 제가·치국·평천하가 이루어지는 것을 추구한다.

179) 『退全』 권14, 28~29, '答李叔獻問目', "大學固不言戒懼矣, 故朱子於正心章註, 亦只擧察字, 以直解本文正意, 惟於視不見注, 始拈出存字敬字而言之, 亦因傳者說無心之病, 故以此救其病, 而戒懼之功, 隱然在不言中耳."

180) 『退全』 권38, 14, '答趙起伯(振)大學問目', "修身卽躬行, 齊家卽推行, 若不躬行, 何以能推行, 此以窮行對推行言, 有飜轉活法, 此反結所以有力焉, 不修則不可齊, 以見必修然後可齊."

181) 『退全』 권37, 46, '答李平叔', "大學一書, 以修身爲本, 乃端本淸援, 以爲出治之地而已."

[제가(齊家)]

『대학』에 '욕치기국자 선제기가(欲治其國者 先齊其家)'라 하였다. 『대학』의 도는 스스로 자기 몸을 닦고 또 남을 다스리는 데 있다. 남을 다스리는 첫걸음은 나와 가장 가까운 관계에 있는 집단인 가정을 다스리는 일이다. 이러한 제가의 요건을 『대학』에서는 편협한 행위를 경계하라고 다음과 같이 말하고 있다.

> "이른바 그 집안을 가지런히 함이 그 몸을 닦는 데 있다고 하는 것은 사람이란 그가 친하고 사랑하는 바에 치우치며, 그가 친하게 여기고 미워하는 바에 치우치며, 그가 두려워하고 공경하는 바에 치우치며, 그가 애처롭고 불쌍히 여기는 바에 치우치며, 그가 오만히 대하고 게을리 하는 바에 치우치게 된다는 것이다. 그러므로 좋아하되 그 악함을 알며, 미워하되 그 아름다움을 아는 사람은 천하에 드문 것이다."182)

이것은 집을 다스림에 있어 나의 감정이 호악에 치우쳐 편협에 빠지지 말 것을 경계한 말이다. 또한 『대학』은 효(孝)·제(弟)·자(慈)를 필요로 하고 있으며, 다음과 같이 언급하고 있다. "군자는 집에서 나가지 않고서 나라에 가르침을 이룩하는 것이다. 효란 임금을 섬기는 도리고, 우애란 어른을 섬기는 길이며, 자애란 여러 사람을 부리는 길이다."183)라고 하였고, "한 집이 인자하면 온 나라에 인자한 기풍이 일어나고 한 집이 겸양하면 온 나라에 겸양의 기풍이 일어난다."184)라고 하였다. 이와 같이 효·제·자 는 한마디로 하면 제가에 있어서의 인양(仁讓)의 덕을 필요로 함을 말한 것인데, 이것이 잘 행해질 때 비로소 국가에 충(忠)·순(順)·혜(惠) 등의 미덕이 완전하게 행해진다고 보는 것이다. 그러므로 제가의 요체는, 수신을 본(本)으로 하고 혈구의 도에 의거, 인·효·제·자를 본뜻으로 삼아서 벽에 빠지지 않도록 노력하는 길이라고 말할 수 있을 것이다.

[치국(治國)]

'가인이후국치(家仁而後國治)'라 했다. 치국의 요가 제가에 있다는 것이다. 그러므로 치국에

182) 『大學』「傳文」8장, "所謂齊其家在修其身者, 人之其所親愛而辟焉, 之其所賤惡而辟焉, 之其所畏敬而辟焉, 之其所哀矜而辟焉, 之其所敖惰而辟焉, 故, 好而知其惡, 惡而知其美者, 天下鮮矣."

183) 『大學』「傳文」9장, "故君子不出家, 而成教於國, 孝者所以事君也, 弟者所以事長也, 慈者所以使衆也."

184) 『大學』「傳文」9장, "一家仁, 一國興仁, 一家讓, 一國興讓."

도 효·제·자 등의 덕이 필요함을 알 수 있다. 왜냐하면 '효' 하는 자가 임금을 섬길 때 비로소 '충'이 될 수 있기 때문이다.

퇴계는 "치국은 효·제·자에 근본 하여 인양·충서 등에 미치며, 평천하도 효·제·자에 근본 하는 것으로, 호악을 살피고 재용을 바깥으로 삼으며, 용인을 삼가고 의리를 분변하는 일들을 마음에 잊지 않는 것이요, 중간에 먼저 덕을 삼감[신(愼): 몸가짐이나 언행을 조심함]으로써 통솔하여 혈구의 도로써 관철하는 것이다."185)라고 하여 치국·평천하가 효·제·자에 근본하는 것임을 역설하고 있다. 그것은 치국·평천하가 예악(禮樂)이나 형정(刑政)의 제도를 통해서 추구되기 이전에 근본이 되는 도덕규범의 확립을 강조하는 것이다.

퇴계는 치국·평천하가 도덕규범에 근본하지 않을 때 마음이 사사롭거나 편벽하게 되며, 이욕(利欲)으로 은폐되어, 덕(德)은 높여지지 않고 법도는 반듯하게 되지 않는 폐단을 심각하게 제시하고 있다. 또한 이러한 도덕적 기반이 무너지고 은폐되면 어진 이는 숨어 버리고 질투하는 자들이 일어나서 정치가 혼란에 빠지게 되니, 아무리 좋은 제도가 있어도 소용이 없게 될 것임을 지적한다. 그만큼 퇴계는 『대학』의 팔조목에서 '수신'의 근본 위에 치국·평천하가 실현될 수 있는 것임을 강조하고, 치국·평천하의 정치적 과업도 효·제·자의 도덕 규범적 기반 위에 성립할 수 있는 것임을 역설하고 있는 것이다.

[평천하(平天下)]

평천하의 길은 치국과 제가의 법이 기본이 된다. 그래서 다음과 같이 밝히고 있다.

> "이른바 천하를 화평케 하는 것이 자기의 나라를 다스리는 데 달려 있다고 하는 것은, 윗자리에 있는 사람이 늙은이를 늙은이로 모시면 백성들 사이에 효성스러운 기풍이 일어나고, 윗자리에 있는 사람이 연장자를 연장자로 받들면 백성들 사이에 우애하는 기풍이 일어나고, 윗자리에 있는 사람이 이들을 불쌍히 여기면 백성들이 배반하지 않는다. 그러한 까닭에 군자는 혈구지도를 갖게 되는 것이다."186)

즉, 임금이 노인 섬기는 도리를 다할 때 백성들이 이것을 본받아, 자기의 부모에게 효양

185) 『退全』 권37, 46, '答李平叔', "治國本於孝悌慈, 以及於仁讓忠恕之屬, 平天下亦本於三者, 眷眷於審好惡·外財用·謹用人·辨義利之類, 中以先慎乎德統之, 而貫之以絜矩之道."

186) 『大學』 「傳文」 10장, "所謂平天下在治其國者, 上老老而民興孝, 上長長而民興弟, 上恤孤而民不倍, 是以君子有絜矩之道也."

(孝養)의 도를 다하게 될 것이고, 또 임금이 장자를 대하는 도리를 다할 때 백성이 이것을 본받아 형제의 도를 다할 것이고, 또 임금이 불쌍한 사람들을 긍휼히 여길 때 백성들 역시 민풍(民風)이 중후하게 되어 감히 임금께 배반하는 일이 없을 것이다. 또한 『대학』에서는 백성의 마음을 깊이 헤아려 치자(治者)의 마음으로 삼을 것과 평천하의 법으로서 덕을 근본으로 하고 재(財)를 뒤로 할 것을 말하고, 인재등용의 중요성과 조항에는 이(利)보다 의(義)를 중히 해야 한다는 것도 강조되어 있다. 그러므로 평천하의 도는 '혈구지도(絜矩之道)'에 따라 인을 행함으로써 천하의 백성으로 하여금 안정을 얻게 하며 각자의 생을 행복하게 살아가는 데 그 뜻이 있는 것이라고 할 수 있다.

『대학(大學)』에 대한 퇴계(退溪)의 인식(認識)

『소학』을 통하여 일상생활 속에서 실천해야 할 행동규범을 몸에 익혀서 배운 사람은 『대학』을 통해서 『소학』에서 익힌 일들에 대한 이유나 원리를 배우는 공부를 하였다. 즉, 『대학』 공부는 사물에 대한 존재이유나 원인에 해당하는 '소이연지고(所以然之故)'와 마땅히 행해야하는 당위의 도덕률인 '소당연지칙(所當然之則)'의 두 가지를 궁구하고 실천하는 공부이다.

퇴계는 『대학』을 주자가 '실천과정의 절차[행정절차(行程節次)]'로 삼았던 것이라 하여[187] 『대학』이 공부를 해 나가는 과정에서 따라야 할 단계적 과정을 제시한 것임을 주목하고 있다. 또한 퇴계는 기거동작(起居動作)의 작은 일에서 나라를 다스리고 천하를 화평하게 하는 큰 일에 이르기까지 인간의 모든 활동이 『대학』의 범위 안에서 이루어지는 것임을 강조하면서 "한번 눈을 들고 한번 발을 내딛는 일에 이르기까지 정밀한 일이나 거친 일이나 근본이나 지말이나 모두 『대학』이란 책에 들어 있다. 사람이 그 힘을 쓰지 않음을 걱정할 따름이다. 진실로 힘쓰기를 그치지 않으면 성현의 지위에 이르지 못 할까 근심할 것이 없다."[188]라고 하였다. 그만큼 『대학』은 근본에서부터 지말(至末)에 이르기까지 인간의 모든 행위를 규제하는 방법을 제시하고 있는 것으로 인식된다. 따라서 인간은 『대학』의 절차와 방법 체계에 따라 노력해 나감으로써 누구나 자기 자신을 실현하여 마침내 성현에까지 향상시켜 갈 수 있다고 밝힌다. 또한 퇴계는 『대학』의 대지(大旨)를 '경'으로 확인함으로써, 『대학』이 추구하는 근

187) 『退全』 권37, 25, '答李平叔問目(大學)', "大學一書, 朱子以爲行程節次."
188) 『退全』 권14, 10, '答南時甫(彦經)', "大抵大學一書, 一擧目, 一投踵, 而精粗, 本末, 都在此, 人患不用其力耳, 苟作之不已, 不患不到聖賢地位."

본정신을 '경'의 수양론적 원리 위에 정립시키고 있다. 이는 주자가 『대학혹문』의 첫머리에서 『소학』과 『대학』이 모두 경을 위주로 하는 것임을 밝힌 사실과, '정심' 장(章)의 주석에서 '경으로 곧게 할 것[경이직지(敬以直之)]'을 말하여 경의 뜻을 반복하여 밝히고 있는 사실을 지적하며 『대학』의 대지는 '경'에 있다고 역설한다. 따라서 그는 '명명덕'이 『대학』의 대 강령이기는 하지만 『대학』의 대지는 '명명덕'이 아니라 '경'이라 해야 할 것임을 강조하고 있다.[189] 이처럼 퇴계가 『대학』의 대지를 '경'으로 인식하는 것은 그의 철학 체계에서 핵심 개념을 이르는 '경'의 수양론적 구조 속에서 『대학』이 얼마나 중요한 위치를 차지하고 있는지를 넉넉히 짐작할 수 있게 한다. 특히 『대학』이 궁리와 거경이라는 퇴계의 학문방법론과 수양론의 기반을 이루고 있으며 퇴계의 학문방법은 지·행의 병행을 통한 점진적이고 축적적인 것으로 규정할 수 있다.

189) 『退全』 권29, 23~24, '答金而精別紙', "大學傳止至善處引文王敬止之說, 而推言五止之道, 繼之以切磋琢磨之功, 豈可謂不言敬乎, 況朱子於或問之首, 明言小學大學皆當以敬爲主, 又於正心章註, 反覆致意焉, 然則謂大學大旨在敬, 恐無不可, 若明明德, 雖爲大學之大綱領, 然謂之大綱領, 則可謂之大旨, 有所未穩."

5. 제5 백록동규도

제5 백록동규도
(第五 白鹿洞規圖)

지식과 실천의 중요성을 강조하면서 인간다운 인간의 교육과 자신의 완성을 지향하는 위기지학(爲己之學)의 풍토를 세우고자 주자는 과거시험과 입신양명 위주의 위인지학(爲人之學)을 강력하게 경계하려는 의도로 규칙을 만들고 제자들이 실천할 것을 요청하고 있다.

父子有親
君臣有義
夫婦有別
長幼有序
朋友有信

右五教之目

堯舜使契爲司徒敬敷五教卽此是也學者學此而已其所以學之之序亦有五焉其別如左 左今當作下

博學
審問
愼思
明辨
篤行

言忠信 行篤敬
懲忿窒慾 遷善改過
正其義 不謀其利
明其道 不計其功
己所不欲 勿施於人
行有不得 反求諸己

窮理之要
修身之要
處事之要
接物之要

요임금과 순임금이 설 이라는 사람에게 사도(司徒)라는 직책을 주어 오교를 널리 보급하게한 것이다 학문이란 이러한 오륜을 배우는 것일 뿐이다 그런 까닭으로 학문하는 순서에도 또한 다섯가지 조목이 있으니 바로 아래에 있는 다섯가지이다.

이상에서말한오교의 세부항목은

- 부모와 자식 사이에 친함이 있어야 한다
- 임금과 신하 사이에 의리가 있어야 한다
- 남편과 아내 사이에 분별이 있어야 한다
- 어른과 아이 사이에는 차례가 있어야 한다
- 친구 사이에는 신의가 있어야 한다

- 넓게 배운다
- 자세하게 묻는다
- 신중하게 생각한다
- 분명하게 변별한다

→ 이치를 연구하는 요체

- 독실하게 실천한다
  - 말은 진실되고 신의 있게 하고
  - 행동은 독실하고 공경스럽게 한다
  - 분노를 삼가고 욕망을 억누르며
  - 잘못을 고쳐 선을 따른다

  → 몸을 수양하는 요체

  - 의를 바르게 실천할 뿐 부당한
  - 이익을 도모하지 않는다
  - 도를 밝힐 뿐
  - 헤아리지 않는다

  → 일을 처리하는 요체

  - 내가 원하지 않는 것은
  - 남에게 시키지 않는다
  - 실천하고 효과를 얻지 못하면 돌이켜
  - 반성하여 자신에게서 이유를 찾는다

  → 타인을 대하는 요체

「동규후서(洞規後敍)」 원문(原文)

熹竊觀古昔聖賢所以敎人爲學之意, 莫非講明義理. 以修其身, 然後推以及人, 非徒欲其
희절관고석성현소이교인위학지의, 막비강명의리. 이수기신, 연후추이급인, 비도욕기
務記覽爲詞章, 以釣聲名取利祿而已. 今之爲學者, 旣反是矣. 然聖賢所以敎人之法,
무기람위사장, 이조성명취이록이이. 금지위학자, 기반시의. 연성현소이교인지법,
具存於經, 有志之士固當熟讀深思而問辨之. 苟知理之當然, 而責其身以必然, 則夫規矩
구존어경, 유지지사고당숙독심사이문변지. 구지리지당연, 이책기신이필연, 즉부규구
禁防之具, 豈待他人設之, 而後有所持循哉 近世於學有規, 其待學者, 爲已淺矣, 而其
금방지구, 기대타인설지, 이후유소지순재 근세어학유규, 기대학자, 위이천의, 이기
爲法, 又未必古人之意也. 故今不復施於此堂, 而特取凡聖賢所以敎人爲學之大端, 條列
위법, 우미필고인지의야. 고금불부시어차당, 이특취범성현소이교인위학지대단, 조렬
如右, 而揭之楣間, 諸君相與講明遵守, 而責之於身焉, 則夫思慮云爲之際, 其所以戒謹
여우, 이게지미간, 제군상여강명준수, 이책지어신언, 즉부사려운위지제, 기소이계근
恐懼者, 必有嚴於彼者矣. 其有不然, 而或出於禁防之外, 則彼所謂規者, 必將取之, 固
공구자, 필유엄어피자의. 기유불연, 이혹출어금방지외, 즉피소위규자, 필장취지, 고
不得而略也. 諸君其念之哉.
부득이략야. 제군기념지재.

「동규후서(洞規後敍)」[190] 원문(原文) 해석(解釋)

내(주자)가 옛날 성현들이 사람을 가르쳐 학문을 하게 하는 의도를 가만히 살펴보니, 그것은 모두 의리를 해석하여 밝힘으로써 자신을 수양하고 그런 뒤에 그것을 미루어 남에게까지

190) 「백록동규」는 주자(朱子)가 남강군(南康軍)에 있던 백록동서원의 학자들에게 게시하기 위하여 지은 서원의 학규(學規)이다. 주자는 이 학규를 만든 다음 「학규후서」를 지어 유학의 본질이 위기지학(爲己之學)에 있음을 분명히 하였으며, 그 위기지학의 핵심이 바로 오륜의 실천임을 밝힌 것이다. 이 글은 『주문공문집(朱文公文集)』 권74에 「백록동서원게시(白鹿洞書院揭示)」라는 제목으로 수록되어 있다.
「백록동규도」는 퇴계가 학규(學規)의 목차를 도표로 만든 것이다. 퇴계는 이 「백록동규」에 대해 "그 가르침은 인륜을 밝히는 것에 근본 하여 박학(博學), 심문(審問), 신사(愼思), 명변(明辯)을 궁리의 요체로 여기고, 수신(修身)으로부터 처사(處事), 접물(接物)을 독행(篤行)의 조목으로 삼았다(『퇴계선생문집(退溪先生文集)』 권29, 「답김이정(答金而靜)」)."라고 하였다. 이는 퇴계가 이 「백록동규」를 학문의 궁극 목표와 구체적인 방법을 밝히고 있는 것으로 이해하였음을 알 수 있는 대목이다.

미치게 하려는 것이었지, 한갓 내용을 외우고 많이 보아서 문장을 만드는 일에만 힘을 써서 명성을 구하거나 이익을 구하게 하려는 것은 아니었다.[191] 그런데 오늘날 학문을 하는 사람들은 이와는 반대된다. 그러나 성현들이 사람을 가르치던 방법은 경전 속에 모두 갖추어져 있으니, 뜻 있는 선비들은 진실로 마땅히 숙독하고 깊이 생각하여 그것을 질문하고 변별해야 할 것이다. 진실로 이치의 당연함을 알아서 스스로 반드시 그렇게 하려고 노력한다면, 어찌 다른 사람이 규범과 금지 항목을 만들어 주기를 기다릴 것이며, 그런 다음에 그것을 준수하고 따를 필요가 있겠는가. 요즈음에도 학교에 규약이 있으나 그것은 배우는 사람들의 기대에는 너무 미약하고, 그 규약을 만든 것도 또한 옛 사람들의 뜻에 꼭 부합되지도 않는다. 그러므로 이제 이 학당에서는 이와 같은 잘못이 다시는 시행되지 않도록 하고 다만 성현들이 사람을 가르쳐 학문을 하게 한 큰 단서만을 특별히 발췌하여 조목별로 나열하여서 현판에 기록하여 벽에 걸어 두는 것이다. 여러분들이 이것을 서로 연구하고 지켜서 스스로 실천한다면, 생각하고 말하고 행동할 때에 삼가고 두려워하는 것이 반드시 지난번의 규범보다 더욱 엄격할 것이다. 만약 이것을 지키지 못해서 혹 금지조항의 범위를 벗어나게 되면, 이른바 저 규약을 반드시 적용해야 할 것이니, 이는 진실로 용납될 수 없다[192]는 것을 여러분들은 명심해야 할 것이다.

퇴계(退溪)의 설명 원문(說明 原文)

○ 右規, 朱子所作以揭示白鹿洞書院學者. 洞在南康軍北匡廬山之南, 有唐李渤隱于此,
○ 우규, 주자소작이게시백록동서원학자. 동재남강군북광려산지남, 유당이발은우차,

191) 고려대학교 민족문화연구원 한국사상연구소, 역주와 해설 성학십도, 예문서원, 2011, p. 90.
공자는 『논어』에서 위기지학(爲己之學)을 해야 하지 위인지학(爲人之學)을 해서는 안 된다는 것을 역설하였다. 이후로 유학에서 자기 자신의 인격완성을 위한 학문인 위기지학과 남에게 보여 이녹(利祿)을 구하기 위한 학문인 위인지학은 엄격히 구별되었다. 여기서 주자가 말하는 것도 역시 옛날에는 자신의 완성을 위한 공부를 했는데 요즘은 유명인이 되어 이록(이익과 녹봉)을 얻으려는데 불과하다는 비판에 해당된다. 주자는 비록 과거에 합격하여 9년간에 걸친 관료생활을 하기도 했지만, 정명도·정이천 형제로부터 이어지는 소위 도학파(道學派)의 전통에 입각하여 과거만을 위한 공부를 천시했다. 이런 입장은 우리나라에서도 그대로 계승되어 사림들을 중심으로 『소학』에 기초한 철저한 수양이 강조되었으며, 조선중기에 이르러 도학정신을 계승한 것으로 자부하는 사림파가 성립되었다.

192) 이 글을 통해 본다면 옛날의 학규는 학생들의 행동을 규제하는 구체적인 금지조항이었던 것 같다. 주자는 학자들이 경전을 근거로 하여 스스로 익혀 이치를 깨달음으로써 자율적으로 법도를 실천할 것을 권면하고 있다. 그러나 자율적인 실천이 불가능할 때는 강제적인 규약을 적용하겠다는 것이다.

養白鹿以自隨, 因名其洞. 南唐建書院, 號爲國庠, 學徒常數百人. 宋太宗頒書籍, 官洞
양백록이자수, 인명기동. 남당건서원, 호위국상, 학도상수백인. 송태종반서적, 관동
主以寵勸之. 中間蕪廢, 朱子知南康軍, 請于朝重建, 聚徒設規, 倡明道學, 書院之敎, 遂
주이총권지. 중간무폐, 주자지남강군, 청우조중건, 취도설규, 창명도학, 서원지교, 수
盛于天下. 臣今謹依規文本目, 作此圖以便觀省. 蓋唐虞之敎在五品, 三代之學, 皆所以明
성우천하. 신금근의규문본목, 작차도이편관성. 개당우지교재오품, 삼대지학, 개소이명
人倫. 故規之窮理力行, 皆本於五倫. 且帝王之學, 其規矩禁防之具, 雖與凡學者有不能
인륜. 고규지궁리역행, 개본어오륜. 차제왕지학, 기규구금방지구, 수여범학자유불능
盡同者, 然本之彝倫, 而窮理力行, 以求得夫心法切要處, 未嘗不同也. 故並獻是圖, 以
진동자, 연본지이륜, 이궁리역행, 이구득부심법절요처, 미상부동야. 고병헌시도, 이
備朝夕暬御之箴.
비조석설어지잠.

○ 以上五圖, 本於天道, 而功在明人倫懋德業

○ 이상오도, 본어천도, 이공재명인륜무덕업

퇴계(退溪)의 설명 원문(說明 原文) 해석(解釋)

○ 위의 『백록동규(白鹿洞規)』는 주자가 만들어서 백록동서원의 학자들에게 게시(揭示)한 글입니다. 백록동은 남강군(南康軍)193)의 북쪽 광려산(匡廬山)의 남쪽에 있는데, 당나라 때 이발(李渤)194)이 여기에 은거하며 흰 사슴을 기르며 유유자적 하였으므로 백록동이라고 이름 지은 것입니다. 남당(南唐)195) 때에 서원을 세우고 국상(國庠)196)이라고 불렀으며, 배우는 학생들이

193) 지금의 강서성(江西省) 성자현(星子縣)에 있는 한 부(府)의 이름으로 군(軍)은 송대 지방행정조직 중의 하나이다. 송나라때 남강군(南康軍)을 두었는데, 원(元)나라에서는 남강로(南康路)라고 하였고, 명(明)나라에서는 남강부(南康府)라 하였다. 백록동서원의 자리는 지금의 강시성, 여산(廬山)의 오로봉(五老峰) 아래다.

194) 이발(李渤: 773~831)은 당나라 낙양(洛陽)사람으로 자는 준지(濬之)이다. 학문을 좋아하여 과거공부를 하지 않고 형인 섭(涉)과 더불어 백록동에서 살다가 뒤에 강주자사(江州刺史)가 되어 백록동에 대사(臺榭)를 구축하였다.

195) 남당(南唐: 937~975)은 중국 오대(五代) 때의 십국(十國)중의 하나로 이변(李昪: 후에 서지고(徐知誥)라고 함)이 오국(吳國)의 예제(睿帝)를 몰아내고 양위를 받아 세운 나라이다. 금릉(金陵, 지금의 남경)을 서도(西都)로 양주(揚州)를 동도(東都)로 삼아 국호를 대제(大齊)라고 했다가 나중에 당나라의 후예를 자처하여 대당(大唐)이라고 칭하였는데 사가(史家)들이 이를 남당이라고 호칭하였으며 3세(三世) 39년 만에 송나라에게 멸망 당하였다. 역사서에는 남당(南唐)이라고 부른다.

196) 국상(國庠)은 나라의 수도에 있는 학교를 말하며, 남당(南唐) 승원(昇元) 원년인 940년에 서원을 세우고

항상 수백명에 이르렀습니다. 송나라 태종(太宗)이 이곳에 서적을 내려주고 서원의 원장에게 관직을 주어 더욱 학문을 권장하였습니다. 그러다가 중간에 황폐하게 된 적도 있었지만, 주자(朱子)가 남강군의 지사로 있을 때[197] 서원의 중건을 조정에 요청하였고, 학생들을 모집하여 규약을 만들어 도학(道學)을 앞장서 가르치게 되면서 서원의 교육이 드디어 온 세상에 널리 퍼지게 되었습니다. 신(臣)이 이제 삼가 규문(規文)에 있는 본래의 조목에 의거하여, 이 「백록동규도(白鹿洞規圖)」를 그려서 보기에 편하도록 하였습니다. 대개 요임금과 순임금[당우(唐虞)]시대의 교육은 오품(五品)[198]에 있었고, 하(夏)·은(殷)·주(周) 삼대(三代)의 학문도 모두 인륜(人倫)을 밝히는 데 있었습니다. 그러므로 이 규약의 궁리(窮理)와 역행(力行)도 모두 오륜(五倫)[199]에 근본을 두고 있는 것입니다. 또한 제왕의 학문이 갖추어야 할 규약과 금지조항은 비록 일반 학자와 다 같을 수가 없다 하더라도, 인간으로서 마땅히 지켜야 할 인륜에 기본을 두고 이치를 구명하며, 열심히 실천하여서 심법(心法)[200]의 절실하고 요긴한 것을 구하는 데에는 일찍이 다를 바가 없는 것입니다. 이러한 까닭으로 이 그림을 함께 올리는 것이오니, 아침과 저녁으로 왕을 보좌하는 신하가 잠언을 준비할 때 보태도록 하였습니다.

○ 이상의 다섯 가지 그림은 천도에 근본한 것인데, 그 공적은 인륜을 밝히고 덕업(德業)에 힘쓰도록 하는 데 있습니다.

「백록동규도(白鹿洞規圖)」의 구조(構造)와 내용(內容)

퇴계가 『성학십도』에서 제5도로 수록하고 있는 「백록동규도」는 주자의 『백록동규』[201]

이선도(李善道)를 동주(洞主, 서원의 원장)로 임명하여 교수로 삼고, 백록동국상(白鹿洞國庠)이라고 칭하였다.

197) 주자(朱子) 50세 1179년의 일이다.

198) 오품(五品)은 오륜(五倫)으로 부자(父子)·군신(君臣)·부부(夫婦)·장유(長幼)·붕우(朋友)가 이에 속하며 유가 윤리사상의 기본이다. 오상(五常)이라고도 하고 오전(五典)이라고도 한다.

199) 오륜(五倫)은 부자유친(父子有親)·군신유의(君臣有義)·부부유별(夫婦有別)·장유유서(長幼有序)·붕우유신(朋友有信)의 다섯 가지 인륜을 말한다.

200) 고려대학교 민족문화연구원 한국사상연구소, 역주와 해설 성학십도, 예문서원, 2011, p. 93.
'심법(心法)'이란 마음을 다스리는 방법 혹은 공부이다. 성리학의 리기심성(理氣心性)의 논의들은 결국 선악을 판단하는 것과 선을 실천하고 악을 물리치는 주체로서의 마음을 어떻게 다스릴 것인가에 대한 논의이다. 따라서 「백록동규」의 주요내용도 결국은 유가윤리의 대표인 오륜이며, 이 오륜의 실천은 결국 자신의 마음수양에 근본한다는 것이다.

201) 「白鹿洞規」는 『朱熹集』(7책, 3893~3894쪽, 권74)에 「白鹿洞書院揭示」(一작 '學規')의 제목으로 수록되어 있다.

를 퇴계가 도상화한 것이다. 『백록동규』는 주자가 백록동서원을 중건하면서 서원의 학도들에게 제시한 학칙이며, 주자에 의해 도학의 이념을 밝히는 것이면서 동시에 도학의 위학 방법과 서원의 교학정신을 담고 있다.

퇴계는 궁리와 독행의 위학 방법은 모두 오륜에 근본하고 있으며 목적은 심법의 절실한 곳을 구득하는 것이라고 하였으며, 퇴계에 의해 도상화된 「백록동규도」는 주자의 위학방법을 교학의 기본원리로 확립하고 있는 것으로서, 인륜[오륜(五倫)]의 실천을 근본으로 단계적 학문방법의 체계를 제시하고 있는 것이다.

「백록동규도」는 크게 『맹자』에서 인용한 '오륜'과 『중용』에서 언급한 궁리[박학·심문·신사·명변]와 독행의 학문방법으로 구분되고 있으며, 내용으로는 학문은 오륜을 밝히는데 있고, 궁리와 독행도 모두 오륜에 근본하고 있다. 이를 구분하면 다음과 같다.

첫 번째 영역으로, 맹자는 인륜의 조목으로서 '오륜'을 제시하고 있으며 오륜은 가장 기본이 되는 인간관계의 원칙을 밝히는 것이다. 오륜의 내용은 '부모와 자식' 그리고 '부부간'으로 구성된 가정 내에서의 규범과 '군주와 신하', '연장자와 연소자' 그리고 '친구사이'의 관계로 설정된 사회에서의 규범이다. 이 다섯 가지를 '교육의 조목'이라 하고 교육에서 추구하는 가장 중요한 규범으로 제시하고 있는 것이다.

유가가 주목한 가장 기본적인 사회는 가정이다. 『대학』에서 교육의 시작은 '수신'으로부터 시작하여 '평천하'를 이루어가는 것이지만 교육의 발원지는 혈통중심의 가정교육이 주맥이다. 그러므로 '효·제·충·신'의 가치덕목에서 '효·제'를 우선시 하였다.

한 개인이 출생과 더불어 처음 만나는 사람은 자신의 부모이다. 그처럼 부모와 자식은 가장 기본적인 인간관계의 시작이다. 부자 간의 친함으로부터 평천하를 이룰 수 있는 것이어서 '부자유친'은 중요한 덕목 중 우선으로 간주된다. 퇴계는 가도(家道)를 세움에 있어서도 권위적인 언행을 단절하고 항상 객관성과 합리성을 평등하게 적용하면서 사안에 따라 자애와 엄중을 병행한 제가법(齊家法)을 실천하였다. 퇴계 제자 김성일은 '언행록'에서 "혹시 자손들에게 잘못이 있으면 지나치게 꾸짖지 않고 조용히 타이르기를 되풀이해서, 스스로 느껴 깨닫게 하였다. 종들에게도 일찍이 노하여 꾸짖는 일이 없었으니, 가정 안팎이 화목하고 즐거워 찌푸리거나 고함을 치지 않아도 모든 일이 저절로 잘 다스려졌다."202)라고 하였다. 또한 퇴계가 아들에게 준 편지에 "책 읽는데 어찌 장소를 가릴 것이냐. 서울에 있으나 시골에 있으나 오직 어떻게 뜻을 세우느냐에 달렸으니, 모름지기 충분히 힘써서 날로 부지런히 공부하여

202) 이황 지음/고산역해, 자성록/언행록/성학십도, 동서문화사, 2013, pp. 184~185.

일없이 헛되게 보내지 말아야 하느니라."[203]라고 하였다. 이와 같이 퇴계는 스스로 깨달아 잘못을 반복하지 않도록 교육하고 그 대상은 신분고하에 따라 달리하지 않았으며, 자식들에게도 항상 공부의 지속성을 훈계하고 있는 것은 현대 가정교육에서 퇴계의 자성을 어디에서 찾을 수 있을지 반성하여야 할 대목이다. 또한 『중용』에서는 인간사의 모든 일은 부부의 관계에서 시작한다고 본다. 그리고 『주역』에서는 남성과 여성이 서로 '다르기 때문에' 서로를 돕고 자식을 낳아 가정을 꾸리며 인간사를 형성해 가며 '다름'에 따른 각자의 역할로부터 규범체계가 형성되어 가는 것이라고 한다. 그러므로 오륜은 가정 밖에서 형성되는 사회적 관계를 동료관계, 연장자와 연소자의 관계, 국가와 개인의 관계로 개괄하였으며 이러한 다양한 관계형성은 곧 필요한 규범과 일관된 기준을 요구하게 되며 오륜에서 '의(義)'와 '서(序)' 그리고 '신(信)'을 통한 건강한 사회형성을 이루는 핵심적 요소로 제시한 것이다.

두 번째 영역은, 『중용』에서 언급한 궁리와 독행의 학문하는 순서로 '박학·심문·신사·명변'은 '궁리의 요체'가 되고, '독행'을 다시 '수신의 요체, 일을 처리하는 요체, 사물을 대하는 요체'가 된다. 즉, 궁리는 '지(知)'로 나머지 '수신·처사·접물'은 '행(行)'으로 재구성한 것이다. 이것은 교학의 근본과제를 '오륜'으로 밝히고, 이 '오륜'을 배우고 실현하는 순서와 방법으로서 궁리와 역행의 위학론을 제시한 것이다. 그리고 '독행'의 여섯 가지 조목, 즉 ① '언충신(言忠信), 행독경(行篤敬)'[『논어』「위령공」], ② '징분질욕(懲忿窒慾)'[『주역』「손괘」], '천선개과(遷善改過)'[『주역』「익괘」], ③ '정기의, 불모기리(正其義 不謨其利)'[『한서』「동중서전」], ④ '명기도 불계기공(明其道 不計其功)'[『한서』「동중서전」], ⑤ '기소불욕 물시어인(己所不欲 勿施於人)'[『논어』「안연」], ⑥ '행유부득 반구저기(行有不得 反求諸己)'[『맹자』「이루상」] 중 ①, ②번의 두 조목은 자신의 인격을 수양해 나가는 구체적인 방법을 열거한 것으로 일상적인 생활 속에서 자신의 검속과 몸가짐을 흐트러뜨릴 수 있는 대표적인 감정으로 '분노'와 '욕망'을 들었으며, 이러한 '분노'와 '욕망'은 반성을 통해 선(善)을 실천하고 인격을 완성해 가야 하는 것이다. 주자는 이것을 '자신을 수양하는 요체[수신지요(修身之要)]'라 하였다. 그러므로 이러한 자신의 수양이 바탕이 되어 사회에 나아가 자신의 행동에 대한 일정한 원칙을 견지하고 일을 수행해야 한다. 그래서 「백록동규도」는 동중서(董仲舒)의 말을 인용하여 그 일의 정당성과 원칙에 주목할 것을 요구하면서 이(利) 속에서 의(義)를 중시하면서 ③, ④번을 '일을 처리하는 요체[처사지요(處事之要)]'라 하였다. 또한 ⑤, ⑥번을 '대인 관계의 요체[접물지요(接物之要)]'로 제시하면서 자기가 원하지 않는 것을 남에게 시키지 말라는 공자의 서(恕)에 관한 것과 행하고 얻지 못하

203) 이황 지음/고산역해, 자성록/언행록/성학십도, 동서문화사, 2013, p. 180.

면 돌이켜 자신에게서 이유를 찾으라는 반구저기(反求諸己)의 철저한 자기반성을 강조하고 있는 것이다. 그리고 주자는 충서(忠恕)의 해석 중 충(忠)을 '자기의 속마음을 다하는 것'으로 서(恕)는 '자신을 헤아려서 남에게 미치는 것'이라고 했다. 이러한 '충서', 즉 타인에 대한 배려는 인간관계 속에서 드러나는 것이며 도덕적 책임감도 남을 헤아리는 마음에서부터 출발한다. 또한 '반성'은 서양 근대에 나타난 주체적 자아만큼 강하지는 않지만, 남과 구별되는 '나'라는 의식이 뚜렷하다. 그러한 '나'는 스스로 반성하고 성찰할 때만이 인간으로서 존재한다. 이와 같이 독행의 수신·처사·접물은 실천적 성격을 강조하고 있는 사실을 말해 주고 있다. 또한 이 학문 방법의 과제를 궁리와 역행의 지와 행 구조로 집약시키고 있는 사실은 도학의 체와 용의 구조를 보여주고 있는 것으로 궁리와 역행이 서로 떠날 수도 없으며, 서로 침투되고 서로 의존하는 상관관계를 밝혀주는 것이라 할 수 있다.

퇴계는 『성학십도』의 제3도인 「소학도」에서 '명륜'[오륜(五倫)]을, 제4도인 「대학도」에서 '지·행'의 문제를 제시한 다음에, 제5도로서 「백록동규도」를 제시하였다. 이것은 명륜[명인륜]을 근본으로 하여 지·행[궁리·역행]하는 학문 방법을 밝힘으로써 「백록동규도」가 「소학도」와 「대학도」를 종합하고 있음을 보여준다.

퇴계(退溪)의 교학체계(教學體系)와 교육 정신(教育 精神)

퇴계의 교학체계는 '하학'과 '순서'의 위학론이라 할 수 있다. 퇴계는 옛 성현들이 사람을 학문하도록 가르치는 교학 방법이 비근한 데서 출발하는 것임을 강조하면서 옛 선왕의 교인하는 방법이 『소학』과 『대학』에 나타나 있음을 주목하여 "그 가르침에서는 순서가 있고, 그 배움에서는 실지를 힘쓰는 것"204)임을 역설하였다. 그리고 주자에 있어서 오륜의 규범에 근본하여 순서에 따라 나아가는 '지'적 공부와 비근한 현실에서 실천하는 '행'적 공부로서 제시되고 있는 『백록동규』의 위학론은 퇴계에 있어서 '치지'[학(學)·문(問)·사(思)·변(辨)]와 '역행'[독행(篤行)]의 두 과제가 학문하는 방법이라는 것임을 강조한다. 또한 "리(理)는 정(精)과 조(粗)의 구별이 없지만, 조로 말미암아 정을 얻는 것이며, 말은 상과 하를 관통하는 것이지만 하학에서 상달로 가는 것이다."205)라고 하여, 학문방법이 거친 데서(粗) 정밀한 데로 깊어져 가는 것이며, 하학에서 상달로 높아져 가는 것임을 제시하고 "가르침은 마땅히 순서를 따라야 하

204) 『退全』 권19, 24, "其教之有序, 而學之務實也, 如此."
205) 『退全』 권19, 25, "理無精粗, 由粗而得精, 語徹上下, 下學而上達."

고, 말은 때에 맞는 것을 귀하게 여긴다[교당순서, 언귀적시(敎當循序, 言貴適時)]."는 위학론의 인식을 강조하였다. 또한 퇴계는 학문방법의 고유성은 낮고 가까운 데서부터 출발하는 것임을 다음과 같이 제시하고 있다.

> "유학의 학문이란 높이 오르고자 한다면 반드시 낮은 데서부터 시작하고, 멀리 가고자 한다면 반드시 가까운 데서부터 시작하는 것이다. 낮고 가까운 데서부터 시작하는 것이 참으로 돌아가고 더딘 것 같지만, 이렇게 하지 않고서 어디로부터 높고 먼 데로 가겠는가. 힘써서 점차 나아가면 높고 멀다는 것이, 낮고 또 가까운 곳에서 벗어나지 않는 것임을 깨닫게 될 것이다."[206)]

이처럼 비근한 현실에서 하학하는 것으로 출발하여 순서에 따라 나아가는 공부를 역설하였다. 또한 퇴계는 『소학』과 『대학』의 교학 체계를 포괄하여 실현하는 구체적 교학의 현장으로서 '서원'을 제시하고 있다. 퇴계 자신은 49세 때 백운동서원의 사액(賜額)을 임금께 청하였고, 59세 때 「이산서원기」를 짓고 이산서원의 원규를 자세히 규정하였으며, 70세 때는 역동서원을 건립하면서 당·제의 명칭을 지었다. 이러한 서원건립운동은 인재 배양을 위한 사회 활동으로 다음 시대를 준비하는 적극적 태도의 산물이라 할 수 있다.

206) 『退全』 권19, 26, '答黃仲擧論白鹿洞規集解', "儒者之學, 若升高必自下, 若涉遐必自邇, 夫自下自邇, 固若迂緩, 然舍此又何自而爲高且遐哉, 著力漸進之餘, 所謂高且遐者, 不離於卑且邇者而得之."

6. 제6 심통성정도

제6 심통성정도
(第六 心統性情圖)

본성과 감정의 주재자로서의 마음의 문제를 다루고 있다. 사단(四端)의 본연지성은 부단히 확충하고, 칠정(七情)의 감정은 도덕규범에 맞도록 훈육과 변화가 필요하다. 사람은 누구나 마음을 바르게 하여 자기의 성(性)을 잘 보존하고 정(情)을 다스려 중화(中和)의 이치에 도달하기 위하여 힘써야 한다. 퇴계 심학에서 마음은 리(理)와 기(氣)를 결합하고, 성과정을 통섭하는 주체임과 동시에, 내적으론 한 몸을 주재하고, 외적으로는 대상과의 관계에서 온갖 변화에 대응하는 다양한 기능을 하는 것이다.

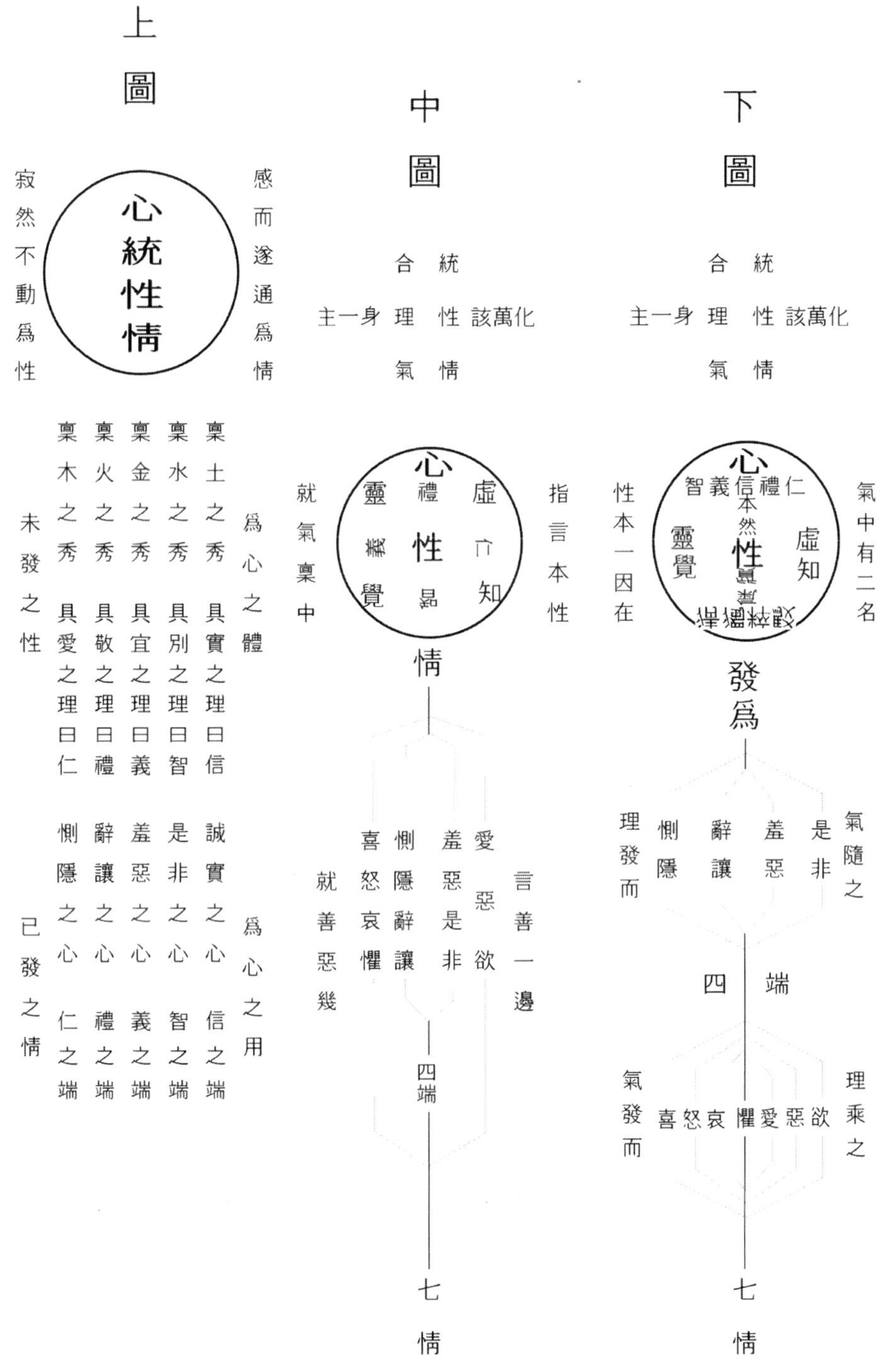
上圖
心統性情
寂然不動爲性
感而遂通爲情
稟木之秀 稟火之秀 稟金之秀 稟水之秀 稟土之秀
具愛之理曰仁 具敬之理曰禮 具宜之理曰義 具別之理曰智 具實之理曰信
未發之性
爲心之體
惻隱之心 辭讓之心 羞惡之心 是非之心 誠實之心
仁之端 禮之端 義之端 智之端 信之端
已發之情
爲心之用
中圖
統性情
合理氣
主一身
該萬化
心
虛 靈 知 覺
性
就氣稟中
指言本性
情
喜 怒 哀 懼
惻隱 辭讓
羞惡 是非
愛 惡 欲
就善惡幾
言善一邊
四端
七情
下圖
統性情
合理氣
主一身
該萬化
心
仁 禮 信 義 智
本然
性
虛 知 靈 覺
性本一因在
氣中有二名
發爲
理發而
氣隨之
惻隱 辭讓 羞惡 是非
四端
氣發而
理乘之
喜 怒 哀 懼 愛 惡 欲
七情

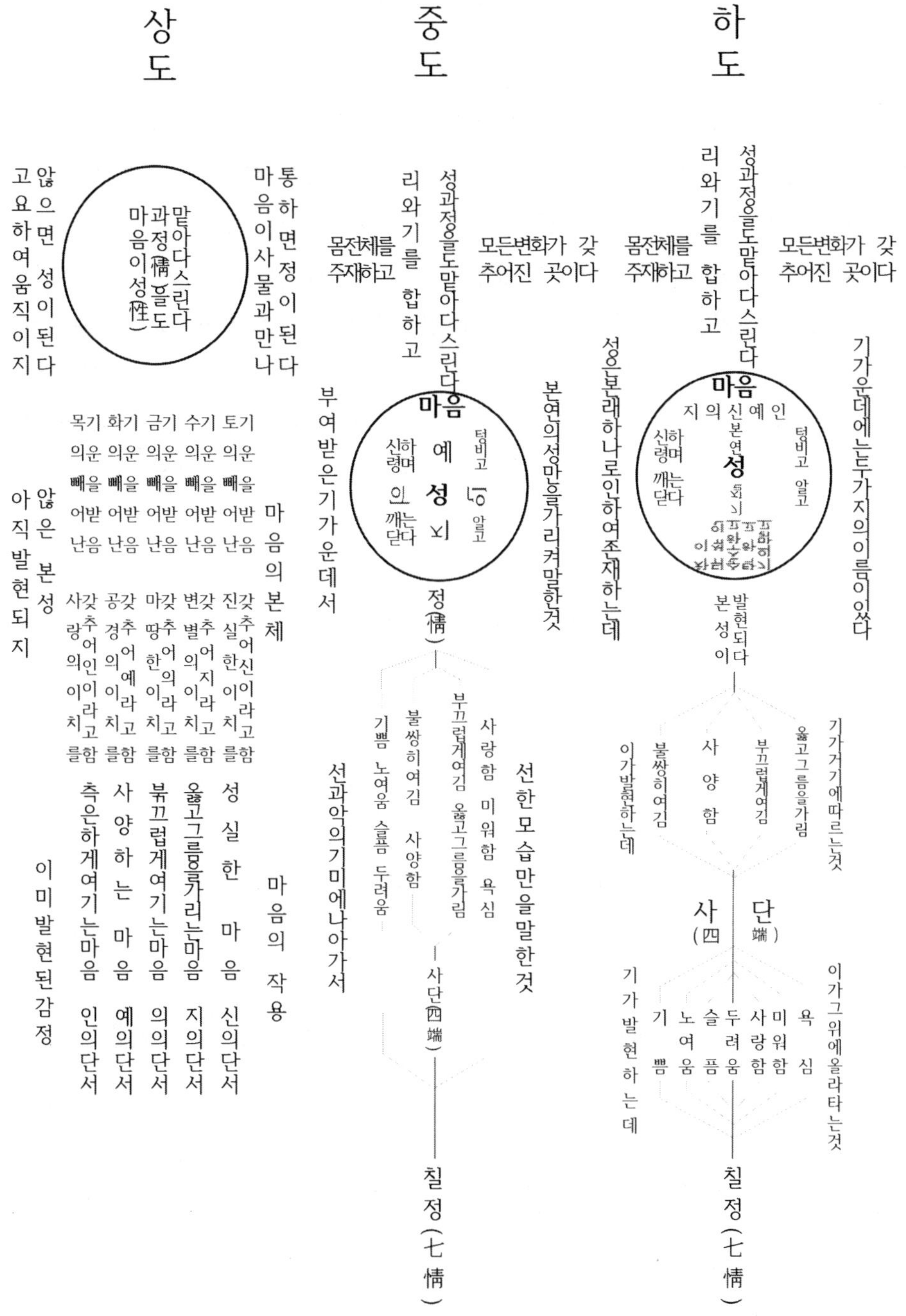
상도
중도
하도
마음이 사물과 만나 통하면 정이 된다
마음이 성(性)과 정(情)을 도맡아 다스린다
고요하여 움직이지 않으면 성이 된다
마음의 본체
아직 발현되지 않은 본성
목의 빼어난 기운을 받음
화의 빼어난 기운을 받음
금의 빼어난 기운을 받음
수의 빼어난 기운을 받음
토의 빼어난 기운을 받음
사랑의 이치를 갖추어 인이라고 함
공경의 이치를 갖추어 예라고 함
마땅함의 이치를 갖추어 의라고 함
분별의 이치를 갖추어 지라고 함
진실한 이치를 갖추어 신이라고 함
마음의 작용
이미 발현된 감정
성실한 마음 신의 단서
옳고 그름을 가리는 마음 지의 단서
부끄럽게 여기는 마음 의의 단서
사양하는 마음 예의 단서
측은하게 여기는 마음 인의 단서
몸 전체를 주재하고
리와 기를 합하고
성과 정을 도맡아 다스린다
모든 변화가 갖추어진 곳이다
마음
신령하며 깨닫다
텅비고 알고
부여받은 기 가운데서
본연의 성만을 가리켜 말한 것
정(情)
선한 모습만을 말한 것
사랑함 미워함 욕심
부끄럽게 여김 옳고 그름을 가림
불쌍히 여김 사양함
기쁨 노여움 슬픔 두려움
사단(四端)
선과 악의 기미에 나아가서
칠정(七情)
성은 본래 하나로 인하여 존재하는데
기 가운데에는 두 가지의 이름이 있다
본연성
발현되다 본성이다
옳고 그름을 가림
부끄럽게 여김
사양함
불쌍히 여김
이가 발현하는데
기가 거기에 따르는 것
사단(四端)
기가 발현하는데
이가 그 위에 올라타는 것
욕심 미워함 사랑함 두려움 슬픔 노여움 기쁨
칠정(七情)

「심통성정도설(心統性情圖說)」 원문(原文)

林隱程氏曰: “所謂心統性情者, 言人稟五行之秀以生, 於其秀而五性具焉, 於其
임은정씨왈: “소위심통성정자, 언인품오행지수이생, 어기수이오성구언, 어기
動而七情出焉. 凡所以統會其性情者則心也. 故其心寂然不動爲性, 心之體也. 感
동이칠정출언. 범소이통회기성정자즉심야. 고기심적연부동위성, 심지체야. 감
而遂通爲情, 心之用也. 張子曰,‘心統性情’, 斯言當矣, 心統性, 故仁義禮智爲
이수통위정, 심지용야. 장자왈, ‘심통성정’, 사언당의, 심통성, 고인의예지위
性, 而又有言仁義之心者’, 心統情, 故惻隱羞惡辭讓是非爲情, 而又有言惻隱之
성, 이우유언인의지심자’, 심통정, 고측은수오사양시비위정, 이우유언측은지
心, 羞惡辭讓是非之心者. 心不統性, 則無以致其未發之中, 而性易鑿; 心不統情,
심, 수오사양시비지심자. 심불통성, 즉무이치기미발지중, 이성이착; 심불통정,
則無以致其中節之和, 而情易蕩. 學者知此, 必先正其心, 以養其性, 而約其情,
즉무이치기중절지화, 이정이탕. 학자지차, 필선정기심, 이양기성, 이약기정,
則學之爲道得矣.”
즉학지위도득의.”

【臣謹按程子好學論, 約其情在正心養性之前, 此反居後者, 此以心統性情言故
【신근안정자호학론, 약기정재정심양성지전, 차반거후자, 차이심통성정언고
也, 然究其理而言之, 當以程論爲順. ○圖有未穩處, 稍有更定.】
야, 연구기리이언지, 당이정론위순. ○도유미온처, 초유경정.】

「심통성정도설(心統性情圖說)」[207] 원문 해석(原文 解釋)

임은정씨(林隱程氏)[208]가 말하였다. “이른바 마음이 성(性)과 정(情)을 도맡아 다스린다.[209]

207) 이 도는 세 개의 그림으로 이루어져 있는데, 앞의 것은 정복심(程復心)이 그린 것이고, 뒤의 두 도는 퇴계가 그린 것이다. 도설은 정복심이 지었다. 이 도는 뒤의 「인설도」, 「심학도」와 함께 성리학의 심성론의 핵심을 해명하는 그림이다. 특히 고봉 기대승과의 8년 동안에 걸친 서신 왕래를 통하여 정립된 ‘사단칠정’에 대한 퇴계의 정설이 중도(中圖)와 하도(下圖) 두 개의 그림 안에 갖추어져 있다. 성리학의 학문적 목표가 ‘궁리진성(窮理盡性)’으로 천명을 알아 ‘천인합일(天人合一)’의 경지에 도달하는 것에 있다 하더라도, 그 출발점은 성선(性善)을 기초로 하는 인간의 심성(心性)에 있다.

208) 정복심(程復心: 1279~1368)을 가리킨다.

209) ‘심통성정(心統性情)이란 『장자전서(張子全書)』 권14 「성리습유(性理拾遺)」에 나오는 말이다. 마음의 자연

고 하는 것은, 사람이 오행(五行)[210] 중에서 빼어난 기운을 부여받아서 태어났고, 그 빼어난 기운 속에 오성(五性)[211]이 갖추어져 있으며, 그 오성(五性)이 움직이는데서 일곱 가지 정[칠정(七情)][212]이 나온다는 것을 말한 것이다. 무릇 그 성(性)과 정(情)을 도맡아 다스리는 것은 마음이다. 그러므로 그 마음이 고요하여 움직이지 않으면[적연부동(寂然不動)][213] 성(性)이 되니 이것이 마음의 본체다. 또한 마음이 사물에 접하여 드디어 통하게[감이수통(感而遂通)][214]되면 정(情)

스런 경향을 성(性)이라고 하고, 마음의 지각작용을 통해 본성이 드러난 감정을 정(情)이라고 한다. 『중용』에서' 기쁨(喜)·노여움(怒)·슬픔(哀)·즐거움(樂)을 정(情)이라고 하였고, 기쁨·노여움·슬픔·즐거움이 아직 행동으로 나타나지 않은 상태를 성(性)이라고 하였다. 통(統)은 아우른다는 의미의 통회(統會), 거느린다는 의미의 통솔(統率), 도맡아 다스린다는 뜻인 통섭(統攝) 등 여러 가지 용례로 쓰인다. 마음과 성정의 관계에서 보자면 마음이 성정을 다 포함한다는 측면에서는 통회(統會)가 될 것이며, 마음이 성정을 주재하고 거느린다는 측면에서는 통섭(統攝)·통솔(統率)이 될 것이다. 『주자어류(朱子語類)』권5에서는 이 통(統)을 통섭(統攝) 또는 관섭(管攝)이라고 쓰고 있다.

210) 오행(五行)은 수(水)·화(火)·목(木)·금(金)·토(土)이다. 이 오행을 인간내면의 정(情)에 비유한다면 수(水)는 시비(是非), 화(火)는 사양(辭讓), 목(木)은 측은(惻隱), 금(金)은 수오(羞惡), 토(土)는 성실(誠實)과 같다. 성(性)의 측면에서 본다면 수(水)는 지(智), 화(火)는 예(禮), 목(木)은 인(仁), 금(金)은 의(義), 토(土)는 신(信)의 뜻이 있다. 방향에서는 수(水)는 북(北), 화(火)는 남(南), 목(木)은 동(東), 금(金)은 서(西), 토(土)는 중앙의 뜻이 있다. 또한 오행을 운행의 순서로 말하면 목·화·토·금·수가 되고 생성의 순서로 말하면 수·화·목·금·토가 되며, 상극의 순서로 말하면 수·화·금·목·토가 된다. 그림의 배열은 인(仁)·예(禮)·의(義)·지(智)·신(信)에 대응하느라 목·화·금·수·토의 순서이다. 음양오행사상에 의하면 음양의 단계는 아직 기의 단계이며, 오행의 단계에 와서 질(質)이 갖추어지므로 태극과 음양과 오행이 묘합하여야 만물의 생성이 이루어져 형체를 갖추게 된다고 한다.

211) 오성(五性)은 오상(五常)과 같은 의미로 인(仁)·의(義)·예(禮)·지(智)·신(信)을 가리킨다. 오행과 오성은 서로 대응된다. 목(木)은 인(仁)과 대응되고, 화(火)는 예(禮)와, 토(土)는 신(信)과, 금(金)은 의(義)와, 수(水)는 지(智)와 대응된다. 오행은 기(氣)에 속하고 오성은 리(理)에 속한다. 성리학에서는 기가 있으면 리가 있고, 리가 있으면 기가 있어 리와 기가 서로 떨어질 수도 서로 뒤섞일 수도 없다고 한다.

212) 칠정(七情)은 『예기(禮記)』「예운(禮運)」에서 인간의 정(情)을 통칭하여 말한 것으로, 희(喜)·노(怒)·애(哀)·구(懼)·애(愛)·오(惡)·욕(欲)을 가리킨다[何謂人情, 喜怒哀懼愛惡欲].

213) 적연부동(寂然不動)은 '고요하여 움직이지 않는다.'는 뜻이다. 이 말은 원래 『주역』「계사상」 10장에서 점[시괘(蓍卦)]의 원리를 설명하는 내용이었으나 이후 성리학에서는 마음을 설명하는데 더 많이 사용하였다. 마음이 외물과 관계를 맺기 이전에 "조용히 움직이지 않는 상태"를 말한다. 이 상태는 아무런 정서도 없는 상태이지만, 그렇다고 아무런 가능성도 없는 아무렇게 취급하여도 괜찮은 상태가 아니라, 대상에 응 할 수 있는 가능성이 온전하게 갖추어진 이상적인 상태이다. 외부사태와의 관계 맺음을 통하여 나타나는 마음의 현상이 다양하다고 하지만 이 다양성의 원리와 가능성은 '적연부동'한 마음 가운데 이미 다 갖추어져 있다는 것이다. 성리학에서는 이러한 상태를 '체(體)', '미발(未發)', '성(性)' 등의 개념으로 설명한다. 정이천(程伊川)은 "희노애락이 발하기 전의 상태를 중(中)이라 하니, 중(中)이란 적연부동을 말한 것이다. 그러므로 천하의 대본(大本)이라 한다. (마음이) 발하여 모두 절도에 들어맞게 된 것을 화(和)라고 하니 화(和)라는 것은 감이수통(感而遂通)을 말한 것이다. 그러므로 천자의 달도(達道)라고 한다."고 하였다(『근사록』 권1).

214) 감이수통은, 완전 가능태로서의 "적연부동"한 마음이 대상과 접하게 되면 자신의 가능성을 발현하니 그것이 바로 '감응하여 드디어 통하게 된다.'는 감이수통이다. 그래서 '적연부동'은 마음의 본체(本體)·본성(本性)·미발(未發) 등으로 불리는 데 반하여 '감이수통'은 작용[用]·정(情)·이발(已發) 등의 개념으로 설명된다.

이 되는데, 이것이 바로 마음의 작용[용(用)][215]이다. 장횡거가 “마음이 성과 정을 도맡아 다스린다.”고 하였으니, 이 말이 마땅하다. 마음이 성(性)을 통섭하기 때문에 인·의·예·지를 성(性)이라 하고, 또한 ‘인의의 마음[인의지심(仁義之心)]’이라는 말도 있게 되었으며, 마음이 정(情)을 통섭하기 때문에 불쌍히 여기는 것[측은(惻隱)], 부끄럽게 여기는 것[수오(羞惡)], 사양하는 것[사양(辭讓)], 옳고 그름을 가리는 것[시비(是非)]을 정(情)이라고 하고, 또한 불쌍하게 여기는 마음[측은지심(惻隱之心)], 부끄러워하는 마음[수오지심(羞惡之心)], 사양하는 마음[사양지심(辭讓之心)], 옳고 그름을 가리는 마음[시비지심(是非之心)]이라는 말도 있게 되었다. 마음이 성(性)을 통섭하지 못하면 희로애락(喜怒哀樂)이 나타나지 아니한 중용의 상태[미발지중(未發之中)]를 이룰 수가 없어서 성(性)이 뚫어지기 쉽다. 마음이 정(情)을 통섭하지 못하면 희·노·애·락의 느낌이 표정으로 나타난 상태가 중화(中和)를 이룰 수가 없어서 정(情)이 방탕해지기 쉽게 된다.[216] 학자들은 이러한 것을 알아서 반드시 먼저 그 마음을 바르게 함으로써 자기의 성을 기르고 그 정을 다스린다면, 학문하는 방법을 얻을 수 있을 것이다.

【퇴계의 주석: 신(臣: 퇴계)이 삼가 생각하건대 정자의 「호학론(好學論)」[217]에서는 ‘정을 제약한다.’는 말이 ‘마음을 바르게 하여[정심(正心)] 자기의 성을 기른다.’[양성(養性)]는 말 앞에 있는데, 이 도설에서 도리어 그것을 뒤에 둔 까닭은 ‘마음이 성정을 통섭하는 것’[심통성정(心統性情)]으로서 말하기 때문입니다. 그러나 그 이치를 궁구하여 말한다면 마땅히 정자의 주장이 이치에 맞다고 하여야 할 것입니다.

○그림에 온당하지 못한 곳이 있어서 약간 고쳤습니다.】

215) 고려대학교 민족문화연구원 한국사상연구소, 역주와 해설 성학십도, 예문서원, 2011, p. 99.
체용(體用)은 사물의 본체와 그 작용 또는 원리와 그 응용을 통틀어 이르는 말이다. 주자는 성정을 체용의 관계로 파악하고 있다[故程子曰: 有指體而言者, 寂然不動是也, 此言性也; 有指用而言者, 感而遂通是也, 此言情也]. 현상의 측면[형이하]에서 보면 구체적 사물이 체(體)가 되고 그 운용이 용(用)이 되며, 원리[형이상]의 측면에서 보면 원리나 법칙이 체가 되고 그 구체적 실현으로서 사물이 용이 된다. 자동차의 경우 현상에서는 ‘차체(車體)’가 체이며, 운행하는 것이 용이 된다. 원리로 보면, 자동차의 제작 설계 원리가 체가 되며, 공장에서 생산되는 것이 용이 된다. 이를 마음에 적용하면 원리상으로는 본성의 이치가 체가 되고 감정으로 드러나는 마음[정(情)]이 용이 되며, 현상으로 보면 느끼고 움직이는 마음이 체가 되고 그 감응하여 느끼는 것이 용이 된다.

216) 『중용』 1장에서 “희로애락이 아직 발하지 않은 마음의 상태를 중(中)이라 하고, 발해서 모든 것이 절도에 맞는 것을 화(和)라 한다[喜怒哀樂之未發謂之中, 發而皆中節謂之和].”

217) 정이천이 지은 「안자가 좋아하는 것이 어떠한 학문인가(顔子所好何學論)」라는 글을 가리킨다. 이 글은 『하남정씨문집(河南程氏文集)』 권8에 나오며, 『근사록집해(近思錄集解)』 2-3에 실려 있다. 「호학론(好學論)」에는 ‘정이 이미 치열해져 더욱 방탕하게 되면, 그 본성이 뚫어지게 된다. 그래서 깨달은 자는 그 정을 다스려 중도(中道)에 합치하도록 하여 마음을 바르게 하고 본성을 기른다[情旣熾而益蕩, 其性鑿矣. 是故覺者, 約其情, 使合於中, 正其心, 養其性].’

퇴계(退溪)의 설명 원문(說明 原文)

○ 右三圖，上一圖，林隱程氏作，自有其說矣．其中下二圖，臣妄竊推原聖賢立言
○ 우삼도, 상일도, 임은정씨작, 자유기설의. 기중하이도, 신망절추원성현입언
垂敎之意而作．其中圖者，就氣稟中，指出本然之性，不雜乎氣稟而爲言．子思所
수교지의이작. 기중도자, 취기품중, 지출본연지성, 부잡호기품이위언. 자사소
謂天命之性，孟子所謂性善之性，程子所謂卽理之性，張子所謂天地之性，是也．
위천명지성, 맹자소위성선지성, 정자소위즉리지성, 장자소위천지지성, 시야.
其言性旣如此，故其發而爲情，亦皆指其善者而言．如子思所謂中節之情，孟子所
기언성기여차, 고기발이위정, 역개지기선자이언. 여자사소위중절지정, 맹자소
謂四端之情，程子所謂何得以不善名之之情，朱子所謂從性中流出，元無不善之
위사단지정, 정자소위하득이불선명지지정, 주자소위종성중유출, 원무불선지
情，是也．其下圖者，以理與氣合而言之．孔子所謂相近之性，程子所謂性卽氣·
정, 시야. 기하도자, 이리여기합이언지. 공자소위상근지성, 정자소위성즉기·
氣卽性之性，張子所謂氣質之性，朱子所謂雖在氣中，氣自氣性自性，不相夾雜之
기즉성지성, 장자소위기질지성, 주자소위수재기중, 기자기성자성, 불상협잡지
性，是也．其言性旣如此，故其發而爲情，亦以理氣之相須或相害處言，如四端之
성, 시야. 기언성기여차, 고기발이위정, 역이리기지상수혹상해처언, 여사단지
情，理發而氣隨之，自純善無惡．必理發未遂，而揜於氣，然後流爲不善，七者之
정, 리발이기수지, 자순선무악. 필리발미수, 이엄어기, 연후류위불선, 칠자지
情，氣發而理乘之，亦無有不善．若氣發不中，而滅其理．則放而爲惡也．夫如是，
정, 기발이리승지, 역무유불선. 약기발부중, 이멸기리. 즉방이위악야. 부여시,
故程夫子之言曰；“論性不論氣不備，論氣不論性不明，二之則不是．”然則孟子子
고정부자지언왈; “논성불론기불비, 논기불론성불명, 이지즉불시.” 연즉맹자자
思所以只指理言者，非不備也，以其並氣而言，則無以見性之本善故爾，此中圖之
사소이지지리언자, 비불비야, 이기병기이언, 즉무이견성지본선고이, 차중도지
意也，要之，兼理氣統性情者，心也．而性發爲情之際，乃一心之幾微，萬化之樞
의야, 요지, 겸리기통성정자, 심야. 이성발위정지제, 내일심지기미, 만화지추

要，善惡之所由分也．學者誠能一於持敬，不昧理欲，而尤致謹於此，未發而存養
요，선악지소유분야．학자성능일어지경，불매리욕，이우치근어차，미발이존양
之功深，已發而省察之習熟，眞積力久而不已焉，則所謂精一執中之聖學，存體應
지공심，이발이성찰지습숙，진적력구이불이언，즉소위정일집중지성학，존체응
用之心法，皆可不待外求而得之於此矣．
용지심법，개가부대외구이득지어차의．

퇴계(退溪)의 설명 원문(說明 原文) 해석(解釋)

○ 이상의 세 그림[「심통성정도」의 상도(上圖)·중도(中圖)·하도(下圖)] 가운데에서 상도(上圖)는 임은정씨[정복심(程復心)]가 직접 그림을 그리고 스스로 그 해설을 붙인 것입니다. 중도(中圖)·하도(下圖) 두 그림은 신(臣)이 성현께서 말씀하시고 가르친 뜻의 근원을 미루어 생각하여 그린 것입니다.[218] 중도(中圖)는 부여 받은 기[기품(氣稟)][219] 가운데 나아가 본연의 성이 그 기와 섞이지 않았음을 지적하여 말한 것입니다. 자사(子思)가 말한 '하늘이 명한 성[천명(天命)][220]의 성(性), 맹자가 말한 "성선(性善)[221]의 성(性)", 정자가 말한 "성(性)이 곧 리(理)"[222]라는 성(性), 장자[장횡거]가 말한 "천지지성(天地之性)"[223]이라는 성(性)이 바로 이것입니다. 본성을 이와 같이 말하였기 때문에, 겉으로 드러나서 감정이 된 것에 대해서도 모두 선(善)한 것만 가리켜 말한 것입니다. 자사가 말한 "절도에 맞는 정[중절지정(中節之情)]"[224], 맹자가 말한 "사단의 정

218) 중도의 경우 3번에 걸쳐 고치게 되는데, 현행『성학십도』의 것은 두 번째 그림이다. 첫 번째 그림은 지를 상, 예를 하, 인을 좌, 의를 우로 배치하였고, 두 번째 그림은 첫째 그림의 예를 상, 지를 사로 바꿨고, 세 번째 그림은 첫째 그림에서 인의를 좌우를 바꾼 것이다. 마지막 수정본은 두 번째 그림과 같은 내용이다.『퇴계선생문집(退溪先生文集)』(문집총간 수록본)과『도산전서(陶山全書)』에 최후에 수정한 그림을 구중도(舊中圖), 세 번째 그림을 금개중도(今改中圖)라 하여 수록하고 있다.

219) 기품(氣稟)이란 사물이 타고난 바탕을 기질의 측면에서 말한 것이다.

220)『중용』B1장의 "하늘이 명한 것을 성이라고 한다[天命之謂性]."라는 말을 가리킨다.

221)『맹자』「등문공상」1장의 "맹자가 '성은 선하다'고 말하였다[孟子道性善]."를 가리킨다.

222)『하남정씨유서(河南程氏遺書)』권22 상에 "성(性)은 곧 리(理)이니, 이른바 리(理)라는 것은 성(性)이다[性卽理也, 所謂理, 性是也]."라고 하였다. 이는 정이천의 말이다.

223) 장횡거의『정몽(正蒙)』「성명(誠明)」에 "형체가 있게 된 뒤에 기질의 성이 있으니, 잘 돌이켜 보면, 천지의 성이 있게 된다. 그러므로 기질의 성은 군자가 성으로 여기지 않는다[形而後有氣質之性, 善反之, 則天地之性存焉, 故氣質之性, 君子有弗性者焉]."라 하였다. 천지의 성[天地之性]은 곧 본연의 선한 성[선성(善性)]을 가리킨다.

224)『중용』1장의 "희노애락이 발하기 이전의 상태를 중(中)이라고 하고, 발하여 절도에 들어맞는 것을 화(和)라고 한다[喜怒哀樂之未發謂之中, 發而皆中節謂之和]."라고 할 때의 중절(中節)을 가리킨다.

[사단지정(四端之情)]"225), 정자가 말한 "어찌 선하지 않은 것으로 이름 할 수 있겠는가의 정[하득이불선명지지정(何得以不善名之之情)]"226), 주자가 말한 "성에서 흘러 나왔기 때문에 본래 선하지 않음이 없다고 한 정[종성중유출원무불선지정(從性中流出元無不善之情)]"227)이 바로 이것입니다. 하도(下圖)는 리(理)와 기(氣)를 합228)하여 말한 것입니다. 공자가 말한 "서로 비슷하다"229)는 성, 정자가 말한 "성이 곧 기이고[성즉기(性卽氣)], 기가 곧 성[기즉성(氣卽性)]"230)이라는 성, 장횡거가 말한 "기질의 성"231), 주자가 말한 "비록 기질 속에 있더라도 기는 기이고, 성은 성일뿐이지 서로 섞이지 않는다."232)고 한 성이 바로 이것입니다. 본성을 이미 이와 같이 말

225) 『맹자』「公孫丑上」 6장과 『맹자』「告子上」 6장에 나온다. 사단(四端)은 측은지심(惻隱之心), 수오지심(羞惡之心), 사양지심(辭讓之心), 시비지심(是非之心)을 가리킨다.

226) 『하남정씨수언(河南程氏粹言)』 권2에 나온다. 정이천은 현실에서의 정이 욕심에 가리워지거나 기품이 편벽되어 악으로 흐르기도 하지만, 원래의 정은 선한 성이 움직인 것이므로 선할 수밖에 없다고 하였다[或問: 性善而情不善乎? 子曰: 情者性之動也, 要歸之正而已, 亦何得以不善名之].

227) 『주자어류(朱子語類)』 권5, 69절에 나온다. 주자는 "맹자가 '정은 선하게 될 수 있다'고 말한 것은 바른 정(情)은 성(性)으로부터 나온 것이어서 원래 선하지 않음이 없다는 것을 말한 것이다[孟子謂情可以爲善, 是說那情之正, 從性中流出來者, 元無不好也]"라고 하였으며 또 말하기를 "가리우고 속박함이 적은 자는 정이 발할 때 천리가 이기고, 가리우고 속박함이 많은 자는 사욕이 이기니, 본원의 성은 선하지 않음이 없음을 볼 수 있다. 맹자가 말한 성선, 주자(周子)가 말한 성은 순수하여 지극히 선하다는 성, 정자가 말한 성의 근본과 근본을 돌이키고 근원을 다한 성이 바로 이것이다[蔽錮少者, 發出來天理勝, 蔽錮多者, 則私欲勝, 便見得本原之性, 無有不善, 孟子所謂性善, 周子所謂性粹至善, 程子所謂性之本, 與夫反本窮源之性, 是也]."

228) 성리학자들은 세상은 리(理)와 기(氣)로 이루어졌다고 여겼다. 기는 현상에서 인식 가능한 무형의 힘이나 에너지, 유형의 물질, 재료 모두를 아우른다. 이러한 기에서 나타나는 일정한 법칙으로서의 리(理)는 자연의 물리적 '일정함'을 의미하며, 그뿐 아니라 인간 사회에서 일정하게 지켜져야 한다고 간주되는 윤리규범도 포함한다. 변치 않는 항상성(恒常性)으로 인해 만물이 궁극적으로 의존하는 논리적 또는 실질적 근원으로서의 '원리'의 의미도 있다(주자대전(朱子大全), 답황도부(答黃道夫), "天地之間有理有氣, 理也者形而上之道也. 生物之本也, 氣也者形而下之器也, 生物之具也, 是以人物之生, 必稟此理, 然後有性, 必稟此氣, 然後有形").고 하였다. 퇴계는 여기서 리(理)와 기(氣)의 상호관련성을 가지고 그들이 원만히 만나야 한다는 의미로 리(理)와 기(氣)의 합(合)이라는 표현을 쓰고 있다.

229) 『논어』「양화」 2장에서 "성은 서로 비슷하지만, 습관에 의해 서로 멀어진다."[性相近也, 習相遠也]

230) 『하남정씨유서(河南程氏遺書)』 권1에서 "타고난 그대로를 성이라 한다. 성이 곧 기이며, 기가 곧 성이니, 타고난 그대로를 말하는 것이다."[生之謂性, 性卽氣, 氣卽性, 生之謂也]

231) 고려대학교 민족문화연구원 한국사상연구소, 역주와 해설 성학십도, 예문서원, 2011, p. 102.
장횡거의 『정몽(正蒙)』「성명(誠明)」에 "형체가 있게 된 뒤에 기질의 성이 있으니, 잘 돌이켜 보면, 천지의 성이 있게 된다. 그러므로 기질의 성은 군자가 성으로 여기지 않는다."[形而後有氣質之性, 善反之, 則天地之性存焉, 故氣質之性, 君子有弗性者焉]라 하였다. 그러나 천지지성과 기질지성은 전혀 다른 두 개의 본성이 아니라 본연지성에 해당하는 천지지성은 물의 본성과 같고, 기질지성은 얼음이라는 우연적인 일시적 형태에 속하는 것이다. 그러므로 기질지성은 형체를 갖게 된 이후 기질에 의해 왜곡된 것이지만 잘 되돌이켜 보면 본래의 선한 본성인 천지지성이 있다는 것이다.

232) 『주자어류(朱子語類)』 권4, 45절에서 "천지의 성을 논할 때는 리만 가리켜 말하며, 기질의 성을 논할 때는 리와 기를 섞어서 말한다. 기가 없을 때도 이미 성은 있으니, 성은 도리어 항상 있다. 비록 기 가운데 있더라도, 기는 스스로 기이며, 성은 스스로 성이어서, 서로 섞이지 않는다"[論天地之性, 則專指理言, 論氣質之性, 則理與氣雜而言之. 未有此氣, 已有此性, 氣有不存, 而性卻常在. 雖其方在氣中, 然氣自是氣, 性自是性,

하였기 때문에, 겉으로 드러나서 감정이 되는 것 역시 리와 기가 서로 돕거나[상수(相須)], 혹 서로 해치는[상해(相害)] 점을 가지고 말한 것입니다. 예를 들면, 사단과 칠정 같은 경우입니다. 사단은 리가 발현하여 기가 따르는 것이므로 본래 선하여 악이 없습니다. 그러나 리가 완전하게 발현하지 못해서 기에 가려지면 선하지 못한 쪽으로 흐르게 되는 것입니다. 칠정은 기가 발현할 때 리가 거기에 올라타는 것이므로 역시 선하지 않음이 없습니다. 그러나 만약 기가 발현될 때 절도에 맞지 못하여 리를 없앤다면 방탕해져서 악이 되는 것입니다.[233] 그렇기 때문에 정자는 "성을 논하면서 기를 논하지 않으면 완전히 갖춰진 것이 아니고, 기를 논하면서 성을 논하지 않으면 분명하지 않게 된다. 그러므로 두 가지를 분리하는 것은 옳지 않다."[234]라고 말했던 것입니다. 그런데 맹자와 자사[235]가 단지 리만을 가리켜서 말한 것은 완전히 갖춰지지 못해서가 아니라, 기를 겸하여 말하면 성의 본래 선함을 드러낼 수 없었기 때문입니다. 이것이 가운데 그림[중도(中圖)]의 의미입니다. 요컨대 리와 기를 겸하고 성과 정을 아울러 거느리는 것은 바로 마음입니다. 그리고 성이 겉으로 드러나서 정이 되는 순간이 바로 일심(一心)이 싹트는 곳이며, 만 가지로 변화되는 핵심이고, 선악이 나뉘는 분기점입니다. 학자는 진실로 한결같이 경(敬)을 유지하는데 전념하여, 천리와 인욕의 분별에 어두워지지 말고, 더욱 여기에서 삼가 하기를 지극히 할 수 있어야 합니다. 그리하여 성이 아직 겉으로 드러나지 않았을 때에는 본성을 잃지 않도록 착한 성품을 기르는 공부를 깊이 해야 할 것이며, 성이 이미 겉으로 드러났을 때에는 성찰하는 습관을 익숙하게 하여 진리를 쌓고 오래도록 힘써 그치지 않을 수 있어야 합니다. 그러면 이른바 "오로지 한결같이 하여 중용의 도를 잡는다[정일집중(精一執中)]."[236]는 성학과 "본체를 보존하여 응용할 수 있다

亦不相夾雜

233) 고려대학교 민족문화연구원 한국사상연구소, 역주와 해설 성학십도, 예문서원, 2011, p. 103.
이기(理氣)가 서로 돕는 곳은 본래 선한 곳을 가리키고 서로 해치는 곳은 기가 리를 드러내지 못해 가리게 되는 곳을 말한다. 예를 들면 "리가 발하고 기가 따르니 본래 순선하여 악이 없다."[理發而氣隨之, 自純善無惡]는 것과 "기가 발하는데 리가 그 위에 타고 있으면 또한 선하지 않음이 없다."[氣發而理乘之, 亦無有不善]는 것은 서로 돕는 곳이고 "반드시 리의 발출이 온전하게 이루어지기 전에 기에 가리워진 연후에야 흘러가서 불선이 된다[必理發未遂, 而掩於氣, 然後流爲不善]."는 것과 "기가 발하는 것이 절도에 맞지 않아 그 리를 멸하게 되면 방자하게 되어 악이 된다[氣發不中, 而滅其理, 則放而爲惡也]."는 것은 서로 해치는 곳이다.

234) 『하남정씨유서(河南程氏遺書)』 권6에 나온다. 곧 성을 논할 때 기를 함께 말하면 선악을 모두 설명하게 되지만, 기만 말하면 본성의 선함을 분명히 드러내지 못하며, 성과 기를 둘로 나눠버리면 현실에서 선함을 말할 수 없게 된다는 것이다[論性不論氣, 不備, 論氣不論性, 不明. 二之則不是].

235) 자사(子思: B.C.492~431)는 춘추전국시대 노(魯)나라의 유학자로 이름은 급(汲), 자는 자사(子思)였으며, 공자(孔子)의 손자였다. 증자(曾子)의 제자로서 공자의 학풍을 이어 받았고, 『중용』을 편찬하였으며, 『중용』에서 성(性)을 핵심사상으로 전개하였다.

236) 『서경』「대우모」에 나오는 "오직 정밀하게 살피고 한결같이 지켜야만 진실로 그 중을 잡을 수 있을 것이다

[존체응용(存體應用)].”는 심법237)을 밖에서 구하지 않아도 여기에서 모두 얻을 수 있을 것입니다.

「심통성정도」 및 「심통성정도설」의 구조와 이해

「심통성정도」는 상도(上圖)와 중도(中圖) 그리고 하도(下圖)의 세 가지 그림으로 이루어져 있으며, 그 중에서 상도 하나만 정복심이 그린 것이고, 나머지 중도와 하도는 퇴계가 그린 것이다. 특히 중도와 하도는 퇴계가 1553년 정지운의 「천명도」를 개정하면서 제자인 고봉 기대승(1527~1572)과의 8년간에 걸친 ‘사단칠정논쟁’을 포함한 성리학적 탐구의 오랜 역정을 거친 결론적 입장이 함축되어 있는 것으로 퇴계가 심혈을 기울인 창의적인 작품이라는 점에서 위상을 짐작할 수 있다. 「심통성정도」는 「대학도」에서 나왔던 ‘마음을 바르게 한다’는 것의 성리학적 해설인 셈이다. 이 그림에서의 핵심 개념은 심(心)·성(性)·정(情)의 관계로 ‘마음이 성(性)과 정(情)을 통섭한다.’는 것이다. 이러한 마음의 틀을 보여주고, 그러한 틀을 따라 본성이 감정으로 드러나는 과정을 설명하며, 수양을 통해서 본성을 어그러짐 없이 감정으로 드러내는 방법을 보여준다.

상도는 ‘심통성정’의 두 가지 의미, 즉 마음이 성과 정을 아울러 가지고 있다는 ‘심겸성정(心兼性情)’의 의미와 마음이 성을 정으로 드러내는 과정을 주관한다는 ‘심주성정(心主性情)’의 의미를 담고 있으며, 성정의 체용관계를 나타내고 있다. 이 두 가지 의미를 이해하여 본다면 ‘심통성정’에서의 ‘통(統)’의 의미를 ‘겸’과 ‘주’로 구분하여 이해해야 한다.

첫째, ‘심겸성정’에서 ‘겸’이라는 의미는 ‘심통성정’에서 마음이 자체적으로 성과 정을 모두 통괄하고 있다는 의미이다. 그 근거는 마음의 본체인 성에서 마음의 작용인 정이 나오므로 모두 마음에 속해있고 결국 마음이 있으면 성과 정은 그 속에 있을 수밖에 없다. “성을 리로써 말한다면 정을 발용하는 것이고 마음은 성과 정을 포섭, 관리하는 것이다. 그러므로

[惟精惟一, 允執厥中]”을 줄인 말이다. 주자는 이것을 성인들이 대대로 도를 전한 요체라고 보았다. 주자는 ‘정밀하게 살피는 것’은 선을 선택하는 공부로서 인식공부이고, ‘한결같이 지키는 것’은 선(善)을 굳게 지키는 공부로서 실천공부라고 보았다. 그리고 퇴계는 이 구절을 성학이라고 생각하였으며 인식공부와 실천공부를 함께 꾸준하게 노력하면 중용을 실천할 수 있게 된다고 생각하였다.

237) 이광호, 성학십도, 홍익출판사, 2012, p. 92.
퇴계는 유학의 공부 방법에 대해 인식과 실천을 통하여 중용을 실현하는 성학과 마음의 체용(體用)에 바탕하여 체(體)를 보존하고 용(用)을 바르게 실현함을 통하여 온전한 삶을 실현하는 심법이라는 두 가지로 설명하였다.

정자가 말하기를 본체를 가리켜 말하면 '적연부동'이라 한다고 하였으니 이것은 성을 말한 것이며, 용을 가리켜 말하면 '감이수통'이라 한다고 하였으니, 이것은 정을 말한 것이다"[238] 라고 하였다.

성을 리라고 하는 측면에서 본다면, 정은 발용하는 것이고, 마음은 성과 정을 포섭하고 주관하는 것이라고 한다. 성과 정은 마음의 체와 용으로서 모두 마음에 속하고 마음이 있어야 성이 있고, 성이 있으면 정이 있다. 이와 같이 성정을 논하는 시작은 마음을 전제로 한다. 마음을 리기론적으로 보면 성은 리가 되고 정은 기가 되며 리와 기의 합이 마음이라는 것이다. 그러므로 마음을 말하면 이미 거기에는 성이 내재해 있게 된다. 이렇듯 성이 내재하는 마음의 상태를 형용하는 말이 '적연부동(寂然不動)'이다. '적연부동'은 성과 마음이 하나인 측면이며 '감이수통(感而遂通)'은 여기에서 나오는 마음의 작용으로 마음이 사물과 만나 통하게 되면 정이 된다는 것을 말한다. 이와 같이 성과 정은 마음의 체와 용으로서만 설명되고 있을 뿐 개체로서의 마음으로 존재하지는 않고 있으며 인간의 마음 일반을 얘기하고 있으므로 첫 번째 의미의 '심통성정'은 마음의 존재론적 규명에 불과하다고 볼 수 있다.

둘째, '심주성정'에서 '주'라는 의미는 통솔(統率), 즉 주재자로서의 마음을 의미한다. "'심통성정'이 무슨 의미인가?라고 묻자, '성은 리이니, 성이 체이고, 정은 용이다. 성과 정은 모두 마음에서 나오는 것이므로, 마음이 그것들을 '통(統)' 할 수 있다는 것이다. 여기서 '통(統)'은 '병사들을 통솔한다.'는 '통'과 같아서 주재한다는 뜻이 있음을 말한 것이다."[239]라고 하였다.

'심통성정'의 물음에 대한 답변에서 주자는 성을 리로서 심의 본체이고, 정은 기로서 심의 작용이니, 성과 정은 모두 마음에서 나오며, 이 때문에 마음이 성과 정을 통솔한다는 의미가 있음을 알 수 있다고 한다.[240] 따라서 성과 정은 모두 마음에 속하며, 이들을 통솔하고 주재할 수 있는 것이 '마음' 이다. 즉, 마음이 없다면 성도 정도 나올 수도 드러날 수도 없다는 것이 '심통성정'의 두 번째 의미이다.

상도(上圖) 전체를 종합하여 보면 마음이 성[본성(本性)]과 정[감정(感情)]을 통괄하면서 주재한다는 뜻이다. 그리고 마음속에는 본체인 성이 있고 성이 사물과 반응하면[작용] 정이 된다는 것이다. 이것은 '미발지성(未發之性)'으로서 '위심지체(爲心之體)'이며 '이발지정(已發之情)'으로

238) 『朱子語類』 권5, "性以理言, 情乃發用處, 心卽管攝性情者也, 故程子曰 '有指體而言者, 寂然不動是也,' 此言性也, '有指用而言者, 感而遂通是也,' 此言情也."

239) 『朱子語類』 권98, "問心統性情, 曰性者, 理也, 性是體, 情是用, 性情皆出於心, 故心能統之 統, 如統兵之統, 言有以主之也."

240) 최해숙, 마음에 대한 소고, 『유교사상문화연구』제31호, 한국유교학회, 2008, p. 241.

서 '위심지용(爲心之用)'으로 마음의 상태에 따라 성(性)과 정(情), 체(體)와 용(用)의 단계로 분류한 것이다.

중도(中圖)와 하도(下圖)는 이기론적인 구조 속에서 성이 발하여 정으로 나타나는 심의 존재양상을 두 가지 인식 입장에 따라 정연하게 분석한 것이다. 중도는 중도라는 글자 밑에는 '마음을 리와 기의 합[합리기(合理氣)]'으로 만들어진 것이며 '성과 정을 통섭하는[통성정(統性情)]' 것이라는 말이 위에서 아래로 쓰여져 있고, 왼쪽에는 '주일신(主一身)', 오른쪽에는 '해만화(該萬化)'라는 글로 마음은 몸을 주재하고 모든 변화를 아우르는 것으로 규정하고 있다. 이 글은 하도 밑에도 똑같이 쓰여져 있는데, 마음이란 이와 기가 합해져서 이루어진 것으로 성과 정을 통제한다는 성리학의 이기론(理氣論)을 보여 주는 곳이다.

심권으로 표시되는 원의 양쪽에는 '부여 받은 기 속에서[취기품중(就氣稟中)]', '본연의 성만을 가리켜 말한 것[지언본성(指言本性)]'이라는 말이 쓰여져 있는 것은 허령지각의 기(氣)가 인의예지를 드러내는 측면만을 가리켜 말한다는 뜻이다.

심권의 내부에는 가운데에 '성(性)'이라는 글자가 있고, 그 위에 '허령(虛靈)'이 있으며 아래로 '지각(知覺)'이라는 글자가 있다. 그리고 그 사이마다 인(仁)·의(義)·예(禮)·지(智)가 각각 배치되어 있다. 그리고 작은 글씨로 원의 제일 윗부분에 '심(心)'이 자리 잡고 있다. 여기서 허령·지각은 마음이 본래 가지고 있는 능력으로 외물과의 접촉을 계기로 본성을 감정의 형태로 드러내는 작용을 한다. 또한 인·의·예·지는 성을 의미한다. 그리고 심을 위에 배치하고 성을 가운데 배치한 것은, 성[본성(本性)]이 심(心) 속에 있지만 본성 또한 인간의 본질적 요소임을 강조하기 위한 것이다. 그리고 원의 바로 밑에 '정(情)'이라는 글자가 있고, 그 아래의 양쪽에는 '선과 악의 기미에 나아가서[취선악기(就善惡幾)]', '선한 모습만을 말한 것[언선일변(言善一邊)]'이라는 말이 있다. 이것을 퇴계는 "중도는 기품 속에 나아가서 본연지성을 가리켜 기품과 섞지 않고 말한 것이다. …… 성은 이렇게 말하였으므로 그 성이 발하여 정이 된 것도 모두 선한 것을 가리켜 말한다."[241]라고 하였다.

퇴계는 성을 이렇게 설명하였으므로 성이 발하는 것도 모두 선한 것을 가리켜 말한다고 하였다. 이것은 본연지성[242]으로서 맹자의 성선의 논리로써 말하는 성에 해당하며 퇴계는

241) 『退全』 권7, 23, '聖學十圖, 第6 心統性情圖', "其中圖者, 就氣稟中指出本然之性, 不雜乎氣稟而爲言 …… 其言性旣如此, 故其發而爲情, 亦皆指其善者而言."

242) 본연지성은 성의 보편적이고 근원적인 측면을 가리켜 말한 것으로 인간이 공통적으로 가지고 있는 도덕성이다. 보편적 도덕성도 구체적인 인간의 생물학적 조건인 기품에 결합되어 있기에 본연지성도 기품의 구체적인 제약과 관련하여 논할 수밖에 없다. 본연지성을 설명할 때 구체적인 생물학적인 조건인 기품에 의한

도설에서 '중도'의 뜻을 다시 해명하면서 '중도'에서 리만을 가리켜 말한 것은 "기를 함께 말하면 성의 본래 선함을 드러낼 수 없기 때문[이기병기이언, 즉무이견성지본선고이(以其並氣而言, 則無以見性之本善故爾)]."이라고 밝히고 있다. 그리고 '중도'에서의 성은 본연지성을 가리켜 말한 것이며, 정에서 사단은 리(理)에서 발현하고 칠정은 기(氣)에서 발현한다. 따라서 사단은 선하지만, 칠정은 선과 악을 함께 가지고 있게 된다. 그렇기 때문에 칠정은 잘 조절이 되면 선하게 되고, 조절이 되지 않으면 악한 모습으로 나타난다. 그러나 '중도'에서는 사단이나 칠정 모두 하나의 계열로서 모두 선한 측면을 말한 것이라고 한다. 그러므로 '중도'는 리의 측면을 중심으로 그린 그림이라고 할 수 있으며 '기품 속에 나아가 본연지성이 기품에 섞이지 않는 것을 가리켜 말한 것', 즉 선악의 기미에 나아가 선한 쪽만을 이야기한 것이다.

'하도'는 사단과 칠정을 구분하여 보여 주는 그림이다. 마음을 '리와 기의 합으로 이루어지고[합리기(合理氣)]', '성과 정을 통섭하여[통성정(統性情)]', '온갖 변화를 아우르는 것[주일신해만화(主一身該萬化)]'으로 규정하는 것은 '중도'와 같다. 그림의 전체를 보면 심권[원(圓)] 안에 있는 것은 마음[심(心)]과 본성[성(性)]의 개념을 나타내고 있으며 그 아랫부분은 본성이 발현되어 감정[정(情)]이 되는 과정을 나타내고 있다. 즉, 성의 발현이 기질 때문에 선악 두 측면으로 나타나는 것을 설명한 것이다. 퇴계는 '하도'를 설명하기를 "리와 기를 합하여 말한다. …… 성을 이렇게 말하였으므로 그 성이 발하여 정이 된 것도 리와 기가 서로 기다리기도 하고, 서로 해치기도 하는 점에서 말한다."[243]라고 하였다.

그림의 구성을 좀 더 구체적으로 분석하여 보면, 본성은 본래 하나이지만 기의 맑고[청(淸)]·탁하고[탁(濁)]·순수하고[수(粹)]·잡박함[박(駁)]의 차이가 있는 기품 속에 있기 때문에 본연지성(本然之性)과 기질지성(氣質之性)의 두 가지 이름을 갖게 된다고 설명하고 있다. 그렇기 때문에 본성이 발현되어 감정이 될 때도 사단과 칠정으로 구분되는 것이다. 이 부분이 '중도'와 두드러지게 구분되는 차이점이다.

심권 아래 '발위(發爲)'라는 글자가 있는데, 좋고 선한 부분은 사단이고, 악한 요소를 포함한 부분이 칠정이다. 따라서 심권 안에 있는 성과 그것이 발현되어 칠정이 되는 연결고리가 바로 '발(發)'이다. 이것은 하나이면서 두 가지 이름을 가진 성이 발하여 사단과 칠정의 정이 된다는 것, 즉 '성으로부터 정이 발한다[성발위정(性發爲情)]'는 뜻을 나타내고 있다. 이러한 성

영향을 배제하고 그 보편적인 측면만을 지적하여 가리키는 방식이 있고, 구체적인 기품의 영향과 결부해서 논하는 방식이 있다. 기품의 영향과 결부해서 말하면 기질지성에 해당한다.

243) 『退全』 권7, 24, '聖學十圖, 第6 心統性情圖', "其下圖者, 以理與氣合而言之, …… 其言性旣如此, 故其發而爲情, 亦以理氣之相須, 或相害處言."

(本性)은 발현되어 정으로써 두 가지로 나타나는데 한 측면은 사단이고, 다른 한 측면은 칠정이다. 따라서 하도의 아랫부분은 사단과 칠정의 영역으로 구분되었다. 퇴계가 하도를 '리와 기를 합하여 말한 것'이라고 언급한 것을 상기하면 성을 리와 기로 상대하여 말한 것처럼 정에서도 리와 기가 서로 돕거나 혹 서로 해치는 것으로 나누어 말한다고 한다.

사단의 양쪽에는 '이가 발현하는데 기가 거기에 따르는 것[이발이기수지(理發而氣隨之)]'은 사단의 정으로 발출된 경우에는 리가 발하고 기가 따르는 것으로, 본래 순선하여 악이 없는 리와 기가 서로 돕는 상태의 정이다. 그러나 사단의 선이라 해도 온전히 실현되지 못하는 경우가 있는 것은 혹 리와 기가 서로 해쳐 리의 발함이 온전하게 이루어지지 않고 기가 가린 경우이다. 칠정의 양쪽에는 '기가 발현하는데 이가 그 위에 올라타는 것[기발이이승지(氣發而理乘之)]'으로 칠정의 경우 리와 기가 서로 돕는 경우는 기가 발함에 리가 타고 있어 본선한 정으로서, 이 상태가 막힘이 없으면 절도에 맞는 칠정이 된다. 칠정에서 리와 기가 서로 해치는 경우는 기가 발하는 것이 절도에 맞지 않는데도 단속하지 못해 기가 그 타고 있는 리를 가려서 악한 정이 된다고 규정하고 있다.

이와 같이 사단의 감정은 그대로 확충해야 되고 칠정의 감정은 도덕규범에 맞도록 중절시켜야 하는 차이가 있다. 그러므로 퇴계 「심통성정도설」의 보설(普說) 중에서 교육[공부(工夫)]적인 측면을 말하면 "성이 아직 겉으로 드러나지 않았을 때는 '존양공부'를 깊게 하고, 성이 이미 겉으로 드러났을 때는 '성찰하는 습관'을 익숙하게 하여 진리를 쌓고 오랫동안 힘써야 할 것입니다."라고 하였고, 이것은 성학의 방법이 거경·궁리·존양·성찰에 의해서 자신의 마음을 수렴하여 존재의 원리인 리를 체인하고 존양과 성찰을 통하여 리를 확충해 나아가야 한다는 것이다.

'하도'에서는 리기불상잡(理氣不相雜)의 조건 아래 리와 기가 합쳐져 성이 발현하는 기미에서 선·악이 혼재하는 현상적 모습을 밝히고 있다. 요약해 보면 '중도'는 인간 심성의 주리적(主理的) 순수성을 파악하는 것이요, '하도'는 주리와 주기의 통합적 현실성을 파악하는 것이다. 여기서 퇴계의 사단칠정논변이 주로 '하도'의 문제라 하더라도 양면성을 동시에 포용하는 입장을 지닌다는 사실을 확인할 수 있다. 일반적으로 인정되는 퇴계의 심성론적 입장은 리기호발설(理氣互發說)에 서 있다. 그러나 '하도'의 리기호발설에 대비하여 '중도'의 입장은 리발일도설(理發一到說)이라 할 수 있는 것이다. 이 양면적인 심성론을 포함함으로써 퇴계는 전체적으로 심의 개념을 규정하고 있다. 곧 심의 리기론적 구성에서는 "리와 기를 결합한다[합리기(合理氣)]."라 하고, 성·정과의 관계에서는 "성과 정을 통섭한다[통성정(統性情)]."고 하며, 나아가 그 내적 지위로서는 “한 몸을 주재한다[주일신(主一身)].”라 하고, 외적 관계를 “온갖 변화에 대응한다[해만화(該萬化)].”고 한다. 따라서 심을 리기의 결합으로 파악하고 있음은 확고하다고 하겠다. 다만 ‘중도’에서처럼 리만을 지적하여 본래의 선함을 강조하는 관점을 내포하고 있을 뿐이다.

7. 제7 인설도

제7 인설도
(第七 仁說圖)

공자는 '극기복례위인(克己復禮爲仁)'이라 하여 '자신의 욕망을 극복하여 예로 돌아가면 인을 실현하는 것이다.'라고 하였다. 주자 또한 '인이란 천지가 만물을 생성하는 마음이며 사람이 이 인을 얻어서 마음으로 삼는 것이다.'라고 하였다. 퇴계는 공자와 주자의 견해를 기반으로 하여 사람이 이 덕목을 몸소 깨달아 보존할 수만 있다면 모든 선의 근원과 모든 행실의 근본을 깨달아 성인군자의 참된 도를 실천할 수 있다고 보았다.

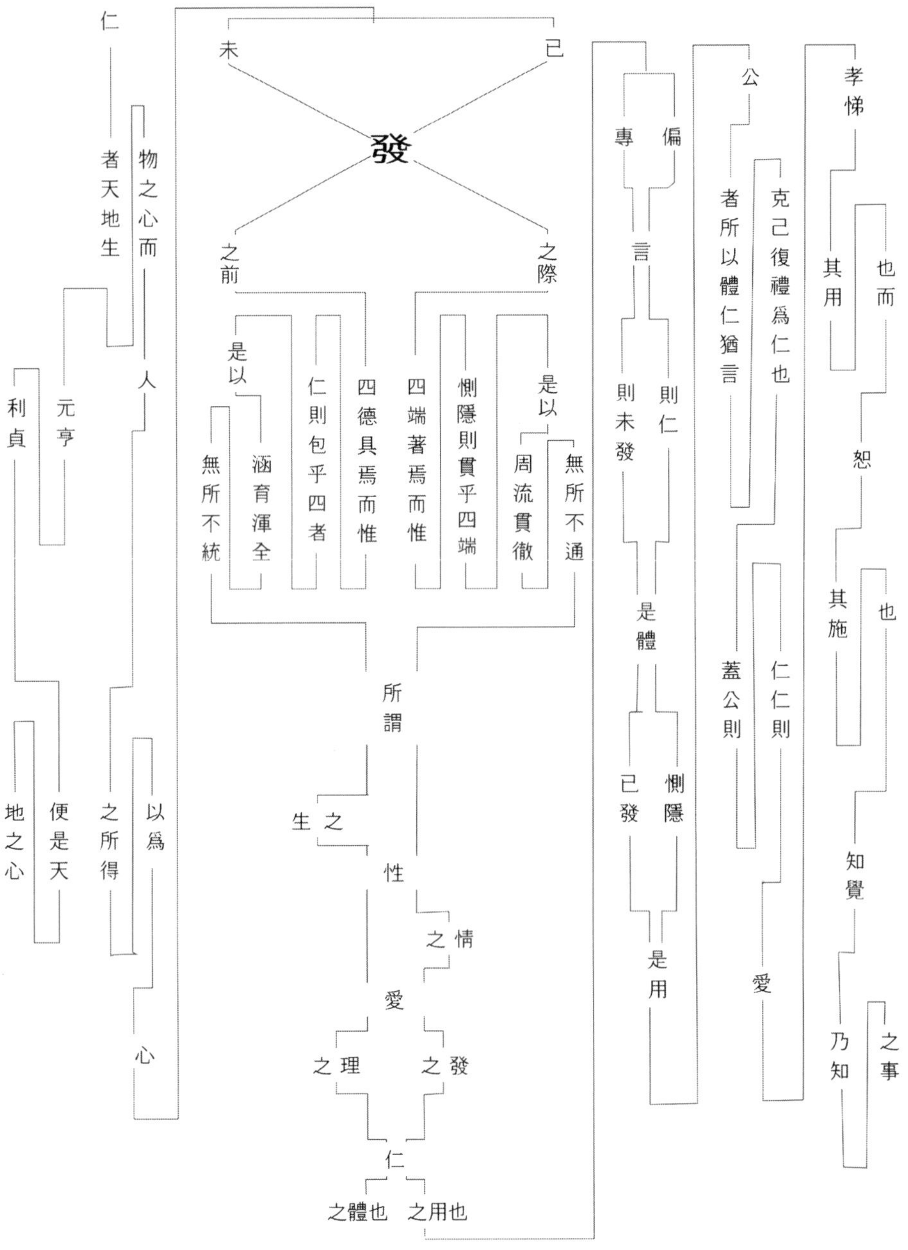
仁
者天地生物之心而人之所得以爲心
元亨利貞
便是天地之心
未發之前
已發之際
發
是以涵育渾全無所不統
仁則包乎四者
四德具焉而惟
四端著焉而惟
惻隱則貫乎四端
是以周流貫徹無所不通
所謂
生之性
之情
愛之理
之發
仁之體也
之用也
偏言則仁是體
專言則未發
惻隱已發是用
公者所以體仁猶言
克己復禮爲仁也
蓋公則仁仁則愛
孝悌其用也而
恕其施也
知覺乃知之事

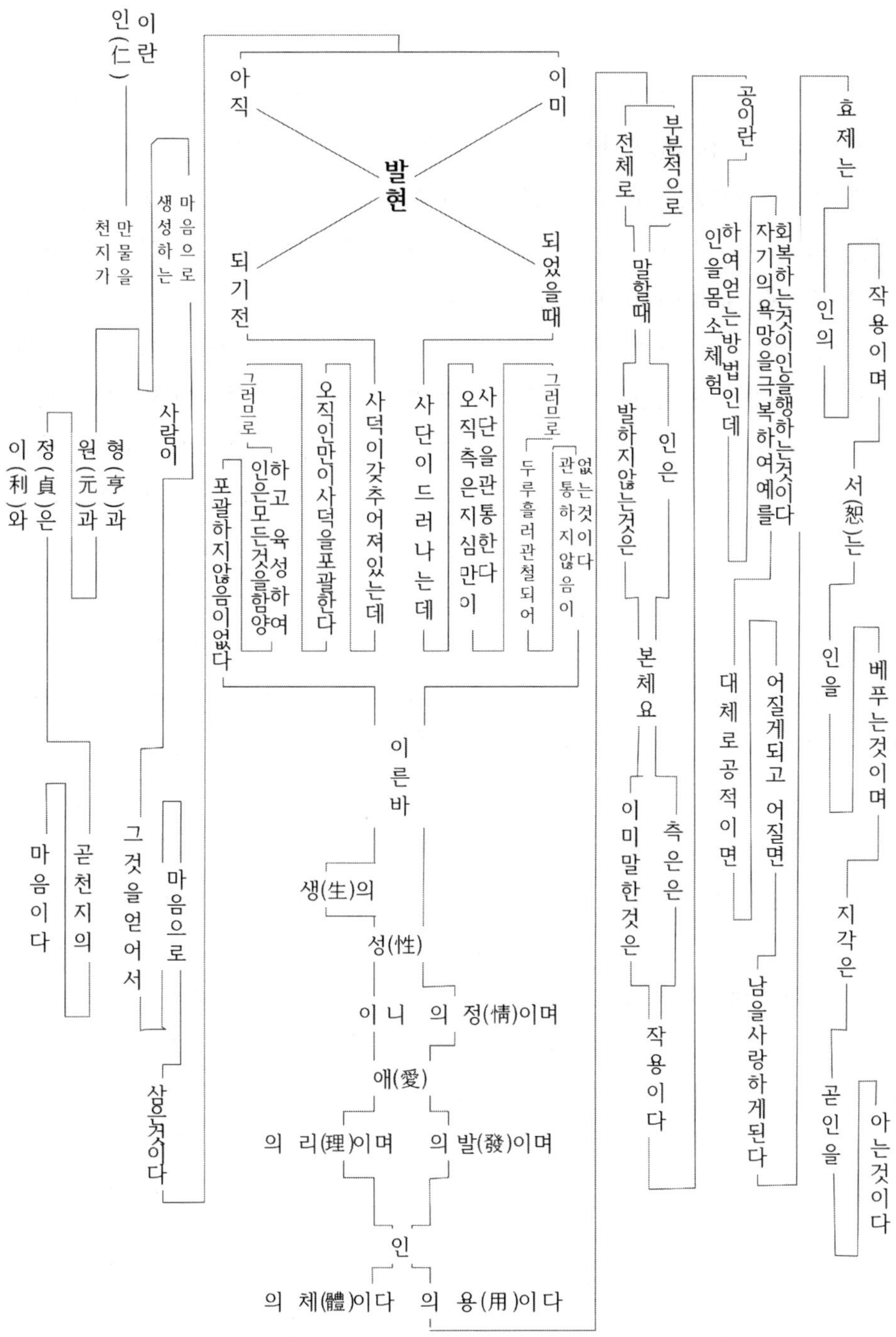

인(仁)이란
천지가 만물을
생성하는 마음으로
사람이
원(元)과 형(亨)과
이(利)와 정(貞)은
곧 천지의
마음이다
그것을 얻어서
마음으로
삼은것이다
아직
발현
되기전
이미
되었을때
사덕이 갖추어져 있는데
오직인만이 사덕을포괄한다
그러므로
하고 육성하여
인은모든것을함양
포괄하지않음이없다
사단이 드러나는데
사단을관통한다
오직 측은지심만이
그러므로
두루흘러관철되어
관통하지 않음이
없는것이다
이른바
생(生)의
성(性)
이니
의 정(情)이며
애(愛)
의 리(理)이며
의 발(發)이며
인
의 체(體)이다
의 용(用)이다
전체로
부분적으로
말할때
인은
발하지않는것은
본체요
측은은
이미말한것은
작용이다
공이란
하여얻는방법인데
인을몸소체험
자기의욕망을극복하여
회복하는것이인을행하는것이다
예를
대체로공적이면
어질게되고 어질면
남을사랑하게된다
효제는
인의
작용이며
서(恕)는
인을
베푸는것이며
지각은
곧인을
아는것이다

「인설(仁說)」 원문(原文)

朱子曰: “仁者, 天地生物之心, 而人之所得以爲心. 未發之前, 四德具焉, 而惟仁
주자왈: “인자, 천지생물지심, 이인지소득이위심. 미발지전, 사덕구언, 이유인
則包乎四者. 是以涵育渾全, 無所不統, 所謂生之性, 愛之理, 仁之體也; 已發之
즉포호사자. 시이함육혼전, 무소불통, 소위생지성, 애지리, 인지체야; 이발지
際, 四端著焉, 而惟惻隱則貫乎四端, 是以周流貫徹, 無所不通, 所謂性之情, 愛
제, 사단저언, 이유측은즉관호사단, 시이주류관철, 무소불통, 소위성지정, 애
之發, 仁之用也. 專言則未發是體, 已發是用. 偏言則仁是體, 惻隱是用. 公者,
지발, 인지용야. 전언즉미발시체, 이발시용. 편언즉인시체, 측은시용. 공자,
所以體仁, 猶言克己復禮爲仁也. 蓋公則仁, 仁則愛, 孝悌其用也, 而恕其施也,
소이체인, 유언극기복례위인야. 개공즉인, 인즉애, 효제기용야, 이서기시야,
知覺乃知之事.”又曰: “天地之心, 其德有四, 曰元亨利貞, 而元無不通. 其運行
지각내지지사.”우왈: “천지지심, 기덕유사, 왈원형이정, 이원무불통. 기운행
焉, 則爲春夏秋冬之序, 而春生之氣, 無所不通. 故人之爲心, 其德亦有四, 曰仁
언, 즉위춘하추동지서, 이춘생지기, 무소불통. 고인지위심, 기덕역유사, 왈인
義禮智, 而仁無不包. 其發用焉, 則爲愛恭宜別之情, 而惻隱之心, 無所不貫. 蓋
의예지, 이인무불포. 기발용언, 즉위애공의별지정, 이측은지심, 무소불관. 개
仁之爲道, 乃天地生物之心, 卽物而在, 情之未發, 而此體已具, 情之旣發, 而其
인지위도, 내천지생물지심, 즉물이재, 정지미발, 이차체이구, 정지기발, 이기
用不窮. 誠能體而存之, 則衆善之源, 百行之本, 莫不在是. 此孔門之敎, 所以必
용불궁. 성능체이존지, 즉중선지원, 백행지본, 막부재시. 차공문지교, 소이필
使學者汲汲於求仁也. 其言有曰, 克己復禮爲仁, 言能克去己私, 復乎天理, 則此
사학자급급어구인야. 기언유왈, 극기복례위인, 언능극거기사, 복호천리, 즉차
心之體無不在, 而此心之用無不行也. 又曰, 居處恭, 執事敬, 與人忠, 則亦所以
심지체무부재, 이차심지용무불행야. 우왈, 거처공, 집사경, 여인충, 즉역소이
存此心也. 又曰, 事親孝, 事兄悌, 及物恕, 則亦所以行此心也. 此心, 何心也?
존차심야. 우왈, 사친효, 사형제, 급물서, 즉역소이행차심야. 차심, 하심야?

在天地則坱然生物之心，在人則溫然愛人利物之心，包四德而貫四端者也. 或曰:
재천지즉앙연생물지심, 재인즉온연애인이물지심, 포사덕이관사단자야. 혹왈:
若子之言，程子所謂愛情仁性，不可以愛名仁者，非歟’曰: ‘不然，程子之所謂，
약자지언, 정자소위애정인성, 불가이애명인자, 비여’왈: ‘불연, 정자지소위,
以愛之發而名仁者也; 吾之所論，以愛之理而名仁者也. 蓋所謂情性者，雖其分域
이애지발이명인자야; 오지소론, 이애지리이명인자야. 개소위정성자, 수기분역
之不同，然其脈絡之通，各有攸屬者，則曷嘗離絕而不相管哉 吾方病夫學者誦
지부동, 연기맥락지통, 각유유속자, 즉갈상리절이불상관재 오방병부학자송
程子之言，而不求其意，遂至於判然離愛而言仁，故特論此，以發明其遺意. 子以
정자지언, 이불구기의, 수지어판연리애이언인, 고특론차, 이발명기유의. 자이
爲異乎程子之說，不亦誤哉? 曰: ‘程氏之徒，有以萬物與我爲一爲仁之體者，亦
위이호정자지설, 불역오재? 왈: ‘정씨지도, 유이만물여아위일위인지체자, 역
有以心有知覺釋仁之名者，皆非歟?” 曰: ‘謂物我爲一者，可以見仁之無不愛，而
유이심유지각석인지명자, 개비여?” 왈: ‘위물아위일자, 가이견인지무불애, 이
非仁之所以爲體之眞也; 謂心有知覺者，可以見仁之包乎智矣，而非仁之所以得
비인지소이위체지진야; 위심유지각자, 가이견인지포호지의, 이비인지소이득
名之實也. 觀孔子答子貢博施濟衆之問，與程子所謂覺不可以訓仁，則可見矣. 子
명지실야. 관공자답자공박시제중지문, 여정자소위각불가이훈인, 즉가견의. 자
安得以此而論仁哉’”
안득이차이론인재’”

「인설(仁說)」[244] 원문 해석(原文 解釋)

주자가 말하였다. “인(仁)이란 천지(天地)가 만물을 생성(生成)하는 마음이며, 사람이 이 인

244) 인설(仁說)은 주자가 저술한 것이며, 동시에 「인설도」도 주자가 직접 그린 것이다. 『성학십도』의 「인설」은 『주자어류』 권105에 실린 주자의 「인설도」 원문과 『주자대전』 권67 「잡저(雜著)」에 실린 주자의 「인설」을 합친 것이다. 『성리대전』 권35에는 ‘인(仁)’개념을 설명하면서 『주자어류』의 「인설도」와 『주자대전』의 「인설」이 모두 실려 있다. 퇴계가 처음 올린 『성학십도』에는 이 「인설도」는 원래 「심학도」의 뒤에 배치되어 있었으나, 율곡(栗谷)의 건의에 따라 「인설도」를 「심학도」 앞으로 바꾸었다. 바뀐 이유는 퇴계와 율곡이 주고받은 편지에 나온다.

(仁)을 얻어서 마음으로 삼은 것이다. 마음이 겉으로 드러나기 전에는 '인(仁)·의(義)·예(禮)·지(智)의 사덕(四德)245)이 갖추어져 있는데, 오직 인(仁)만이 사덕을 모두 포괄한다.246) 그러므로 인은 모든 것을 온전하게 함양하고 길러 통섭하지 아니함이 없으니, 이른바 '생성하게 하는 본성[생지성(生之性)]'이라든가 '사랑의 이치[애지리(愛之理)]'가 '인의 본체[인지체(仁之體)]'이다. 이미 겉으로 드러났을 때는 측은(惻隱)·수오(羞惡)·사양(辭讓)·시비(是非)의 사단(四端)이 되지만, 사단(四端) 중에서 오직 측은지심(惻隱之心)만이 사단 전체에 관통(貫通)하고 있다. 그러므로 어디든지 흐르게 되어 꿰뚫어서 통하지 않은 곳이 없으니, 이것이 '본성(本性)에서 나온 정[성지정(性之情)]'이요, '사랑이 드러난 것[애지발(愛之發)]'이며, '인의 작용[인지용(仁之用)]'이다. 전체적으로 말하면, 아직 발현되지 않은 것이 본체이고, 이미 발현된 것이 작용이다. 부분적으로 말하면, 인은 본체이고 측은지심은 작용이다. 공(公)247)이란 인을 몸소 체험하여 얻은 방법이니, 마치 "자기의 욕망을 극복하여 예(禮)로 돌아가면 인을 행하는 것이 된다."248)고 말하는 것과 같다. 공적이면 어질게 되고, 어질면 남을 사랑하게 된다. 효제(孝悌)는 인의 작용이고, 서(恕)는 인을 베푸는 것이며, 지각(知覺)은 곧 인을 아는 것이다.249) 또 말하였다.250) "천지의 마음에는 네

245) 사덕(四德)은 네 가지의 덕(德) 또는 덕행(德行)을 말한다. 『주역』에서는 원(元)·형(亨)·이(利)·정(貞)을 사덕이라 하고 있으며, 다시 원은 인(仁), 형은 예(禮), 이는 의(義), 정은 지(智)로 이해하는 것으로 볼 때, 인의예지가 곧 사덕(四德)임을 알 수 있다. 또한 부인(婦人)의 사행(四行)으로 언(言)·덕(德)·공(功)·용(容)이 있으며, 인간관계의 측면에서 볼 수 있는 효(孝)·제(弟)·충(忠)·신(信)의 사덕(四德)도 있다(『주역』「건괘」, "文言日, 元者善之長也, 亨者嘉之會也, 利者義之和也, 貞者事之幹也, 君子體仁, 足以長人, 嘉會足以合體, 利物足以和義, 貞固足以幹事, 君子行此四德者, 故日, 乾元亨利貞" [曹昭, 女誡] "女有四行, 一日婦德, 二日婦言, 三日婦容, 四日婦功" [大戴禮, 衛將軍文子] "孔子日, 孝德之治也, 弟德之序也, 信德之厚也, 忠德之正也").

246) 인·의·예·지의 사덕(四德)에 속하고 있는 인(仁)은 좁은 의미의 (仁)이지만, 넓은 의미의 인(仁)은 인(仁) 속에 인(仁)의 뜻 이외에 의(義)·예(禮)·지(智)의 뜻을 모두 포용하고 있다는 것이다.

247) 공(公)이란 사(私)와 상대되는 개념으로, 사욕(私欲)을 버리고 공명정대하게 행하는 것을 말한다.

248) 『논어』「안연」에서 나오는 말로 "극기복례위인(克己復禮爲仁)"을 말한다. 여기에서의 '기(己)'란 '자기'라는 의미로 공(公)과 대비되는 자신의 사욕을 가리킨다. 성리학자들은 원래 마음의 온전한 덕은 천리가 아님이 없지만 인간에게 인욕(人欲)이 없을 수 없고, 인욕으로 인해 그 온전한 덕이 제대로 실현되지 못하게 된다고 생각하였다. 그래서 반드시 사욕(私欲)을 이기고 예(禮)로 돌아갈 수 있어야 일마다 모두 천리에 들어맞게 되어 본심의 덕이 다시 온전해진다고 주장하였다. 여기에서 사욕의 극복이라는 유가적인 수양이 중시되는 것이다.

249) 고려대학교 민족문화연구원 한국사상연구소, 역주와 해설 성학십도, 예문서원, 2011, p. 109.
효제(孝悌)는 부모에게 효도하고 어른에게 공손한 것을 말하며, 서(恕)는 남들도 나와 동일한 감정을 가진 존재임을 인정하고 남을 배려하는 태도이다. 효제나 서(恕)는 그 자체가 인(仁)이라고 할 수는 없지만 인의 실천과 관련이 깊은 중요한 개념들이다. 주자 당시학자들이 인의 의미를 해석할 때 의도적으로 효제나 서를 배제하곤 했기 때문에 주자가 그런 태도가 부당함을 지적하기 위해 이것을 특별하게 언급한 것이다. 지각(知覺)이란 당시 학계에 영향력이 컸던 호상학(湖湘學)이 인을 설명할 때 사용했던 개념이다. 그들은 사람이 제대로 감정을 느끼는 것을 지각이라고 불렀고, 이것이 바로 인의 상태라고 보았다. 주자는 이런

가지의 덕이 있는데, 곧 원(元)·형(亨)·이(利)·정(貞)이며 그 가운데 원(元)이 나머지[형(亨)·이(利)·정(貞)]를 포괄한다. 네 가지의 덕(德)이 운행(運行)하면 봄·여름·가을·겨울의 차례가 되는 것이며, 봄[춘(春)]의 생동하는 기운은 나머지 세 계절과 모두 통한다. 그러므로 사람의 마음에도 네 가지의 덕이 있으니 바로 인(仁)·의(義)·예(禮)·지(智)라 하며, 그 가운데 인이 나머지를 모두 포괄한다. 이것이 드러나면서 작용하게 되면 사랑[애(愛)]·공경[공(恭)]·마땅함[의(宜)]·구별[별(別)][251]의 정(情)이 되는데, 여기에서도 측은하게 여기는 마음, 즉 사랑[애(愛)]의 정이 나머지를 관통한다. 대체로 인이라고 하는 도(道)는 천지가 만물을 생성하는 마음이니 만물마다 다 갖추어져 있는 것이다. 정(情)이 이미 겉으로 드러나기 전에는 이 본체가 이미 갖추어져 있고, 정이 이미 겉으로 드러나면 그 작용은 끝이 없게 된다. 진실로 이것을 몸소 깨달아 보존할 수만 있다면 모든 선의 근원과 모든 행실의 근본이 모두 여기에 있게 된다. 이러한 것이 바로 공자 문하에서 사람을 가르칠 때 반드시 배우는 사람으로 하여금 '인(仁)을 구하는 일'에 무엇보다 앞서라고 하는 까닭이다. 공자의 말씀에 "자기의 욕망을 억제하여 다른 사람에게 예(禮)를 다하는 것이 바로 인(仁)을 실천하는 것[극기복례위인(克己復禮爲仁)]"이라고 한 말은, 자기의 욕심을 이겨내고 천리를 회복한다면 이 마음의 본체가 보존될 것이며, 이 마음의 작용이 제대로 행해질 것이라는 뜻이다. 또한 공자가 "평소 거처할 때에는 공손하게 하고, 일을 할 때에는 공경스런 태도로 하며, 남과 사귈 때에는 진실된 마음으로 해야 한다."[252]라고 하였으니, 이것 또한 어진마음을 보존하는 것이다. 또 말하기를 '효성으로써 어버이를 섬기고, 공경하는 마음으로 형을 섬기며,[253] 이해하는 마음으로 사물을 대한다.'[254]라 하였으니, 이것 또한 어진 마음을 실천하는 것이다. 그럼 이 마음은 어떠한 마음인가? 천지에 있어서는 만물을 생성하는 한없이 넓은 마음이요, 사람에게 있어서는 남을 사랑하고 만물을 아끼는 따뜻한 마음이므로, 사덕(四德)을 포괄하고 사단(四端)을 꿰뚫는 것이다. 어떤 사람이 물었다. "당신의 말과 같다면 정자가 '애(愛)는 정(情)이고, 인(仁)은 성(性)이므로 사랑을 가지고 인이라고

경향에 반대하고 지각은 지와 관련된 것이지 일차적으로는 인과 상관없다고 주장한 것이다. 여기까지가 『주자어류』「인설도」의 내용을 문장으로 옮겨놓은 부분이다.

250) 여기서부터 '퇴계의 해설' 앞까지[혹왈(或曰)포함]가 모두 「인설」을 요약하여 정리한 부분이다.

251) 예(禮)는 인(仁)과 측은(惻隱)한 마음으로 통하고, 공(恭)은 예(禮)와 사양(辭讓)하는 마음으로 통하며, 의(宜)는 의(義)와 수오(羞惡)하는 마음으로 통하고, 별(別)은 지(智)와 시비(是非)하는 마음으로 통하는 의미를 가진다. 이 도표는 「심통성정도(心統性情圖)」의 상도(上圖)에 자세히 나온다.

252) 『논어』「자로」 19장에 나온다.

253) 『효경』「전(傳)」 11장의 "군자는 효도로써 어버이를 섬기기 때문에 충(忠)을 임금에게 옮겨 실천할 수 있고, 공경함으로써 형을 섬기기 때문에 순(順)을 어른에게 옮겨 실천할 수 있다"에서 인용한 것이다.

254) 『이정전서(二程全書)』「유서(遺書)」 권24에 나온다.

말 할 수 없다.'[255]라고 말한 것이 잘못된 것인가" 그러자 주자가 대답하였다. "그렇지 않다. 정자가 말한 것은 사랑의 발현을 인(仁)이라고 말한 것이고, 나는 사랑의 이치로서 인(仁)을 말한 것이다. 대개 성(性)과 정(情)이란 비록 그 나누어진 영역은 다르지만 그러나 그 맥락은 서로 통하고 각각 서로 연결되는 것이 있으니, 어찌 정과 성이 서로 분리되어 관계없는 것이라고 하겠는가. 나는 배우는 사람들이 정자(程子)의 말을 외우기만 하고 그 뜻을 추구하지 않아, 마침내 사랑[애(愛)]을 떠나 버리고 인(仁)만을 말하는 것이 걱정되기 때문에 이것을 말하여 정자가 남긴 뜻을 밝히고자 한 것이다. 그런데 그대가 정자의 뜻과 다르다고 생각하는 것이야말로 잘못이 아니겠는가" 어떤 사람이 물었다. "정자의 제자 중에 '만물이 나와 더불어 하나다.'라는 말을 인의 본체로 삼는 사람도 있고, '마음에 지각이 있는 것'을 인으로 해석하여 말하는 사람도 있는데, 모두 잘못된 것인가?" 주자가 대답하였다. "만물과 내가 하나라고 하는 사람은 인이 '사랑'이라는 사실은 보여 줄 수 있지만, 그것이 인의 본체가 되는 참된 이유는 알지 못한다. 그리고 마음에 지각이 있는 것을 인이라고 말하는 사람은 인이 지(知)를 포함하는 것은 보여줄 수 있지만, 그것이 인(仁)이라는 이름을 얻게 된 실제 이유는 알지 못한다. 자공[256]이 '백성들에게 널리 은혜를 베풀어 보다 많은 사람들을 구제해 줄 수 있다면 인(仁)이라고 할 수 있습니까?'[257] 하고 질문한 것에 대한 공자의 대답[258]이라든가, 정자(程子)가 '지각으로써 인을 해석할 수는 없다[259]라고 말한 것을 살펴보면 알 수 있을 것이다. 그대가 어찌 이것을 가지고 인을 논(論) 할 수 있겠는가"

255) 『이정전서(二程全書)』「유서(遺書)」 권18에 나온다.

256) 자공(子貢)의 성은 단목(端木), 이름은 사(賜)이고 자공은 그의 자이다. 공자의 제자로 위(衛)나라 사람이었다. 공자보다 31세나 연하였으며 말솜씨가 뛰어났다. 노(魯)나라와 위(衛)나라에서 외교활동을 성공적으로 이끈 인물로 노(魯)와 위(衛)의 재상이 되었다. 그는 경제를 중시했기 때문에 인(仁)을 다분히 공리적으로 이해했다는 평가를 받기도 한다.

257) 『논어』「옹야」 28장에 나온다.

258) 널리 베풀어 백성을 구제하는 것은 위대한 정치가가 할 수 있는 것이다. 그러나 인은 누구나 마음만 먹으면 할 수 있는 것이다. 그래서 공자는 이 질문에 대해 "어찌 인(仁)한 사람에 그치겠는가? 틀림없이 성인일 것이다. 요순도 오히려 그렇게 할 수 없음을 걱정 했을 것이다. 대저 인(仁)한 사람은 자신이 서고자 하면 남을 서게 해 주며, 자신이 영달하고자 하면 남을 영달하게 해 준다. 가까이 자기에게서 취하여 비추어 보아 남을 이해할 수 있다면 인을 실천하는 방법이라 할 수 있을 것이다."라고 대답하였다. 이 말에 대해 주자는 "자기를 미루어 남에게 미치는 것은 인한 사람의 마음이다. 여기에서 살펴보면 천리가 두루 흘러 틈이 없음을 볼 수 있을 것이니 인의 본체를 형용한 것이 이보다 더 절실한 것은 없다(『논어집주』「옹야」)."고 설명하였다

259) 『이정전서』「유서」 권27, 28절에 나온다. "의는 마땅함이라고 하고, 예는 구별이라고 하고, 지는 앎이라고 하는데 인은 무엇이라고 풀이해야 하겠는가? 어떤 사람은 지각[각(覺)]이라고 하고, 어떤 사람은 사람이라고 하는데 모두 옳지 않다[義訓宜, 禮訓別, 智訓知, 仁當何訓? 說考謂 訓覺訓人, 皆非也]."

퇴계(退溪)의 설명 원문(說明 原文)

○ 右仁說, 朱子所述, 并自作圖, 發明仁道, 無復餘蘊. 大學傳曰, 爲人君, 止於
○ 우인설, 주자소술, 병자작도, 발명인도, 무부여온. 대학전왈, 위인군, 지어
仁, 今欲求古昔帝王傳心體仁之妙, 盍於此盡意焉?
인, 금욕구고석제왕전심체인지묘, 합어차진의언?

퇴계(退溪)의 설명 원문(說明 原文) 해석(解釋)

위의 「인설(仁說)」은 주자가 짓고 스스로 그림까지 만들어 인(仁)의 도(道)를 남김없이 잘 드러내어 밝혔습니다. 『대학』에서 말하기를 "임금이 되어서는 인의 경지에 머물러야 한다."[260]고 하였으니, 지금 옛 제왕들이 마음을 전하고 인을 체득하던 오묘한 이치를 찾으려고 하신다면, 어찌 여기에 뜻을 다하지 않을 수 있겠습니까.

「인설도(仁說圖)」의 구조(構造)와 이해(理解)

주자가 43세에 『인설』[261]을 저술한 후 「인설도」를 지었으니 「인설도」에서는 『인설』에서 서술된 견해를 표출시켜 해석하는 동시에 보충하여 설명하고 있다. 여정덕(黎靖德)이 편집한 『주자어류』 권105에 『인설』을 설명하는 자리에 실려 있어서 『주문공문집』 권67의 『인설』의 내용을 그림으로 풀어 놓은 것임을 알 수 있다. 특히 「인설도」에서는 인(仁)·인(人)·심(心)·미발이발(未發已發)·성(性)·애(愛)·체용(體用)·공(公)·효제(孝弟)·서(恕)·지각(知覺) 등을 큰 글자로 써서 표출시키고 있으며, 『인설』에서 언급하지 않았던 '공(公)'개념을 제시하여 물아일체설(物我一體說)을 대치시켰으며, 『인설』에서 언급한 비판적 논의를 제거하였고, 그 대신 『인설』에

260) 『대학』 「전(傳)」 3장에 나온다. "시경에 말하기를 '훌륭하신 문왕이여, 아아, 끊임없이 공경하셨네'라 하였으니, 군왕이 되어서는 인(仁)에 머무르셨고, 신하가 되어서는 경(敬)에 머무르셨고, 자식이 되어서는 효(孝)에 머무르셨고, 부모가 되어서는 자(慈)에 머무르셨고, 나라 사람과 사귐에는 신(信)에 머무르셨던 것이다[詩云穆穆文王, 於緝熙敬止, 爲人君止於仁, 爲人臣止於敬, 爲人子止於孝, 爲人父止於慈, 與國人交止於信]."

261) 劉述先, 朱子哲學思想的發展與完成, 臺北:臺灣學生書局, 1982, pp. 139~144.
주자의 인설은 그가 43세대 석자중(石子重)을 위해 지은 「극재기(克齋記)」의 내용과 거의 같으며, 극제기에 앞서 42세 때(1171년) 저술된 것으로서 남헌 장식을 비롯하여 호남의 학자들과 인설에 관해 토론한 뒤인 44세 때 수정한 것이 현재의 인설이다.

서 언급이 별로 없는 인(仁)의 실천문제를 강조하고 있는 것이 그 보충의 내용이라 할 수 있다.[262) 「인설도」는 크게 세 부분으로 나뉜다.

첫 번째 영역은 인의 정의를 나타낸 문장이다. '인(仁)'에서 '심(心)'까지의 한 줄로서, 인이란 천지의 마음이며, 인간이 그것을 부여받아 자신의 마음으로 삼는다. 즉, 인이란 만물에 생명을 주는 천지의 마음이며 그 천지의 마음에 의해 탄생한 사람마음의 본질적 성격이라는 것이다. 이러한 마음은 천지에 있어서는 원(元)·형(亨)·이(利)·정(貞)의 사덕으로 나타나며 인간에게는 인(仁)·의(義)·예(禮)·지(智)의 사덕으로 나타난다.

두 번째 영역은 중앙의 두 줄이며 인을 '미발(未發)'과 '이발(已發)', '체(體)'와 '용(用)'으로 구분한 것이다. 미발이란 인이 아직 발현하기 전의 상태를 말하고, 이발이란 인이 이미 발현된 이후의 상태를 말한다. 즉, 인이 '발현되기 전[미발지전(未發之前)]'에는 인·의·예·지 의 사덕을 포괄하고 모든 것을 생성하게 하는 본성[생지성(生之性)]과 사랑의 이치[애지리(愛之理)]를 갖고 있는 본체[체(體)]가 된다. 반면에 '인이 이미 발현되었을 때[이기발지제(已發之際)]'에는 사단이 드러나고, '성이 발현되어 정[성지정(性之情)]'이 되고 '사랑하는 마음이 발현[애지발(愛之發)]' 되는 인의 작용[용(用)]이 된다.

세 번째 영역은 전체적으로 말하면 미발이 본체이고, 이발이 작용이다. 부분적으로만 말한다면 인이 곧 본체이고 측은지심이 작용이 된다. 이것은 인과 측은을 체와 용으로 분류하고, 뒤에 이어지는 부분에서 '공(公)'이라는 개념을 적용시켜 인을 몸소 체험하여 얻는 방법이나 실천의 문제를 설명하고 있다. 공(公)은 인에 도달할 수 있는 실천자의 공정 무사한 자세를 말하며 이것은 『논어』의 "자신을 극복하고 예로 돌아가면 인을 행하는 사람이 된다[극기복례(克己復禮)]."는 내용과 같은 말이다. 덧붙여서 인이 실천되는 대상에는 효제(孝弟)가 있고, 인을 실천하는 방식에는 서(恕)가 제시되어 있으며, 효제와 서는 인을 실천하는 중요한 요소임을 감안할 때 교육적인 의미 또한 지대하다고 할 수 있다. 그리고 지각(知覺)에 대해서도 엄밀하게 "지각은 바로 지의 일이다."라고 하였으나 인으로 포괄할 수 있는 인성에 인식능력인 지(知)도 포함되어 있으므로 이것은 가치문제의 해명을 통하여 인식문제도 해명할 수 있는 가능성을 보여 주고 있다고 할 수 있다.

262) 陳榮捷, 朱子新探索, 臺北:臺灣學生書局, 1988, pp. 371~373.

『성학십도(聖學十圖)』에서의 「인설(仁說)」의 의미(意味)

인(仁)이란 무엇인가? 일반적으로 공자 사상의 핵심개념 또는 유가의 중심사상으로 알려져 있다. 그리고 인에 대한 뜻을 '사랑'이라는 말로 쉽게 풀이하는 경우가 많다. 여기서의 사랑은 이득이 배제된 타인에 대한 순수한 사랑을 의미한다.

주자는 '인설'에서 인간이 존재한다는 사실이 바로 인간이 타인을 사랑해야 하는 이유라고 설명하였다. 인간의 존재는 존재하게 만든 근원이 있어야 하는데, 그것을 주자는 「인설도」 첫 머리에서 "인이란 천지가 만물을 생하는 마음으로 사람이 이를 얻어 마음으로 삼은 것이다[인자, 천지생물지심, 이인지소득이위심(仁者, 天地生物之心, 而人之所得以爲心)]."라 하였다. 그러므로 인은 '생명'의 원천이라고 할 수 있으며, 그것은 곧 '인'이 천지의 마음이면서 동시에 인간의 마음이며, 인의 근원이 천지의 마음에 있으며 인의 실재가 인간의 마음에 있음을 제시한 것이다. 또한 인간만이 아니라 만물도 천지의 마음을 받은 것이라 하여 인간과 만물의 근원적 공통기반을 확인하고 있다. 또한 주자는 "만물과 내가 일체라는 것은 인이 사랑하지 않음이 없음을 볼 수 있다[위물아위일자, 가이견인지무소불애(謂物我爲一者, 可以見仁之無所不愛)]."고 하여, 물아일체(物我一體)의 의식은 사랑의 극대화로 인을 실현하는 것을 의미하는 것으로 제시하였다. 이와 같이 '인'의 본질적 성격은 바로 천지의 마음이 '생물지심(生物之心)'이라는 사실에 근원한다. 이렇게 만물을 낳고 살리는 천지의 마음의 양상은 원·형·이·정의 사덕을 지니고 있는 데서 가능할 것이라 볼 수 있다. 원·형·이·정은 자연의 시간적 질서에서 보면 춘·하·추·동에 해당하며 자연의 생성적 질서에서 보면 생·장·수·장을 의미하는 것이다. 이러한 천지의 마음이 지닌 사덕으로서 원·형·이·정에 상응하는 것이 바로 인간의 마음이 지닌 사덕으로서 인·의·예·지라 본다. 이러한 의미에서 주자와 퇴계의 성리학적 세계관에서는 우주와 인간의 상응 일치구조를 전제로 삼고 있다. 상기 내용들의 관계를 정리해 보면 다음의 〈표 2〉와 같다.

퇴계는 '천지생물지심(天地生物之心)'으로서 '인'의 핵심내용이 '생(生)'의 뜻에 있음을 주목하고 있다. 퇴계는 "측은지심은 사람의 생도(生道)이다"라고 한 정자의 말에서 '생'자의 뜻을 '생활의 생'으로 '살리고 살려서 다함이 없다[생생불궁(生生不窮)]'의 뜻으로 파악하여 천지가 만물을 살리는 마음과 측은지심이 일관되는 것은 다만 하나의 '생(生)'자라 해석하고 있다.[263]

263) 『退全』 권24, 6, '答鄭子中別紙', "蓋此生字, 只是生活之生, 生生不窮之義, 卽與天地生物之心貫串, 只一生字."

표 2 인(仁)의 천인(天人) 관계

인(仁)	춘(春)	원(元)	측은(惻隱)	생(生)
의(義)	하(夏)	형(亨)	수오(羞惡)	장(長)
예(禮)	추(秋)	이(利)	사양(辭讓)	수(收)
지(智)	동(冬)	정(貞)	시비(是非)	장(藏)

또한 퇴계는 주자가 '천지생물지심(天地生物之心)'을 해석하면서 "천지의 마음은 다만 이 생이니, 무릇 사물은 모두 이 생으로서 사물이 있는 것이다. 사람과 사물이 생하고 생하여 다함이 없는 것은 그 생 때문이다. 생하지 않으면 곧 말라 죽어 버린다."고 한 말을 근거로 인용하면서, 걸(桀)이나 도척(盜跖)도 생이 없이는 존재할 수 없음을 지적한다. 따라서 그는 '생'자가 '생활의 생'을 뜻하는 것임을 확인하고 있다.[264] 또한 퇴계는 "심체는 사덕을 포함하고 있으므로 인(仁)이 심의 덕(德)인 만큼 지(知)도 심의 덕(德)임을 인정하고 있다."[265] 그러나 사량좌(謝良佐, 1050년~1103년, 중국 송나라 유학자)가 지각(知覺)을 인이라 해석하는 견해는 받아들이지 않았다. 그것은 인이 지를 포괄하지만, 지가 인을 포괄하는 것은 아님을 제시하고 있는 것이다.

주자의 「인설도」와 『인설』에서는 인의 개념을 규정하면서 그 실현의 중요성을 역설하고 있다. 따라서 퇴계의 '인'사상을 이해하기 위해서는 인의 실현으로서 천리를 회복하는 방법을 해명해 보아야 할 것이다. 먼저 인의 실현 주체는 자신[나]의 심성 내면에서 근본바탕이 확립되어야 한다. 퇴계는 "인을 실행하는 것은 자신에게 달려 있는 것이니, 남들과는 상관이 없다. 만약 이런 근본의 자리가 없다면 비록 날마다 스승과 벗들을 상종한다 하더라도 끝내는 무익한 데 돌아갈 것이다."[266]라고 하였다. 퇴계는 인의 실현이 자신의 심성 내면에서 근

264) 『退全』 권24, 6－7, '答鄭子中別紙', "朱子答或問天地生物之心, 曰天地之心, 只是箇生, 凡物皆是生方有此物, 人物所以生生不窮者, 以其生也, 才不生, 便乾枯死了, 以此觀之, 桀跖不能無是以生, 亦是生活之生耳."

265) 『退全』 권24, 7, '答鄭子中別紙', "心體包含無所不具, 仁固心之德, 智亦不外於心德, 知覺知之事, 故謂之心之德, 何疑之有."

266) 『退全』 권35, 13－14, '答柳而見(癸亥)', "爲仁在己, 無與於別人, 若無此根本田地, 則雖日與師友相從, 亦終歸於無益耳."

본 바탕을 확립하여야 하는 주체적인 과제임을 강조한다. 또한 공자가 극기복례위인(克己復禮爲仁)이라 언급한 것에 대해 주자는 '인'을 '본심의 온전한 덕[본심지전덕(本心之全德)]'이라 하고, '자기[기(己)]'는 '일신의 사욕[신지사욕(身之私欲)]'이요, '예'는 '천리의 절문[천리지절문(天理之節文)]'이라 정의하고 있다. 퇴계는 주자가 말하는 '사욕'의 '사'를 더욱 구체적으로 규명하며, "마음을 해치는 좀벌레요, 모든 악의 근본이다."라 하여 욕망의 사사로움을 악의 근원이라 규정하고 있다. 나아가 그는 이 '사'를 제거하는 방법으로서, "마음을 해치는 적을 제거하고 악의 뿌리를 뽑아서 순수한 천리를 회복하는 것이다."267)라고 하였다. 곧 사를 제거하는 소극적 과제를 해결하기 위한 적극적 목표로 천리의 회복을 확인하고 있다. 따라서 한 인간으로서 다른 인간이나 사물과 조화로운 일체의 관계를 이루기 위한 인의 실현 방법은 바로 사욕의 이기심을 극복하고 일치의 원리인 천리로서의 예를 회복하는 '극기복례'로 귀결되고 있다. 여기서 '사'를 깨뜨리고 '공'을 열어 조화를 이루고 화합하는 포용의 윤리가 요구되며 '공'은 바로 천지요 '예'로 확인될 수 있는 것이다. 또한 퇴계는 '사'를 극복하는 실천 방법으로서 학문과 수양의 수행을 역설하고 있다. 이것은 올바른 지식을 축적하고 확산시켜서 천리를 간직하고 지켜 갈 수 있는 자기 통제력을 길러 가는 것으로서 학문을 통해 진지(眞知)라는 긍정적 요소를 계발함으로써 천리를 지켜가는 역량을 확립하는 것이니, '배양'의 방법이라 할 수 있다. 퇴계가 경연에서 임금에게 "마음을 해치는 적을 제거하고 악의 뿌리를 뽑아서 순수한 천리를 회복하고자 한다면, 학문의 공효에 깊이 의지하지 않으면 안 됩니다."268)라고 하여 '극기복례'의 일이 모든 인간 존재의 삶에서 끊임없이 반복적으로 추구되어야 하는 근원적 과제임을 확인하고 있다. 이런 의미에서 학문과 수양의 목표가 바로 사욕을 극복하고 천리를 회복하는 인의 실현에 있는 것임을 역설한다. 또한 인을 실현하는 학문은 '위기지학(爲己之學)'이지 '위인지학(爲人之學)'이 아님을 지적하면서 내면의 바탕을 망각하고 사적인 이익을 추구하기 위해서 지식을 쌓아가는 데만 치중하는 것을 경계하였다.

그리고 퇴계는 인의 실현 방법으로서 가까운 자기 자신의 심성적 실현으로부터 출발하여 가족과 사회로 확충시켜 나가는 순서를 중시하였다. 공자도 "가까운데서 터득하여 미루어 가는 것이 인에 이르는 방법이다[능근취비, 가위인지방야이(能近取譬, 可謂仁之方也已)]."라 언급하였으며, 주자는 '내 마음을 미뤄서 남에게 미치는 것[추기급인(推己及人)]'으로 해석하고 있다. 따라서 '인'의 실현이 심성 내면에서 사회로 나아가 모든 사람들과 모든 생물에까지 미치도록

267)『退全』 권7, 3, '戊辰經筵啓箚二', "私者一心之蠹賊, 而萬惡之根本也 … 欲去心賊拔惡根, 以復乎天理之純."
268)『退全』 권7, 3, '戊辰經筵啓箚二', "欲去心賊拔惡根, 以復乎天理之純, 不深藉學問之功不可."

해야 하며 동시에 독서와 수양을 포함한 학문영역전반으로 관철되고 있는 것이라 할 수 있다.

또한 인을 실현하는 것은 자신에서부터 찾아야 하지만 궁극적으로 대인관계에서 타자를 사랑할 줄 아는 선한 마음씨로 표현될 것이다. 이러한 인의 실현은 누구나 함께 행복한 삶을 살 수 있도록 배려하고 봉사하며, 사랑을 베풀어야 한다. 공자도 『논어』 「옹야편」에서 "인자란 내가 서고자 하면 남도 서게 하고, 내가 이루고자 하면 남도 이루게 한다[부인자, 기욕입이입인, 기욕달이달인(夫仁者, 己欲立而立人, 己欲達而達人)]."고 하였다.

퇴계도 경외(敬畏)를 핵심적인 공부의 자세로 지목한 것도 공자의 핵심사상 중 하나인 서(恕)의 실천을 위해 인간이 타자를 아끼고 사랑하는 마음씨를 잃지 않도록 주의를 기울이고 조심하여 실제 현실에서 타자를 아끼고 사랑하는 행동으로 드러날 수 있도록 심리적인 여건을 만드는 공부라고 할 수 있다. 이기주의의 팽배로 일어나고 있는 학교와 사회의 부정적인 현상들을 정화하기 위해서는 교육현장에서부터 '서(恕)'를 중점적으로 학습할 수 있는 방법을 모색하고 지속적으로 실천하고자 하는 의지를 길러주어야 할 것이다.

8. 제8 심학도

제8 심학도
(第八 心學圖)

마음공부의 실재와 원리를 잘 보여주는 내용으로 퇴계에 따르면, 마음은 한 몸의 주재요, 경은 또 한 마음의 주재이다. 마음이 몸을 통제하고 다스리는 주체라면, 그 마음을 통섭하는 것이 경이라는 의미이다. 그 마음은 씀씀이에 따라 천리를 닮은 도심(道心)과 인간의 세속적인 욕망을 드러내는 인심(人心)으로 드러나게 된다. 이로 인해 인간은 수양해야 하며 수양의 핵심은 '알인욕존천리(遏人慾存天理)'에 있다. 이는 인간의 욕심을 막거나 줄여 하늘의 도를 잘 보존해 나가는 공부가 필요함을 역설하는 말이다. 그러므로 마음공부에서 한 치의 빈틈도 없이 경(敬)에서 벗어나서는 안됨을 퇴계는 힘주어 강조한다.

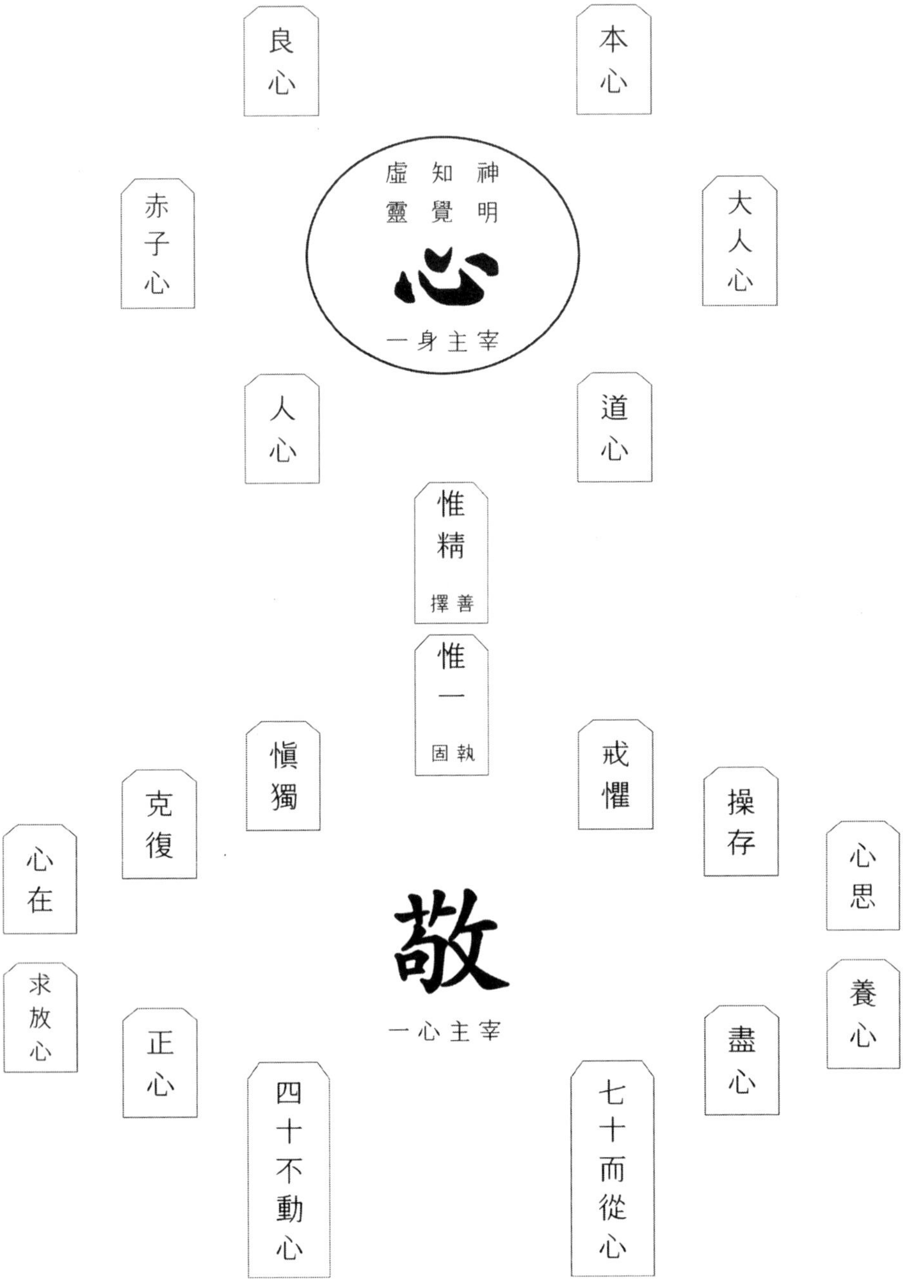
良心
本心
虛靈 知覺 神明
赤子心
心
大人心
一身主宰
人心
道心
惟精
擇善
惟一
固執
愼獨
戒懼
克復
操存
心在
心思
敬
一心主宰
求放心
養心
正心
盡心
四十不動心
七十而從心

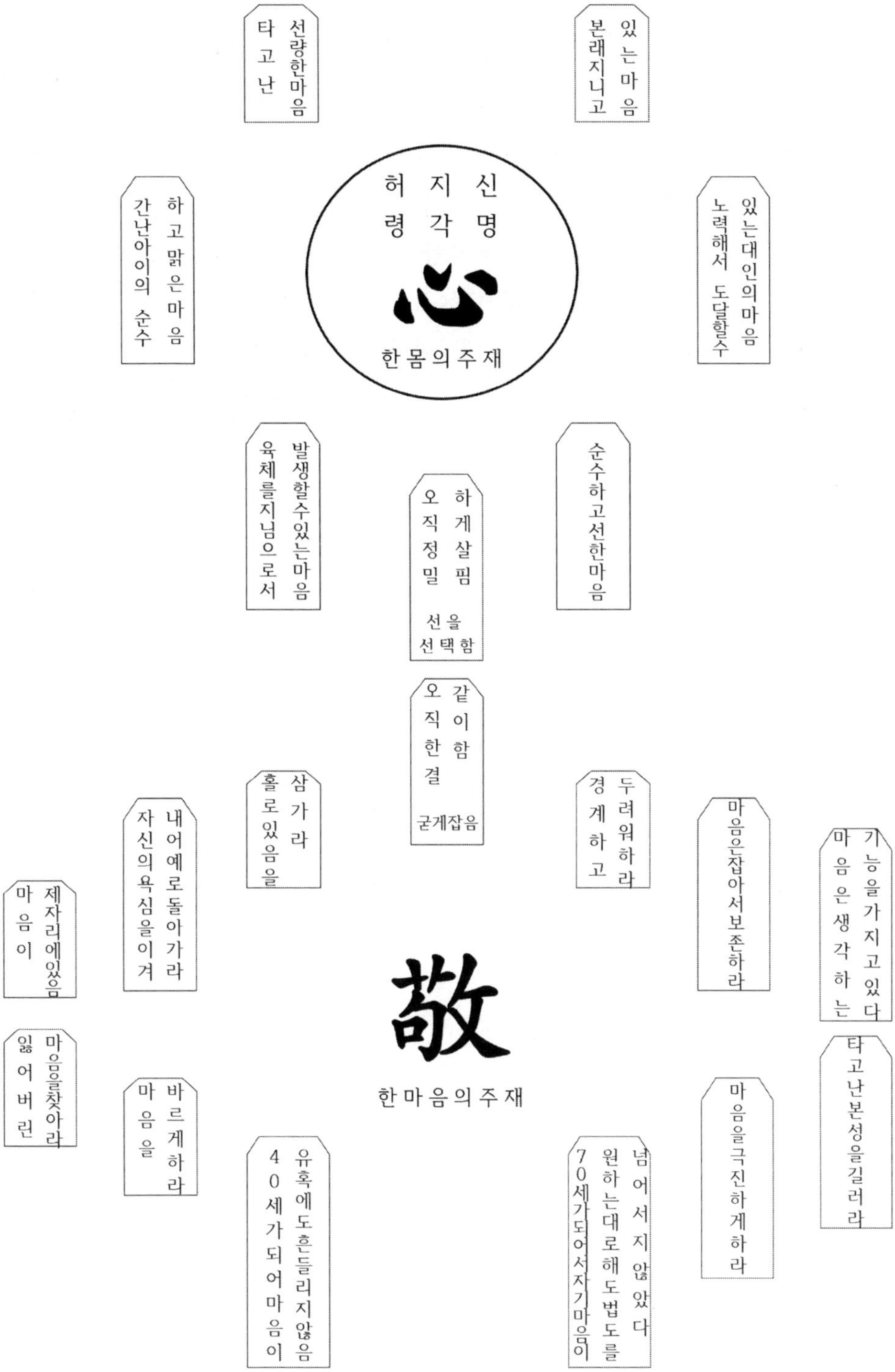
타고난 선량한마음
본래지니고 있는마음
허 지 신
령 각 명
心
한몸의주재
간난아이의 순수 하고맑은마음
노력해서 도달할수 있는대인의마음
육체를지님으로서 발생할수있는마음
오직정밀 하게살핌
선을 선택함
순수하고선한마음
오직한결 같이함
굳게잡음
홀로있음을 삼가라
경계하고 두려워하라
자신의욕심을이겨 내어예로돌아가라
마음이 제자리에있음
마음은잡아서보존하라
마음은생각하는 기능을가지고있다
敬
한마음의주재
잃어버린 마음을찾아라
마음을 바르게하라
40세가되어마음이 유혹에도흔들리지않음
70세가되어서자기마음이 원하는대로해도법도를 넘어서지않았다
마음을극진하게하라
타고난본성을길러라

「심학도설(心學圖說)」 원문(原文)

林隱程氏 復心 曰: “赤子心是人欲未汨之良心, 人心卽覺於欲者. 大人心是義理
임은정씨 복심 왈: “적자심시인욕미골지양심, 인심즉각어욕자. 대인심시의리
具足之本心, 道心卽覺於義理者. 此非有兩樣心. 實以生於形氣, 則皆不能無人
구족지본심, 도심즉각어의리자. 차비유양양심. 실이생어형기, 즉개불능무인
心, 原於性命, 則所以爲道心. 自精一擇執以下, 無非所以遏人欲, 而存天理之工
심, 원어성명, 즉소이위도심. 자정일택집이하, 무비소이알인욕, 이존천리지공
夫也. 愼獨以下, 是遏人欲處工夫, 必至於不動心, 則富貴不能淫, 貧賤不能移,
부야. 신독이하, 시알인욕처공부, 필지어부동심, 즉부귀불능음, 빈천불능이,
威武不能屈, 可以見其道明德立矣; 戒懼以下, 是存天理處工夫, 必至於從心, 則
위무불능굴, 가이견기도명덕립의; 계구이하, 시존천리처공부, 필지어종심, 즉
心卽體, 欲卽用, 體卽道, 用卽義, 聲爲律而身爲度, 可以見不思而得, 不勉而中
심즉체, 욕즉용, 체즉도, 용즉의, 성위율이신위도, 가이견불사이득, 불면이중
矣. 要之, 用工之要, 俱不離乎一敬. 蓋心者, 一身之主宰, 而敬又一心之主宰也.
의. 요지, 용공지요, 구불리호일경. 개심자, 일신지주재, 이경우일심지주재야.
學者熟究於主一無適之說, 整齊嚴肅之說, 與夫其心收斂常惺惺之說, 則其爲工
학자숙구어주일무적지설, 정제엄숙지설, 여부기심수렴상성성지설, 즉기위공
夫也盡, 而優入於聖域, 亦不難矣.”
부야진, 이우입어성역, 역불난의.”

「심학도설(心學圖說)」[269] 원문 해석(原文 解釋)

임은정씨(이름은 복심)가 말하였다. 갓난아이의 마음[적자심(赤子心)][270]은 사람의 욕심[인욕(人欲)]에 물들지 않은 양심[271]이요, 인심(人心)은 그 욕심에 눈이 뜨인 마음이다. 대인의 마음[대인심(大人心)][272]이란? 의리가 모두 갖추어진 본래의 마음[본심(本心)][273]이고, 도심(道心)이란 곧 의리를 깨달은 마음이다. 그러나 이것이 두 가지의 마음이 있다는 것이 아니다. 사실 형태와 기[형기(形氣)][274]에서 나온 것은 모두 인심이 없을 수 없고, 인성과 천명[성명(性命)][275]

---

269) 「심학도」와 「심학도설」은 정복심(程復心)이 지은 것이다. 이 그림은 "대개 마음이란 한 몸의 주재요, 경(敬)은 또 한 마음의 주재이다"라는 말을 근거로 하여 한 몸의 주재인 심권(心圈)에서 여러 가지 마음의 양상과 한 마음의 주재인 경권(敬圈)에서 여러 가지 경 실천의 방법들을 중심으로 일목요연하게 배열한 것이다. 『성학십도』가운데서 정복심이 만든 도가 세 개이고 도설이 두 개인데 전체의 사분의 일(4/1)을 차지한다. 퇴계는 정복심이 지은 『사서장도(四書章圖)』에서 상당히 큰 영향을 받았다. 「심학도」와 「심학도설」은 황돈(篁墩) 정민정(程敏政: 1445~1499)이 지은 『심경부주(心經附註)』의 제1장 앞에 실려 있다. 퇴계는 『심경』을 신명(神明)처럼 여겼다. 퇴계는 정민정의 『심경부주』에 잘못된 점이 많다고 비판하는 학자들을 위하여 『심경후론(心經後論)』을 지어 해명함으로써 『심경부주』가 한국유학사에서 가장 중요한 고전이 되게 하였다.

270) 『맹자』 「이루하」에 "대인(大人)은 어린아이[적자(赤子)]의 마음을 잃어버리지 않은 사람이다[大人者, 不失其赤子之心者也]."에서 나온 말이다. 결국 적자의 마음과 대인의 마음은 인간의 본심을 잘 간직하여 실천한다는 면에서 본질적으로 동일하다는 의미를 말하고 있는 것이다.

271) 『맹자』 「고자상」 8장에 "사람도 어찌 인의(仁義)의 마음이 없겠는가마는, 양심을 버리게 된 까닭에 또한 도끼로 나무를 찍는 것처럼 매일 찍어대니 어찌 아름다워질 수가 있겠는가?[雖存乎人者, 豈無仁義之心哉, 其所以放其良心者, 亦猶斧斤之於木也, 旦旦而伐之, 可以爲美乎?]"에서 나온 말이다. 주자는 이를 '본연의 선한 마음'이라고 풀이하였다.

272) 『맹자』 「이루하」 12장의 "대인은 그의 어린이 때의 마음을 잃지 않느니라[大人者, 不失其赤子之心者也]."에서, 주자는 대인심(大人心)과 적자심(赤子心)을 구별하고 있다. 『맹자집주(孟子集注)』에서 "대인심(大人心)은 온갖 변화에 통달한 것이요, 적자심(赤子心)은 순일하여 거짓이 없는 것일 뿐이다. 그러나 대인이 되는 까닭은 바로 외물에 유혹되지 않아 그 순일하여 거짓이 없는 본연의 마음을 온전하게 할 수 있기 때문이다. 이 때문에 그 마음을 확충하게 되면 모르는 것이 없고, 할 수 없는 것이 없게 되어 그 큼을 극진히 할 수 있다[大人之心, 通達萬變, 赤子之心, 則純一無僞而已. 然大人之所以爲大人, 正以其不爲物誘, 而有以全其純一無僞之本然. 是以擴而充之, 則無所不知, 無所不能, 而極其大也]."라고 하여 대인심이 적자심을 기반으로 하여 도달되는 것임을 분명히 하였다.

273) 『맹자』 「고자상」 10장에 "본심을 잃어 버렸다[此之謂失其本心]"라는 내용을 예를 들어 설명하고 있는데 '작은 이익에는 의를 지키다가도 큰 이익에는 눈이 어두워 의를 차리지 못하는 경우가 많은데, 취사선택에 있어 본심을 상실하는 모순을 분석 해명하여, 의를 위해서는 생명의 희생도 불사하는 정당한 인간이 되기를 권면하고 있다.'

274) 형기(形氣)는 이성(理性)을 상실하고 감정에 치우쳐 사욕(私欲)에 가려진 인간의 심리상태를 말한다.

275) 『중용』에 "하늘이 사람에게 명령하여 준 것을 성(性)이라 하고, 그 성(性)에 따라서 행동하는 것을 도(道)라 하며, 그 도(道)를 닦아 나가는 과정을 교육이라 한다[天命之謂性, 率性之謂道, 修道之謂教]."라고 한 내용에 관해서 주자는 "인간이 세상에 태어날 때 각자가 부여받은 이치에 기인하여 오상(五常)의 덕(德)을 건실하게 순응하는 것을 성(性)이라 한다[人物之生因各得其所賦之理, 以爲健順五常之德, 所謂性也]."라고 해석 하고 있다.

에 근원을 두면 도심(道心)이 되는 것이다.[276] 심학도(心學圖)」에 그려져 있는 '오직 정밀하게 살펴서 한결 같이 함[유정유일(惟精惟一)]'[277]과 '선(善)을 택하여 굳게 지킴[택선고집(擇善固執)]'[278] 이하[279]는 인간의 욕심[인욕(人欲)]을 막고 천리(天理)를 보존[280]하도록 하는 공부이다. 신독(愼獨)[281] 이하[282]는 인간의 욕심[인욕(人欲)]을 막는 공부이니, 반드시 마음이 동요되지 않는[부동심(不動心)][283] 경지에 이르러야만 부와 명예가 마음을 어지럽히지 못하고, 가난함과 천함이 마음을 바꾸게 하지 못하며, 위협이 마음을 굴복시키지 못하게 되어,[284] 도가 밝아지고 덕이

276) 고려대학교 민족문화연구원 한국사상연구소, 역주와 해설 성학십도, 예문서원, 2011, p. 119.
인심과 도심은 『서경』「대우모」의 "인심은 위태롭고 도심은 은미하니 오직 마음을 정밀하게 살피고 전일하게 잡아 지켜 진실로 그 중을 잡아라[人心惟危, 道心惟微. 惟精惟一, 允執厥中]"에서 유래된 말이다. 주자는 「중용장구서(中庸章句序)」에서 이 둘을 구별하여 "마음의 허령한 지각은 하나일 뿐이지만 인심도심의 다름이 있게 되는 까닭은 혹 형기(形氣)의 사사로움에서 생겨나기도 하고 혹 성명(性命)의 바름에 근원하기도 하기 때문이다."라고 하였다. 즉, 이 둘을 도덕성과 욕망의 관계로 해석함으로써 심학의 중요한 주제로 부각시켰다. 그리고 모든 사람에게 없을 수 없는 이 두 마음을 다스리는 방법으로 항상 도심이 한 몸의 주인이 되고 인심이 언제나 그 명령을 따르는 상태가 되게 하는 '유정유일(惟精惟一)'의 수양방법을 역설하였다. 조선 유학에서 이 인심도심의 문제는 '만세심학(萬世心學)의 연원'으로 이해되고 중시됨으로써 인심의 선악문제, 인심도심과 사단칠정과의 관계 등에 대한 논구가 이어지면서 학파적인 대립이 전개되기도 하였다.

277) 원문에는 '정일(精一)'로 적혀있다. '정일'이라는 말은 『서경』「대우모」의 "유정유일(惟精惟一)"이라는 말을 줄여서 쓴 것이다.

278) 원문에는 '택집(擇執)'으로 적혀있다. '택집'이라는 말은 『중용』 20장의 "성실하게 하는 것은 착한 일을 골라서 그것을 굳게 지키는 것에 있다[誠之者, 擇善而固執之者也]."를 줄여서 쓴 것이다.

279) 「심학도」의 아래 부분에 있는 경(敬)을 둘러싸고 있는 항목을 가리킨다.

280) '인욕을 막고 천리를 보존하는[遏人欲 存天理]' 공부는 성리학 수양론의 커다란 축이다. '인욕을 막고' 대신에 '인욕을 극복함[克人欲(극인욕)]', '인욕을 멸함[滅人欲(멸인욕)]', '인욕을 제거함[去人欲(거인욕)' 등의 표현을 사용하기도 하지만 의미는 비슷하다. 유학에서의 수양의 문제가 천리의 확충과 인욕의 조절 문제라는 것은 부정할 수 없다.

281) '신독(愼獨)'은 『예기(禮記)』의 "是故君子愼其獨也", 『대학』의 "君子必其愼獨也", 『중용』의 "故君子愼其獨也"에서 비롯된 말이다. 대체로 그 홀로[독(獨)]을 조심해야 한다는 의미가 된다. '독(獨)'이란 주자에 따르면 '다른 사람은 알지 못하고 자기 혼자만 아는 곳'으로, 자취는 아직 드러나지 않았지만 일의 기미는 이미 움직였으므로 다른 사람은 비록 알지 못해도 자기는 홀로 그것을 아는 것이라 하였다. 그러므로 신독이란 '자기 혼자만 아는 마음의 움직임을 삼간다.'는 뜻이다. 즉, 아무도 알 수 없는 자기의 마음이라 하여 마음가짐을 함부로 하지 말고 항상 삼가하고 조심하여야 한다는 적극적인 뜻이 담겨 있는 것이다.

282) 「심학도」의 '신독(愼獨)' 좌측으로 이어진 '극복(克復)', '심재(心在)', '구방심(求放心)', '정심(正心)', '사십부동심(四十不動心)'을 가리킨다. '극복'은 『논어』의 '극기복례(克己復禮)'를 줄인 말이요, '심재'와 '정심'은 『대학』에서, '구방심'과 '사십부동심'은 『맹자』에서 인용된 것이다.

283) 「심학도」의 '사십부동심'을 가리키는 것으로, 이 구절은 『맹자』「공손추상」 2장의 "나는 사십 세에 마음이 동요되지 않았다[我四十不動心]"에서 인용된 것이다. 주자는 『맹자』구절에 대한 주석에서, 공자 『논어』「위정」의 "사십 세에 미혹되지 않았다[四十而不惑]"는 것도 부동심을 말하는 것이라 하였다.

284) 『맹자』「등문공하」 2장에서 언급한 진정한 대장부의 모습이다. 맹자는 "인(仁)이라는 천하의 넓은 집에 살며, 예(禮)라는 천하의 바른 위치에 서서 일을 행하며, 의(義)라는 천하의 대도(大道)를 당당히 걸어가며, 자기의 뜻을 펼 수 있게 되면 천하의 백성들과 함께 인과 예를 실천하고 그렇지 못하면 물러가서 혼자

확립됨을 알 수 있을 것이다. '경계하고 두려워 함[계구(戒懼)]' 이하285)는 천리를 보존하는 공부이니, 반드시 종심(從心)286)의 경지에 이르면, 마음이 곧 본체이고 하고자 함[욕망(慾望)]이 곧 작용이며, 본체가 곧 도이고 작용이 곧 의이며, 음성이 음률에 맞고 몸은 법도에 맞게 되어287) 생각하지 않아도 얻을 수 있고, 힘쓰지 않아도 적중할 수 있다는 것을 알게 될 것이다.288) 요컨대 공부하는 요체는 오로지 경(敬)에서 벗어나서는 안 된다. 대개 마음이란 한 몸의 주인이고, 경이란 한 마음의 주인이다.289) 배우는 사람들이 '마음을 하나로 정하여 다른 일로 옮겨감이 없으며[주일무적(主一無適)]'290), '몸가짐을 가지런히 하고 마음을 엄숙하게 하고[정제엄숙(整齊嚴肅)]'291), 그리고 '그 마음을 수렴한다[기심수렴(其心收斂)]'292), '항상 또렷이 깨어 있게 한다[상성성(常惺惺)].'293)는 학설에 대해 깊이 연구한다면 공부가 충분하게 되어 성인

그런 일을 해 나가는 사람을 가리키는 것이오. 그리고 부귀로 유혹해도 마음이 흔들리지 않고 빈천으로 괴롭혀도 절조를 굽히지 않고 어떠한 위엄과 무력으로 압력을 가해도 그 뜻을 굴하지 않는 이러한 자질의 사람이야말로 진정한 대장부라 할 것이다[居天下之廣居, 立天下之正位, 行天下之大道, 得志. 與民由之, 不得志. 獨行其道, 富貴不能淫, 貧賤不能移, 威武不能屈, 此之謂大丈夫]."

285) 「심학도」의 '계구(戒懼)'의 좌측으로 이어진 '조존(操存)', '심사(心思)', '양심(養心)', '진심(盡心)', '칠십이종심(七十而從心)'을 가리킨다.

286) 『논어』 「위정」 4장의 "칠십 세에는 마음이 바라는 대로 따르더라도 법도에 어긋남이 없었다[七十而從心所欲不踰矩]."라고 나온다. 여기에 대해서 주자(朱子)는 공자의 이와 같은 경지를 노력 하지 아니하고도 사리에 알맞을 수 있다고 설명하고 있다.

287) 이 구절은 『서경』 「우전」에서 우왕(禹王)의 인품을 언급한 말이다[聲爲律, 身爲度].

288) 『중용』 20장에서 "정성이라는 것은 하늘의 도요, 정성되게 하는 것은 사람의 도이다. 정성된 사람은 힘쓰지 않아도 알맞게 되며 생각하지 않아도 얻게 되어 종용(從容)히 도에 알맞은 것이니 성인이다. 정성되게 하는 것은 선을 가리켜 굳게 잡는 것이다[誠者, 天之道, 誠之者, 人之道也. 誠者, 不勉而中, 不思而得, 從容中道, 聖人也, 誠之者, 擇善而固執之者也]."

289) "마음이란 한 몸의 주인이다[心者, 一身之主宰]"라는 말은 『주자어류』 권5, 권8 등에 나오고, "경은 또한 한 마음의 주인이다[敬, 又一心之主宰]"라는 말은 『대학혹문』에서 나온다. "경이란 한 마음의 주인이요 만사의 근본이다[敬者, 一心之主宰, 而萬事之本根也]."

290) 정주(程朱)학파에서 말하는 수양설로 마음을 하나로 정하여 다른 일로 옮겨감이 없다는 뜻이다. 이는 정이천이 경(敬)을 설명한 말이다. 정이천은 "주일을 경이라 하고 무적을 일이라 한다[主一之謂敬, 無適之謂一]."고 하였으며, 주자는 "주일무적이란 마음이 이리저리 달려가지 않는 것이다."라고 하였다.

291) 몸가짐을 가지런히 하고 마음을 엄숙하게 한다는 뜻이다. 『이정유서』 권15에 "일이란 다른 것이 없다. 정제엄숙하기만 하면 마음이 곧 하나로 된다. 마음이 하나로 되면 저절로 잘못되고 편백된 생각이 없어진다. 이러한 뜻을 오래도록 함양하면 천리가 자연스럽게 밝아진다[一者無他, 只是整齊嚴肅則心便一. 一則自是無非僻之奸, 此意但涵養久, 則天理自然明]."

292) 『이정외서』 권 12에 정이천의 제자인 화정(和靖) 윤돈(尹焞: 1071~1142)이 말한 "경이란 그 마음을 수렴하여 한 물건도 용납하지 않는 것을 말한다[敬者, 其心收斂, 不容一物之謂]."

293) 『상채어록』 권2에 정이천의 제자인 상채 사량좌(謝良佐, 1050~1103)가 말한 "경이란 마음을 항상 또렷이 깨어있게 하는 법이다[敬是常惺惺法]."라 하였다. 이에 대해 주자는 "성성이란 마음이 혼매하지 않은 것을 말하는 것이니 단지 이것이 곧 경이다. 정재엄숙도 경이지만 마음이 만약 혼매하면 이치에 밝지 않아 억지로 잡아 지키려 해도 경이 될 수 없다."라고 하였다.

의 경지에 들어가는 것도 어렵지 않을 것이다.

퇴계(退溪)의 설명 원문(說明 原文)

○ 右, 林隱程氏, 掇取聖賢論心學名言, 爲是圖. 分類對置, 多而不厭, 以見聖學
○ 우, 임은정씨, 철취성현논심학명언, 위시도. 분류대치, 다이불염, 이견성학
心法, 亦非一端, 皆不可不用功力云爾. 其從上排下, 只以淺深生熟之大槩言之,
심법, 역비일단, 개불가불용공력운이. 기종상배하, 지이천심생숙지대개언지,
有如此者, 非謂其工程節次, 如致知誠意正心修身之有先後也. 或疑旣云, 以大槩
유여차자, 비위기공정절차, 여치지성의정심수신지유선후야. 혹의기운, 이대개
敍之, 求放心是用工初頭事, 不當在於心在之後. 臣竊以爲求放心, 淺言之, 則固
서지, 구방심시용공초두사, 부당재어심재지후. 신절이위구방심, 천언지, 즉고
爲第一下手著脚處, 就其深而極言之, 瞬息之頃一念少差, 亦是放. 顔子猶不能無
위제일하수저각처, 취기심이극언지, 순식지경일념소차, 역시방. 안자유불능무
違於三月之後, 只不能無違, 斯涉於放. 惟是顔子纔差失, 便能知之, 纔知之, 便
위어삼월지후, 지불능무위, 사섭어방. 유시안자재차실, 편능지지, 재지지, 편
不復萌作, 亦爲求放心之類也. 故程圖之敍如此. 程氏字子見新安人. 隱居不仕,
불부맹작, 역위구방심지류야. 고정도지서여차. 정씨자자견신안인. 은거불사,
行義甚備, 白首窮經, 深有所得, 著四書章圖三卷. 元仁宗朝, 以薦召至, 將用之,
행의심비, 백수궁경, 심유소득, 저사서장도삼권. 원인종조, 이천소지, 장용지,
子見不願, 卽以爲鄕郡博士, 致仕而歸. 其爲人如此, 豈無所見而妄作耶
자견불원, 즉이위향군박사, 치사이귀. 기위인여차, 기무소견이망작야

퇴계(退溪)의 설명 원문(說明 原文) 해석(解釋)

○ 위의 「심학도」는 임은정씨[정복심]가 성현들이 '마음'에 대해서 논(論)한 유명한 말들을 모아서 만든 것입니다. 그림에서 용어들을 분류하여 대치시킨 것이 많은데도 번잡하게 여겨지지 않는 것은, 성학의 심법이 또한 하나의 단서에 그치는 것이 아니므로 모두 힘써 공부하지 않으면 안 된다는 것을 보여 주기 위한 것입니다. 위로부터 아래로 배열한 것은

단지 얕고 깊음과 생소하고 익숙한 것이 대강 이렇다는 말일 뿐이지, 그 공부의 과정과 절차가 '치지(致知)', '성의(誠意)', '정심(正心)', '수신(修身)'[294]과 같이 선후가 있다고 말한 것은 아닙니다. 어떤 사람[295]이 의심하여 "대강 서술한 것이라면 '구방심(求放心)'[296]이 가장 먼저 해야 할 공부이므로, '심재(心在)'[297] 다음에 두는 것은 옳지 않다."라고 하였습니다. 그러나 신(臣)이 생각하기에, '구방심'은 가볍게 말하면 가장 먼저 착수해야 하는 공부지만, 그 깊은 경지에 나아가 지극하게 말한다면 순식간에 한 생각이라도 조금만 잘못되면 또한 마음이 달아나[방심(放心)] 버린 것이 됩니다. 안연 같은 사람도 3개월이 지난 뒤에는 인(仁)을 어기는 경우가 있었는데,[298] 어기는 경우가 있었다는 것은 바로 방심의 상태에 들어간 것입니다. 다만 안연은 잘못을 하는 순간 곧 그것을 바로 알았고, 아는 순간 곧 다시는 싹트지 않게 하였으니, 이것 역시 '구방심'의 종류일 것입니다. 그렇기 때문에 정씨[정복심]가 그림에 대한 서술을 이와 같이 한 것입니다. 정씨의 자는 자견(子見)이며 신안(新安) 사람입니다. 그는 은거하면서 벼슬도 하지 않았고, 행실은 의리에 맞는 바가 많았으며, 백발이 되도록 경전을 연구하여 터득한 바가 깊어 사서장도(四書章圖) 3권을 저술하였습니다. 원나라 인종 때에 추천에 의해 향군박사로 등용되었으나 벼슬을 그만두고 고향으로 돌아갔습니다. 그의 사람됨이 이와 같으니 어찌 생각 없이 함부로 그림을 만들었겠습니까.[299]

294) 『대학』에 나오는 팔조목의 일부로 각각 그 선후의 차례가 있다. 그러나 「심학도」의 경(敬)을 둘러싸고 있는 조목들은 선후의 순서에 의해 기술된 것이 아니라, 다양하게 분류하고 대치시켜 다양한 심법의 면모를 드러내고 그 모두에 힘쓰게 하려는 의도일 뿐이라는 것이다.

295) 율곡 이이를 말한다. 퇴계가 율곡에게 답한 글에 율곡은 그림에 나오는 '구방심'이 '심재' 아래에 있는 것에 대하여 의심을 품었다. 자세한 내용은 『퇴계선생문집』 권14, 「답이숙헌(答李叔獻)」과 『율곡전서』 권9, 「상퇴계선생문목(上退溪先生問目)」에 있다.

296) 『맹자』 「고자상」 11장의 "학문하는 길은 다른 것에 있지 않다. 다만 잃어버린 본심을 되찾으려고 하는 것 뿐이다[學問之道無他. 求其放心而已矣]."

297) 심재(心在)는 『대학』 「전(傳)」 7장의 "마음이 있지 아니하면 보아도 보이지 않으며 들어도 들리지 않으며 먹어도 그 맛을 알지 못한다[心不在焉, 視而不見, 聽而不聞, 食而不知其味]."에서 언급된 '마음이 있지 않다[心不在]'는 말을 뒤집어 '마음이 있다[心在]'고 한 것이다.

298) 『논어』 「옹야」 5장에는 "안회는 그 마음이 석 달을 지나도 인(仁)에 어긋나지 않았는데, 그 나머지는 하루 한번이나 한 달에 한번 인에 이르고 말더라[子曰: 回也, 其心三月不違仁, 其餘則日月至焉而已矣]."에서 나온 말이다. 이 말은 원래 공자가 오랫동안 인을 어기지 않을 수 있었던 안연의 경지를 칭찬하는 말로 쓴 것이다. 퇴계는 이를 안연도 석 달 뒤에는 어기지 않을 수 없었다는 것으로 해석하면서 정복심의 그림을 옹호하고 있다.

299) 고려대학교 민족문화연구원 한국사상연구소, 역주와 해설 성학십도, 예문서원, 2011, p. 124.
퇴계는 「심학도」의 정당성을 주장하기 위해 이론적인 설명과 더불어 그의 인품을 근거로 제시하고 있다. 즉, 벼슬에 뜻이 없었다는 것을 그가 위기지학(爲己之學)을 한 사람이라는 증거로 제시하고, 이러한 사람에 의해 만들어진 도설이므로 충분히 의미가 있다는 것을 말한 것이다.

「심학도」및「심학도설」구조와 이해

「심학도」는 정복심이 글과 그림을 모두 만든 것이며, 여기에 나오는 글은 성현들이 마음에 대해서 말한 명언을 정복심이 모아서 적은 것이다. 이 글과 그림은 원래 『심경부주』에 수록된 것으로 퇴계가 『심경부주』의 일부 내용을 발췌하여 『성학십도』의 여덟 번째에 위치시켰다.

『성학십도』 내에서의 「심학도」는 성학의 마음공부를 그린 것으로서 마음을 다스리는 방법의 단초들을 말하고 있다. 퇴계는 인간의 심성론으로부터 심성수양의 공부론으로 심화하여 설명하면서 마음을 다스리는 다양한 공부를 제시함으로써 제6도와 제7도에서 다루었던 마음과 본성의 문제가 제9도와 제10도의 경(敬)공부로 이어지는데 가교 역할을 하고 있다.

「심학도」는 크게 두 단계로 구분되며, 먼저 상단은 '심(心)'을 중심으로 6개의 단어로 배치되어 있는 '심'권의 영역으로서 심은 마음의 존재 양상이라 할 수 있으며, 하단은 '경(敬)'을 중심으로 12개의 단어가 배치되어 있는 '경'권의 영역으로 경을 통하여 마음이 스스로 통제하는 실천 양상이라 할 수 있다. 그리고 심과 경 사이에 이 두 영역을 연결해 주는 역할을 하는 '유정(惟精)'과 '유일(惟一)'이 있으며, 유정 안에 '택선(擇善)', 유일 안에는 '고집(固執)'이라는 말이 함께 있다.

○ 심(心)권의 이해(理解)와 심(心)과 신(身)의 관계

심권에서는 심을 원에 그려 넣고 '심(心)'이라는 글자 위에 '허령(虛靈: 마음이란 텅 비어 있으면서도 신령스런 존재다)', '지각(知覺: 마음은 인식하는 능력을 가진 존재다)', '신명(神明: 마음은 신령스러우면서 맑은 존재다)'이라는 글을 적어 놓았다. 이것은 심의 개념적 정의를 나타내는 말이다. '허령'은 심의 본체로서 '허'는 리요, '령'은 리와 기의 결합이라 하였다. 그리고 '지각'은 마음의 작용으로서 마음의 본체인 '허령'에 근거한 것으로 '허령'과 체와 용의 관계를 이루고 있다. 퇴계는 "리와 기가 합하여 마음이 되어 허령함이 헤아릴 수 없기 때문에 사물이 다가오자 곧 지각할 수 있다"300)고 하여 리와 기가 결합한 마음에서 허령의 체가 지각의 용으로 나타나는 것이라 하였다. 또한 '신명'은 모든 이치를 갖추고 있는 심의 체와 모든 사물에 대응하는 심의 용을 통합한 전체이다. 퇴계는 "주자가 '신'을 '리가 기를 타고 출입하는 것'이라 해석한 뜻을 받아 들여

300)『退全』 권25, 25, '答鄭子中別紙', "理氣合而爲心, 有如許虛靈不測, 故事物纔來, 便能知覺."

신명이 리와 기의 통합이요 기(氣)로만 볼 수 없음"을 강조하고 있다.[301)]

그리고 심 개념을 '일신의 주재', 즉 마음이 우리 인간의 육체를 움직이는 중심역할을 한다고 말하고 있다. 소강절(邵康節, 1011년~1077년, 중국 송나라 유학자)도 "심은 성의 성곽이요, 신은 심의 구역이다."[302)]하여, 신(身) 속에 심이 있고, 심 속에 성이 있음을 말하고 있다. 또한 마음이 일신을 주재한다는 것은 '혼연한 대체로서 일신 속에서 자재하는 것'이라 언급하여 일심을 일신 속에서 혼연하게 일체가 되어 자재(自在)롭게 활동하는 대체(大體)로 제시함으로써, 대체인 마음이 소체인 신체와 구별되면서도 신체를 떠나 있지 않는 것임을 확인한다.

퇴계도 "마음은 방촌을 주(主)로 해서 말하는 것이지만, 마음의 체와 용은 가슴에 가득차고 우주에 두루 미친다."고 언명하고, "방촌에 거두어들이면 태극이 내 몸에 있고, 만사에 흩어 놓으면 그 응용이 무한하다."고 한 진덕수의 말로 뒷받침하면서, 마음의 응용이 무한함을 활착할 것을 역설하였다. 이에 따라 퇴계는 '한 덩어리 육신에 갇혀 있는 마음[일귀혈육지심(一塊血肉之心)]'은 마음으로 인식하지 말 것을 강조한다.[303)] 또한 퇴계는 "가슴 속에서 주재하는 마음이 곧 보고·듣고·먹고·맛보는 데 있는 마음이다."[304)]라고 밝혀 마음이 안과 밖의 어디에도 한정되지 않고 자유롭게 활동하는 것임을 확인하고 있으므로 감각적 지각도 마음의 사유 작용 속에 포함시키고 있음을 알 수 있다.

그리고 둥근 원 밖 주변으로 여섯 가지 마음의 형태를 좌우로 대치시켜 구분하고 있는데 상단에는 본심과 양심이 병렬되고, 중단에는 대인심과 적자심이 대응되며, 하단에는 도심과 인심이 서로 마주하여 자리하고 있다.[305)] 심권의 이 여섯 가지 마음의 형태 중 본심과 양심을 제외한 네 가지에 대해서 정복심은 도설에서 설명하였고, 주자와 퇴계는 여섯 가지 모두에 대해 설명하였는데 이를 종합하여 도식하면 〈표 3〉과 같다.

---

301) 『退全』 권25, 27, '答鄭子中別紙', "朱子嘗答門人曰, 神是理之乘氣以出入者, 滉謂神明之神, 須作如此看, 方得其妙, 全靠氣子, 便麤了些子."

302) 『朱子四書語類』,(上海古籍出版社, 1992), p. 919, "邵堯夫亦云, '… 心者性之郛郭, 身者心之區宇 …' , 語極有理."

303) 『退全』 권29, 7, '答金而精', "凡言心, 固皆主方寸而言, 然其體其用, 滿腔子而彌六合, 眞西山所謂, '斂之方寸, 太極在躬, 散之萬事, 其用無窮', 當如此活看, 不可只認一塊血肉之心爲心也."

304) 『退全』 권22, 18, '答金而精', "則腔子裏主宰之心, 則在視聽食味之心也."

305) 여섯 가지 마음의 형태는 경전에 나오는 것으로 '본심'과 '양심'은 『맹자』 「고자상」 편에 나오고 '대인심'과 '적자심'은 『맹자』 「이루하」 편에 나오며, '도심'과 '인심'은 『서경』 「대우모」 편에 나온다.

표 3 여섯 가지 마음의 형태

구분	정복심	주자	퇴계
본심	·	수오지심	본유지선
양심	·	인의지심	본연지선
대인심	의리가 모두 갖추어진 본심	순수하여 거짓됨이 없으면서 모든 변화에 통달할 수 있는 것 → 성인의 마음	
적자심	인욕이 어지럽히지 않은 양심	순수하여 거짓이 없을 따름 → 갓난아이의 마음	
인심	형기의 사사로움에서 생기는 것 → 욕구에 눈 뜬 마음[覺於欲者]		
도심	성명에 근원한 도덕적 마음 → 의리를 깨달은 마음[覺於義理者]		

그림에서와 같이 정복심은 적자심을 '인욕이 어지럽히지 않은 양심[인욕미골지양심(人欲未汨之良心)]'으로, 대인심을 '의리가 모두 갖추어진 본심[의리구족지본심(義理具足之本心)]'으로 정의하고 있으며 적자심은 타고난 본연의 마음을 가리키는 데 비해 대인심은 그 타고난 적자심을 그대로 유지하는 마음으로 구별하고 있다.

주자와 퇴계는 적자심을 '순일하면서 거짓이 없는 것[순일무위(純一無僞)]'이라고 하고, 대인심을 '순일하여 거짓됨이 없으면서도 온갖 변화에 통달할 수 있는 것'이라고 한다. 다시 말해 적자심은 인간에게 본래 갖추어진 본성의 마음으로, 무지(無知)하고 무능(無能)한 순일무위의 것이다. 대인심은 마음공부를 통해 이루어진 성인의 마음으로 유지(有知), 유능(有能)한 순일무위이다. 여기에서 주자는 '순일하여 거짓됨이 없다.'는 점에서는 적자심 곧 '갓난 아기의 마음'과 대인심 곧 '성인의 마음'이 같다. 하지만 대인심만이 모든 변화에 통달할 수 있는 능력을 갖추는 것이라 하여, 갓난아이의 타고난 천진한 마음에 대비시켜 성인의 성숙하고 완성된 마음을 드러냄으로써, 수양의 시간적 연속선에서 시작과 끝을 대조시켜 준다.[306] 양심과 본심은 비록 도설에서 설명하지 않았지만 퇴계는 주자의 견해를 받아들여 양심을 '본연지선(本然之善)'이라 하고, 본심을 '본유지선(本有之善)'이라 하였다. '본연'이란 하늘로부터 부여 받은 본래의 상태로 천부적인 것을 가리키며, '본유'란 태어나면서부터 본래 고유하게 지니고 있는 것으로 선천적인 것을 의미하지만, 양자의 차이를 분명하게 나누기는 어렵다. 그러나 주자는 『맹자집주』「고자상」에서 "양심은 '본연지선심'으로 '인의지심'을 말한다."고 하고, "본심은

306) 금장태, 성학십도와 퇴계철학의 구조, 서울대학교 출판부, 2001, p. 188.

‘수오지심’을 말하는 것으로 사람에게 고유한 것이다.”라고 구별하여 밝히고 있다. 그리고 인심과 도심에 대해서는 정복심·주자·퇴계가 동일한 개념을 견지하고 있으며, “인심은 ‘욕구에 눈뜬 마음’이고 형기의 사사로움에서 생기는, 즉 생물학적 욕구에 의한 마음이다. 도심은 ‘의리를 깨달은 마음’으로 성명에 근원한 도덕적 마음을 말한다.”[307]라고 한다. 그러므로 인심과 도심은 하나의 마음이 발생하고 근원하는 조건에 따라 구별되는 것이다.

○ 경(敬)권의 이해(理解)와 경(敬)의 실천 방법

「심학도」는 심권과 경권 사이에 ‘유정’과 ‘유일’이 상하로 놓여있어서 심권과 경권을 연결하고 있으며, 유정에는 ‘택선’이 배속되고 유일에는 ‘고집’이 배속되어 네 항목이 연결의 역할을 하고 있다. ‘유정유일’은 『서경』 「대우모」에 나오는 말로 “인심은 위태롭고 도심은 은미하니, 오직 마음을 정밀하게 살피고 전일하게 잡아서 지켜야 진실로 그 중을 잡을 수 있을 것이다[인심유위, 도심유미, 유정유일, 윤집궐중(人心惟危, 道心惟微, 惟精惟一, 允執厥中)].”라고 하였다. ‘유정’은 곧 인심과 도심 사이를 정밀하게 살펴서 서로 섞이지 않게 할 수 있는 것이고, ‘유일’은 곧 본래마음[본심]을 전일하게 잡아 지켜서 떠나지 않도록 할 수 있을 것이다. ‘정밀하게 살핀다[유정]’는 것을 주자는 중용의 ‘선을 가려내는 것[택선]’으로, ‘전일하게 잡아 지킨다[유일]’는 것을 중용의 ‘선을 굳게 잡는 것[고집]’으로 해석하였다. 그리고 「심학도」의 ‘심권’이 수양론의 기준이 되는 마음의 형태를 보여준다면, ‘경권’은 수양의 실천으로서 이 마음을 실현하는 구체적 방법과 과제들을 제시하는 것으로 경을 ‘일심을 주재하는 것’이라 한다. 그러므로 경은 마음을 주재하고 마음은 몸을 주재하는 수양론적 질서를 확립하고 있다.

퇴계는 경이 마음의 체와 용을 포함하고 정과 동을 관통하여 일심을 주재한다고 하면서도 마음을 바로 경과 일치시킬 수 없음을 지적하여 심과 경의 관계를 구별하고 있다. 또한 퇴계는 “고요할 때는 마음을 붙잡고 간직함[조존(操存)]으로써 텅 비고 적적하여 작용이 없는 자리에 어둡지 않고, 활동할 때는 성찰함으로써 기미가 운행하는 때에 뒤섞이지 않는다.”[308]고 하여 경이 동과 정을 일관하여 마음을 주재(主宰)하는 것으로서, ‘조존’ 하는 것은 마음의 주체를 각성시키고 배양하는 역할이며, ‘성찰’ 하는 것은 마음의 활동에 따른 정(正)·사(邪)와 득(得)·실(失), 시(是)·비(非)와 선(善)·악(惡)을 반성하고 살피는 역할이라 할 수 있다. 그리고 경의 실천 방법에는 ‘하나를 주장으로 삼아 다른 것에 나아가지 않는다[주일무적: 정

307) 『退全』, 권14, 35, ‘答李叔獻’, “生於形氣, 謂之人心, 原於性命, 謂之道心.”
308) 『退全』 권10, 23, ‘答盧伊齋別紙’, “靜而操存, 不昧於虛靈不用之處, 動而省察, 不雜於幾微運行之時.”

이천]'와 '몸가짐을 단정하고 가지런히 하며 마음을 엄숙하게 한다[정제엄숙: 정이천]'와 '그 마음을 수렴한다[기심수렴: 윤화청]'와 '항상 깨어있게 하는 방법[상성성법: 사상체]'의 언명 등이 있다. 이러한 정의에서도 확인할 수 있듯이 '경'이란 마음이 스스로 자신을 통제하는 실천적 방법이라는 것이다.

'경권'은 '유정'으로 가려진 마음을 지킬 수 있도록 '인욕을 막고[알인욕(遏人欲)], 천리를 보존하는[존천리(存天理)] 공부'를 밝히고 있다. '경'자를 중심으로 인욕을 막는 공부는 오른쪽으로 신독(愼獨)·극복(克復)·심재(心在)·구방심(求放心)·정심(正心)·사십부동심(四十不動心) 등 여섯 개의 항목이 배열되어 있고, 천리를 보존하는 공부는 왼쪽으로 계구(戒懼)·조존(操存)·심사(心思)·양심(養心)·진심(盡心)·칠십이종심(七十而從心)의 여섯 항목이 배열되어 있다.309)

첫째, '신독(愼獨)'은 자기 혼자만 아는 마음의 움직임을 삼간다는 의미이다. 마음에서 싹트는 것이 바로 자기 혼자만 아는 곳인데, 이곳을 잘 살펴서 삼가하게 되면 행하는 일들에 지나침이 없게 된다. 그러므로 희노애락의 감정이 일어날 때 성찰하는 공부를 말하며 마음에서 싹트는 사욕을 막아 일이 잘못되지 않도록 하는 것이다. 퇴계는 '신독'을 '알인욕(遏人欲)'으로 구분하고 있다.

둘째, '극복(克復)'은 공자가 안연에게 '자신을 이겨 예(禮)로 돌아가는 것이 인(仁)'이라고 설명할 때 나온 극기복례를 가리킨다. '자신을 이긴다'는 것은 자기의 사사로움을 이겨내는 일이고, '예로 돌아간다는 것'은 극기로 말미암아 자기에게 있는 예와 천리를 조금씩 조금씩 회복하는 것을 말한다.

셋째, '심재(心在)'는 마음을 붙잡아 그 자리에 있게 하는 것을 말한다. 책을 보면서 딴 생각 을 하면 그 책이 제대로 보이지 않고, 일을 하면서 딴 생각을 하면 그 일이 제대로 되지 않게 된다. 이것은 마음이 그 책을 읽는데, 또는 그 일을 하는 데 있지 않았기 때문이다. "고개 들어 새를 보고자 탐하다가, 머리 돌려 사람에게 잘못 응대하네[앙면빈착조, 회두착응인

309) 경권의 16항목이 수록된 경전을 정리하면 다음과 같다.

신독	극복	심재	구방심	정심	사십부동심
『중용』 1장	『논어』 「안연」	『대학』 7장	『맹자』 「고자상」	『대학』 7장	『맹자』 「공손추상」
계구	조존	심사	양심	진심	칠심이종심
『중용』 1장	『맹자』 「고자상」	『맹자』 「고자상」	『맹자』 「진심상」	『맹자』 「진심상」	『논어』 「위정

(仰面貪看鳥, 回頭錯應人)].”라는 두보의 시구와 같은 경우이다. 눈앞에 손님을 대하고 있으면서도 다른 생각에 빠져 손님과의 대화에서 엉뚱한 대답을 하는 것과 같다. ‘심재’는 마음이 항상 여기에 있게 하는 것이다.

넷째, ‘구방심(求放心)’은 마음을 놓아버리지 않고 붙잡는 것을 말한다. 반면 방심은 욕심에 빠지고 이익에 유혹된 마음이다. 구방심은 초학자들이 방심을 수습하여 몸에 돌아오게 하는 것과 안자(顔子)와 같이 잠깐 방심하였다가도 다시 돌아오는 것으로 구분된다. 특히 퇴계는 구방심(求放心)과 양덕성(養德性)이라는 심과 성의 수양공부를 위해 “주일무적하고 계구신독함으로써 안에서 마음을 집중하고 각성시키는 방법만이 아니라, 밖에서 제재하여 마음속을 기르는 방법을 더욱 중요하게 요구하고 있다. 이렇듯 밖에서 마음을 제재하는 수양법의 실천을 위해 ‘삼성’·‘삼귀’·‘사물’ 등을 들고 있으며, 이 일들은 바로 사물을 응접하는 자리에 나아가 말한 것이지만 동시에 마음을 함양하는 공부가 되는 것이다.”[310]라고 하였다. 또한 퇴계는 ‘삼성’·‘삼귀’·‘사물’과 더불어 ‘구용’과 ‘구사’의 공부가 흩어진 마음을 거두어들이는 수양 방법임을 제시하고 있다.[311] 이처럼 퇴계는 마음의 수양을 위해 안에서 다스리는 방법만이 아니라 바깥의 행동과 태도를 다스려 마음을 수습하는 방법도 중시하고 있는 것이다.

다섯째, ‘정심(正心)’은 한 가지 생각을 하는 동안 털끝만큼의 잘못도 없게 하는 것을 말한다. 밖으로부터 접해오는 사물을 막아서 자신에게 간섭되지 않게하고 마음이 둘로 나뉘거나 섞이지 않게 하여, 그 성실함이 저절로 유지되게 하는 것이다. 진덕수는 이러한 공부로 사물(四勿)과 삼계(三戒)[312] 절사(絶四)[313] 등을 제시하였다.

여섯째, ‘사십부동심(四十不動心)’은 마음이 동요되지 않는 공자의 불혹(不惑)경지를 의미한다.[314] 사물의 당연한 바에 관해 의혹도 없기 때문에 마음이 흔들리지 않는 것이다.

---

310) 『退全』 권16, 7, ‘答奇明彦’, “日主一無敵也, 日戒懼愼獨也, … 二者不可闕一, 而制於外而養其中, 尤爲緊切, 故三省三貴四勿之類, 皆就應接處言之, 是亦涵養本原之意也.”
- 三省 : 『論語』, 「學而」, “爲人謀而不忠乎, 與朋友交而不信乎, 傳不習乎.”
- 三貴 : 『論語』, 「泰伯」, “動容貌斯遠暴慢矣, 正顔色斯近信矣, 出辭氣斯遠鄙倍矣.”
- 四勿 : 『論語』, 「顔淵」, “非禮勿視, 非禮勿聽, 非禮勿言, 非禮勿動.”

311) 『退全』 권35, 17, ‘答李宏仲’, “九容九思上做工, 乃是收放心之法.”
- 九容 : 『禮記』 「玉藻」, “足容重·手容恭·目容端·口容止·聲容靜·頭容直·氣容肅·立容德·色容莊.”
- 九思 : 『論語』 「季氏」, “視思明·聽思聰·色思溫·貌思恭·言思忠·事思敬·疑思問·忿思難·見得思義.”

312) 『論語』 「季氏」, “少之時血氣未定戒之在色, 及其壯也血氣方剛戒之在鬪, 及其老也血氣旣衰戒之在得.”

313) 『論語』 「子罕」, “毋意毋必毋固毋我”

314) 『孟子』 「公孫丑上」 2장, 마음이 흔들려 움직이지 않는다는 부동심은 맹자가 한말로 “나는 마흔이 되면서부터 마음이 흔들이지 않았느니라.”라고 하였다.

일곱째, '계구(戒懼)'는 마음에서 희노애락의 감정이 일어나기 전에 함양하는 공부이다. 본래의 마음을 함양하면서 감정이 일어날 때 허물이 있을 것을 경계하고 두려워하는 것이다. 이 때문에 퇴계는 '계구'를 '존천리(存天理)'로 구분하였다.

여덟째, '조존(操存)'은 본래 마음을 잡아 보존하는 것을 말하며 성찰에 상대해서 말 할 때는 정시(靜時)에 공부이지만, 넓게 말하면 동시(動時)와 정시를 관통하는 것이다. 또한 퇴계는 조존과 함양을 묶어서 학문과 수양에 가장 절실한 공부라 강조하였으며, 나아가 마음을 간직하는 '존심'의 방법으로서 마음을 비우는데 심법[심성수양법]의 요령이 있는 것으로 밝히고 있다.

> "성(城)을 높게 쌓고 해자(垓字)를 깊이 파는 것과 성문을 이중으로 하고 목탁을 치는 것이 진실로 스스로 지킬 수 있으나, 안의 간사한 무리와 밖의 적들이 틈을 엿보고 편리한 기회를 노리고 있어서 만약 조금만 게을리 하면 이를 틈타는 자가 온다. 훌륭한 장수와 정예병, 견고한 갑옷과 예리한 병기로 요망(妖妄)한 기운을 깨끗이 소제하여야 하늘이 깨끗하고 땅이 평화로울 것이니, 이것이 맹자가 발명한 조존의 말씀이고, 또 욕망을 적게 하는 것보다 더 좋은 것이 없다고 말씀한 것이다."[315]

아홉째, '심사(心思)'는 마음에 사욕과 나쁜 잡념이 일어나지 않는 생각을 말한다. 불선(不善)을 행하는 것은 욕심이 유혹하기 때문인데, 이것을 막기 위해서는 그것이 욕심인 줄 알아야 한다. 이것을 가능하게 하는 것이 바로 '생각함'이다.

열번째, '양심(養心)'은 욕심을 적게 하여 마음을 기르는 것이다. 하나의 마음이 이 일과 저 일에 따라 달려 나가면 합당한 곳에서 써야 할 마음의 힘이 부족하게 된다. 일에 이르렀을 때 합당하게 대응할 수 있게 마음을 함양하는 것이 바로 '마음을 기르는 공부'이다.

열한번째, '진심(盡心)'은 마음을 다하는 공부로 자신의 본성을 아는 것이다. 오히려 이것은 '앎[지(知)]'에 속하는 것으로 '성찰'에 배치하는 것이 타당해 보인다. 이 점에 대해 율곡도 퇴계에게 묻는다. 이에 퇴계가 답하길 "그 마음의 전체를 극진히 하여 다하지 않음이 없는 자는 분명 그 이치를 궁구할 수 있어서 알지 못하는 것이 없는 자이다."[316]라는 주자의 주석으로 변론 한다. 율곡의 지적이 옳다고 볼 수 있지만, 그 부분의 방법이 '앎[지]'과 '실천[행]'

315) 『心經附註』 권4, 「養心章」,"高城深池, 重門擊柝, 固足以自守矣, 內姦外宄, 投隙伺便, 一有少懈而乘之者至矣, 良將勁卒, 堅甲利兵, 掃除妖氛而乾淸坤夷矣, 此孟子發明操存之說, 而又以爲莫善於寡欲也."

316) 『孟子集註』 「盡心上」.

이 아니라는 것이다. 정복심의 「심학도」에서는 '알인욕'과 '존천리'로 구분했기 때문에 '앎'과 '실천'이라는 기준으로 말 할 수 없다는 것이다.

열두번째, '칠십이종심(七十而從心)'은 마음이 바라는 대로 따르더라도 법도를 넘어섬이 없었던 공자의 경지를 말한다. 마음에 어떠한 사욕도 일어나지 않아서 그 행동에 있어서도 한결같이 그대로 실천하게 되는 것이 '칠십에 마음을 따른다.'는 말이다.

9. 제9 경재잠도

제9 경재잠도
(第九 敬齋箴圖)

우리가 어떻게 경에 머무를 수 있는가를 숙고하는 내용을 담고 있다. 언제나 어디서나 항상 경을 간직하고 살아야 한다는 소중한 말과 실천항목이 그 내용을 이룬다. 퇴계는 일상생활에서나 어느 공간에 처하여서도 오직 한 마음을 하나로 하여 주위의 변화를 살펴야 한다고 말한다. 이러한 태도를 우리는 경에 머문다는 의미로 거경(居敬)이나 경을 간직한다는 의미로 지경(持敬)을 쓴다. 그래서 퇴계는 "일상생활 속에서 보고 느끼는 사이에 몸으로 익히고 음미하며 깨닫고 성찰하여 터득하는 것"을 강조하고 있다.

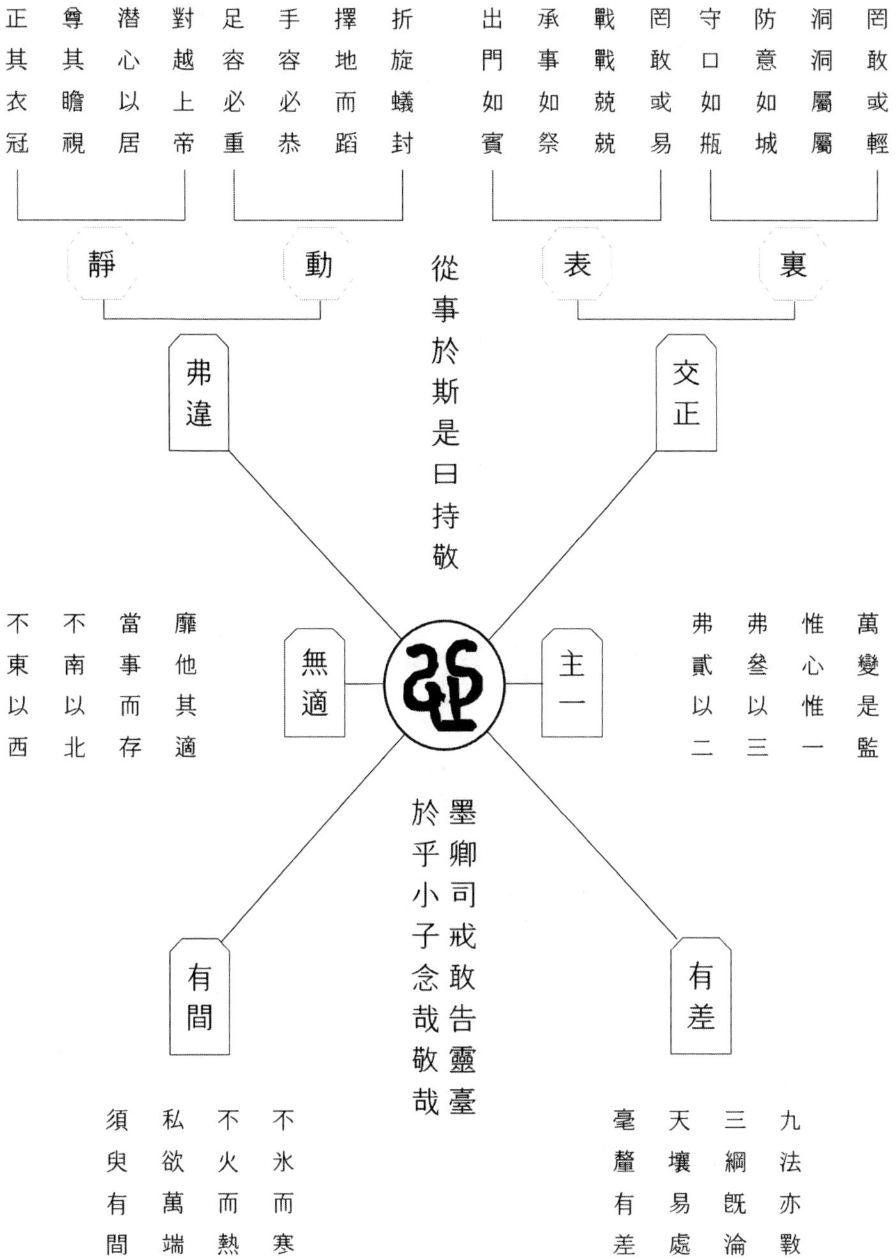
罔敢或輕
洞洞屬屬
防意如城
守口如甁
罔敢或易
戰戰兢兢
承事如祭
出門如賓
折旋蟻封
擇地而蹈
手容必恭
足容必重
對越上帝
潛心以居
尊其瞻視
正其衣冠
靜
動
表
裏
從事於斯是曰持敬
弗違
交正
無適
主一
靡他其適
當事而存
不南以北
不東以西
萬變是監
惟心惟一
弗參以三
弗貳以二
墨卿司戒敢告靈臺
於乎小子念哉敬哉
有間
有差
不氷而寒
不火而熱
私欲萬端
須臾有間
九法亦斁
三綱旣淪
天壤易處
毫釐有差

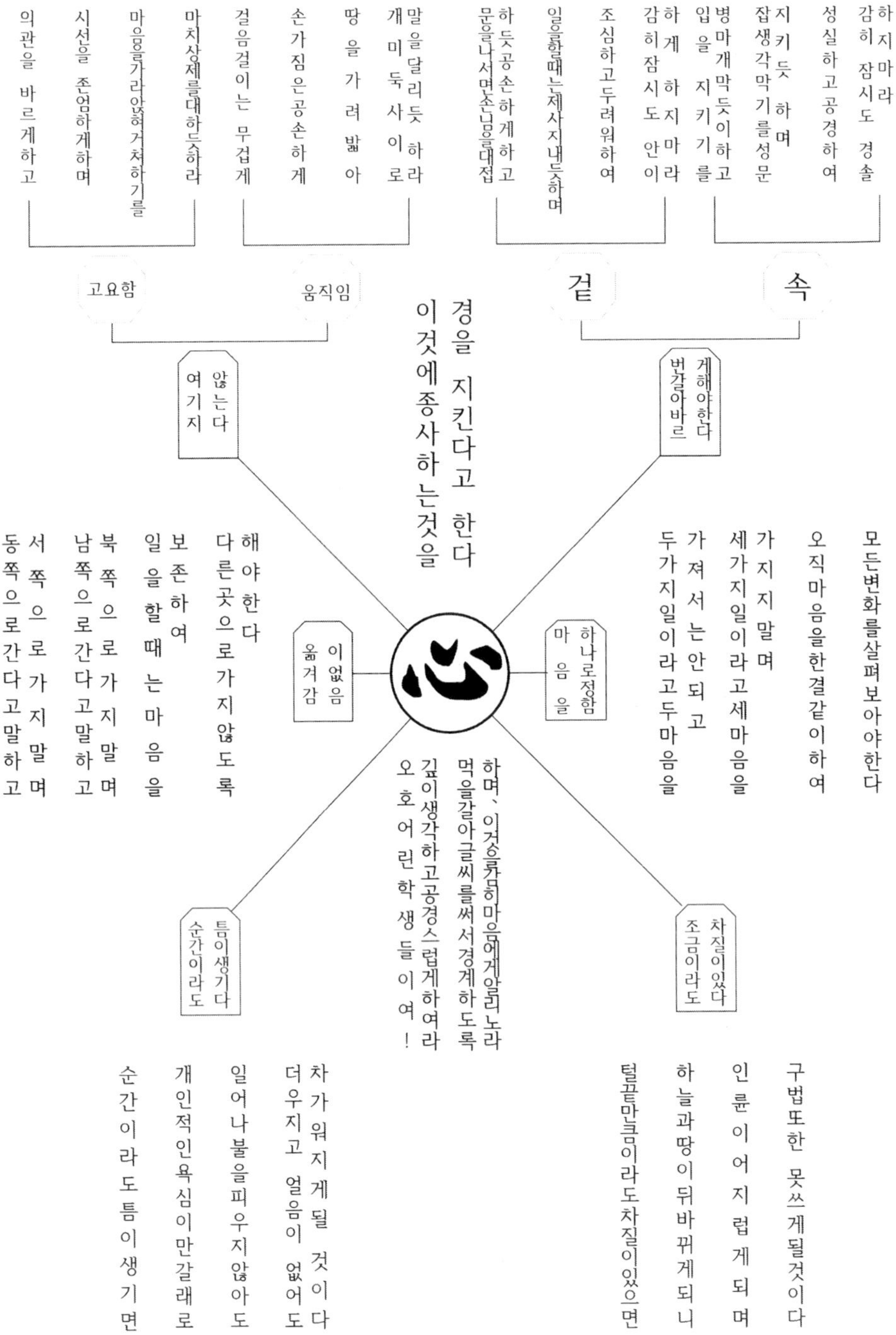
하지마라
감히 잠시도 경솔
성실하고 공경하여
지키듯 하며
잡생각 막기를 성문
병마개 막듯이 하고
입을 지키기를
하게 하지마라
감히 잠시도 안이
조심하고 두려워하여
일을 할때는 제사지내듯 하며
하듯 공손하게 하고
문을 나서면 손님을 대접
말을 달리듯 하라
개미둑 사이로
땅을 가려 밟아
손가짐은 공손하게
걸음걸이는 무겁게
마치 상제를 대하듯 하라
마음을 가라앉혀 거처하기를
시선을 존엄하게 하며
의관을 바르게 하고
속
겉
움직임
고요함
경을 지킨다고 한다
이것에 종사하는 것을
게 해야한다
번갈아 바르
않는다
여기지
心
하나로 정함
마음을
이 없음
옮겨감
모든 변화를 살펴보아야 한다
오직 마음을 한결같이 하여
가지 지 말며
세가지 일이라고 세 마음을
가져서는 안되고
두가지 일이라고 두 마음을
해야 한다
다른 곳으로 가지 않도록
보존하여
일을 할 때는 마음을
북쪽으로 가지 말며
남쪽으로 간다고 말하고
서쪽으로 가지 말며
동쪽으로 간다고 말하고
차질이 있다
조금이라도
틈이 생기다
순간이라도
하며, 이것을 감히 마음에게 알리노라
먹을 갈아 글씨를 써서 경계하도록
깊이 생각하고 공경스럽게 하여라
오호 어린 학생들이여!
구법 또한 못쓰게 될 것이다
인륜이 어지럽게 되며
하늘과 땅이 뒤바뀌게 되니
털끝만큼이라도 차질이 있으면
차가워지게 될 것이다
더우지고 얼음이 없어도
일어나 불을 피우지 않아도
개인적 인욕심이 만갈래로
순간이라도 틈이 생기면

「경재잠(敬齋箴)」 원문(原文)

正其衣冠，尊其瞻視，潛心以居，對越上帝．足容必重，手容必恭，擇地而蹈，折
정기의관，존기첨시，잠심이거，대월상제．족용필중，수용필공，택지이도，절
旋蟻封．出門如賓，承事如祭，戰戰兢兢，罔敢或易．守口如甁，防意如城，洞洞
선의봉．출문여빈，승사여제，전전긍긍，망감혹이．수구여병，방의여성，동동
屬屬，罔敢或輕．不東以西，不南而北，當事而存，靡他其適．弗貳以二，弗參以
촉촉，망감혹경．부동이서，불남이북，당사이존，미타기적．불이이이，불삼이
三，惟心惟一，萬變是監．從事於斯，是曰持敬，動靜弗違，表裏交正．須臾有間，
삼，유심유일，만변시감．종사어사，시왈지경，동정불위，표리교정．수유유간，
私欲萬端，不火而熱，不氷而寒．毫釐有差，天壤易處，三綱旣淪，九法亦斁．於
사욕만단，불화이열，불빙이한．호리유차，천양역처，삼강기륜，구법역두．어
乎小子，念哉敬哉，墨卿司戒，敢告靈臺．
호소자，염재경재，묵경사계，감고영대．

「경재잠(敬齋箴)」[317] 원문 해석(原文 解釋)

의관을 바르게 하고, 시선을 존엄하게 하며,[318] 마음을 고요하게 가라 앉혀 거처하기를

317) 「경재잠」은 주자가 장경부(張敬夫)의 주일잠(主一箴)을 읽고 지었다. 정자·주자 이래로 경(敬)은 학문의 시작과 끝을 이룬다고 하여 성리학의 가장 중요한 개념이 되었다. 경재(敬齋)는 주자 서재의 이름이다. 주자는 본당(本堂)의 양쪽에 있는 조그마한 방중에 왼쪽 방을 경재(敬齋)라고 부르고, 오른쪽 방을 의재(義齋)라고 불렀다(『심경부주』 제5조 「곤괘」 제2효의 부주에 나옴). 이 잠은 주자가 지어 자신의 경재(敬齋)에 붙여두고 스스로를 경계한 글이다. 도(圖)는 왕백(王柏)이 그렸다. 주자 자신은 이글에 대해 “이는 경의 조목이니 허다한 상황에 대하여 말한 것이다.”라고 하였고, 진덕수는 이를 평하여 “경의 뜻이 여기에 이르러 더 남은 것이 없으니 성학에 뜻을 둔 사람은 마땅히 곱씹어야 할 것이다.”라 하였으며, 황간[자는 직경(直卿), 호는 면재(勉齋)]은 “움직일 때나 고요할 때나 어기지 말고 안과 밖을 서로 바르게 한다는 것이 이 한편의 강령이다.”라고 하였다. 퇴계는 경의 철학적 의미를 체계화시키고 심화시켜, 『성학십도』는 전체가 경을 위주로 이해되어야 한다고 하였으며, 「소학도」와 「대학도」의 설명에서는 『대학혹문』을 인용하여 경의 중요성을 강조하는 등 각 도(圖)마다 경에 대한 언급이 없는 곳이 없다. 이 잠은 『어찬주자전서』 권 66, 『성리대전』 권70, 『심경부주』의 끝 부분에도 실려 있을 정도로 성리학에서 경이 얼마나 중요한 개념인가를 알 수 있다. 퇴계는 “『성리대전』의 「태극도」는 내가 학문을 하게 된 출발점이며, 「경재잠」은 나의 실천의 기반이다(『퇴전』 4. ‘언행록’, “性理大全中太極圖, 乃吾所啓發入頭處, 敬齋箴乃吾收用之地”).”라고 하였다.

318) 원문은 “正其衣冠, 尊其瞻視”로, 위엄이 있으면서도 사납지 않은 군자의 모습을 설명한 말이다. 『논어』 「요왈」 2장에 “군자는 의관을 바로하고, 보는 것을 위엄 있게 하여, 그 엄연함이 바라보면 두려워지게 되니, 이 또한 위엄이 있으면서도 사납지는 않은 것이 아니겠느냐[君子正其衣冠, 尊其瞻視, 儼然人望而畏之, 斯

마치 상제를 대하듯이 하라. 발걸음은 반드시 무게 있게 하고, 손가짐은 공손하게 하며, 걸을 때는 땅을 가려서 걸으며, 개미 둑 사이로 말을 달리듯이 하라.[319] 문을 나서면 손님을 대접하듯이 공손하게 하고, 일을 할 때는 제사 지내듯이 하며[320] 조심하고 두려워하여 감히 잠시도 안이하게 하지마라.[321] 입을 지키기를 병마개 막듯이 하고, 잡생각을 막기를 성문 지키듯 하며 성실하고 공경하여 감히 잠시도 경솔하지 마라.[322] 동쪽으로 간다고 말하고 서쪽으로 가지 말며, 남쪽으로 간다고 말하고 북쪽으로 가지 말며,[323] 일을 할 때는 마음을 보존하여 다른 곳으로 가지 않도록 해야 한다. 두 가지 일이라고 두 마음을 가져서는 안 되고,[324] 세 가지 일이라고 세 마음을 가지지 말며, 오직 마음을 한결같이 하여, 모든 변화를 살펴보아야 한다. 이것에 종사하는 것을 경을 지킨다고 하니, 움직일 때나 고요하게 있을 때나 어기지 말고, 겉과 속을 번갈아 바르게 해야 한다. 순간이라도 틈이 생기면 개인적인 욕심이 만 갈래로 일어나,[325] 불을 피우지 않아도 더워지고, 얼음이 없어도 차가워지게 될 것이다.[326] 털끝 만큼이라도 차질이 있으면, 하늘과 땅이 뒤바뀌게 되니[327] 인륜[삼강(三綱)][328]이 어지럽게

不亦威而不猛乎].”

319) 의봉(蟻封)은 개미 둑을 말하고 절선(折旋)은 옆으로 꺾어 돈다는 뜻이다.

320) 『논어』「안연」 2장에 “문밖에 나가서는 사람을 귀빈 대하듯 하며, 백성을 부림에는 제사 모시듯 하라[出門如見大賓, 使民如承大祭].”에서 인용된 것이다.

321) 조심하고 두려워 한다는 것은 “전전긍긍(戰戰兢兢)”을 번역한 것이다. 『시경』「대아」「절남산」「소민」시에 “조심하고 두려워하여 깊은 못에 임하듯이, 얇은 얼음을 밟듯이 한다[戰戰兢兢, 如臨深淵, 如履縛氷].”

322) 원문은 “洞洞屬屬]”이다. 『심경석의』에 따르면, ‘동동(洞洞)’은 표리가 여일하게 공경하는 것이고, ‘촉촉(屬屬)’은 간단없이 공경하고 삼가는 것이다. 『예기』「제의」에 “부모를 깊게 사랑하는 효자는 반드시 온화한 기색이 있고, 온화한 기색이 있는 자는 반드시 기쁜 낯빛이 있으며, 기쁜 낯빛이 있는 자는 반드시 완곡한 용모가 있다. 효자는 옥을 받들 듯이, 가득찬 물그릇을 들듯이, 성실하고 공경하여 장차 감당하지 못할 듯 장차 놓칠까 걱정하듯이 한다[孝子之有深愛者, 必有和氣, 有和氣者, 必有愉色, 有愉色者, 必有婉容, 孝子如執玉, 如奉盈, 洞洞屬屬然如不勝, 如將失之].”

323) 원문은 “不東以西, 不南以北”이다. 주자는 『주자어류』 권105에서 “다만 한 마음이 동으로 가다가 또 서로 가려하고 남으로 가다가 또 북으로 가려 한다[只一心做東去, 又要做西去, 做南去, 又要做北去].”고 하였다.

324) 원문은 “弗貳以二, 弗參以三”이다. 주자는 『주자어류』 권105에서 “경은 모름지기 주일(主一)해야 하니 처음에 하나의 일이 있는데 또 하나를 첨가하면 곧 둘이 되어 그것이 둘을 이루고, 원래 하나가 있는데 또 둘을 첨가하면 곧 셋이 되어 그것이 셋을 이룬다[敬須主一, 初來有一箇事, 又添一箇, 便是來貳他成兩箇; 元有一箇, 又添兩箇, 便是來參他成三箇].”라 하였다. 즉 한 가지 일을 하는 동시에 또 한 두 가지의 일을 같이 함으로써 의식을 둘 셋으로 분산시키지 말라는 의미이다.

325) 『이정유서』 권15의 “경이란 사욕이 없음을 말하는 것이다. 불경하면 곧 사욕이 만 갈래로 일어나 인을 해치게 된다[敬則是不私之說也. 才不敬, 便私欲萬端, 害於仁].”

326) 열화(熱火)처럼 화를 내기도 하고, 얼음처럼 냉정하게 되기도 한다는 말이다.

327) 북계진씨(北溪陳氏)는 “이것은 불경(不敬)이 해가 됨을 단적으로 알게 해 주는 곳으로 위태롭고 두려워 매우 두려워할 만하니, 진실로 가히 자기에게 간절하게 경계하는 것이 되어 사람을 구하여 금수와 같은 지경에 빠지게 되는 것을 면하게 해 준다(『심경부주』 권4).”고 하였다.

328) 임금은 신하의 벼리가 되고[君爲臣綱], 아버지는 아들의 벼리가 되고[父爲子綱], 남편은 부인의 벼리[夫爲

되며, 구법(九法)[329] 또한 못 쓰게 될 것이다. 오호라! 어린 학생들이여! 깊이 생각하고 공경스럽게 하여라. 먹을 갈아 글씨를 써서[330] 경계하도록 하며 이것을 감히 마음[영대(靈臺)][331]에게 알리노라.

퇴계가 선유(先儒)의 설(說)을 인용하여 설명한 원문(原文)

○ 주자(朱子)의 설명 원문(說明 原文)

朱子曰: "周旋中規, 其回轉處, 欲其圓如中規也; 折旋中矩, 其橫轉處, 欲其方如
주자왈: "주선중규, 기회전처, 욕기원여중규야; 절선중구, 기횡전처, 욕기방여
中矩也. 蟻封, 蟻垤也. 古語云; '乘馬折旋於蟻封之間', 言蟻封之間, 巷路屈曲
중구야. 의봉, 의질야. 고어운; '승마절선어의봉지간', 언의봉지간, 항로굴곡
狹小, 而能乘馬折旋於其間, 不失其馳驟之節, 所以爲難也. 守口如瓶, 不妄出也;
협소, 이능승마절선어기간, 불실기치취지절, 소이위난야. 수구여병, 불망출야;
防意如城, 閑邪之入也." 又云; "敬須主一. 初來有个事, 又添一个, 便是來貳他
방의여성, 한사지입야." 우운; "경수주일. 초래유개사, 우첨일개, 편시래이타
成兩个; 元有一个, 又添兩个, 便是參他成三个. 須臾之間, 以時言, 毫釐之差,
성양개; 원유일개, 우첨양개, 편시삼타성삼개. 수유지간, 이시언, 호리지차,

婦綱]가 된다는 삼강(三綱)을 도덕적인 논리로 해석하여 윗사람의 책임과 모범을 강조하는 것으로서 상하 질서의 기초가 된다고 볼 수 있다.

329) 『서경』 「주서」 「홍범」에 있는 「홍범구주(洪範九疇)」를 말한다. 우가 홍수를 다스리자 하늘이 「낙서(洛書)」를 주었다고 한다. 그 법을 본받아서 정치의 법도를 만든 것이 「홍범구주」라고 한다. 주(周)를 통일한 무왕이 기자를 방문하자 이 「홍범」을 주었다고 한다. 이는 제왕이 정치하는 아홉 가지 요체에 대하여 설명한 것으로 (1) 수·화·목·금·토의 오행(五行)을 말한다. (2) 오사(五事)를 공경하게 사용하는 것으로 모습·말·보는 것·듣는 것·생각하는 것을 말한다. (3) 팔정(八政)을 두터이 시행하는 것으로 식량·재물·제사·토목건설·교육·치안·외교·국방을 말한다. (4) 오기(五紀)로 생활시간을 계산한 것인데 년·월·일·성신·역수(歷數; 시간을 계산하는 것)를 말한다. (5) 황극(皇極)으로 우주의 본심을 받아서 태어난 인간은 본심을 잘 보존해서 행동해야 한다는 의미다. (6) 삼덕(三德)은 정직·강함·부드러움으로 군왕의 품덕을 말한다. (7) 계의(稽疑)로 점치는 사람을 선발하여 일을 맡기는 것이다. (8) 서징(庶徵)인데 여러 가지 징조를 잘 아는 것이다. (9) 오복(五福)을 따르게 만들고, 육극(六極)을 위엄 있게 사용하는 것이다. 오복은 장수·복·건강·덕망을 갖추는 것[유호덕(攸好德)]·편안하게 죽는 것을 말한다[고종명(考終命)]. 육극은 요절·질병·근심·가난·죄악·허약함을 말한다.

330) 원문은 "묵경(墨卿)"이다. 묵경은 먹을 의인화하여 부른 것이다.

331) 원문은 "영대(靈臺)"이다. 마음의 신령한 능력을 비유한 말이다.

以事言."
이사언."

○ 임천오씨(臨川吳氏)의 설명 원문(說明 原文)

臨川吳氏曰: "箴凡十章, 章四句. 一言靜無違, 二言動無違, 三言表之正, 四言裏
임천오씨왈: "잠범십장, 장사구. 일언정무위, 이언동무위, 삼언표지정, 사언리
之正, 五言心之正而達於事, 六言事之主一而本於心, 七總前六章, 八言心不能無
지정, 오언심지정이달어사, 육언사지주일이본어심, 칠총전육장, 팔언심불능무
適之病, 九言事不能主一之病, 十總結一篇."
적지병, 구언사불능주일지병, 십총결일편."

○ 서산진씨(西山眞氏)의 설명 원문(說明 原文)

西山眞氏曰: "敬之爲義, 至是無復餘蘊, 有志於聖學者, 宜熟復之."
서산진씨왈: "경지위의, 지시무부여온, 유지어성학자, 의숙복지."

퇴계가 선유(先儒)의 설(說)을 인용하여 설명한 원문(原文) 해석

○ 주자(朱子)의 설명(說明)

주자가 말하였다.[332] "몸을 돌리는[주선(周旋)]것이 컴퍼스[규(規)][333]에 맞는다는 것은, 그 회전(回轉)하는 곳이 둥글게 되고자 하기를 컴퍼스에 맞는 것 같이 하는 것이요, 꺾어 도는 것[절선(折旋)]이 직각자[구(矩)][334]에 맞는다는 것은 걸음을 직각으로 꺾어 돌 때 그 반듯한 모습이 마치 직각자에 들어맞는 것처럼 되고자 한다는 것이다. 의봉(蟻封)이란 둑처럼 생긴 개미집을 말한다. 옛말에 '말을 타고 개미집 사이를 돌아간다.'는 말이 있다. 그것은 개미집 사이의 길이 구부러지고 좁아서, 말을 타고 그 사이를 돌아갈 때 말을 타는 절도를 잃지 않기가 어렵다는 것을 말한 것이다.[335] '입을 지키기를 병마개를 막듯이 한다.'는 것은 함부로 말을

332) 이 부분은『주자어류』105권,「경재잠」에 나온다. 본문의 내용을 퇴계가 축약하였다.
333) 규(規)는 동그라미를 그리는 도구이니 곧 '컴퍼스'를 가리킨다.
334) 구(矩)는 직각을 잴 때 쓰는 자이다. 앞의 규(規)와 합쳐 규구(規矩)는 이후 규범, 법도의 의미로 사용되었다.
335)『주자어류』105권, "周旋中規, 折旋中矩, 周旋, 是直去卻回來, 其回轉處欲其圓, 如中規也; 折旋, 是直去了, 復橫去, 如曲尺相似, 其橫轉處欲其方, 如中矩也. 又問敬齋箴'蟻封. 曰: 蟻垤也, 北方謂之蟻樓, 如小山子, 乃

하지 않는다는 뜻이고, '잡생각 막기를 성문 지키듯 한다.'는 것은 사악한 생각이 들어오지 못하게 한다는 뜻이다."[336] 또 말하였다. "경(敬)은 반드시 하나에 집중해야 하는 것이다. 처음 하나의 일이 있는데 또 하나를 더하면 곧 둘이 되어 마음이 두 개가 되고, 원래 하나가 있는데 또 두 개를 더하면 곧 셋이 되어 마음이 세 개가 된다.[337] '순간'이라고 하는 것은 시간으로 말한 것이고, '털끝만한 차이'란 일로 말한 것이다."[338]

○ 임천오씨(臨川吳氏)의 설명(說明)

임천오씨[339]가 말하였다. 「경재잠」은 모두 10장으로 되어 있는데, 각 장(章)마다 4구(句)씩 으로 구성되어 있다. 1장은 고요하게[정(靜)] 있을 때 경(敬)을 어기지 않는 것에 대해 말한 것이고, 2장은 움직일[동(動)]때에도 경을 어기지 않는 것에 대해 말한 것이다. 3장은 겉으로 드러난 모습이 단정해야 함을 말한 것이고, 4장은 속마음을 바르게 하여야 한다는 것을 말한 것이다. 5장은 마음이 바로잡혀서 일에 까지 통달하게 되는 것에 대해 말한 것이고, 6장은 일을 할 때에는 집중하되 마음에 근본을 두어야 함을 말한 것이다. 7장은 앞의 여섯 장을 모두 모아 정리한 것이고, 8장은 마음이 흩어지는 병폐에 대해서 말한 것이고, 9장은 일을 할 때 한 곳으로 집중하지 못하는 병폐를 말한 것이고, 10장은 이 전체를 한 데 모아 결론지은 것이다.[340]

○ 서산진씨(西山眞氏)의 설명(說明)

서산진씨[341]가 말하였다. 경(敬)의 의미는 여기에 이르러서 더 설명할 것이 없다. 성학에 뜻을 둔 사람은 마땅히 이것을 되풀이해야 할 것이다.[342]

蟻穴地, 其泥墳起如丘垤, 中間屈曲如小巷道. 古語云:乘馬折旋於蟻封之間. 言蟻封之間, 巷路屈曲狹小, 而能乘馬折旋於其間, 不失其馳驟之節, 所以爲難也."

336) 『주자어류』 105권, "守口如瓶, 不妄出也: 防意如城, 閑邪之入也."

337) 『주자어류』 105권, "心敬須主一. 初來有一箇事, 又添一箇, 便是來貳他成兩箇; 元有一箇, 又添兩箇, 便是來參他成三箇."

338) 『주문공문집』 권55, 「答李守約3」, "須臾之間, 以時言, 毫釐之差, 以事言, 皆謂失其敬耳, 非兩事也."

339) 오징(吳澄: 1249~1333)은 임천(臨川)사람으로, 호는 초려(草廬), 자는 유청(幼淸)이다. 퇴계는 초려의 학설에는 불교적 기미가 조금 있다고 비판하기도 하였다.

340) 이것은 『심경부주』 「경재잠」주석에서 인용한 것이다.

341) 진덕수(眞德秀: 1178~1235)의 자는 경원(景元)이며 호가 서산(西山)이고 시호는 문충(文忠)이다. 저서로 『심경』과 『대학연의(大學衍義)』등이 있고 『송사(宋史)』에 전기가 있다.

342) 진덕수, 『대학연의』 권28에 나온다.

퇴계(退溪)의 설명 원문(說明 原文)

○ 右箴題下, 朱子自敍曰: "讀張敬夫主一箴, 掇其遺意, 作敬齋箴, 書齋壁以自
○ 우잠제하, 주자자서왈: "독장경부주일잠, 철기유의, 작경재잠, 서재벽이자
警." 云, 又曰; "此是敬之目, 說有許多地頭去處."臣竊謂地頭之說, 於做工好有
경." 운, 우왈; "차시경지목, 설유허다지두거처."신절위지두지설, 어주공호유
據依. 而金華王魯齋柏排列地頭, 作此圖, 明白整齊, 皆有下落又如此. 常宜體玩
거의. 이금화왕노재백배열지두, 작차도, 명백정제, 개유하락우여차. 상의체완
警省於日用之際心目之間, 而有得焉, 則敬爲聖學之始終, 豈不信哉!
경성어일용지제심목지간, 이유득언, 즉경위성학지시종, 기불신재!

퇴계(退溪)의 설명 원문(說明 原文) 해석(解釋)

○ 위의 「경재잠」의 제목 아래에 주자가 스스로 서문을 지어 말하기를 "장경부(張敬夫)[343]의 「주일잠(主一箴)」[344]을 읽고, 그가 남겨 놓은 뜻을 주워 모아 「경재잠」을 지어 서재의 벽에 써 붙이고서 스스로 경계한다."고 하였습니다. 또 말하기를 "이것은 경(敬)의 세부항목인데, 잠(箴)의 설(說)을 여러 가지 처한 상황[지두(地頭)][345]에 나아가서 말한 것이다."라고 하였습니다. 신(臣)이 생각하기에 처한 '상황'이라는 말이 실제 공부를 해나가는데 있어서 좋은 근거가 된다고 생각합니다. 금화(金華)[346]출신의 왕노재(이름은 백(柏)[347])가 여러 가지 상황을 배열하

343) 장식(張栻: 1133~1180)의 호는 남헌(南軒)이고, 자는 경부(敬夫) 또는 흠부(欽夫)라고 한다. 호상학파의 대표인물로서, 주자의 중요 논적이자 가장 절친한 친구였다. 저서에 『남헌집(南軒集)』이 있다.

344) 「주일잠」은 『남헌집』과 『성리대전』에 실려있다. 『남헌집』에는 "이천선생이 주일(主一)을 경(敬)이라고 하고, 무적(無敵)을 일(一)이라고 말하였다. 아, 인(仁)을 찾는 방법 가운데서 어떤 것이 이것보다 더 요체가 되겠는가! 그래서 잠을 지어 좌우에 붙이고 또 동지들에게도 알린다."는 잠의 서문에 해당하는 글이 잠의 앞에 있다. 『성리대전』에는 이 글이 없다. 장식의 「주일잠」 원문은 다음과 같다. "人稟天性, 其生也直. 克順厥彝, 則靡有忒. 事物之感, 紛綸朝夕. 動而無節, 生道或息. 惟學有要, 持敬勿失. 驗厥操捨, 乃知出入. 曷爲其敬, 妙在主一, 曷爲其一, 惟以無敵, 居無越思, 思靡他及, 涵泳于中, 匪忘匪亟, 斯須造次, 是保是積, 既久而精, 乃會于極. 勉哉勿倦, 聖賢可則."

345) 이 잠에서는 표리와 동정을 인간 삶의 대표적 상황으로 설정하고 있다.

346) 중국 절강성(浙江省)중부에 있는 도시로, 현재는 금화현(金華縣)이라고 불린다. 남송 이후 주자학이 매우 성행하던 지역이다. 주자의 사위 황간(黃榦)이 일으킨 금화학파(金華學派)는 원명교체기의 사상계를 지배했던 대표적인 유학집단이었다.

347) 왕백(王柏: 1197~1274). 호는 노재(魯齋), 자는 회지(會之)이다. 주자의 삼전제자(三傳弟子)로 『서의』, 『시의』, 『노재집』 등의 저작이 있다. 주자의 문인과 종유(從遊)하였고, 시호(諡號)는 문헌(文憲)이다.

여 이 그림을 그리고, 명백하고 짜임새 있게 하여 모두 자리를 잡은 것이 이와 같습니다. 항상 마땅히 일상생활 속에서 보고 느끼는 사이에 몸으로 익히며 음미하여 깨닫고 성찰하여, 마음에 얻음이 있게 되면, 경(敬)이 성학의 시작과 끝이 된다는 말을 어찌 믿지 않을 수 있겠습니까.

「경재잠도(敬齋箴圖)」의 구조(構造)와 이해(理解)

「경재잠도」는 장경부의 「주일잠」을 보고 주자가 「경재잠」이라는 글을 쓰고 왕백이라는 학자가 그림을 그린 것이며, 「경재잠」은 모두 10장으로 이루어져 있으며 각 장은 4구로, 각 구는 4언으로 되어 있는 총 160자의 짧은 잠언이다.

퇴계는 「진성학십도차」에서 "『성학십도』는 모두 경을 위주로 한다."고 밝혔으며 「경재잠도」에서는 "경이 성학의 시작과 끝이 된다."는 주자의 말을 재확인하고 있다. 「경재잠도」의 가운데 둥근 원에 있는 글자는 '심(心)'이다. 심을 중심으로 상단, 중단, 하단으로 나누어 설명 할 수 있는데, 상단은 불위[동과 정]와 교정[표와 리]이며 경의 올바른 실천 항목으로 "움직일 때나 고요하게 있을 때나[동과 정] 어기지 말고[불위], 겉과 속을[표리] 번갈아 바르게 해야 한다[교정]"는 것에 대하여 설명하였고, 중단은 무적과 주일로 '경'의 원리를 설명하였으며, 하단은 유간과 유차로 '순간이라도 틈이 생기거나', '조금이라도 차질이 있으면' 이라는 뜻으로서 '경'을 실천하지 않는 병폐에 대하여 설명하였다. 「경재잠도」 전체를 보면 '경'을 실천하는 구체적인 세목에 관한 것으로 심을 핵심으로 하여 경의 공부를 전개한다. 예를 들어, 이 도는 '경은 주일하여야 함'을 말하는데 구체적으로 경의 '정(情)할 때의 어김이 없음'으로부터 말한다면 곧 '의관을 바로하고, 눈매를 존엄하게 하며 잠심(潛心)하여 거처하고 상제에 대해 모시듯 함'이고 그 '동(動) 할 때에 어김이 없음'을 말한다면 곧 '발짓을 반드시 무겁게 하고 손짓을 반드시 공손하게 하며 땅을 골라 밟되, 개미 둑에서 구비 돌듯 함'이다. 동하거나 정할 때의 어김이 없음은 주체인 '심'이 객체인 '경'에 대해 피동적으로 접수되는 것이다. '지경'의 겉으로 번갈아 바로 잡음으로부터 말한다면, 곧 '문을 나가면 손님 같이 하고, 일을 받들면 제사를 드리듯 하며, 조심조심 두려워하여 감히 잠시도 안이하게 하지 말라.'는 것이요, 그 안으로 번갈아 바로 잡음으로부터 말한다면, 곧 '입을 지키기를 병마개 막듯이 하고 잡생각 막기를 성문 지키듯이 하여 성실하고 진실하여 감히 잠시도 경솔히 하지 말라.'는 것이다. 겉과 안을 번갈아 바로 잡음은 주체인 마음이 객체인 '경'에 대해 주동적(主動的)으로 적

응하는 것이다.[348)]

'경(敬)'의 원리(原理)

'경'이 마음을 주재한다고 했다. 결국 '경'의 대상은 마음이며, 마음이 '경'해야 한다는 것이다. 그러면 마음은 어떤 상태에 있는가? 『맹자』「고자상」에는 "잡으면 곧 있게 되고 놓으면 곧 사라지며 무시(無時)로 출입하여 그 간 곳을 모르니, 오직 마음을 이르는 것이다."[349)]고

표 4 유학의 마음수양법

구분	마음 안정 방법	비고
장횡거	• 변화하는 외물로부터 벗어나 • 마음을 움직이지 않게 • 붙들어 두어야 함 ※ 외물의 변화를 차단함으로써 심리적 내면의 안정상태 확보	고요한상황[정] 에만 적용
정명도	• 어떠한 자발적 대응이나 조작 없이 • 외물의 움직임에 그대로 순응함 ※ 활동하는 외물 안에 있으면서도 외물로부터 초월하는 방법	고요한 상황[정] +활동한 상황[동] 모두 적용
정이천	• 고요할 때건 움직일 때건 • 의식을 집중함 ※ 한 곳에 의식을 집중하여 다른 사물의 유혹에 자기의식을 빼앗기지 않게 하는 것[주일무적] → 의식의 지향성을 '오로지 내부로만' 수렴하는 공부	고요한 상황[정] +활동한 상황[동] 모두포섭/관통
주자	• 어느 때이건 전일하게 의식이 지향될 수 있도록 • 주체 스스로 의식을 주재함 → 자기 주재란 대상의 지향을 주체 스스로 전환하게 주재함으로써 가능함 ※ 일상세계의 동정에 막힘없이 스스로 주재성을 갖는 것이 '경'	사물의 변화를 살펴보고 그것을 통해 주체의 표리를 바르게 해야 함
퇴계	• 경 공부의 기반을 전적으로 주자에게 둠 • 주정(主靜)의 공부(본질과 원칙에 충실하여 다양한 현상적 변화에 대해 미리 준비하고 대처하는 공부) → 체(體)를 지키고 함양하는 공부로서 용처(用處)에서의 근본을 확립하는 공부 ※ 주정공부의 목적: 동적인 현상세계에 적절히 대응하고자 함 • 일상에서의 구체적인 몸 공부를 통해 마음의 경을 실천	마음보존방법: 몸가짐을 반듯하고 엄숙하게 한다 → 바깥을 제어하여 안을 기르는 것

348) 이소평, 이퇴계의 '경'철학과 미래의 인격발전, 『퇴계학보』 제87-1호, 퇴계학연구원, 1995, p. 172.
349) 『맹자』「고자상」 8, "操則存, 舍則亡, 出入無時, 莫知其鄕, 惟心之謂與."

하여 마음은 들락날락하여 있는 곳을 알 수 없는 것이라 하였다. 그래서 북송시대의 성리학자들은 고요한 때와 움직이는 때를 관통하는 마음의 안정 방법을 찾고자 하였으며, 마음은 고요나 동요에 상관없이 안정되어야 하는 것이며, 어느 곳에 처하건 마음을 안정시킬 수 있다고 생각하였으며 송대 성리학자들과 퇴계의 마음 안정 수양법을 정리하면 〈표 4〉와 같다.

이정(二程)은 '주경설(主敬說)'을 강조한다. 그중 정이천은 존양공부의 핵심으로 경을 강조하였으나, 그 이전에도 공부의 한 방법으로서 경은 자주 다루어졌었다. 『시경』에서는 "공경하여 들으라."고 하였고 『논어』「자로」에서는 "일이 없을 때에는 공손하고 일이 있을 때에는 '경' 하라.", 또 「헌문」에서는 "공경하는 자세로 자기를 닦는다."고 하였다. 『맹자』「이루하」에서도 "남을 공경하는 사람은 자기도 항상 공경을 받는다."라고 한 것을 볼 수 있다. 여기에서 보이는 경(敬)의 의미는 행위의 내적 태도를 의미한다. 이러한 경(敬)자가 『역경』에서는 "경(敬)으로써 안을 곧게 하고 의(義)로써 밖을 바르게 한다."라고 하여 경과 의를 내외의 표리로 말하고 있다. 이 점을 정이천·주자 등은 주목하여 경을 중요한 수양방법으로 강조하였다.350) 그러므로 '경'의 공부는 늘 주체 자신을 일깨우고 스스로 주재하는 공부를 말한 것이다. 경은 활동하기 이전의 고요할 때와 활동할 때를 포섭하여 일관하는 원리로 인간의 의식이 '일치되어 분산되지 않는'[주일무적(主一無適)] 원리로 파악된다. 그리고 경을 설명하는데 흔히 인용되는 말로서 '필유사언이물정(必有事焉而勿正)', '심물망(心勿忘)', '물조장(勿助長)', '상성성(常惺惺)', '계신(戒愼)·공구(恐懼)' 등의 말이 있다. 여기서 '필유사언'은 마음이 해이해 풀어지거나[망] 너무 긴장해 조바심하는[조장] 일이 없이 항상 무슨 일이 있을 것에 대비하는 경각 상태에 놓여 있음을 말한다.

또한, 사상채어록(謝上蔡語錄)에서는 "경은 항상 성성(惺惺)하는 법이다."라고 하였다. 상성성(常惺惺)이란 마음이 항상 각성 상태에 있음을 말한 것이다. 『중용』에서는 '계신호기소부도(戒愼乎其所不睹), 공구호기소불문(恐懼乎其所不聞)'이라고 하였는데, '계신'을 '경'으로 풀이하고 '공구'를 '외(畏)'로 풀이하여 "군자의 마음은 항상 경외하는 태도를 가지고 있어서 비록 남이 보지 못하고 듣지 못하는 때라도 감히 소홀히 하지 못한다."고 주해를 하였다. 이것을 『대학』에서는 신독(愼獨)이라 한다. '마음이 있지 않다[심불재언(心不在焉)]'는 것은 마음이 자신에게 있지 않고 외물과 접하여 밖으로 달아남을 말하는 것이다. 보고, 듣고, 맛보고 하는 것은 오관(五官)의 감각이지만 보고, 듣고, 맛 본 것을 인식하는 것은 마음이다. 그러므로 "마음이 있지 않으면 보아도 보지 못하고 들어도 듣지 못하고 먹어도 맛을 모른다."고 말하게 된다. 이러한 내용을

350) 최근덕외 6명, 유학사상, 성균관대학교 출판부, 2001, p. 119.

종합하여 보면 경에는 다음의 몇 가지 요소가 갖추어져야 한다.[351)]

첫째, 마음은 항상 하나를 주로 하여 옮겨가지 않게 해야 한다. 정이천은 경은 '주일무적(主一無適)'이라고 했다. "경은 단지 주일(主一)일 뿐이다. 주일하면 동쪽으로 가지 않을 뿐 아니라 서쪽으로도 가지 않는다. 이렇게 하면 중(中)이다. 이쪽으로도 가지 않고 저쪽으로도 가지 않으니, 이렇게 되면 단지 마음이 내면에 보존된다. 이것을 보존하면 자연히 천리가 밝아진다."[352)]고 하였다. 정이천은 의식이 외부로 방산하지 않고 의식을 내면으로 전일하게 집중하는 것을 '주일무적'이라고 한다. 즉 외물의 움직임 속에서도 마음이 어느 곳으로도 가지 않는 것이며, 정신을 통일하여 동요하지 말라는 뜻이기도 하다. 사람은 외물과 접촉하여 감응하지 않을 수 없으므로 하나에 주(主)로 하는 '경' 공부를 하게 되면 어느 한 쪽으로도 치우치지 않게 되며 어느 곳으로도 가지 않고 그 안에 있게 된다. 즉 주경(主敬)은 '중용을 지키는' 공부이자 '마음을 곧게 하는' 공부이므로 '주경'의 궁극적인 목적은 '인욕을 버리고 천리를 보존[알인욕존천리(遏人欲存天理)]'하는 데 있다. 그리고 정이천은 '경'이 리(理)가 내재된 인간의 본성을 존양하는 공부이므로 이것은 심(心)이 '발하기 전의 상태[미이발(未已發)]'로 동정(動靜)을 관통하는 것이라고 하였다.

주자는 정이천의 '주일무적'을 계승 발전시켜 '한 대상을 접했을 때 의식의 지향이 순선한 도덕성을 유지할 수 있도록 주체가 그 의식을 스스로 주재하는 것이지, 의식의 지향을 내면으로 수렴하고 가두는 것은 아니다.'라고 하였다. 이와 같이 '주일무적'에 대한 주자의 이해는 정이천과는 차이를 보인다. 정이천이 의식의 지향을 모두 내면으로 수렴하는 것을 주자는 어느 때이건 전일하게 의식이 지향될 수 있도록 주체 스스로 주재하는 것이라고 정의한다. 그래서 주자는 '주일무적'의 태도로 사물의 변화를 살펴보고 그것을 통해 주체의 표리(表裏)를 바르게 하라고 권유하고 있다. 또한, '주일무적'은 동정을 막론하고 마음을 오롯하게 집중하는 공부이다. 활동하는 때는 산만한 의식의 흐름을 뒤쫓지 않고 집중하는 것이고, 고요한 때는 마음을 방만하게 놓아버리지 않고 잘 수렴하여 마음의 순선한 본래 상태를 잘 보존하는 것이다. 다만 '미발 때에 본마음을 먼저 충실히 기르고, 그 다음 이발 때에 의식의 단서를 살펴서 바로 잡는 것[선함양·후찰식(先涵養·後察識)]'이다.

둘째, 마음은 고요함과 움직임에 있어서 항상 전일해야 한다. 정이천은 "정제엄숙하면 심이 저절로 '일(一)'해지고 '일'해지면 비벽(非僻)한 마음이 생기지 못 한다."고 하였다. 또한 윤

351) 이상은, 퇴계의 생애와 학문, 예문서원, 2011, pp. 170~175.
352) 『이정유서』, 권15.

화청[353]은 "마음을 거두어들여서 그 마음의 상태와 이질적인 것은 하나도 용납하지 않는다[기심수렴불용일물(其心收斂不容一物)]."고 하였다. 여기서 '일(一)'이라 함은 심이 마땅히 지녀야 할 자세로 정할 때의 마음자세는 정제엄숙 함으로써 순일무잡(純一無雜)한 마음씨를 말하는 것이며, 동할 때의 마음자세는 '전일' 해야 한다고 하였는데, 정이천은 "일(一)을 주(主)함을 경(敬)이라 하고, 다른 데로 가지 않음을 일(一)이라 한다[주일지위경, 무적지위일(主一之謂敬, 無適之謂一)]."고 풀이하며 전일을 '주일무적'이라고도 한다.

셋째, 마음은 항상 깨어 있어야 한다. 앞에서 말한 '항상 깨어 있는 방법[상성성법(常惺惺法)]'이라든가, '마음이 발동하기 이전에 늘 삼가고 두려워하는 것[계신공구(戒愼恐懼)]' 등이 의미하는 것은 자각상태는 심이 그 본체의 허령함을 잃지 않고 언제나 허령통철하게 있으면 그것이 '상성성' 상태를 말한다는 것이다. 그래서 주자는 마음이 항상 깨어있게 하는 방법으로 경계하고 삼가며 두려워하는 것을 제기 하였으며, 마음을 거둬들이는 방법으로는 정신을 수습해서 오로지 한 곳에 머물러 항상 몸과 마음이 흩틀어지지 않게 하였다.

퇴계는 '경'의 기본구조를 "고요하여 움직이지 않는 것은 마음의 본체요 감응하여 소통하는 것은 마음의 작용이며, 고요하여 엄숙한 것은 경의 본체요, 활동하여 정재한 것은 경의 작용이다. 즉, '정제엄숙'을 경의 '정(靜)－엄숙(嚴肅)－체(體)'와 '동(動)－정제(整齊)－용(用)'으로 연관되는 체와 용의 구조로 제시한 것이다. 또한 "고요할 때는 조존함으로써 허령하여 작용이 없는 본체의 자리에 어둡지 않고, 활동 할 때는 성찰함으로써 움직임이 미미한 조짐이 운행하는 작용의 때에 뒤섞이지 않는다."[354]는 조존과 성찰의 동정 구조를 제시하였다. 나아가 "정(靜)을 의식이 발동하기 이전으로 보고 동(動)을 의식이 발동한 이후라고 파악함으로써 미발을 '경계하여 삼가며 두려워하는 자리'로 보고 이발을 '몸으로 살피고 정밀하게 살피는 때'[355]라고 하였다. 또한 『주역』 가운데 "경으로 마음속을 곧게 하고, 의로 바깥을 반듯하게 한다[경이직내, 의이방외(敬以直內, 義以方外)]."는 구절에서, 경[내(內)]과 의[외(外)]를 상대시켜 보면 경[정(靜)]과 의[동(動)]의 관계가 성립하는 것을 인정함으로써, '경과 의를 겸하여 지닐 것[경의협지(敬義夾持)]'을 강조하였다. 그러나 경을 중심으로 보면 경이 동(動)·정(靜)·현(顯)·미(微)·내(內)·외(外)를 일관하는 것이다. 이러한 경의 지와 행 일관된 구조를 보면 퇴계는 지행호진설(知行互進說)에 입각하여 지와 행이 서로 선과 후를 이루는 것으로 파악하였다. 이에 따라

353) 정이천의 제자 윤돈(尹焞: 1071~1142)을 말하며 자는 언명(彦明)이고, 호는 화정(和靖)이다.
354) 『退全』 권10, 23, '答盧寡悔別紙', "方能靜而操存, 不昧於虛寂不用之處, 動而省察, 不雜於幾微運行之時."
355) 『退全』 권19, 39－41, '答黃仲擧', "寂然而靜, 卽所謂未發也 … 感通而動, 卽所謂已發也, 未發則爲戒愼恐懼之地, 已發則爲體察精察之時."

지와 행은 서로 경의 시·종을 이루고 있는 것이라고 해명하였다. 그는 지와 행이 수레의 두 바퀴나 새의 두 날개처럼 서로 선과 후가 되고 경과 중을 이룬다고 인식하였다. 그리하여 『중용』의 '존심'[선행후지설(先行後知說)의 입장]이나 『대학』의 '성의' 내지 『맹자』의 '존심'이 서로 경의 성시(成始)와 성종(成終)을 이룬다고 보았다.[356] 따라서 퇴계는 경이 수양과 학문을 통합하여 시작부터 끝까지 관철하는 것임을 강조함으로써 인식과 행위를 관통하는 것으로 파악하였던 것이다. 또한 격물과 지경의 사이에서도 "경이 철두철미하다는 인식 위에서, 진실로 지경의 방법을 알면 이치는 밝아지고 마음은 안정되며, 경으로써 격물하면 만물이 나의 살펴봄을 벗어날 수 없고, 경으로써 사물에 대응하면 사물이 마음에 누를 끼칠 수 없다."[357]고 하였다. 이처럼 그는 경의 관철을 통해 격물과 지경 사이에서도 상호 구별할 필요가 없음을 지적하였으며, 퇴계는 경을 동과 정, 궁리와 거경을 관철하는 것으로 파악하면서도 "궁리를 말하지 않은 채 그저 '경'자만 지키면 한쪽으로 치우친 데 빠지는 것"[358]이라고 경계하여, 거경과 궁리사이에서 균형 있는 상호보완적 인식을 추구하였던 것이다.

이와 같이 퇴계에서의 '경'은 수양을 실천하는 방법이요 주체로서 일이 있을 때나 없을 때나, 생각이 일어날 때나 일어나지 않을 때나, 활동할 때나 고요할 때나, 겉으로 드러나서나 속으로 침잠하여서나, 관통하여 실현되어야 하는 것이다. 그렇게 함으로써 인간은 오직 이 경의 방법을 통해서만 인간된 소이를 드러내어 인간다운 인간이 될 수 있으며 성학의 목적을 달성할 수 있다고 보는 것이 퇴계의 기본입장이다.

'경(敬)'의 올바른 실천(實踐)

퇴계는 "주자의 「경재잠」이 동정(動靜)과 표리(表裏)와 주일(主一)과 무적(無敵)을 모두 갖추고 있는 것이며 이들 중 어느 것도 버릴 수 없는 것이라고 강조하였으며, 그 힘써야 할 요령은 말씀의 취지와 의리가 있는 곳을 따라서 반복하여 그 맛을 연구하고 실지로 체험하며 행하는 것이다."[359]라고 하였다. 이러한 경의 실천은 '동정일관'과 '표리일치'의 수양법으로 구분해

356) 『退全』 권21, 25~26, '答李剛而', "自始知至, 知至至之, 始行至, 知終終之, 貫徹相資而互進也, 中庸之存心, 豈獨謂成始之敬乎, 大學之誠意·孟子之存心, 豈獨謂成終之敬乎."

357) 『退全』 권28, 7, '答金惇叙', "蓋敬者, 徹頭徹尾, 苟能知持敬之方, 則理明而心定, 以之格物, 則物不能逃吾之鑑, 以之應事, 則事不能爲心之累."

358) 『退全』 권29, 16, '答金而精', "不言窮理, 而徒守敬者, 陷於一偏."

359) 『退全』 권35, 39, '答李宏仲', "朱子敬齋箴, 動靜表裏主一無敵, 備擧而言之, 安有取舍於其間哉, 而用力之要, 則亦當各從其語旨義之所在, 反復研味, 而實體行之."

볼 수 있다. 「경재잠도」에 그려진 바와 같이 경은 시간적 차원에서 정시(靜時)와 동시(動時)를 관통하여 잠시도 중단됨이 없도록[불위(弗違)] 요구한다. 한편 공간적 차원에서 인간 행위가 밖으로 나타나는 겉[표(表)]과 인간마음의 내면세계인 속[리(裏)]이 상호 연관 관계속에서 서로 바르게 할 것[교정(交正)]을 요구하는 것이다.

○ 동정일관(動靜一貫)의 경(敬)

퇴계는 경에 대해서 고요할 때는 마음의 본체를 중시하여 마음이 아직 발동하지 않은 상태에 아무것도 의식 속에 두지 않을 것을 강조하면서도 사물이 마음에 해를 끼치는 것으로 잘못 알고 사물과 접하거나 움직임을 싫어하는 태도에 대해 경계하였으며, 천리를 근거로 동시에 '마음의 작용'에 나타나는 인욕을 조절함으로써, 사물에 구체적으로 대응하고 사물을 처리하는 일을 동과 정이 분리되지 않는 연속성으로써 중시하고 있다. 다시 말해 경을 행동하기 이전의 고요함[정]이나 행동으로 나타난 이후의 다양한 활동[동]에 일관되게 포함하여 실현시키면서 "고요할 때 천리의 본연을 함양하고 활동할 때는 인욕을 싹트는 기미에서 갈라낼 것"[360]을 경의 공부 방법으로 제시하고, 경의 수양 공부가 천리를 체인하고 인욕을 통제하는 '알인욕 존천리'의 공부임을 재확인하고 있으며 "진실하게 쌓아가며 오래도록 힘써서 순수하게 익히면, 고요할 때 비고 활동할 때 곧은 경의 마음을 확보 할 수 있다."[361]고 설명하였다.

퇴계가 주목한 동과 정에 일관하는 실천방법으로서 첫째, 정재엄숙은 속으로 마음의 엄숙함과 겉으로 모습을 정재함이지만 그 실천에서는 정시와 동시를 일관하여 실천하는 것으로 마음이 발동하기 이전에 고요할 때 '엄숙'한 것과 마음이 발동한 이후 활동할 때 '정재'하는 것으로 경의 체용을 제시하고 있다. 둘째, 조존과 성찰은 마음의 내면에서 활동의 계기를 주목하는 방법으로 제시하고 있어며 고요할 때 마음을 붙잡고 간직하는 '조존[존양(存養)]'은 마음의 주체를 각성시키고 배양하는 역할이라면, '성찰'은 활동할 때 생각과 행위를 살펴서 반성하는 마음의 활동에 따른 정사, 득실이나 시비선악을 분별하여 반성하고 살피는 것으로 제시된다. 셋째, 계구와 체찰로서 '계구[계신과 공구]'가 마음이 아직 발동하지 않은 상태인 정시(靜時)의 공부라면, '체찰(體察)'은 이미 발동한 다음으로 동시(動時)의 공부로서 대비되고 있다.[362] 또한, 경의 실천양상으로서 정자가 배우는 이들이 분잡하고 동요되는 일이 많음을 염

360) 『退全』 권28, 19, '答金惇叙', "靜而涵天理之本然, 動而決人欲於幾微."
361) 『退全』 권28, 19, '答金惇叙', "如是眞積力久, 至於純熟, 則靜虛動直."
362) 금장태, 한국유학의 심설, 서울대학교 출판부, 2003, p. 54.

려하여 정좌(靜坐)의 실천을 강조하듯이 퇴계 역시 깊은 관심을 표명하였다. “정좌한 다음에 신심이 수렴되고 도리가 머물 곳이 있게 된다. 만약 모습과 골격이 풀어져 나태하여 검속되지 않으면 신심이 혼란하게 되고 도리도 다시 머물 곳이 없다.”[363]고 하여 수양방법 중의 하나로 정좌를 통한 신체의 검속이 마음을 수렴하는데 중요한 역할을 한다는 것을 강조하였다. 그 만큼 퇴계는 외적인 고요한 자세에서도 내적인 마음의 수렴을 요구한 것이다. 정좌[명상]는 마음에 일어나는 수많은 생각들을 거부하지 않고 자연스럽게 받아들이고 생각을 붙잡아 두지 않으며 선악, 시비, 호불호, 쾌와 불쾌에 젖어 들지 않는다. 말하자면 퇴계가 맑은 거울로 비유한 것처럼 “사물이 지나가면 그것을 보내 텅 비운다.”는 것이다. 그러나 정좌 또는 명상은 쉽지 않은 것이므로 오랜 기간 지속적인 실천이 필요하다. 실천이 지속되면 정좌 속에서 생각들이 점점 잦아 들다보면 마음이 서서히 고요 속에 차분히 앉으면서 그 심연에서 문득 맑게 깨어 있는 순수의식을 체험 할 수 있을 것이다.[364] 또한 퇴계는 정좌와 글씨쓰기의 예를 들면서까지 모든 크고 작은 행위에서 주일(主一)의 경으로 일관할 것을 요구하였으며, 이러한 경의 실천효과로서 생각이 아직 싹트기 전의 정시(靜時)에는 ‘마음의 본체가 텅 비고 밝아서 본성이 깊고 순수하다.’고 하고, 생각이 이미 발동한 이후의 동시(動時)에는 ‘의리가 환히 드러나고 물욕이 물러나 따른다.’고 하여, 동과 정에 걸쳐 경이 실현된 모습을 보여 주고 있다.

○ 표(表)와 리(裏)의 일치(一致)로서의 경(敬)

퇴계는 심과 성의 수양공부로서 ‘구방심’과 ‘양덕성’의 실천을 위해서는 ‘주일무적’하고 ‘계신공구’ 함처럼 안에서만 다스리는 방법만이 아니라, 밖으로 나타나는 행동과 태도를 다스려 안으로 마음을 기르는 방법으로서 겉으로 들어난 ‘볼 수 있고 지키기 쉬운 방법’에 의해 속으로 ‘보이지 않고 묶어두기 어려운 마음’을 배양할 것과 수양은 단절이 없는 반복된 노력을 통하여 점점 익숙하게 되는 과정이 중요하며 마침내 본체와 응용이 융화되어 순수한 상태가 되는 극치의 단계로 나아가야 하는 것이라고 하였다.

퇴계가 주목한 표와 리를 일치시키는 수양방법 중 성품을 기르는 ‘함양’ 방법은 “경을 실천함으로써 속으로는 깊고 두텁게 성품을 함양하고, 겉으로는 사람과 일에 응접할 때에

363) 張福樞, 『夙興夜寐箴集說』 15, “退陶曰, 靜坐然後身心收斂, 道理方有湊泊處, 若形骸放怠無檢, 則身心昏亂, 道理無復有湊泊處.”

364) 김기현, 퇴계의 수양학, 『퇴계학보』 제129집, 퇴계학연구원, 2011, p. 32.

가볍게 지나치지 않을 것"[365]을 강조하여 속과 겉으로 경의 실천이 일관하기를 요구하였다. 이처럼 안팎으로 계속해 경을 실천해 나가서 익숙하게 되면 그 효과로서 '겉과 속이 일치하여[표리여일(表裏如一)]' 중심에서 주체를 확립하고 밖으로 모든 현상에 대응하면서 조화를 잃지 않아 사사로운 의사(意思)가 용납되지 않게 된다고 설명하였다. 따라서 퇴계는 "평소에 일이 없을 때는 성품의 본원을 함양하는 자리이며, 바깥으로는 생각하는 것처럼 정중하게 하고 마음속으로는 하나를 주장하는 것은 깨어 있는 때이다."[366]라고 언급함으로써, 경이 겉과 속을 일관시키는 것임을 제시하고 있다. 또한 마음이 주재하여 전일하면 생각하기를 기다리지 않더라도 능히 일에 따라 절도에 맞게 할 수 있다고 하였다. 또한 경의 주일을 실천하는 것이 마음의 주재를 확립하는 것이요, 하나의 마음이 만 가지 일을 거느릴 수 있으니, 한 가지 생각이나 대상에 사로잡혀 있는 것이 아님을 밝히고 있다. 퇴계는 "엄숙하게 함양함을 근본으로 삼고 깊이 침잠(沈潛: 성정이 가라앉아서 겉으로 드러나지 않음)하여 연소(研素: 바탕을 연구하다)함을 학문으로 삼아서, 이 도리가 한 순간도 떨어지지 않는 곳에서 몸과 마음으로 친절하게 체인(體認)하여, 그 사이에서 노닐고 젖어서 점차 쌓아 오래가다보면, 홀연히 녹고 깨끗해지게 된다. 이러한 경지가 '참소식[진소식(眞消息)]'이다."[367]라고 밝히고 있다. 이처럼 퇴계는 함양과 연소를 경의 실천방법으로 강조하면서도 항상 언제(時), 어디서든(場) 지속적인 실천과정을 견지하여 몸과 마음으로 체인하는 것이 마침내 도리와 일치하여 온전한 자유로움을 누리는 경지 속에서 완성되는 것을 수양의 실천방법과 형식과정으로 제시하고 있다.

'경(敬)'의 불실천(不實踐)으로 인한 병폐(病弊)와 치료(治療)

퇴계는 경을 실천하지 못하므로 해서 발생하게 되는 마음의 다양한 기질적 요소에 따르는 병의 증상을 자신의 경험과 관련하여 정밀하게 진단하고 그 치료방법을 제시함으로써 인격형성의 치밀한 체계를 구성하고 있다. 퇴계의 진단과 치료법을 도표로 제시하여보면 〈표 5〉와 같다.

퇴계는 '마음이 분산하고 동요되며 조급하고 경망스러운 증세'는 마음을 일치시켜 분산되지 않게 하여야 함을 약으로 처방하였으며, '마음이 부산스럽게 달리고 제멋대로 날아오르

365) 『退全』 권24, 6, '答鄭子中', "敬而無失, 涵養深厚, 而發於應接, 不敢輕易放過."

366) 『退全』 권28, 24, '答金惇叙', "平居無事, 是涵養本原地頭, 外儼若思, 中心主一, 惺惺然時也."

367) 『退全』 권26, 27~28, '答鄭子中', "一以莊敬涵養爲本, 沈潛研索爲學, 見得此箇道理, 眞不可須臾離處, 將此身心親切體認, 得以優游涵泳於其間, 庶積漸悠久之餘, 忽然有融釋脫灑處, 便是眞消息也."

표 5 '敬'의 不實踐으로 인한 病의 症狀과 治療法

병의 증상	치료법
마음이 분산하고 동요되는[심지분우(心之紛擾)] 증세	'경'을 지킴
조급하고 경망스러운 증세	마음을 일치시켜 분산되지 않게 함
마음이 부산스럽게 달리고 제멋대로 날아오르는[심지역마비탕(心之馳騖飛揚)] 증세	생각을 너그럽게 하고 푹 젖어들게 하여 깨어 있는 마음의 주인이 늘 비추도록 함
생각이 많은[다사색(多思索)] 해독	정양(正養)의 공부를 함[경공부(敬工夫)]
동 정이 분리되어 한 쪽에 치우친 공부의 병폐가 나타나는 증세	동 정이 일관하므로 균형있는 상호보완적 인식으로 존양 성찰의 양면을 포함할 것
마음 속에 생각이 얽혀서 풀리지 않는 증세	반드시 천리를 흔적없이 융화시킬 것
'사의(私意)'에 의해 마음이 산란하여 '주일'하지 못한 증세	한 가지 일에 오로지 대응하면서 다른 일을 생각에 남겨 두지 않고, 다른 일에 옮기면, 지난 일에 사로잡히지 말고, 마음을 비우고 순수함을 확보할 것.
'이치의 탐구'와 '경의 실천'의 두 가지 공부 방법이 서로 방해가 되는 증세	지속적인 경의 실천으로 인한 축적이 필요함

는' 증세는 강력하게 붙잡거나 급박하게 억제하지 말고 생각을 너그럽게 하고, 편안하고 한가롭게 하여 푹 젖어 들게 하며, 깨어있는 마음의 주인이 되어 항상 맡아서 관리함을 잃지 않게 하도록 처방하고 있다. 또한 '마음이 번잡하고 소란하며 편안하지 못하는 경우'에는 정양하는 공부가 약으로 제시되었다. 그리고 고요할 때와 활동할 때의 어느 한쪽에 빠진 병통, 즉 주자가 말한 '항상 잠들어 깨지 않거나, 항상 행하며 그치지 않는 병[상숙무각(常寐無覺), 상행불철지병(常行不輟之病)]'이라 하여 옳지 않음을 지적하였으며, 약으로 고요할 때와 활동할 때는 일관한 것이므로 균형 있는 활동과 변화 상황에 대한 상호 보완적 인식으로서 특히 존양과 성찰의 양면을 포함할 것을 제시하고 있다. 또한 마음속에 생각이 얽혀서 풀리지 않는 증세는 마음의 중요한 병통으로서 마음속에 오래 머물면 사사로운 생각[사의(私意)]이 되는 것이므로 반드시 천리로 흔적 없이 융화시켜야만 마음이 바르게 될 수 있다고 처방하였다. 그리고 퇴계는 사사로운 생각에 의해 마음이 산란하여 '주일'하지 못한 증세에 대해 경의 주일을 실현하는 방법으로서 한 가지 일에 오로지 대응하여 다른 일을 생각에 남겨두지 않고, 다른 일에 옮기면 지난 일에 사로잡히지 말고 마음을 비우고 순수함을 확보해야 한다고 처방

하였다. 또한 퇴계는 수양의 기본방법 사이에서 '이치의 탐구'와 '경의 실천'이라는 두 가지 공부 방법이 서로 방해가 되는 현상에 대해서는 경의 실천이 미숙하기 때문이라고 진단함으로써 퇴계는 지속적으로 경에 대한 실천의 완숙함이 바로 마음에서 일어나는 온갖 병통을 치료할 수 있는 기본 방법임을 역설하고 있는 것이다.

10. 제10 숙흥야매잠도

제10 숙흥야매잠도
(第十 夙興夜寐箴圖)

일상생활에서 경(敬)을 적극적으로 실천하려는 의지를 담고 있다. 선인(先人)들이 성인이 되기 위해 얼마나 치밀하고 철저하게 자신의 일거수일투족(一擧手一投足)을 살피고 가다듬었는지를 알 수 있다. 이러한 선비의 일과표는 시간적으로 아침 일찍 깨어나서 밤늦게 잠들기 전까지 얼마나 존양(存養)에 헌신적인 노력을 기울였는지를 단적으로 보여준다.

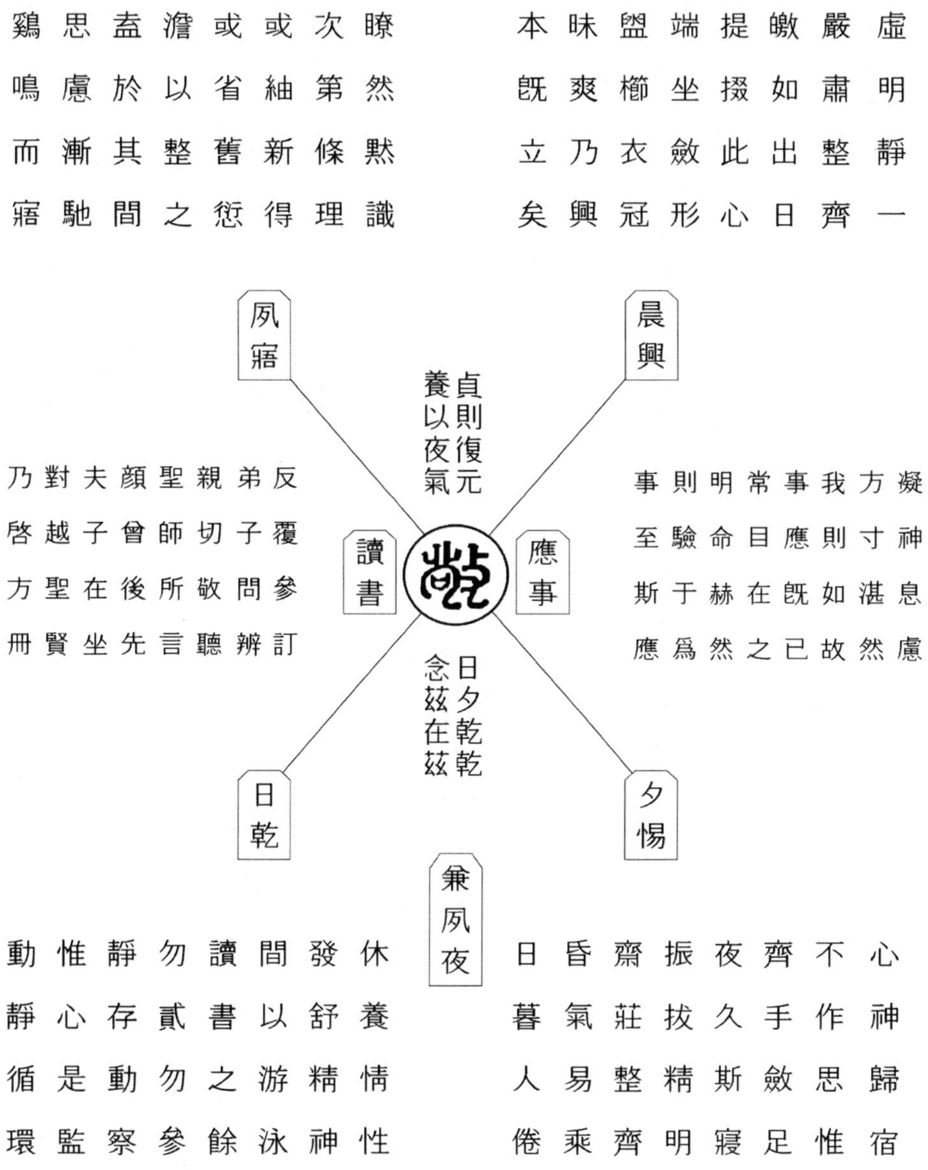
鷄思盍澹或或次瞭
鳴慮於以省紬第然
而漸其整舊新條默
寤馳間之愆得理識
本昧盥端提皦嚴虛
既爽櫛坐掇如肅明
立乃衣斂此出整靜
矣興冠形心日齊一
夙寤
晨興
貞則復元
養以夜氣
乃對夫顔聖親弟反
啓越子曾師切子覆
方聖在後所敬問參
冊賢坐先言聽辨訂
讀書
敬
應事
事則明常事我方凝
至驗命目應則寸神
斯于赫在既如湛息
應爲然之已故然慮
日夕乾乾
念玆在玆
日乾
夕惕
兼夙夜
動惟靜勿讀間發休
靜心存貳書以舒養
循是動勿之游精情
環監察參餘泳神性
日昏齋振夜齊不心
暮氣莊拔久手作神
人易整精斯斂思歸
倦乘齊明寢足惟宿

닭이 울어서 잠에서 깨어나면 생각이 차츰 일어나게 되니 어찌 그 사이에 마음을 조용히 정돈하지 않겠는가 혹은 지난날의 잘못을 반성하고 혹은 알게 된 것의 실마리를 찾기도 하여 일의 순서와 맥락을 분명하게 알아야 한다

근본이 이미 세워졌으면 새벽에 일찍 일어나서 세수하고 머리 빗고 옷입고 관쓰고 단정하게 앉아 몸가짐을 바로 한다 마음을 끌어모으되 떠오르는 해처럼 밝게하여 몸가짐을 엄숙하고 반듯하게 하여 마음을 텅빈듯하면서도 밝고 고요하게 한결같이 해야한다

일찍 잠에서 깨어남

새벽에 일어남

야기로 마음과 정신을 잘 기르면 정이 다시 원으로 돌아올 것이다

책을 읽을 때

책을 펴서 성현들을 마주 대하게 되면 공자께서 앞에 앉아 계신 듯 안자와 증자가 앞뒤에 있는 듯 성현께서 말씀하신 것을 간절하게 경청할 것이며 제자들의 질문과 변혼을 반복해서 참고하여 바르게 고쳐야한다

일에 응할 때

일이 생겨서 대응하게 될 경우에는 그간 배운 것을 실천으로 증명해야한다 밝은 천명이 환하게 빛나도록 항상 눈을 그곳에 두어야 한다 일에 대응하고 나면 나는 옛날 그대로 돌아가 마음을 고요하게 하여 정신을 모으고 생각을 멈추게 해야한다

항상 이렇게 하는 것에 생각을 두어 밤낮으로 부지런히 노력하여야 한다

낮에 부지런히 노력함

저녁에 두려워하며 조심함

밤낮을 겸하여 말함

움직임과 고요함이 순환하는 때를 오직 마음만이 보게 되는 것이니 고요할 때는 잘 보존하고 움직일 때는 잘 살펴서 마음이 둘 또는 셋으로 나뉘어져서는 안된다 글을 읽다가 쉬는 여가에 간간이 휴식을 취하고 정신을 편하게 하여 성정을 쉬게 한다

해가 저물어 사람이 피곤해지면 나쁜 기운이 들어오기 쉬우므로 몸과 마음을 잘 가다듬어 정신을 맑게 이끌어야 한다 밤이 깊어 잠을 잘 때는 손발을 가지런하게 하고 생각을 일으키지 말고 마음과 정신을 잠들게 해야한다

「숙흥야매잠(夙興夜寐箴)」 원문(原文)

雞鳴而寤, 思慮漸馳, 盍於其間, 澹以整之. 或省舊愆, 或紬新得, 次第條理, 瞭
계명이오, 사려점치, 합어기간, 담이정지. 혹성구건, 혹주신득, 차제조리, 요
然默識. 本旣立矣, 昧爽乃興, 盥櫛衣冠, 端坐斂形. 提掇此心, 皦如出日, 嚴肅
연묵식. 본기립의, 매상내흥, 관즐의관, 단좌렴형. 제철차심, 교여출일, 엄숙
整齊, 虛明靜一. 乃啓方册, 對越聖賢, 夫子在坐, 顔曾後先. 聖師所言, 親切敬
정제, 허명정일. 내계방책, 대월성현, 부자재좌, 안증후선. 성사소언, 친절경
聽, 弟子問辨, 反覆參訂. 事至斯應, 則驗于爲, 明命赫然, 常目在之. 事應旣已,
청, 제자문변, 반복참정. 사지사응, 즉험우위, 명명혁연, 상목재지. 사응기이,
我則如故, 方寸湛然, 凝神息慮. 動靜循環, 惟心是監, 靜存動察, 勿貳勿參. 讀
아즉여고, 방촌담연, 응신식려. 동정순환, 유심시감, 정존동찰, 물이물삼. 독
書之餘, 間以遊泳, 發舒精神, 休養情性. 日暮人倦, 昏氣易乘, 齋莊整齊, 振拔
서지여, 간이유영, 발서정신, 휴양정성. 일모인권, 혼기이승, 재장정제, 진발
精明. 夜久斯寢, 齊手斂足, 不作思惟, 心神歸宿. 養以夜氣, 貞則復元, 念玆在
정명. 야구사침, 제수렴족, 부작사유, 심신귀숙. 양이야기, 정즉부원, 염자재
玆, 日夕乾乾.
자, 일석건건.

「숙흥야매잠(夙興夜寐箴)」[368] 원문 해석(原文 解釋)

닭이 울어서 잠에서 깨어나면 생각이 차츰 일어나게 되니, 어찌 그 사이에 마음을 조용히 정돈하지 않겠는가! 혹은 지난날의 잘못을 반성하기도 하고, 혹은 새로 알게 된 것의 실마

368) '숙흥야매(夙興夜寐)'라는 말은 '일찍 일어나고 늦게 잠잔다'는 의미로 위(衛)나라 무공(武公)이 자신의 삶을 경계하기 위하여 95세에 지은 『시경』「대아」「탕」「억」시에 처음 나오는 말이다. 「숙흥야매잠」은 남송(南宋)의 진백(陳柏)이 지은 것으로서 진백의 자는 무경(茂卿) 호는 남당(南塘)이며, 이른 아침부터 늦은 밤에 이르기 까지 일상생활에서 어떻게 공부하고 실천해야 할지를 설명하고 있다. 유학의 궁극적인 목표는 일상생활에서 지선(至善)을 실현하는 것이다. 지선한 삶의 원리는 인간성에 내재해 있다고 보기 때문에 인간성에 대한 성찰과 보존의 태도를 끊임없이 유지해야 한다. 그것이 곧 경(敬)이다. 유학의 존재론에서 시작하여 「소학도」와 「대학도」에서 유학의 학문적 규모와 방법을 설명하고, 유학의 목표를 성취할 수 있는 심성론적 기초를 설명한 다음, 최후의 종착지는 바로 일상생활에서의 경(敬)이라고 한다. 앞의 도(圖)가 주로 처한 상황에 초점을 맞춘 것이라면 이 도(圖)는 시간적 상황에 초점을 맞춘 것이다. 모든 시간, 모든 상황에서 항상 경의 태도가 유지된다면 삶의 도인 지선은 온전하게 실현 될 것이다. 노수신(盧守愼, 1515~1590)과 이 잠의 주해에 대하여 논변한 편지가 두 통[『퇴계전서』 1, 「여노이제과회」, 「답노이제」] 남아있다. 「숙흥야매잠도」는 퇴계가 그린 것이다.

리를 찾기도 하여, 일의 순서와 맥락을 분명하게 알아야 한다. 근본[마음(心)][369]이 이미 세워졌으면 새벽에 일찍 일어나서 세수하고 머리 빗고, 옷 입고, 관 쓰고, 단정하게 앉아 몸가짐을 바로 한다. 이 마음을 끌어 모으되, 떠오르는 해처럼 밝게 하며, 몸가짐을 엄숙하고 반듯하게 하며 마음을 텅 빈 듯이[허명(虛明)]하면서도 밝고 고요하게 한결같이 해야 한다.[370] 책을 펴서 성현들을 마주 대하게 되면, 공자께서 앞에 앉아 계신 듯[371] 안자와 증자가 앞뒤에 앉아 있는 듯, 성현께서 말씀하신 것을 간절하게 경청할 것이며, 제자들의 질문과 변론을 반복해서 참고하여 바르게 고쳐야 한다. 일이 생겨서 대응하게 될 경우에는 그간 배운 것을 실천으로 증명해야 한다. 하늘로부터 부여받은 밝은 덕이 빛나도록 항상 눈을 그곳에 두어야 한다.[372] 일에 대응하고 나면 옛날 그대로 돌아가 마음을 고요하게 하여 정신을 모으고 생각을 멈추게 해야 한다. 움직임과 고요함이 순환하는 때를 오직 마음만이 보게 되는 것이니, 고요할 때는 마음을 잘 보존하고 움직일 때는 잘 살펴서 마음이 둘 또는 셋으로 나뉘어져서는 안 된다. 글을 읽다가 쉬는 여가에 간간이 휴식을 취하고 정신을 편안하게 하여 성(性)과 정(情)을 쉬게 한다. 해가 저물어 사람이 피곤해지면 나쁜 기운이 들어오기 쉬우므로 몸과 마음을 잘 가다듬어 정신을 맑게 이끌어야 한다. 밤이 깊어 잠을 잘 때는 손발을 가지런하게 하고 생각을 일으키지 말고 마음과 정신[심신(心神)][373]을 잠들게 해야 한다. 야기(夜氣)로 마음

369) 원문은 본(本)이다. 앞에서 말한 여러 가지 생각들이 정리되어 마음의 바탕이 갖추어진 상태를 의미한다.

370) 고려대학교 민족문화연구원 한국사상연구소, 역주와 해설 성학십도, 예문서원, 2011, p. 139.
허명(虛明)이란 마음의 본래 상태를 뜻하는 말로, 허령불매(虛靈不昧)의 의미와 통한다. 이 본래 마음상태를 고요하고 전일하게 간직하는 것은 마음이 발출하기 이전에 본심을 함양하는 공부이다. 사물의 지각이 아직 이르기 전에 마음을 유지하고 기른다는 것은, 사물과 접했을 때 명징한 인식 과정을 확보할 수 있도록 미리 준비하는 것일 뿐 아니라, 더 나아가 마음 본래의 순선한 도덕성이 마음이 발출 할 때에 온전히 발현될 수 있도록 하기 위한 공부이기도 한 것이다. '엄숙정제(嚴肅整齊)'는 마음이 발출하기 이전에 함양하는 기본 공부이다.

371) 원문의 '대월성현(對越聖賢)'을 말한다. 정자(程子)의 "경하지 않음이 없으면 가히 상제를 마주 대할 수 있다[毋不敬, 可以對越上帝]"와 같은 표현으로 마치 실제로 성현들을 마주하고 있는 듯이 공경하고 두려워하는 태도를 가지고 성현의 글을 읽어야 함을 말한 것이다.

372) 고려대학교 민족문화연구원 한국사상연구소, 역주와 해설 성학십도, 예문서원, 2011, p. 139.
이 구절은 『서경』「태갑」의 '하늘의 밝은 명을 돌아보니[顧諟天之明命]'에서 온 것이다. 주자의 『대학장구』에서는 이 『서경』 구절에 대해 "고(顧)는 눈이 항상 거기에 있는 것을 말하는 것이다. 체(諟)는 이것과 같다. 하늘의 밝은 명은 곧 하늘이 나에게 준 것이며 내가 덕으로 삼은 것이다. 항상 눈이 거기에 있다는 것은 어느 때고 밝지 않은 때가 없다는 것이다"[顧, 謂常目在之也. 諟, 猶此也, 或曰審也. 天之明命, 卽天之所以與我, 而我之所以爲德者也. 常目在之, 則無時不明矣]라고 설명하였다. 즉, 하늘의 밝은 명을 돌아본다는 것은 자신에게 하늘이 부여한 선천적인 도덕성이 있음을 늘 생각한다면 그 도덕성이 어느 때고 밝지 않은 때가 없을 것이라는 의미이다.

373) 고려대학교 민족문화연구원 한국사상연구소, 역주와 해설 성학십도, 예문서원, 2011, p. 140.
심신(心神)이란 마음속에 깃들어 있는 신명(神明)을 가리킨다. 의서(醫書)에 따르면, 심(心)이란 신명의 집

과 정신을 잘 기르면, 정(貞)이 다시 원(元)으로 돌아올 것이다.374) 항상 이렇게 하는 것에 생각을 두어375) 밤낮으로 부지런히 노력하여야 한다.

퇴계(退溪)의 설명 원문(說明 原文)

○ 右箴，南塘陳茂卿柏所作以自警者，金華王魯齋嘗主敎台州上蔡書院，專以是箴
○ 우잠, 남당진무경백소작이자경자, 금화왕노재상주교태주상채서원, 전이시잠
爲敎，使學者人人誦習服行．臣今謹倣魯齋敬齋箴圖，作此圖，以與彼圖相對．蓋
위교, 사학자인인송습복행. 신금근방노재경재잠도, 작차도, 이여피도상대. 개
敬齋箴有許多用工地頭，故隨其地頭，而排列爲圖，此箴有許多用工時分，故隨其
경재잠유허다용공지두, 고수기지두, 이배열위도, 차잠유허다용공시분, 고수기
時分，而排列爲圖．夫道之流行於日用之間，無所適而不在，故無一席無理之地，
시분, 이배열위도. 부도지유행어일용지간, 무소적이부재, 고무일석무리지지,
何地而可輟工夫 無頃刻之或停，故無一息無理之時，何時而不用工夫．故子思
하지이가철공부 무경각지혹정, 고무일식무리지시, 하시이불용공부. 고자사
子曰；“道也者，不可須臾離也，可離，非道也．是故君子戒愼乎其所不睹，恐懼乎
자왈; “도야자, 불가수유리야, 가리, 비도야. 시고군자계신호기소부도, 공구호
其所不聞．”又曰：“莫見乎隱，莫顯乎微，故君子愼其獨也．”此一靜一動，隨處隨
기소불문.”우왈: “막현호은, 막현호미, 고군자신기독야.”차일정일동, 수처수

으로서 크기는 사방 1촌(寸)이라고 한다. 이 신명은 본래 영명(靈明)한 것이지만 외물에 의해 흐려지게 되는 것이니, 예를 들면 두려워하거나 징계하거나 기뻐하고 노여워하거나 혹은 사려작용에 의해 이 방촌(方寸)이 불타듯 뜨겁게 된다고 한다. 즉, 칠정육욕(七情六慾)이 마음에서 생겨나면 불선(不善)이 양심과 더불어 다투게 된다는 것이다. 그러므로 마음이 고요해야 본래 영명한 신명에 통할 수 있으며 원기(元氣)가 견고해져서 만병이 생기지 않는다고 한다. 그러므로 이 구절은 사려작용을 멈추어 마음을 고요하게 함으로써 신명의 본래상태를 회복하게 하라는 것이다.

374) ‘정즉복원(貞則復元)’을 말한다. 원(元)·형(亨)·이(利)·정(貞)은 천도(天道)의 네 가지 덕으로서 원에서 형으로, 형에서 이로, 이에서 정으로, 정에서 다시 원으로 순환 반복한다. 계절로는 봄·여름·가을·겨울을 가리킨다. 그러므로 원문에서 정(貞)이 다시 원(元)으로 돌아온다는 것은 겨울에서 봄으로 돌아옴을 말하는 것으로 소생의 의미를 가지고 있다. 즉, 인간 본래의 양심이 다시 드러난다는 말이다. 또한 하루를 여기에 대응시키면, 오전은 원, 오후는 형, 저녁은 이, 자정 이후는 정이 될 것이다. 그래서 자정 이후의 밤기운이 쌓여 원기가 다시 살아난다고 하였다.

375) 『서경』「대우모」에 나오는 글이다. 순임금이 우에게 천자의 자리를 물려주려하자 우는 고요(皐陶)를 추천하며, “황제여, 생각할 지어다. 오직 이 사람만을 생각할 지어다”[帝念哉, 念茲在茲]라고 말하였다. 후에 이 말은 ‘어떤 한 가지 일에 생각을 집중한다’는 의미로 쓰이게 되었다.

時，存養省察，交致其功之法也. 果能如是，則不遺地頭，而無毫釐之差，不失時
시, 존양성찰, 교치기공지법야. 과능여시, 즉불유지두, 이무호리지차, 불실시
分，而無須臾之間，二者並進，作聖之要，其在斯乎!
분, 이무수유지간, 이자병진, 작성지요, 기재사호!
○ 以上五圖，原於心性，而要在勉日用，崇敬畏.
○ 이상오도, 원어심성, 이요재면일용, 숭경외.

퇴계(退溪)의 설명 원문(說明 原文) 해석(解釋)

○ 위의 「숙흥야매잠(夙興夜寐箴)」은 남당(南塘) 진무경(이름은 백(柏))이 자신을 경계하려고 저술한 것입니다. 금화(金華)[376]사람인 왕노재(王魯齋)가 태주(台州)[377]에 있는 상채서원(上蔡書院)에서 교육을 주관하고 있을 때, 오로지 「숙흥야매잠」으로 교육시켜서, 배우는 사람들로 하여금 모두 외우고 익혀서 실천하도록 하였습니다. 신(臣)이 지금 삼가 노재의 「경재잠도」를 모방하여 이 그림을 만들어 그의 그림과 서로 상대가 되게 하였습니다. 대개 「경재잠」에는 여러 가지 공부해야 할 상황[지두(地頭)]들이 있으므로, 그 상황들에 따라 해야 할 공부를 배열하여 그림을 만들었고, 이 「숙흥야매잠」에는 공부해야 할 시기가 있으므로, 그 시기에 따라서 배열하여 그림을 만들었습니다. 대저 '도(道)'는 일상생활 속에서 유행하는 것이어서 어느 곳을 가더라도 존재하지 않는 곳이 없습니다. 그러므로 어느 한 곳이라도 이치가 없는 곳이 없으니 어느 곳에서 인들 공부를 그만둘 수 있겠습니까. 또한 도는 잠시라도 멈추는 일이 없습니다. 그러므로 어느 한 순간도 이치가 없는 때가 없으니 어느 때인들 공부를 하지 않을 수 있겠습니까. 그러므로 자사가 말하기를 "도라는 것은 잠시도 떠날 수 없는 것이니, 떠날 수 있다면 도가 아니다. 그러므로 군자는 보이지 않는 바를 조심하고 삼가며, 들리지 않는 바를 두려워한다."[378]라고 하였고, 또 말하기를 "숨은 것보다 더 잘 드러나는 것은 없으며, 미세한 것보다 더 잘 나타나는 것은 없다. 그러므로 군자는 홀로 있을 때 삼가는 것이다."[379] 라고 하였던 것입니다. 이것은 한번 고요하고 한번 움직일 때나, 어느 곳 어느 때에나, 존양(存養)하고 성찰

376) 중국 절강성(浙江省)의 금화(金華)시
377) 중국 절강성(浙江省)의 동남 해안의 도시
378) 『중용』 1장, "道也者，不可須臾離也，可離，非道也，是故君子戒愼乎其所不睹，恐懼乎其所不聞"
379) 『중용』 1장, "莫見乎隱，莫顯乎微，故君子愼其獨也"

(省察)하여 서로 공부를 완성하는 방법입니다. 과연 이와 같이 한다면 어떤 경우라도 털끝만 한 잘못도 없게 될 것이고, 어떤 시기에도 빠뜨리지 않아 잠시의 멈춤조차 없게 될 것이니, 이 두 가지 공부를 함께 해 나가면 성인이 되는 요체가 바로 여기에 있는 것입니다.

○이상의 다섯 가지 그림은 심성(心性)에 근원한 것인데, 그 요점은 일상생활에서 힘써 공부하고 경외(敬畏)380)하는 마음을 높이는 데에 있습니다.

「숙흥야매잠도(夙興夜寐箴圖)」의 구조(構造)와 이해(理解)

「숙흥야매잠도」는 남송시대 진백(陳柏)[진무경]이 지은 「숙흥야매잠」을 퇴계가 분석하고 도상화하여 「숙흥야매잠도」를 그린 것이다. '숙흥야매'라는 말은 아침 일찍 일어나 늦은 밤 잠들 때까지 성실하게 노력한다는 의미이다. 아침에 일찍 일어나 세수하고 의복을 단정하게 갖추고 앉아서 책을 읽어야 하며, 사람들과 묻고 답하면서 자신의 잘못을 고치고, 일이 생기면 처리한 다음, 다시 마음을 가라 앉혀 학문에 집중한다. 간혹 휴식을 취하며 다시 정신을 맑게 하고, 밤이 되면 몸이 피로해 기운이 쇠약해지므로 더욱 정신을 가다듬어야 한다. 밤에 잘 때는 아무 생각도 하지 말고 깊이 잠들어 맑은 기운이 다시 몸속에 들어오도록 해야 한다는 것이 「숙흥야매잠도」의 전반적인 내용이며, 언제든지 마음을 다잡아 자신이 해야 할 일에 전념한다는 실천의 전일성을 표현하는데 초점이 있다.

퇴계는 제9도인 「경재잠도」에서 일상의 여러 상황들에 대해 경을 실천하는 방법을 자세하게 설명하였음에도 제10도인 「숙흥야매잠도」를 「경재잠도」와 대비시켜 제시한 것은 하루 중에서 시간에 따른 경의 실천방법을 밝혀 줌으로써 공부하는 이들에게 보다 자세한 경 공부의 방법을 보여주려는 것이다. 그리고 퇴계는 「숙흥야매잠도」을 도상화하면서 도(圖)의 중심에 '경(敬)'자를 둠으로써 하루에 나아가 경을 실행하는 구체적 절도를 서술함으로써 「숙흥야매잠」을 관통하는 전체의 주제가 '경' 임을 확인하고 있다. 퇴계는 「숙흥야매잠」의 내용을 숙오·신흥·독서·응사·일건·석척·겸숙야의 7장으로 나누었는데, 이것을 시간적으로 분류하여 내용을 설명하면 다음과 같다.

자리에서 일어나는 새벽의 두 단계로 '숙오'와 '신흥'을 그림 상단의 좌우에 배치하였다.

① 숙오(夙寤)는 잠에서 깨어나는 순간의 마음가짐으로 마음이 일어나니 조용히 마음을 정돈해야 함을 뜻하는 것이다. 인간은 깨어나면 마음은 활동하게 되며 그러한 활동을 없애

380) '공경하면서 두려워한다.'는 뜻이다.

버릴 수는 없으므로 올바르게 지향토록 만들어 가느냐에 중요한 초점을 두어야 한다. 그러므로 「숙흥야매잠」의 첫 구절인 '숙오'는 하루의 시발점이 되며, 그 시발점은 지난날의 반성과 새로 알게 된 실마리를 바탕으로 앞으로의 일에 대한 계획을 제대로 세움으로써 마음이 조리 있게 정리되고 분명하게 이해된다는 것이다.

② 신흥(晨興)은 깨어난 후에 해야 할 일과 자세로서, 세수하고 머리 빗고 옷을 갖추어 입고 단정하게 앉아 몸을 가다듬고 마음을 끌어 모으되 밝게 떠오르는 햇살처럼 해야 함을 뜻하는 것이다. '숙오'의 과정을 거치면 하루를 준비하게 되며 준비 할 때에도 마음의 경을 유지하는 것이 관건이며, 경의 공부는 몸가짐을 단정하게 하는 데서 시작한다. 아침 시간 스스로 하루 일을 준비하는 때의 마음은 미발상태에 해당된다고 할 수 있으며 미발의 인간 마음을 선한 상태로 보존하고 기르는 일이 준비 과정에서 좌우 될 수 있다.

낮 동안 활동하는 두 단계로 '독서'와 '응사'를 그림 중단의 좌우에 배치하였다.

③ 독서(讀書)는 글을 읽을 때의 마음가짐으로 책을 펴서 성현을 대하게 되면 공자께서 자리에 계시고 안회와 증자가 앞뒤에 있을 것이라 하여 성현의 말씀을 올바르게 이해하고 바르게 고쳐야 함을 뜻하는 것이다. 선비에게 독서한다는 것은 눈과 입으로 읽는 것이 아니라 몸과 마음으로 체감하며 성인의 길을 걸어가는 것이다. 그러므로 결코 포기하거나 게을리 할 수 없는 일과(日課) 중에서 중요한 일이며 성인의 말씀을 탐구하여 성인됨에 한 발 더 다가설 수 있게 되는 것을 의미한다.

④ 응사(應事)는 일에 대응하는 마음가짐으로 일이 생겨서 대응하게 될 경우에는 실천으로 증명해야 함을 뜻한다. 퇴계는 안으로의 경 공부도 중요하지만 동시에 모든 일에 대응하는 경의 실현도 중요함을 인식하여 "미리 대비하지 않을 수 없는 것이 일이지만 기대하는 마음을 갖는 것은 옳지 않으며, 대응하지 않을 수 없는 것이 사물이기는 하지만 마음에 두고 잊지 않는 것은 옳지 않다. 공자문하의 학문과 심법의 요체가 바로 여기에 있다."[381]라고 하여 사물에 대응하면서도 마음의 자유로움을 확보하는 수양방법을 강조하고 있다. 그리하여 퇴계는 '경으로 안을 곧게 하고 의(義)로 바깥을 반듯하게 하여[경이직내, 의이방외(敬以直內, 義以方外)]' 안과 밖으로 경과 의를 아울러 지키는 '경의협지(敬義夾持)'로써 곧 바로 위로 천덕(天德)에 통달하게 하는 것이 '마음을 간직하는[존심(存心)]' 방법의 가장 절실한 과제임을 제시하였다. '경의협지'의 수양공부가 지속되어 체득된 효과를 퇴계는 "마음이 사물에 대해서 오기 전에

381) 『退全』 권28, 3~4, '答金惇叙(富論)', "不可不豫者事也, 而有期待之心則不可, 不可不應者物也, 而存留不忘則不可, 聖門之學, 心法之要, 正在於此."

는 맞이하지 않고 막 오게 되면 다 비추어 대응하며 이미 비추어 대응하고서는 남겨 두지 않아서, 그 본체의 맑음은 밝은 거울이나 고요한 물과 같으니, 비록 매일같이 온갖 일을 응접하더라도 마음속에는 일찍이 한 물건도 없을 것이다."[382] 라고 하였다. 이와 같이 마음은 많은 일을 응접하더라도 본체를 간직할 수 있으며, 경의 수양을 통해 마음도 늘 일에 그대로 응하고 바깥의 사물이 마음에 해가 될 수 없도록 하여 본연으로 되돌아 갈 수 있어야 한다. 그러므로 마음이 사물에 대응하는 올바른 방법은 내 성품이 바깥의 사물과 같은 이치임을 인식하고 이치에 따라 사물에 대응하는 것이다. 그리고 주자는 일에 응하는 것을 '이발'이라 부르고 '늘 깨어 있는 마음으로 자기 마음이 본질대로 활동하는지 살피는 경의 공부'[성찰공부]를 강조한다. 그래서 경 공부를 경각제시(警覺提撕)라고 부른다.

저녁에 하루 일을 수렴하는 과제로서 '일건'과 '석척'으로 그림 하단의 좌우에 있다.

⑤ 일건(日乾)은 낮이 다할 때까지 부지런히 노력하는 것으로, 하루 종일 노력한다는 것은 진지한 태도로 주의를 집중하여 성인의 경전을 탐독하고 짬이 날 때마다 그 내용을 반추하여 내면화하는 일을 계속한다는 것이다. 그 내면화의 과정은 자신의 본래 마음 상태를 느긋하게 길러내는 과정이며 철저히 노력을 더하고 느긋하고 침착하게 공부해 가는 과정이다. 그리고 너무 공부에 몰두하다 보면 심안이 생길 우려가 있으므로 간혹 휴식을 취하고 심기를 안정시켜야 한다는 뜻이다.

⑥ 석척(夕惕)은 저녁의 마음가짐으로 날이 저물어 사람이 피곤해 지면 나쁜 기운이 들어오기 쉬우므로 저녁 때에 '재장정제(齋莊整齊)'하라는 것이며 그것은 몸과 마음을 잘 가다듬어 정신을 맑게 이끌어야 함을 뜻하는 것이다.

아침부터 밤까지 하루를 겸하는 수양공부로서 '겸숙야(兼夙夜)'를 그림 중심에 놓인 '경'자의 위 아래로 자리 잡아 결론으로 제시하였다.

⑦ '겸숙야'는 밤에 잠들기까지의 마음가짐으로 밤이 깊어 잠을 잘 때는 손발을 잘 거두어 몸가짐을 반듯하게 하고 생각을 일으키지 않으면서 정신을 편안하게 유지하는 것이다. 마음이 불필요한 사려에 휩싸이지 않고 편안하게 잠들면 다음날 아침에는 청명한 정신과 기운으로 충만할 수 있다는 것이다.

이상과 같이 퇴계는 「숙흥야매잠」의 내용을 7장으로 나누고 1~6장까지는 각각 8구 32자로 구성하고 7장에는 4구 16자로 구성하였다. "「경재잠」에는 여러 가지 공부하는 자리[지

382) 『退全』 권28, 4~5, '答金惇叙', "心之於事物, 未來而不迎, 方來而畢照, 旣應而不留, 本體湛然, 如明鏡止水, 雖日接萬事, 而心中未嘗有一物."

두(地頭)]가 있으므로 그 자리에 따라 배열한 것이 「경재잠도」라면, 「숙흥야매잠」에는 여러 가지 때[시분(時分)]가 있으므로 그 때에 따라 배열한 것이 「숙흥야매잠도」라 한다."[383]고 하여, 이 두 잠이 수양론의 공부를 위한 상황과 시간을 각각 제시한 것으로 대비시키고 있다. 또한 퇴계는 "도란 일용하는 사이에 유행하는 것이다. 가는 데마다 (도가) 있지 않는 곳이 없으므로 리가 없는 곳이란 한 군데도 없는 것이니, 어느 곳에선들 공부를 그만 둘 수 있으랴. 잠깐 사이도 (도는) 정지할 수 없으므로 리가 없는 때란 한 순간도 없으니, 어느 때인들 공부를 하지 않을 수 있으랴."[384]라고 하여 '도'가 어디에라도 있지 않은 데가 없고 언제라도 있지 않은 때가 없듯, 경의 실천도 상황에 따라 시간에 따라서도 지속적으로 수행되어야 하는 것임을 강조하고 있다. 이와 같이 「숙흥야매잠도」는 「경재잠도」의 상황에 따른 수양공부의 방법과 더불어 시간에 따른 수양공부의 방법으로 그것을 생활 세계에서의 실천으로 구체화하고 있는 것이다. 이처럼 퇴계는 언제 어디서나 멈출 수 없음을 원칙으로 하고 『중용』에서 언급하였듯이 도(道)의 상시성에 주목하여 '계신공구'하고 '신독'하는 수양공부도 병행되어야 함을 강조하였다. 그리하여 "한번 동하고 한번 정함에, 어느 곳 어느 때나 존양하고 성찰하는 것이 번갈아 공부하는 방법"[385]이라고 하여 정시에 마음을 붙잡아 간직하는 '조존' 공부와 동시에 마음의 활동을 돌이켜서 살피는 '성찰' 공부를 제시하였다. 이러한 공부의 효과로서 "과연 이렇게 할 수 있다면, 어느 자리에서나 털끝만큼의 착오도 남김이 없을 것이요, 어느 때에서나 한순간의 틈도 빠뜨림이 없을 것이니, 이 두 가지를 함께 나아가게 하면 성인을 이루는 요령이 여기에 있다."[386]고 함으로써 상황에 따르는 수양공부인 「경재잠」과 시간에 따르는 수양공부인 「숙흥야매잠」이 긴밀하게 결합되어 수양공부의 기본방법을 제시하고 있음을 알 수 있다.

그리고 퇴계는 일상생활의 거동과 생각 속에서 마음을 간직하는[존심] 수양방법으로서 "어느 때, 무슨 일에나 '극복하고 다스리는 노력을 할 것', '잊지도 말고 조장하지도 말 것', '경과 의를 아울러 지킬 것', '잠시라도 중단하지 말 것'"[387]을 당부하면서 그것을 어느 때, 무슨 일에서나 실천해야 한다는 실천의 지속성을 요구하고 있다.

383) 『退全』 권7, 34, '第10 夙興夜寐箴圖', "蓋敬齋箴有許多用工地頭, 故隨其地頭而排列爲圖, 此箴有許多用工時分, 故隨其時分而排列爲圖."

384) 『退全』 권7, 34~35, '第10 夙興夜寐箴圖', "夫道之流行於日用之間, 無所適而不在, 故無一席無理之地, 何地而可輟工夫, 無頃刻之或停, 故無一息無理之時, 何時而不用工夫."

385) 『退全』 권7, 35, '第10 夙興夜寐箴圖', "此一靜一動, 隨處隨時, 存養省察, 交致其功之法也."

386) 『退全』 권7, 35, '第10 夙興夜寐箴圖', "果能如是, 則不遺地頭而無毫釐之差, 不失時分而無須臾之間, 二者並進, 作聖之要, 其在斯乎."

387) 『退全』 권14, 15, '答南時甫', "當隨時隨事, 力加克治之功, 勿忘勿助, 敬義夾持, 無少間斷, 此最緊切工夫."

〈원전〉

『書經』, 『論語』, 『孟子』, 『中庸』, 『大學』, 『周易』, 『四書集註』, 『近思錄』, 『性理大全』, 『朱子語類』 『心經附註』, 『孝經』, 『退溪先生文集』, 『退溪全書』, 『東經大全』, 『龍潭遺詞』, 『海月神師法設』

〈저술목록〉

가다머 저, 이길우, 이선관, 임호일, 한동원 역(2000). 진리와 방법 Ⅰ－철학적 해석학의 기본특징들. 서울: 문학동네.

고려대학교 민족문화연구원 한국사상연구소(2011). 역주와 해설 성학십도. 서울: 예문서원.

고진호(1997). 교육해석학적 패러다임과 그 적용가능성 연구. 교육철학 17, 49－68.

금장태(2001). 『성학십도』와 퇴계철학의 구조. 서울: 서울대학교출판부.

금장태(2001). 퇴계의 삶과 철학. 서울: 서울대학교출판부.

금장태(2003). 한국유학의 심설. 서울: 서울대학교출판부.

김기현(2011). 퇴계의 수양학. 퇴계학보 129, 5－59.

김기봉(2020). 포스트코로나 뉴노멀과 신문명 패러다임. 철학과 현실 126, 105－130.

김난도 외 8인(2020). 트렌드 코리아 2021. 서울대 소비트렌드 분석센터의 2021 전망. 서울: 미래의 창.

김대호(2016). 4차 산업혁명. 서울: 커뮤니케이션북스.

김도헌(2020). 사물인터넷과 인공지능시대의 미래 학습, 어떻게 바라볼 것인가?: 연결, 확장, 정서의 개념을 중심으로. 평생학습사회 16(1). 한국방송통신대학교 원격교육연구소, 1－25.

김동창(2017). 인간 향상의 윤리적 쟁점과 도덕교육적 의미. 윤리교육연구 44. 한국윤리교육학회, 25－58.

김승호(2014). Didaktik의 교육과정적 함의. 교육과정연구 32(2). 한국교육과정학회, 1－19.

김신애, 방준성(2019). 인공지능 시대의 교육을 위한 '또 하나의 관점'. 교육원리연구 24(1). 한국교육원리학회, 83－105.

김영선(2013). 과로사회. 서울: 이매진.
김용휘(2004). 侍天主사상의 變遷을 통해 본 東學. 박사학위논문. 고려대학교.
김용휘(2007). 우리 학문으로서의 동학. 서울: 책세상.
김인희 외(1983). 한국교육사상연구. 서울: 집문당.
김지하(1993). 동학이야기. 서울: 솔.
김지하(1997). 동학사상과 생명문화 운동. 숭실대학교 기독교사회연구소, 249-261.
김지하(2004). 생명학 1. 서울: 화남.
김응준(2019). 교양교육과 포스트휴먼 인문과학. 한국교양교육학회 2019년 추계전국학술대회 자료집. 한국교양교육학회, 105-112.
김의중(2016). 인공지능, 머신러닝, 딥러닝 입문. 파주: 위키북스.
김재인(2017). 인공지능의 시대, 인간을 다시 묻다. 서울: 동아시아.
김재인(2020). 뉴노멀의 철학. 서울: 동아시아.
김종석(2013). 퇴계철학의 독자성과 『심경부주』. 퇴계학논집 13. 영남퇴계학연구원, 33-60.
김효선 외(1986). 동양교육고전의 이해. 서울: 이대출판부.
김효선(2019). AI(인공지능)시대 미래교육의 배움학적 제언. 미래교육연구 9(4). 한국미래교육학회, 1-15.
김희진(2019). 공각기동대-Ghost in the Shell(1995)에 나타난 SF상상력. 한국문예비평연구 63. 한국현대문예비평학회, 147-173.
도용태, 김일곤, 김종완, 박창현, 강병호(2013). 인공지능 개념 및 응용. 고양: 사이텍미디어.
매일경제 세계지식포럼 사무국(2018). 집단지성. 글로벌 대혼란 극복의 열쇠. 서울: 매경출판.
문동규(2017). 인간의 인간다움: 교양교육의 지향점 — 휴머니즘에 대한 하이데거의 사유를 중심으로 —. 범한철학 87(4). 범한철학회, 141-167.
리쩌하우(2006). 논어금독. 서울: 북로드.
미셸 푸코 저, 이희원 역(1997). 자기의 테크놀로지. 서울: 동문선.
미셸 푸코 저, 이혜숙, 이영묵 역(2004). 성의역사 3: 자기 배려. 서울: 나남출판.
미셸 푸코 저, 심세광 역(2007). 주체의 해석학: 콜레주드프랑스 강의, 1981-1982. 서울: 동문선.
미셸 푸코 저, 심세광, 전혜리 역(2016). 비판이란 무엇인가? 자기 수양. 파주: 동녘.
미셸 푸코 저, 심세광, 전혜리 역(2017). 담론과 진실. 파주: 동녘.
박경환(1995). 민중의 철학사상과 실천-전통철학 계승과 극복으로서의 동학사상. 시대와 철학. 10, 69-97.
박영숙, 제롬 글렌(2016). 세계미래보고서 2050. 미래사회, 인류에게 가장 중요한 것을 말하다. 서울: 교보문고.
박삼열(2019). 휴먼인가? 포스트휴먼인가?. 인문사회 21. 10(4), 1085-1200.
박승억(2016). 인공지능 시대, 전문가 시스템의 위기와 인문 소양교육. 사고와 표현 9(3). 한국사고와 표현학회, 67-91.

박이문(2016). 생태학적 세계관과 문명의 미래. 서울: 미다스북스.
박일준(2018). 인공지능 시대, 인간을 묻다. 서울: 동연.
박재호, 송동주, 강상희(2020). 디자인 씽킹. 제품과 서비스 개발을 위한 혁신적 문제해결방법. 대구: 가디언북.
박천진(1994). 退溪의 教育思想 硏究: 知行互(竝)進論을 중심으로. 석사학위논문. 전남대학교.
박휴용(2020). 포스트휴먼 리터러시－개념 및 범주, 이론적 기반, 그리고 교육의 방향. 러터러시 연구 11(1). 한국리터러시학회, 11－55.
백종현(2017. 10. 19). 포스트휴먼 시대와 휴머니즘, 플라톤 아카데미 TV. 지혜의 향연 강좌 시리즈. https://www.youtube.com/watch?v＝6gWkhCg6QqI에서 2020. 05. 13 인출.
손승남(1997). Dilthey의 해석학과 교육학적 전기연구. 교육학연구. 35(1). 한국교육학회, 19－41.
손승남(2010). 지속가능한 미래, 삶의 질 그리고 생태교육. 교육의 이론과 실천 15(2). 한독교육학회, 93－115.
손승남(2020). AI 시대 교양기초교육의 교수학적 재음미. 교양교육연구 14(4). 한국교양교육학회, 11－23.
손화철(2016). 인공지능 시대 인간의 자리. 윤리학 5(2). 한국윤리학회, 55－80.
서동은(2019). 인공지능(AI) 시대에 교양 교육의 의미: 하이데거의 「휴머니즘 서간」을 중심으로. 현대유럽철학연구 52. 한국하이데거학회＋한국해석학회 통합 학회, 289－319.
서울대학교 창의성 교육을 위한 교수 모임(2018). 창의혁명. 서울: KOREA.COM.
서정일(2019). 자율적 주체를 위한 인문정신의 구현으로서의 교양(Bildung). 독어교육 74. 한국독어독문학교육학회, 279－299.
신상규(2020). 포스트휴먼이 몰려온다. 파주: 아카넷.
신일철(1995). 동학사상의 이해. 서울: 사회비평사.
신창호(2006). 공부, 그 삶의 여정. 파주: 서현사.
안성찬(2009). “전인교육으로서의 인문학 — 독일 신인문주의의 ‘교양(Bildung)’사상 — ”, 인문논총 62, 서울대학교 인문학연구원, 99－126.
안현수(2019). 푸코의 주체화와 자기 생성의 문제. 문화와 융합. 41(2). 한국문화융합학회, 1051－ 1082.
오석원 외(1988). 조선조 유학사상의 탐구. 서울: 여강출판사.
오인탁, 최종욱 외(1996). 해석학과 정신과학적 교육학. 서울: 사회평론.
원키 저, 이한우 역(1999). 가다머. 해석학, 전통 그리고 이성. 서울: 민음사.
이광석(2017). 데이터 사회 비판. 서울: 책 읽는 수요일.
이광호(1999). 한국사상논문선집(제70집). 고양: 불함문화사.
이광호(2012). 성학십도. 서울: 홍익출판사.
이병철(2004). 기술의 본질에 관한 하이데거의 존재론적 물음. 철학연구 28. 고려대학교 철학연구소, 31－44.

이상은(1987). 퇴계의 생애와 학문. 서울: 서문당.
이상은(2011). 퇴계의 생애와 학문. 서울: 예문서원.
이상진·송기변·이덕일(1997). 성학십도·동국십팔선정. 서울: 자유문고.
이상호(2017). 초기 퇴계학파 제자들의『심경부주』이해와 퇴계학의 심학적 경향. 국학연구 34. 한국국학진흥원, 767-807.
이소평(1995). 이퇴계의 '경'철학과 미래의 인격발전. 퇴계학보 87(1), 163-180.
이승종(2009). 기술에 대한 하이데거의 물음 ― 분석적 해석학을 위하여 ―. 해석학연구 24. 한국해석학회, 127-155.
이은경(2016). 나랑 같이 놀 사람, 여기 붙어라: 인간과 기계의 공생을 위한 교육. 서울: 길밖의 길.
이은경(2018). 디지털 데이터 사회의 포스트 휴먼을 위한 교육. 신학사상 183. 신학사상연구소, 137-163.
이종관(2017). 포스트휴먼이 온다. 고양: 사월의 책.
이지헌 외 9인(2018). 교육학개론. 서울: 학지사.
이하준(2018). 니체의 교양비판과 교양교육의 미래. 철학논총 94(4). 새한철학회, 329-351.
이해명(1990). 퇴계의 통합교육사상연구. 퇴계학연구 4, 41-64.
이 황(1981). 한국의 유학사상 한국사상전집(2). 서울: 삼성출판사.
이 황(1981). 한국의 유학사상 세계의 사상(32). 서울: 삼성출판사.
이 황 저, 고산 역(2013). 자성록/언행록/성학십도. 서울: 동서문화사.
윤사순(2010). 퇴계선집. 서울: 현암사.
윤석산(2005). 천도교의 가르침과 어린이 교육. 동학학보 9(3). 동학학회, 301-404.
윤석산(2006). 용담유사 연구. 서울: 모시는 사람들.
윤혜경, 김용하(2019). 포스트휴먼과 미래형 기초교양교육의 이념과 설계에 관한 연구. 한국교양교육학회 2019년 추계전국학술대회 자료집. 한국교양교육학회, 95-102.
장상호(1997). 학문과 교육 (상). 서울: 서울대학교 출판부.
정보통신정책연구원(2014). 포스트휴먼(Post-Human)시대 기술과 인간의 상호작용에 대한 인문사회 학제간 연구. 정책연구 14-59, 서울: 미래창조과학부.
정순목(2001). 退溪評傳. 서울: 지식산업사.
정연재(2020). 인공지능의 시대, 프로페셔널리즘의 위기와 교양교육의 방향. 교양교육연구 14(1). 한국교양교육학회, 59-77.
정현미, 손승남(2010). 동학의 생명사상과 생명존중의 교육. 교육사상연구 24(3). 한국교육사상학회, 263-289.
주현정, 이병준(2018). 교사교육을 위한 독일 교수학 이론 모형에 대한 탐구. 교육혁신연구 28(4). 부산대학교 교육발전연구소, 557-575.
조남국(1995). 성학십도. 서울:교육과학사.
진덕수, 정민정 저, 이한우 역(2019). 심경부주. 서울: 해냄.

차두원, 김서현, 김홍석(2016). 잡 킬러: 4차 산업혁명, 로봇과 인공지능이 바꾸는 일자리의 미래. 서울: 한스미디어.
추형석(2018). 범용 인공지능의 개념과 연구 현황. Issue Report 2018-002. 성남: SPRi 소프트웨어 정책연구소.
최근덕·송항룡·송하경·서경요·오석원·이기동·김성기(2001). 유학사상. 서울: 성균관대학교 출판부.
최재천(2016). 호모 심비우스. 이기적 인간은 살아남을 수 있는가?. 파주: 이음.
최해숙(2008). 마음에 대한 소고. 유학사상문화연구 31, 229-251.
팔머 저, 이한우 역(1992). 해석학이란 무엇인가. 서울: 문예출판사.
편상범(2005). 프로타고라스의 인간척도설. 철학 84. 한국철학회, 33-62.
하머마이스터 저, 임호일 역(2001). 한스-게오르크 가다머. 서울: 한양대학교 출판부.
한국해석학회 편(1995). 해석학은 무엇인가. 해석학 연구 I. 서울: 지평문화사.
한국현상학회 편(1992). 생활세계의 현상학과 해석학. 서울: 서광사.
한국포스트휴먼연구소, 한국포스트휴먼학회(2016). 포스트휴먼 시대의 휴먼. 파주: 아카넷.
한병철(2012). 피로사회. 서울: 문학과 지성사.
한소원, 이준환, 송지우, 서봉원, 권현지(2020). 호모마키나: 기계와 함께하는 인간의 미래. 파주: 커뮤니케이션북스.
허숙, 유혜령 편(1997). 교육현상의 재개념화-현상학, 해석학, 탈현대주의의 이해. 서울: 교육과학사.
홍성욱(2019). 포스트휴먼 오디세이. 파주: 휴머니스트.

范壽康(1964). 朱子及其哲學. 臺灣: 開明書店.
劉述先(1982). 朱子哲學思想的發展與完成. 臺北: 臺灣學生書局.
陳榮捷(1988). 朱子新探索. 臺北: 臺灣學生書局.

Adorno, Th. W.(1975). Theorie der Halbbildung. In: Ders.(1975). *Gesellschaftstheorie und Kulturkritik*. Frankfurt a. M.: Suhrkamp.
Aoun, J. E.(2017). *ROBOT-PROOP: Higher Education in the Age of Artificial Intelligence*. 김홍옥 역(2019). AI 시대의 고등교육. 서울: 에코리브르.
Anders, G.(2017). *YOU CAN DO ANYTHING: The Surprising Power of a "Useless"Liberal Arts Education*. 김미선 역(2017). 왜 인문학적 감각인가. 인공지능 시대, 세상은 오히려 단단한 인문학적 내공을 요구한다. 서울: 사이.
Beck, U.(1986). *Risikogesellschaft. Auf dem Weg in eine andere Moderne*. Frankfurt a. M.: Suhrkamp.
Braidotti, R.(2013). *The Posthuman*. 이경란 역(2015). 포스트휴먼. 파주: 아카넷.
Buber, M.(1973). *Das dialogische Prinzip*. Heidelberg: Lambert Schneider.

Cleary, J & Hogan, P.(2001). Education is Self−Education. In: *Journal of the Philosophy of Education*. 35(4), 529−538.

Comenius, J. A.(1632). *Didactica Magna*. 정확실 역(2007). 대교수학. 파주: 교육과학사.

Danner, H.(1989). *Methoden geisteswissenschaftlicher Paedagogik*. Muenchen: Reinhardt.

Dilthey, W.(1910). Der Aufbau der geschichtlichen Welt in den Geisteswissenschaften. *GW VII*. Eingeleitet von Manfred Riedel(1981). Frankfurt a. M.: Suhrkamp.

Dutt, C.(Hrsg.)(1993). *Hermeneutik−Aesthetik−Praktische Philosophie: Hans Georg Gadamer im Gespraech*. Heidelberg: Univerlag C. Winter.

Gadamer, H.−G.(1966). Die Universalitaet des hermeneutischen Problems. *Philosophisches Jahrbuch* 73, 215−225.

Gadamer, H.−G.(1974). Art. Hermeneutik. Ritter, J.(Hrsg.). *Historisches Woerterbuch der Philosophie*. Bd. 3. Basel & Stuttgart.

Gadamer H.−G. & Boehm G.(1976). *Philosophische Hermeneutik*. Frankfurt a. M.: Suhrkamp.

Gadamer, H.−G.(1990). *Wahrheit und Methode. Grundzuege einer philosophischen Hermeneutik. durchges*. 6. Aufl. Tuebingen: Mohr.

Gadamer, H.−G.(1993). *Wahrheit und Methode. Ergaenzungen, Register. durchges. 2. Aufl.* Tuebingen: Mohr.

Gadamer, H. G.(2000). *Erziehung ist sich erziehen*. Heidelberg: Kurpfälzischer Verlag.

Grondin, J.(1991). *Einfuehrung in die philosophische Hermeneutik*. Darmstadt: Wissenschaftliche Buchgesellschaft.

Grondin, J.(1994). *Der Sinn fuer die Hermeneutik*. Darmstadt: Wissenschaftliche Buchgesellschaft.

Grondin, J.(1994). *Hermeneutische Wahrheit? Zum Wahrheitsbegriff Hans Georg Gadamers. 2. verbesserte Aufl.* Weinheim: Beltz.

Habermas, J.(1970). Der Universalitaetsanspruch der Hermeneutik. Bubner, Cramer & Wiehl. (Hrsg.). *Hermeneutik und Dialektik*. Bd. 1. Tuebingen: Mohr.

Harari, Y. N.(2017). *Homo Deus: A Brief History of Tomorrow*. 김명주 역(2017). 호모 데우스: 미래의 역사. 파주: 김영사.

Heidegger, M.(1967). Brief ueber den “Humanismus”. In: *Wegmarken*. Frankfurt a.M: Vittorino Klostermann.

Heidegger, M.(1993). *Sein und Zeit. 17. Aufl.* Tuebingen: Niemeyer.

Heidegger, M.(1995). Ontologie (Hermeneutik der Faktizitaet). 2. Aufl. Broecker−Oltmans. (Hrsg.). *Gesammelte Aufgabe. Bd. 63*. Frankfurt a. M: Vittorino Klostermann.

Freire, P.(1968). *Pedagogy of the Oppressed*. 남경태, 허진 역(2018). 페다고지. 파주: 그린비.

Jonas, H.(1984). *Das Prinzip Verantwortung. Versuch einer Ethik fuer die thechno−logische*

Zivilisation. Frankfurt am Main: Suhrkamp.

Klafki, W.(1959/1985). *Neue Studien zur Bildungstheorie und Didaktik.* Weinheim und Basel: Beltz.

Klafki, W.(1991). *Neue Studien zur Bildungstheorie und Didaktik. 2. erweiterte Aufl.* Weinheim: Beltz.

Klafki, W.(1995). "Schluesselprobleme" als thematische Dimension eines zukunfts–orientierten Konzepts von "Allgemeinbildung". *Die Deutsche Schule. 3. Beiheft.* 9–14.

Kron, F. W.(2000). *Grundwissen Didaktik. 3. Aufl.* Basel: Reinhardt.

Kuzweil, R.(2005). *The Singularity is Near.* 장시형, 김명남 역(2007). 특이점이 온다. 파주: 김영사.

Lebreton et al.(2018). Evidence that the Great garbage Patch is rapidly accumulating plastic. *Scientific report.* Published online March 22.

Naisbitt, J.(1982). *Megatrends.* New York: Warner Books.

Naisbitt, J. & Naisbitt, D.(2018). *Mastering Megatrends–Understanding and Leveraging the Evolving New World.* 우진하 역(2018). 미래의 단서: 글로벌 메가트렌드 최종 결정판. 서울: 부키.

Marcuse, H.(1964). *One–Dimentional Man.* 박병진 역(2009). 일차원적 인간. 선진산업사회의 이데올로기 연구. 서울: 한마음사.

Meyer–Abich, K–.M.(1990). *Aufstand fuer die Natur. Von der Umwelt zur Mitwelt.* Muenchen: Hanser Verlag.

Rifkin, J.(1996). *End of Work. The Decline of the Global Labor Force and the Dawn of the Post–Market Era.* 이영호 역(2016). 노동의 종말. 파주: 민음사.

Roughley, N.(1994). In der Ueberlieferung sein. Eine historisch–systematische Rekonstruktion der Hermeneutik Gadamers. *Philosophisches Jahrbuch.* 101(2), 381–394.

Schleiermacher, F.D.E.(1835). *Werke. Dritte Abt. Dritte Bd.* Reimer(Hrsg.). Berlin.

Schleiermacher, F.D.E.(1977). *Hermeneutik und Kritik.* M. Frank(Hrsg.). Frankfurt a. M.: Suhrkamp.

Schwab, K.(2016). *The Fourth Industrial Revolution: what it means, how to respond.* Davos: World Economic Forum.

Tuomi, I.(2018). The Impact of Artificial Intelligence on Leaning, Teaching, and Education, *JRC SCIENCE FOR POLICY REPORT.* Luxemburg: PO of the EU.

UNESCO(2019). *Artificial Intelligence in Education: Challenges and Opportunities for Sustainable Development, UN Working Papers on Education Policy.* Paris: UN ESCO.

Von Humboldt, W.(1793/94). Theorie der Bildung des Menschen. *Werke in fünf Bänden. Band I.* hrsg. v. Andres Flitner und Klaus Giel(1960). Darmstadt: Wissenschaftliche Buchgesellschaft, 234–240.

〈인터넷자료〉

기후변화로 인한 바이러스 유출과 전파

https://blog.naver.com/kordipr/221905603240

기후위기를 대전환의 희망으로
https://blog.naver.com/4438won/222098193936
대학 교양기초교육의 표준모델
http://konige.kr/sub02_08.php
불타는 '지구의 허파' 아마존 두고 국제사회와 브라질 갈등 심화
http://news.khan.co.kr/kh_news/khan_art_view.html?artid=201908231600001
애플, 2022년에 AR 글래스 출시할 것
https://www.zdnet.co.kr/view/?no=20200325105646
온난화로 녹은 티베드 만년설에서 '고대 바이러스' 발견
https://www.asiae.co.kr/article/2020012711004956937
유발 하라리 파인낸스 타임즈 기고문 "the world after coronavirus"
https://www.ft.com/content/19d90308-6858-11ea-a3c9-1fe6fedcca75
인공지능과 무용자계급
http://view.asiae.co.kr/news/view.htm?idxno=2019011713383981534
인공지능과 포스트휴머니즘-초학제의 뉴 호라이즌
https://horizon.kias.re.kr/13780/
최근 인공지능 개발 트렌드와 미래의 진화 방향
http://www.lgeri.com/report/view.do?idx=19584
코로나 19, 사라지지 않을 것
https://www.seoul.co.kr/news/newsView.php?id=20210114500093
한국의 청소년 행복지수
https://children365.or.kr/archives/11318
AI 시대의 대학교육 -기초교양교육 강화 사례
https://www.gist.ac.kr/kr/img/sub07/univ_207.pdf
OECD Principles on AI
https://www.oecd.org/going-digital/ai/principles/
The future of education and skills: Education 2030
https://www.oecd.org/education/2030/E2030%20Position%20Paper%20(05. 04.2018).pdf

〈영화〉
공각기동대(1995), 매트릭스 시리즈(1999-2003), 아이언맨(2008), 어벤져스 시리즈(2012-2019), 이글 아이(2008), 터미네이터 시리즈(1984-2019)

4 …… 위키피디아 https://commons.wikimedia.org/wiki/File:Wolfgang_Klafki.jpg

7 …… 이슈메이커 http://www.issuemaker.kr/news/articleView.html?idxno=3784

8 …… 한경닷컴 https://www.hankyung.com/news/article/2009072242151

10 …… 아시아경제 https://cm.asiae.co.kr/article/2020110623220363789

11 …… 고용노동부 블로그 https://m.blog.naver.com/life_n_work/221970250976

14 …… 나무뉴스 https://namu.news/article/1014896#gsc.tab=0

16 …… 한경닷컴 https://www.hankyung.com/international/article/202003220926i

18 …… IRS Global https://www.irsglobal.com/bbs/rwdboard/14175

20 …… AgitC https://agitc.kr/blogPost/untitled-2

21 …… Horizon https://horizon.kias.re.kr/12689/

38 …… Wachendorff Homepage https://www.wachendorff-automation.de/umwelt/

39 …… GISS NASA(2012) https://data.giss.nasa.gov/gistemp/news/2011/

41 …… 다음 블로그 https://blog.daum.net/stonehinge/8726534

42 …… UPI 뉴스 https://www.upinews.kr/newsView/upi202004230063

44 …… brunch https://brunch.co.kr/@minnation/993

46 …… 동아닷컴 https://www.donga.com/news/article/all/20060926/8354932/1

50 …… greenmakketing https://greenmakketing.wordpress.com/2012/04/05/egoeco/

52 …… 네이버 블로그 책과 나무 https://m.blog.naver.com/PostView.nhn?blogId=booknamu2011&logNo=221139113913&proxyReferer=https:%2F%2Fwww.google.com%2F

56 …… 유네스코 한국위원회 https://www.unesco.or.kr/data/unesco_news/view/764/1094/page/0

65 …… https://www.ilemonde.com/news/articleView.html?idxno=8732

67 …… https://thewiki.kr/w/%EC%95%8C%ED%82%A4%EB%B9%84%EC%95%84%EB%8D%B0%

EC%8A%A4

76 ···· 동문선 현대신서 블로그 https://m.blog.naver.com/PostView.nhn?blogId=hiskindness&logNo=220278865274&proxyReferer=https:%2F%2Fwww.google.com%2F

90 ···· 국립중앙박물관 https://www.museum.go.kr/site/main/relic/search/view?relicId=2716

92 ···· 이동희의 동양고전 이야기 http://news.imaeil.com/Culture/2012090807335703104

96 ···· 동양고전에 관한 네이버 블로그 https://m.blog.naver.com/PostView.nhn?blogId=ken-pa44&logNo=221179312992&proxyReferer=https:%2F%2Fwww.google.com%2F

100 ···· 신정근의 동양철학 매일경제 https://www.mk.co.kr/opinion/columnists/view/2013/12/1363431/

107 ···· 한국민족문화대백과사전 http://encykorea.aks.ac.kr/Contents/Item/E0057640

111 ···· 한국민족문화대백과사전 http://encykorea.aks.ac.kr/Contents/Item/E0057440

114 ···· 우리역사넷 http://contents.history.go.kr/mobile/eh/view.do?levelId=eh_n0630_0010& code=eh_age_30

126 ···· 한국민족문화대백과사전 http://encykorea.aks.ac.kr/Contents/Index?contents_id=E0046626

131 ···· 한국역사연구회 http://www.koreanhistory.org/3821

140 ···· 농민신문 https://www.nongmin.com/nature/NAT/ETC/320902/view

143 ···· 한국민족문화대백과사전 http://encykorea.aks.ac.kr/Contents/Item/E0029678

163 ···· https://heritagepicture.blogspot.com/2019/10/10-845cm-345cm.html

부록

한글 『성학십도』

[제1 태극도]

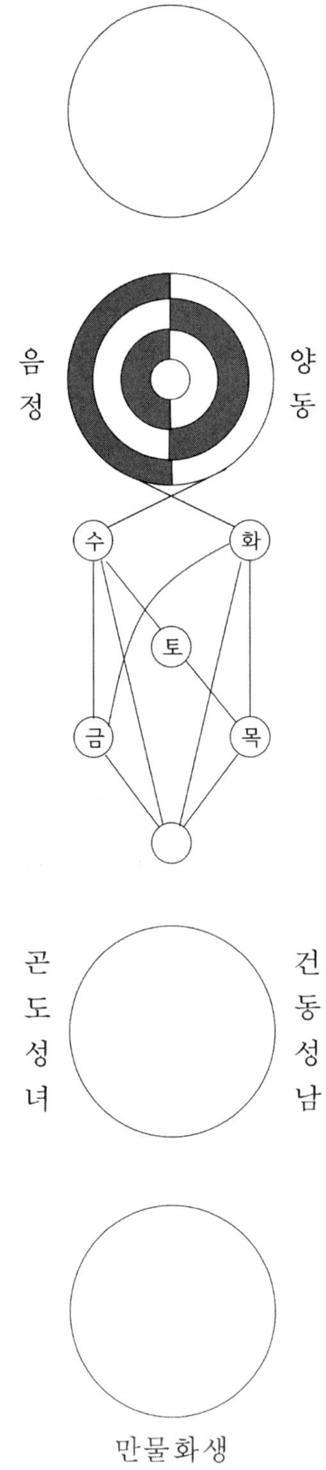

○ 차소위무극이태극야즉음양이지기본체
불잡호음양이위언이 ◎ 차 ○ 지동이양정이
음야중 ○ 자기본체야 ☽ 자 ◖ 지근야 ◖ 자 ◗
지근야 차양변음합이생수화목금토야
차무극이오소이묘합이무간야 ○ 건남곤
녀이기화자언야각일기성이남녀일태극야
○ 만물화생이형화자언야각일기성이만물일태극야

[제2 서명도]

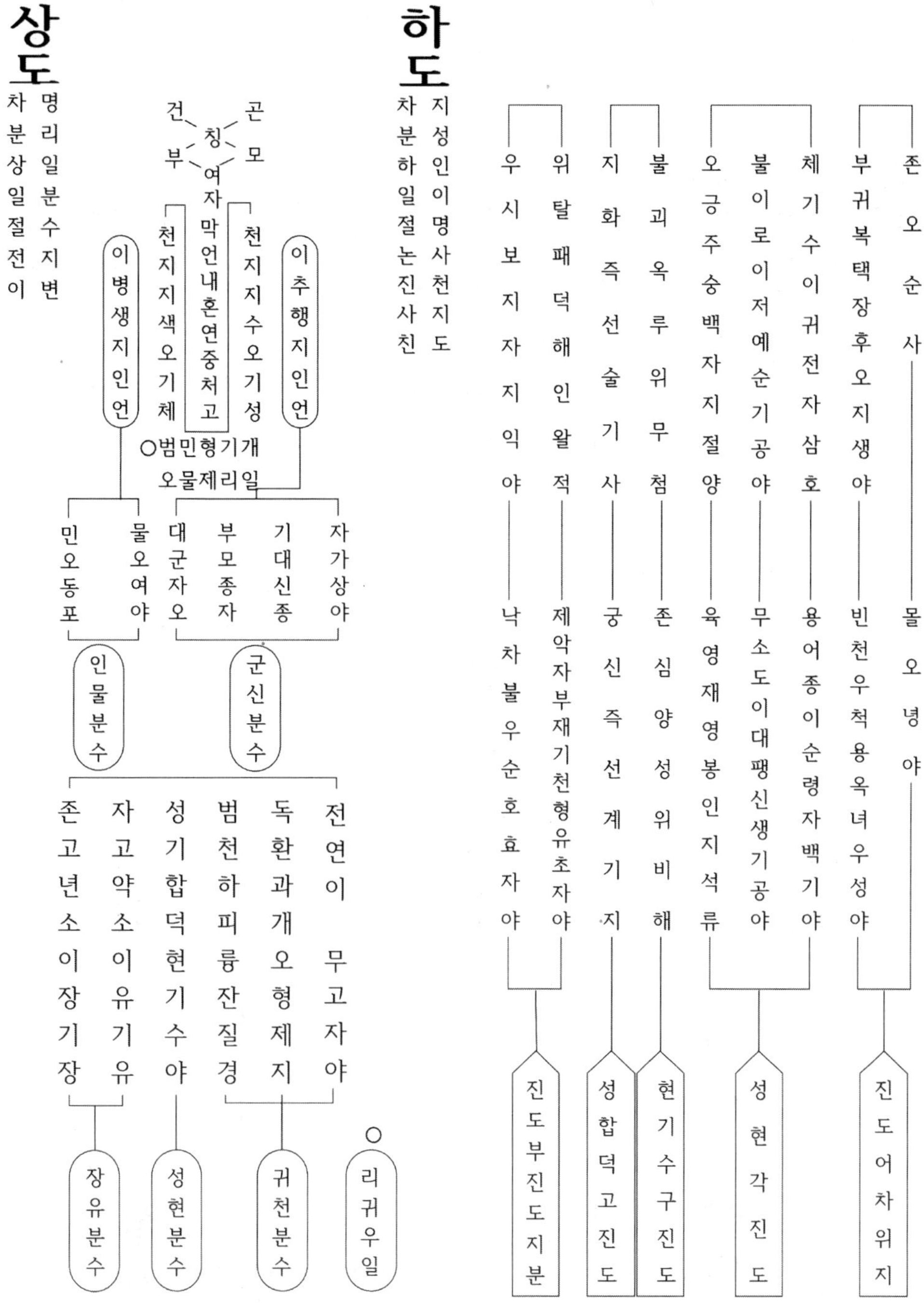
상도
명리일분수지변
차분상일절전이
건
곤
칭
부
모
여
자막언내혼연중처고
천지지색오기체
천지지수오기성
이병생지인언
이추행지인언
○범민형기개
오물제리일
물오여야
민오동포
자가상야
기대신종
부모종자
대군자오
인물분수
군신분수
전연이 무고자야
독환과개오형제지
범천하피륭잔질경
성기합덕현기수야
자고약소이유기유
존고년소이장기장
장유분수
성현분수
귀천분수
○리귀우일
하도
지성인이명사천지도
차분하일절논진사친
존오순사
몰오녕야
부귀복택장후오지생야
빈천우척용옥녀우성야
체기수이귀전자삼호
용어종이순령자백기야
불이로이저예순기공야
무소도이대팽신생기공야
오긍주숭백자지절양
육영재영봉인지석류
불괴옥루위무첨
존심양성위비해
지화즉선술기사
궁신즉선계기지
위탈패덕해인왈적
제악자부재기천형유초자야
우시보지자지익야
낙차불우순호효자야
진도어차위지
성현각진도
현기수구진도
성합덕고진도
진도부진도지분

[제3 소학도]

- **입교**
  - 입태육보양지교
  - 입소대시종지교
  - 입삼물사술지교
  - 입사제수수지교
- **명륜**
  - 명부자지친
  - 명군신지의
  - 명부부지별
  - 명장유지서
  - 명붕우지교
- **경신**
  - 명심술지요
  - 명위의지칙
  - 명의복지제
  - 명음식지절

계고

- 입교
- 명륜
- 경신

가언

- 광입교
- 광명륜
- 광경신

선행

- 실입교
- 실명륜
- 실경신

[제4 대학도]

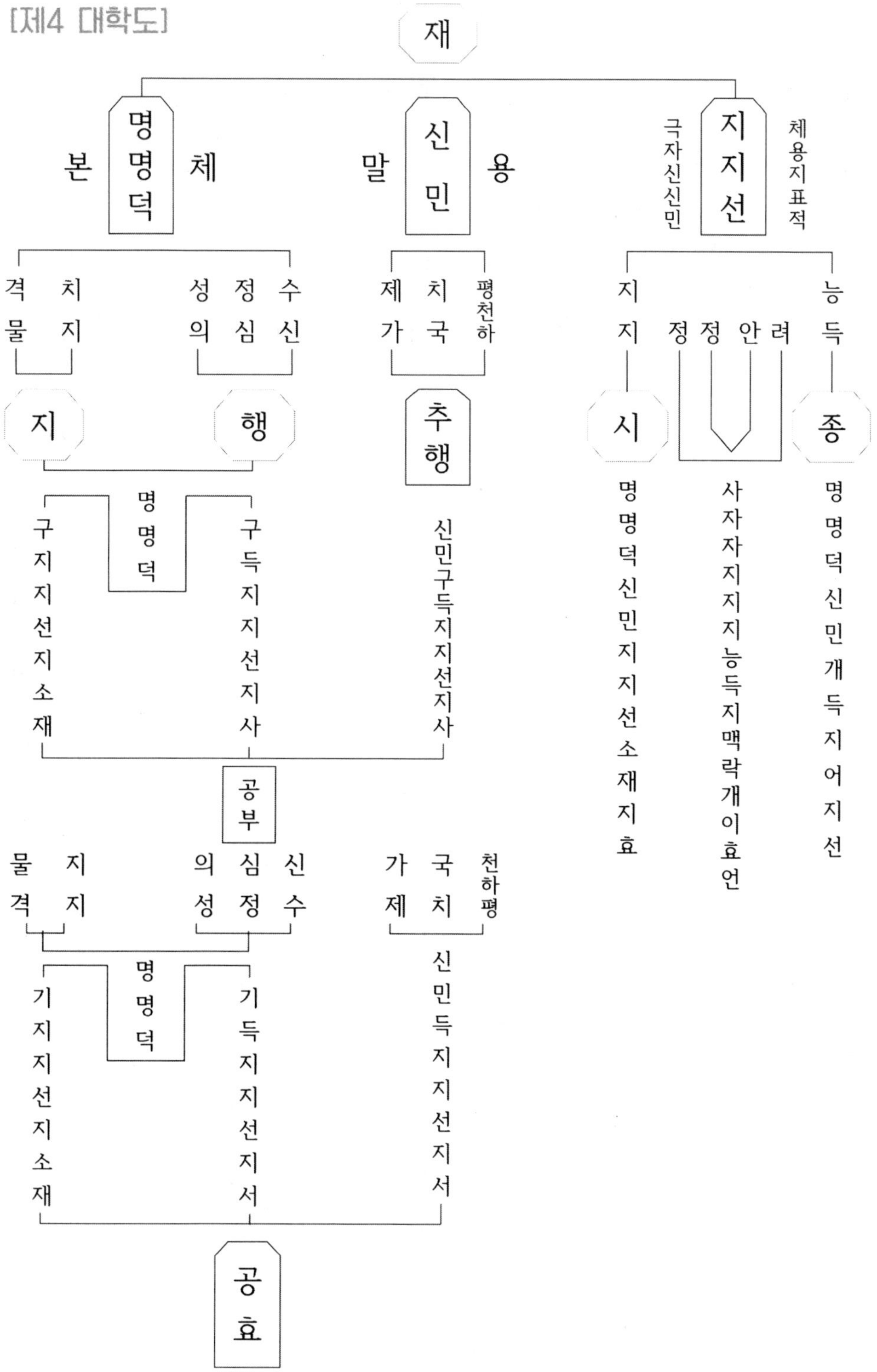
재
명명덕
본
체
신민
말
용
지지선
극자신신민
체용지표적
격물
치지
성의
정심
수신
제가
치국
평천하
지지
정
정
안
려
능득
지
행
추행
시
종
명명덕
구지지선지소재
구득지지선지사
신민구득지지선지사
명명덕신민지지선소재지효
사자자지지지능득지맥락개이효언
명명덕신민개득지어지선
공부
물격
지지
의성
심정
신수
가제
국치
천하평
명명덕
기지지선지소재
기득지지선지서
신민득지지선지서
공효

[제5 백록동규도]

부자유친　군신유의　부부유별　장유유서　붕우유신

박학　심문　신사　독행

언충신 행독경　징분질욕 천선개과　정기의 불모기리　명기도 불계기공　기소불욕 물시어인　행유부득 반구저기

궁리지요　수신지요　처사지요　접물지요

우오교지목

요순사계위사도경부오교즉차시야학자학차이

이기소이학지지서역유오언기별여좌 좌금당작하

[제6 심통성정도]

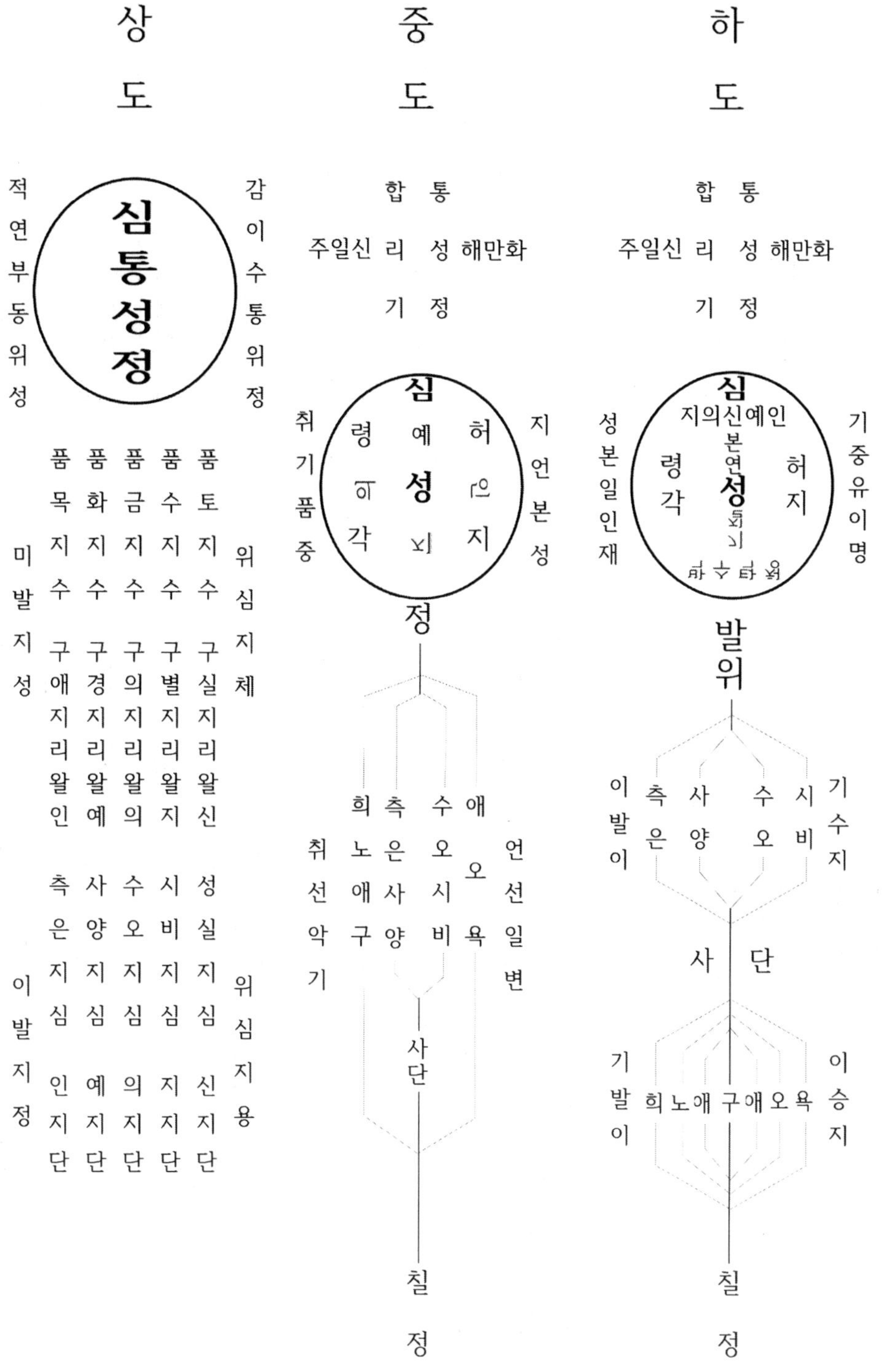

상도
중도
하도
적연부동위성
심통성정
감이수통위정
품목지수 구애지리 왈인
품화지수 구경지리 왈예
품금지수 구의지리 왈의
품수지수 구별지리 왈지
품토지수 구실지리 왈신
미발지성
위심지체
측은지심 인지단
사양지심 예지단
수오지심 의지단
시비지심 지지단
성실지심 신지단
이발지정
위심지용
합 통
주일신 리 성 해만화
기 정
심
령 예 허
성
각 지
정
취기품중
지언본성
희 노 애 구 애 오 욕
측은 사양 수오 시비
취선악기
언선일변
사단
칠정
지의신예인
본연
성본일인재
기중유이명
발위
이발이
기수지
기발이
이승지

[제7 인설도]

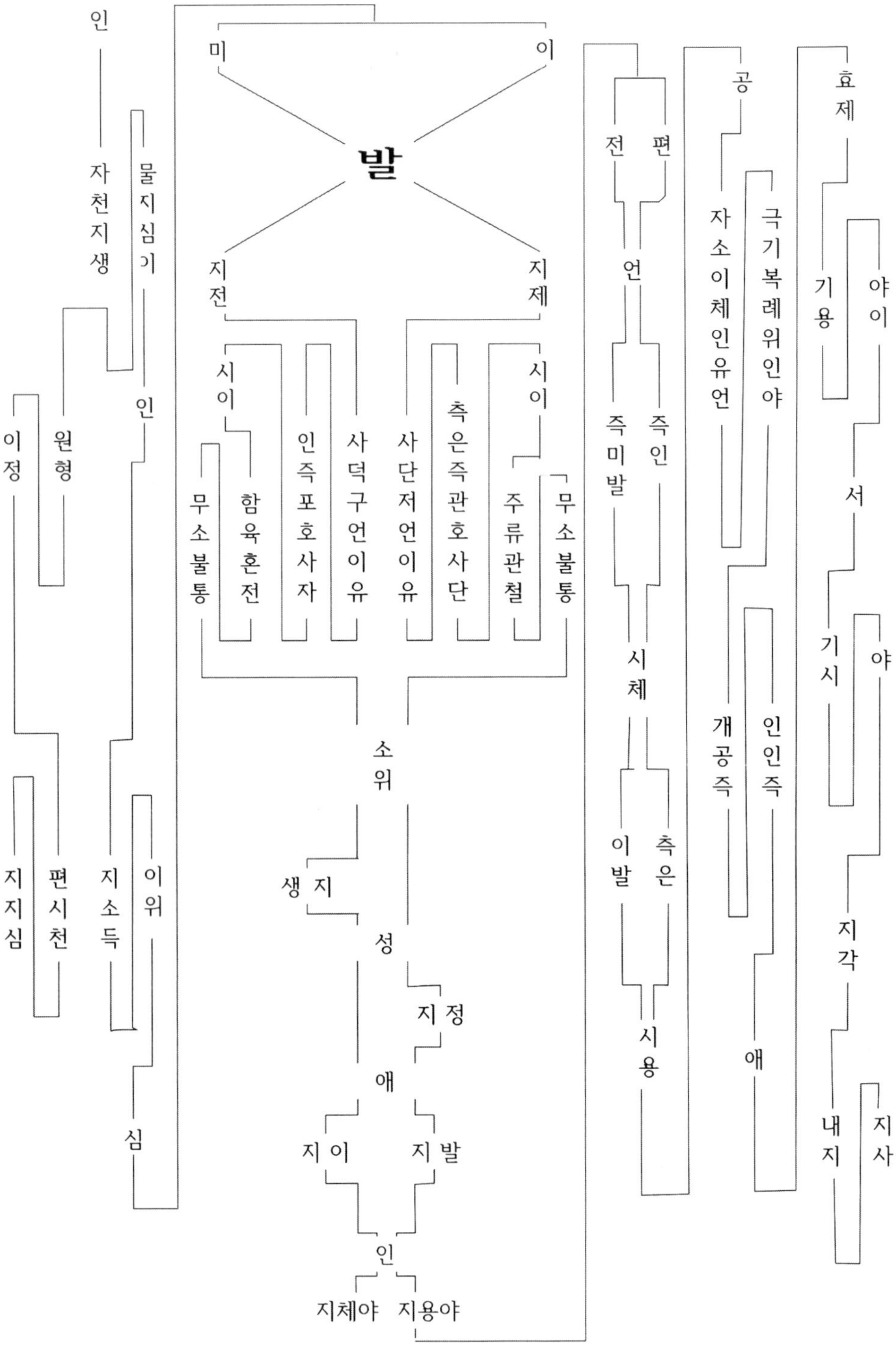
발
미
이
지전
지제
인
자천지생
물지심이
인
원형
이정
편시천
지지심
지소득
이위
심
시이
무소불통
함육혼전
인즉포호사자
사덕구언이유
사단저언이유
측은즉관호사단
시이
주류관철
무소불통
소위
생지
성
지정
애
지이
지발
인
지체야
지용야
전
편
언
즉미발
즉인
시체
이발
측은
시용
공
자소이체인유언
극기복례위인야
개공즉
인인즉
애
효제
기용
야이
서
기시
야
지각
내지
지사

[제8 심학도]

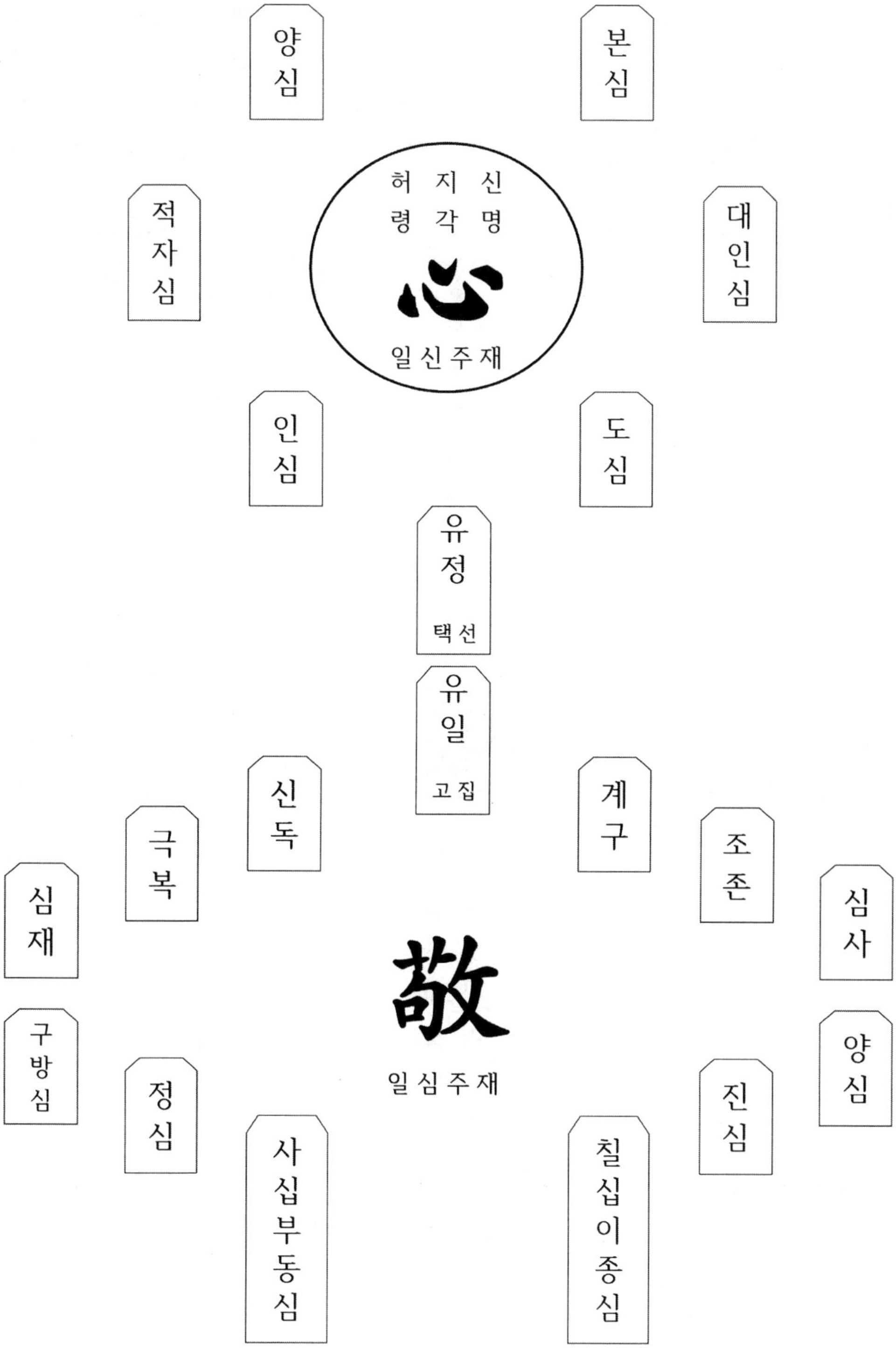

양심
본심
허 지 신
령 각 명
心
일신주재
적자심
대인심
인심
도심
유정
택선
유일
고집
신독
계구
극복
조존
심재
심사
敬
일심주재
구방심
양심
정심
진심
사십부동심
칠십이종심

[제9 경재잠도]

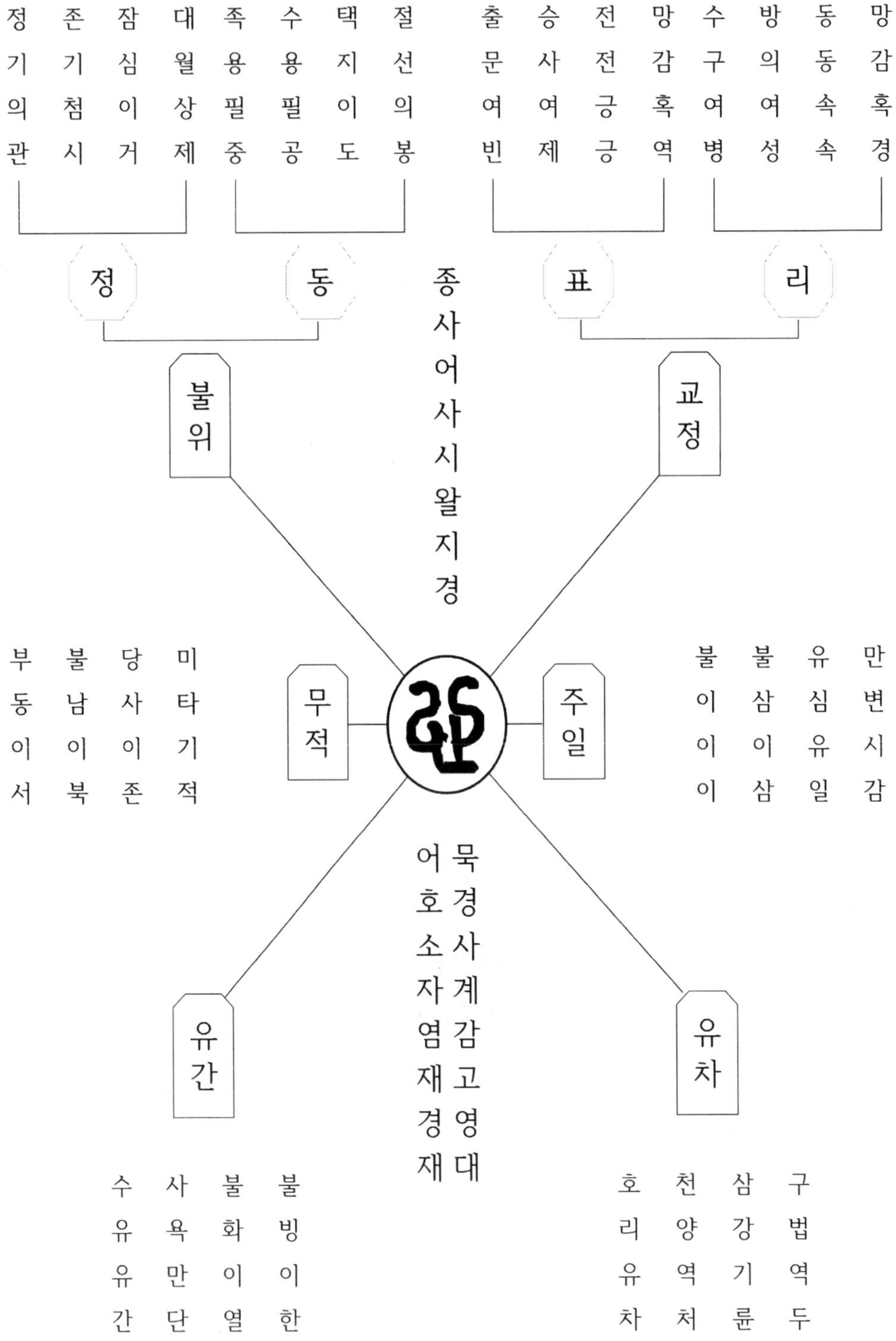
정기의관
존기첨시
잠심이거
대월상제
족용필중
수용필공
택지이도
절선의봉
출문여빈
승사여제
전전긍긍
망감혹역
수구여병
방의여성
동동속속
망감혹경
정
동
표
리
종사어사시왈지경
불위
교정
부동이서
불남이북
당사이존
미타이적
무적
주일
불이이이
불삼이삼
유심유일
만변시감
묵경사계감고영대
어호소자염재경재
유간
유차
수유유간
사욕만단
불화이열
불빙이한
호리유차
천양역처
삼강기륜
구법역두

[제10 숙흥야매잠도]

계 사 합 담 혹 혹 차 료
명 려 어 이 성 주 제 연
이 점 기 정 구 신 조 묵
오 치 간 지 건 득 리 식

본 매 관 단 제 교 엄 허
기 상 즐 좌 철 여 숙 명
립 내 의 렴 차 출 정 정
의 흥 관 형 심 일 제 일

숙오

신흥

양정
이즉
야부
기원

내 대 부 안 성 친 제 반
계 월 자 증 사 절 자 복
방 성 재 후 소 경 문 참
책 현 좌 선 언 청 변 정

사 즉 명 상 사 아 방 응
지 험 명 목 응 즉 촌 신
사 우 혁 재 기 여 담 식
응 위 연 지 이 고 연 려

독서

응사

염일
자석
재건
자건

일건

석척

겸숙야

동 유 정 물 독 간 발 휴
정 심 존 이 서 이 서 양
순 시 동 물 지 유 정 정
환 감 찰 삼 여 영 신 성

일 혼 재 진 야 제 부 심
모 기 장 발 구 수 작 신
인 이 정 정 사 렴 사 귀
권 승 제 명 침 족 유 숙

[인명색인]

[사항색인]

저자소개

손승남(Son, Seung Nam)
순천대학교 교직과 교수
snson@scnu.ac.kr
독일 Westfälisch-Wilhelms Universität zu Münster Ph.D.(교육철학)
한독교육학회장 역임. (현)잘삶교육연구소 소장

• 주요 저서 및 논문

삶의 힘을 키워주는 잘삶 수업(공저, 2020)
교육철학 및 교육사(공저, 2019)
교육학개론(공저, 2018)
4차 산업혁명 시대의 진로선택(공저, 2018)
교원의 잘삶을 위한 전인통합치유(2017)
…
고등교육에서의 역량기반 교육과 핵심역량(공동, 2021)
AI 시대 교양기초교육의 교수학적 재음미(2020)
엔그램 뷰어를 활용한 교양교육 개념 분석(2020)
유럽 리버럴아츠 대학의 최근 동향(2019)
혜강 최한기의 『인정(人政)』에 관한 교육해석학적 고찰(2018)
그 외 다수 논문

남기호(Nam, Gee Ho)
순천대학교 잘삶교육연구소 선임연구원
ngh00331@hanmail.net
순천대학교 교육학 박사
순천대학교 강사 역임. 전남대학교 초빙교수 역임
(현)경북여자상업고등학교 도제 연구원

• 주요 저서 및 논문

동양고전에서 교육을 묻다(공저, 2010)
…
『孟子』 修養論과 敎育的 實踐方案(2013)
退溪 『聖學十圖』의 敎育的 意味(2017)
소양교육의 관점에서 본 퇴계 『성학십도』의 재음미(공동, 2019)

잘삶교육연구소 총서 4
뉴노멀 시대의 마음공부

초판발행 2021년 6월 30일

지은이 손승남·남기호
펴낸이 노 현

편 집 배근하
기획/마케팅 이후근
표지디자인 손유라
제 작 고철민·조영환

펴낸곳 ㈜ 피와이메이트
서울특별시 금천구 가산디지털2로 53 한라시그마밸리 210호(가산동)
등록 2014. 2. 12. 제2018-000080호
전 화 02)733-6771
f a x 02)736-4818
e-mail pys@pybook.co.kr
homepage www.pybook.co.kr
ISBN 979-11-6519-166-5 93180

정 가 25,000원

박영스토리는 박영사와 함께하는 브랜드입니다.